이렇게 기막힌 적중률

경영정보시각화능력
필기 기본서

"이" 한 권으로 합격의 "기적"을 경험하세요!

이 책의 구성

꼼꼼하게 정리된 이론

분석한 기출문제의 출제빈도, 경향을 토대로 각 섹션의
난이도를 상 중 하로 나눴습니다.

난이도 상 중 하

각 SECTION을 상 중 하 등급으로
나누었습니다.

핵심이론 ▶

출제기준을 분석하여 과목별로 핵심이론을
수록하였습니다.

최신 기출 문제

2024년 출제된 기출문제 1회와 2회를 분석하여
별도로 표시하였습니다.

기적의 TIP

시험공부를 하며 꼭 알아야 하는 노하우와
팁을 제시하였습니다.

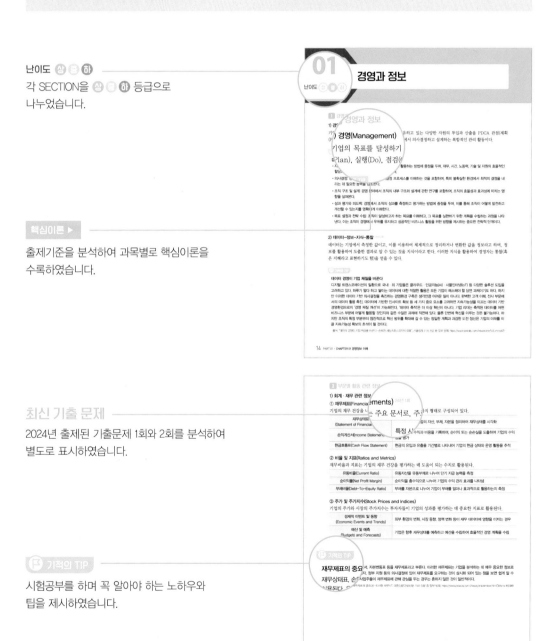

퀴즈 & 예상문제

이론 학습 후 OX퀴즈와 합격을 다지는 예상문제로 이론을 복습하고 자신의 실력을 체크하세요.

기출 문제와 기출 예상 문제

최신 기출 문제 2회와 출제 경향을 반영하여 개발한 기출 예상 문제 3회입니다. 실전처럼 풀어보고 감각을 키워보세요.

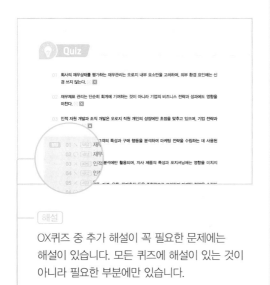

[해설]

OX퀴즈 중 추가 해설이 꼭 필요한 문제에는 해설이 있습니다. 모든 퀴즈에 해설이 있는 것이 아니라 필요한 부분에만 있습니다.

[정답]

OX퀴즈 정답입니다. 틀린 내용은 다시 암기 후 문제를 풀어주세요.

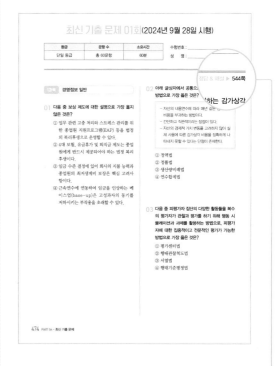

정답 & 해설 ▶ **544쪽**

해당 시험지의 정답 해설이 있는 페이지를 표기하였습니다. 풀이 후 바로 채점해보세요.

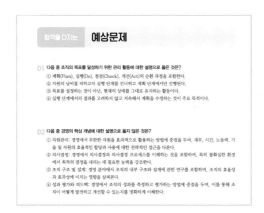

예상문제의 정답과 해설은 예상문제 뒷페이지에서 확인할 수 있습니다.

차례

차례

구매 인증

시행처 공개 문제 A형, B형
이기적 스터디 카페에서 제공

※ **참여 방법 :** '이기적 스터디 카페' 검색 → 이기적 스터디 카페(cafe.
naver.com/yjbooks) 접속 → '구매 인증 PDF 증정' 게시판 → 구매
인증 → 메일로 자료 받기

01 응시 자격 조건

제한 없이 누구나 응시 가능

02 원서 접수하기

대한상공회의소 자격평가사업단 홈페이지
(https://license.korcham.net)에서 접수

03 시험 응시

신분증과 수험표 지참하여 시험 60분 진행

04 합격자 발표

시험 종료 후 약 4주 뒤 합격자 발표
(시행처 확인)

01 경영정보시각화능력 소개

시행처의 자격 소개 영상

- 경영 관련 의사결정을 위해 기업 · 기관의 내 · 외부 정보를 시각적 요소를 사용하여 효과적으로 표현하고 전달하는 직무에 관한 국가기술자격
- ICT 기술 발전, 디지털 전환 등으로 인해 데이터를 다루는 모든 직무에서 데이터에서 의미 있는 정보를 도출하는 능력이 필요한 역량으로 요구됨에 따라 신설
- 기업 · 기관의 경영과 관련된 정보를 시각화하는 능력에 관한 자격

02 시행처

대한상공회의소

03 시험 과목

등급	구분	시험 과목	문항 수	검정 방법	시험 시간
단일 등급	필기	경영정보 일반	20	객관식 4지택일형	60분
		데이터 해석 및 활용	20		
		경영정보시각화 디자인	20		
	실기	경영정보시각화 실무	3-5	컴퓨터 작업형	70분

※실기프로그램: 파워BI(Power BI), 태블로(Tableau) – 상황에 따라 변경 가능

04 합격 기준

- 필기: 매 과목 100점 만점에 과목당 40점 이상이면서 평균 60점 이상
- 실기: 100점 만점에 70점 이상

05 2024년 시행 일정

회차	검정 방법	접수기간	시행일	합격자발표일
1회	필기	(1차) 03.18 ~ 03.24 (2차) 04.17 ~ 04.23	05.18	06.18
1회	실기	08.28 ~ 09.03	09.28	11.18
2회	필기	(1차) 09.30 ~ 10.06 (2차) 10.30 ~ 11.05	11.30	12.31

※더 자세한 사항은 대한상공회의소 자격평가사업단 홈페이지(https://license.korcham.net)를 참고하여 주세요.
☎ 고객센터 02-2102-3600

06 출제 기준

과목명	주요 항목	세부 항목	세세 항목
경영정보 일반	1. 경영정보 이해	기업의 부문별 활동 이해	인적자원, 생산, 마케팅, 재무 등 일반적인 활동
	2. 기업 내부 정보 파악	회계·재무·인적자원 기본정보	회계정보 관련 용어
			재무정보 관련 용어
			인적자원정보 관련 용어
		마케팅·영업 기본정보	시장정보 관련 용어
			고객정보 관련 용어
			유통정보 관련 용어
			매출정보 관련 용어
		공급관리 기본정보	구매조달정보 관련 용어
			생산정보 관련 용어
			물류정보 관련 용어
	3. 기업 외부정보 활용	기업 외부정보 활용	공공정보
데이터 해석 및 활용	1. 데이터 이해 및 해석	데이터 개념	데이터의 개념
			데이터의 종류
			데이터의 종류별 유의사항, 특성
			데이터 파일 형식
		데이터 해석	데이터 해석 관점
			데이터 기초통계량
			확률과 확률분포
	2. 데이터파일 시스템	데이터파일시스템의 개념 및 종류	자료의 계층구조
			데이터 파일 시스템의 개념
			데이터 파일 시스템의 종류 및 특징
		데이터베이스 이해	데이터베이스 구성요소
			데이터베이스 구조
			키(Key)의 개념
			변수의 개념
	3. 데이터 활용	데이터 가공 방법	데이터 오류와 결측치
			데이터 정제
			데이터 변환
			데이터 분리
			데이터 결합
		데이터 관리	데이터 수집 및 전환
			데이터 적재 및 저장
			데이터 보안 및 개인정보보호
		비즈니스 인텔리전스	비즈니스 인텔리전스의 개념
			비즈니스 인텔리전스와 데이터 기반 의사결정
			비즈니스 인텔리전스의 활용
경영정보 시각화 디자인	1. 시각화디자인 기본 원리 이해	디자인의 기본 원리	리듬, 강조, 대비, 대칭
			변화, 통일, 조화
			균형, 형태, 공간, 규모, 비례
		인포그래픽 디자인	인포그래픽 유형과 원리
			질감, 제목, 서체, 주석, 격자선, 클립아트, 두 번째 축, 범례 배경
	2. 시각화도구 활용	사무자동화프로그램을 활용한 시각화	사무자동화프로그램의 시각화 관련 주요 기능
			사무자동화프로그램 활용 시각화의 장단점
		시각화도구(BI소프트웨어)의 특징	시각화도구(BI소프트웨어)의 특징
			시각화도구의 장단점
		시각화도구(BI소프트웨어)의 주요 기능	대시보드의 개념 및 특징
			시각적 요소의 상호작용
			기본함수
	3. 시각화요소 디자인	차트 디자인	막대 차트, 누적 막대 차트
			꺾은선 차트
			원형 차트
			도넛 차트
			분산형 차트
			트리 맵 차트
			영역 차트
			결합형 차트(두 개 종류의 차트를 결합한 차트)
			박스 플롯
			맵
		테이블 디자인	테이블
			캘린더 차트

Q&A

※ 시험에 대해 가장 궁금해하시는 내용을 모았습니다.

Q 2025년 시험일정은 어떻게 되나요?

A

회별	검정방법	원서접수	시험일자	발표일자
1회	필기	4월 3일 ~ 4월 9일	4월 26일	5월 27일
	실기	6월 5일 ~ 6월 11일	6월 28일	8월 26일
2회	필기	8월 21일 ~ 8월 27일	9월 13일	10월 14일
	실기	10월 9일 ~ 10월 15일	9월 13일	12월 30일

Q 필기시험 방식은 어떻게 되나요?

A PBT로 종이 시험지입니다. 26년은 CBT 시험으로 변경될 수도 있습니다.

Q 응시자격은 어떻게 되나요?

A 4차 산업혁명 시대의 기본능력으로서 다양한 학력, 전공, 학습경험을 가진 직업인에게 요구되는 능력이라는 점에서 응시자격을 제한하지 않습니다.

Q 필기시험 과목 중 '경영정보 일반'은 어떤 과목인가요?

A 경영 관련 의사결정을 위해 기업의 내외부 정보를 시각적 요소를 사용하여 효과적으로 표현하고 전달하는 일을 수행하는 능력을 평가하는 자격입니다. '경영정보 일반' 과목은 기업의 내외부 정보에 대한 지식을 평가하는 과목으로 시중에 있는 경영학개론 범위에서 기초적인 수준을 다루는 과목이라고 할 수 있습니다.

Q 필기 합격결정 과락은 어떻게 되나요?

A 과목당 100점 만점에 매 과목 40점 이상, 전 과목 평균 60점 이상으로 한과목이라도 40점 미만으로 나올 경우 과락으로 불합격 처리됩니다.

Q 필기 합격 유효기간은 어떻게 되나요?

A 필기유효기간은 필기 합격 후 실기시험을 볼 수 있는 기간으로 필기 합격일로부터 만 2년입니다. 예를 들어 경영정보 필기를 2024년 6월 18일에 합격하시면 필기합격유효기간은 2026년 6월 17일입니다. 해당기간 안에서 필기를 다시 볼 필요없이 실기 응시가 가능합니다.

※ 자세한 내용은 '대한상공회의소 자격평가사업단' 홈페이지의 [경영정보시각화능력]-[FAQ]를 참고하시기 바랍니다.

경영정보 일반

파트 소개

경영정보 일반은 조직의 목표를 달성하기 위해 자원의 투입과 산출을 계획(Plan), 실행
(Do), 점검(Check), 개선(Act)하는 관리 활동인 기업의 경영 활동을 이해하기 위해 어떠
한 데이터가 필요한지 학습하는 파트이다.

01

경영정보 이해

학습 방향

경영의 개념과 경영 활동에서 데이터의 중요성을 학습한다. 또한, 부문별 활동 관련 정보 및 경영정보시스템, 경영 기획, 경영 전략 과정에 있어 데이터의 필요성과 활용에 대한 개념을 이해하는 것이 중요하다.

경영과 정보

1 경영과 정보

1) 경영(Management)

기업의 목표를 달성하기 위하여 기업이 보유하고 있는 다양한 자원의 투입과 산출을 PDCA 관점(계획 (Plan), 실행(Do), 점검(Check), 개선(Act))에서 의사결정하고 설계하는 복합적인 관리 활동이다.

> **기적의 TIP**
>
> **경영의 주요 개념**
> - 자원관리: 경영에서 제한된 자원을 효과적으로 활용하는 방법에 중점을 두며, 재무, 시간, 노동력, 기술 및 자원의 효율적인 할당과 사용에 대한 전략적인 접근을 다룬다.
> - 의사결정: 경영에서 의사결정과 의사결정 프로세스를 이해하는 것을 포함하며, 특히 불확실한 환경에서 최적의 결정을 내리는 데 필요한 능력을 강조한다.
> - 조직 구조 및 설계: 경영 분야에서 조직의 내부 구조와 설계에 관한 연구를 포함하며, 조직의 효율성과 효과성에 미치는 영향을 살펴본다.
> - 성과 평가와 피드백: 경영에서 조직의 성과를 측정하고 평가하는 방법에 중점을 두며, 이를 통해 조직이 어떻게 발전하고 개선할 수 있는지를 명확하게 이해한다.
> - 목표 설정과 전략 수립: 조직이 달성하고자 하는 목표를 이해하고, 그 목표를 실현하기 위한 계획을 수립하는 과정을 나타낸다. 이는 조직이 경쟁에서 우위를 유지하고 성공적인 비즈니스 활동을 위한 방향을 제시하는 중요한 전략적 단계이다.

2) 데이터-정보-지식-통찰 24년 2회

데이터는 기업에서 측정한 값이고, 이를 이용하여 체계적으로 정리하거나 변환한 값을 정보라고 하며, 정보를 활용하여 도출한 결과로 알 수 있는 것을 지식이라고 한다. 이러한 지식을 활용하여 경영자는 통찰(혹은 지혜라고 표현하기도 함)을 얻을 수 있다.

> **기적의 TIP**
>
> **데이터 경영이 기업 체질을 바꾼다**
> 디지털 트랜스포메이션의 일환으로 국내 · 외 기업들은 클라우드 · 인공지능(AI) · 사물인터넷(IoT) 등 다양한 솔루션 도입을 고려하고 있다. 하루가 멀다 하고 쌓이는 데이터에 대한 적절한 활용은 모든 기업이 해소해야 할 당면 과제이기도 하다. 하지만 이러한 데이터 기반 의사결정을 촉진하는 경영환경 구축은 생각만큼 어려운 일이 아니다. 완벽한 고객 이해, 전사 부문에서의 데이터 활용 촉진, 데이터에 기반한 인사이트 확보 등 세 가지 중요 요소를 고려하면 지속가능성을 이끄는 데이터 기반 경영환경으로의 '경영 체질 개선'이 가능해진다. '데이터 축적'은 더 이상 혁신이 아니다. 기업 리더는 축적된 데이터를 어떤 비즈니스 부문에 어떻게 활용할 것인지와 같은 수많은 과제에 직면해 있다. 물론 단번에 혁신을 이루는 것은 불가능하다. 하지만 조직의 특정 부분부터 점진적으로 혁신 범위를 확대해 갈 수 있는 정밀한 계획과 과감한 도전 정신은 기업의 미래를 이끌 지속가능성 확보의 초석이 될 것이다.
>
> 출처: "데이터 경영이 기업 체질을 바꾼다—손부한 세일즈포스코리아 대표", 서울경제 기사 전문 중 일부 발췌, https://www.sedaily.com/newsview/1z2umreo59

3) 데이터 분석 및 시각화

기업은 다양한 활동을 통해 정량적 데이터와 정성적 데이터를 생성하게 된다.

① 정량적 데이터

금액, 길이, 무게, 시간, 온도, 수량 등과 같은 숫자로 표현되는 데이터를 말하며, 데이터 분석을 위하여 평균, 표준 편차, 회귀 분석 등과 같은 통계적인 방법을 활용하고, 그래프나 도표로 시각화한다.

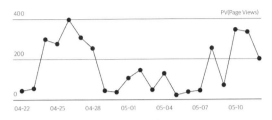

▲ 정량적 데이터의 시각화 예시

② 정성적 데이터

색상, 모양, 성격, 만족도, 태도, 의견 등과 같은 비수치적인 속성으로 표현되는 데이터를 말하며, 데이터 분석을 위하여 내용 분석, 주제 분석, 텍스트 마이닝 등의 방법을 활용한다. 워드 클라우드, 토픽 모델링 등을 활용하여 시각화할 수 있다.

▲ 정성적 데이터의 시각화 예시

🅑 기적의 TIP

정량적 데이터와 정성적 데이터의 예시 및 분석 방법

비교	예시	분석 방법
정량적 데이터	금액, 길이, 무게, 시간, 온도, 수량 등 숫자로 표현되는 데이터	평균, 표준 편차, 회귀 분석 등과 같은 통계적인 방법
정성적 데이터	색상, 모양, 성격, 만족도, 태도, 의견 등 비수치적인 속성으로 표현되는 데이터	내용 분석, 주제 분석, 텍스트 마이닝 등의 방법

1) 회계 · 재무 관련 정보

① 재무제표(Financial Statements) 24년 1회

기업의 재무 건강을 나타내는 주요 문서로, 주로 세 가지 형태로 구성되어 있다.

재무상태표 (Statement of Financial Position)	특정 시점에서 기업의 자산, 부채, 자본을 정리하여 재무상태를 시각화
손익계산서(Income Statement)	특정 기간의 수익과 비용을 기록하며, 순이익 또는 순손실을 도출하여 기업의 수익성을 평가
현금흐름표(Cash Flow Statement)	현금의 유입과 유출을 기간별로 나타내어 기업의 현금 상태와 운영 활동을 추적

② 비율 및 지표(Ratios and Metrics)

재무비율과 지표는 기업의 재무 건강을 평가하는 데 도움이 되는 수치로 활용된다.

유동비율(Current Ratio)	유동자산을 유동부채로 나누어 단기 지급 능력을 측정
순이익률(Net Profit Margin)	순이익을 총수익으로 나누어 기업의 수익 관리 효과를 나타냄
부채비율(Debt-To-Equity Ratio)	부채를 자본으로 나누어 기업이 부채를 얼마나 효과적으로 활용하는지 측정

③ 주가 및 주가지수(Stock Prices and Indices)

기업의 주가와 시장의 주가지수는 투자자들이 기업의 성과를 평가하는 데 중요한 지표로 활용된다.

경제적 이벤트 및 동향 (Economic Events and Trends)	외부 환경의 변화, 시장 동향, 정책 변화 등이 재무 데이터에 영향을 미치는 경우
예산 및 예측 (Budgets and Forecasts)	기업은 향후 재무상태를 예측하고 예산을 수립하여 효율적인 경영 계획을 수립

P 기적의 TIP

재무제표의 중요성

재무상태표, 손익계산서, 자본변동표 등을 재무제표라고 부른다. 이러한 재무제표는 기업을 분석하는 데 매우 중요한 정보로 이용된다. 은행, 투자자, 정부 지원 등의 의사결정에 있어 재무제표를 요구하는 것이 상시화 되어 있는 점을 보면 쉽게 알 수 있다. 그러나 보통 사업주들이 재무제표에 관해 관심을 두는 경우는 흔하지 않은 것이 일반적이다.

출처: "재무제표의 중요성-조서현 세무사", 대한전문건설신문 기사 전문 중 일부 발췌, https://www.koscaj.com/news/articleView.html?idxno=89348

④ 기타 회계와 관련된 정보

자산(Assets)	기업이 소유한 경제적 가치로 현금뿐만 아니라 계정 및 다른 자산도 포함
부채(Liabilities)	기업이 상환해야 하는 금액이나 부담으로 대출이나 미지급 급여와 같은 것들이 해당
자본(Equity)	기업의 소유주에게 속하는 잉여 자산을 표현하는 것으로 자산에서 부채를 차감한 나머지
수익(Revenue)	기업이 제품이나 서비스 판매로 얻는 수입
비용(Expenses)	기업이 운영하고 생산에 들이는 비용으로 재료비, 인건비, 관리비 등이 포함
이익(Profit)	수익에서 비용을 차감한 결과로 순이익은 양수, 순손실은 음수로 표현
현금흐름(Cash Flow)	기업이 특정 기간 현금으로 받은 금액과 사용한 금액으로 현금흐름은 기업의 지불 능력을 평가하는 데 중요한 지표로 활용
회계 정책 및 차트 (Accounting Policies and Charts)	기업이 회계 정보를 기록하고 보고하는 데 사용하는 규정과 방식을 설명하는 문서 및 시스템

기적의 TIP

현대사회에서 회계학이 중요한 이유

"회계 정보는 기업의 성적표, 우리는 회계 정보를 통해 투자하고자 하는 기업의 유용한 정보를 알 수 있다." 전 세계적으로 고품질의 단일 회계기준을 적용함으로써 국제적 공신력 확보 및 회계 투명성을 향상하여 자본시장을 활성화하기 위하여 우리나라는 상장기업을 대상으로 2011년부터 국제회계기준(IFRS, International Financial Reporting Standards)을 도입했다. 우리나라 정부 역시 2009년부터 발생주의 복식부기를 전면 도입함으로써 그 중요성이 강조되고 있다. 이렇게 회계 전문 인력에 대한 수요가 증대되는 상황에서 한국채택국제회계기준(K-IFRS)을 중심으로 회계를 학습하는 것은 매우 시급하면서도 중요한 사항이다. 그러나 회계의 필요성은 크게 느끼지만, 내용의 어려움과 막막함으로 인해 망설이는 분들을 위해 좀 더 두려움 없이 쉽게 이해되는 회계 이야기를 해보고자 한다.

현대사회에서 현대인들은 일상의 여러 부문에서 돈을 벌고, 지출하는 등 변동하는 돈의 흐름에 관심을 가지고 돈과 관련된 의사결정에 직면하게 된다. 가정에서는 하루의 지출 내역에 대하여 가계부를 적어 경제적으로 생활하기를 원한다. 한 달의 수입 중 지출한 내역을 기재하여 한 달 동안의 수입 범위 내에서 생활하고, 향후의 계획을 수립한다. 기업에서는 다양한 투자 의사결정을 함에 있어서 자금을 조달하고, 향후 투자가치를 평가하기 위하여 회계 정보를 이용한다. 이렇듯 우리는 다양한 회계 정보를 이용하여 합리적 의사결정을 한다.

출처: "현대사회에서 회계학이 중요한 이유—곽지영 교수", 충청신문 기사 전문 중 일부 발췌, https://www.dailycc.net/news/articleView.html?idxno=145687

2) 인적 자원 관련 정보

인적 자원 정보	설명	예시
인사정보 (Personnel Information)	각 직원에 대한 기본 사항을 포함하는 문서	이름, 주소, 전화번호, 이메일 주소, 직급, 직무, 부서, 근무지 등
근로계약 및 고용 형태(Employment Contracts and Types)	각 직원의 고용 조건과 근로계약에 관한 정보	고용 시작일, 계약 종료일, 근로 시간, 임금 및 급여 정보, 전일제 또는 비전일제 근무 여부 등
급여 및 혜택 (Compensation and Benefits)	직원에 대한 급여와 부가 혜택에 관한 정보	기본급, 보너스, 수당, 퇴직 연금, 건강 보험, 복지 혜택 등
근태 및 출결 (Attendance and Leave)	직원의 근무 상태와 근무 시간을 추적하는 정보	출근 일수, 지각 및 조퇴 기록, 휴가, 병가, 연차 등의 휴가 정보 등
교육 및 개발 (Education and Development)	직원의 교육 및 역량 개발에 관련된 정보	교육 이력, 자격증, 학위 정보, 교육 수료 및 훈련 기록 등
성과 평가 (Performance Evaluation)	직원의 성과에 대한 정보와 성과 평가 결과	성과 목표 및 평가 기준, 평가 결과, 피드백 및 보상 정보 등
인사이동 및 승진(Career Development and Promotion)	직원의 진급, 이동, 승진 등에 관한 정보	승진 일자, 직급 변경 내역, 이직, 전직, 부서 이동 등의 이동 정보

> **기적의 TIP**
>
> **효율적인 인사관리, 기업 성장 이끈다**
>
> 예전에는 인재 확보 · 유지 · 육성, 규정 준수, 복리후생이 HR 부서의 주 업무였다. 하지만 비즈니스 요구사항이 급변하고 인공지능(AI), 머신러닝(MR), 자동화와 같은 최신 기술이 등장하는 오늘날 HR 전문가는 전략적 인력 계획을 마련하고 후보자 경험을 최적화하며 직원 개개인을 위한 맞춤형 자기 계발 경험을 제공하는 등 비즈니스 크리티컬 범주에 속하는 새로운 책임도 맡기 시작했다. 이처럼 막중한 역할을 성공적으로 수행하기 위해서는 HR 리더가 데이터 리터러시, 기술 전문성, 인재 최적화 등 다양한 영역에서 새로운 스킬 세트를 발굴하고 활용할 수 있어야 한다. 이와 같은 상황 속에서 HR은 기업의 비즈니스를 운영하는 데 있어 전략 및 사업의 주요한 일부로서 변화를 리딩하는 주체가 되고 있다. 그 이유는 직원이 조직을 구성하는 기본 자산이자 경쟁력이기 때문이다. 이를 통해 HR은 전략적 비즈니스 파트너의 역할을 하면서 이 인적 자원을 새롭고 혁신적인 방법으로 관리하는 데 앞장설 수 있다.
>
> 출처: "효율적인 인사관리, 기업 성장 이끈다", 데이터넷 기사 전문 중 일부 발췌, https://www.datanet.co.kr/news/articleView.html?idxno=161345

3) 마케팅 · 영업 관련 정보

마케팅 · 영업 정보	설명	예시
고객 데이터(Customer Data)	목표 고객 및 고객 세그먼트에 대한 데이터	개인 식별 데이터(이름, 주소, 이메일), 구매 이력, 구매 선호도, 재구매 패턴, 고객 행동 및 선호도
매출 및 매출 성과(Sales and Revenue Performance)	제품이나 서비스 판매와 관련된 데이터	매출액, 매출성장률, 제품 또는 캠페인별 매출 분석, 가격 변동과 할인의 영향
마케팅 효과 (Marketing Effectiveness)	다양한 마케팅 채널 및 캠페인에 대한 성과 분석 데이터	광고 클릭률, 전환율, 소셜 미디어 캠페인 성과, 이메일 마케팅 효과 분석
디지털 분석 (Digital Analytics)	온라인 활동에 관한 데이터로, 웹사이트 및 앱 사용자 동향 포함	웹 트래픽, 방문자 수, 페이지 뷰, 이용자 행동 패턴, 이탈률
소셜 미디어 데이터 (Social Media Data)	기업의 소셜 미디어 플랫폼에서 발생하는 데이터	소셜 미디어 팔로워 수, 좋아요, 공유, 소셜 미디어 참여 및 응답, 소셜 미디어 트렌드 및 감성 분석
고객 만족도 및 피드백(Customer Satisfaction and Feedback)	제품이나 서비스에 대한 고객의 만족도 및 의견을 나타내는 데이터	고객 만족도 조사 결과, 고객 리뷰 및 피드백, 고객서비스 품질과 관련된 데이터
경쟁 분석 (Competitive Analysis)	경쟁사와 관련된 데이터로, 시장에서의 경쟁력을 평가하는 데 사용	경쟁사의 마케팅 전략 및 광고 비용, 시장점유율 및 위치, 경쟁사의 제품 및 서비스 특징
지역 및 시장 트렌드 (Local and Market Trends)	특정 지역 또는 시장에서의 소비 행동 및 추세에 관한 데이터	지역별 수요 및 선호도, 시장 트렌드 및 소비자 행동 변화

기적의 TIP

마케팅에서의 데이터 분석 방법

실제로 퍼포먼스 마케팅과 빅데이터가 주목받기 이전의 마케팅 데이터는 소비자에게 질문하고 대답을 듣는 설문조사 방식의 데이터와 기업들이 가진 구매 이력 등, '반쪽짜리' 데이터였다. 소비자에게 물어보는 설문조사는 이미 벌어진 사실에 대한 것이든, 벌어질 상황에 대한 것이든 모두 '의견 청취'라는 한계가 있다. 또 기업들이 가진 구매 이력은 이유를 선명히 알 수 없고 결과에만 한정된 내용이다.

그런데 퍼포먼스 마케팅에서 활용되는 데이터나 이를 포괄하는 개념의 빅데이터는 우리가 그토록 기다려 온 소비자 행동을 보여주는 데이터이다. 물론 온라인이라는 제한된 환경은 있지만, 현재는 온라인과 오프라인 활동을 굳이 구분하지 않는 세상이 아니던가.

본격적인 얘기는 지금부터 시작인데, 이렇게 데이터 환경이 잘 갖춰진 상황에서 '데이터 드리븐 마케팅'이라는 말이 빈번하게 사용된다는 것은, 반대로 얘기하면, 아직 제대로 데이터를 활용하고 있지 못하다는 공론화된 인식에 기반한다.

데이터가 충분히 있는데 왜 데이터를 다양하게 분석하고 활용하지 못할까. 이것이 오랫동안 빅데이터를 다루는 IT 회사에 몸담고 있다가, 마케팅/광고 업계로 돌아온 내가 가장 먼저 품었던 의문이다. 쉽지 않은 문제라 여전히 생각을 덧대고 정돈하는 중이기는 해서 조심스럽지만, 지금까지 정리된 결론으로는, 기존의 전통적 마케팅과 데이터 영역이 퍼포먼스 마케팅과 빅데이터 시대로 넘어오면서 일종의 '단절'이 일어난 것이 아닌가 추정된다.

쉽게 얘기하면, 오프라인 광고를 집행하던 회사들이 온라인 회사로 확장하거나 진화한 것이 아니고, 온라인 광고 회사들이 새로 생겼다는 것이다. 당연히 오프라인 광고 회사에 다니던 사람들도 온라인 광고 회사로 이직하지 않았을 것이다.

출처: "지겨운 데이터 드리븐 마케팅(Data Driven Marketing)에 대하여", 매드타임스 기사 전문 중 일부 발췌.
https://www.madtimes.org/news/articleView.html?idxno=17626

4) 공급관리(생산운영관리) 관련 정보

공급관리 정보	설명	예시
생산계획 및 일정(Production Planning and Scheduling)	생산 활동을 계획하고 일정을 관리하기 위한 데이터	생산계획 및 일정, 생산 라인 및 작업장 일정, 수주와의 연계된 생산계획 데이터
재고 데이터(Inventory Data)	원자재, 반제품 및 완제품에 대한 재고 상태	원자재 재고, 반제품 재고, 완제품 재고, 재고회전율과 구성품 수준의 재고 데이터
생산 성능 지표 (Production Performance Metrics)	생산 활동의 성과를 측정하기 위한 데이터	생산량, 생산 속도, 가동률, 가동 시간 및 비가동 시간, 생산량에 대한 평균 생산 시간
품질 관리 데이터 (Quality Management Data)	생산된 제품의 품질과 관련된 데이터	불량률, 불량품 비율, 품질 테스트 및 검사 결과, 품질 개선 조치 및 품질 보증 데이터
자동화 및 기계 운영 데이터 (Automation and Machine Operation Data)	자동화 시스템 및 생산설비의 운영 데이터	기계 가동 및 비가동 시간, 센서 및 IoT 장치를 통한 생산 데이터 수집, 유지보수 및 보수 기록
원가 및 생산 비용 (Cost and Production Expenses)	생산 프로세스와 관련된 비용 정보	생산에 소요된 원가, 생산 단위당 제조 비용, 간접 비용 및 공용 비용
설비 및 생산 라인 데이터 (Equipment and Production Line Data)	설비와 생산 라인의 운영과 유지보수에 관한 데이터	설비 가용성 및 가동률, 생산 라인 효율성과 생산 라인별 성과 지표, 예방 정비 및 수리 기록
에너지 소비 데이터 (Energy Consumption Data)	생산 활동에 사용되는 에너지 소비량에 관한 데이터	전기, 가스, 물 등의 에너지 소비, 생산 단위당 에너지 효율성, 환경 지속가능성과 관련된 데이터

기적의 TIP

자율 생산, 제조 데이터 생태계 必

스마트공장의 최종 진화 형태인 '자율 생산 시스템'을 구현하기 위한 방안으로 중소기업의 스마트팩토리 도입에 있어 제조 데이터 생태계의 중요성이 강조됐다. 자율 생산이란 제조 현장의 생산설비를 다양한 기술과 융합해 디지털 엔지니어링으로 구현해 생산성 증대 및 유연성을 확보하게 하는 개념을 말한다.

스마트제조혁신추진단 안광현 단장은 제조 현장에서 디지털 전환(DX)은 기본이 된 시대이며, 중소기업의 스마트공장 구축에 있어 데이터의 중요성을 강조하는 건 지나침이 없다고 말했다. 또한 행사의 주제인 자율 생산 시스템도 데이터가 핵심임을 강조하며, "스마트제조혁신추진단은 중소기업의 제조 데이터를 잘 정돈하게 하는 환경을 만들도록 구체적인 사업을 지원할 것"이라고 전했다.

출처: "자율 생산, 제조 데이터 생태계 必–김예지 기자", e4ds 뉴스 기사 전문 중 일부 발췌, https://www.e4ds.com/sub-view.asp?ch=1&t=0&idx=17083

3 경영정보 시스템(MIS, Management Information System)

1) 경영정보 시스템의 정의

- 경영정보 시스템은 조직 내에서 경영 활동을 지원하고 효율적으로 관리하기 위해 정보 기술을 활용하는 것으로, 기업이나 조직이 전략적으로 정보를 수집, 저장, 처리, 분석하여 의사결정에 활용하는 데 도움을 주는 체계적이고 통합된 시스템이다.
- 경영정보 시스템은 기업의 경영자 및 의사결정자에게 신속하고 정확한 정보를 제공하여 전략적인 의사 결정을 지원한다.

2) 경영정보 시스템 유형

① 전사적자원관리(ERP, Enterprise Resource Planning) 시스템

- 전사적자원관리 시스템은 생업 내 모든 부서 및 기능을 통합하고 조직 전체의 비즈니스 프로세스를 자동화하는 통합 소프트웨어 시스템이다.
- 기업의 핵심 영역인 재무, 생산, 유통, 인사 등의 다양한 부서에서 발생하는 데이터와 프로세스를 하나의 통일된 플랫폼으로 통합하여 관리한다.
- 통합성, 실시간 정보 제공이라는 특징을 바탕으로 비즈니스 프로세스 자동화, 리포팅 및 분석 기능, 인터페이스 표준화, 회계 및 금융 관리 등의 기능이 있다.
- ERP는 기업의 전략적 운영에 중요한 역할을 하며, 비즈니스 프로세스의 최적화와 경영의 효율성을 향상하는 데 기여한다.

> **기적의 TIP**
>
> **ERP 관련 알아두어야 할 용어 정리**
>
> - 모듈(Module): ERP 시스템은 다양한 기능을 수행하는 부분으로 나누어져 있다. 각 부분은 모듈이라 불리며 회계, 재고, 생산, 인사 등이 각각의 모듈이 될 수 있다.
> - 인티그레이션(Integration): ERP 시스템은 다양한 모듈 간에 데이터를 효율적으로 공유하고 통합함으로써 조직의 전체적인 흐름을 최적화한다.
> - 사용자 정의화(Customization): 기업의 특정 요구사항에 맞게 ERP 시스템을 수정하거나 조정하는 것을 의미한다.
> - 클라우드 ERP(Cloud ERP): ERP 소프트웨어와 데이터가 클라우드 기반 서버에 저장되어 관리하는 형태를 나타낸다. 이는 유연성과 접근성을 향상한다.
> - 데이터 마이그레이션(Data Migration): 기존 시스템에서 ERP 시스템으로 데이터를 이전하는 과정을 나타낸다.
> - 프로젝트 관리(Project Management): ERP 시스템을 구축하고 도입하는 과정을 관리하는 활동을 의미한다.
> - 사용자 교육(User Training): ERP 시스템을 사용하는 사용자들에게 해당 소프트웨어를 효과적으로 사용하는 방법을 가르치는 활동을 나타낸다.
> - ERP 공급업체(ERP Vendor): ERP 소프트웨어를 개발하고 판매하는 회사를 의미한다. 대표적인 ERP 공급업체로는 SAP, Oracle, Microsoft 등이 있다.

② **고객관계관리(CRM, Customer Relationship Management) 시스템**
- 기업이 고객과의 상호작용을 관리하고 최적화하기 위한 전략, 프로세스, 기술을 통칭하는 용어이다.
- CRM은 고객과의 관계를 구축하고 유지하며, 고객의 만족도를 높이고 기업의 성과를 향상하는 데 중점을 둔다.
- CRM은 다양한 측면에서 고객과의 상호작용을 효과적으로 관리한다. 이를 위해 고객의 구매 이력, 선호도, 요구사항, 의견 등을 종합적으로 파악하고 이를 활용하여 개별 고객에게 맞춤형 서비스를 제공하고 상호 소통하는 것이 목표이다.

③ **지식관리(KM, Knowledge Management) 시스템**
- 조직이나 개인이 소유한 지식 자원을 효과적으로 수집, 저장, 공유, 활용하여 조직의 경쟁력 향상을 목표로 하는 전략적인 방법론이다.
- 지식 수집과 생성, 저장과 구조화, 공유와 전파, 학습과 교육, 지식 활용과 의사결정 그리고 지속적인 개선과 혁신으로 이루어져 있다.
- 지식을 효과적으로 활용하여 조직이 민첩하게 대응하고 지속적인 혁신을 할 수 있도록 하여 경쟁력을 유지하고 발전하는 데 도움이 된다.

④ **공급사슬관리(SCM, Supply Chain Management) 시스템**
- 공급망관리라고도 하며 제품이나 서비스를 생산하고 이를 소비자에게 전달하기 위한 전체 공급 과정을 효율적으로 계획, 조직화, 실행하고 최적화하는 전략적인 접근 방식이다.
- 원자재의 조달부터 생산, 유통, 소비자 서비스에 이르는 모든 활동을 종합적으로 관리하여 비용을 최소화하고 서비스 수준을 최적화하는 목표를 가지고 있다.

기적의 TIP

공급사슬(망)관리에서 데이터의 문제로 발생하는 황소채찍 효과(Bullwhip Effect)

1. 공급사슬에서 발생하는 황소채찍 효과: 수요의 작은 변동이 생산 및 유통 과정을 통해 지속적으로 증폭되어가는 현상을 말한다. 주로 공급사슬의 각 단계에서 정보의 부정확성, 주문 배치의 시간 지연, 재고 조절의 불일치 등이 결합할 때 나타나며, 공급사슬의 효율성을 저해하고 재고 관리의 어려움을 일으킬 수 있다.

2. 황소채찍 효과가 발생하는 주요 이유와 특징

주문 배치 지연 (Order Batching Delay)	소매업체가 주문을 일괄 처리하거나, 주문 주기가 길어질 때 발생 → 생산자 및 공급자는 갑작스러운 주문 폭증을 경험하게 됨
주문 양과 주문 불확실성 (Order Quantity and Order Uncertainty)	소매업체의 대량 주문 또는 불확실한 주문 행동이 공급사슬에서 정보 왜곡을 야기하고, 불필요한 재고를 증가시킬 수 있음
재고 안전 임계치 및 안전재고 (Safety Stock and Safety Stock Thresholds)	주문이 예측되지 않은 변동성에 대비해 안전재고가 증가 가능 → 재고 비용이 증가하고 공급사슬(망)의 효율성이 감소
가격 변동 (Price Fluctuations)	할인, 프로모션 또는 가격 조정과 같은 가격 효과는 소비자가 대량으로 구매하도록 유도하며, 이는 생산 및 유통 단계에서 주문 및 재고의 불안정성을 유발할 수 있음

3. 황소채찍 효과의 해결을 위한 다양한 방법과 기술

정보 공유 (Information Sharing)	공급망 당사자 간의 실시간 정보 공유가 중요, 정확하고 신속한 정보 교환은 예측의 정확성을 높이고, 주문 및 재고에 대한 투명성을 제공하여 Bullwhip 효과를 완화할 수 있음
주문 단순화 (Order Simplification)	고객 주문을 단순화하고 정기적으로 수행함으로써 생산 및 유통 단계에서 발생할 수 있는 혼란을 최소화
재고 최적화 (Inventory Optimization)	정확한 수요 예측과 재고 최적화를 통해 재고 레벨을 낮추고, 재고 안전 임계치를 조정하여 안전재고를 줄이는 것이 중요
주문 주기 최적화 (Order Cycle Optimization)	정기적이고 일관된 주문 주기를 설정하여 주문 및 생산 프로세스를 안정화하고 불필요한 주문 주기의 변동을 최소화

4 경영 전략

1) 환경분석 개요

① 환경분석 영역

외부 환경분석	기업이나 조직이 활동하는 외부 환경을 종합적으로 분석하는 과정, 거시적인 환경분석을 통해 조직은 외부 환경의 변화에 대응하고, 경영 전략을 유연하게 조정하여 지속적인 경쟁 우위를 확보할 수 있음
산업 및 경쟁 환경분석	기업이나 조직이 속한 산업 내외의 환경을 체계적으로 분석하여 경쟁 전략을 수립하고 비즈니스 활동을 계획하는 과정, 산업 및 경쟁 환경분석을 통해 기업은 외부 환경의 동향을 예측하고 자사의 경쟁 우위를 강화하는 전략을 수립할 수 있음
내부 환경분석	기업이나 조직의 내부 요소와 자원을 종합적으로 평가하는 과정, 내부 환경분석을 통해 기업은 자체적인 강점을 확보하고 개선이 필요한 부분을 파악 가능

② 경영 기획 및 관리

경영 기획 및 관리 결과에 대해 직 · 간접적으로 영향을 미치는 의사결정자, 현업관리자, 구성원, 노조, 고객, 주주, 지역사회, 정부 기관 등 다양한 이해관계자와 공유 및 소통이 필요하다.

경영 기획	대내외 환경에 대한 분석을 토대로 조직의 가치체계, 경영 전략, 경영 계획 등 기획
경영 관리	조직의 활동 및 산출물에 대한 분석을 토대로 조직의 성과와 위험 관리

2) 외부 환경분석 방법

① PEST 분석

기업이나 조직이 외부 환경을 평가하는 데 사용되는 분석 도구 중 하나로, 정치적(Political) 요소, 경제적(Economic) 요소, 사회적(Social) 요소, 기술적(Technological) 요소에 대해 분석한다.

정치적(Political) 요소	• 정부의 안정성과 신뢰성 분석 • 정부의 정책과 규제 평가 • 정치적 변동성 및 세계적인 정치 상황 고려
경제적(Economic) 요소	• 국내 및 국제경제 상황 평가 • 통화 가치 및 환율 변동성 고려 • 소비자 소득과 소비 패턴을 고려한 경제 성장률 분석
사회적(Social) 요소	• 인구 특성과 동향 평가(인구 증가, 인구 노령화 등) • 문화적 변화와 사회적 가치 평가 • 소비자 행태, 선호도, 유행 등에 대한 이해
기술적(Technological) 요소	• 기술 혁신과 발전 동향 파악 • 산업 내 기술 사용과 경쟁력 평가 • 디지털화와 자동화의 영향 파악

② STEEP 분석, PESTEL 분석, ETRIP 분석

STEEP 분석	PEST 분석의 확장된 형태로, 정치(Political), 경제(Economic), 사회적(Social), 기술(Technological) 요소에 환경(Ecological) 요소를 추가하여 총 5가지 요소를 고려하는 분석 방법
PESTEL 분석	정치(Political), 경제(Economic), 사회적(Social), 기술(Technological), 법적(Legal), 환경(Environmental) 측면에서의 분석을 통해 외부 환경을 평가
ETRIP 분석	세계경제 동향(Economic), 국제무역(Trade), 원자재 수급(Raw material), 산업 지형(Industry), 정치 지형(Political) 등의 요소를 통해 외부 환경을 분석하는 기법

3) 산업 및 경쟁 환경분석 방법

① 3C 분석

기업이나 조직이 경쟁 전략을 수립하고 실행하는 데 도움을 주는 분석 도구 중 하나로 3C는 회사(Company), 고객(Customer), 경쟁자(Competitor)의 세 가지 요소로 구성되어 있다.

회사(Company)	기업이 보유한 자원에 대한 강점과 약점에 대한 분석
고객(Customer)	고객의 니즈와 행동에 대한 분석
경쟁사(Competitor)	경쟁자 분석 및 경쟁 전략 수립

② 5 Forces 모형

마이클 포터(Michael Porter)에 의해 개발된 경쟁 산업 분석 도구로, 산업 내부의 경쟁 구조를 이해하고 평가하는 데 사용된다. 이 모형은 산업 내에서 기업이 어떻게 경쟁하고 있는지 그리고 이에 대한 영향을 평가하는 데 도움이 되며, 다섯 가지 주요 경쟁 요인으로 구성되어 있다.

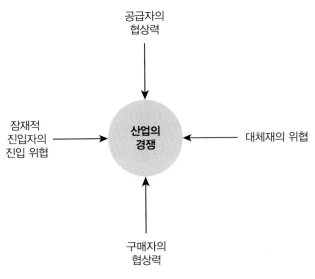

▲ 5 Forces 모형

산업의 경쟁(Rivalry among Existing Competitors)	• 산업 내에서 이미 존재하는 기업 간의 경쟁 정도를 측정 • 경쟁자의 수, 성장률, 제품 또는 서비스의 차이점, 가격 경쟁 등을 통해 측정
공급자의 협상력 (Bargaining Power of Suppliers)	• 산업 내 기업에 원자재, 부품 등을 제공하는 공급업체의 협상력을 평가 • 협상력이 강할수록 공급업체는 가격 및 조건에 대해 높은 협상력을 가짐
잠재적 진입자의 진입 위협 (Threat of New Entrants)	• 새로운 기업이 산업에 진입하는 데 어려움이 있는지 판단 • 높은 출입 장벽은 산업 내 경쟁이 낮을 가능성을 시사함
구매자의 협상력 (Bargaining Power of Buyers)	• 고객이 제품 또는 서비스의 가격 및 조건에 대해 얼마나 협상력이 있는지 측정 • 고객의 협상력이 강할수록 가격 강하 및 추가 혜택 제공이 필요함
대체재의 위협(Threat of Substitute Products or Services)	• 산업 내 제품 또는 서비스에 대체될 수 있는 대체품의 존재 여부 및 위협을 평가 • 대체품이 많고 유사성이 높을수록 위협이 높음

4) 내부 환경분석 방법

① 가치체계 분석

조직이나 기업이 내·외부의 가치를 이해하고 최대한 효율적으로 창출하며 전파하는 과정을 평가하는 도구이다. 가치체계는 조직이나 기업이 지향하는 핵심 가치와 그 가치를 실현하기 위한 구조 및 문화로 구성되어 있다.

② 7S 분석

조직이나 기업의 효율성과 효과성을 평가하는 데 사용되는 경영 도구로, 7S는 전략(Strategy), 조직 구조(Structure), 시스템(Systems), 기술(Skills), 인원(Staff), 스타일(Style), 공유된 가치(Shared values)의 일곱 가지 요소를 의미한다.

전략(Strategy)	조직이나 기업이 추구하는 목표와 방향성에 대한 전략을 평가
조직 구조(Structure)	조직 내의 계층, 권한 구조, 의사결정 프로세스 등을 평가
시스템(Systems)	프로세스, 절차, 정보시스템 등을 평가
기술(Skills)	조직 내 인력의 기술, 능력, 전문성 등을 평가
인원(Staff)	인력의 역량, 구성, 역할 등을 평가
스타일(Style)	리더십, 의사소통, 의사결정 방식 등 조직 내의 문화와 리더십 스타일을 평가
공유된 가치(Shared values)	조직 내에서 공유되는 가치, 신념, 문화를 평가

기적의 TIP

7S 분석 절차와 유의사항

1. 팀 구성: 7S 분석을 위한 팀을 구성한다. 이 팀은 조직의 다양한 부서와 수준에서 오는 다양한 관점을 대표해야 한다.

2. 목적 설정: 7S 분석을 시행하는 목적을 설정한다. 분석의 목적은 조직의 현재 상태를 이해하고, 미래의 목표에 부합하도록 요소들을 조정하는 데 있다.

3. 7S 모델 설명: 참여자들에게 7S 모델의 각 구성요소를 설명하고 이해시킨다.

4. 자료 수집: 각 S에 대한 데이터를 수집한다. 이는 설문조사, 인터뷰, 문서 분석 등을 통해 이루어질 수 있다.

5. 분석 및 평가: 수집된 자료를 기반으로 7S 각 구성요소의 현재 상태를 분석하고 평가한다. 각 S가 조직의 목표와 부합하는지를 확인한다.

6. 문제 및 강점 식별: 각 S에 대해 문제점과 강점을 식별하고, 조직 내의 상호작용 및 연결성을 평가한다.

7. 개선 전략 수립: 식별된 문제를 해결하고 강점을 강화하기 위한 전략을 수립한다. 이는 향후 구조 변경, 프로세스 개선, 리더십 스타일의 조정 등을 포함할 수 있다.

8. 계획 수립 및 실행: 개선 전략을 구체적으로 계획하고 실행한다. 각 S에 대한 변경 사항을 통합적으로 이루기 위해 효율적인 실행 계획을 수립한다.

9. 모니터링 및 평가: 변경 사항을 모니터링하고 평가하여 그 효과를 측정하며 필요한 조치를 추가로 적용한다.

③ 가치사슬(Value Chain) 분석

- 조직이나 기업의 비즈니스 활동을 기능별로 세분화하여 각각의 기능이 가치를 창출하는 과정을 이해하고 최적화하기 위한 분석이다. 비즈니스가 고객에게 서비스를 제공하는 전체 프로세스를 파악하고, 각 활동이 어떻게 가치를 창출하는지를 분석한다.

- 가치 창출을 위한 일련의 활동을 본원적 활동과 지원활동으로 구분할 수 있으며 가치사슬 분석을 통해 기업이 경쟁 우위나 열위에 있는 부분, 조직이 핵심역량 및 차별성을 갖는 영역 등을 파악할 수 있다.

본원적 활동	원자재의 투입, 생산, 물류, 판매, 마케팅과 영업, 고객서비스 등
지원활동	경영 관리, 인적 자원, 연구개발, 구매조달 등

④ 자원과 역량 분석

기업의 역량은 기업이 보유한 자원에서 기반한다는 자원 기반 관점을 바탕으로 기업이 경쟁자 대비 경쟁 우위 확보가 가능한지 분석한다.

⑤ VRIO 모형

조직의 자원이나 능력을 평가하는 도구로, 가치(Value), 희소성(Rarity), 모방가능성(Imitability), 조직 내재성(Organization)의 네 가지 기준을 기반으로 조직이 자체적으로 보유한 자원이나 능력이 경쟁 우위를 제공하는지 판단한다.

가치(Value)	자원이나 능력이 조직에게 가치를 제공하는지를 평가
희소성(Rarity)	자원이나 능력이 희귀하고 다른 경쟁자에게 쉽게 이용될 수 없는지를 평가
모방가능성(Imitability)	다른 경쟁자들이 자원이나 능력을 모방하기 어려운 정도를 평가
조직내재성(Organization)	조직이 자원이나 능력을 효과적으로 관리하고 개발할 수 있는 정도를 평가

⑥ 사업 포트폴리오 분석

기업이 보유하고 있는 다양한 사업들을 평가하고 관리하는 과정을 의미한다. 이 분석을 통해 기업은 자원을 효과적으로 할당하고 전략적으로 포트폴리오를 관리하여 경쟁 우위를 확보할 수 있다.

⑦ BCG(Boston Consulting Group) 매트릭스

- BCG 매트릭스를 사용하여 사업 포트폴리오를 분류한다. 이를 통해 사업들을 현금 소비자, 성장 가능성이 높은 사업, 성장 가능성은 작지만 안정적인 사업, 청산이나 개선이 필요한 사업 등으로 분류한다.

▲ BCG 매트릭스

스타(Star)	높은 성장률을 가지면서 동시에 높은 시장점유율을 가진 사업
캐시카우(Cash Cow)	낮은 성장률을 가지지만 상대적으로 높은 시장점유율을 가진 사업
물음표(Question Mark)	높은 성장률을 가지지만 상대적으로 낮은 시장점유율을 가진 사업
개(Dog)	낮은 성장률을 가지면서 동시에 낮은 시장점유율을 가진 사업

- 분석 결과를 토대로 개 사업은 철수나 매각하고, 캐시카우 사업에서 발생한 자금으로, 현재 시장점유율은 낮으나 전망이 밝은 물음표 사업에 투자하여 최대한 많은 스타 사업을 보유하기 위한 다양한 방안을 도출한다.

BCG 매트릭스 분석 절차

1. 제품/사업 부문 식별: 기업의 포트폴리오에서 평가하고자 하는 제품이나 사업 부문을 확인한다.

2. 시장성장률 결정: 각 제품/사업 부문이 속한 시장의 성장률을 결정한다. 이는 해당 시장이 현재 성장하고 있는지, 정체되어 있는지 또는 감소하고 있는지에 대한 평가를 포함한다.

3. 상대적 시장점유율 확인: 각 제품/사업 부문의 상대적 시장점유율을 확인한다. 이는 기업이 해당 시장에서 얼마나 큰 영향력이 있는지 나타낸다.

4. BCG 매트릭스 그리기: 2×2 매트릭스를 그린다. 가로축은 상대적 시장점유을, 세로축은 상대적 시장성장률을 나타낸다.

5. 제품/사업 부문 위치 결정: 각 제품/사업 부문을 매트릭스 상에 배치한다. 이때, 상대적 시장성장률과 상대적 시장점유율에 따라 'Star', 'Question Mark', 'Cash Cow', 'Dog'로 분류한다.

6. 전략적 결정: 분류된 각 영역에 대해 전략적인 결정을 내린다.

7. 조정 및 갱신: 매트릭스는 정기적으로 갱신되어야 하며, 시장의 변화나 기업 내부의 변화에 따라 조정될 필요가 있다.

⑧ 조직문화 분석

조직 내부의 문화적 특성과 행동 양식을 이해하고 평가한다. 조직문화는 조직 구성원들 간의 가치, 믿음, 행동 패턴, 의사소통 방식 등을 반영하는 것으로, 조직의 특성과 성과에 영향을 미칠 수 있다.

5) 전략 방향 분석 방법

① SWOT 분석

조직의 강점(Strength), 약점(Weakness), 기회(Opportunity), 위협(Threat)을 평가하는 데 사용되는 전략적 도구로, SWOT 분석은 내부와 외부 환경을 고려하여 조직이 현재 상태를 파악하고 미래의 전략을 수립할 수 있게 한다. 분석 결과를 토대로 강점 활용(SO), 위험 대응(ST), 약점 보완(WO), 손실 최소화(WT) 등의 전략 방향을 도출하여 활용할 수 있다.

▲ SWOT

SWOT 분석 절차

1. 목표 설정(Goal Identification): SWOT 분석을 수행하기 전에 분석의 목표를 명확히 설정하며, 조직의 비즈니스 전략 수립, 새로운 제품 또는 서비스 도입, 프로젝트 계획 등의 목표를 고려한다.

2. SWOT 매트릭스 작성(Create SWOT Matrix): 2×2 행렬을 그린다. 행렬의 각 셀은 강점, 약점, 기회, 위협을 각각 나타낸다.

3. 강점 식별(Identify Strengths): 조직이나 프로젝트의 내부 강점을 식별한다. 이는 조직의 리소스, 기술적 역량, 전문 지식, 경험 등에 관한 것일 수 있다.

4. 약점 식별(Identify Weaknesses): 내부적인 결점이나 약점을 식별한다. 이는 부족한 리소스, 기술적 한계, 조직 내의 프로세스 결함 등을 포함할 수 있다.

5. 기회 식별(Identify Opportunities): 외부 환경에서 발생하는 긍정적인 상황이나 기회를 식별한다. 이는 시장 트렌드, 경쟁자의 약점, 새로운 시장 진입 기회 등을 포함할 수 있다.

6. 위협 식별(Identify Threats): 외부 환경에서 발생하는 부정적인 상황이나 위험을 식별한다. 이는 경쟁자의 강점, 시장의 불확실성, 규제 변화 등을 포함할 수 있다.

7. 내부 평가(Internal Assessment): 강점과 약점에 대한 내부적 평가를 수행한다. 조직의 능력과 제약 사항을 고려하여 내부 환경을 평가한다.

8. 외부 평가(External Assessment): 기회와 위협에 대한 외부적 평가를 수행한다. 시장 동향, 경쟁 상황, 정치 및 경제적 변화 등을 고려하여 외부 환경을 평가한다.

9. 전략 개발(Strategy Development): SWOT 분석을 기반으로 전략을 개발한다. 강점을 최대화하고 약점을 극복하는 방향으로 기회를 활용하고 위협에 대비하는 전략을 수립한다.

10. 전략 실행(Strategy Execution): 수립된 전략을 실행하고 모니터링하여 결과를 평가하며, 필요한 경우 조정한다.

② 중요도-만족도(IPA) 분석

IPA(Importance-Performance Analysis) 분석은 조직이나 제품, 서비스, 프로세스 등의 요소들을 중요성과 만족도라는 두 가지 축으로 분석하여 전략적 개선 기회를 식별하는 도구이다.

1사분면 (Keep Up the Good Work)	높은 중요도와 높은 만족도를 가지는 영역으로, 현재의 뛰어난 수준을 유지하고 개선할 필요가 없는 부분
2사분면 (Concentrate Here)	높은 중요도를 가지지만 낮은 만족도를 보이는 영역으로, 개선이 필요한 핵심 영역
3사분면 (Low Priority)	낮은 중요도와 낮은 만족도를 가지는 영역으로, 현재 상태에서 특별한 개선이 필요하지 않은 부분
4사분면 (Possible Overkill)	낮은 중요도를 가지면서 높은 만족도를 보이는 영역으로, 자원의 낭비를 줄이고 더 중요한 영역에 집중

▼ 중요도-만족도(IPA) 분석

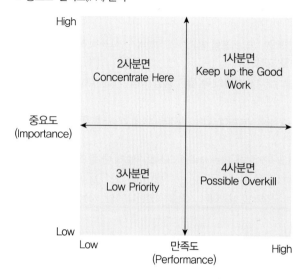

IPA 분석 절차

1. 특성 식별(Identification of Attributes): 분석을 위해 평가하고자 하는 제품이나 서비스의 특성을 식별한다. 이 특성들은 소비자나 이해관계자들이 중요하게 여기는 것들이어야 한다.

2. 중요도 평가(Assessment of Importance): 소비자나 이해관계자들에게 특성들의 중요도를 평가하도록 요청한다. 이는 설문조사, 인터뷰, 토론 등을 통해 이루어질 수 있다.

3. 성능 평가(Assessment of Performance): 같은 소비자나 이해관계자들에게 각 특성의 실제 성능을 평가하도록 요청한다.

4. 평가 결과 행렬 작성(Creation of Evaluation Matrix): Importance-Performance 행렬을 작성한다. 이 행렬은 중요도와 성능을 나타내는 축을 사용하여 각 특성을 위치시킨다.

5. 분석 및 우선순위 결정(Analysis and Prioritization): 행렬을 통해 각 특성이 중요한지, 성능이 어떤 수준인지 확인하고, 우선적으로 개선해야 할 특성들을 결정한다.

6. 전략 개발(Strategy Development): 우선순위가 높은 특성들에 대한 개선 전략을 개발한다. 이는 제품 또는 서비스의 개선, 마케팅 전략의 수정 등을 포함할 수 있다.

1) 가치체계 정립

① 가치체계 설정

미션(Mission)	• 조직의 본질적인 목적이나 가치 • 조직이 존재하는 이유와 그 목적을 명시적으로 정의한 것으로, 내부 및 외부 이해관계자들에게 조직의 핵심 가치를 전달
비전(Vision)	• 조직이 향하고자 하는 미래의 이상적인 상태를 묘사 • 조직의 장기적인 목표와 우수성을 명시하여 구성원들에게 영감을 주고, 목표를 향해 나아가는 방향을 제시
목표(Goal)	• 구체적이고 측정 가능한 성과를 달성하기 위한 명시적인 목표나 단계 • 조직이 비전과 미션을 달성하기 위해 특정 기간 추진하는 구체적인 결과물을 지칭
핵심가치(Core Value)	• 조직이 지향하는 핵심적인 가치체계 • 조직 구성원들에게 지침을 제공하고 행동 규범을 제시하며, 조직문화와 윤리적 토대를 형성

② 가치체계 정렬

조직 내에서 각 구성원이나 팀이 조직의 미션, 비전, 목표 그리고 핵심가치와 일치하도록 조정되거나 조화를 이루도록 하는 과정을 말한다. 가치체계 정렬은 조직의 일관성 있는 문화를 구축하고 향후 목표 달성을 위한 효율적인 행동을 촉진하는 데 중요한 역할을 수행한다.

2) 경영 전략 수립

① 조직 전략

변동성(Volatility), 불확실성(Uncertainty), 복잡성(Complexity), 모호성(Ambiguity)이 높은 경영환경(VUCA)에서 기업이 성공적으로 경영 활동을 수행하기 위해서는 조직 전략이 필수적이다.

변동성(Volatility)	환경이 빠르게 변하고 불안정한 특성
불확실성(Uncertainty)	미래에 대한 예측이 어려우며 불확실한 특성
복잡성(Complexity)	상호 연결된 다양한 변수와 요인들이 복잡하게 얽혀있는 특성
모호성(Ambiguity)	정보의 부족이나 해석의 다양성으로 인해 상황이 모호하고 이해하기 어려운 특성

② 경쟁 전략

기업이 경쟁 시장에서 경쟁 상대와의 차별화된 경쟁 우위를 얻기 위해 수립한 계획이나 전략이 필요하다.

원가 우위 전략	기업은 전체 산업에서 가장 낮은 비용 구조를 갖도록 노력하며, 이를 통해 제품 또는 서비스를 저렴하게 제공함으로써 시장에서 경쟁 우위를 확보하기 위해 노력하는 전략
차별화 전략	기업이 특별하거나 독특한 제품 또는 서비스를 개발하여 고객에게 차별화된 가치를 제공하는 전략
블루오션 전략	기업이 경쟁 상황에서 새로운 시장 공간, 즉 '블루오션(Blue ocean)'을 찾아내어 기존 경쟁자들과의 직접적인 경쟁을 회피하고 수익을 추구하고자 하는 전략

혁신, 꼭 파괴적일 필요 없어…기존 산업과 윈윈해도 블루오션 창출

"혁신을 위해선 기존의 것을 파괴해야 한다고들 말한다. 하지만 결코 그렇지 않다." 경제학자 조지프 슘페터가 1942년 '창조적 파괴'라는 개념을 세상에 내놓은 뒤 수많은 사람에게 '혁신은 곧 파괴'였다. 낡은 것을 부수어야 새로운 가치를 창조하고 또 성장할 수 있다고 여겼다. 블루오션 전략의 창시자 김위찬 · 르네 마보안 프랑스 인시아드 경영대학원 교수는 이에 대해 "정답이 아니다."라고 단언했다. 그는 "많은 경영자가 승자 대 패자, 제로섬(Zero-sum)의 사고방식에 여전히 갇혀 있다."라며 "기존의 것을 깨부수지 않으면서도 새로운 시장을 창출하고 혁신을 일궈내는 '비파괴적 창조'가 충분히 가능하다."라고 강조했다. 경영 사상의 두 거장이 내놓은 블루오션 전략의 업그레이드 버전이다.

출처: "혁신 꼭 파괴적일 필요 없어…기존 산업과 윈-윈해도 블루오션 창출", 한국경제 기사 전문 중 일부 발췌, https://www.hankyung.com/article/2023071190121

③ ESG 경영 전략

환경(Environment), 사회(Social), 지배구조(Governance)의 세 가지 측면을 중심으로 기업이 지속가능성과 사회적 책임을 향상하기 위한 전략이다. 기업의 사회적 책임 및 지속 가능한 경영에 대한 평가 지표로 사용되며, 기업 가치를 증가시키고 장기적인 성과를 창출하는 것을 목표로 한다.

ESG 각 항목의 내용과 예시

- 환경(Environment − E): 기업은 탄소 배출과 기후 영향을 검토하며 탄소중립 및 감축 목표를 수립하고 있다. 에너지 소비 최소화, 재생 에너지 사용 촉진으로 에너지 효율을 향상하는 것이 주요 관심사이다. 그뿐만 아니라 자원 소비에 대한 책임을 갖추고 재활용과 친환경 자원관리에 주력한다.
- 사회(Social − S): 고객 만족과 안전을 보장하며 제품 및 서비스의 품질을 강조한다. 또한 고용 관계, 근로 조건, 다양성 및 포용적인 사업 환경을 위한 정책과 실천을 강조한다. 지역사회에 긍정적인 영향을 미치도록 노력하며, 지역사회에 대한 책임을 갖도록 장려한다.
- 지배구조(Governance − G): 기업은 이사회의 독립성, 다양성, 책임감 그리고 역할에 중점을 두어 효과적인 기업 지배를 촉진하고 있다. 회계 및 재무 보고의 투명성, 내부 감사 기능, 공정한 거래 등이 강조되며, 임원 보수의 공정성과 투명성, 윤리적 경영을 높이는 것이 중요시된다.

④ 다양한 세부 전략 예시

STP 전략	유사한 욕구를 가진 고객군을 분류하는 방식으로 시장을 세분화(Segmentation)하여 자사의 역량에 부합하는 매력적인 시장을 선택(Targeting)하고, 선택된 시장에서 경쟁력 있고 차별화된 위치를 차지(Positioning)하기 위한 마케팅 전략을 수립하는 것
품질 혁신 전략	식스 시그마(6 Sigma), 전사적 품질경영(TQM, Total Quality Management) 등
운영혁신 전략	전사적 자원관리(ERP, Enterprise Resource Planning), 공급사슬관리(SCM, Supply Chain Management) 등
사업 단위 혁신 전략	아웃소싱, 구조조정 등
앤소프의 2×2 매트릭스 (Ansoff's Matrix)	제품 및 시장 개발 전략을 시각적으로 나타내는 전략적 도구로, 기업이 기존 제품 또는 새로운 제품을 기존 시장 또는 새로운 시장에 도입하는 방법

앤소프의 2×2 매트릭스 전략의 예시

- 기존 제품을 활용한 기존 시장 침투: 기존 고객을 유지하고 신규 고객을 유치하여 시장점유율을 증가시키는 전략
- 기존 제품을 활용한 신시장 발굴: 새로운 지역이나 국가로 진출하거나, 제품의 새로운 용도를 찾아내는 것
- 신제품 개발을 통한 기존 시장 공략: 기존 고객을 대상으로 새로운 제품이나 서비스를 선보이는 것
- 신제품 개발을 통한 신시장 진출: 새로운 제품을 새로운 시장에 도입하거나, 완전히 새로운 사업 영역으로 진출

3) 경영 계획 수립

① 중장기 경영 계획

기업이 중장기적인 비전과 목표를 설정하고, 그를 달성하기 위한 구체적인 전략 및 계획을 수립하는 과정이다. 일반적으로 3년에서 5년 정도의 기간을 다루며, 기업이 비즈니스 환경의 변화에 대응하고 지속 가능한 성장을 추구하기 위해 수립된다.

② 연간 사업 계획

기업이 해당 연도 동안의 비전, 목표, 전략, 및 실행 계획을 세우는 과정으로 성과 관리 및 목표 활동 계획을 수립하기 위한 기반이 된다.

③ 리스크 관리 계획

기업이 부정적인 사건이나 불확실성에 대비하여 리스크를 식별하고 관리하기 위해 기업이 향후 발생할 수 있는 다양한 리스크를 인식하고, 이를 최소화하거나 효과적으로 대응하는 방법을 제시한다.

리스크 관리 예시

시장 리스크	• 리스크 식별: 경기변동, 시장 흐름의 불확실성 • 리스크 평가: 경제 지표 모니터링, 시장 연구, 수요 예측 • 대응 전략: 수익 다변화, 대체 제품 개발, 신규 시장 진출
재무 리스크	• 리스크 식별: 환율 변동, 이자율 상승, 자금 부족 • 리스크 평가: 환율 및 이자율 모니터링, 자금 흐름 분석 • 대응 전략: 헤지 기술 사용, 자금 구조 최적화, 금융 파트너십 강화
운영 리스크	• 리스크 식별: 공급망 중단, 생산 장비 고장, 인력 문제 • 리스크 평가: 생산 공정 모니터링, 예비 부품 재고 관리, 인력 계획 • 대응 전략: 예비 공급망 구축, 예비 장비 유지보수 계획, 인력 개발 프로그램
기술 리스크	• 리스크 식별: 기술 변화, 보안 위협, 기술 기간 • 리스크 평가: 기술 동향 조사, 보안 감사, 기술 수명 주기 분석 • 대응 전략: 연구 및 개발 투자, 보안 강화, 기술 업그레이드
법적 및 규제 리스크	• 리스크 식별: 새로운 법률, 규제 변경, 소송 위험 • 리스크 평가: 법률 상담, 규제 업데이트 모니터링 • 대응 전략: 법률 준수 프로그램, 리스크 보험 가입, 변화 대비 계획

01 회사의 재무상태를 평가하는 재무관리는 오로지 내부 요소만을 고려하며, 외부 환경 요인에는 신경 쓰지 않는다. ⊙ ☒

02 재무제표 관리는 단순히 회계에 기여하는 것이 아니라 기업의 비즈니스 전략과 성과에도 영향을 미친다. ⊙ ☒

03 인적 자원 개발과 조직 개발은 오로지 직원 개인의 성장에만 초점을 맞추고 있으며, 기업 전략과는 무관하다. ⊙ ☒

04 인적 자원관리는 주로 고객의 특성과 구매 행동을 분석하여 마케팅 전략을 수립하는 데 사용된다. ⊙ ☒

05 STP 전략은 오로지 시장 분석에만 활용되며, 자사 제품의 특성과 포지셔닝에는 영향을 미치지 않는다. ⊙ ☒

06 마케팅믹스 전략은 제품, 가격, 유통, 판매촉진 등을 종합적으로 고려하여 마케팅 전략을 수립하는 데 사용된다. ⊙ ☒

07 생산 시스템 설계는 주로 시장 환경분석을 통해 제품을 설계하고 생산하는 프로세스에만 관여한다. ⊙ ☒

08 경영정보 시스템은 주로 내부적인 정보만을 수집하고 활용하며, 외부 환경에는 무관심하다.
⊙ ☒

09 전사적자원관리(ERP) 시스템은 기업의 전략에 직접적인 영향을 미치지 않고, 주로 내부 업무 효율성을 높이는 데 활용된다. ⊙ ☒

10 CRM 시스템은 오로지 판매 활동에만 관여하며, 고객과의 관계를 개선하는 데만 사용된다.
⊙ ☒

정답 01 × 해설 재무관리는 내부와 외부 환경을 모두 고려하여 기업의 재무상태를 평가한다.

02 ○ 해설 재무제표 관리는 회계뿐만 아니라 기업의 비즈니스 전략과 성과에도 영향을 미친다.

03 × 해설 인적 자원 개발과 조직 개발은 기업의 비전과 전략에 따라 조직 전체의 성장과 발전을 목표로 한다.

04 × 해설 인적 자원관리는 주로 인사와 관련된 업무를 다루며, 마케팅은 다른 부서에서 담당한다.

05 × 해설 STP 전략은 시장 분석뿐만 아니라 제품의 특성과 위치에도 영향을 미친다.

06 ○ 해설 마케팅믹스는 제품, 가격, 유통, 판매촉진 등을 종합적으로 고려한다.

07 × 해설 생산 시스템 설계는 제품 설계뿐만 아니라 공정 계획, 작업 결과 측정 등을 다룬다.

08 × 해설 경영정보 시스템은 내·외부정보를 모두 수집, 저장, 이용하여 조직 운영을 지원한다.

09 × 해설 ERP 시스템은 기업의 전략에 직접적인 영향을 미치며, 내부 업무 효율성을 높이는 데 활용된다.

10 × 해설 CRM 시스템은 고객과의 관계를 개선하고, 더불어 마케팅, 판매, 서비스 등 다양한 영역에 활용된다.

01 다음 중 조직의 목표를 달성하기 위한 관리 활동에 대한 설명으로 옳은 것은?

① 계획(Plan), 실행(Do), 점검(Check), 개선(Act)의 순환 과정을 포함한다.

② 자원의 낭비를 피하고자 실행 단계를 건너뛰고 계획 단계에서만 진행된다.

③ 목표를 설정하는 것이 아닌, 현재의 상태를 그대로 유지하는 활동이다.

④ 실행 단계에서의 결과를 고려하지 않고 지속해서 계획을 수정하는 것이 주요 목적이다.

02 다음 중 경영의 핵심 개념에 대한 설명으로 옳지 않은 것은?

① 자원관리: 경영에서 무한한 자원을 효과적으로 활용하는 방법에 중점을 두며, 재무, 시간, 노동력, 기술 및 자원의 효율적인 할당과 사용에 대한 전략적인 접근을 다룬다.

② 의사결정: 경영에서 의사결정과 의사결정 프로세스를 이해하는 것을 포함하며, 특히 불확실한 환경에서 최적의 결정을 내리는 데 필요한 능력을 강조한다.

③ 조직 구조 및 설계: 경영 분야에서 조직의 내부 구조와 설계에 관한 연구를 포함하며, 조직의 효율성과 효과성에 미치는 영향을 살펴본다.

④ 성과 평가와 피드백: 경영에서 조직의 성과를 측정하고 평가하는 방법에 중점을 두며, 이를 통해 조직이 어떻게 발전하고 개선할 수 있는지를 명확하게 이해한다.

03 다음 중 정량적 데이터와 관련된 예시로 옳지 않은 것은?

① 금액

② 길이

③ 무게

④ 색상

04 다음 중 인적 자원과 관련된 정보로 옳지 않은 것은?

① 교육 및 개발
② 급여 및 혜택
③ 근로계약 및 고용 형태
④ 고객 데이터

05 다음 중 경영에서의 자산에 대한 설명으로 옳지 않은 것은?

① 자산은 기업이 소유한 경제적 가치를 나타낸다.
② 자본에는 현금뿐만 아니라 계정 및 다른 자산도 포함될 수 있다.
③ 자산은 기업의 소유주에게 속하는 잉여 자산을 포함한다.
④ 자산은 기업이 제품이나 서비스 판매로 얻는 수입을 나타낸다.

06 다음 중 경영에서의 성과 평가와 관련된 지표로 가장 적절한 것은?

① 유동비율
② 순이익률
③ 부채비용비율
④ 주가 및 주가지수

07 다음 중 데이터 분석 및 시각화에 관한 설명으로 옳지 않은 것은?

① 정량적 데이터 예시: 금액, 길이, 무게, 시간, 온도 등
② 정량적 데이터 분석 방법: 평균, 표준 편차, 회귀 분석
③ 정성적 데이터 예시: 색상, 모양, 성격, 만족도, 태도 등
④ 데이터 분석 및 시각화: 비즈니스 활동과는 관련이 없는 활동

08 다음 중 인적 자원 정보와 관련된 항목으로 옳지 않은 것은?

① 이름, 주소, 전화번호, 이메일 주소

② 고용 시작일, 계약 종료일, 근로 시간, 임금 및 급여 정보, 생산 용량

③ 교육 이력, 자격증, 학위 정보, 교육 수료 및 훈련 기록

④ 출근 일수, 지각 및 조퇴 기록, 휴가, 병가, 연차 등의 휴가 정보

09 다음 중 경영학에서의 목표 설정과 전략 수립에 대한 설명으로 옳지 않은 것은?

① 목표 설정은 조직이 달성하고자 하는 목표를 이해하고, 그 목표를 실현하기 위한 계획을 수립하는 과정을 나타낸다.

② 목표 설정 및 전략 수립은 기업의 경쟁에서 우위를 유지하고 성공적인 비즈니스 활동을 위한 방향을 제시하는 중요한 전략적 단계이다.

③ 전략 수립은 주로 조직의 내부 구조와 설계에 관한 연구를 다룬다.

④ 목표 설정 및 전략 수립은 경영학에서 중요한 이슈로 간주하며, 이는 조직의 비전과 미션을 달성하기 위한 중요한 단계이다.

10 다음 중 경영에서의 조직 구조 및 설계와 관련된 용어로 옳지 않은 것은?

① 자본비용 산정

② 자산 관리

③ 회계 제도 및 보고서

④ 경영환경 구축

11 다음 중 경영정보 시스템(MIS)의 개념에 대한 설명으로 옳은 것은?

① 고객의 특성과 구매 행동 관련 정보를 파악하여 마케팅 전략 및 활동의 최적화를 지원한다.

② 조직 내외의 관련 정보를 수집 · 저장 · 이용할 수 있도록 지원하는 시스템이다.

③ 소싱, 생산, 보관, 유통, 판매에 이르는 일련의 과정을 통합적으로 관리하여 기업 간 거래 효율화, 재고 관리와 비용 절감 및 고객서비스 향상을 지원한다.

④ 조직 운영의 생산성, 효율성, 고객 가치 제고를 위해 경영정보 시스템의 효과적 활용이 필요하다.

12 다음 중 경영정보 시스템의 유형에 대한 설명으로 옳은 것은?

① ERP 시스템은 고객의 특성과 구매 행동 관련 정보를 파악하여 마케팅 전략 및 활동의 최적화를 지원한다.

② CRM 시스템은 조달, 생산, 보관, 유통, 판매에 이르는 일련의 과정을 통합적으로 관리하여 기업 간 거래 효율화, 재고 관리와 비용 절감 및 고객서비스 향상을 지원한다.

③ SCM은 조직 내외의 관련 정보를 수집, 저장, 이용할 수 있도록 지원하는 시스템이다.

④ ERP 시스템은 생산, 물류, 회계, 영업, 인적 자원관리 등 기능에 따라 개별적으로 운영되던 시스템을 통합하고 데이터의 흐름을 연동하여 조직 내 자원 활용의 효율성 극대화를 지원한다.

13 마케팅 · 영업관련 정보에서 고객 데이터에 대한 설명으로 옳은 것은?

① 고객의 특성과 구매 행동 관련 정보를 파악하여 마케팅 전략 및 활동의 최적화를 지원한다.

② 제품이나 서비스 판매와 관련된 데이터로, 매출액, 매출성장률, 제품 또는 캠페인별 매출 분석 등을 포함한다.

③ 목표 고객 및 고객 세그먼트에 대한 데이터를 포함하며, 개인 식별 데이터(이름, 주소, 이메일)를 포함한다.

④ 경영에서 조직의 성과를 측정하고 평가하는 방법에 중점을 두며, 광고 클릭률, 전환율, 소셜 미디어 캠페인 성과 등을 다룬다.

14 공급망관리(SCM) 시스템에 대한 설명으로 옳은 것은?

① 조달(Sourcing), 생산, 보관, 유통, 판매에 이르는 일련의 과정을 통합적으로 관리하여 기업 간 거래 효율화, 재고 관리와 비용 절감 및 고객서비스 향상을 지원한다.

② 경영 내외의 관련 정보를 수집, 저장, 이용할 수 있도록 지원하는 시스템이다.

③ 생산계획 및 일정, 원자재 재고, 생산량 등과 관련된 데이터를 포함한다.

④ 생산된 제품의 품질과 관련된 데이터로, 불량률, 불량품 비율, 품질 테스트 및 검사 결과 등을 다룬다.

15 다음 중 ERP(Enterprise Resource Planning) 시스템에서 '사용자 정의화'의 의미로 옳은 것은?

① ERP 소프트웨어를 개발하고 판매하는 회사를 의미한다.

② 기업의 특정 요구사항에 맞게 ERP 시스템을 수정하거나 조정하는 것을 의미한다.

③ 기존 시스템에서 ERP 시스템으로 데이터를 이전하는 과정을 나타낸다.

④ ERP 시스템을 사용하는 사용자들에게 해당 소프트웨어를 효과적으로 사용하는 방법을 가르치는 활동을 나타낸다.

16 경영정보 시스템(MIS)에서의 지식관리(KM) 시스템의 목적으로 옳은 것은?

① 조달, 생산, 보관, 유통, 판매에 이르는 일련의 과정을 통합적으로 관리하여 기업 간 거래 효율화, 재고 관리와 비용 절감 및 고객서비스 향상을 지원한다.

② 고객의 특성과 구매 행동 관련 정보를 파악하여 마케팅 전략 및 활동의 최적화를 지원한다.

③ 조직 내 산재하는 유무형의 지식을 조직화하고 정보의 공유를 촉진하여 업무 수행의 생산성과 품질 향상을 지원한다.

④ 조직 운영의 생산성, 효율성, 고객 가치 제고를 위해 경영정보 시스템의 효과적인 활용이 필요하다.

17 마이클포터에 의해 개발된 경쟁산업분석 도구에 대한 설명 중, 가장 바르지 못한 것은?

① 협상력이 강할수록 공급업체는 가격 및 조건에 대해 높은 협상력을 가진다.

② 높은 출입장벽은 산업 내 경쟁이 높을 가능성을 시사한다.

③ 경쟁자의 수나 성장률 등을 통해 산업의 경쟁 정도를 측정할 수 있다.

④ 대체품이 많고 유사성이 높을 수록 대체재의 위협이 크다고 할 수 있다.

18 생산운영관리에서의 품질 관리 데이터(Quality Management Data)에 대한 설명으로 옳은 것은?

① 생산 활동을 계획하고 일정을 관리하기 위한 데이터로, 생산계획 및 일정, 생산 라인 및 작업장 일정 등을 다룬다.

② 생산된 제품의 품질과 관련된 데이터로, 불량률, 불량품 비율, 품질 테스트 및 검사 결과 등을 포함한다.

③ 생산량, 생산 속도, 가동률, 가동 시간 및 비가동 시간, 생산량에 대한 평균 생산 시간을 나타내는 데이터를 다룬다.

④ 생산에 소요된 원가, 생산 단위당 제조 비용, 간접 비용 및 공용 비용에 관한 데이터를 포함한다.

19 공급사슬관리(SCM) 시스템에서의 '재고 안전 임계치 및 안전재고'를 이유로 초래되는 결과로 가장 적절한 것은?

① 기업 간 거래 효율화, 재고 관리와 비용 절감 및 고객서비스 향상을 지원한다.

② 주문이 예측되지 않은 변동성에 대비해 안전재고가 증가하고, 이로 인해 재고 비용이 증가하고 공급망 효율성이 감소한다.

③ 소매업체에서 대량 주문 또는 불확실한 주문 행동이 공급사슬에서 정보 왜곡을 야기하고, 이는 불필요한 재고를 증가시킬 수 있다.

④ 주문이 일괄로 처리되거나, 주문 주기가 길어질 때 발생하며, 이로 인해 생산자 및 공급자는 갑작스러운 주문 폭증을 경험한다.

20 7S 분석의 요소 중 가장 적절하지 않은 것은?

① 조직 구조(Structure)

② 사회 가치(Social Values)

③ 기술(Skills)

④ 시스템(System)

21 다음 중 외부 환경분석 방법으로 가장 적절한 것은?

① 7S 분석

② STEEP 분석

③ 가치사슬(Value Chain) 분석

④ 3C 분석

22 마이클 포터가 제시한 산업구조를 분석하는 데 사용되는 기법으로 가장 적절한 것은?

① 5 Forces 모형

② SWOT 분석

③ 7S 분석

④ BCG 매트릭스

23 다음 중 조직문화를 분석하는 데 활용되는 모델로 가장 적절한 것은?

① 5 Forces 모형

② 가치사슬(Value Chain) 분석

③ 경쟁가치모형

④ 7S 분석

24 다음 중 사업 포트폴리오 분석에 사용되는 프레임워크로 가장 적절한 것은?

① 7S 분석

② BCG 매트릭스

③ VRIO 모형

④ SWOT 분석

25 가치사슬(Value Chain) 분석에 대한 설명으로 옳지 않은 것은?

① 가치사슬 분석은 조직의 부가가치 창출 체계와 프로세스에서의 경쟁력을 검토하는 방법이다.

② 가치사슬은 본원적 활동과 지원활동으로 구분되며, 본원적 활동은 원자재의 투입부터 제품의 생산, 판매, 서비스, 연구개발 등을 포함한다.

③ 가치사슬 분석을 통해 조직이 경쟁 우위나 열위에 있는 부분, 핵심역량, 차별성을 식별할 수 있다.

④ 가치사슬은 경쟁사의 활동과 비교하여 조직의 상대적인 강점과 약점을 파악하는 데 사용된다.

26 조직 전략과 관련이 깊은 경영환경(VUCA)의 구성 요소로 부적절한 것은?

① Uncertainty(불확실성)

② Variety(다양성)

③ Complexity(복잡성)

④ Ambiguity(모호성)

27 중장기 경영 계획의 목적으로 가장 적절한 것은?

① 연간 사업 계획의 밑그림 제공

② 경영 비전과 목표의 달성

③ 리스크 관리 계획의 수립

④ 연간 예산의 설정

28 ESG 경영 전략에서 약자 'G'가 뜻하는 것으로 가장 적절한 것은?

① 등급(Grade)

② 정부(Government)

③ 지배구조(Governance)

④ 성장(Growth)

29 앤소프의 2×2 매트릭스에서 '신제품 개발을 통한 신시장 진출'에 해당하는 전략으로 가장 적절한 것은?

① 기존 제품을 활용한 기존 시장 침투
② 기존 제품을 활용한 신시장 발굴
③ 신제품 개발을 통한 기존 시장 공략
④ 완전히 새로운 사업 영역으로 진출

30 경영 전략에서 중요한 리스크 요소를 식별하고 대응하는 데 사용되는 계획으로 가장 적절한 것은?

① 경쟁 전략
② 중장기 경영 계획
③ 리스크 관리 계획
④ 연간 사업 계획

합격을 다지는 예상문제 | 정답 & 해설

01	①	02	①	03	④	04	④	05	④
06	④	07	④	08	②	09	③	10	④
11	②	12	④	13	③	14	①	15	②
16	③	17	②	18	②	19	②	20	②
21	②	22	①	23	④	24	②	25	②
26	②	27	②	28	③	29	④	30	③

01 ①

오답 피하기

② 계획은 목표를 수립하고 방향을 설정하는 단계이며, 실행은 계획을 실제로 수행하는 과정이다.
③ 점검 단계에서는 실행 결과를 평가하고 문제점을 파악한다.
④ 개선 단계에서는 발견된 문제를 해결하고 프로세스를 향상시킨다.

02 ①

자원관리는 경영에서 중요한 핵심 개념 중 하나로, 제한된 자원을 효과적으로 활용하는 것이 핵심이다.

03 ④

색상은 정량적인 속성이 아닌 비수치적인 속성으로, 정량적 데이터와 구분된다.

04 ④

고객데이터의 경우 마케팅 영업 관련 정보에 더 가깝다

05 ④

자산은 기업의 소유와 관련이 있으며, 수입과는 직접적인 연관성이 없다.

06 ④

기업의 주가와 시장의 주가 지수는 투자자들이 기업의 성과를 평가하는 데 중요한 지표로 활용된다.

07 ④

데이터 분석 및 시각화는 비즈니스 활동과 밀접한 관련이 있다.

08 ②

근로 시간, 임금, 급여 정보 등은 인적 자원 정보에 포함될 수 있지만, 생산 용량과 관련된 내용은 관련이 없는 항목이다.

09 ③

전략 수립은 주로 조직의 내부 구조와 설계보다는 외부 환경, 경쟁 전략, 비즈니스 모델에 더 관련이 있다.

10 ④

경영환경 구축은 조직 구조 및 설계와는 직접적인 관련이 없는 용어이다.

11 ②

경영정보 시스템(MIS)은 조직 내외의 관련 정보를 수집, 저장, 이용할 수 있도록 지원하는 시스템이며, 조직 운영의 효율성을 높이기 위한 목적을 가지고 있다.

12 ④

ERP 시스템은 생산, 물류, 회계, 영업, 인적 자원관리 등의 기능을 통합하고, 조직 내 자원 활용의 효율성을 극대화하는 시스템이다.

13 ③

고객 데이터는 목표 고객 및 고객 세그먼트에 대한 데이터를 포함하며, 개인 식별 데이터를 포함하여 고객을 식별하고 이해하는 데 사용된다.

14 ①

공급사슬관리(SCM) 시스템은 조달, 생산, 보관, 유통, 판매에 이르는 과정을 통합적으로 관리하여 기업 간 거래 효율화, 재고 관리, 비용 절감, 고객서비스 향상을 지원한다.

15 ②

사용자 정의화(Customization)는 기업의 특정 요구사항에 맞게 ERP 시스템을 수정하거나 조정하는 것을 의미한다.

16 ③

지식관리(KM) 시스템은 조직 내 산재하는 유무형의 지식을 조직화하고 정보의 공유를 촉진하여 업무 수행의 생산성과 품질 향상을 지원한다.

17 ②

높은 출입장벽은 산업 내 경쟁이 낮을 가능성을 시사한다.

18 ②

품질 관리 데이터는 생산된 제품의 품질과 관련된 데이터로, 불량률, 불량품 비율, 품질 테스트 및 검사 결과 등을 다룬다.

19 ②

공급사슬관리에서 실제 변동성이 늘어날 것을 대비하여 안전재고가 증가할 수 있다. 이런 대비와 같은 경우는, 경영자나 의사결정책임자의 위험 회피 성향과도 관련이 있을 수 있다. 이렇게 증가된 안전재고는 재고비용(보관 및 유지 비용)을 증가시키고, 공급망 전체의 효율성을 감소시킨다.

20 ②

7S 분석의 요소는 사회가치가 아니라 공유된 가치(Shared values)가 포함된다.

21 ②

STEEP 분석은 PEST 분석에 자연환경(Ecological) 요소를 추가하여 산업과 기업을 둘러싼 다양한 환경적 측면을 평가한다.

22 ①

5 Forces 모형은 마이클 포터가 제시한 산업구조 분석 도구로, 대체재, 잠재적 진입자, 기존 경쟁자 간의 경쟁 강도, 공급자 및 구매자의 협상력을 평가한다.

23 ④

7S 분석은 조직의 경쟁가치모형이며, 조직문화 구성원들의 사고와 행동의 암묵적인 기준을 진단하는 데 사용된다.

24 ②

BCG 매트릭스는 사업 포트폴리오의 상대적 시장점유율과 시장성장률을 기반으로 사업을 분류하는 데 사용되는 프레임워크이다.

25 ②

가치사슬에서 본원적 활동은 원자재의 투입, 생산, 물류, 판매, 마케팅과 영업, 고객서비스 등을 포함하는데, 연구개발은 본원적 활동에 포함되지 않는다.

26 ②

V는 Volatility(변동성)을 의미한다.

27 ②

중장기 경영 계획은 경영 비전과 목표의 달성을 위한 청사진으로, 3~5년 단위의 계획이다. 이는 연간 사업 계획의 기반이 되며, 경영 비전과 목표를 구체화하여 중장기적인 성과를 추구하는 데 활용된다.

28 ③

ESG는 환경(Environmental), 사회(Social), 지배구조(Governance)의 세 가지 측면을 나타낸다. 'G'는 기업의 지배구조에 대한 책임과 투명성을 강조한다.

29 ④

앤소프의 2×2 매트릭스에서 '신제품 개발을 통한 신시장 진출'은 새로운 제품을 개발하여 새로운 시장에 진출하는 전략을 의미한다.

30 ③

리스크 관리 계획은 경영 리스크에 대한 식별, 평가, 대응, 모니터링 체계를 수립하는 데 사용된다. 이는 경영 활동 중에 발생할 수 있는 다양한 리스크에 대비하여 기업의 지속 가능한 성장을 도모하는 중요한 계획이다.

CHAPTER

02

기업 내부정보 파악

회계·재무·인적 자원 기본정보

1 회계 · 재무 정보 관련 용어

1) 회계

① 회계의 개념

- 경제적 활동을 추적하고 기록하여 기업이나 조직의 재정 상태와 성과를 파악하는 과정을 의미하며 기업의 금융 건강 상태를 이해하고 비즈니스 결정을 내리는 데 도움을 준다.
- 'K-IFRS'는 한국에서 채택된 국제회계기준(IFRS, International Financial Reporting Standards)을 의미한다. IFRS는 국제적으로 회계 기록과 재무제표 작성을 일관되게 하기 위한 국제적인 회계 표준이다. 한국에서는 'K-IFRS'라는 용어로 비즈니스 및 기업의 회계 및 재무 보고를 국제적인 표준과 조화시키기 위해 도입되었다. K-IFRS를 따르는 기업은 자사의 재무상태, 손익계산서, 현금흐름표 등을 IFRS 기준에 따라 작성하여 공개해야 한다.

② 회계의 구분

회계의 구분	설명
재무회계	외부 이해관계자에게 기업의 재무상태와 성과를 공개하고 설명하기 위한 것
관리회계	기업 내부의 의사결정 및 계획에 도움을 주기 위한 것으로, 경영진이 기업 운영을 최적화하고 효과적인 의사결정을 내리는 데 사용
세무회계	정부의 세무 규정을 준수하고 세금을 정확하게 계산하며, 기업이 세법을 따르도록 하는 것

③ 기간에 따른 회계 활동

회계 활동은 일반적으로 회계기간의 행위와 회계기간 말의 행위로 구분된다.

분개장	회계기간 중 일상적인 거래를 기록하기 위한 원시 기록장이며, 모든 회계 거래의 출발점
시산표	분개장에 기록된 거래를 종합하여 회계기간 말에 각 계정의 원장을 작성하는 역할로 차변과 대변의 합의 일치 여부를 확인
정산표	재무제표 작성 전에 잘못된 분개나 계산 오류를 찾기 위해 사용되며, 결산이 쉬운 서식으로 정리
재무제표	기업의 재무상태와 성과를 요약하여 보고하는 문서로, 주요 재무제표에는 손익계산서, 재무상태표, 현금흐름표 등이 포함됨

▲ 분개장

▲ 시산표

▲ 정산표(10위식)

▲ 재무제표

2) 재무제표

① 재무제표

기업의 경영활동에 따른 재무상태를 국제적인 회계 표준(IFRS) 또는 일반적으로 인정되는 회계원칙
(GAAP)에 따라 보여주는 회계 보고서로 재무상태표, 손익계산서, 현금흐름표, 자본변동표, 주석으로 구성
된다.

② 재무상태표

- 대차대조표라고도 하며 일정 시점에서의 기업의 자산, 부채, 자본의 현황을 보여준다.
- 자산은 기업이 보유한 경제적 가치, 부채는 기업이 제3자에게 지불할 책임, 자본은 기업의 순자산을 나
타낸다.
- 자산(유동자산, 비유동자산), 부채(유동부채, 비유동부채), 자본 등이 포함된다.
- 대차대조표는 '자산=부채+자본'의 식을 만족해야 한다.

재무상태표 항목의 구성	설명
자산 항목	자산은 기업이 보유한 경제적 가치 ⑩ 유동자산(당좌자산, 재고자산), 비유동자산(유형자산, 무형자산, 투자자산, 기타) 등
부채 항목	부채는 기업이 제3자에게 지불할 책임이 있는 금액 ⑩ 유동부채(미지급비용, 단기금융부채), 비유동부채(장기금융부채) 등
자본 항목	자본은 기업의 순자산을 나타내며, 주주에게 배당되거나 기업 운영에 재투자되어 순자산을 유지 ⑩ 자본금(보통주자본금, 우선주자본금), 이익잉여금 등

③ 손익계산서 _{24년 2회}

- 특정 기간의 수익과 지출을 나타내어 기업의 순이익 또는 순손실을 계산한다.
- 손익계산서의 수익과 비용, 이익과 손실을 나타내어 기업의 영업 성과를 측정하는 것을 목적으로 한다.
- 매출액, 판매비와 관리비, 영업이익, 순이익 등이 포함되어 수익 창출 능력을 알 수 있다.

손익계산서의 구성	내용
비용 항목	• 매출원가(COGS, Cost of Goods Sold): 매출을 생성하기 위해 생산된 제품 또는 제공된 서비스에 직접 소요된 비용 • 판매비와 관리비(SG&A, Selling, General, and Administrative expenses): 제품이나 서비스의 판매 및 기업의 전반적인 운영을 위해 발생한 비용 • 급여 및 인건비(Wages and Salaries): 직원들에게 지급된 급여와 연관된 비용 • 이자 비용(Interest Expense): 부채를 이용해 돈을 빌렸을 때 발생하는 이자 비용 • 세금 비용(Income Tax Expense): 법인세 등을 포함한 세금으로 인한 비용 • 감가상각비(Depreciation and Amortization): 자산의 가치가 시간이 지남에 따라 감소하는 것을 반영한 비용
수익 항목	• 매출액(Sales or Revenue): 기업이 제품이나 서비스를 판매함으로써 발생하는 전체 수익 • 이자수익(Interest Revenue): 기업이 투자 등으로 얻은 이자로 발생하는 수익 • 임대수익(Rental Revenue):부동산 또는 장비 등을 임대하여 발생하는 수익 • 판매 수수료(Sales Commissions): 제품이나 서비스의 판매에서 발생한 수익 중 판매 수수료 • 라이선스 수익(Licensing Revenue): 특허, 상표, 소프트웨어 등의 라이선스로 발생한 수익

	매출액	100,000,000	
−	매출원가	75,000,000	재료비, 노무비, 경비, 감가상각 등
=	매출총이익	25,000,000	
−	판매관리비	15,000,000	직원급여, 복리후생비 등
=	영업이익	10,000,000	
+	영업외수익	1,000,000	이자수익 등(기업의 주된 영업 활동 이외의 수익)
−	영업외비용	1,500,000	이자비용, 기부금 등
=	법인세차감전이익	9,500,000	
−	법인세등	1,045,000	법인세율(10~25%), 지방소득세
=	당기순이익	8,455,000	

▲ 손익계산서에 포함된 데이터의 구조

🅱 기적의 TIP

'기업 성적표' 손익계산서, 뜯어 보면 주가가 보인다.

오늘은 '기업의 성적표'로 불리는 손익계산서 보는 법을 ABC부터 알려드립니다. 주식을 1도 모르는 왕초보라 해도, 기업의 매출액이나 영업이익·당기순이익 정도는 살펴보려 합니다. 성적이 좋은 학생이 미래 소득도 높다는 건 노동경제학이 증명해 온 진리. 기업도 이익을 잘 내는 기업이 주주들에 더 많이 베풀 수 있으니, 주가가 오르는 건 당연합니다. 주가란 이익의 방향과 함께 가기 마련. 손익계산서조차 보지 않고 주식 투자를 하는 건 네비게이션도 켜지 않고 운전부터 하는 격이죠. 손익계산서란 기업이 얼마를 벌었다는 걸 알려주는 재무제표 아닌가? 이 정도로만 알면 절반만 아는 것입니다. 개미가 오해하기 쉬운 부분부터 짚어 보면 손익계산서에서 '매출액이 얼마다.'라고 기록하는 시점은 판매 행위가 '발생한 시점'이지, 현금이 들어온 시점이 아닙니다. 이걸 회계에선 발생주의라고 합니다.

예를 들어 ㈜앤츠랩마트가 ㈜안동제리찜닭에 간편식 찜닭 100만 원어치를 주문하고 대금은 한 달 뒤에 주는 계약을 맺었다고 가정해 봅시다. ㈜안동제리찜닭은 이 찜닭 간편식 상품을 납품하는 시점에 매출액을 기록합니다. 그러니까 매출액은 100만 원이 생겼는데, 대금은 아직 못 받은 상황이죠. 이건 매우 중요한 얘기입니다. 기업 활동은 대부분 외상 거래로 이뤄지는데, 상품을 주문한 곳이 부도가 나 대금을 못 주는 경우도 곧잘 있습니다. 이런 일 때문에 매출액이 손실로 돌변해 흑자 기업이 하루아침에 적자 기업으로 변하기도 하는 것이죠.

출처 : "'기업 성적표' 손익계산서, 뜯어 보면 주가가 보인다.", 중앙일보 기사 전문 중 일부 발췌, https://www.joongang.co.kr/article/25067469#home

④ 현금흐름표 24년 1회

• 특정 기간의 현금흐름을 기록하여 현금의 유입과 유출을 추적하고 기업의 현금 관리와 재무 건전성을 평가한다.
• 영업활동으로 인한 현금흐름, 투자활동으로 인한 현금흐름, 재무 활동으로 인한 현금흐름 등이 포함된다.

현금흐름표의 구성	설명
영업 활동으로 인한 현금흐름	기업의 핵심 영업활동에서 발생한 현금흐름 ᳇ • 판매 수익으로 인한 현금흐름 • 원재료 및 운영 비용 지출 • 이자 및 세금 지출 • 기타 영업활동 관련 현금흐름
투자 활동으로 인한 현금흐름	기업이 자산을 취득하거나 처분할 때 발생하는 현금흐름 ᳇ • 유형자산(부동산, 플랜트, 설비)의 취득 및 처분으로 인한 현금흐름 • 투자자산의 취득 및 처분으로 인한 현금흐름 • 자회사의 지분 취득 및 처분으로 인한 현금흐름
재무 활동으로 인한 현금흐름	기업이 자금을 조달하거나 배당을 지급할 때 발생하는 현금흐름 ᳇ • 주식 발행 또는 자사주 취득으로 인한 현금흐름 • 차입금의 발행 또는 상환으로 인한 현금흐름 • 배당 지급으로 인한 현금흐름

⑤ 자본변동표 24년 2회

- 특정 기간 기업의 자본의 변동을 나타내는 재무 보고서이다.
- 주로 기업의 주주들에게 제공되며, 기업의 자본 구조의 변화와 이에 따른 영향을 설명한다.
- 자본금의 변동은 기업의 자본 구조에서 자본금 부분이 특정 기간 어떻게 변했는지를 나타내며, 자본금은 기업이 주식을 발행하고 그에 따라 주주에게 발행된 주식의 가치를 나타내는 데 사용된다.

유상증자	• 기업이 새로운 자본을 조달하기 위해 주식을 추가로 발행하는 것 • 증자는 주주에게 새로운 주식을 구매할 기회를 제공하고, 이로 인해 기업의 자본금이 증가
유상감자	• 기업이 주식의 수를 감소시켜 자본을 감소시키는 것 • 감자는 일반적으로 기업이 부채 감소 등의 목적으로 주식을 소각할 때 발생
무상증자	• 기업이 이익잉여금이나 기타 유상자본을 활용하여 주주에게 추가 주식을 무상으로 배당하는 것 • 무상증자로 인해 주식의 수가 증가하며, 주주는 추가 주식을 얻게 됨
무상감자	• 주식의 수를 감소시키고 이를 기업의 자본으로 환입하는 과정 • 무상감자는 자본 구조의 최적화나 기업의 재무 건전성을 향상시키기 위한 목적
보통주	• 기업의 기본 주식 종류로, 주주에게 특별한 투표 또는 배당 권한을 주는 일반적인 주식 • 기업의 이익에 따라 배당금이 지급되고, 주주는 회사 경영에 참여할 권리를 가짐
우선주	• 특별한 권리를 갖는 주식으로, 배당이나 자산 분배에서 일반 주주에 비해 우선됨 • 우선주는 일반적으로 일정한 배당을 받을 권리가 있지만, 투표권은 제한적일 수 있음

- 자본잉여금의 변동: 자본잉여금은 주식을 발행할 때의 차액을 나타내는데, 주로 주식의 발행과 관련이 있다. 유상증자 등으로 인해 주식이 추가로 발행될 경우 자본잉여금이 증가하게 된다.
- 자본조정의 변동: 자본조정은 주로 주식의 가치 조정, 주식의 재취득, 우선주 배당 등과 관련이 있다. 예를 들어, 주식의 재취득으로 자본이 감소할 경우 자본조정이 감소하게 된다.
- 기타포괄손익누계액의 변동: 기타포괄손익은 일반적으로 손익계산서에 반영되지 않는 항목들을 포함하며, 주로 환율 변동, 금융자산의 재측정, 연결법 적용 등과 관련이 있다. 이 항목의 변동은 주로 기업의 비용 및 수익의 변동이 아닌 기타 재무 활동과 관련이 있다.
- 이익잉여금의 변동: 이익잉여금은 기업이 누적된 순이익에서 배당을 제외한 나머지 부분을 나타낸다. 이익잉여금의 변동은 순이익의 증가 및 배당의 지급 등으로 인해 발생한다.
- 자본변동표에 표시되는 자본의 구성은 아래 표와 같다.

구분	설명 및 세부 항목 예시
자본금	자본금은 기업이 주식을 발행하여 확보한 자금 ⑩ 보통주자본금, 우선주자본금
자본잉여금	자본잉여금은 주식 발행 시 주식의 명목 가액을 초과하는 금액 ⑩ 주식발행초과금, 기타자본잉여금 등
자본조정	자본조정은 기업이 자사의 주식을 매입하여 소각하거나 발행한 주식의 가치를 조정하는 등의 자본 조작 활동 ⑩ 자기주식, 주식할인발행차금 등
기타포괄손익누계액	기타포괄손익누계액은 일반적으로 손익계산서에 반영되지 않는 항목들로 구성 ⑩ 매도가능증권 평가손익, 해외사업환산손익 등
이익잉여금	이익잉여금은 기업이 누적된 순이익에서 배당을 제외한 나머지 부분 ⑩ 법정적립금(이익준비금 등), 임의적립금, 미처분이익잉여금 등

⑥ 재무제표 간 상호연관성

재무제표 간에는 상호연관성이 있으며, 이러한 연관성을 이해하는 것이 기업의 재무상태 및 성과를 평가하는 데 중요하고 재무제표 간에는 상호 보완적 관계가 있다.

3) 재무제표 작성 원칙

신뢰성	회계 처리 및 보고는 신뢰할 수 있도록 객관적인 자료와 증거에 의하여 공정하게 처리하여야 함
명료성	재무제표의 양식 및 과목과 회계용어는 이해하기 쉽도록 간단·명료하게 표시하여야 함
충분성	중요한 회계 방침과 회계 처리 기준·과목 및 금액에 관하여는 그 내용을 재무제표상에 충분히 표시하여야 함
계속성	회계 처리에 관한 기준 및 추정은 기간별 비교가 가능하도록 매기 계속하여 적용하고 정당한 사유 없이 이를 변경하여서는 안 됨
중요성	회계 처리와 재무제표 작성에 있어서 과목과 금액은 그 중요성에 따라 실용적인 방법에 따라 결정하여야 함
안전성	회계 처리 과정에서 2 이상의 선택 가능한 방법이 있는 경우에는 재무적 기초를 견고히 하는 관점에 따라 처리하여야 함
형식보다 실질 우선	회계 처리는 거래의 실질과 경제적 사실을 반영할 수 있어야 함
발생주의	모든 수익과 비용은 해당 항목이 발생한 기간에 정당히 배분되도록 처리해야 함
수익비용 대응	수익 항목과 관련된 비용 항목을 명확히 분류하고 대응하여 작성하여야 함

4) 재무비율 24년 2회

• 기업의 재무상태와 성과를 분석하기 위해 사용되는 도구이다.
• 다양한 재무 데이터 간의 상호 관계를 측정하여 기업의 금융 건강 상태를 평가하고, 투자자, 신용 기관, 경영진 그리고 기타 이해관계자들이 중요한 결정을 내릴 때 도움이 된다.
• 주요한 재무비율은 다양한 관점에서 기업의 재무 건전성을 분석하는 데 사용된다.
• 주요 재무비율을 안정성, 수익성, 활동성, 성장성, 생산성, 시장가치 비율로 구분하여 설명할 수 있다.

구분	주요 예시 및 개념	기타 예시
안정성비율	• 유동비율(Current Ratio): 유동자산을 유동부채로 나눈 비율 • 당좌비율(Quick Ratio): 유동자산 중 당좌자산을 유동부채로 나눈 비율	부채비율 등
수익성비율	• 순이익률(Net Profit Margin): 순이익을 매출로 나눈 비율 • ROA(Return On Assets): 총자산에 대한 순이익의 비율 • ROE(Return On Equity): 자본에 대한 순이익의 비율	투자자본수익률(ROI) 등
활동성비율	• 자산회전율(Asset Turnover Ratio): 매출을 총자산으로 나눈 비율 • 재고회전율(Inventory Turnover Ratio): 매출을 평균 재고로 나눈 비율	재고자산회전율 등
성장성비율	• 매출증가율(Revenue Growth Rate): 연간 매출의 증가율 • 순이익증가율(Net Profit Growth Rate): 연간 순이익의 증가율	매출액증감률 등
생산성비율	• 총자산회전율(Total Asset Turnover): 매출을 총자산으로 나눈 비율 • 총자본회전율(Total Equity Turnover): 매출을 총자본으로 나눈 비율	노동생산성 등
시장가치비율	• 주당순이익(EPS, Earnings Per Share): 주당 이익을 나타내는 비율 • 주가수익비율(P/E Ratio, Price-To-Earnings Ratio): 주가를 주당순이익으로 나눈 비율	주가수익배수 등

① **안정성비율:** 기업이 재무 건전성을 평가하는 데 사용되는 비율로, 주로 기업의 지금과 미래의 금융 건전성을 측정한다. 안정성 비율은 기업이 부채를 상환하고 재무위기에 대비하는 데 얼마나 견고한지를 나타낸다.

• 유동비율: 유동자산을 유동부채로 나눈 비율로, 이 비율은 현재 자산이 현재 부채를 상환하는 데 얼마나 충분한지를 나타내며, 1보다 높을수록 안정성이 높다고 판단할 수 있으며, 통상 200% 이상이 이상적이다.

공식	유동비율=유동자산÷유동부채
유동자산	유동자산은 기업이 단기적으로 현금화될 수 있는 자산으로, 주로 현금, 단기금융상품, 매출채권, 재고 등이 이에 해당
유동부채	유동부채는 기업이 단기 내에 상환해야 하는 부채로 단기 차입금, 매입채무, 미지급금 등이 이에 포함됨

• 당좌비율: 당좌자산(재고를 제외한 유동자산)을 유동부채로 나눈 비율로, 일반적으로 100% 이상이면 유동성이 우수한 것으로 보고, 50% 이하면 위험한 것으로 평가된다.

공식	당좌비율=당좌자산÷유동부채
당좌자산	당좌자산은 현금화가 빠른 유동자산, 현금, 단기금융상품, 매출채권 등이 이에 해당

• 부채비율: 자기자본과 타인자본의 비율(타인자본/자기자본)로 기업이 자기자본 대비 얼마나 많은 부채를 가졌는지에 대한 기업 자본구성의 건전성을 평가하며, 높은 부채비율은 높은 재무 위험을 의미한다.

• 이자보상비율: 기업이 이자 비용을 얼마나 충당할 수 있는지를 나타내는 재무비율이며, 영업이익을 이자 비용으로 나눈 비율이다. 즉, 기업의 이자 지불 능력을 측정하여 채무 상환능력을 평가하는 데 사용하며, 보통 1.5 이상이면 상환능력이 충분한 것으로, 일반적으로 이자보상비율이 1보다 크면, 기업은 영업이익으로 이자를 충당할 수 있는 것으로 간주하며, 1 미만이면 위험한 것으로 판단한다.

[F] 기적의 TIP

이자 감당 어려운 기업 역대 최다…수익·안정성 악화

지난해 영업이익으로 이자 비용도 못 내는 이자보상비율 100% 미만 기업의 비중이 역대 최고치를 기록한 것으로 나타났다. 이자보상비율이란 영업이익을 이자 비용으로 나눈 것이다. 100% 미만이면 이자 비용이 영업이익보다 큰 셈이다. 25일 한국은행이 발표한 '2022년 연간 기업경영분석'에 따르면 지난해 말 기준 비금융 영리기업 중 이자보상비율이 100% 미만인 기업의 비중은 42.3%로 나타났다. 이는 지난해 40.5%에 비해 증가한 것이고, 한국은행 집계 이후 최대다. 기업의 평균 이자보상비율은 348.57%로 나타났다. 역시 전년도의 487.90%에 비해 큰 폭 하락했다. 안정성 측면에서도 기업의 부채비율과 차입금 의존도가 소폭 늘었다. 부채비율(120.3%→122.3%)과 차입금 의존도(30.2%→31.3%)는 비제조업을 중심으로 상승했다. 제조업은 부채비율이 소폭 개선됐다. 성장성 지표로는 매출액 증가율이 15.1%, 총자산의 증가율은 9.7%를 기록하며 상대적으로 높은 증가세를 유지했다.

출처: "이자 감당 어려운 기업 역대 최다…수익·안정성 악화", 연합인포맥스 기사 전문 중 일부 발췌
https://news.einfomax.co.kr/news/articleView.html?idxno=4285335

② **수익성비율:** 기업이 어떻게 자산을 활용하고 이익을 창출하는지를 평가한다.

- 자기자본이익률(ROE): 자기자본에 대한 순이익의 비율로, 주주에게 제공되는 수익을 의미한다.

공식	순이익÷자기자본×100(%)
해석	• ROE는 기업이 자본을 활용하여 얼마나 효과적으로 이익을 창출하는지를 나타내는 지표 • 주주에게 제공된 수익을 평가하는 데 사용 • 높은 ROE는 기업이 효과적으로 자본을 활용하여 수익을 창출하는 것을 나타내며, 주주에게 높은 수익을 제공할 가능성이 있음
듀폰항등식	• 듀폰 항등식(Dupont Identity)은 기업의 ROE(Return On Equity)를 세부적인 구성요소로 분해하여 분석하는 데 사용되는 재무지표 • 이 항등식은 ROE의 변화가 어떤 구성요소에서 비롯되었는지를 파악하기 위해 사용 • 각 구성요소의 변화가 ROE에 어떤 영향을 미치는지 이해하고, 기업의 수익성과 효율성에 대해 이해할 수 있음 $$ROE = \frac{순이익}{자본} = \frac{순이익}{매출액} \times \frac{매출액}{자산} \times \frac{자산}{자본}$$

- 총자산이익률(ROA): 기업이 총자산을 얼마나 효과적으로 활용하여 이익을 창출하는지를 측정하는 지표이다.

공식	당기순이익÷총자산×100(%)
해석	• ROA는 기업이 총자산을 얼마나 효과적으로 활용하여 이익을 창출하는지를 측정하는 지표 • 높은 ROA는 기업이 자산을 효과적으로 활용하여 수익을 창출하는 것을 나타내며, 투자한 자산에 대한 수익성이 높다는 것을 의미 • 주로 ROE는 주주에게 어떻게 이익을 제공하는지를 강조하고, ROA는 기업의 총자산을 효율적으로 활용하는 능력을 중시하는 데 사용

- 매출액순이익률: 기업의 매출에서 발생한 순이익이 전체 매출에 대한 비율을 나타내는 지표이다.

공식	당기순이익÷매출액×100(%)
해석	• 기업이 매출로부터 얼마나 순이익을 창출하는지를 나타내므로, 기업의 수익성을 평가하는 중요한 지표로 마진의 개념으로 볼 수 있음 • 통상 10% 이상이면 양호한 것으로 평가, 다만 업종에 따라 수익성에 큰 차이가 있으므로 업종별 비교가 필수

- 투자자본수익률(ROI): 투자에 대한 수익률을 측정하는 지표로 활용한다.

공식	당기순이익÷투자금액×100(%)
해석	• 특정 투자가 얼마나 효과적으로 이익을 창출하는지를 나타내며, 비율이 높을수록 투자 대비 성과가 효과적이라는 의미를 지님 • 투자안의 기간과 내재 위험을 고려하지 못하는 한계 • ROI가 양수인 경우 투자로부터 얻은 수익이 비용을 초과했다는 것을 의미하며, 음수인 경우는 투자가 손실을 낸 경우임

③ **활동성비율:** 기업의 자산이 얼마나 효과적으로 운용되고 회전되는지를 측정하는 비율로 통상 매출액을 주요 자산 항목으로 나누어 산출한다.

• 재고자산회전율: 기업이 보유한 재고를 효과적으로 관리하여 판매하는 정도를 의미한다.

공식	매출액÷재고자산 또는 매출원가÷재고자산×100(%)
해석	• 높은 재고회전율은 재고가 빠르게 판매되고 새로운 재고가 구매되는 것을 의미 • 반대로 낮다는 것은 재고자산이 많다는 것을 의미 • 재고자산이 지나치게 많을 경우는 보관 비용 등이 증가하여 기업 운영에 지장을 초래할 수 있음

• 유형자산회전율: 매출에 대한 자산의 효과적인 사용 정도를 측정한다.

공식	매출액÷유형자산×100(%)
해석	• 높은 자산회전율은 자산이 효과적으로 활용되고 있다는 것을 의미 • 낮을 때는 이용이 충분하지 않거나 과도한 투자임을 의미

• 매출채권회전율: 매출채권의 회전 속도를 측정한다.

공식	매출액÷매출채권×100(%)
해석	높은 매출채권회전율은 매출채권이 효과적으로 회수되고 있다는 것을 의미

④ **성장성비율:** 기업의 성장 수준을 나타내는 지표이다.

• 총자산증가율: 기업의 자산이 전년 대비 어느 정도 성장했는지를 나타내는 비율이다.

공식	(당기 말 총자산−전기 말 총자산)÷전기 말 총자산×100(%)
해석	• 높은 자산 성장률은 기업이 확장하고 투자하고 있다는 것을 의미 • 자산재평가 및 부채로 인해 높아지는 경우도 있으므로 확인 필요

• 자기자본증가율: 기업의 자기자본이 당해 연도에 얼마나 증감하였는가에 대한 비율이다.

공식	(당기 말 자기자본−전기 말 자기자본)÷전기 말 자기자본×100(%)
해석	• 자기자본증가율이 양수인 경우, 기업의 자기자본이 성장했다는 것을 나타내며, 음수인 경우는 감소했다는 것을 의미 • 배당이 없는 경우, ROE의 수식으로 동일하게 계산할 수 있음

• 매출액증가율: 매출성장률은 기업의 매출이 전년 대비 어느 정도 성장했는지를 나타내는 비율이다.

공식	(당기 말 매출액−전기 말 매출액)÷전기 말 매출액×100(%)
해석	높은 매출성장률은 기업이 시장에서 성공적으로 성장하고 있다는 것을 의미

⑤ **생산성비율:** 기업이 자원을 얼마나 효과적으로 활용하고 생산성을 어떻게 측정하는지를 나타내는 지표라 할 수 있다.

• 노동생산성: 부가가치 생산액을 종업원 1인 기준으로 환산한 값을 의미한다.

공식	부가가치÷종업원 수
해석	일정 기간 생산된 총생산물 또는 서비스에 대한 노동력의 효율성을 나타냄

• 자본생산성: 자본생산성은 투자한 자본에 대한 효율성을 나타낸다.

공식	부가가치÷총자본
해석	투자한 자본에 대해 부가가치를 얼마나 생산했는지를 측정

⑥ **시장가치비율:** 기업의 주식 시장가치를 측정하고 이를 통해 기업의 가치를 분석하는 지표이다.

• 주당순이익(EPS, Earning Per Share): 기업의 전체 이익을 발행된 주식 수로 나누어 계산한 비율이다.

공식	당기순이익÷발행총주식수
해석	• 기업의 수익성을 나타내는 중요한 지표 중 하나이며, 투자자들이 기업의 주식 가치를 평가하는 데 사용 • 주주 한 명이 기업의 활동으로부터 얼마나 이익을 기대할 수 있는지를 보여주므로, 이 지표는 투자자들이 기업을 비교하고 평가하는 데 사용

• 주가수익비율(PER, Price Earning Ratio): 기업의 주가를 주당순이익(EPS)에 대한 비율로 나타낸 값이다.

공식	주가÷주당이익
해석	• 높으면 해당 기업의 미래 성장에 높은 기대를 하고 있거나 해당 업종이 성장하는 것으로 예상되거나 혹은 고평가되고 있다는 것을 의미 • 낮으면 해당 기업이나 업종에 대해 낮은 기대하고 있거나, 기업이 어려운 상황에 처해있거나 성장이 더딘 것으로 보이며, 투자 기회가 있는 것으로도 판단할 수 있음

• 주가순자산비율(PBR, Price Book Value Ratio): 기업의 주가를 주당 순자산에 대한 비율로 나타내는 지표이다.

공식	주가÷주당장부가치(주당 순자산)
해석	• 높은 PBR은 투자자들이 해당 기업의 자산에 대해 높은 신뢰를 가지고 있다는 것을 의미하며, 낮은 PBR은 가치 투자 기회로 간주할 수 있음 • PER은 수익과 주가를 비교하는 지표이며, PBR은 순자산과 주가를 비교하는 지표로 볼 수 있음 • PBR은 다음과 같이 ROE와 PER의 곱으로 분해 가능 $PBR = \dfrac{주가}{주당장부가치} = \dfrac{주가}{주당순이익} \times \dfrac{주당순이익}{주당장부가치} = PER \times ROE$

- 주가현금흐름비율(PCR, Price Cashflow Ratio): 기업의 주가를 현금흐름에 대한 비율로 계산한 지표이다.

공식	주가÷영업현금흐름
해석	• 투자자들이 기업의 주가를 기업의 현금 생성 능력과 관련하여 평가하는 데에 사용 • 주가현금흐름비율은 주가를 현금흐름으로 나눈 값으로, 현금흐름은 기업이 운영 및 투자활동에서 생성하는 현금을 의미

- 주가매출액비율(PSR, Price Selling Ratio): 기업의 주가를 매출에 대한 비율로 계산한 지표이다.

공식	주가÷매출액
해석	이익이나 현금흐름을 고려하지 않고 매출만을 기준으로 평가하므로, 특히 이익이 부정확하게 나타날 때나 성장 기업에 대한 평가에서 유용

5) 재고자산의 회계 처리

① 재고자산 회계 처리

- 기업의 부가가치 창출 활동 중에서, 판매를 기대하며 보유하고 있으나 현재는 판매가 되고 있지 않은 자산의 종류이다.

재고자산의 종류	설명
상품	해당 기업이 판매를 목적으로 구입한 경우
제품	해당 기업이 제조한 경우
반제품	제조 과정 중 한 단계 이상을 완료한 제품
원재료	제조를 위한 원재료

- 매입원가는 제품 또는 서비스를 제공하기 위해 소비된 모든 직접 비용과 간접 비용을 의미한다.
- 판매단가의 매입원가가 다를 때 아래와 같이 판매단가를 결정할 수 있다.

개별법	• 각각의 제품이나 재고 단위에 대해 실제로 발생한 매입원가를 사용하여 판매단가를 계산하는 방법 • 주로 특정 제품이나 고가의 재고 단위에 적용되며, 실제 매입가를 추적하기 쉬운 제품에 유용
선입선출법	• 가장 먼저 입고된 재고 단위가 먼저 판매되는 원리를 기반으로 매입원가를 할당하는 방법으로 최초에 입고된 제품의 매입원가를 사용 • 재고의 흐름을 따라가는 것이 가능한 경우에 주로 사용되며, 생산과정에서 사용되는 원자재 등에 적합
후입선출법	• 가장 최근에 입고된 재고 단위가 가장 먼저 판매되는 원리를 기반으로 매입원가를 할당하는 방법으로 최근에 입고된 제품의 매입원가를 사용 • 재고의 가격이 상승하는 경향이 있을 때, 매입원가를 높게 적용하여 이익을 적게하고 싶을 때 사용
평균법	• 기간 동안의 모든 매입원가를 합한 후, 해당 기간의 총판매량으로 나누어 평균 매입원가를 계산하는 방법 • 재고 회전이 빈번하거나 재고의 매입 가격이 큰 변동이 없는 경우에 사용

② 감가상각 회계 처리

• 기업이 자산을 소모하거나 마모될 때, 그 비용을 연도별로 분배하여 해당 자산의 가치를 회계상에서 감소시키는 과정으로, 이 과정을 취득원가에 반영하기 위해 자산의 사용에 따른 비용을 적정하게 반영하고, 자산의 잔존가치를 감안하면서 재무상태표를 정확하게 표현하는 방법이다.

내용연수	• 감가상각을 적용하는 자산이나 투자의 사용 가능한 기간을 의미 • 해당 자산을 경제적으로 사용할 수 있으며 기업이 효과적으로 활용할 수 있는 기간을 나타냄 • 자산의 종류나 산업에 따라 다르며, 예를 들어 건물, 기계, 소프트웨어 등 각각의 자산은 서로 다른 내용연수를 가짐 • 일반적으로 내용연수가 길면 감가상각 비용은 연도별로 적게 부과되지만, 내용연수가 짧으면 감가상각 비용이 연도별로 많이 부과되는 경향이 있음
잔존가액	• 감가상각을 적용한 후에도 해당 자산이나 투자의 가치를 의미 • 즉, 내용연수가 끝난 후에도 해당 자산이나 투자에 남아 있는 가치를 의미 • 일반적으로 내용연수 초기에 예측되며, 해당 자산이나 투자가 폐기되거나 매각될 때 얼마나 가치가 남아 있는지를 의미함 • 기업이 앞으로 얻을 수 있는 혜택이나 자산의 잔여 가치를 고려하여 결정되며, 잔존가액이 높을수록 감가상각 비용은 낮아짐

• 감가상각방법에는 정액법, 정률법, 생산량비례법 등이 있다. 24년 1회

정액법(직선법)	• 감가상각을 균일하게 분배하는 방법으로, 자산의 내용연수에 따라 매년 같은 감가상각 비용을 부과하는 방법 • 매기 감가상각비=(취득원가−잔존가치)÷내용연수 • 간단하고 직관적인 방법이지만, 자산의 경제적 가치 변동을 고려하지 않으므로 실제 사용에 따른 감가상각 비용을 정확하게 나타내지 못할 수 있다는 단점이 존재
정률법	• 감가상각 비용을 감소하는 비율을 적용하여 계산하는 방법 • 자산의 초기 가치에 대해 더 높은 감가상각 비용을 부과하며, 나중에는 점차 줄어들게 되는 경우가 일반적 • 매기 감가상각비=기초 장부금액×상각률 • 정률법은 자산의 초기 가치를 빠르게 감가상각시키는 특징이 있음
생산량비례법	• 자산의 감가상각을 생산량 또는 사용량에 비례하여 부과하는 방법 • 자산의 사용량이나 생산량이 많을수록 더 많은 감가상각 비용이 부과 • 매기 감가상각비=(취득원가−잔존가치)×(당기 생산량÷총생산량)
연수합계법	• 정액법과 정률법의 특징을 결합한 방법으로, 자산의 내용연수에 따라 감가상각 비용을 감소시키면서 부과하는 방법 • 매기 감가상각비=(취득원가−잔존가치)×(당기초 잔존내용연수÷내용연수합계) • 초기에 높은 감가상각을 부과하면서 연도가 지남에 따라 감가상각 비용을 감소시키는 특징이 있음

6) 투자

① 채권의 개념과 특징

채권은 기업이나 정부 등이 자금을 조달하기 위해 발행하는 채무증권으로, 채권 소지자에게 이자를 지급하고 원금을 상환하는 약정이다. 또한 채무자가 투자자에게 채무를 갚기 위해 발행하는 증권으로, 일종의 대출 도구이다.

채권의 특징	설명
만기성	채권이 만기되는 날짜에 발행자는 채권 소지자에게 원금을 상환해야 함
수익성	주식과는 다르게 고정된 이자수익과 원금 상환을 통한 수익을 제공
안정성	안정적이고 상대적으로 안전한 투자 수단으로 여겨짐
유동성	만기일까지 보유하거나, 그 전에 판매할 수도 있음

> **기적의 TIP**
>
> **채권의 주요 용어**
> - 이자(Interest): 채권 소지자에게 정기적으로 제공되는 이자는 채권 발행자가 채권 소지자에게 대출 이용료로 지급하는 금액이다.
> - 원금(Principal): 채권의 가치를 나타내는 금액으로, 채권이 만기가 되면 발행자는 채권 소지자에게 원금을 상환해야 한다.
> - 만기일(Maturity Date): 채권이 만기되는 날짜로, 이 날짜에 발행자는 채권 소지자에게 원금을 상환해야 한다.
> - 이행 보증(Covenant): 채권 발행 시 발행자가 채권 소지자와의 계약에서 지켜야 할 조건이나 규정이다.
> - 등급(Credit Rating): 신용평가 기관이 발행자의 신용도를 평가하여 채권에 대한 등급을 부여한 것으로 높은 신용등급은 낮은 위험을 의미한다.
> - 채무 불이행 위험(Default Risk): 발행자가 채무를 이행하지 못할 위험을 말한다.

② 채권의 종류 24년 2회

발행 주체에 따른 분류	국고채	• 국가 정부가 발행하는 채권으로, 국채라고도 불림 • 국가가 자금을 조달하기 위해 발행하며, 일반적으로 안정적이고 신용 위험이 낮은 투자 도구로 간주
	지방채	• 지방 정부나 지방 자치 단체가 발행하는 채권으로, 지방 공공사업 자금을 조달하는 데 사용 • 일반적으로 지방 세입과 세출에 의존하며, 세제 우대 혜택이 있을 수 있음
	특수채	특별법에 따라 설립된 법인이 발행하는 채권으로 공채와 사채의 성격을 모두 갖추고 있어 안정성과 수익성이 비교적 높음
	금융채	금융기관이나 금융회사가 발행하는 채권으로, 자금 조달이나 자산운용을 위해 사용
	회사채	기업이 자금을 조달하기 위해 발행하는 채권으로, 기업의 신용등급에 따라 다양한 등급의 회사채가 존재

이자 지급 방법에 따른 분류	단리채	단리채의 경우 이자가 단순히 원금에 대한 초기 이율만큼만 적용
	복리채	원금과 누적된 이자에 대한 계산이 복리로 적용
	할인채	만기에 이르면 발행가액을 기준으로 원금이 상환되므로, 투자자는 발행가액과 원금 간의 차액을 수익으로 얻을 수 있도록 발행가액보다 낮은 금액에 구매가 이루어짐
	이표채	액면금액 표기 채권으로 발행하지만, 표면이자율에 따라 연(월)간으로 지급하는 채권
상환기간에 따른 분류	단기채	단기채는 일반적으로 1년 미만 기간의 만기를 가지는 채권
	중기채	중기채는 1년에서 5년까지의 기간 동안 만기를 가지는 채권
	장기채	장기채는 5년 이상 기간의 만기를 가지는 채권

③ 채권의 가격 결정

채권의 가격	• 시장의 수요와 공급 원칙에 의하여 가격이 결정 • 일반적으로 채권가격이 높을수록 채권수익률은 낮으므로, 역관계를 가짐 • 채권 이자와 액면가의 미래 현금흐름을 할인율로 현재가치로 환산한 값의 합으로 계산됨
공식	$$채권가격 = \frac{이자}{1+수익률} + \frac{액면가}{1+수익률}$$

🖱 기억의 TIP

클릭 경제교육–채권수익률과 가격결정

채권가격과 채권수익률 간에는 역관계가 존재한다. 이 둘의 역관계는 케인스의 화폐 이론을 이용하면 쉽다. 우선 단순화를 위해 화폐 외에 다른 금융자산은 채권뿐이고 시장은 균형에 있다고 하자. 이제 금융통화위원회의 기준금리 인하 결정으로 시중 통화량이 증가하면 시장은 어떻게 변할까? 통화량의 증가로 화폐시장은 초과 화폐공급에 놓이고 사람들은 초과 화폐공급량을 다른 금융자산 즉 채권으로 대체하고자 한다. 채권 수요가 증가하고 채권가격은 상승한다. 이자와 상환액이 정해져 있는 채권을 전보다 높은 가격에 매입했다는 것은 그만큼 수익률이 낮아진다는 얘기다. 즉 채권가격의 상승은 채권수익률(채권금리)을 낮춘다. 기준금리 인하로 인한 초과 화폐공급 상태는 채권매입으로 해소되고 시장은 전보다 높(낮)은 채권가격(수익률) 하에서 균형을 회복한다. 금융통화위원회의 기준금리 인하는 결국 채권수익률 인하 나아가 시장금리 인하로 이어지게 된다.

출처: "클릭 경제교육–채권수익률과 가격결정–KDI 경제정보센터(안홍식 교수)", KDI 경제정보센터 기사 전문 중 일부 발췌,
https://eiec.kdi.re.kr/material/clickView.do?click–yymm=201512&cidx=1670

• **화폐의 시간가치**: 현재와 미래의 화폐 가치 사이의 차이를 나타낸다. 이는 동일한 금액의 화폐가 현재 시점에서 미래에 비해 가치가 떨어진다는 개념이다.

평가 방법	시간, 리스크에 대한 보상을 이자율로 환산하여 평가
미래가치	• 현재에 투자한 금액이나 예금이 미래에 얼마로 성장할 것인지에 대해 평가한 것으로 미래에 얻을 것으로 기대되는 금액을 의미 • 현재가치에 이자율(기간 고려)을 곱한 것 • 현재가치×[1+이자율]ⁿ
현재가치	• 미래에 받을 예정인 금액이나 혜택을 현재가치로 환산한 것 • 미래의 금액을 현재의 가치로 조정하여 현재 시점에서의 가치를 계산한 것 • 미래가치를 이자율(기간 고려)로 나눈 개념 • 미래가치÷[1+이자율]ⁿ

- 시중금리와 채권가격 간에는 반비례 관계가 있다. 채권가격과 금리는 기본적으로 이자율에 의해 결정되며, 시장에서는 이 두 가지 요소가 상호작용하면서 채권 시장이 형성된다.
- 시중금리가 상승하면, 채권가격은 하락하는데, 이는 채권이 고정 이율을 가지고 있으므로 미래에 발생할 이자수익이 현재의 고정된 이자율로 환산될 때 가격이 하락하는 결과를 가져온다.
- 시중금리가 하락하면, 채권가격은 상승하게 되는데, 이는 현재 가진 채권이 미래에 발생할 이자수익을 현재의 상대적으로 높은 고정 이자율로 환산할 수 있기 때문이다.

④ 채권수익률의 종류 24년 2회

만기수익률	• 채권이 만기에 이르렀을 때의 총 예상 수익률 • 만기수익률은 채권의 현재 가격, 이자 지급액, 만기일, 이자율 등을 고려하여 계산
실효수익률	• 채권의 현재 이자율, 발행가격, 이자 지급 주기 등을 고려하여 채권의 전체적인 수익률로 연 단위의 복리 기준에 따라 계산한 수익률 • 총수익률을 연 단위로 기하평균하여 계산한 이론적 수익률
표면이율	• 채권이 발행될 때부터 고정된 이율을 제공하며, 채권의 액면에 기재된 이율 • 1년간 발행자가 지급하는 이자를 액면으로 나눈 수익률
연평균수익률	여러 연도에 걸쳐 발생한 수익률의 평균을 측정하여 만기가치를 현재 가격으로 나누어 연 단위의 단리 수익률로 도출한 것

⑤ 채권투자의 위험 24년 1회

채무불이행위험	발행기관의 경영 및 재무상태가 악화할 경우 약정한 이자 및 원금의 지급이 지연되거나 지급불능 가능성
시장위험	채권가격은 시장금리 및 발행기관의 신용 변화에 따라 변동하게 되는데, 시장가격이 매입 가격보다 낮아졌을 때는 자본손실의 가능성
유동성위험	채권의 발행 물량이 적고 유통시장이 발달하지 못한 경우는 채권을 현금화하기 어려울 가능성
구매력감소위험	인플레이션과의 관계에서 나타나는 것으로 채권의 예상 수익률이 축소되기 때문에 이자율의 변동을 초래하고 이어 채권의 가격변화를 유발

⑥ 옵션

- 특정 자산을 특정 가격으로 미리 정해진 기간 동안 매입하거나 매도할 수 있는 권리를 나타낸다.
- 일반적으로 주식, 채권, 환율 등과 같은 다양한 자산에 대해 거래된다.
- 옵션 계약을 매수한 측은 해당 자산을 실제로 매입할 필요는 없지만 매도한 측은 의무적으로 해당 자산을 매도해야 한다.

⑦ 옵션 관련 용어 ^{24년 1회}

옵션매수자	옵션 계약을 매수하는 주체로서, 향후 특정 자산을 정해진 가격(행사가)으로 매입하거나 매도할 권리를 가짐
옵션매도자	옵션 계약을 매도하는 주체로서, 향후 특정 자산을 정해진 가격으로 매입하거나 매도할 의무를 짐
프리미엄	옵션 계약의 가격으로, 옵션매수자가 옵션 계약을 매수할 때 지불하는 금액
행사가격	옵션 계약에서 정해진 가격으로, 옵션매수자가 자산을 매입하거나 매도할 수 있는 가격
기초자산	옵션 계약에서 거래되는 실제 자산으로써 선물거래의 기초자산과 동일한 개념
만기일	옵션 계약의 유효 기간이며, 옵션의 권리가 행사될 수 있는 마지막 날짜

⑧ 옵션가치

옵션 계약의 현재 가격을 나타내는 것으로, 여러 구성요소에 따라 결정된다. 일반적으로 내재가치에 시간가치를 더하여 산정한다.

내재가치	현재의 시장가격에 비해 옵션의 행사가가 얼마나 유리한지를 나타냄(행사가격과 시장가격의 차)
내가격 (ITM, In The Money)	옵션 계약이 현재 이익을 내는 상태로 콜옵션의 경우, 주식의 현재 시장 가격이 콜옵션의 행사가보다 높은 경우에 해당하며, 풋옵션의 경우 주식의 현재 시장 가격이 풋옵션의 행사가보다 낮은 경우에 해당
등가격 (ATM, At The Money)	옵션 계약의 행사가와 주식의 현재 시장 가격이 거의 동일한 상태로 콜옵션의 행사가와 주식의 현재 시장 가격이 거의 동일하거나 풋옵션의 행사가와 주식의 현재 시장 가격이 거의 동일한 경우에 해당
외가격 (OTM, Out of The Money)	옵션 계약이 현재 손실을 내는 상태로 콜옵션의 경우, 주식의 현재 시장 가격이 콜옵션의 행사가보다 낮은 경우에 해당하며, 풋옵션의 경우 주식의 현재 시장 가격이 풋옵션의 행사가보다 높은 경우에 해당
시간가치	옵션 계약의 남은 기간에 옵션의 가치가 얼마나 변동할 수 있는지를 나타냄

⑨ 옵션의 종류

콜옵션	• 옵션 계약을 매수한 측에게 특정 자산을 미리 정해진 가격으로 매입할 권리를 부여 • 콜옵션 매수자는 향후 시장가격이 상승할 것으로 기대
풋옵션	• 옵션 계약을 매수한 측에게 특정 자산을 미리 정해진 가격으로 매도할 권리를 부여 • 풋옵션 매수자는 향후 시장가격이 하락할 것으로 기대

⑩ 자본예산

- 기업이 특정 프로젝트나 투자를 결정하고 이행하기 위해 할당하는 자본 또는 자금에 관한 계획이다.
- 기업의 장기적인 비즈니스 전략과 목표를 달성하기 위한 투자 결정에 관련된 중요한 프로세스 중 하나로, 자본예산은 주로 재무적 관점에서 투자의 효율성, 수익성, 리스크 등을 평가하여 최상의 의사결정을 내리는 데 사용된다.

⑪ 가치 평가 방법

- 회수기간 법: 투자가 회수되는 데 걸리는 시간을 측정하는 방법으로, 투자금액을 현재 및 미래의 현금흐름으로 나누어 투자가 회수되는 데 걸리는 시간을 계산한다.

공식	투자액/연간평균회수금액
판단기준	회수 기간이 짧을수록 긍정적인 것으로 판단됨
장점	계산 과정이 간단하여 이해가 쉬움, 투자의 기초 정보를 얻을 수 있음
단점	간단하고 직관적이지만 현금흐름의 시간가치를 고려하지 않음

- 순현재가치(NPV) 법: 투자의 현재가치를 계산하여 투자의 효과를 측정하는 방법으로, 미래의 현금흐름을 현재가치로 할인하여 초기 투자금액을 빼는 방식으로 계산한다.

공식	순현재가치 = $\left[\dfrac{CF_1}{(1+r)} + \dfrac{CF_2}{(1+r)^2} + \cdots + \dfrac{CF_n}{(1+r)^n} \right] - I_0$ CF_t: t 기간의 현금흐름, I_0: 초기 투자금액, r: 할인율(혹은 이자율)
판단기준	순현재가치가 큰 투자안을 선택하는 것으로 판단
장점	현금흐름의 시간적 가치를 고려하므로 정확한 가치 평가를 제공하며, 내부수익률에 비해 계산 방법이 간단하며, 투자의 현재가치를 통해 다양한 프로젝트를 비교할 수 있음
단점	할인율을 정확하게 결정해야 하며, 프로젝트 기간의 현금흐름을 정확하게 예측하기 어렵다는 단점이 존재

- 내부수익률(IRR) 법: IRR은 투자의 수익률을 나타내는 지표로, 투자의 NPV가 0이 되는 할인율을 찾아내는 방법으로 IRR이 비용 지출을 초과하는 수익률을 나타낼 때 투자가 수익성이 있는 것으로 본다.

공식	$\left[\dfrac{CF_1}{(1+IRR)} + \dfrac{CF_2}{(1+IRR)^2} + \cdots + \dfrac{CF_n}{(1+IRR)^n} \right] - I_0 = 0$ CF_t: t 기간의 현금흐름, I_0: 초기 투자금액, IRR: 내부수익률
판단기준	자본비용과 내부수익률을 비교하여 자본비용이 내부수익률보다 작은 경우 투자안을 선택
장점	투자 기간의 현금흐름을 모두 반영한다는 점과 화폐 시간가치를 고려한다는 점이 장점
단점	내부수익률이 존재하지 않거나, 내부수익률이 다수 존재할 수 있으며 계산이 복잡하다는 단점이 존재

- 투자 의사결정 분석 방법 중 순현재가치법이 가장 우수한 방법인 것으로 평가되고 있다.

> **기적의 TIP**
>
> **재무 정보 외의 기업의 가치를 평가하기 위해 활용되는 다양한 데이터**
>
> 1. 브랜드 가치: 브랜드 이미지와 인지도는 기업의 가치에 큰 영향을 미친다. 높은 브랜드 가치는 소비자들에게 긍정적인 인상을 심어줄 수 있다.
>
> 2. 인적 자본: 훌륭한 경영진 및 팀은 기업의 성과에 큰 영향을 미칠 수 있다. 효과적인 리더십과 팀워크는 기업의 성공에 기여할 수 있다.
>
> 3. 시장 지위 및 점유율: 기업이 시장에서 어떤 위치를 차지하고 있는지, 그리고 얼마나 성공적으로 시장을 지배하고 있는지를 확인하는 것이 중요하다. 높은 시장점유율은 기업이 시장에서 강력한 입지를 가지고 있음을 나타낼 수 있다.
>
> 4. 리스크 평가: 기업에 영향을 미칠 수 있는 다양한 리스크를 고려하는 것이 중요하다. 시장 리스크, 경영 리스크, 금리 리스크 등을 고려하여 기업이 어떻게 대응할 수 있는지를 평가한다.
>
> 5. 산업 및 국가의 경제 환경: 산업과 기업이 위치한 국가의 경제 상황 및 환경 요인은 기업의 가치에 큰 영향을 미친다. 경제의 변화와 산업의 동향을 고려하여 기업이 향후 어떤 도전에 직면할 수 있는지를 파악한다.

1) 인사 · 조직 전략

① 인사 전략 수립

- 조직이 인적 자원관리를 효과적으로 계획하고 실행하기 위한 전략이다.
- 인사 전략은 조직의 비전, 미션, 목표 그리고 전략과 밀접하게 연결되어야 한다.

② 인력 운영 계획

- 조직이 인적 자원을 효과적으로 관리하고 최적화하기 위한 전략적인 계획이다.
- 조직이 향후 일정 기간에 수행해야 할 업무와 프로젝트에 필요한 인력을 예측하고, 현재의 인력 상태와 미래에 필요한 역량을 비교하여 인력 수요에 부응할 수 있는 인력을 확보하는 계획을 수립한다. 또한 효율성 분석 관점에서 기존의 인력을 효과적으로 활용하기 위해 재정렬하거나 재배치하는 전략을 활용하기도 한다.

③ 직무분석 24년 2회

- 조직 내에서 각 직무의 내용, 업무 프로세스, 역량 요구사항 등을 체계적으로 평가하고 문서화하는 과정이다. 직무분석의 결과물이 직무기술서(직무명세서)이다.
- 직무분석의 절차로는 직무분석의 목적과 범위를 명확히 설정하여 어떤 직무를 분석할지 그리고 어떤 목적으로 정보를 활용할 것인지를 결정한 후, 데이터를 수집하고 역량 요구사항을 분석한 후 결과를 문서화하는 절차로 진행된다.
- 직무분석의 방법으로는 설문, 면접, 관찰, 기록, 일지 검토, 데이터수집, 환경분석 등이 있다.

④ 직무평가 24년 2회

- 여러 조직 내에서 각 직무의 상대적인 가치나 중요도를 평가하는 과정이다.
- 직무평가를 통해 각 직무에 대한 상대적인 보상 수준을 결정하고 조직의 보상 체계를 공정하게 유지하기 위해 노력한다.

직무평가 방법	설명
서열법	직무를 서열화하여 상대적인 가치나 중요도를 부여하는 방법
분류법	각 직무에 대해 사전에 정의된 직급이나 등급에 따라 분류하는 방법
점수법	각 직무에 대해 여러 핵심 요소를 기준으로 점수를 할당하고, 이를 토대로 직무의 가치를 산정하는 방법
비교법	기존직무 및 대상 직무를 서로 비교하여 상대적인 가치를 결정하는 방법
시장임금조사법	외부 시장에서 유사한 직무를 수행하는 직원들의 평균임금을 기준으로 내부 직무에 대한 보상을 결정하는 방법

- 직무평가 결과를 종합하여 보상, 배치, 인사 평가, 경력개발 등 인적 자원관리와 개발을 위한 근거로 활용한다.

⑤ **목표관리(MBO, Management By Objectives)**

상위 조직의 목표를 하위 조직이나 개인 목표로 세분화하여 설정하는 방식으로, 목표는 상호 합의하에 설정되고 추적 · 평가된다.

목표관리와 관련된 데이터

- 목표 데이터: 목표 명시 및 정의와 관련된 항목은 목표의 명확한 정의와 목표 달성을 위한 주요 세부 사항을 명시한다. 성과 목표, 개인 목표, 팀 목표, 프로젝트 목표 등과 같은 다양한 종류의 목표를 확인하고, 목표 기간 및 마감일의 데이터는 목표를 달성하기 위한 기간과 목표의 마감일을 기록한다.
- 진행 상황 및 성과 데이터: 진행 상황 업데이트는 목표 달성 상황에 대한 정기적인 업데이트를 수행하여 현재의 진행 상황을 추적한다. 성과 지표는 목표의 성과를 측정하기 위한 지표 및 측정 방법을 정의하고 기록한다.
- 리더십 및 팀 관리 데이터: 각 팀원 또는 개인이 맡은 목표에 대한 책임과 역할을 정의하는 책임 및 역할과 관련된 데이터와 팀 간 협업 및 리더십의 품질을 추적하고 개선하기 위한 데이터를 수집한다.
- 평가 및 피드백 데이터: 목표 평가 및 검토와 관련된 데이터에서는 목표 달성에 대한 주기적인 검토 및 평가를 기록한다. 또한 피드백 수집을 위해 팀원, 리더, 동료 등으로부터의 피드백을 수집하고 분석하여 개선점을 도출한다.
- 비용 및 자원 데이터: 비용 예산은 목표 달성을 위해 할당된 비용 및 예산을 추적한다. 또한 팀원, 장비, 기술 등의 자원 할당과 활용을 모니터링한다.

⑥ **균형성과표(BSC, Balanced Score Card)**

- 기업이나 조직이 다양한 성과 지표를 사용하여 비전과 전략의 실행을 평가하고 관리하는 데 사용되는 전략적 관리 도구이다.
- 기업의 성과를 다양한 관점에서 관리하고, 장기적 비전 및 전략을 실현하기 위한 목표와 조치를 명확하게 제시하는 데 도움을 준다.

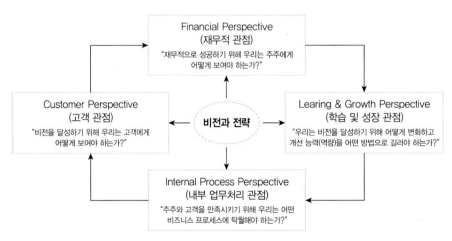

▲ BSC의 비전과 전략

⑦ **핵심성과지표(KPI, Key Performance Indicator)**

조직의 핵심 목표와 전략을 기반으로 주요성과 지표를 선택하고 설정하며, 중요한 성과 영역을 식별하고 이를 측정할 지표를 정의하는 방식이다.

⑧ **목표와 핵심 결과(OKR, Objectives and Key Results)**

전체 조직이나 팀이 공유하는 목표(Objectives)를 설정하고, 각 목표 달성을 측정하기 위한 주요 결과 지표(Key Results)를 결정한다. 이 목표와 키 결과는 일정 주기로 설정되고 평가된다.

기적의 TIP

MBO, KPI, OKR의 목표 설정과 성과 측정 방식 차이 24년 2회

구분	목표 설정	성과 측정
MBO(Management by Objectives)	상위 조직의 목표를 하위 조직이나 개인 목표로 세분화하여 설정하는 방식으로, 목표는 상호 합의에 설정되고 추적·평가됨	상대적인 목표 달성 정도를 평가하며, 목표 달성 정도에 따라 개인 또는 팀에 대한 보상 또는 개선 조치가 결정됨
KPI(Key Performance Indicators)	조직의 핵심 목표와 전략을 기반으로 주요성과 지표를 선택하고 설정하며, 중요한 성과 영역을 식별하고 이를 측정할 지표를 정의하는 방식	정량적인 지표를 사용하여 조직의 성과를 측정하며, 목표치를 설정하고 이를 기반으로 성과를 모니터링하여 전략적 목표와 부합하는 결과를 도출
OKR(Objectives and Key Results)	전체 조직이나 팀이 공유하는 목표(Objectives)를 설정하고, 각 목표 달성을 측정하기 위한 주요 결과 지표(Key Results)를 결정함. 이 목표와 키 결과는 일정 주기로 설정되고 평가됨	목표 달성을 0에서 100까지의 백분율로 평가하며, 시각적으로 목표 달성 정도를 파악할 수 있는 방식으로 성과를 평가함. 결과는 주로 측정 가능하고 과감한 목표 달성을 강조함

MBO는 상하 조직 간 목표 설정과 평가에 중점을 두고, KPI는 주요성과 지표를 통해 조직 성과를 측정하며, OKR은 목표와 키 결과를 중심으로 달성 정도를 시각적으로 표현한다. 이들은 각자의 특징과 적용 가능한 상황에 따라 선택되어 사용될 수 있다.

2) 인적 자원관리

① 채용

• 채용 계획: 조직은 어떤 인재를 필요로 하는지를 명확하게 하고, 그에 따른 예산과 일정을 설정하여 효율적인 채용 계획을 수립한다.

• 인재 모집: 다양한 채널을 활용하여 인재를 모집하며, 채용마케팅과 인재풀 구축을 통해 조직의 브랜드를 강화하고 적절한 후보자를 유치한다.

• 채용 진행: 서류 심사, 면접, 실무 시험, 참고인 검증 등을 통해 후보자를 선발하고 각 단계에서 역량과 적합도를 평가하여 선발한다.

• 채용 결과 정리: 최종 후보자에게 채용 제안을 하고, 수락 시에는 관련 계약서와 문서를 작성하여 새로운 직원을 위한 입사 준비와 교육을 시작한다.

피엠인터내셔널코리아, 신입직원 대상 '온보딩' 교육

독일계 건강기능식품 '피트라인' 국내 유통판매사인 피엠인터내셔널코리아(PMIK, 대표 오상준)는 18일 영등포구 여의도동 본사 2층 사파이어룸에서 최근 사세 확장으로 급속히 불어난 신입직원들을 대상으로 한 '온보딩(On boarding)' 교육 세미나를 개최했다고 20일 밝혔다. 온보딩 교육이란 조직에 새로 입사한 직원들에게 조직문화와 흐름을 이해시키고 업무에 대한 능률과 적응을 도와주는 교육 프로그램이다. 일반적으로 대기업에서 신입직원들을 대상으로 정기적인 행사로 진행한다.

출처: "피엠인터내셔널코리아 신입직원 대상 '온보딩' 교육", 매일마케팅신문 기사 전문 중 일부 발췌.
https://www.maeilmarketing.com/news/articleView.html?idxno=10125

② 배치

- 배치 계획: 조직은 현재의 인력 상태를 분석하여 보유하고 있는 역량, 기술, 경험, 인원 등을 고려한 조직 내 인력 소요 파악 및 보유 인력과 필요 인력 분석을 통한 배치 계획을 수립한다.
- 배치 진행: 인력 배치는 적절한 역량을 갖춘 인력을 올바른 직무에 할당하고, 필요에 따라 인력의 이동 또는 업무 재분배를 통해 효율적으로 조직의 업무를 수행하도록 배치를 진행한다.

③ 평가 24년 1회

- 조직 내에서 개인이나 팀의 업무 성과, 역량, 능력 등을 측정하고 평가하는 프로세스로, 조직의 목표 달성과 성과 개선, 보상 및 승진 결정, 개인 및 조직의 발전을 위한 피드백 제공 등 다양한 목적으로 활용될 수 있다.
- 평가 계획: 평가 주체(개인, 팀, 부서 등)는 평가 기간에 달성해야 할 계획을 수립하고 이를 평가자와 피 평가자에게 교육한다.
- 평가 절차: 평가 계획 수립 평가 → 평가 시행 → 평가 결과 통보 → 중간 피드백 → 피드백 반영 → 결과 확정 → 평가 결과 수용과 최종 피드백으로 구성된다.

평가 방법	설명
서열법	직원들을 업무 성과나 역량에 따라 등수를 매기는 방법
강제할당법	일정 비율의 직원을 상위, 중위, 하위로 강제적으로 분류하는 방법
서술법	자유로운 서술 형태로 직원의 성과와 역량을 평가하며, 구체적인 사례와 예시를 통해 설명하여 평가하는 방법
행태기준평정법(BARS)	행동에 중점을 둔 평가 방법으로, 각 등급에 해당하는 행동 기준을 제시하고 직원의 행동이 이에 부합하는지를 평가하는 방법
행태관찰척도법(BOS)	특정 행동이나 역량을 관찰하고 평가 기준이 되는 행동의 빈도를 척도로 사용하는 방법
평가센터법 (Assessment Center)	여러 가지 행동 시뮬레이션과 특별한 과제를 활용하여 직원의 역량을 평가하는 방법
다면평가법	직원의 업무 성과 및 행동을 자신뿐만 아니라 상급자, 동료, 부하, 고객 등 다양한 관점에서 평가하는 방법

④ 평가 결과 활용

- 개인이나 팀의 성과를 기반으로 보상과 승진을 결정하는 데나 부족한 역량이나 기술을 개선하기 위한 계획을 수립하는 것에 사용된다.
- 개인에게는 강점을 강화하고 약점을 보완하기 위한 피드백을 제공하며 개인의 성장을 지원하는 동시에, 우수한 성과를 내는 직원에게는 적절한 보상과 인정을 통해 인재를 유지하고, 피드백을 통해 직원의 만족도를 향상시킨다.
- 그 외 활용 방법으로 평가 결과는 조직의 향후 전략과 정책 수립에 참고 자료로 사용되며, 전략적 방향성을 결정하는 데 활용된다.

⑤ 임금 24년 1회

조직의 급여 정책, 시장 경쟁 상황, 직원의 역량과 경험, 지역적 요인 등을 종합적으로 고려한 합리적인 임금 수준의 설정이 필요하다.

임금 조정 방법	설명
베이스업(Base-up)	기본급 또는 베이스급을 증가시키는 것으로, 일반적으로 연봉을 기준으로 상향
승급	현재 직급이나 직책에서 더 높은 직급이나 직책으로 승진함에 따라 인상
승격	승급과 유사하지만, 높은 책임이 추가되는 경우에 따라 임금 인상
성과급	성과에 따라 지급되는 금액으로, 직원이 일정한 성과나 목표를 달성했을 때 제공

⑥ 복리후생

- 복리후생은 조직 내 직원들에게 제공되는 급여 이외의 혜택과 특전을 의미한다.
- 직원들의 복지와 일생의 질을 향상하는 데 도움이 되며, 조직의 인재 유치 및 유지에도 긍정적인 영향을 미칠 수 있다.
- 법정 복리후생과 법정 외 복리후생 프로그램이 선정되어 예산 계획이 시행되고 있다.

법정 복리후생	4대 보험, 유급휴가, 퇴직금, 출산휴가 등
법정 외 복리후생 프로그램	사내 헬스 및 피트니스 시설, 자기계발 및 경력 발전 지원 등

- 진전된 복리후생 방식 예시로는 카페테리아 복리후생과 종업원 지원 프로그램이 있다.

카페테리아(Cafeteria) 복리후생	일정 금액 내에서 개인의 선택권을 다양하게 부여하여 본인에게 맞는 복리후생 제도를 선택하여 구성할 수 있게 만든 효율적인 복리후생 제도
종업원 지원 프로그램 (EAP, Employee Assistance Program)	조직 내 직원들의 신체적, 정신적, 사회적 문제 및 업무와 관련된 어려움에 대한 전문적인 지원 서비스를 제공하는 프로그램으로 종업원의 복지 및 행복을 촉진하며, 조직 내부의 생산성과 업무 환경을 향상시키는 것에 목적이 있음

⑦ 퇴직 관리
- 직원들의 원활한 퇴직 및 이직 프로세스를 지원하고 조직은 인력 전환에 대비할 수 있다.
- 퇴직 정보 수집: 퇴직자의 퇴직 사유, 만족도, 향후 계획 등의 정보를 수집하여 조직 운영에 참고 자료로 활용할 수 있다.
- 퇴직 절차: 퇴직 관련 서류 작성, 업무 인수인계 점검, 급여 정산 및 퇴직금 지급 등의 절차로 진행한다.
- 퇴직 사후관리: 퇴직 사유 및 유형 등에 대한 관리를 통해 조직 운영 참고 자료로 활용할 수 있다.

⑧ 전직지원(Outplacement)
- 퇴직 예정자들이 새로운 직장을 찾는 데 필요한 도움을 제공하는 프로세스를 설계한다.
- 전직지원 정보 수집: 퇴직자의 직업 관련 역량을 파악하고, 다양한 진로 및 채용 가능성을 탐색한다.
- 전직지원 시행: 적절한 구직 전략을 수립하고, 직원들을 다양한 채용 기회에 연결하기 위해 네트워킹을 촉진한다.

3) 인적 자원 개발 및 조직 개발
① 교육
- 조직 내 직원들의 리더십 역량, 팀 협업 능력, 효과적인 커뮤니케이션 스킬, 업무 전문성 및 성과 관리 등을 강화하기 위한 교육 프로그램을 수립한 것을 교육이라 한다.
- 전사 교육 기획: 리더십 개발, 팀 빌딩, 업무 관련 기술 습득, 효과적인 커뮤니케이션 기술, 성과 평가 및 자기계발 전략 등이 있다.
- 교육 계획에 따른 실행 및 평가: 직원들의 역량 강화와 전문성 향상 정도를 관리한다.
- 시스템 및 데이터 관리: 인적 자원 개발을 위한 교육 관련 데이터를 총체적으로 관리한다.

② 경력개발 24년 1회
- 조직 내 직원들의 전문성 및 경력을 향상하기 위해 마련된 체계적이고 지속적인 프로그램이 존재하여야 한다.
- 주요 경력개발 프로그램으로 리스킬링, 업스킬링, 핵심 인재 육성, 이중경력제도 등이 있다.

리스킬링	기존 직원들에게 새로운 기술이나 역량을 배우게 함으로써 업무에 대응하고 조직의 요구를 충족시키는 것
업스킬링	직원들의 현재 역량을 업그레이드하고, 미래 업무에 대비하기 위해 필요한 새로운 기술과 지식을 제공하는 것
핵심 인재 육성	조직의 핵심가치와 목표에 부합하는 우수한 인재를 리더로 양성하고 유지하는 것
이중경력제도	관리직 경력 경로와 기술직 경로 중 선택하여 경력개발이 가능한 형태로 운영하는 제도로 주 대상은 기술직 직원이나 연구직임

- 데이터 관리: 조직 내 인재들이 어떠한 방식으로 경력을 개발해 왔는지에 대한 데이터를 관리하여야 한다.

기적의 TIP

포스코DX, '리스킬링 · 업스킬링' 통해 기술전문가 양성한다

포스코DX가 직원들이 자기 주도적으로 커리어를 설계해 기술전문가로 성장할 수 있는 리스킬링(Reskilling, 재교육), 업스킬링(Upskilling, 숙련도 향상) 프로그램에 사내 직원들의 관심이 집중되고 있다고 8일 밝혔다. 포스코DX는 최근 산업현장의 디지털 전환이 추진되고 있는 상황 속 직원들이 기술전문가로 성장할 수 있도록 리스킬링, 업스킬링 프로그램을 운영하고 있다. 이를 통해 포스코DX는 로봇 · 물류 등 신성장 사업 분야 전문가를 양성하겠다는 방침이다. 직원들은 리스킬링 프로그램을 통해 로봇 자동화, 스마트물류 사업 분야에서 주도적으로 자신의 역량을 개발할 수 있다. 특히 포스코DX가 최근 개설한 '로봇 · 물류 자동화 직무 School'은 계획했던 모집 인원보다 훨씬 많은 직원이 신청해 정원을 확장하는 등 직원들의 큰 호응을 얻고 있다. 신성장 사업 분야의 기존 직원들이 전문가로 성장할 수 있도록 업스킬링도 강화한다. 관련 분야 공인 자격증 취득을 위한 교육비와 응시료를 지원하고 국내외 유학, 해외연수 기회를 확대해 기술전문가로 성장하도록 지원할 방침이다. 직원들은 교육을 통해 역량을 강화한 뒤 '잡매칭(Job Matching)' 제도를 통해 본인의 보직을 전환할 수 있는 기회를 가질 수 있다. 일반적인 사내공모와 달리 적임자로 선정되면 원소속 부서와의 합의 과정 없이 부서를 옮길 수 있다. 이와 함께 포스코DX는 사내 핵심기술 전문가 인증, 사외 기술 자격증 등 기술 역량과 자격을 반영한 직급 및 승진 제도를 운영해 직원들이 지속적인 자기 계발을 통해 기술전문가로 성장하도록 돕고 있다.

출처: "포스코DX, '리스킬링 · 업스킬링' 통해 기술전문가 양성한다", KLN물류신문 기사 전문 중 일부 발췌,
https://www.klnews.co.kr/news/articleView.html?idxno=309119

③ 조직 개발

- 조직 전반에 걸쳐 효과적인 변화를 유도하고 조직의 성과를 향상시키기 위한 계획적이고 종합적인 노력을 포함하는 프로세스이다.
- 데이터 관리 및 분석: 조직문화 및 조직 개발 전략, 조직 개발 실행 등의 성과나 변화에 대한 데이터를 관리하여 이를 측정하고 효과를 검증하는 활동이 필요하다.

01 회계의 목적은 기업의 재무상태와 경영 실적을 기업 내·외부의 이해관계자에게 알려주는 것이다. ◎ ✕

02 분개장은 발생 순서에 따라 거래 내용을 기록하는 것으로, 차변의 합과 대변의 합의 일치 여부를 확인하는 일람표이다. ◎ ✕

03 자본변동표는 일정 기간의 기업의 자본 변동에 관한 정보를 제공하는데, 자본잉여금의 변동은 유상증자(감자)와 무상증자(감자) 등에 의하여 발생한다. ◎ ✕

04 성장성비율은 기업활동의 성과가 전년도 대비 얼마나 증가하였는가를 보여주는 지표이다. ◎ ✕

05 부채비율이 높을수록 기업의 채무상환능력이 강화된다. ◎ ✕

06 재고자산은 기업이 자본예산을 통해 판매를 목적으로 보유하고 있는 자산이다. ◎ ✕

07 반제품은 제조 과정 중 하나 이상의 공정에서 다음 공정으로 넘어갈 완성품으로, 저장할 수 있고 판매할 수 있는 제품이다. ◎ ✕

08 매입원가는 매입가액에 취득 과정에서 발생한 부대비용을 가산하여 기록한다. ◎ ✕

09 핵심성과지표(KPI)는 조직이 달성하려는 성과 목표를 측정하기 위한 지표로, MBO 체계와 연계하여 활용된다. ◎ ✕

10 직무분석은 특정 목표의 달성을 위한 과업들의 집합체인 직무를 분석하여 인력 운영의 효과성과 효율성을 높이는 절차이다. ◎ ✕

정답 01 ○ [해설] 회계는 기업의 재무상태와 경영실적을 측정하여 표준화된 기준으로 정리하여 기업 내·외부의 이해관계자에게 제공하는 활동이다.

02 × [해설] 분개장은 거래 내용을 발생 순서에 따라 기록하는 장부이며, 시산표는 차변의 합과 대변의 합의 일치 여부를 확인하는 일람표이다.

03 ○ [해설] 자본변동표는 기업의 자본 구조와 변동을 파악하는 데 중요한 정보를 제공한다.

04 ○ [해설] 성장성비율은 기업의 총자산, 자기자본, 매출액이 전년도에 비해 얼마나 증가하였는가를 나타내며, 기업의 성장을 평가하는 데 활용된다.

05 × [해설] 부채비율이 높을수록 기업의 채무부담이 높아져 채무상환능력이 약화될 수 있다. 부채비율은 채무구조를 나타내는 지표이며 적절한 수준이 중요하다.

06 × [해설] 재고자산은 기업이 주된 영업활동을 위해 판매를 목적으로 보유하는 자산이다.

07 × [해설] 반제품은 제조 과정 중 일부 공정이 완료된 제품으로, 완성품은 아니다.

08 ○ [해설] 매입원가는 매입가액에 부가비용을 더하여 기록한다.

09 ○ [해설] 핵심성과지표는 조직의 핵심 목표와 성과를 측정하기 위한 지표로, 목표관리(MBO) 체계와 연계하여 사용된다.

10 ○ [해설] 직무분석은 특정 직무의 과업들을 세부적으로 분석하여 인력을 효과적으로 운영하는 데 활용되는 절차이다.

마케팅·영업 기본정보

1 마케팅 · 영업 기본정보

1) 마케팅 목표 및 계획 수립

① 시장점유율 24년 1회

- 전체 시장에서 차지하는 비율을 나타내는 시장점유율은 기업이 특정 시장에서 얼마나 강력한 위치를 차지하고 있는지를 파악하는 데 도움을 준다.
- '특정 기업의 연간 매출÷전체 시장 규모'로 계산하며 매출, 판매량, 고객 수 등과 같은 수치를 기준으로 산출된다.
- 높은 시장점유율을 가진 기업은 더 큰 영향력을 가지며, 경제적인 이점을 얻을 수 있다.

기적의 TIP

삼성폰, 95개국서 점유율 1위…가장 충성도 높은 나라는?

삼성전자가 세계 스마트폰 시장에서 강한 존재감을 드러내고 있다. 21일(현지 시각) 샘모바일은 일렉트로닉스 허브 보고서를 인용해 삼성전자가 95개국에서 스마트폰 점유율 1위를 기록하고 있다고 전했다. 애플은 51개국에서 시장을 장악하고 있으며, 중국 브랜드들은 25개국에서 선두를 달리고 있다. 보고서는 시장조사업체 스탯카운터 데이터를 활용해 171개국의 다양한 스마트폰 제조업체의 시장점유율 변화(2022년 3월부터 2023년 3월)를 조사했다. 삼성전자의 점유율이 가장 높은 곳은 안방인 한국이 아니라 피지인 것으로 나타났다. 피지 스마트폰 시장에서 삼성전자 점유율은 무려 74%에 달한다. 소말리아(71.89%)와 가나(64.72%)에서도 높은 점유율을 기록했다. 지난해부터 올해 사이 삼성전자는 리투아니아에서 가장 많은 점유율 상승을 기록했다. 지난해 리투아니아 국방부에서 보안 문제를 이유로 중국 제조업체 사용 중단을 촉구했기 때문이다. 이로 인해 해당 시장 삼성 점유율이 8.24% 증가했다. 하지만 중국에서는 1.78%의 낮은 점유율로 여전히 고전하고 있는 것으로 나타났다.

출처: "삼성폰, 95개국서 점유율 1위…가장 충성도 높은 나라는?–ZDNET Korea(류은주 기자)", ZDNET Korea 기사 전문 중 일부 발췌,
https://zdnet.co.kr/view/?no=20230922084635

② 매출 목표

- 기업이 특정 기간 얼마만큼의 성장을 이루고자 하는 목표를 설정하는 것으로, 기업은 시장에서의 점유율을 확대하거나 새로운 시장에 진출하여 성장을 추구할 수 있다.
- 매출 목표는 기업의 재무 목표와 직결되며, 수익을 통해 이익을 창출하는 것이 중요한 사기업의 측면에서는 전략 수립에서 중요한 데이터이다.

③ 성장률

기업이나 산업 부문에서의 성장률은 특정 기간의 매출이 어떻게 변했는지를 백분율로 표현하는 지표이며, '(특정 시점의 규모−비교 시점의 규모)÷비교 시점의 규모×100(%)'로 계산한다.

④ 제품 라인업 및 제품정보

- 기업이나 브랜드가 제공하는 제품 또는 서비스의 전체 목록이나 범위를 가지는 정보이다.
- 기업의 제품 라인업은 기업의 전략, 시장 조건, 소비자 동향 등에 따라 조정될 수 있다.

⑤ 마케팅 예산

- 기업이 마케팅 활동을 수행하기 위해 투자하는 금액이다.
- 광고, 프로모션, 마케팅 캠페인, 디지털 마케팅 등에 사용할 예산이다.
- 기업의 전체 예산에서 할당되며, 기업의 목표, 시장 조건, 경쟁 상황 등을 고려하여 적절하게 배분되어야 한다.
- 특히 마케팅 예산은 마케팅 활동의 효과성과 효율성에 직결되므로, 적절한 예산 할당과 투자 관리가 필요하다.

2) 투자 및 수익

① 투자수익률(ROI, Return On Investment)

특정 투자 또는 비용에 대한 순손익을 해당 투자의 비용으로 나눈 지표로, '(수익 – 비용)÷비용×100(%)'로 계산하며 일반적으로 백분율로 나타낸다.

 기적의 TIP

ROI vs ROE

1. 투자수익률(ROI, Return on Investment)과 자기자본수익률(ROE, Return on Equity)의 정의와 해석

	정의	해석
ROI	특정 투자 또는 비용에 대한 총수익을 해당 투자의 비용으로 나눈 지표로, 일반적으로 백분율로 나타냄	투자에 대한 종합적인 수익률을 나타내며, 투자 비용에 대비해 얼마나 많은 수익이 발생했는지를 보여줌
ROE	기업의 순이익을 지분총액으로 나눈 지표로, 기업이 주주에게 제공하는 수익을 나타냄	기업이 주주의 투자를 얼마나 효과적으로 활용하여 수익을 창출하는지를 나타내는 지표

2. 투자수익률과 자기자본수익률의 주요 차이점

차이점	투자수익률	자기자본수익률
대상	주로 특정 투자나 프로젝트의 수익성을 측정하는 데 중점을 둠	기업 전체의 주주 자본에 대한 수익성을 측정
기간	특정 기간의 투자수익률로 계산	일반적으로 연간 기준으로 계산
고려 사항	투자 비용 대비 수익성을 나타내어 특정 프로젝트나 투자의 성공 여부를 판단하는 데 사용됨	기업이 주주 자본을 얼마나 효과적으로 활용하여 이익을 창출하는지를 나타내므로 기업의 재무 건전성을 평가하는 데 사용됨

② 매출액

- 기업이 특정 기간 제품이나 서비스의 판매로 얻은 총수익이다.
- '판매량×단가'로 계산하며 기업이 제품이나 서비스를 판매함으로써 발생하는 모든 매출을 포함한다.

③ 순이익
- 기업이 특정 기간 모든 수익과 비용을 고려한 후에 남는 최종적인 이익이다.
- '수익−비용'으로 계산할 수 있으며 매출액에서 모든 비용(영업 비용, 이자, 세금 등)을 차감한 나머지 순이익 금액으로 기업의 경제적인 성공을 측정하는 중요한 지표이다.

④ 매출원가
- 기업이 특정 제품 또는 서비스를 판매하기 위해 직접적으로 소요된 비용이다.
- 원자재 비용, 생산 공정 비용, 노동 비용 등이 포함된다.

⑤ 제품 · 서비스 판매량
- 특정 기간 판매된 제품이나 서비스의 양이다.
- 소비자의 수요와 향후 예측 등에 관련되어 마케팅 의사결정 시 필요한 정보이다.

⑥ 판매 지역
- 기업이 제품 또는 서비스를 판매하는 지리적 혹은 지역적 구분이다.
- 국내 기업의 판매 지역은 국내 전역이며, 글로벌기업의 경우에는 다수의 국가에 판매 지역을 갖게 된다.
- 특정 지역 또는 시장에서 제품이나 서비스의 수요를 확인 및 파악하여 판매 지역의 제품 및 서비스의 수요가 높을 때 해당 판매 지역을 중심으로 판매 활동을 수행하기도 한다.

⑦ 가격 및 할인 정보
- 제품 또는 서비스의 가격은 수요 및 공급의 원칙에 의해 결정되며, 판매량과 수요에 영향을 미친다.
- 할인율이란 가격에서 차감되어 제품이나 서비스를 더 저렴하게 제공하는 비율로, '할인율=(할인 금액÷정상 가격)×100'으로 계산한다.
- 마케팅에서는 할인 프로모션 등에서 이를 활용할 수 있다.

⑧ 광고 투자 대비 수익률(ROAS, Return On Advertising Spend) 24년 1회
- ROAS란 광고를 통해 얻은 매출과 광고에 투자한 비용 간의 비율을 나타내는 지표로 '{매출÷광고 투자(비용)}×100(%)'으로 계산한다.
- ROAS 값이 1(100%)보다 크면 광고에 투자한 비용 대비 얻은 매출이 더 많다는 것을 의미하며, 값이 작을수록 광고 투자에 비해 매출이 적게 발생했다는 것을 나타낸다.
- 높은 ROAS는 투자한 광고가 효과적으로 매출을 증가시키고 있다는 것을 나타낸다.

투자 대비 수익률 극대화를 위한 퍼포먼스 광고 성공 요소는?

스파크랩스에 따르면 주요 상위 광고 콘셉트는 이해하기 쉬운 커스텀 콘셉트, 익숙하고 재미있는 고전/퍼즐 게임, 드라마틱한 내러티브, 유대감을 높여주는 실시간 피드백 콘셉트, 몰입도를 한층 더 높여주는 보이스오버, 계절 반영 크리에이티브 등 6가지다. 사용자가 직접 캐릭터, 아이템 또는 환경을 고를 수 있는 커스텀 콘셉트는 타이머나 한정된 예산 등의 추가적 요소와 함께 긴박감을 불러일으켜 사용자의 도전 정신을 불러일으킨다. 이 콘셉트는 매치 게임, 머지 게임(플레이어가 여러 사물을 합쳐서 새로운 사물을 만들고 잠금 해제하는 방식으로 진행하는 게임), 미드코어(MMORPG 대비 플레이에 오랜 시간이 필요하지 않은 게임), 아케이드, 액션 장르에 도입될 때 가장 효과적이다. 고전/퍼즐 게임 콘셉트는 게임 속에 여러 플레이 메커니즘이 있거나 내러티브가 복잡한 게임에 가장 적합하다. 리포트에 따르면 카드 게임, 카지노, 미드코어 장르의 상위 성과 크리에이티브 가운데 20%가 파이프 마니아(Pipe Mania, 파이프 조각을 맞게 연결시켜 물처럼 흐르게 만드는 게임), 행맨(단어/구를 맞추는 게임), 주마(Zuma, 같은 색깔의 구슬을 맞추는 게임)등 고전/퍼즐 게임 콘셉트를 택했다. 마케터들은 하나의 크리에이티브에 여러 고전/퍼즐 게임적 요소를 더한 광고 또한 높은 성과를 기록했으며 시간이 긴 인벤토리(30~60초)에 특히 효과적이었다고 응답했다.

출처: "투자 대비 수익률 극대화를 위한 퍼포먼스 광고 성공 요소는?", 중앙뉴스 기사 전문 중 일부 발췌,
https://www.ejanews.co.kr/news/articleView.html?idxno=313112

3) 판매 및 영업 24년 1회

① 신규 고객 판매

- 기업이 이전에 상호작용한 적이 없는 새로운 고객을 대상으로 제품이나 서비스를 판매하는 것이다.
- 신규 고객을 유치하고 유입시키기 위해 다양한 마케팅 전략과 광고 캠페인의 효과를 파악해야 한다.
- 할인, 프로모션, 새로운 제품 출시 등을 통해 신규 고객 판매를 늘리려고 노력할 수 있다.

② 기존 고객에 의한 판매

- 이미 이전에 기업과 거래를 한 적이 있는 고객을 대상으로 제품이나 서비스를 추가로 판매하는 것이다.
- 기존 고객을 유지하고 그들에게 추가적인 가치를 제공하기 위해 개인화된 서비스, 멤버십 혜택, 리워드 프로그램 등을 제공해야 한다.

③ 반품 수

- 고객이 구매한 상품을 환불하거나 교환하는 행위로 인해 기업이 받은 반품의 총개수이다.
- 반품은 재고로 다시 처리해야 하며, 회수, 재검수, 재포장 등의 비용이 발생할 뿐 아니라, 재고회전율에도 영향을 준다.
- 높은 반품률은 고객이 제품에 만족하지 않거나 기대치에 부합하지 않음을 파악할 수 있다.

④ 재고회전율

- 기업이 특정 기간 판매한 제품의 양을 전체 재고량으로 나눈 지표로 '판매량÷평균재고'로 계산한다.
- 높은 재고회전율은 기업이 재고를 효율적으로 관리하고 제품을 신속하게 판매하고 있다는 것을 나타내며, 낮은 재고회전율은 재고 관리에 문제가 있을 수 있다는 것을 의미한다.

재고회전율 분석을 위해 필요한 다양한 데이터

판매량(Sales Quantity)	설명	특정 기간 판매된 제품의 양
	수집 방법	판매 기록, 거래 내역 등을 통해 수집
평균 재고량 (Average Inventory)	설명	특정 기간의 평균 재고 수량으로, 시작과 끝 재고의 합을 2로 나누어 계산
	수집 방법	해당 기간의 시작과 끝에서의 재고를 합산하고 2로 나누어 계산
판매 기간(Sales Period)	설명	재고가 판매되는 데 소요된 시간으로, 판매량과 평균 재고량을 기반으로 계산
	수집 방법	판매가 시작된 날짜와 종료된 날짜를 기준으로 수집
판매 가격(Selling Price)	설명	제품이 판매될 때의 가격
	수집 방법	제품의 판매 가격을 기록
매입 가격(COGS, Cost Of Goods Sold)	설명	제품을 생산하거나 입고할 때의 비용으로, 판매 비용에 포함되는 원가
	수집 방법	생산 비용, 매입 비용 등을 기록

⑤ **평균 주문액**
- 특정 기간 한 주문당 평균적으로 발생한 매출액을 나타내는 지표로 '매출액÷주문 건수'로 계산한다.
- 고객이 한 번의 주문에서 지출하는 평균 금액을 측정하여 기업이 평균 거래 규모를 이해하고, 이를 기반으로 마케팅 전략을 개발할 수 있다.

⑥ **재구매율**
- 특정 기간 동안 구매한 고객 중에서 얼마나 많은 고객이 다시 구매했는지를 나타내는 지표로, 기업이 고객 충성도를 유지하고 고객을 장기적으로 보유하는 데 얼마나 성공적인지를 평가하는 데 사용된다.
- '재구매율=(재구매한 고객 수÷전체 고객 수)×100'으로 계산하며 여기서 '재구매한 고객 수'는 특정 기간 이전에 이미 제품이나 서비스를 구매한 고객 중에서 해당 기간에 다시 구매한 고객 수를 나타내고 '전체 고객 수'는 해당 기간의 전체 고객 수를 의미한다.

재구매율 분석을 위해 필요한 다양한 데이터
- 이전 구매 내역: 해당 고객이 이전에 어떤 제품을 얼마나 구매했는지를 추적한다.
- 구매 빈도: 특정 기간 고객이 얼마나 자주 구매하는지를 측정한다.
- 구매 금액: 각 구매 거래의 금액을 기록하여 평균 구매 금액 등을 계산한다.
- 고객 행동 데이터: 온라인 플랫폼이나 실제 매장을 얼마나 자주 방문하는지를 측정한다. 온라인 비즈니스의 경우 페이지 방문, 클릭 경로, 머문 시간 등을 분석한다.
- 만족도 조사 및 피드백: 구매 경험과 제품에 대한 만족도를 조사하여 얼마나 만족스러운 경험을 제공했는지를 파악한다. 구매 후에 피드백을 수집하여 어떠한 개선이나 조치가 필요한지를 확인한다.
- 고객 등급 및 세분화: 특정 등급의 고객 또는 충성도가 높은 고객을 식별하여 해당 고객 그룹에 대한 전략을 수립한다. 특정 고객 그룹이 선호하는 제품이나 카테고리를 파악하여 맞춤형 서비스를 제공한다.
- 프로모션 및 할인 데이터: 특정 프로모션 또는 할인 행사에 어떤 고객이 얼마나 반응하는지를 파악한다. 멤버십 혜택을 이용한 경우, 이를 추적하여 리워드 프로그램의 효과를 평가한다.

- 경쟁사 분석: 동일한 시장에서 경쟁사의 재구매율을 비교하여 자사의 성과를 평가한다. 경쟁사가 어떠한 전략으로 고객을 유입하고 유지하고 있는지를 조사한다.
- 고객서비스 데이터: 고객이 문의하거나 민원을 제기한 경우, 이에 대한 응대와 처리 과정을 평가한다. 상품에 대한 반품이나 교환 비율을 파악하여 서비스 품질을 평가한다.

⑦ 업셀링(Upselling) 비율

고객에게 현재 구매하려는 상품보다 높은 가격의 상품이나 더 고급 버전의 상품을 제안하여 구매액을 늘리는 전략이다. 예를 들어, 고객이 특정 모델의 스마트폰을 구매하려 할 때, 더 높은 스펙이나 기능을 가진 더 비싼 모델을 제안하는 것이 업셀링의 한 예시이다.

⑧ 크로스셀링(Cross Selling) 비율 24년 2회

고객이 이미 구매한 상품과 관련이 있는 다른 부가적인 상품이나 서비스를 제안하여 다양한 제품을 함께 구매하도록 유도하는 전략이다. 예를 들어, 컴퓨터를 구매한 고객에게 프린터나 소프트웨어를 함께 구매할 것을 제안하는 것이 크로스셀링의 한 예시이다.

🅑 기적의 TIP

업셀링 vs 크로스셀링

1. 판매 대상의 차이

업셀링	현재 구매하려는 제품의 업그레이드나 고급 버전 등과 관련
크로스셀링	이미 구매한 제품과 연관된 부가적인 상품이나 서비스를 대상으로 함

2. 목표의 차이

업셀링	주로 매출 증대가 목표이며, 고객이 좀 더 비용을 지불하고 더 나은 제품을 선택하도록 유도
크로스셀링	주로 고객 만족도 및 다양한 제품에 대한 경험을 향상시키는 것이 목표

3. 마케팅 시나리오의 차이

업셀링	고객이 이미 결정한 구매에 대해 추가 기능이나 업그레이드를 제안
크로스셀링	고객이 이미 구매한 상품과 관련이 있는 다른 제품을 제안

⑨ 판매 및 영업 관련 기타 정보

판매팀 성과	판매팀의 실적 정보
상품 판매 수	특정 기간 판매된 상품의 총개수
대금 회수율	특정 기간 고객으로부터 대금을 회수한 비율
고객 단가	평균적으로 각 고객이 기업에 지출하는 금액
해약 건수	특정 기간 해약된 계약 건수
고객 불만 수	특정 기간 접수된 고객 불만 사례의 수
상담 수	특정 기간 접수된 고객 상담 사례의 수
수주 수	특정 기간 수주된 주문 건수

4) 고객

① 순수고객추천지수(NPS, Net Promoter Score)
- 고객이 기업을 얼마나 추천할 것인지를 나타내는 지표이다.
- 0에서 10까지, 이 제품이나 서비스를 친구나 동료에게 얼마나 추천할 것인지를 물어본 결과이다.
- 계산: 답변을 '권유(9, 10)', '중립(7, 8)', '비판(0~6)' 등으로 분류하여 전체 권유자의 비율에서 비판자의 비율을 뺀 수치로 계산할 수 있다.

② 고객생애가치(LTV, Lifetime Value) 24년 2회
- 특정 고객이 기업과의 관계 동안 기업에 기여하는 예상 수익을 측정하는 지표이다.
- 해당 고객이 기업의 제품이나 서비스를 구매하면서 발생하는 순이익의 총합으로 계산된다.

③ 고객유지율(CRR, Customer Retention Rate)
- 특정 기간 기업이 유지한 고객 수를 이전 기간에 보유한 고객 수로 나눈 비율을 나타내는 지표이다.
- 높은 CRR은 기업이 고객을 잘 유지하고 있다는 의미이며, 고객 이탈을 줄이고 고객 로열티를 향상하는 데 활용할 수 있다.

④ 고객 성향, 욕구, 구매 패턴
- 특정 제품이나 서비스에 대한 고객의 경향을 나타내는 지표이다.
- 고객의 욕구 및 구매 패턴을 통해 고객의 선호도와 구매 습관을 유추할 수 있다.
- 제품/서비스 개발, 마케팅 전략, 세분화 및 타기팅을 위한 마케팅 기초자료로 활용할 수 있다.

기적의 TIP

코로나19, 소비 패턴도 바꿨다.

코로나19가 소비 패턴까지 바꿨다. 저렴한 생필품은 더 저렴하게, 고가 상품은 더 비싸더라도 구매하는 소비 패턴의 양극화 현상이 나타났다. 동시에 확진자가 급증할 때마다 스트레스를 해소하고자 매운 음식을 찾는 소비자도 늘었다.

11일 이베이코리아는 G마켓·옥션·G9가 동시 진행하는 '빅스마일데이'의 '1인당 평균 객단가'(이하 객단가)를 비교한 결과 저가 생활 소비재 객단가는 감소했지만, 고가 상품 객단가는 오히려 크게 늘었다고 밝혔다. 고가의 디지털·가전 품목은 지난해에 비해 더 많이 사면서도 더 비싼 것을 찾았고, 생활 소비재는 가격을 꼼꼼히 따지되 대량으로 쟁여두기식 소비를 한 것이다.

코로나19는 입맛도 바꿨다. 확진자 수가 급증할 때마다 매운 음식을 찾는 수요도 늘어난 것이다. CJ대한통운은 '일상생활 리포트 플러스' 보고서를 통해 일일 신규 확진자 수가 최고 851명까지 치솟았던 3월에 매운 식품 배송량도 작년 동기 대비 168.4% 뛰었다. 한동안 감소세이던 신규 확진자 수가 다시 반등한 8월에도 매운 식품 택배 물량은 지난해 같은 달보다 40.6% 증가했다.

출처: "코로나19, 소비 패턴도 바꿨다", 대한경제 기사 전문 중 일부 발췌, https://m.dnews.co.kr/m-home/view.jsp?idxno=20201110859044160495

⑤ **고객 만족도** 24년 2회
- 고객이 제공되는 제품이나 서비스에 대해 얼마나 만족하고 있는지를 측정하는 지표이다.
- 고객 만족도 분석을 위해 Focused Group Interview, 설문조사, 판매원 조사 등을 활용할 수 있다.

⑥ **고객 행동 데이터**
- 구매 이력, 웹사이트 방문 기록, 소셜 미디어 등 고객과 관련된 모든 데이터의 집합이다.
- 고객 행동 데이터를 이용하여 개인화된 마케팅 전략이나 고객서비스 개선 등으로 활용할 수 있다.

🅑 기적의 TIP

고객 행동 데이터의 예시 24년 1회
- 웹사이트 방문: 온라인 비즈니스의 경우 웹사이트를 방문한 횟수와 방문한 페이지를 기록한다.
- 앱 사용: 모바일 앱을 사용하는 경우 앱 내에서의 활동, 기능 이용량 등을 기록한다.
- 클릭 패턴: 웹사이트나 앱에서의 클릭 패턴을 분석하여 어떤 항목에 관심 있는지를 파악한다.
- 이동 경로: 사용자가 웹사이트나 앱에서 어떤 경로를 통해 이동하는지를 추적하여 사용자 경험을 이해한다.
- 구매 히스토리: 고객이 어떤 제품을 얼마나 자주, 얼마나 많이 구매했는지를 기록한다.
- 거래 세부 정보: 각 거래의 날짜, 시간, 결제 방법, 결제 금액 등을 포함한 거래 정보를 기록한다.
- 장바구니 추가 및 제거: 사용자가 장바구니에 어떤 제품을 추가하거나 제거하는지를 추적한다.
- 결제 전 확인: 결제 프로세스 진행 중에 장바구니 내용을 확인하고 수정하는 행동을 기록한다.
- 검색어 사용: 웹사이트 내부 검색 또는 검색 엔진을 통한 검색어 사용을 기록하여 사용자의 관심사를 파악한다.
- 검색 결과 선택: 특정 검색 결과를 클릭하는 행동을 추적하여 사용자의 우선순위나 관심사를 이해한다.
- 제품 리뷰 및 별점: 사용자가 제품에 대한 리뷰를 작성하거나 별점을 부여하는 행동을 기록한다.
- 추천 활용: 추천 시스템을 통해 사용자가 어떤 제품을 선택했는지를 파악한다.
- 소셜 미디어 공유: 제품이나 콘텐츠를 소셜 미디어에서 공유하는 행동을 추적한다.
- 댓글 및 좋아요: 사용자가 소셜 미디어에서 제품 또는 브랜드에 대해 어떤 피드백을 남기는지를 기록한다.
- 이메일 열람 및 클릭: 이메일을 열어보고 링크를 클릭하는 행동을 추적한다.
- 소식지 구독 및 해지: 뉴스레터를 구독하거나 해지하는 행동을 기록한다.
- 고객 센터 연락: 전화하거나 채팅하는 등의 상호작용을 기록한다.
- 문의 사항 및 해결: 고객이 문의한 내용과 문제 해결에 대한 히스토리를 추적한다.

⑦ **고객과 관련된 기타 정보** 24년 2회

고객 세그먼트	고객들을 특성에 따라 분류하는 것
잠재고객	아직 제품이나 서비스를 이용한 적이 없는 고객으로, 해당 제품이나 서비스의 잠재적인 대상이 될 수 있는 고객을 의미
잠재고객 비용	잠재고객을 유치하고 확보하기 위해 소요된 비용
고객획득 비용	신규 고객을 확보하기 위해 소요된 비용
월간 활성 사용자	MAU(Monthly Active User)라고도 하며 특정 기간(월) 동안 제품이나 서비스를 사용한 고객을 의미

5) 고객관계관리(CRM, Customer Relationship Management)

① 고객의 개인 신상정보(이름, 연락처, 이메일 주소 등)

- 기업이 고객과 상호작용하며 수집하는 민감한 정보로, 개인에 대한 식별 가능한 데이터이다.
- 고객별로 개인화된 마케팅 전략을 수립하기 위한 초석이 되는 데이터이다.

② 마케팅 채널 선호도

- 고객이 특정 마케팅 채널을 얼마나 선호하고 활용하는지를 나타내는 지표이다.
- 각각의 고객은 다양한 채널을 통해 기업의 마케팅 메시지에 노출되고, 그들이 선호하는 채널을 통해 소통할 가능성이 커진다.
- 마케팅 채널 선호도 정보는 효과적인 마케팅 전략을 수립하고 최적의 채널을 식별하는 데 활용될 수 있다.

③ 통화 기록(상담 기록)

- 고객과의 상호작용에 대한 정보를 기록하고 추적하는 데 사용되는 문서 또는 시스템이다.
- 고객과 상담한 내용, 제품이나 서비스에 대한 질의 및 요청 사항 등이 포함될 수 있다.

기적의 TIP

CJ프레시웨이, 고객관계관리 시스템 도입

- CJ프레시웨이가 CRM(고객관계관리) 시스템을 도입했다. CJ프레시웨이는 "CRM 시스템은 개인 및 조직별 산재된 고객 정보를 표준화된 데이터로 변환하고, 이를 기반으로 고객 관점의 영업활동을 펼쳐 고객 가치를 극대화하기 위해 마련됐다."라고 밝혔다.
- CRM 시스템의 주요 기능은 △고객 정보 통합 관리 △데이터 시각화 △커뮤니케이션 툴 등으로, 영업 담당자들은 이러한 기능들을 활용해 고객 요구에 선제적으로 대응하고, 맞춤형 상품과 서비스를 제안함으로써 고객의 원활한 사업 운영을 돕는다.
- 고객 정보 통합 관리는 CRM 시스템의 핵심 기능으로, 수천 개에 달하는 고객사에 대한 계약 사항, 매출 현황, VoC(고객의 소리) 등을 조회·기록할 수 있다. 특히, 영업 담당자가 각자 관리해 왔던 고객 정보를 한데 모아 고객별 영업활동 내역, 특이사항 등을 쉽게 파악할 수 있다.
- 데이터 시각화 기능은 상품 판매 현황, 기간별 수익 비교, VoC 처리 현황 등을 그래프와 도표 형태로 보여준다. 영업 담당자는 데이터와 실시간 연동되는 대시보드를 통해 본인의 업무 경과를 적시에 확인하고, 다음 업무 계획을 수립할 수 있다. 대시보드를 정기적으로 공유 받을 수 있는 구독 기능과 보고서 작성을 위한 파일 저장 기능도 갖췄다.

출처: "CJ프레시웨이, 고객관계관리 시스템 도입", 식품저널 기사 전문 중 일부 발췌,
https://www.foodnews.co.kr/news/articleView.html?idxno=101285

④ 이메일 교환 기록

- 기업과 고객 간의 이메일 통신 내용을 기록하고 추적하는 것을 의미한다.
- 고객서비스, 판매, 마케팅, 기술 지원 등 다양한 목적으로 활용될 수 있다.

⑤ 채팅 로그(Log)
- 채팅 플랫폼 또는 메신저를 통해 이루어진 대화를 기록하여 분석하고 활용하는 것을 의미한다.
- 기업과 고객 또는 사용자 간의 상호작용을 기록하고 추적 및 관리하고 마케팅 전략을 개선하는 데 활용할 수 있다.

⑥ 소셜 미디어 상호작용 기록
- 기업과 고객 간의 소셜 미디어 플랫폼에서 이루어진 상호작용에 대한 기록 및 데이터다.
- 고객의 댓글이나 DM, 좋아요, 공유 횟수, 메신저 활용 상담 기록 등이 있다.

⑦ 고객의 의견 및 피드백
- 제품, 서비스 또는 기업에 대한 고객의 견해와 경험 등이 있다.
- 고객의 의견이나 피드백을 반영하여 기존 제품을 개선하거나, 새로운 제품을 발굴하는 등의 마케팅 전략을 구사할 수 있다.

⑧ 고객관계관리 관련 기타 정보

구매 일자	고객이 제품이나 서비스를 구매한 날짜
거래금액	고객이 거래에 사용한 금액 또는 지불한 금액
결제 정보	거래에 사용된 결제 방법과 관련된 정보
구매 채널	제품이나 서비스를 구매한 경로 또는 채널
문의내역	고객이 문의한 내용에 대한 기록
VOC 해결기록	고객이 제기한 VOC 또는 의견에 대한 기록 및 해결 내역을 포함한 정보
서비스 품질평가	고객이 제공한 서비스에 대한 품질평가 정보

6) 전자상거래(E−Commerce, 이커머스)
① 웹사이트 접속자 수

정의	특정 기간 웹사이트에 방문한 총사용자 수
예시	해당 기간(20XX년 1월)의 총방문자 수
활용	마케팅 성과 측정, 사용자 트래킹, 콘텐츠 효과성 평가 등

② 모바일 기기 접속자 수

정의	모바일 기기(스마트폰, 태블릿 등)를 통해 웹사이트에 접속한 사용자 수
예시	해당 기간의 모바일 기기로 접속한 방문자 수
활용	모바일 최적화 및 마케팅 전략 수립, 사용자 경험 향상 등

③ 자연 검색량

정의	검색 엔진에서 유기적으로 유입된 트래픽 양
예시	자연 검색 결과를 통해 유입된 트래픽 데이터
활용	성과 평가, 키워드 전략 최적화 등

④ 노출도(Impression)

정의	특정 콘텐츠가 노출된 횟수
활용	콘텐츠 효과성 평가, 광고 성과 분석 등

⑤ 클릭률(CTR, Click-Through Rate) 24년 2회

정의	노출된 광고나 콘텐츠를 클릭한 비율
계산식	(클릭 수÷노출 수)×100(%)

⑥ 특정 콘텐츠의 방문자 수

정의	특정 콘텐츠를 방문한 사용자 수
예시	해당 콘텐츠에 방문한 방문자 수의 총합
활용	콘텐츠 인기도 평가, 관심사 파악 등

⑦ 페이지 잔류시간

정의	사용자가 웹사이트의 특정 페이지에 머무른 시간
활용	사용자 경험 평가, 콘텐츠 흥미도 평가 등

⑧ 콘텐츠 반응률(공유, 좋아요, 댓글 등)

정의	특정 콘텐츠에 대한 사용자의 반응 정도
활용	콘텐츠 효과성 평가, 사용자 참여도 평가 등

⑨ SNS 방문자 수 증가율

정의	특정 기간 소셜 미디어에서 유입된 방문자 수의 증가 비율
활용	소셜 미디어 전략 성과 평가, 커뮤니티 확장 전략 등

⑩ SNS 플랫폼별 투자수익률(ROI, Return On Investment)

정의	각 소셜 미디어 플랫폼에 대한 광고 또는 마케팅 투자에 따른 수익률
계산식	(수익−투자 비용)÷투자 비용×100(%)
활용	플랫폼별 투자 효율성 평가, 예산 편성 최적화 등

⑪ 다운로드 수(앱이나 콘텐츠 상품 등)

정의	앱, 콘텐츠 등을 다운로드한 총횟수
활용	앱 또는 콘텐츠 인기도 평가, 마케팅 성과 평가 등

⑫ 팔로워(Follower) 수

정의	소셜 미디어 플랫폼에서 기업이나 계정을 팔로우한 사용자 수
예시	특정 시점에서의 전체 팔로워 수의 총합
활용	소셜 미디어 영향력 평가, 커뮤니케이션 전략 평가 등

⑬ 리드(Lead)

정의	판매 전환에 관심이 있는 잠재적 고객 정보
예시	마케팅 캠페인이나 이벤트를 통해 수집된 관심 표현한 고객 정보
활용	마케팅 전환 전략 수립, 판매 전환율 평가 등

⑭ 클릭당 비용(CPC, Cost Per Click)

정의	광고 클릭당 소모된 비용
계산식	광고 비용÷총클릭 수
활용	광고 캠페인 효율성 평가, 예산 편성 최적화 등

⑮ 천 번 노출당 비용(CPM, Cost Per Mille)

정의	천 번의 노출당 소모된 비용
계산식	(광고 비용÷총노출 수)×1000
활용	광고 효율성 평가 및 광고 비용 책정 등

⑯ 인스톨당 비용(CPI, Cost Per Install)

정의	앱 다운로드당 소모된 비용
계산식	광고 비용÷전체 다운로드 수
활용	앱 마케팅 비용 효율성 평가 등

⑰ 액션당 비용(CPA, Cost Per Action)

정의	원하는 특정 행동(클릭, 다운로드, 가입 등)당 소모된 비용
계산식	전체 비용÷총액션 수
활용	목표 달성 비용 평가, 전환율 최적화 등

⑱ 이탈률

정의	특정 페이지 또는 경로에서 사용자가 이탈한 비율
계산식	(이탈한 사용자 수÷전체 방문자 수)×100
활용	사용자 경로 최적화, 이탈을 줄이는 전략 수립 등

⑲ 전환율(CVR, Conversion Rate) 24년 1회

정의	웹사이트나 앱에서 기업이 원하는 목표를 달성한 사용자의 비율
계산식	(전환을 수행한 사용자 수)÷(마케팅에 참여한 전체 사용자 수)×100(%)
활용	마케팅 전환 전략 평가, 목표 달성 비용 평가 등

⑳ 고착도(Stickiness, 스티키니스)

정의	사용자가 웹사이트나 앱에 머무르는 정도
계산식	(DAU÷MAU)×100
활용	사용자 유지 전략 평가, 콘텐츠 흥미도 평가 등

㉑ 장바구니에 있는 제품 수

정의	온라인 쇼핑에서 장바구니에 담긴 제품 수
예시	특정 소비자의 특정 시점에서의 장바구니에 있는 제품 수
활용	장바구니 유도 전략 평가, 결제 전환 전략 수립 등

01 매출원가는 제품 또는 서비스를 생산하고 판매하기 위해 발생하는 모든 비용이다. ◎ ✕

02 정상 가격이 10,000원, 할인율이 20%일 때, 할인된 가격은 10,000원의 20%인 2,000원을 더한 12,000원이다. ◎ ✕

03 특정 제품의 한 해 동안 판매량이 1,000개이고, 해당 제품의 평균 재고가 100개라면, 재고회전율은 10이다. ◎ ✕

04 온라인 매장의 판매 수가 오프라인 매장에 비해 더 낮다면 마케팅 담당자들은 온라인 채널의 강화나 프로모션 활동에 더 집중할 수 있다. ◎ ✕

05 높은 재구매율은 고객의 만족도와 충성도가 높다는 것을 나타낸다. ◎ ✕

06 고객 단가는 매출액을 고객 수로 나누어 계산하는 지표이다. ◎ ✕

07 100명의 고객 중 20명이 원래 의도한 상품보다 더 비싼 상품이나 추가 상품을 구매한다면, 크로스셀링비율은 20%이다. ◎ ✕

08 순수고객추천지수란, 기업이 유지하고 있는 고객 중에서 얼마나 많은 고객이 재방문하는지를 나타내는 지표이다. ◎ ✕

09 고객 불만 수를 분석하여 주요 불만 사항을 파악하고 고객 경험 및 서비스 품질 개선을 위한 대책을 마련할 수 있다. ◎ ✕

10 MAU는 일반적으로 주간 기준으로 측정된다. ◎ ✕

01 ○ [해설] 매출원가는 제품 또는 서비스를 생산하고 판매하기 위해 발생하는 모든 비용이다.

02 × [해설] 정상 가격이 10,000원, 할인율이 20%일 때, 할인된 가격은 10,000원의 20%인 2,000원이 차감된 8,000원이다.

03 ○ [해설] 특정 제품의 한 해 동안 판매량이 1,000개이고, 해당 제품의 평균 재고가 100개라면, 재고회전율은 10이며, 이는 해당 제품이 한 해 동안 10번 회전되었음을 의미한다.

04 × [해설] 온라인 매장의 판매 수가 오프라인 매장에 비해 더 높다면 마케팅 담당자들은 온라인 채널의 강화나 프로모션 활동에 더 집중할 수 있다.

05 ○ [해설] 높은 재구매율은 고객의 만족도와 충성도가 높다는 것을 나타내며, 이를 통해 고객 유지 및 장기적인 매출 증대를 위한 전략을 수립할 수 있다.

06 ○ [해설] 맞는 설명으로, 고객 단가를 분석하면 고객 가치를 파악할 수 있으며, 고객 단가가 높은 고객 세그먼트를 식별하여 타기팅 전략을 수립할 수 있다.

07 × [해설] 100명의 고객 중 20명이 원래 의도한 상품보다 더 비싼 상품이나 추가 상품을 구매한다면, 업셀링비율은 20%이다. 크로스셀링비율은 해당 문제에서 알 수 없다.

08 × [해설] 순수고객추천지수란, 고객이 제품과 서비스를 다른 사람에게 추천하고자 하는 의지가 있는지를 측정하는 지표이다.

09 ○ [해설] 고객 불만 수의 추이를 살펴보면 제품/서비스 개선이나 마케팅 전략의 효과를 평가할 수 있다.

10 × [해설] 일반적으로 월간 기준으로 측정되며, 해당 기간에 서비스로 접속하여 상호작용한 사용자들을 포함한다.

공급관리 기본정보

1 공급관리(생산운영관리) 기본정보

*산업통상자원부에서 시행한 산업통상협력개발지원사업의 내용을 토대로 설명

1) 생산 시스템의 효율성 분석을 위해 필요한 투입 및 산출 데이터

① 투입 및 산출 데이터 개요

각 기업/기관의 생산성 및 효율성을 비교 · 분석하기 위해 각 생산시스템에 필요한 투입 데이터와 산출 데이터를 알아야 한다.

▲ 생산 시스템

② 기업/기관 유형별로 필요한 투입 데이터 및 산출 데이터 예시

일반	투입 데이터	자재, 에너지, 정보, 경영, 기술, 노동 등
	산출 데이터	제품, 정보, 경험 등
병원	투입 데이터	과별 의사, 간호사, 행정 직원, 의료 장비 및 시설, 건물, 행정 시스템
	산출 데이터	각종 의료 서비스의 질, 완치된 환자
공장	투입 데이터	노동자, 공장 부지, 원자재, 설비 배치, 에너지, 생산 부서, 기계 장비
	산출 데이터	완제품
대학	투입 데이터	교수, 행정 직원, 연구시설 및 설비, 강의실, 학교 건물, 학교 부지, 도서관
	산출 데이터	졸업생, 연구 실적
국가	투입 데이터	국민, 대통령, 관료, 지자체, 행정기관, 행정 시스템, 군사력
	산출 데이터	국가 위상, 경쟁력
음식점	투입 데이터	재료, 요리사, 직원, 요리 기구, 전통, 위치, 인테리어
	산출 데이터	음식, 고객 만족도

2) 수요 예측

① 수요 예측

- 수요분석에 기반하여 시장조사와 다양한 예측 조사 결과를 취합하여 미래 수요를 예측하는 일을 수요 예측이라고 한다.
- 산업 전체의 수요가 질적·양적으로 어떤 경향을 나타내고 어떤 상태에 있는가를 과거 및 현재의 데이터를 기초로 하여 예측한다.
- 생산운영관리의 가장 큰 목표는 '수요와 공급의 일치'이며, 수요는 조절할 수 없으므로 수요 예측을 알 수 없고 조절할 수 없는 수요에 대해 공급을 맞추는 활동으로 재해석할 수 있다.
- 예측이란 과거의 데이터를 통해 미래의 값을 추정하는 행위이다.
- 알 수 없는 미래의 데이터를 예측함으로써 경영자는 미래에 대한 계획을 세울 수 있고, 관리의 기준을 세울 수 있으나, 불확실성으로 인해 수요 예측의 정확도가 떨어질 수 있다.
- 여러 불확실성을 제거하기 위한 활동 역시 수요 예측 일부분으로 볼 수 있다.

> **가격의 TIP**
>
> **LG유플러스, 올해 3번째 회사채 수요 예측서 '오버부킹' 성공**
>
> LG유플러스가 회사채 수요 예측에서 '오버부킹'에 성공했다. 지난 1월과 6월 실시한 회사채 수요 예측에서 각각 3조 2천억 원과 1조 5천억 원의 자금을 확보한 데 이어 3연타석 '흥행'이다. 6일 투자은행(IB) 업계에 따르면 LG유플러스는 이날 총 1천억 원의 자금을 조달하기 위해 회사채 수요 예측을 진행했다. 모집액 200억 원인 2년물에 1천200억 원, 모집액 500억 원인 3년물에 2천900억 원, 모집액 300억 원인 5년물에 2천700억 원 등 총 6천800억 원의 투자 수요가 이번 수요 예측에 접수됐다. LG유플러스는 금리밴드 상단으로 30bp, 하단으로 30bp를 제시했다. 수요 예측 결과, 신고액 기준 2년물 +5bp, 3년물 −1bp, 5년물 −10bp에서 마무리됐다. LG유플러스는 최대 2천억 원까지 증액하는 방안을 검토 중이다.
>
> 출처 : "LG유플러스, 올해 3번째 회사채 수요 예측서 '오버부킹' 성공", 연합인포맥스 기사 전문 중 일부 발췌,
> https://news.einfomax.co.kr/news/articleView.html?idxno=4286838

② 시간적 범위에 따른 수요 예측 구분

단기 수요 예측	시간, 일, 주, 월 등 현재 진행되고 있는 생산운영과 관련된 예측
장기 수요 예측	분기, 반기, 년, 향후 계획 등 제품, 서비스 등의 산출물의 수명 기간과 관련된 예측

③ 수요 변화

- 수요 예측이 정확할 수 없는 이유는 불확실성인데, 그 불확실성 중에서도 수요의 변화를 주목할 필요가 있다.
- 시장이 글로벌화되면서 기업들은 본국의 소비자 니즈만 고려할 것이 아니라, 세계 소비자의 니즈를 고려해야 하므로 수요 변화는 더욱 큰 불확실성을 가진다.
- 수요 변화의 형태는 수평적 수요, 추세적 수요, 계절적 수요, 순환적 수요, 무작위 수요 등으로 나누어 파악할 수 있다.

수평적 수요 데이터	수요가 일정한 평균을 중심으로 오르내리는 유형 ⬥ 치약, 칫솔 등의 생필품은 수요가 일정하여 파악하기 쉬움
추세적 수요 데이터	시간의 흐름에 따라 평균값이 증가/감소하는 형태를 보이는 것 ⬥ 일반폰에서 터치폰, 현재 스마트폰까지 휴대폰 산업의 추세적 수요 변화
계절적 수요 데이터	계절이나 주, 월에 따라 수요의 증감이 반복되는 패턴 유형 ⬥ 기후의 변화에 따른 제철 과일이나 전력의 사용량 등이 해당
순환적 수요 데이터	연 단위 이상의 장기간 수요의 증감이 반복되는 패턴 유형 ⬥ 야구나 축구, 올림픽 등
무작위 수요 데이터	기상 변화나 자연재해 등 예측이 불가능하고 무작위로 변하는 수요 형태

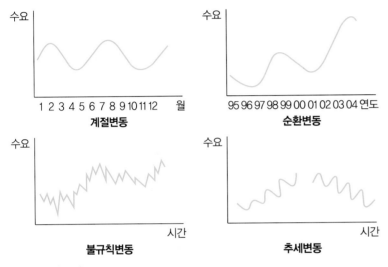

▲ 수요 변화 그래프

④ 수요 예측 방법

- 더 나은 예측을 위해서 정확도를 측정하는 것은 필수적이다.
- 일반적으로 예측의 정확도는 실제값과 예측값의 차이로 측정된다.
- 기존 자료(과거 데이터)를 활용하여 예측값과 실측값을 관찰하고, 예측 오차가 가장 적은 기법을 선정한 뒤, 그 예측 오차 대비 비용(기회비용)도 고려하여 예측 기법을 선정하여야 한다.
- 일반적인 수요 예측 방법으로 평균절대오차, 평균절대백분율오차, 평균제곱오차 방법이 있다.

평균절대오차 (MAD, Mean Absolute Deviation)	(예측값−실측값)의 절댓값을 평균한 것으로, 오차의 절댓값을 평균한 값
평균절대백분율오차 (MAPE, Mean Absolute Percent Error)	평균절대오차를 퍼센트로 나타낸 것
평균제곱오차 (MSE, Mean Squared Error)	평균절대오차를 제곱한 뒤 n−1로 나눈 값

다양한 수요 예측 방법 24년 1회/2회

1. 시계열 분석(Time Series Analysis)

정의	데이터가 시간에 따라 변하는 양상을 분석하여 미래의 추이나 특성을 예측하는 통계적 기법
적용	주식 가격, 판매 기록, 기상 데이터 등과 같이 시간의 흐름에 따라 변하는 데이터에 활용
모델	ARIMA(Auto Regressive Integrated Moving Average), Exponential Smoothing 등의 모델이 사용

2. 회귀 분석(Regression Analysis)

정의	여러 변수 간의 관계를 통계적으로 분석하여 특정 변수의 값을 예측하는 기법
적용	다양한 변수가 수요에 영향을 미치는 경우, 수요 예측에 활용
모델	선형 회귀, 다중 회귀 등의 모델이 사용

3. 머신러닝(Machine Learning)

정의	알고리즘을 사용하여 데이터의 패턴을 학습하고 예측을 수행하는 기법
적용	다양한 데이터 유형에 대한 예측 및 분류에 사용
모델	회귀 분석, 의사결정 트리, 랜덤 포레스트, 신경망 등이 활용

4. 몬테카를로 시뮬레이션(Monte Carlo Simulation)

정의	확률적인 변수에 대한 불확실성을 고려하여 여러 시나리오를 시뮬레이션하는 기법
적용	금융 모델링, 프로젝트 관리, 리스크 평가 등에 활용

5. 에이전트 기반 모델(Agent−Based Modeling)

정의	각각의 에이전트가 상호작용하여 전체 시스템의 행동을 모델링하는 기법
적용	복잡한 시스템에서 다양한 행위자 간의 상호작용을 모델링할 때 사용

6. 지수 평활법(Exponential Smoothing)

정의	최근 데이터에 높은 가중치를 부여하여 예측하는 시계열 분석 기법
적용	단기적 수요 예측에 주로 사용되며, 계절성을 고려할 수 있음
모델	단순 지수 평활, Holt's Method, Holt−Winters Method 등의 모델이 사용

7. 신경망 모델(Neural Network Models)

정의	인공 신경망을 사용하여 복잡한 비선형 관계를 모델링하는 기법
적용	대규모 및 비선형적인 데이터에 적합하며, 예측 정확도가 요구될 때 활용

3) 품질 관리

① 품질

품질은 제품 또는 서비스가 제공하는 성능이 고객의 기대를 충족시키는 정도이다.

🅑 기적의 TIP

품질과 관련된 다양한 데이터

1. 제품 또는 서비스 품질 데이터

제품 결함비율	전체 생산량 대비 제품 결함비율로, 생산품이 얼마나 불량인지를 나타냄
제품 규격 및 속성	제품이나 서비스의 기준과 특성에 관한 정보로, 품질 관리의 기초를 형성
서비스 품질 지표	서비스 제공 품질을 측정하는 지표로, 응답 시간, 서비스 수준 등을 포함

2. 프로세스 데이터

제조 공정 데이터	생산과정의 모든 단계에 관한 정보로, 생산의 안정성과 일관성을 평가
서비스 제공 프로세스 데이터	서비스 제공에 필요한 모든 활동과 과정 정보로, 품질 관리에 핵심적
개발 프로세스 데이터	소프트웨어 또는 제품 개발 단계에서 나오는 정보로, 제품의 안정성과 기능성을 검토

3. 불량 원인 분석 데이터

불량 기록	품질 결함이 일어난 시간, 위치, 원인에 관한 정보로, 불량의 근본 원인을 파악
원자재 및 부품 불량률	사용된 재료나 부품이 얼마나 자주 불량인지를 나타내며, 품질 문제의 원인을 찾는 데 도움이 됨
작업자 또는 기계 불량 원인 데이터	생산 작업자나 기계의 동작과 관련된 불량의 원인을 기록

4. 품질검사 및 시험 데이터

제품 검사 결과	제품이나 서비스의 품질을 확인하기 위한 검사 결과 데이터로, 품질 통제에 활용
시스템 또는 소프트웨어 테스트 결과	소프트웨어 제품의 품질을 평가하기 위한 테스트 결과 데이터로, 버그 및 오류를 감지하고 수정하는 데 사용
품질 테스트 성과 지표	품질 테스트의 수행을 나타내는 지표로, 정량적인 측면에서 품질을 평가

5. 고객 피드백 및 불만 데이터

고객 불만 내역	제품이나 서비스에 대한 고객의 불만 사항과 해당 사건에 대한 기록으로, 품질 개선에 활용
리턴 제품 및 서비스 피드백	제품 또는 서비스의 반품 및 교환에 대한 피드백으로, 제품 또는 서비스의 결함을 수정하는 데 사용
고객 만족도 조사 결과	고객 만족도 및 요구에 관한 조사 결과로, 제품 또는 서비스의 개선 방향을 제시

6. 원자재 및 부품 공급자 데이터

원자재 및 부품 품질 데이터	사용된 원자재와 부품의 품질 정보로, 제품의 전체적인 품질에 영향을 미침
납품 일정 및 정확성	원자재 및 부품의 정확한 납품 일정 및 정확성에 대한 데이터로, 제조 과정의 효율성을 향상시킴
원가 및 가용성 데이터	원자재 및 부품의 가격, 가용성 등에 대한 데이터로, 비용 효율성을 평가

7. 품질 성능 평가 및 지표 데이터

처리 시간 및 생산량 데이터	생산 프로세스의 효율성을 나타내는 데이터로, 생산계획 및 품질 관리에 활용
불량률과 불량 원인 추적 지표	품질 문제의 발생 빈도 및 원인을 추적하는 데이터로, 지속적인 개선에 기여
품질 관리 시스템 준수 여부	품질 관리 시스템의 규정 및 정책 준수 상태에 대한 데이터로, 표준을 충족시키고 있는지를 확인

8. 작업 환경 및 생산 시설 안전 데이터

사고 및 부상 데이터	작업 환경에서 발생한 사고 및 부상에 관한 데이터로, 작업 환경 및 생산 시설의 안전성을 평가
안전 정책 및 프로시저 준수 여부	안전 정책과 프로시저의 준수 여부를 나타내는 데이터로, 생산 환경의 안전성을 유지하는 데 기여
작업 환경 모니터링 데이터	작업 환경의 다양한 요소를 모니터링한 데이터로, 환경 요인이 생산과정에 미치는 영향을 평가
작업자 교육 및 훈련 이력	작업자의 안전 교육 및 훈련 이력을 나타내는 데이터로, 안전 수칙을 준수하고 교육을 받은 정도를 파악

② 품질 관리(Quality Control)

- 품질 결과를 표준과 비교·측정하여 표준에 미달하는 경우 수정하는 프로세스로, 공정이 잘 진행되고 있는지를 확인하기 위한 목적으로 실시한다.
- 기업은 이러한 품질 관리를 위해 공정산출물의 데이터를 통계적 기법에 기반을 두고 점검하여 품질 관리 목적을 달성할 수 있다.

③ 품질검사 24년 1회

- 품질 관리를 위해서는 결국 '검사(제품이나 서비스를 표준과 비교하는 평가 활동)'를 실시해야 한다.
- 검사 시기에 따라 생산 전, 생산 중, 생산 후 품질 검사로 구분될 수 있다.

생산 전 검사	투입되는 자원의 적합성 검사(샘플링 검사)
생산 중 검사	투입 자원의 결과물 전환과정의 적합성 검사(공정관리)
생산 후 검사	제품이 고객에게 인도되기 전에 최종적으로 실시하는 적합성 검사(샘플링 검사)로, 공정관리 형태로 진행

• 검사 시 고려 사항과 검사 시기 및 위치는 다음과 같다.

고려 사항	• 검사의 양 • 검사의 빈도 • 검사의 위치: 공정의 어느 위치에서 검사가 이루어져야 하는지 • 중앙 vs 생산 현장 • 불량이 자주 발생하는 지점 파악 후 해당 지점에서 검사 필요 • 발생 횟수(속성에 대한 검사(발생 횟수를 측정)) 또는 특성치의 값(변량에 대한 검사(특성치 측정))
시기 및 위치	• 원재료나 구매 부품(납품된) 수령 시, 완제품의 출하 전 • 높은 가격의 생산 공정 이전, 돌이킬 수 없는 공정 이전, 결함이 숨겨지는 공정 이전 등

🅑 기적의 TIP

품질검사를 위한 P-Chart와 C-Chart

• P 차트(P Chart): P 차트는 주로 이산형 데이터, 특히 불량품의 비율이나 특정 속성의 발생 빈도를 관찰할 때 사용된다. 이 차트는 '불량' 또는 '정상'과 같은 이산형 카테고리로 분류된 데이터에 대한 품질 모니터링에 적합하다.

Y 축	비율(%)을 나타내며, 주로 불량품의 비율이나 특정 속성의 발생 빈도를 표현
X 축	시간이나 공정 단계 등을 나타냄
적용 프로세스	주기적으로 추출한 샘플을 통해 불량품 비율을 계산하고 P 차트에 기록함. 이를 통해 품질 변동을 감지하고 조치할 수 있음

• C 차트(C Chart): 각 품목의 두 개 이상의 결점을 관리할 경우, 결점 수를 모니터링하기 위해 C 차트를 사용한다.

Y 축	표본
X 축	결점 수
적용 프로세스	품질의 산포를 관리하기 위하여 하나의 중심선과 두 개의 관리한계선(관리 상한선, 하한선)을 설정한 그래프를 작성하여 만들 수 있음

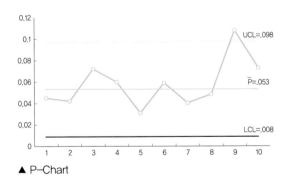

▲ P-Chart

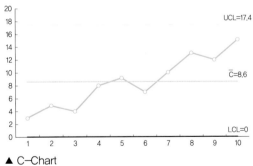

▲ C-Chart

④ **품질 기법** 24년 1회

주요 품질 기법은 아래 6가지가 있다.

체크리스트 기법	• 검토가 필요한 사항에 대하여 체크리스트를 작성하여 실무자와 품질 관리자가 점검하는 기법 • 공중화장실 청결도 체크
히스토그램 기법	• 데이터의 범위를 몇 개의 계급으로 나누고 각 계급의 발생 빈도수를 막대그래프로 나타낸 그림 • 데이터 분포 형태를 간편히 파악 가능
산점도 기법	• 두 변수의 특성 및 요인 관계를 시각적으로 나타내고 싶은 경우에 사용하는 방법 • 회귀 분석, IPA 분석
그래프 기법	막대그래프, 띠그래프, 꺾은선 그래프, 원그래프, 레이더 차트 등 보는 사람이 알기 쉽고 구체적인 판단 가능하게 하는 방법

파레토 분석 기법	• 문제의 원인을 중요하지 않은 다수의 원인과 중요한 소수의 원인으로 분류하는 방법
	  – 파레토(Pareto): 불균형적인 부의 분배로 80%의 부가 20%의 사람에게 집중되어 있음
	  – 주란(Juran): 80%의 품질 문제가 20% 주요 원인에 집중되어 있음

서브퀄(SERVQUAL)	• 서비스 품질 측정 기법으로 고객의 서비스 품질에 대한 인식 정도를 측정 • 양적 접근 방식이 아닌 질적 접근 방식

① **파레토 도표**

② **히스토그램**

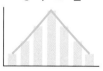

③ **특성요인도**

④ **산점도**

⑤ **체크리스트**

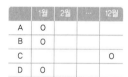

⑥ **층별**

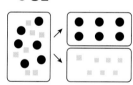

⑦ **그래프와 프로세스 관리도**

꺾은선 그래프   원그래프   막대그래프   띠그래프   레이더 차트   관리도

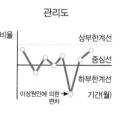

▲ 품질검사를 위한 여러 도구

SERVQUAL의 5가지 요인 24년 2회

1. 유형성(Tangibles): 물리적인 측면으로, 서비스를 제공하는 환경이나 기기, 서비스와 관련된 물리적 측면을 나타낸다.
   - 호텔의 청결한 객실, 직원의 전문적인 외모, 청결한 서비스 환경 등

2. 신뢰성(Reliability): 서비스 제공의 정확성, 신뢰성, 꼼꼼함에 관련된 특성을 의미한다.
   - 약속한 시간에 서비스를 제공, 제품이나 서비스의 일관된 품질 유지, 신속한 응답 및 서비스 등

3. 응답성(Responsiveness): 서비스 제공자의 빠른 대응과 신속한 서비스 제공을 의미한다.
   - 고객의 문의에 신속한 응답, 긴급 상황에서의 신속한 대처, 신속한 서비스 제공 등

4. 확신성(Assurance): 직원의 전문성, 신뢰성, 고객에 대한 신뢰 등과 관련된 특성을 나타낸다.
   - 직원의 전문성 및 지식, 서비스 제공자의 신뢰성 및 안전성, 고객에 대한 신뢰 등

5. 공감성(Empathy): 서비스 제공자가 고객의 감정을 이해하고 고객의 필요에 공감하는 능력을 나타낸다.
   - 고객에게 친절하게 대하는 직원, 개인적인 서비스 제공, 고객의 특별한 요구사항에 대한 이해와 대응 등

▲ SERVQUAL 모형

4) 공급사슬관리 24년 1회

① 공급사슬관리(SCM, Supply Chain Management)

- 공급사슬을 전략적으로 조정하여 공급과 수요를 통합적으로 관리하는 것을 목적으로 하는 관리 방법이다.
- 자동차 산업을 하는 하나의 기업이 자동차 부품에 들어가는 철, 플라스틱, 알루미늄 등의 광석을 캐는 일에서부터 소비자에게 판매하고 애프터서비스를 진행하는 일까지 모두 도맡아서 진행할 수 없으므로 공급사슬관리가 중요하다.
- 기업들은 어떤 형태로든 다른 기업들과 공급-수요 계약을 맺고 있으며 공급자가 되기도 하고 수요자가 되기도 한다.
- 공급사슬은 제품이나 서비스가 공급사슬을 따라 이동하며 가치가 부가되는 개념을 반영하기 때문에 가치사슬(Value Chain)이라고도 불리며 일반적으로 단일 조직이 아니라 독립적인 다수의 조직으로 구성되는 특성이 있다.

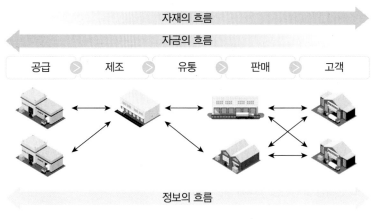
▲ 공급사슬관리와 데이터의 흐름

공급사슬관리를 위해 필요한 데이터 종류 24년 2회
- 수요 예측 데이터: 소비자들이 앞으로 어떤 제품이나 서비스를 요구할 것으로 예상되는지에 대한 정보이다. 주로 생산 일정을 계획하고 입고를 조절하는 데 사용되며, 재고 최적화와 같은 비즈니스 의사결정을 지원한다.
- 재고 관리 데이터: 보유된 재고 수량, 재고회전율, 재고 비용 등과 관련된 정보이다. 재고 최적화, 주문 및 공급 계획 수립, 물류 및 배송 계획 등 다양한 영역에서 사용되어 효율적인 재고 관리를 도와준다.
- 주문 처리 데이터: 주문의 접수부터 출하까지의 모든 단계에 대한 정보이다. 주문 처리의 효율성을 평가하고 개선하기 위한 용도로 사용되며, 고객서비스 향상과 주문 처리 과정의 최적화에 기여한다.
- 공급업체 성능 데이터: 공급사의 성과와 실적과 관련된 정보이다. 우수한 공급업체를 식별하고 협력 관계를 강화하는 데 사용되며, 비용 관리 및 효율적인 공급망 구축을 지원한다.
- 운송 및 물류 데이터: 제품이 이동하는 과정에서 발생하는 정보이다. 물류 네트워크 최적화, 운송 비용 최소화, 배송 정확성 향상 등 다양한 물류 활동에서 활용된다.
- 품질 관리 데이터: 제품 또는 서비스의 품질을 측정하고 관리하기 위한 정보이다. 불량률, 품질 테스트 결과 등을 포함하여 품질 개선, 불량률 감소, 소비자 만족도 향상 등에 사용된다.
- 비용 및 가격 데이터: 생산 비용, 물류비용, 운송 비용, 제품 가격 등과 관련된 정보이다. 비용 최적화, 가격결정, 수익성 평가 등에 사용되어 기업의 금융적인 측면을 지원한다.
- 기술 및 혁신 데이터: 새로운 기술, 혁신, 자동화 등을 위한 정보이다. 프로세스 혁신, 기술 도입, 디지털화 등을 통한 효율성 향상과 혁신적인 전략 수립에 사용된다.

② 공급사슬의 대표적인 이동 유형 24년 1회

물리적인 이동 (Physical Movement)	문자 그대로 제품이 실질적으로 이동하는 것을 의미
현금흐름 (Flow of Cash)	• 제품이 실질적으로 이동하게 되면, 제품의 대금을 치르게 되면서 현금이 이동함 • 현금흐름은 일반적으로 제품의 이동하는 방향과 반대 방향으로 움직임 ⓔ 공장에 어음을 발행한 후, 판매한 물품 대금을 받았을 때 공급처로 현금이 이동하는 형태
정보의 교환 (Exchange of Information)	공급사슬의 양방향으로 정보의 교환이 이루어짐

공급사슬은 단순히 물류(Logistics)가 아니며, 물류는 정방향과 역방향의 흐름으로 이루어지는 제품과 서비스, 현금 그리고 정보로 구성되는 공급사슬의 일부분을 의미한다.

5) 구매관리

① 구매관리(=구매부서의 역할)

- 기업이나 공장의 구매(Purchasing)부서는 제품 생산과 서비스 제공에 필요한 자재와 부품, 보급품 및 서비스를 확보할 책임이 있다.
- 구매는 구매 제품의 원가 관리 외에 기업 운영에 많은 영향을 미치는 중요요인으로, 제품 및 서비스의 품질, 인도(Delivery) 시기와 같은 중요성을 가진다.
- 구매부서는 운영전략 지원을 위한 제품 및 서비스 구매계획을 수립 · 수행하는 것을 목표로 한다.
- 구매부서의 임무는 공급자 식별 및 계약 협상, 공급자 데이터베이스 유지관리, 적시에 비용 효율적인 방식으로 운영 요구사항 이상의 제품 및 서비스 획득, 공급업체 관리 등을 포함한다.
- 구매부서의 역할은 공급업체를 선택하고, 계약을 협상하고, 파트너십을 구축하고, 공급업체와 다양한 기능부서 간의 중개자 역할을 하는 것으로 공급사슬 관리에 매우 중요하다고 할 수 있다.

🅱 기적의 TIP

구매 및 조달을 위해 필요한 데이터 종류

- 공급업체 정보: 공급업체 정보는 가능한 공급자 목록, 신용등급, 성능 평가 및 인증 정보 등을 포함한다. 이 정보는 우수한 공급자를 선택하고 협력 관계를 효과적으로 관리하며, 리스크를 효율적으로 관리하는 데 사용된다.
- 구매 주문 데이터: 구매 주문 데이터는 제품 또는 서비스를 확보하기 위한 상세한 주문 정보를 나타낸다. 주문 날짜, 수량, 가격 등의 정보는 재고 및 생산계획을 수립하고 주문 처리를 효율화하며, 비용 분석 등에 활용된다.
- 재고 수준 및 움직임 데이터: 재고 수준 및 움직임 데이터는 보유된 재고의 양과 위치, 입고 및 출고 기록 등을 나타낸다. 이 데이터는 재고 최적화, 재고회전율 평가, 낭비 최소화 등에 활용되어 효율적인 재고 관리를 지원한다.
- 가격 및 계약 정보: 가격 및 계약 정보는 구매한 제품 또는 서비스에 대한 가격, 할인, 계약 조건 등을 나타낸다. 이 정보는 비용 관리, 협상 전략 수립, 계약 이행 관리 등에 활용되어 비즈니스의 금융 측면을 지원한다.
- 조달 성능 및 품질 데이터: 조달 성능 및 품질 데이터는 공급자의 성능과 제공하는 제품 또는 서비스의 품질에 대한 정보를 포함한다. 이 데이터는 성능 개선, 품질 관리, 비용 효율성 분석 등에 활용되어 효과적인 조달 관리를 지원한다.
- 납품 및 운송 정보: 납품 및 운송 정보는 공급자로부터 제품이나 서비스를 받을 때의 운송 및 납품 일정과 세부 정보를 나타낸다. 이 정보는 납품 일정 준수, 물류 최적화, 운송 비용 최소화 등에 활용되어 효율적인 물류 관리를 지원한다.
- 결제 및 금융 데이터: 결제 및 금융 데이터는 공급자에 대한 결제 정보, 결제 조건, 대금 지불 내역 등을 나타낸다. 이 정보는 예산 관리, 협상 전략 수립, 금융 투명성 유지 등에 사용되어 금융 프로세스를 지원한다.
- 자동화 및 디지털 플랫폼 데이터: 자동화 및 디지털 플랫폼 데이터는 디지털 플랫폼이나 자동화 시스템에서 생성된 데이터, 전자 거래 및 시스템 상호작용 기록 등을 나타낸다. 이 데이터는 프로세스 효율성 향상, 데이터 기반 의사결정, 디지털 트랜스포메이션 등에 활용되어 비즈니스의 디지털 전환을 지원한다.

② 구매관리활동

일반적으로 구매관리 내에서 일어나는 구매 주기(Purchasing Cycle)는 먼저 구매부서가 구매 요청을 받고 나면, 적절한 공급자를 선정하고 난 뒤, 해당 공급자에게 주문하게 된다. 이후, 주문 감독(Monitoring Orders)을 통해 관리 감독 업무를 함께 수행하며, 주문 제품을 접수(Receiving Orders)하는 것으로 끝난다.

③ 구매 유형

기업에서는 일반적으로 중앙집중구매 및 분산구매를 통해 제품을 구매한다.

중앙집중구매	단일 부서에 의하여 기업의 구매 업무가 수행되는 형태이며 이때의 특정 부서가 대부분 본사의 구매부서인 경우가 많음
분산구매	개별 부서나 별도의 여러 곳에서 필요한 제품을 각기 구매하는 것으로, 이때의 구매 주체는 본사의 구매부서가 되지 않는 경우가 많음

④ 구매관리와 데이터

- 본사의 구매부서는 다른 부서나 지역에서 어떤 물품이 있어야 하는지에 관한 데이터를 필수적으로 획득한다.
- 입하 및 출하 과정에서 구매부서에서는 트래픽 관리(자재나 제품의 입/출하 선적을 감독하는 것)를 담당하기도 한다.
- 다양한 선적 대안, 정부 규정, 수량 및 시기에 대한 조직적 요구사항, 잠재적인 선적 지연 또는 불가 등으로 발생하는 비용을 고려하여 선적 방법과 시점에 관해 결정하고 계획한다.
- 선적된 제품과 자재를 시스템 추적하여 선적품 현황 파악뿐만 아니라 선적 비용과 일정계획에 대한 업데이트를 제공한다. 이 과정에서 다양한 데이터가 생성되며, 구매부서에서는 해당 데이터를 활용하여 운영 전략의 지원을 위한 활동을 수행한다.

6) 황소채찍 효과

① 황소채찍 효과(Bullwhip Effect)의 개념 ^{24년 2회}

- 공급사슬의 후방(역방향)에 위치하는 기업일수록 재고 변동 폭이 점점 증가하는 현상을 의미한다.
- 효과적인 공급사슬의 궁극적인 목표는 공급사슬 참여 기업 간의 협력 관계를 구축하여 공급사슬 파트너인 기업들이 계획 및 협력을 촉진하는 것이다.
- 효과적인 공급사슬을 달성하기 위한 가장 큰 걸림돌은 재고이다. 재고는 공급사슬의 버퍼 역할을 하기도 하지만, 동시에 재무상태를 악화시키는 역할을 하기 때문이다.

② 황소채찍 효과의 예시

A 제품의 소비자가 10명일 경우, 소비자에게 제품을 직접 판매하는 소매점은 안전재고 2개를 포함하여 도매상에게 12개를 주문할 수 있으며, 도매상에게 수요는 12개이므로, 안전재고 3개를 포함하여 유통상에게 15개를 주문, 유통상 역시 안전재고를 포함하여 공장에 18개를 주문하면, 실제 소비자의 수요는 10개지만 공급사슬 전체에서 18개의 제품이 생산되고 결국 80%의 재고가 남게 된다.

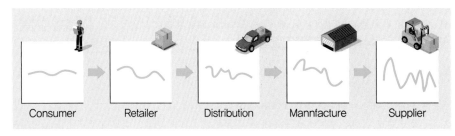

| Consumer | Retailer | Distribution | Mannfacture | Supplier |

▲ 황소채찍 효과

③ 황소채찍 효과의 영향

- 공급사슬은 제품의 빠른 이동과 그에 따른 금전적인 보상 그리고 정보의 이동이 중요하다. 자재가 공급 사슬을 따라 더 빨리 이동할수록 재고유지비용이 적어지고 고객의 주문이 더 빨리 이행될 수 있으며 제 품의 현금 전환 또한 더 빨리 이루어지기 때문이다.
- 황소채찍 효과는 재고 흐름 속도(재고가 공급사슬을 따라 이동하는 속도)에 병목(Bottle-Neck) 현상을 발생시킬 수 있다.
- 황소채찍 효과의 발생은 데이터의 실시간 공유를 통해 억제할 수 있으며, 글로벌 기업들은 대부분 이러 한 재고 현황 등의 경영정보를 실시간으로 시각화하여 모니터링할 수 있는 시스템을 보유하고 있다.
- 공급사슬 후방으로 갈수록 재고 변동 폭을 줄이기 위해 IT 기술을 통한 실시간 재고 알림, 실시간 수요 알림 등 정보 기술이 도입되고 있다.

기적의 TIP

채찍 효과

부품 부족으로 인한 현대자동차 조업 중단이 보여주었듯이 완제품 외에도 부품과 원·부자재를 중국에서 들여오는 거의 모 든 산업이 영향을 받는다. 특히 지금 여파가 가장 큰 우한시가 있는 후베이성은 중국의 광학밸리로 불리며 전 세계 광케이블 의 25%를 만들고, 스마트폰 주요 부품을 만드는 회사들이 위치해 있는 산업 요지다. 애플처럼 직접 영향을 받는 회사는 이미 1분기 생산계획을 5~10% 하향 조정하고 있다. 이러한 추세는 가치사슬이 완전히 복구될 때까지 상당 기간 지속될 수 있다.

더 심각한 것은 중국에서 만들어지는 원·부자재가 주요 부품이 아니어서 눈에 잘 띄지 않는 경우다. 예를 들어 미국 캘리포 니아에서 토마토케첩을 만드는 공장이 중국에서 구매하는 병뚜껑이나 포장재가 공급되지 않아 조업이 중단되는 경우다. 이 러한 공급 측면의 리스크는 제품 가치사슬을 완제품에서 시작해 하나하나 거꾸로 분석(Teardown analysis)하면 리스크 요 인을 확인하고 그 범위와 영향력에 따라 대응할 수 있다. 기업과 정부는 빨리 이런 방법들로 대처할 필요가 있다.

하지만 그중 가장 큰 리스크는 일시적인 소비 위축과 그에 대한 과잉 반응으로 생겨나는 채찍(Bullwhip) 효과다. 수요 감소를 예상한 회사가 현재 재고를 감안해 생산계획을 대폭 축소하고, 이 계획에 맞춰 조달하는 1차 협력사도 생산량을 줄이게 된다. 이는 1차 협력사에 공급하는 2차 협력사 발주 주문량을 대폭 감소시키는 연쇄작용을 일으킨다. 이러한 채찍 효과는 공급 체 계가 길고, 최종 협력사들이 버틸 능력이 약한 중소기업에는 치명적일 수 있다.

출처: "코로나 충격과 '채찍 효과'", 매일경제 기사 전문 중 일부 발췌, https://www.mk.co.kr/news/contributors/9218831

7) 재고와 경제적 주문량 모형

① 재고 관리

목적	재고 비용을 합리적으로 유지하면서 만족스러운 수준의 고객서비스를 달성하는 것	
재고 관리지표	재고회전율	• 평균 재고투자액 대비 판매된 제품의 연간 비용(매출액) 비율 • 모든 산업과 기업에 통용되는 것은 아니지만, 일반적으로 재고회전율이 높을수록 효과적인 재고 관리가 이루어진 것으로 판단할 수 있으며, 산업 및 기업의 이윤에 따라 적정 회전수는 다를 수 있음
	재고공급일 수	• 현재 보관 중인 재고를 이용할 시 기대되는 판매 가능일 수 • "현재의 재고로 며칠을 공급할 수 있는가?"에 대한 답
재고 관리 시스템	• 효과적으로 재고를 관리하기 위해서는 가장 먼저 각 기업이나 공장이 보유 또는 주문 재고를 추적하는 시스템이 필요 • 재고 관리 시스템 예시: 주기조사 시스템, 연속조사 시스템	
재고 관리에 필요한 지식	• 효율적인 재고 관리를 위해 앞서서 수요 예측이 필수적이므로 예측 오차 지표를 제공하는 신뢰 가능한 수요 예측이 필요 • 리드타임과 리드타임의 변동성	
	리드타임 (Lead Time)	주문 시점과 해당 주문의 배송 시점 간의 시간 간격
	예시	딜러를 통해 자동차를 주문한 고객이 5일 뒤에 자신의 차량을 인도받았다면, 리드타임은 5일
	• 재고 유지, 주문, 재고 부족에 따라 발생하는 비용의 합리적인 추정치	
	재고유지비용	재고를 특정 시간 동안 보관하는 데 드는 비용
	주문 비용	재고를 주문하고 수령하는 데 발생하는 비용
	재고부족비용	재고가 부족하여 판매하지 못하여 생기는 기회비용

② 경제적 주문량 모형

• 기본 경제적 주문량(EOQ, Economic Order Quantity) 모형은 연간 재고 유지관리 및 주문 비용의 합계를 최소화하는 고정 주문량을 결정하는 데 사용되는 모형이다.
• 기본 EOQ 모형의 기본 가정은 다음과 같다.
  – 하나의 제품만을 대상으로 한다. 제품의 연간 수요량은 알려져 있으며, 연중 균일한 수요의 발생과 일정한 수요율 가정, 한 번 정해진 리드타임은 변하지 않으며, 각 주문은 한 번에 배달되며 수량할인은 없다고 가정한다.
  – 재고유지비용과 주문 비용이 균형을 이루면 최적 주문량이 이루어지며, 주문량 변경에 따라 특정 비용이 증가하는 경우 기타 비용은 감소한다고 가정한다.

• 기본적 경제적 주문량 모형 관련 개념을 정리하면 아래와 같다.

변수	Q=주문량, H=단위당 유지 비용, D=연간 수요량, S=주문 비용
연간재고유지비용	$(Q \div 2) \times H$
연간주문비용	$(D \div Q) \times S$
총비용(Total Cost)	연간재고유지비용과 연간주문비용의 합
경제적 주문량	• 총비용이 최소가 되는 주문량 Q를 구하기 위해서는 연간재고유지비용과 연간주문비용의 값이 같은 주문량을 구해야 함 • 계산식: $(Q \div 2) \times H = (D \div Q) \times S$ • 위의 식을 바탕으로 총비용이 최소가 되는 주문량 Q에 대해 정리하면 '$Q = \sqrt{\dfrac{2DS}{H}}$'가 되며, 이 값은 경제적 주문량을 의미
활용	주문량, 단위당 유지 비용, 연간 수요량, 주문 비용 등의 데이터를 활용하여 주문량을 결정할 수 있음

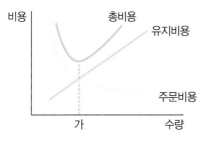

▲ 경제적 주문량 모형

③ 재고 모형

정량 발주 모형(Q–Model, Fixed Order Quantity Model)	• 재주문점(Reorder point) 시스템이라고 불림 • 보유한 재고의 양이 재주문점에 도달하는 시점에 주문하기 때문
정기 발주 모형(P–Model, Fixed–Order–Interval Model)	• 주기조사 시스템이라고 불림 • 일정한 시간 간격(정기적)으로 주문이 이루어지는 경우 사용되는 모델이기 때문 • 일반적으로 정기 발주 모형은 정량 발주 모형에 비해 안전재고가 많다는 특성이 있음 • 재고와 관계없이 시간 간격으로 주문이 이루어지기 때문

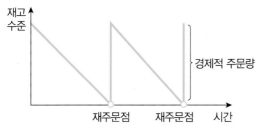

▲ 정량 발주 모형

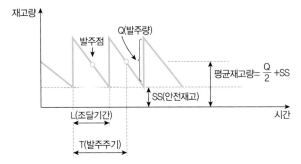

▲ 정기 발주 모형

정량 발주 모형과 정기 발주 모형의 차이

1. 정량 발주 모형(Q 모형)

목표	최적의 발주량을 계산하여 재고 비용을 최소화하는 것
주문 주기	재고가 일정 수준 이하로 내려가면 발주하는 방식을 채택
발주량 결정	경제적 발주량(EOQ)을 계산하여 최적의 발주량을 결정
장점	• 경제적 발주량을 고려하여 재고 비용을 최소화할 수 있음 • 자동화 및 컴퓨터 시스템을 활용하여 효율적인 관리 가능
한계	• 수요의 변동이나 예측 오차에 취약할 수 있음 • 비경제적인 발주량으로 인한 추가 비용이 발생할 수 있음

2. 정기 발주 모형(P 모형)

목표	고정된 주기마다 발주하여 재고를 유지하는 것
주문 주기	정해진 주기에 따라 발주
발주량 결정	고정된 양을 주기적으로 발주
장점	수요변동에 대한 유연성이 있음
한계	경제적 발주량을 고려하지 않아 비경제적 발주량이 발생할 수 있고 재고 비용을 최소화하기 어려울 수 있음

3. 비용 측면 비교

정량 발주 모형	경제적 발주량을 고려하여 재고 비용을 최소화함
정기 발주 모형	수요 예측의 불확실성에 대응하면서도 비용을 최소화하는 데 중점

4. 유연성 측면 비교

정량 발주 모형	고정된 주기가 아닌 수요에 따라 발주
정기 발주 모형	고정된 주기에 발주하여 유연성을 제한적으로 확보

5. 관리 측면 비교

정량 발주 모형	자동화 및 컴퓨터 시스템을 통한 효율적인 관리 가능
정기 발주 모형	수동적이며 주문이 주기적으로 이루어짐

8) PERT/CPM과 프로젝트 관리

① PERT/CPM의 개념

• 기업이 직면하는 다양한 제약을 효과적으로 관리하기 위해 프로젝트 관리 기법이 필요하며, PERT/CPM 기법은 가장 자주 사용되는 프로젝트 관리 기법이다.

PERT(Program Evaluation and Review Technique) 기법	시초	1950년대 미국 국방성에서 미사일 개발 계획을 관리하는 데 활용
	활용 및 평가	PERT에서는 각 활동(Activity)의 소요 시간을 확률적으로 추정하여, 규모가 큰 프로젝트를 계획하고 관리하는 데 적절한 기법으로 평가받고 있음
CPM(Critical Path Method) 기법	시초	1950년대 듀퐁 사에서 화학공장 유지·보수 작업을 측정하는 데 활용
	활용 및 평가	CPM 기법은 각 활동의 소요 시간이 확정적이라는 PERT와의 차이가 있음

• 근래에는 PERT와 CPM 기법을 구분하지 않고 PERT/CPM으로 혼용하여 사용한다.

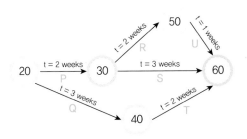

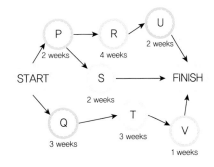

▲ PERT(Program Evaluation and Review Technique) 기법   ▲ CPM(Critical Path Method) 기법

• PERT/CPM 활용 시 장점 및 특징은 다음과 같다.

장점	• 전체 프로젝트가 얼마나 소요되는지 총시간을 추정 가능 • 이를 그림으로 나타내어 알아보기 쉬움
특징	• 프로젝트의 총소요 시간에 영향을 주는 주요한 활동인 주 경로(Critical Path)를 식별할 수 있음 • 전체 프로젝트의 총소요 시간에 영향을 주지 않는 범위 내에서 각 활동들을 얼마나 늦게 시작하거나 늦게 완료할 수 있는지에 대한 지연 시간 정보를 제공

• PERT/CPM 기법을 적용하여 데이터를 시각화하기 위한 네트워크도로 AOA와 AON이 있다.

AOA (Activity On Arrow)	• 활동이 화살표(Arrow)에 표시되는 형태의 네트워크도 • AOA에서 노드는 활동들의 시작과 완료 시점을 나타냄
AON (Activity On Node)	• 활동이 마디(Node)에 표시되는 형태의 네트워크도 • AON에서는 AOA에서와 달리 노드가 활동을 나타냄 • 노드별, 화살표별 걸리는 시간을 추정하는 데는 확정적 시간 추정과 확률적 시간 추정이 존재

Task	IPA	Duration
Choose site, A	-	1
Make plans, B	A	2
Get permit, C	B	14
Buy materials, D	B	2
Assemble deck, E	D	7
Painr or strain, F	E	1
Inspect work, G	F	1

▲ Activity Example

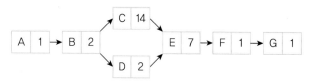

▲ Activity on Node

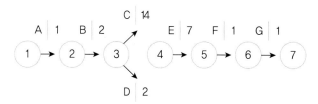

▲ Activity on Arrow

② PERT/CPM의 계산알고리즘

• 확률적 시간 추정은 통계학적 지식이 함께 병행되어 학습되어야 하며, 확정적 시간 추정은 소요 시간이 확정적이다.

ES(Early Start)	활동을 시작할 수 있는 가장 빠른 시간, 앞선 모든 활동이 최대한 빨리 시작된 것을 가정
EF(Early Finish)	활동을 끝낼 수 있는 가장 빠른 시간
LS(Late Start)	활동을 시작할 수 있으며, 프로젝트를 지연하지 않는 가장 늦은 시간
LF(Late Finish)	활동을 끝낼 수 있으며, 프로젝트를 지연하지 않는 가장 늦은 시간

• 알고리즘으로 계산하면 프로젝트의 총소요 시간에 영향을 주는 주요한 주 경로를 식별할 수 있고, 전체 프로젝트의 총소요 시간에 영향을 주지 않는 범위 내에서 각 활동을 얼마나 늦게 시작·완료할 수 있는 지 지연 시간 정보를 얻을 수 있으며, 이를 시각화하여 현재 프로젝트가 어떠한 마일스톤에 와 있는지, 얼마나 지연될 것인지 등에 대한 정보를 얻을 수 있다.

Quiz

01 공급사슬은 물류의 일부분이다. ⊙ ☒

02 문제의 원인을 중요하지 않은 다수의 원인과 중요한 소수의 원인으로 분류하는 방법 중 파레토는 80%의 품질 문제가 20% 주요 원인에 집중되어 있다고 하였다. ⊙ ☒

03 품질은 제품 또는 서비스가 제공하는 성능이 고객의 기대를 충족시키는 정도이다. ⊙ ☒

04 공급사슬은 종종 가치사슬(Value chain)이라고 불린다. ⊙ ☒

05 중앙집중구매란 단일 부서에 따라 기업의 구매 업무가 수행되는 형태이다. ⊙ ☒

06 평균절대백분율오차는 평균절대오차를 제곱한 뒤 n-1로 나누어 준 값이다. ⊙ ☒

07 트래픽관리란 자재나 제품의 입/출하 선적을 감독하는 것을 의미한다. ⊙ ☒

08 황소채찍 효과는 재고 흐름 속도에 병목(Bottle-neck) 현상을 발생시킬 수 있다. ⊙ ☒

09 기본 EOQ 모형에서 재고유지비용과 주문 비용이 균형을 이루면 최적 주문량이 이루어진다. ⊙ ☒

10 재고를 특정 시간 동안 보관하는 데 드는 비용을 재고부족비용이라 한다. ⊙ ☒

정답 01 × **해설** 공급사슬을 가끔 단순히 물류(Logistics)로만 인식하는 경우도 있으나 물류는 정방향과 역방향의 흐름으로 이루어지는 제품과 서비스, 현금 그리고 정보로 구성되는 공급사슬의 일부분을 의미한다.

02 × **해설** 파레토는 불균형적인 부의 분배로 80%의 부가 20%의 사람에게 집중되어 있음을 지적하였다.

03 ○ **해설** 제품 또는 서비스가 제공하는 성능이 고객의 기대를 충족시키는 정도가 품질의 정의이다.

04 ○ **해설** 공급사슬은 종종 가치사슬(Value chain)이라고 불리는데 이는 제품이나 서비스가 공급사슬을 따라 이동하며 가치가 부가되는 개념을 반영하기 때문이다.

05 ○ **해설** 단일 부서가 기업의 구매 업무를 수행하는 형태이며 이때의 특정 부서가 대부분 본사의 구매부서인 경우가 많다.

06 × **해설** 평균절대오차를 퍼센트로 나타낸 것이다.

07 ○ **해설** 자재나 제품의 입/출하 선적을 감독하는 것을 의미하는 용어에 대한 설명이다.

08 ○ **해설** 자재가 공급사슬을 따라 더 빨리 이동할수록 재고유지비용이 적어지고 고객의 주문이 더 빨리 이행될 수 있으며 제품의 현금 전환 또한 더 빨리 이루어지나, 황소채찍 효과는 이 과정에 병목 현상을 발생시킨다.

09 ○ **해설** 재고유지비용과 주문 비용이 균형을 이루면 최적 주문량이 이루어지며, 주문량 변경에 따라 특정 비용이 증가하는 경우 기타 비용은 감소하게 된다.

10 × **해설** 재고부족비용은 재고가 부족하여 판매하지 못하여 생기는 기회비용을 의미한다.

예상문제

01 회계의 특징에 대한 설명으로 가장 적절하지 않은 것은?

① 기업의 재무상태를 측정하여 표준화된 기준으로 정리하는 것이다.

② 회계의 구분은 외부 보고 목적의 재무회계, 내부 관리 목적의 관리회계, 정부 및 조세 당국을 위한 세무회계이다.

③ 보고서를 작성하고 해석하는 회계기준(K-IFRS)은 법률에 따라 강제적, 의무적으로 규정되나 해석하는 기준은 일반적으로 인정되는 회계원칙(GAAP)를 따른다.

④ 회계 활동은 회계기간 중의 행위와 회계기간 말의 행위로 나누어 구분한다.

02 다음 중 회계의 목적에 대한 설명으로 가장 적절한 것은?

① 회계의 목적은 기업의 경영 상황과 경영 성과를 판단하는 것이다.

② 회계는 법률에 따라 강제적으로 이루어지며 자발적이지 않다.

③ 회계는 기업 내부의 의사결정에는 도움을 주지만 외부의 이해관계자에게는 필요하지 않다.

④ 회계 정보는 단순하게 기록만 하는 것이며 해석이 필요하지 않다.

03 다음 중 재무제표에 대한 설명으로 가장 적절한 것은?

① 재무제표는 기업의 경영활동에 따른 재무상태를 일반적으로 인정된 회계 원칙(GAAP) 또는 국제적인 회계 표준에 따라 보여주는 회계보고서로 구성된다.

② 재무상태표는 특정 기간의 기업의 수익과 비용을 보여준다.

③ 손익계산서는 기업이 특정 기간 영업활동을 통해 얻은 수익과 그에 따른 비용을 계산하여 순이익만을 보여주는 보고서이다.

④ 현금흐름표는 수익과 지출을 나타내어 기업의 순이익 또는 순손실을 계산한다.

04 다음 중 안정성비율에 대한 설명으로 가장 적절한 것은?

① 유동비율은 유동자산 대비 유동부채의 비율을 나타내며, 높을수록 안정적인 재무상태를 의미한다.

② 당좌비율은 현금과 현금성 자산을 제외한 당좌자산을 유동부채로 나눈 비율로, 높을수록 안정적이다.

③ 부채비율은 자기자본과 타인자본의 비율을 나타내며, 높을수록 채무 상환 능력이 떨어진다.

④ 이자보상비율은 영업이익을 이자 비용으로 나눈 비율로, 1 이상이면 상환능력이 충분한 것이다.

05 다음 중 수익성비율에 대한 설명으로 가장 적절한 것은?

① 자기자본이익률은 당기 순이익을 자산으로 나눈 비율로 투자한 자산에 대한 이익 창출 여부를 확인하는 지표이다.

② 총자산이익률은 순이익을 자기자본으로 나눈 비율로 주주에게 제공되는 수익을 의미한다.

③ 매출액순이익률은 당기순이익을 인건비로 나눈 비율로 기업 매출에서 발생한 순이익이 전체 매출에 대한 비율을 나타낸다.

④ 투자자본수익률은 당기순이익을 투자금액으로 나눈 지표로 투자에 대한 수익률을 나타낸다.

06 다음 중 안정성비율에 대한 설명으로 가장 적절하지 않은 것은?

① 기업이 재무 건전성을 평가하는 데 사용되는 비율이다.

② 주로 기업의 자금과 미래의 금융 건전성을 측정한다.

③ 기업이 부채를 상환하고 재무위기에 얼마나 견고하게 대비를 했는지 나타낸다.

④ 주식을 발행할 때 그 차액을 나타내는 변동비율이다.

07 자본변동표에 표시되는 자본의 구성이 잘못 연결된 것은?

① 자본금 – 주식발행초과금

② 자본잉여금 – 기타자본잉여금

③ 자본조정 – 주식할인발행차금

④ 이익잉여금 – 법정적립금

08 재고자산의 회계 처리를 위해 판매단가를 결정하는 방법에 대한 설명으로 옳지 않은 것은?

① 개별법: 특정 제품이나 고가의 재고 단위에 적용되며, 실제 매입가를 추적하기 쉬운 제품에 유용

② 선입선출법: 최초에 입고된 제품의 매입원가를 사용

③ 후입선출법: 재고의 흐름을 따라가는 것이 가능한 경우에 주로 사용되며, 생산 과정에서 사용되는 원자재 등에 적합

④ 평균법: 재고 회전이 빈번하거나 재고의 매입 가격이 큰 변동이 없는 경우에 사용

09 내부수익률법에 대한 설명으로 옳지 않은 것은?

① 자본비용과 내부수익률을 비교하여 자본비용이 내부수익률보다 작은 경우 투자안을 선택한다.

② 현금흐름의 시간적 가치를 고려하므로 정확한 가치 평가를 제공한다.

③ 투자 기간의 현금흐름을 모두 반영한다는 점과 화폐 시간가치를 고려한다는 점이 장점이다.

④ 내부수익률이 존재하지 않거나, 내부수익률이 다수 존재할 수 있으며 계산이 복잡하다는 단점이 존재한다.

10 다음 중 기업의 사회적 책임(CSR)에 대한 설명으로 가장 적절한 것은?

① 기업의 사회적 책임은 주주 이익 창출 이외에는 고려하지 않아도 된다.

② 환경보전, 노동권 보장, 윤리적 경영 등이 기업의 사회적 책임에 포함된다.

③ 사회적 책임은 오로지 기업 내부 구성원에 대한 것으로, 외부 이해관계자와는 무관하다.

④ 기업의 사회적 책임은 법적 의무이며, 기업이 자발적으로 실천할 수 있는 영역이 아니다.

11 인사 · 조직 전략에 대한 설명으로 가장 적절한 것은?

① 인력 운영 계획은 최대의 매출을 달성하기 위한 전략으로 투자수익률을 최우선으로 수립한다.

② 목표관리(MBO)는 경영 전략에 부합하는 사업부 · 부서 · 개인별 목표를 수립하고 이를 기반으로 객관적 성과를 관리하는 체계이다.

③ 직무분석은 주로 일지 검토 방법을 사용하여 진행되며, 결과물로는 직무기술서와 직무명세서가 생성된다.

④ 균형성과표(BSC) 관리는 주로 금전적 성과의 단기적인 측면을 중점적으로 다루고 있다.

12 인적 자원 개발과 관련된 설명으로 가장 적절한 것은?

① 경력개발의 주요 목표는 개인 차원의 성장 니즈와 조직 차원의 관리 니즈를 고려하여 중장기적인 전략을 수립하는 것이다.

② 복리후생은 조직의 성과를 증진하고 지속 가능한 성장을 위해 구성원의 경제적, 건강, 자기계발, 생활문화, 근무 환경 등을 고려한 제도 설계가 필요하다.

③ 퇴직 관리에서 퇴직 예정자의 퇴직 정보 수집은 주로 퇴직 후에 이루어진다.

④ 전직지원(Outplacement)은 주로 퇴직 예정자들이 창업을 통해 지속적으로 경력 목표를 이룰 수 있도록 하는 서비스를 제공한다.

13 조직 개발과 관련된 설명으로 가장 적절한 것은?

① 조직문화 발전 방향의 도출은 주로 구성원의 인식을 진단하여 조직이 지향하는 방향과의 차이를 분석하여 이루어진다.

② 조직 개발 전략의 실행 우선순위 설정은 구성원보다는 리더의 의견을 위주로 설정된다.

③ 조직 개발의 지속적 관리는 바람직한 조직문화의 정착과 발전을 위한 노력이 지속되어야 한다.

④ 데이터 관리 및 분석은 주로 조직문화의 발전 방향을 도출하는 단계에서 이루어진다.

14 인사 평가에 관련된 설명으로 가장 적절한 것은?

① 서열법은 각 직무의 상대적 가치를 평가하고 비교하여 등급을 판정하는 방법이다.

② 평가 결과를 종합하여 보상, 배치, 인사 평가, 경력개발 등에 활용하는 것은 직무분석의 결과물이다.

③ 다면평가법은 피평가자에 대한 상사, 동료, 부하 등 다수의 평가를 종합하여 평가하는 방법이다.

④ 행태관찰척도법(BOS)은 피평가자의 행동에 대해 정해진 척도에 따라 점수를 부여하는 방법이다.

15 채용과 관련된 설명으로 가장 적절한 것은?

① 채용 계획 수립 시에는 구체적인 채용 방법과 채용 대상, 수행 직무, 필요 역량, 근무 조건 등을 제시한다.

② 채용 진행 단계에서 건강 진단은 주로 입사 후에 이루어진다.

③ 채용 결과 정리 단계에서는 채용 결과를 재검토하고, 채용 우선순위를 설정한다.

④ 온보딩은 기존 입사자가 조직에 정착할 수 있도록 지원하는 것을 말한다.

16 인력 운영 계획과 관련된 설명으로 가장 적절한 것은?

① 인력 감소, 자동화, 아웃소싱은 주로 인력 운영 효율성 분석 관점에서 고려되는 요소이다.

② 조직 손익과 인건비에 대한 검토는 주로 직무평가에서 이루어진다.

③ 인력 운영 계획은 단기적 성과에 초점을 맞춘 것으로 장기적 전략 수립과는 별개이다.

④ 인력 수요와 공급 예측은 사업 전망과 노동시장에 대한 분석을 기반으로 수립된다.

17 직무분석과 관련된 설명으로 가장 적절한 것은?

① 직무분석은 주로 특정 부서나 직군 전체의 능력과 역량을 평가하는 것에 중점을 둔다.

② 직무분석은 주로 인사 평가와 연계하여 진행되며, 개인의 성과를 평가하는 데 활용된다.

③ 직무분석은 주로 조직의 전략과 무관하게 개별 직무에만 중점을 둔다.

④ 직무분석은 주로 직무의 목적, 내용, 필요한 역량 등을 명시하여 직무에 대한 이해를 높이는 데 활용된다.

18 인적자원관리 내의 평가와 관련된 설명으로 가장 적절한 것은?

① 평가 주체는 보통 부서가 된다.

② 조직 내에서 개인의 업무 성과만을 측정하고 평가한다.

③ 조직의 목표 달성과 성과 개선의 목적으로도 사용될 수 있다.

④ 평가는 주로 피평가자의 인성적인 측면을 평가하는 데 활용된다.

19 조직문화와 관련된 설명으로 가장 적절한 것은?

① 조직문화는 조직의 목표를 달성하기 위해 구성원 간에 교류되는 특정한 규칙과 절차로 정의된다.

② 조직문화는 조직의 크기에 따라 자동으로 형성되며, 조직 구성원의 노력과 의지와는 무관하다.

③ 조직문화는 주로 형식적인 규정과 절차에 의해 형성되며, 구성원 간의 비형식적 교류에 큰 영향을 주지 않는다.

④ 조직문화는 조직 구성원 간의 신뢰와 협력을 촉진하고, 조직의 정체성을 강화하는 역할을 한다.

20 인사 관리체계와 관련된 설명으로 가장 적절한 것은?

① 인사 관리체계는 주로 인력의 신규 채용, 퇴사, 승진 등과 같은 인사이동과 관련된 업무만을 포함한다.

② 인사 관리체계는 주로 인력의 신규 채용, 퇴사, 승진뿐만 아니라 평가, 보상, 교육 등 다양한 인사 업무를 포함한다.

③ 인사 관리체계는 주로 조직의 목표를 수립하고 실행하기 위한 전략적 역할을 수행한다.

④ 인사 관리체계는 주로 개인의 성과와 능력을 중시하고, 조직 전체의 효율성은 간과하는 경향이 있다.

21 마케팅에서의 시장점유율에 대한 설명으로 가장 적절한 것은?

① 시장점유율은 특정 기업의 전체 시장 규모를 연간 매출로 나눈 비율을 나타낸다.

② 시장점유율은 기업의 재무상태를 나타내는 지표로 활용된다.

③ 시장점유율이 높다는 것은 자동으로 기업의 이익을 의미한다.

④ 시장점유율은 매출, 판매량, 고객 수 등을 기준으로 계산되며, 기업의 경쟁력과 성과를 평가하는 데 사용된다.

22 매출 목표에 대한 설명으로 가장 적절한 것은?

① 매출 목표는 기업의 경영 목표 중 하나로, 주로 정성적인 목표로 설정된다.

② 매출 목표는 기업의 재무상태를 나타내는 지표로 활용된다.

③ 매출 목표는 보통 정량적인 형태로 설정되며, 특정 기간 달성하고자 하는 경영 목표 중 하나이다.

④ 매출 목표는 기업의 경영진이 설정하며, 주로 제품 라인업과 연관되지 않는다.

23 시장 규모에 대한 설명으로 가장 적절한 것은?

① 시장 규모는 특정 기업이 전체 시장에서 차지하는 비율을 나타내는 지표이다.

② 시장 규모는 특정 산업이나 제품/서비스 카테고리에서 전체 시장의 규모를 나타내는 지표이다.

③ 시장 규모는 기업의 경쟁력을 평가하는 데 사용되며, 주로 성장률을 나타낸다.

④ 시장 규모는 특정 기업의 매출을 기반으로 계산되며, 고객의 만족도를 나타내는 지표이다.

24 성장률에 대한 설명으로 가장 적절한 것은?

① 성장률은 특정 기간 시장이나 기업의 규모가 줄어든 부분에 대해서만 백분율로 표현하는 지표이다.

② 성장률은 {(A 시점의 규모)−(비교 시점의 규모)}∗(비교 시점의 규모)로 계산된다.

③ 성장률이 음수인 경우, 그 기업이나 시장은 퇴행하고 있다는 것을 의미한다.

④ 성장률은 기업의 성장 속도와 경쟁력을 평가하며, 높은 성장률은 항상 긍정적인 것으로 해석된다.

25 제품 라인업에 대한 설명으로 가장 적절한 것은?

① 제품 라인업은 기업의 재무 정보를 나타내는 지표로 활용된다.

② 제품 라인업은 기업이 제공하는 제품의 다양성과 다양한 제품들의 구성이다.

③ 제품 라인업의 다양성은 주로 기업의 경쟁력과는 무관하게 영향을 미친다.

④ 제품 라인업은 오로지 제품의 브랜드 이미지와 관련이 있다.

26 경쟁사의 재무 정보에 대한 설명으로 가장 적절한 것은?

① 경쟁사의 재무 정보는 주로 손익계산서만 포함한다.

② 경쟁사의 재무 정보를 통해 기업의 경쟁력을 평가할 수 없다.

③ 경쟁사의 재무 보고서는 기업의 재무상태와 성과를 보여주는 지표이다.

④ 경쟁사의 재무 정보를 통해 기업의 재무성과를 평가할 때 현금흐름표는 거의 활용되지 않는다.

27 제품정보에 대한 설명으로 가장 적절한 것은?

① 제품정보는 주로 광고 투자 대비 수익률을 나타내는 데 사용된다.

② 제품정보는 오로지 제품의 기능과 사양만을 포함한다.

③ 제품정보는 제품의 특징, 사용법, 취급주의 사항 등을 포함한 정보이다.

④ 제품정보는 기업의 재무상태와 관련이 있다.

28 브랜드 이미지에 대한 설명으로 가장 적절한 것은?

① 브랜드 이미지는 오로지 광고와 마케팅 전략에 의해 형성된다.

② 브랜드 이미지는 소비자들의 마음속에만 존재하며, 실제 제품과는 무관하다.

③ 브랜드 이미지는 기업이 소비자에게 전달하려는 메시지와는 무관하게 형성된다.

④ 브랜드 이미지는 소비자들이 느끼고 인식하는 제품 또는 기업에 대한 인상이다.

29 시장세분화에 대한 설명으로 가장 적절한 것은?

① 시장세분화는 시장의 크기를 줄이는 데 도움이 되지만, 기업의 타깃 마케팅을 어렵게 만든다.

② 시장세분화는 모든 소비자를 동일한 기준으로 그룹화하는 것이 효과적이다.

③ 시장세분화는 고객들의 다양한 선호도를 고려하여 소그룹으로 나누는 것이다.

④ 시장세분화는 주로 기업의 내부 요인에 의해 결정되며, 외부 요인은 무시된다.

30 마케팅믹스에 대한 설명으로 가장 적절한 것은?

① 마케팅믹스는 제품, 가격, 판매채널, 프로모션 등의 요소를 통합하여 소비자에게 제공되는 가치를 극대화하는 것이 목표이다.

② 마케팅믹스는 단기적인 마케팅 전략에만 관련된 요소를 포함하며, 장기적인 비전은 고려하지 않는다.

③ 마케팅믹스는 주로 제품 자체에 중점을 두고 있어 가격, 판매채널, 프로모션 등은 무시된다.

④ 마케팅믹스는 기업의 내부 요인에만 영향을 받아 결정되며, 외부 환경은 고려하지 않는다.

31 다음 중 수요 변화의 형태로 올바르게 짝지어진 것은?

① 추세적 수요-생필품의 일정한 평균을 중심으로 오르내리는 유형

② 계절적 수요-계절이나 주, 월에 따라 수요의 증감이 반복되는 패턴 유형

③ 무작위 수요-시간의 흐름에 따라 평균값이 증가 또는 감소하는 형태를 보이는 것

④ 수평적 수요-연 단위 이상의 장기간 수요의 증감이 없는 패턴 유형

32 다음 중 수요 예측 방법에 대한 설명으로 옳지 않은 것은?

① 평균절대오차(MAD)-(예측값-실측값)의 절댓값을 평균한 것으로, 오차의 절댓값을 평균한 값이다.

② 평균제곱오차(MSE)-평균절대오차를 제곱한 뒤 n-1로 나누어 준 값이다.

③ 평균절대백분율오차(MAPE)-평균절대오차를 퍼센트로 나타낸 것이다.

④ 예측값과 실측값의 차이를 관찰하고, 예측 오차가 가장 큰 기법을 선택한다.

33 품질 기법에 대한 설명으로 가장 적절한 것은?

① 히스토그램 기법-데이터의 범위를 몇 개의 계급으로 나누고 각 계급의 발생 빈도수를 막대그래프로 나타낸 것

② 그래프 기법-불균형적인 부의 분배를 중요하지 않은 다수의 원인과 중요한 소수의 원인으로 분류하는 방법

③ 산점도 기법-선 그래프, 원 그래프, 레이더 차트 등 보는 사람이 알기 쉽고 구체적인 판단을 가능하게 하는 방법

④ 파레토 분석 기법-검토가 필요한 사항에 대하여 체크리스트를 작성하여 실무자와 품질 관리자가 점검하는 기법

34 다음 중 공급사슬관리(SCM)에 대한 설명으로 가장 적절한 것은?

① SCM은 단일 조직이 독립적인 다수의 조직으로 구성되어 공급과 수요를 통합적으로 관리하는 것을 목적으로 하는 관리 방법이다.

② 공급사슬은 가치사슬(Value Chain)이라고 불리며 제품이나 서비스가 공급사슬을 따라 이동하며 가치가 부가되는 개념을 반영한다.

③ 공급사슬의 대표적인 이동 유형 중 현금흐름은 제품의 실질적인 이동을 의미한다.

④ 공급사슬을 단순히 물류(Logistics)로만 인식하는 경우도 있으나 물류는 공급사슬의 후방(역방향) 흐름만을 의미한다.

35 다음 중 황소채찍 효과(Bullwhip Effect)에 대한 설명으로 가장 적절한 것은?

① 황소채찍 효과는 공급사슬의 후방(역방향)에 위치하는 기업일수록 재고 변동 폭이 감소하는 현상을 의미한다.

② 효과적인 공급사슬을 달성하기 위한 가장 큰 걸림돌은 안전재고의 존재이며, 재고는 공급사슬의 버퍼 역할을 하지 않는다.

③ 황소채찍 효과는 소매점이나 유통상에서 소비자의 실제 수요보다 더 많은 수량을 주문하는 현상을 나타낸다.

④ 공급사슬에서 발생하는 황소채찍 효과는 대개 소매점에서의 발생하는 수요변동만이 공급자에게 전파될 때 발생한다.

36 다음 중 구매 유형에 대한 설명으로 가장 적절한 것은?

① 중앙집중구매는 여러 부서에서 필요한 제품을 각기 독립적으로 구매하는 형태이다.

② 분산구매는 단일 부서가 독립적으로 제품을 구매하는 형태로, 대개 본사의 구매부서가 이를 수행한다.

③ 구매주기는 구매부서가 구매요청을 받고 적절한 공급자를 선정한 뒤 해당 공급자에게 주문하는 주기를 의미한다.

④ 구매부서의 임무 중 하나는 공급자를 선택하고, 계약을 협상하며, 파트너십을 구축하고, 공급업체를 관리하는 것이다.

37 다음 중 품질 기법에 해당하지 않는 것은?

① 체크리스트 기법

② 히스토그램 기법

③ PERT/CPM 기법

④ 파레토 분석 기법

38 다음 중 서비스 품질을 측정하는 기법으로 가장 적절한 것은?

① 체크리스트 기법
② 히스토그램 기법
③ 산점도 기법
④ SERVQUAL

39 다음 중 공급사슬 관리(SCM)에 대한 설명으로 적절하지 않은 것은?

① SCM은 공급과 수요를 통합적으로 관리하는 것을 목적으로 한다.
② 공급사슬은 종종 가치사슬(Value Chain)이라고 불리며, 제품이나 서비스가 이동하며 가치가 부가
된다.
③ SCM은 단일 조직이 모든 공급사슬 활동을 수행하는 것을 목표로 한다.
④ 공급사슬은 물리적 이동, 현금흐름, 정보의 교환으로 이루어진다.

40 다음 중 구매 유형에 대한 설명으로 옳지 않은 것은?

① 중앙집중구매는 일반적으로 본사의 구매부서가 구매 업무를 수행하는 형태이다.
② 분산구매는 여러 부서나 지역에서 필요한 제품을 각기 구매하는 것이다.
③ 중앙집중구매는 여러 부서에서 독립적으로 구매하는 형태이다.
④ 구매 주체는 일반적으로 구매부서가 된다.

01 ③	02 ①	03 ①	04 ③	05 ④
06 ④	07 ①	08 ③	09 ②	10 ②
11 ②	12 ①	13 ③	14 ③	15 ①
16 ④	17 ④	18 ③	19 ④	20 ②
21 ④	22 ③	23 ②	24 ③	25 ②
26 ③	27 ③	28 ④	29 ③	30 ①
31 ②	32 ④	33 ①	34 ②	35 ③
36 ④	37 ③	38 ④	39 ③	40 ③

01 ③

K-IFRS는 상장사나 상장사가 되기 위한 회계감사를 받는 회사들에 한해서만 적용이 의무이고, 스타트업이나 비상장사는 K-GAAP으로 재무제표를 작성해도 무방하다. 더불어 법률에 의해 강제적, 의무적으로 규정된 상장사의 경우에는 보고서 작성과 해석 모두 K-IFRS를 따른다.

02 ①

회계의 주요 목적은 기업의 경영 상태와 경영 성과를 판단하는 데에 있다.

03 ①

재무제표는 재무상태표, 손익계산서, 현금흐름표 등으로 구성되며, 기업의 재무상태를 보여주는 것이 주된 목적이다.

04 ③

부채비율은 자기자본과 타인자본의 비율을 나타내며, 높을수록 채무 상환 능력이 떨어질 수 있다.

05 ④

투자자본수익률은 당기순이익을 투자금액으로 나눈 지표로 투자에 대한 수익률을 나타낸다.

06 ④

주식을 발행할 때 그 차액을 나타내는 변동비율은 자본변동표의 자본잉여금 변동에 대한 설명이다.

07 ①

자본금은 기업이 주식을 발행하여 확보한 자금으로 보통주자본금, 우선주자본금 등이 있다.

08 ③

후입선출법은 가장 최근에 입고된 재고 단위가 가장 먼저 판매되는 원리를 기반으로 매입원가를 할당하는 방법으로, 이에 따라 최근에 입고된 제품의 매입원가를 사용한다.

09 ②

현금흐름의 시간적 가치를 고려하므로 정확한 가치 평가를 제공하는 것은 순현재가치법이다. 순현재가치법은 내부수익률에 비해 계산 방법이 간단하고, 투자의 현재가치를 통해 다양한 프로젝트를 비교할 수 있는 방법이다.

10 ②

환경보전, 노동권 보장, 윤리적 경영 등이 기업의 사회적 책임에 포함되어 있다.

11 ②

목표관리(MBO)는 경영 전략에 부합하는 사업부·부서·개인별 목표를 수립하고 이를 기반으로 객관적 성과를 관리하는 체계이다.

12 ①

경력 개발의 주요 목표는 구성원 개인 차원의 성장 니즈와 조직 차원의 관리 니즈를 고려하여 중장기적인 전략을 수립하는 것이다.

13 ③

조직 개발의 지속적 관리는 바람직한 조직문화의 정착과 발전을 위한 노력이 지속되어야 한다.

14 ③

다면평가법은 피평가자에 대한 상사, 동료, 부하 등 다수의 평가를 종합하여 평가하는 방법이다.

15 ①

채용 계획 수립 시에는 구체적인 채용 방법과 채용 대상, 수행 직무, 필요 역량, 근무 조건 등을 제시한다.

16 ④

인력 수요와 공급 예측은 사업 전망과 노동시장에 대한 분석을 기반으로 수립된다.

17 ④

직무분석은 주로 직무의 목적, 내용, 필요한 역량 등을 명시하여 직무에 대한 이해를 높이는 데 활용된다.

18 ③

평가는 조직 내에서 개인이나 팀의 업무 성과, 역량, 능력 등을 측정하고 평가하는 프로세스로, 조직의 목표 달성과 성과 개선, 보상 및 승진 결정, 개인 및 조직의 발전을 위한 피드백 제공 등 다양한 목적으로 활용될 수 있다.

19 ④

조직문화는 조직 구성원 간의 신뢰와 협력을 촉진하고, 조직의 정체성을 강화하는 역할을 한다.

20 ②

인사 관리체계는 주로 인력의 신규 채용, 퇴사, 승진뿐만 아니라 평가, 보상, 교육 등 다양한 인사 업무를 포함한다.

21 ④

시장점유율은 특정 기업이 전체 시장에서 차지하는 비율을 나타내는 지표로, 매출, 판매량, 고객 수 등을 기준으로 산출된다. 높은 시장점유율은 기업의 경쟁력과 성과가 높다는 것을 시사한다.

22 ③

매출 목표는 특정 기간 기업이 달성하고자 하는 정량적인 경영 목표 중 하나이다. 이는 보통 정량적인 수치로 설정되며, 매출의 증가나 성장을 목표로 한다.

23 ②

시장 규모는 특정 산업이나 제품/서비스 카테고리에서 전체 시장의 규모를 나타내는 지표이다. 이는 해당 시장에서 발생하는 총매출이나 총소비량 등으로 표현된다.

24 ③

성장률은 특정 기간 시장이나 기업의 규모가 어떻게 변했는지를 나타내는 지표이다. 성장률이 음수인 경우, 해당 기업이나 시장은 감소하고 있음을 나타낸다.

25 ②

제품 라인업은 기업이 제공하는 제품의 다양성과 다양한 제품들의 구성을 나타내는 것이다. 이는 고객의 다양한 요구에 대응하고 시장의 다양한 세그먼트를 타기팅하는 데 중요한 역할을 한다.

26 ③

경쟁사의 재무 보고서는 기업의 재무상태와 성과를 보여주는 지표로, 손익계산서뿐만 아니라 재무상태와 현금흐름표를 포함한다.

27 ③

제품정보는 제품의 특징, 사용법, 취급주의 사항 등을 포함한 정보를 말한다. 이는 소비자에게 제품에 대한 포괄적인 정보를 제공하고 마케팅에 활용된다.

28 ④

브랜드 이미지는 소비자들이 느끼고 인식하는 제품 또는 기업에 대한 인상이다. 이는 제품의 품질, 가치, 감성 등 다양한 측면을 아우르는 개념이다.

29 ③

시장세분화는 고객들의 다양한 선호도를 고려하여 소그룹으로 나누는 것을 의미한다. 이는 타깃 마케팅을 효과적으로 수행하기 위해 중요한 단계 중 하나이다.

30 ①

마케팅믹스는 제품, 가격, 판매채널, 프로모션 등의 요소를 통합하여 소비자에게 제공되는 가치를 극대화하는 것을 목표로 한다. 이는 제품 자체뿐만 아니라 다양한 측면을 고려하는 접근을 취한다.

31 ②

계절적 수요는 특정 계절이나 주, 월에 따라 수요의 증감이 반복되는 패턴을 나타낸다. 다른 선지들은 각각 다른 수요 변화의 형태를 설명하고 있다.

32 ④

정확한 예측을 위해서는 예측값과 실측값의 차이를 관찰하고, 오차가 가장 적은 예측 기법을 선택해야 한다. 다른 선지들은 각각 예측 방법에 대한 설명을 나타낸다.

33 ①

히스토그램은 데이터의 범위를 일정한 간격으로 나누어 각 계급의 발생 빈도를 막대그래프로 표현하는 방법이다. 다른 선지들은 다른 품질 기법을 설명하고 있다.

34 ②

공급사슬은 가치사슬이라고 불리며 제품이나 서비스가 공급사슬을 따라 이동하며 가치가 부가되는 개념을 반영한다. 다른 선지들은 공급사슬에 대한 부분적인 설명이거나 잘못된 설명을 포함하고 있다.

35 ③

황소채찍 효과는 공급사슬에서 소매점이나 유통상에서 소비자의 실제 수요보다 더 많은 수량을 주문하고 이로 인해 공급자로부터 발주량이 증가하는 현상을 나타낸다.

36 ④

구매부서의 임무 중 하나는 공급자를 선택하고, 계약을 협상하며, 파트너십을 구축하고, 공급업체를 관리하는 것이다. 다른 선지들은 구매 유형이나 구매 주기에 대한 잘못된 설명을 포함하고 있다.

37 ③

PERT/CPM 기법은 기업이 직면하는 다양한 제약을 효과적으로 관리하기 위한 프로젝트 관리기법을 의미한다.

38 ④

SERVQUAL은 서비스 품질을 측정하는 기법의 하나이다. 다른 세 가지는 제품 품질이나 프로세스 관리에 주로 사용되는 기법들이다.

39 ③

SCM은 여러 기업 간의 협력을 통해 공급과 수요를 조정하고 통합적으로 관리하는 것을 목적으로 한다.

40 ③

중앙집중구매는 단일 부서가 구매 업무를 수행하는 형태로, 독립적으로 구매하는 것이 아니다.

03

기업 외부정보 파악

기업 외부정보 파악

1) 국가통계포털(KOSIS, Korean Statistical Information Service)

① 국가통계포털이란?

국가통계포털은 통계청이 제공하는 One-Stop 통계 서비스로, 국내 · 국제 · 북한의 주요 통계를 집약하여
한 곳에 모아놓은 플랫폼이다. 현재까지 약 400개의 기관에서 작성한 경제 · 사회 · 환경과 관련한 국가승
인통계를 종합적으로 수록하고 있으며, IMF, Worldbank, OECD 등의 국제금융 및 경제와 관련된 최신
통계자료도 제공하고 있다. 편리한 검색 기능과 일반인들이 이해하기 쉬운 다양한 콘텐츠 및 통계설명자료
서비스를 통해 이용자는 원하는 통계자료를 손쉽게 찾아볼 수 있다.

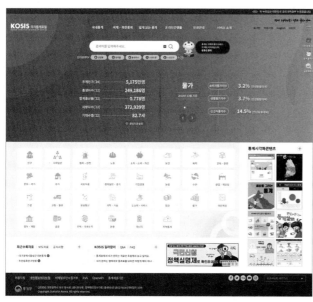

출처: 국가통계포털 홈페이지

▲ 국가통계포털

② 국가통계포털이 제공하는 주요 서비스 24년 1회

• 국내 통계: 인구, 사회 일반, 범죄 · 안전, 노동, 소득 · 소비 · 자산, 보건, 복지, 교육 · 훈련, 문화 · 여가,
주거, 국토이용, 경제 일반 · 경기, 기업경영, 농림, 수산, 광업 · 제조업, 건설, 교통 · 물류, 정보통신, 과
학 · 기술, 도소매 · 서비스, 임금, 물가, 국민계정, 정부 · 재정, 금융, 무역 · 국제수지, 환경, 에너지, 지
역 통계 등 경제 · 사회 · 환경 관련 30개 분야에 대한 주요 국내 통계를 제공한다.

출처: 국가통계포털 홈페이지

▲ 국내 통계 30개 주요 분야

- e-지방지표: 지역자치단체의 생활환경 및 경영 상황을 알아볼 수 있는 주요 통계들을 선정하여 지역 간 평가 및 비교를 할 수 있도록 서비스한다. 인구, 가족, 건강, 교육, 소득과 소비, 고용과 노동, 주거와 교통, 문화와 여가, 성장과 안정, 안정, 환경, 사회통합 등 12개 분야에 대하여 지역자치단체의 통계자료를 제공한다.
  - e-지방지표(통계표): 주제별, 지역별, 테마별로 통계자료 조회·다운로드 가능
  - e-지방지표(시각화): 통계표 자료의 시각화 자료를 조회·다운로드 가능
- 국제 통계: 국제경제 및 사회의 흐름을 파악할 수 있는 주요 국제지표 및 통계자료를 제공한다.
  - 주제별 통계: 국제통계연감, OECD 회원국 통계, ASEM 회원국 통계, APEC 회원국 통계, G20 회원국 통계 등 5개 주제
  - 국제기구별 통계: IMF(International Monetary Fund), World Bank, OECD(Organization for Economic Cooperation and Development), UN(United Nations), FAO(Food and Agriculture Organization of the United Nations), WTO(World Trade Organization), ILO(International Labour Organization) 등 8개 국제기구
  - 아주지역 통계: 남부·동남아시아 통계, 동북·중앙아시아 통계
- 북한통계: 국내·외 산재한 북한 관련 통계 정보를 체계적으로 수집하여 서비스한다.
  - 주제별 통계: 영토/인구, 보건, 교육, 농림수산업, 광업 및 제조업, 국민계정, 대외무역, 교통·물류, 남북한 교류, 남북한 교역, 환경, 에너지, 수교국 및 국제기구 가입, 기타 등 14개 분야
  - 국제기구별 통계: UN, UNESCO(United Nations Educational, Scientific and Cultural Organization), UNICEF(United Nations International Children's Emergency Fund), FAO, World Bank, WIPO(World Intellectual Property Organization), ILO, IEA (International Energy Agency), IPU(Inter-Parliamentary Union), OECD, ITU (International Telecommunication Union), Freedom House, WHO(World Health Organization), IFRC(International Federation of Red Cross and Red Crescent Societies) 등 14개 국제기구
  - 인구일제조사: 2008년 및 1993년 인구, 출생·사망 등
  - 북한인구추계: 2008년~2070년 연령별 인구 추계, 성비 및 인구성장률 등

기업 외부정보 파악 SECTION 01 125

- 쉽게 보는 통계: 일상생활과 관련한 흥미로운 자료를 선정하여 일반 이용자들이 쉽게 이용할 수 있다.
  - 대상별 접근: 1인 가구, 남성, 노인, 다문화, 신혼부부, 아동, 여성, 영유아, 외국인, 장애인, 학생, 환자 등 12개 대상
  - 이슈별 접근: 가족관계, 건강·질병, 경기, 교통 및 교통사고, 노동조합, 범죄·안전, 보험, 부동산·소득·신용카드, 사교육비, 소매·유통, 여가생활·운동, 여행·영화·음악, 연금, 원자력 발전 등 30개 이슈
  - 통계시각화 콘텐츠: KOSIS 100대 지표, e-지방지표(시각화), 통계로 시간여행, 해·석·남녀, 인구로 보는 대한민국, 나의 물가 체험하기, 통계로 보는 자화상 등 16개 시각화 콘텐츠

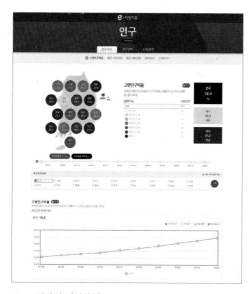

▲ e-지방지표(시각화)

▲ 쉽게 보는 통계

출처: 국가통계포털 홈페이지

- 공유서비스 Open API: 국가통계포털(KOSIS)에 수록된 통계 정보를 이용하여 공공 및 민간 등에서 자체적으로 서비스를 개발할 수 있도록 국가통계통합 DB에 접근하기 위한 인터페이스(API)를 제공하는 서비스이다.
  - 서비스 대상 및 제공 형태: 국내통계, e-지방지표, 광복이전통계, 대한민국통계연감, 작성중지통계 등 10개 서비스를 JSON, SDMX 형태로 제공

2) 기상자료개방포털

① 기상자료개방포털이란?

2015년에 설립된 국가기후데이터센터는 국가 기상기후자료의 종합적인 관리와 서비스 향상을 목표로 한다. 국가기후데이터센터는 기상청에서 생성하거나 획득한 다양한 관측 자료와 예보 자료 등을 통합적으로 관리하며, 품질 관리를 통해 고품질의 데이터를 생성하고 제공한다. 해당 포털을 통해 누구나 언제 어디서든 유용한 기후 통계 정보를 제공받을 수 있다.

출처: 기상자료개방포털 홈페이지

▲ 기상자료개방포털

② 기상자료개방포털의 주요 특징

- 날씨 데이터를 한곳에서 즉시 가져갈 수 있다.
- 지역과 기상요소만을 이용하여 날씨 데이터를 검색할 수 있다.
- 카탈로그를 통한 날씨 데이터 조회가 가능하다.
- 개발자를 위한 오픈 API 서비스를 제공한다.

③ 데이터의 사용 범위

날씨가 상품 매출에 미치는 영향을 분석할 때, 인체에 날씨가 미치는 영향을 연구할 때, 날씨에 따른 작물 성장 상태를 파악하고 싶을 때, 작물의 파종·수확 시기를 준비해야 할 때, 에너지 사업을 계획할 때, 건설 입지를 선정할 때 등에 데이터를 사용할 수 있다.

④ **획득 가능한 데이터**

- 기상관측 데이터: 다양한 경로를 통해 수집된 지상, 해양, 고층, 항공, 세계기상전문(GTS) 등의 기상관측 데이터를 조회 · 다운로드할 수 있다.

구분	데이터
지상	종관기상관측(ASOS), 방재기상관측(AWS), 농업기상관측(AAOS), 북한기상관측, 공공기관 기상관측, 계절 관측, 황사 관측(PM10), 낙뢰 관측 등 8개 자료
해양	해양기상부이, 등표 기상관측, 파고 부이 등 3개 자료
고층	레윈존데, 연직 바람 관측 등 2개 자료
항공	공항 기상관측(AMOS) 1개 자료
세계기상전문(GTS)	지상(SYNOP), 부이(BUOY), 고층(TEMP), 태풍 예보(TYP), 위험기상정보(SIGMET), 기후(CLIMAT) 등 6개 자료

출처: 기상자료개방포털 홈페이지

▲ 기상관측 데이터

- 기상위성: 천리안 위성 1호, 천리안 위성 2A호를 통해 수집된 동아시아, 한반도 기상 데이터를 조회 · 다운로드가 가능하다.
- 레이더: 사이트(지점별 레이더), 합성(기상청 현업용 레이더) 등을 통해 생산된 기상 데이터를 조회 · 다운로드가 가능하다.
- 기상예보: 동네예보(초단기 실황, 초단기 예보, 단기예보, 중기예보)와 기상특보, 태풍 예보, 영향예보(폭염, 한파) 등에 대한 정보를 제공한다.
- 수치모델: 수치분석일기도, 단 · 중기 예측, 초단기 예측, 파랑 모델 등에 대한 파일 셋을 제공한다.

구분	파일 셋
수치분석일기도	분석일기도(지상, 고층), 분석일기도(황사), 편집일기도(지상, 12시간), 분석일기도(지상, 3시간), 지역 파랑 모델 수치 예상 일기도 등 5개 파일 셋
단 · 중기 예측	지역예보모델(RDAPS) 및 국지 예보모델(LDAPS) 등 2개 파일 셋
초단기 예측	초단기 예보모델(KLAPS) 분석(KL05) 자료
파랑 모델	전 지구 파랑 모델, 지역 파랑 모델, 국지 연안파랑 모델, 해구별 예측자료 등 4개 파일 셋

출처: 기상자료개방포털 홈페이지

▲ 수치모델 파일 셋

- 기후: 기후변화감시, 가뭄에 대한 자료 및 파일 셋을 서비스한다.

구분	파일 셋
기후변화감시	온실가스, 반응가스, 에어로졸, 대기복사, 성층권오존 오존전량, 성층권오존 연직분포, 자외선, 총대기침적 등 8개 자료 및 파일 셋
가뭄	표준강수지수 1개 자료 및 파일 셋

출처: 기상자료개방포털 홈페이지

▲ 기후 데이터

- 응용기상: 기상지수, 기상자원지도에 대한 자료를 조회 · 다운로드가 가능하다.

구분	파일 셋
기상지수	생활기상지수, 보건기상지수 등 2개 데이터셋
기상자원지도	태양광자원지도, 풍력자원지도 등 2개 데이터셋

출처: 기상자료개방포털 홈페이지

▲ 응용기상 데이터

- 지진 화산: 규모 2.0 이상의 지진에 대한 지진정보, 규모 2.0 미만의 지진정보인 미소지진 정보를 제공한다.
- 날씨 이슈별 데이터: 생활과 밀접한 폭염, 황사, 한파, 태풍 등에 대한 데이터를 일괄 제공한다.

구분	데이터 셋
폭염	기온, 습도, 특보, 폭염 영향예보, 열대야, 자외선지수 등 6개 데이터셋
황사	PM10 농도, 풍향 · 풍속, 기사, 시정, 대기확산지수, 레윈존데, 연직 바람 관측, 황사일기도, 위성영상 등 9개 데이터셋
한파	기온, 습도, 풍속, 특보, 한파 영향예보, 동파가능지수 등 6개 데이터셋
태풍	태풍 목록, 태풍 정보, 태풍 발생표, 태풍 경로, 최대순간풍속, 일강수량 등 6개 데이터셋

출처: 기상자료개방포털 홈페이지

▲ 날씨 이슈 데이터

- 역사기후: 자기기록지, 종이일기도, 통계원부류, 역사자료, 기상기록집 등에 기록된 기후 정보를 조회 · 다운로드가 가능하다.

구분	자료
자기기록지	과거에 관측한 자기기록지를 스캔한 자료
종이일기도	관측소에서 측정한 기압, 기온, 풍향, 풍속 등 기상요소를 도식화한 지도
통계원부류	과거의 통계원부류를 스캔한 자료
역사자료	해상기상관측자료, 조선왕조실록, 각사등록에 기록된 기상관측자료의 원문과 해설
기상기록집	기상천문지진기록, 한반도 역사지진기록, 관상감이 기록한 17세기 밤하늘, 기상인이 말하는 중앙관상대, 농사와 측우기 기록 등 5개 자료

출처: 기상자료개방포털 홈페이지

▲ 역사기후 자료

- 메타데이터: 관측 지점과 통계산출 방법에 대한 정보를 조회하고 다운로드할 수 있다.
- 품질 정보: 품질 현황과 데이터 품질리포트와 관련한 자료를 제공한다.

• 기후통계분석: 평년값, 통계분석, 기상현상일 수, 계급별일 수, 응용 기상분석 등에 대한 정보와 기후통계자료의 그래프, 분포도 등 시각화 자료를 제공한다.

구분	자료
평년값	우리나라 기후 평년값, 북한 기후 평년값, 세계 기후 평년값 등 3개 자료
통계분석	조건별 통계, 기온분석, 강수량분석, 다중지점통계, 24절기, 순위값, 장마 등 7개 자료
기상현상일 수	강수, 눈, 황사, 폭염, 열대야, 안개, 서리, 결빙, 우박, 폭풍, 뇌전, 한파 등의 일수 자료
계급별일 수	전운 양 계급별일 수, 강수 계급별일 수, 바람 계급별일 수(바람 장미) 등 3개 자료
응용 기상분석	체감온도, 실효습도, 적산온도 등 3개 자료

출처: 기상자료개방포털 홈페이지

▲ 기후통계분석 자료

▲ 지상 데이터 자료 예시

▲ 기후통계분석 예시

출처: 기상자료개방포털 홈페이지

3) 국가공간정보포털

① 국가공간정보포털이란?

산재된 서비스 체계로 인하여 공간정보의 활용에 어려움을 겪지 않도록 국가·공공·민간에서 생성한 공간정보를 한 곳에서 효과적으로 제공할 수 있는 국가공간정보포털이 구축되었다. 국가공간정보포털은 국가공간정보통합체계, 공간빅데이터, 부동산 및 한국 토지정보시스템, 국가공간정보유통시스템, 지적재조사시스템, 공간정보사업 공유 및 관리시스템, 국토공간계획지원체계, 온나라부동산포털, 공간정보오픈플랫폼 등을 포함한 플랫폼으로 국내 국토공간과 관련된 다양한 자료와 데이터셋을 효과적으로 제공하고 있다.

출처: 국가공간정보포털 홈페이지

▲ 국토공간정보포털 홈페이지

② 획득 가능한 데이터

국토관리·지역개발, 도로·교통·물류, 문화·체육·관광, 지도, 재난 방재·공공안전, 환경·자연·기후, 농림·해양·수산, 산업·중소기업, 일반 공공·행정, 과학기술·통신, 보건·의료, 사회복지, 교육, 통일·외교·국방 등 14개 주요 분야에 대한 데이터셋 및 연속수치지형도 등 다양한 공간정보 데이터를 이용할 수 있다.

주요 분야	세부 분야
국토관리·지역개발	건물·시설, 경계, 도시계획, 부동산, 산업단지, 수자원, 용도지역지구, 토지 등 8개 분야
도로·교통·물류	교통, 도로, 철도, 항공·공항, 해운·항만 등 5개 분야
문화·체육·관광	관광, 문화예술, 문화재, 체육 등 4개 분야
지도	고도, 기준점, 기타, 영상 등 4개 분야
재난 방재·공공안전	공공안전, 재난 방재 등 2개 분야
환경·자연·기후	기후, 자연, 환경보호 등 3개 분야
농림·해양·수산	농업·농촌, 임업·산촌, 해양·수산·어촌 등 3개 분야
산업·중소기업	산업, 에너지, 중소기업 등 3개 분야
일반 공공·행정	일반행정, 지방 행정 등 2개 분야
과학기술·통신	과학기술, 정보통신 등 2개 분야
보건·의료	보건의료, 식품의약 안전 등 2개 분야
사회복지	사회복지, 노동 등 2개 분야
교육	교육시설, 평생·직업교육 등 2개 분야
통일·외교·국방	국방, 외교, 통일 등 3개 분야

출처: 국가공간정보포털 홈페이지

▲ 국가공간정보포털 자료

③ 국가중점데이터 API

공간융합, 국가공간, 도시계획, 부동산 등 주요 4개 분야에 대한 36건의 공간정보 개방데이터를 API, SHP, CSV 형태로 제공한다.

분야	개방데이터
공간융합	건축물연령정보, 용도별건물정보, 지가변동률정보, 토지특성정보 등 4개 데이터
국가공간	GIS건물일반집합정보, 개별공시지가정보, 개별주택가격정보, 공동주택가격정보, 도서(섬)정보, 부동산개발업정보, 부동산중개업정보, 토지소유정보, 토지이동이력정보, 토지이용계획정보, 통계성지표정보, 표준지공시지가정보 등 12개 데이터
도시계획	개발행위허가정보, 도시계획통계시설정보, 도시군기본계획정보, 시설정보(도시계획), 실시계획인가정보, 용도지역정보(도시계획), 지구단위계획구역정보, 토지이용규제법령정보, 토지이용규제행위제한정보 등 9개 데이터
부동산	GIS건물통합정보, 공유지연명정보, 대지권등록정보, 법정구역정보, 연속지적도형정보, 용도지역지구정보, 지적도근점정보, 지적삼각보조점정보, 지적삼각점정보, 토지등급정보, 토지임야정보 등 11개 데이터

출처: 국가공간정보포털 홈페이지

▲ 국가중점데이터 API 항목

4) 국가교통 DB

① 국가교통 DB란?

교통정보 인프라의 중요성과 교통기초자료의 신뢰성을 보장하고 교통투자의 효율성을 증대하기 위하여 국가교통 DB가 구축되었다. 국가교통 DB는 교통정책 및 계획 수립에 필요한 교통기초통계를 종합적이고 표준화된 방식으로 조사, 분석, 관리하는 체계이다. 이는 도로, 철도, 공항, 항만, 물류 시설 등 교통 시설과 교통수단의 운영 상태, 기종점 통행량, 통행특성, 교통 네트워크 등에 관한 데이터베이스를 의미한다.

출처: 국가교통 DB 홈페이지

▲ 국가교통 DB 홈페이지

② 통계청 승인 통계 및 주요 조사 항목

국가교통 DB는 정부의 공신력 있는 국가교통통계 생성 기관으로 국가교통조사, 교통부문수송실적보고 등 주요 사업을 통해 여객 부문, 화물 부문, 국내 수송 실적, 국제 수송 실적, 교통산업서비스지수 등을 조사한다.

통계 명칭	통계 종류	조사 항목	작성 주기
국가교통조사	지정 조사	• 여객부문 　－ 시외유출입통행실태 교통량 조사 　－ 시외유출입통행실태노측/주유소면접조사 　－ 고속도로 요금소 우편조사 　－ 여객교통시설 이용자조사 　－ 광역권 여객통행 실태조사 • 화물부문 　－ 사업체대상 물류현황 조사 　－ 화물자동차 통행실태 조사 　－ 화물발생중계거점 조사 　－ 산업단지 인근도로 노측조사	5년
교통부문 수송실적보고	일반 보고	• 국내 수송 실적 　－ 여객: 철도, 지하철, 공로, 해운, 항공 　－ 화물: 철도, 공로, 해운, 항공 • 국제 수송 실적 　－ 여객: 해운(입항, 출항), 항공(입국, 출국) 　－ 화물: 해운(입항, 출항), 항공(입국, 출국) • 교통산업서비스지수 　－ 국내 여객지수 및 화물지수(철도, 지하철, 해운, 항공) 　－ 국제 여객지수 및 화물지수(철도, 해운, 항공)	분기

출처: 국가교통 DB 홈페이지

▲ 통계청 승인 통계 및 조사 항목

③ 획득 가능한 정보

국가교통 DB의 내·외부 생산자료를 종합하여 종합통계 및 지표, 교통시설규모, 교통수단보유, 수송실적, 교통안전, 사회경제지표, 에너지 및 환경, 해외통계, 북한 교통 통계 DB 등 9개 분류에 따라 161개 교통통계자료를 제공한다.

순번	자료명	순번	자료명
1	국내외 여객 수송실적	89	경제활동인구
2	국내외 화물 수송실적	90	인구밀도
4	교통수단별 교통사고 현황	91	추계인구
5	교통산업서비스지수	92	자동차 운전면허 보유자 수
6	등급별 도로 연장	93	산업별 사업체 수 및 종사자 수
7	고속도로 현황	94	운수업 일반 현황

64	해상화물 수송실적	134	주요국 자동차 등록 대수
65	여객선 수송실적	135	주요국 철도차량 등록 대수
67	연안 여객선 여객 수송실적	137	항만별 컨테이너 처리 실적
68	연안 해운 화물 수송실적	138	주요국 도로 여객 수송실적
69	항만별 화물 입출항 실적	139	주요국 철도 여객 수송실적
70	기타 해상 수송실적 관련 통계	140	주요국 항공 여객 수송실적
71	도로교통사고 발생 건수 및 사상자 수	141	주요국 해상 여객 수송실적
72	기타 도로교통사고 관련 통계	142	주요국 도로 화물 수송실적
73	철도 사고 현황	143	주요국 철도 화물 수송실적
76	항공기 사고 현황	144	주요국 항공 화물 수송실적
77	해양 사고 현황	145	주요국 해상 화물 수송실적
81	기타 해양 사고 관련 통계	146	민간 정기 항공수송
82	토지 면적	147	주요국 도로교통사고
83	용도 지역 현황	148	주요국 철도교통사고
84	용도별 건축물 연면적	149	CO_2 배출량
85	행정구역 수	158	여객 지역 간 기종점통행량
86	총조사인구 및 가구 수	159	화물 지역 간 기종점통행량
87	주민등록인구 및 세대수	161	교통접근성 지표
88	수용 학생 수		

출처: 국가교통 DB 홈페이지

▲ 국가교통 DB 구축 · 제공 통계 항목

④ 국가교통 DB를 통해 제공되는 데이터와 교통 수요분석, 통계조사 및 연구 · 분석 결과는 정부의 법정 교통계획과 개별 사업타당성조사, 교통투자평가, 교통SOC중간 모니터링 등 다양한 교통 및 SOC 사업을 지원한다.

- 교통조사: 여객통행실태조사, 화물통행실태조사, 특별교통통행실태조사, 교통유발원단위조사, 교통수단 이용실태조사, 교통시설인프라조사 등 6개 국가교통조사의 결과 보고서(발간물)를 제공한다.
- 교통 수요 예측: 여객 통행수요분석, 화물통행수요분석, 교통 수요분석 네트워크 등 3개 예측 분석 결과 보고서와 원자료를 제공한다.

⑤ 교통 혼잡 지도의 활용 등으로 예보시스템 및 모니터링 지원시스템을 구축할 수 있다.

- 차량 5부제 및 2부제의 효과 모니터링
- 유가 변화에 대한 차량 이용수요 변화 모니터링
- 특별이벤트 및 5월 황금연휴 기간의 교통 수요 모니터링
- 네트워크에서 수용할 수 있는 수요 규모 추정
- 네트워크 수용량을 넘어서는 특별한 이유와 관리 방안
- 주차 정책 변화 등에 혼잡수준(수요 변화) 모니터링

▲ 진출입 지역 분석 예시

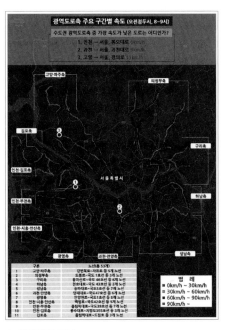

▲ 혼잡지도 예시

출처: 국가교통 DB 홈페이지

5) 한국데이터거래소

① 한국데이터거래소란?

2019년 12월 1일 공식 출범한 국내 첫 민간 데이터거래소로 매일경제 미디어그룹을 중심으로 삼성카드, CJ올리브네트웍스, SK텔레콤, SK플래닛, 웰컴금융, GS리테일이 함께 운영하며 여러 기업이 보유하고 있는 다양한 데이터 상품과 서비스를 제공한다. 한국데이터거래소는 데이터 공급자와 수요자의 데이터 거래 중개, 맞춤형 데이터 분석 및 플랫폼 서비스, 데이터 전문 온라인 뉴스레터 발행, 맞춤형 데이터 컨설팅 및 데이터 바우처 사업, AI 학습용 데이터 생산 및 유통 등 다양한 영역에서 활동하고 있다.

출처: KDX 한국데이터거래소 홈페이지

▲ KDX 한국데이터거래소

② 획득 가능한 주요 데이터

한국데이터거래소의 기업회원이 보유하고 있는 경제 · 산업, 금융 · 증권, 통신 · 인구, 소비 · 상권, 이커머스, 유통 · 마케팅, 물류 · 교통, 보건의료, 부동산 · 지리, 자동차, 여가 · 레저, 인공지능, SNS, 미디어, 공공데이터 등 15개 카테고리의 데이터, 리포트 데이터, 기업별 데이터 상품과 인공지능 학습용 데이터 상품을 사용자에게 유 · 무료로 제공한다.

- 유통 · 마케팅: GS리테일, 엠코퍼레이션, MarketLink, 휴머스온 등 4개 기업의 데이터를 서비스한다.
- 소비 · 상권: 삼성카드, 신한카드, 코리아크레딧뷰로, 식신 등 4개 기업의 데이터를 판매한다.
- 통신 · 인구: SK텔레콤, SK플래닛, LG플러스, 로플랫 등 4개 기업의 데이터를 판매한다.
- 유통 · 물류: CJ올리브네트웍스의 상품별 택배 송장 표준 인덱스 데이터, 상품별 동단위 물동량 데이터, 고객분류별 상품 매출 점유율 데이터 등을 제공한다.
- 경제 · 산업: 나이스디앤비의 산업 생태계 분석 데이터, 재무, 국가 연금, 등기 등 기업정보 데이터와 중소기업 특화 ESG 평가 항목 데이터를 제공한다.
- 금융 · 증권: 웰컴에프앤디, 나이스디앤비, 코리아크레딧뷰로, 쿠콘 등 4개 기업의 데이터를 판매한다.
- 부동산: 지인플러스, 코리아크레딧뷰로, 비씨티원, 경동도시가스의 등 3개 기업의 데이터를 서비스한다.
- 인공지능: 매일경제미디어그룹, 에이아이스페라, 어반유니온 등 3개 기업의 데이터를 제공한다.
- 결합데이터: 신한카드×SK텔레콤, 신한카드×GS리테일, 코리아크레딧뷰로×신한카드×SK텔레콤 등 3개 결합데이터를 제공한다.
- 보건 · 의료: 온누리에이치엔씨, 이블루 등 2개 기업의 데이터를 판매한다.
- 기타: 나이스디앤알, KB캐피탈, 바이브컴퍼니, 경동도시가스 등 4개 기업의 데이터를 제공한다.

🅑 기적의 TIP

한국데이터거래소에서 제공하는 데이터 상품 현황

기업	데이터
GS리테일	지역별 GS25 점포 매출 분포 데이터, 지역별–상품분류별 매출 구성비 데이터
엠코퍼레이션	온라인 배달 음식 카테고리 데이터 분석, 온라인 상품 구매 데이터
MarketLink	Retail Pos Index 데이터, 대형마트 · 체인슈퍼 카테고리별 판매 데이터, 치킨 프렌차이즈 판매 점유율 데이터
휴머스온	이커머스 상품별 구매 및 관심사 데이터

▲ 유통 · 마케팅 데이터 상품 현황

기업	데이터
삼성카드	지역별 · 일별 소비 형태 데이터, 반려동물 보유자의 소비 행태 데이터, 고객유형별 소비 행태 데이터
신한카드	시군구별 가맹점 데이터
코리아크레딧뷰로	전국 시군구 · 행정동 단위 SOHO 데이터, 전국 행정동 단위 소비 정보 데이터
식신	전국 핫플레이스 권역 정보(좌표) 데이터, 전국 맛집 정보(메뉴, 가격) 데이터

▲ 소비 · 상권 데이터 상품 현황

기업	데이터
SK텔레콤	지역별 서비스 인구 데이터, 지역별 유입 인구 데이터
SK플래닛	Syrup App 사용자 정보 데이터, 지역별 방문 데이터
LG유플러스	유동 인구 데이터, 모바일 TV/IPTV 시청 통계 데이터
로플랫	Wi-Fi 신호 기반 유동 인구 데이터, 오프라인 매장 방문 통계 데이터

▲ 통신 · 인구 데이터 상품 현황

기업	데이터
웰컴에프앤디	대부업 대출 신용등급 분포 정보 데이터, 저축은행 대출 분포 정보 데이터
나이스디앤비	채무불이행 데이터, 단기 연체 정보 데이터
코리아크레딧뷰로	시군구 단위 대출 정보 데이터, 전국 행정동 단위 소득 · 대출 · 연체 정보 데이터
쿠콘	금융 · 보험 API 데이터

▲ 금융 · 증권 데이터 상품 현황

기업	데이터
지인플러스	부동산 분양 정보 데이터, 부동산 매물 · 시세 정보 데이터, 부동산 단지 정보 데이터
코리아크레딧뷰로	자산평가 데이터
비씨티원	공간정보 기반 전국 아파트 환경정보 데이터
경동도시가스	전입 · 전출 정보 데이터

▲ 부동산 데이터 상품 현황

기업	데이터
매일경제미디어그룹	AI 학습용 텍스트 원천 · 가공 데이터, AI 학습용 영상 원천 · 가공 데이터, AI 학습용 음성 원천 · 가공 데이터
에이아이스페라	사이버 공격 탐지 전 세계 위험 VPN IP 데이터
어반유니온	AI 학습용 패션 데이터

▲ 인공지능 데이터 상품 현황

기업	데이터
신한카드XSK텔레콤	카드 소비-이동 동선 결합 분석 데이터
신한카드XGS리테일	카드 소비-편의점 품목 결합 분석 데이터
코리아크레딧뷰로X신한카드XSK텔레콤	아파트 타깃 마케팅용 융복합 정보 데이터

▲ 결합데이터 상품 현황

기업	데이터
온누리에이치엔씨	약국 처방(ETC) 데이터, 약국 고객 판매 POS 데이터
이블루	의약품 판매 데이터

▲ 보건 · 의료 데이터 상품 현황

기업	데이터
나이스디앤알	신차 · 중고차 등록 데이터, 카테고리별 앱 사용성 평가(앱마인더)
KB캐피탈	KB차차차 인기 검색 차종 데이터
바이브컴퍼니	소셜 미디어 분석 데이터
경동도시가스	도시가스 데이터

▲ 기타 데이터 상품 현황

출처: KDX한국데이터거래소 회사소개서

▲ 데이터 상품

▲ AI 데이터 상품

출처: KDX한국데이터거래소 홈페이지

③ 데이터 활용 사례

한국데이터거래소가 제공하는 데이터는 연구 · 정책, 기획 · 전략 수립, 서비스 개발, AI 학습용 데이터 등 다양한 목적으로 활용되고 있다.

기적의 TIP

한국데이터거래소 데이터 활용 사례

기관	활용 데이터	연구 · 정책
한국환경연구원	식자재 유통 데이터	환경정책 수립 평가
한국은행	유동 인구 데이터	코로나19 여파 경제 보고서
SMU	카드 소비 데이터	코로나19 전후 소비 비교 연구
산업연구원	카드 가맹점 데이터	업종별 지역별 산업 동향 조사
인천광역시	택배 송장 데이터	생활폐기물 관리를 위한 분석

▲ 연구 · 정책 활용 목적 사례

기관	활용 데이터	기획 · 전략
깨끗한나라	온라인 판매 데이터	마케팅 전략 수립
CROWN	카드 가맹점 데이터	전략 수립(공개 불가)
D:MOA	기업 개요 데이터	내부 기획(공개 불가)

▲ 기획 · 전략 수립 목적 사례

기관	활용 데이터	서비스
LG CNS	카드 가맹점 데이터	신규 서비스 개발
경기관광공사	네비게이션 데이터	관광 정보 서비스 개발
XAI	카드 소비 데이터	신규 서비스 개발
DONGNAE	부동산 거래가 데이터	신규 서비스 개발

▲ 서비스 개발 목적 사례

기관	활용 데이터
국립재난안전연구원	매일경제 신문 텍스트 데이터
ZUMinternet	MBN 영상 미디어 데이터
SK텔레콤	기사, 방송대본, 도서, 잡지 데이터
한국통계 정보원	매일경제 신문 텍스트 데이터

▲ AI 학습용 데이터 목적 사례

출처: KDX한국데이터거래소 회사소개서

6) 국가교통 데이터 오픈마켓

① 국가교통 데이터 오픈마켓이란?

한국도로공사가 운영하는 국가 교통 빅데이터 플랫폼으로 공공, 민간, 기업이 참여하여 국토 교통 관련 모든 데이터를 누구나 쉽게 구매하고 판매할 수 있는 개발형 데이터 유통 플랫폼이다. 유관기관의 내·외부 및 유·무료 데이터를 비롯하여 200여 종의 다양한 활용 사례, 전 처리·가공 서비스, 시각화 서비스 등을 제공하고 있으며 전문가포럼, 설명회, 공모전 등 다양한 활동을 지원하고 있다.

출차: 국가교통 데이터 오픈마켓 홈페이지

▲ 국가교통 데이터 오픈마켓

② 획득 가능한 데이터

도로, 버스, 철도, 시설·안전, 자율주행, 공간, 융합, 일반·기타 등 8개 영역에 대한 마켓 및 외부 데이터 상품을 데이터 검색, 지도 기반 검색 등을 통해 조회·이용이 가능하다.

▲ 데이터 검색

▲ 데이터 상품 예시

출차: 국가교통 데이터 오픈마켓 홈페이지

③ 교통 데이터의 활용

직장인 인구의 출·퇴근 이동 특성 분석, 의료 입지 분석, 장애인 콜택시 수요분석, 혼잡도 분석 등 다양한 분석이 가능하다.

예시	• LTE 신호 기반 직장인구 출·퇴근 이동 특성 분석 • 빅데이터로 살펴본 코로나19 기록 • KCB 인구정보를 통한 잠재 수요 예측 모형 정규화 • 럭스테이 실시간 공간 공유 물품 보관 • 장애인 콜택시 수요분석 및 배차 개선 • 교통카드 기반 시내버스 승객 기·종범 통행량 추정 • 강릉시 교통 혼잡 원인 분석 • 포항시 버스 정거장별 버스 정체 구간

데이터 활용사례

· **활용데이터**
  - 울산정보산업진흥원(교통카드 통계정보)

· **주요내용**
  - 통신사 LTE 데이터 및 교통카드 데이터 등을 활용한 울산광역시 산업단지 인근 직장인구의 출·퇴근 이동특성 분석
  - 울산광역시 맞춤형 시내버스 수요 잠재지역 도출을 위한 분석 활용

· **주요성과**
  - 울산광역시 시내버스 노선 개편을 위한 근거자료로 활용
  - 버스 수요 잠재지역 도출 기반 신규버스 노선 투입 검토 등

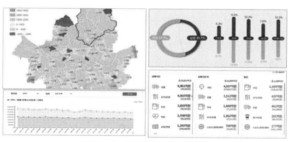

<직장인구 출·퇴근 이동특성 분석 결과 예시>

출처: 국가교통 데이터 오픈마켓 홈페이지

▲ LTE 신호 기반 직장인구 출·퇴근 이동 특성 분석 사례

④ 모빌리티 데이터 리빙랩

교통 분야의 빅데이터를 다루지 못하는 이용자에게 데이터의 전 처리 · 가공 등의 분석 및 다양한 서비스를 지원한다.

서비스	지원 내용
File 단위 데이터 다운로드	네트워크(도로 · 대중교통 등), 경로 데이터(차량 · 대중교통 · 통신), 통행 유전자(차량 · 대중교통) 데이터, Server · Storage · Network · DB 관리, 고성능 컴퓨팅 지원(HW/SW) 관리 및 일반 개발자 개발 환경
데이터 전처리, 가공 API	Open API 플랫폼 개발(ETRI), 데이터 전처리 · 가공 API(궤적 정교화 외 15건), 분석 도구 API(차종분류 외 4건), ATC 클라우드 가상 PC API 등
인공지능 개발 프레임워크(ETRI)	KSB 인공지능 개발 프레임 워크 서비스
교통 서비스 솔루션(EZ–GIS)	Work Flow Editer 기능 고도화, 대용량 Batch 처리 설계, Work Flow Editer 관리기능 설계, 컴퓨팅 환경 설계

출처: KDX한국데이터거래소 회사소개서

▲ 모빌리티 데이터 리빙랩 서비스

⑤ 데이터 시각화 서비스

보육 · 교육시설 주변 교통정보 시각화, 서울특별시 버스 정류장 위치 시각화에 대한 시각화 서비스를 제공한다.

- 보육 · 교육시설 주변 교통정보 시각화: 어린이의 통행이 많은 어린이집, 유치원, 초등학교 주변 도로의 평균 통행속도 정보를 시각화하여 표출하는 서비스이다.
- 서울특별시 버스 정류장 위치 시각화: 서울특별시 교통정보과에서 제공하는 서울특별시 버스 정류장 위치 정보이다.

출처: 국가교통 데이터 오픈마켓 홈페이지

▲ 보육 · 교육시설 주변 교통정보 시각화 사례

7) 공공데이터포털

① 공공데이터포털이란?

공공기관이 생성하거나 획득하여 관리 중인 공공데이터를 한 곳에서 효율적으로 제공하는 통합 창구이다. 공공데이터포털은 파일데이터, 오픈 API, 시각화 등 다양한 방식으로 공공데이터를 제공하며, 누구나 간편하게 검색을 통해 원하는 공공데이터를 신속하고 정확하게 찾을 수 있도록 도와준다.

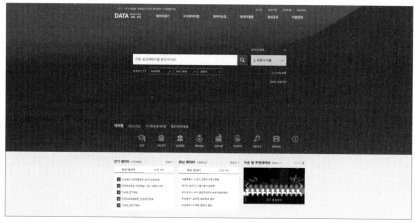

출처: 공공데이터포털 홈페이지

▲ 공공데이터포털

출처: 공공데이터포털 홈페이지

▲ 공공데이터포털 주요 서비스

② 획득 가능한 데이터

- 데이터 목록: 공공기관의 방대한 데이터를 데이터 목록의 분류체계, 서비스유형, 제공기관 유형, 확장자 등의 조건검색을 통해 조회·다운로드가 가능하다.
- 국가중점데이터: 공공행정, 과학기술, 교육, 교통물류, 국토관리, 농축수산, 문화관광, 법률, 보건의료, 사회복지, 산업 고용, 식품 건강, 재난 안전, 재정금융, 통일외교 안보, 환경 기상 등 16개 주요 분야에 대한 대용량 데이터를 제공한다.
- 이슈 및 추천데이터: 사회 현안별 공공데이터 및 공공데이터포털에서 추천하는 데이터이다.
- 국가데이터맵: 데이터맵을 통하여 국가 데이터의 조회·다운로드가 가능하다.

출처: 공공데이터포털 홈페이지

▲ 공공데이터포털 이슈 및 추천데이터

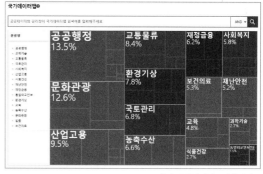

출처: 공공데이터포털 홈페이지

▲ 공공데이터포털 국가데이터맵

- 데이터 요청: 공공데이터 제공신청을 통해 공공데이터포털에서 제공하지 않는 공공데이터에 대하여 심의 후 제공한다.

③ 데이터 활용

공공데이터 시각화, 국민참여지도, 위치 정보 시각화, 공공데이터 활용 사례, 공공데이터 우수사례 등 시각화 및 활용 사례 자료를 제공한다.

공공데이터 시각화	공공데이터를 활용하여 다양한 시각화 차트를 만들어 공유
국민참여지도	주제에 맞춰 이용자가 공유하고 싶은 토픽을 지도에 표시하고 공유
위치 정보 시각화	지도상에 56개 위치 정보 서비스 항목에 따른 다양한 속성 정보를 행정 구역별로 조회 가능
공공데이터 활용 사례	공공데이터를 활용하여 개발된 국내외 다양한 사례와 가공데이터를 공유
공공데이터 우수사례	공공데이터 관련 공모전에서 입상한 우수사례를 공유

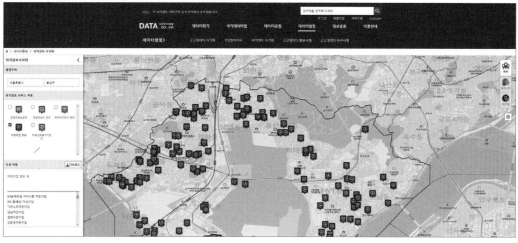

출처: 공공데이터포털 홈페이지

▲ 공공데이터 시각화 예시

8) 국가통계 마이크로데이터 서비스 시스템(MDIS)

① 국가통계 마이크로데이터 서비스 시스템이란?

국가 주요 정책 수립, 기업 경영 전략 수립, 학술논문 등 심층 연구와 분석에 마이크로데이터의 수요가 지속적으로 높아지고 있다. 이에 따라 통계청은 자체적으로 작성하는 마이크로데이터뿐만 아니라 정부 부처, 지자체, 연구기관 등 다른 통계 작성 기관의 마이크로데이터를 MDIS(MicroData Integrated Service)으로 통합하여 국민이 다양한 통계자료를 편리하게 이용할 수 있도록 서비스하고 있다.

출처: 국가통계 마이크로데이터 서비스 시스템 홈페이지

▲ 국가통계 마이크로데이터 서비스 시스템

② 서비스 유형 24년 2회

- 다운로드 서비스: 이용자가 원하는 자료를 선택하고 PC로 다운로드하여 이용하는 서비스이다.
- 온라인 분석 서비스: 이용자가 온라인 통계분석 시스템에 접속하여 데이터를 추출, 편집, 분석할 수 있는 서비스이다.
- 인가용 서비스: 원격 접근 서비스 및 이용 센터 서비스 등 2개 유료 서비스이다.
- 주문형 서비스: 통계작성용 명부, 사망원인 연계, 통계자료 분석 서비스 등 3개 유료 서비스이다.

③ 획득 가능한 데이터

인구, 사회 일반, 범죄 · 안전, 노동, 소득 · 소비 · 자산, 보건, 복지, 교육 · 훈련 · 문화 · 여가, 주거 · 국토이용, 경제 일반 · 경기 · 기업경영, 농림 · 수산, 광업 · 제조업, 건설 · 교통 · 물류, 정보통신 · 과학 · 기술, 도소매 · 서비스, 임금 · 물가, 정부 · 재정, 금융 · 무역 · 국제수지, 환경, 에너지, 지역 통계 등 21개 주제에 대한 국가승인 통계 공표용 설문조사의 마이크로데이터를 제공한다.

④ 온라인 분석 시스템

공공용 자료를 쉽고 편리하게 분석할 수 있는 웹 기반의 통계분석 플랫폼으로 데이터 추출, 데이터 편집, 기본통계 분석, 집계데이터 연계, 고급 통계분석 등의 기능을 지원한다.

▲ 마이크로데이터 다운로드 서비스 예시

▲ 온라인 분석 시스템

출처: 국가통계 마이크로데이터 서비스 시스템 홈페이지

9) 항공정보포털 시스템

① 항공정보포털 시스템이란?

국토교통부에서 제공하는 항공정보포털 시스템은 국민의 항공 관련 지식과 능력을 제고하기 위하여 정부가 수행하는 항공 업무에서의 축적된 정보를 다양한 형태의 대중 서비스로 제공한다. 주요 정보로는 공항 정보, 항공사 정보, 항공기 정보, 항공 연락망, 항공 소비자 정보, 항공안전투자공시, 항공 여객 이동 특성, 항공 통계, 항공 보안, 실시간 운항 정보 등의 데이터가 있다.

출처: 항공정보포털 시스템 홈페이지

▲ 항공정보포털 시스템

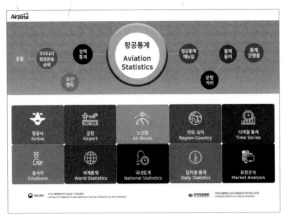

출처: 항공정보포털 시스템 홈페이지

▲ 항공 통계

② 획득 가능한 항공 통계 데이터

- 항공사: 연도별 월별 항공사 · 노선(국내, 국제) · 여객 화물 · 출발/도착에 따른 여객(전체, 유임, 무임, 환승, 유임+환승) 및 화물(전체, 수화물, 수화물, 우편물) 수송실적을 검색 · 다운로드할 수 있다.
- 공항: 설정된 조회 기간(년, 월)에 따른 공항 · 운항(전체, 정기, 부정기) · 노선(국내, 국제) · 여객 화물 · 출발/도착에 따른 항공 편수, 여객 및 화물 수송실적을 제공한다.
- 노선별: 설정된 조회 기간에 따른 운항 · 노선 · 공항 · 상대 공항 · 출발/도착에 따른 항공 편수, 여객 및 화물 수송실적을 확인할 수 있다.
- 지역/국가: 설정된 조회 기간에 따른 운항 · 지역 · 국가 · 출발/도착에 따른 항공 편수, 여객 및 화물 수송실적을 제공한다.
- 시계열 통계: 설정된 조회 기간에 따른 국내공항의 노선별 여객 및 화물 수송실적을 조회 · 다운로드가 가능하다.
- 우리나라 항공운송 순위: 각 연도의 노선별 톤킬로미터, 여객 킬로미터, 화물 톤킬로미터별 국제 순위를 확인할 수 있다.
- 주간 랭킹: 공항, 항공사, 규제, 랭킹 등에 대한 특성별 주간 국제 순위를 제공한다.
- 종사자: 연도별 조종사, 항공기관사, 항공정비사, 항공교통 관제사, 운항관리사, 경량 항공기 등 항공종사자 자격증명 발급 현황을 확인할 수 있다.
- 세계 통계: 한국항공협회의 항공 통계 세계편 자료(세계 항공 산업 분석, ICAO 항공 통계 편, IATA 항공 통계 편, ACI 항공 통계 편, 기타 항공 통계 편, 국제항공기구 소개)를 다운로드할 수 있다.
- 국내통계: 한국항공협회의 최신 항공 통계 국내편 자료(총괄, 지역별 수송실적, 국가별 수송실적, 항공사별 수송실적, 노선별 수송실적, 공항별 처리 실적)를 제공한다.
- 일자별 통계: 일별 공항 · 노선별 출발 및 도착 계획 편수, 운항 편수, 결항 편수를 조회 · 다운로드할 수 있다.
- 동향 분석: 글로벌 항공 산업 동향 보고서 자료를 제공한다.

10) 해운항만물류정보 시스템(PORT-MIS)

① 해운항만물류정보 시스템이란?

전국의 28개 무역항에 대하여 선박의 입항신고, 항만 내 시설 사용, 관제사항, 화물반출입, 세입 징수, 출항 신고 등 모든 항만 운영 업무 및 민원 업무를 처리하는 시스템이다. 항만관계자의 해양수산부(항만공사), 관세청, 출입국 관리사무소, 검역소 등의 정보 이용 지원뿐만 아니라 국내 항만의 다양한 통계 정보를 제공한다.

출처: 해운항만물류정보 시스템 홈페이지

▲ 해운항만물류정보 시스템

② 획득 가능한 데이터

선박 입출항 통계(기간별, 항만별, 선박 종류별 선박 입출항, 선박 입출항 전년 대비 기간별 추이, 등), 화물통계(화물 수송 총괄, 내외항 품목별 화물 수송 입출항, 지역별 수출입 화물 수송 현황, 연안화물, 품목별 화물처리 실적, 화물처리 실적 전년 대비 추이 등), 컨테이너 통계(컨테이너 수송실적 총괄, 항만별 컨테이너 전년 대비, 컨테이너 전년 대비 추이 등), 최신통계자료 등을 제공한다.

01 e-지방지표에서는 지역자치단체의 생활환경 및 경영 상황을 알아볼 수 있는 주요 통계들을 선정하여 국가 간 평가 및 비교를 할 수 있도록 서비스한다. ◎ ✕

02 국가통계포털(KOSIS)에 수록된 통계 정보를 이용하여 공공 및 민간 등에서 자체적으로 서비스를 개발할 수 있도록 국가통계통합 DB에 접근하기 위한 인터페이스(API)를 제공하는 서비스를 e-지방지표(시각화)라 한다. ◎ ✕

03 국가기후데이터센터는 기상청에서 생성하거나 획득한 다양한 관측 자료와 예보 자료 등을 통합적으로 관리하며, 품질 관리를 통해 고품질의 데이터를 생성하고 제공하고 있다. ◎ ✕

04 다양한 방법으로 공간정보 서비스를 제공하기 위하여 노력해 온 국가는 산재된 서비스 체계로 인하여 공간정보의 활용에 어려움을 겪어왔다. ◎ ✕

05 한국데이터거래소의 기업회원이 보유하고 있는 15개 카테고리의 데이터, 리포트 데이터, 기업별 데이터 상품과 인공지능 학습용 데이터 상품을 사용자에게 모두 무료로 제공한다. ◎ ✕

정답 01 ✕ 해설 국가가 아니라 지역이다. 지역자치단체의 생활환경 및 경영 상황을 알아볼 수 있는 주요 통계들을 선정하여 지역 간 평가 및 비교를 할 수 있도록 서비스한다.
02 ✕ 해설 공유서비스 Open API에 대한 설명이다.
03 ○ 해설 기상자료개방포털을 통해 누구나 언제 어디서든 모든 날씨 데이터를 쉽게 찾을 수 있도록 하여 통계 처리가 된 유용한 기후 정보를 제공하고 있다.
04 ○ 해설 국민과 함께하는 공간정보 허브 실현을 비전으로 국가 · 공공 · 민간에서 생성한 공간정보를 한 곳에서 효과적으로 제공할 수 있는 국가공간정보포털이 구축되었다.
05 ✕ 해설 유료로 제공하는 항목도 존재한다.

예상문제

01 기상자료개방포털에서 획득 가능한 데이터의 사용 범위 중, 가장 적절하지 않은 것은?

① 날씨가 상품 매출에 미치는 영향을 분석할 때
② 인체에 날씨가 미치는 영향을 연구할 때
③ 에너지 사업을 계획할 때
④ 수출을 위해 다른 나라의 현재 기상 정보 및 향후 기상 정보 예측치를 확인할 수 있다.

02 국가중점데이터 API에서 제공하는 파일 형태로 적절하지 않은 것은?

① API
② SHP
③ CMD
④ CSV

03 다음 중 모빌리티 데이터 리빙랩에서 제공하는 서비스로 적절하지 않은 것은?

① 기상 데이터 개발 프레임워크
② File 단위 데이터 다운로드
③ 데이터 전처리, 가공 API
④ 교통 서비스 솔루션

04 통계청이 자체적으로 작성하는 마이크로데이터뿐만 아니라 정부 부처, 지자체, 연구기관 등 다른 통계 작성 기관의 마이크로데이터를 통합하기 위해 서비스하고 있는 것의 명칭으로 옳은 것은?

① MIS(MicroData Information System)

② MDIS(MicroData Integrated Service)

③ MiDS(MicroData Service)

④ MDOS(MicroData Operations Service)

05 다음 중 전국의 28개 무역항에 대하여 정보 이용 지원뿐만 아니라 국내 항만의 다양한 통계 정보를 제공하는 곳은?

① PORT-MIS

② IATA

③ EZ-GIS

④ RDAPS

정답 & 해설

01	④	02	③	03	①	04	②	05	①

01 ④

날씨가 상품 매출에 미치는 영향을 분석할 때, 인체에 날씨가 미치는 영향을 연구할 때, 날씨에 따른 작물 성장 상태를 파악하고 싶을 때, 작물의 파종·수확 시기를 준비해야 할 때, 에너지 사업을 계획할 때, 건설 입지를 선정할 때 해당 데이터를 활용할 수 있다. 다만, 현재 기상자료개방포털의 세계기상전문(GTS)를 통해 다른 나라의 기후도 확인이 가능하나, 현재 기상 정보나 향후 기상 정보 예측치를 확인할 수는 없다.

02 ③

국가중점데이터 API에서는 공간융합, 국가공간, 도시계획, 부동산 등 주요 4개 분야에 대한 36건의 공간정보 개방데이터를 API, SHP, CSV 형태로 제공한다.

03 ①

교통 분야의 빅데이터를 다루지 못하는 이용자에게 데이터의 전 처리·가공 등의 분석 및 다양한 서비스를 지원하지만 기상 데이터 개발 프레임워크는 제공하지 않는다.

04 ②

국가 주요 정책 수립, 기업 경영 전략 수립, 학술논문 등 심층 연구와 분석에 마이크로데이터의 수요가 지속적으로 높아지고 있다. 이에 따라 통계청은 자체적으로 작성하는 마이크로데이터 뿐만 아니라 정부 부처, 지자체, 연구기관 등 다른 통계 작성 기관의 마이크로데이터를 MDIS(MicroData Integrated Service)를 통해 통합하여 국민이 다양한 통계자료를 편리하게 이용할 수 있도록 서비스하고 있다.

05 ①

해운항만물류정보 시스템(PORT-MIS)은 전국의 28개 무역항에 대하여 선박의 입항신고, 항만 내 시설 사용, 관제사항, 화물반출입, 세입 징수, 출항 신고 등 모든 항만 운영 업무 및 민원 업무를 처리하는 시스템이다. 항만관계자의 해양수산부(항만 공사), 관세청, 출입국 관리사무소, 검역소 등의 정보 이용 지원뿐만 아니라 국내 항만의 다양한 통계 정보를 제공한다.

PART

02

데이터 해석 및 활용

파트 소개

본 과목은 데이터를 해석하고 활용하는 데 필요한 개념과 기술을 학습한다. 세부적으로 데이터의 종류, 데이터의 해석, 파일 시스템과 데이터베이스 시스템, 데이터 가공 및 관리, 비즈니스 인텔리전스의 개념에 대해 학습한다.

CHAPTER

01

데이터 이해 및 해석

 학습 방향

데이터베이스, 데이터 저장, 가공, 관리에 대한 기술적인 개념이 대부분으로 내용을
충분히 이해하고 숙지하면서 학습해야 한다.

섹션 차례

데이터 개념

1 데이터의 정의

현실 세계를 관찰하고 기록한 원시적인 사실이나 값을 데이터라고 한다. 데이터를 수집, 처리, 저장, 분석, 해석 등 일련의 과정을 통해 정보, 지식, 통찰을 생성하고 데이터 기반의 의사결정과 문제 해결에 활용할 수 있다.

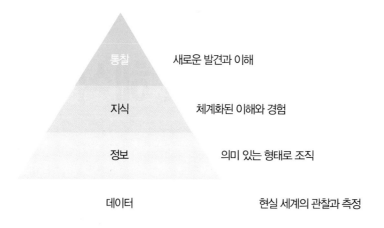

▲ 데이터, 정보, 지식, 통찰

1) 데이터(Data)

- 현실 세계에서 관찰하거나 측정하여 수집한 사실이나 값이다.
- 가공되지 않은 원시정보로 정보와 지식을 생성할 수 있는 잠재력이 있지만, 그 자체는 맥락과 의미가 부여되지 않은 '객관적 사실'이다.
- 숫자, 텍스트, 이미지, 소리 등 다양한 형식의 값을 갖는다.
- 예 고객의 주문 내역, 소셜 미디어 게시물, 주식 거래, 기상관측 데이터 등이 있다.

2) 정보(Information) 24년 1회

- 데이터를 가공하여 데이터의 맥락, 관계, 구조 등 의미를 부여한 결과물이다.
- 데이터를 연결, 분석, 요약 또는 해석하여 생성된다.
- 의사결정에 활용될 수 있으며, 유용한 정보는 정확하고 시간상으로 적절하며 의미 있는 정보이다.
- 예 매출 분석, 영화 평점, 주식 시장 리포트, 날씨 예보 정보 등이 있다.

3) 지식(Knowledge)

- 정보의 해석과 통합을 통해 얻은 현실 세계의 이해로 추세, 관계, 패턴 등을 포함한다.
- 특정 주제에 대한 이해와 전문 지식을 의미하며, 정보를 가치 있는 맥락으로 배치하고 해석하면서 얻어진다.
- 문제 해결, 의사결정, 예측 및 창의적인 아이디어를 발전시키는 데 필수적이다.
- ⓐ 매출의 월별 추세, 광고와 매출의 상관관계, 주식 시장의 예측 등이 있다.

4) 통찰(Insight)

- 지식과 경험을 기반으로 문제나 상황을 깊이 이해하고 새로운 관점을 얻는 것을 의미하며 통찰을 '지혜'라고 표현하는 경우도 있다.
- 데이터와 정보의 분석 결과로부터 도출되며, 효과적인 의사결정과 비즈니스 전략 수립의 기반을 제공한다.
- 예상치 못한 패턴, 혁신적인 아이디어, 새로운 가능성 등의 발견이다.
- ⓐ 고객 주문의 새로운 패턴 인식, 환경 상태의 이상 징후 탐지, 생산 공정의 최적화 기회 파악 등이 있다.

구분	데이터	정보	지식	통찰
정의	현실 세계를 관찰하고 측정한 가공되지 않은 사실	데이터가 가공되고 조직화되어 맥락적 의미가 있는 형태	정보의 해석과 통합을 통한 현실 세계의 상황적 이해	지식과 깊은 이해 기반의 새로운 관계나 패턴 발견
특징	• 맥락과 구조 부족 • 측정과 기록	• 맥락과 구조 부여 • 해석 가능	• 정보와 경험 통합 • 응용 가능	• 문제 해결에 기여 • 창의적 발견 가능
예시	• 고객의 주문 내역 • 주식 거래 내역 • 기상관측 데이터	• 매출 통계 • 주식 동향 보고서 • 날씨 보고서	• 시장 동향 파악 • 주식 가격 예측 • 기후 변화 이해	• 신규 사업 모델 • 주식 투자 전략 • 기후 변화 대응

▲ 데이터, 정보, 지식, 통찰의 비교

기적의 TIP

데이터, 정보, 지식, 통찰의 정의와 특징의 차이를 명확히 구분하고 예시를 들어 설명할 수 있어야 한다.

2 데이터의 역할과 가치

현대사회의 핵심 자원으로 개인, 기업, 기관, 정부 등 개인과 조직의 성공에 데이터는 결정적인 요소이며, 빅데이터, 클라우드컴퓨팅, 머신러닝 등의 기술 발전과 데이터를 이해하고 활용하는 능력의 중요성이 높아지면서 데이터 활용이 점점 더 가속화되고 있다.

1) 데이터의 역할

① 의사결정 지원

- 데이터는 조직이나 개인이 데이터를 기반으로 합리적 의사결정을 하는 데 도움을 준다.
- ⓐ 시장 동향, 소비자 행동, 경제 지표 등을 분석하여 비즈니스 전략을 수립할 수 있다.

② 문제 해결
- 데이터 분석을 통해 문제의 원인을 파악하고 해결책을 도출할 수 있다.
- 예 고객 만족도 설문 데이터를 분석하여 제품이나 서비스의 문제점을 파악할 수 있다.

③ 미래 예측
- 과거와 현재 데이터를 분석하여 미래의 추세나 사건을 예측할 수 있다.
- 예 재고 관리, 수요 예측, 경제 예측, 날씨 예보 등 다양한 분야에서 활용되고 있다.

④ 성과 관리
- 데이터를 통해 조직의 운영 성과를 측정하고 관리할 수 있다.
- 예 매출, 이익, 고객 유지율 등의 지표를 통해 사업의 성과를 측정하고 평가할 수 있다.

⑤ 개인화 서비스
- 고객의 행동 데이터를 분석하여 개인화된 서비스나 제품을 추천하고 제공할 수 있다.
- 예 온라인 쇼핑, 콘텐츠 추천, 맞춤형 마케팅 전략 등에 활용되고 있다.

⑥ 추세 분석
- 관련 데이터 분석을 통해 사회, 경제, 문화, 기술 등의 추세를 식별하고 분석할 수 있다.
- 예 신제품 개발, 마케팅 전략 수립, 정부 기관의 정책 수립 등에 기여하고 있다.

⑦ 품질 관리
- 제조, 서비스 품질을 모니터링하고 개선하기 위해 데이터를 사용할 수 있다.
- 예 제품 결함률, 고객 불만 사항 등을 분석하여 품질 관리에 활용하고 있다.

⑧ 위험 관리
- 금융, 보험, 사업 운영 등에서 데이터를 사용하여 리스크를 평가하고 관리할 수 있다.
- 예 신용 리스크 평가, 사기 탐지, 운영 리스크 관리 등에 활용된다.

⑨ 과학적 연구
- 데이터는 과학적 연구에서 가설 설정, 실험 설계, 결과 분석 등의 기초가 되고 있다.
- 예 사회과학, 의학, 환경과학 등 거의 모든 과학 분야에서 데이터 활용은 필수적이다.

⑩ 사회적 통찰
- 사회적, 경제적, 문화적 추세와 패턴을 분석하여 통찰을 얻을 수 있다.
- 예 공공 정책 결정, 사회적 문제 해결, 문화적 트렌드의 이해 등에 사용된다.

2) 데이터의 가치 증대
- 빅데이터, 클라우드컴퓨팅, 머신러닝 등의 기술 발전으로 데이터의 수집, 저장, 분석이 더욱 용이해졌다.
- 데이터를 이해하고 활용하는 능력인 데이터 문해력(Data Literacy)이 개인과 조직에게 경쟁 우위를 제공하고 있다.
- 데이터의 공유와 개방을 통한 정보의 투명성·접근성 증가는 지식의 확산과 혁신을 촉진하고 있다.

3 구조에 따른 데이터 분류 _{24년 1회}

- 데이터는 기준에 따라 다양한 방식으로 분류할 수 있다. 일반적으로 데이터의 구조와 특성에 따라 데이터를 분류한다.
- 데이터의 구성 수준과 형식에 따라 정형 데이터, 반정형 데이터, 비정형 데이터로 구분할 수 있다. 정형 데이터는 엄격하고 고정된 구조를 갖고, 비정형 데이터는 미리 정해진 데이터 구조를 갖지 않는다. 반정형 데이터는 정형 데이터와 비정형 데이터의 중간 형태로 정형 데이터와 비교하여 느슨한 구조를 갖는다.

1) 정형 데이터(Structured Data)

① 정형 데이터의 특징

- 표 형태의 고정된 형식과 구조로 되어있는 데이터로, 데이터가 일관적으로 저장되고 처리될 수 있도록 한다.
- 정형 데이터의 각 열은 데이터 유형과 이름을 갖고, 각 행은 데이터의 개별 항목을 나타낸다.
- 관계형 데이터베이스 시스템과 같은 데이터베이스 또는 스프레드시트에서 효과적으로 저장, 관리 및 검색할 수 있다.
- 표 형태로 시각화하거나 분석하는 데 적합하여 업무용 응용 프로그램, 데이터베이스 시스템, 비즈니스 분석, 보고서 작성, 데이터 시각화 등 다양한 분야에서 활용된다.

② 정형 데이터의 예시

고객 데이터	이름, 주소, 전화번호, 이메일 주소를 열로 갖는 테이블
주문 데이터	주문 번호, 고객 이름, 제품 번호, 주문 수량, 주문 금액을 열로 갖는 테이블
학생 성적 데이터	학생 이름, 학번, 과목, 성적을 열로 갖는 테이블

주문 번호	고객 이름	제품 번호	주문 수량	주문 금액
1	손흥민	1	3	15,000
2	황희찬	2	4	28,000
3	이강인	1	2	10,000
4	김민재	2	7	49,000
5	황인범	3	3	15,000

▲ 정형 데이터의 예시(주문 데이터)

2) 반정형 데이터(Semi-structured Data)

① 반정형 데이터의 특징

- 구조가 완전히 정형화되지 않았지만, 일부 구조화된 요소가 있는 데이터 형태를 의미한다. 반정형 데이터는 정형 데이터와 비정형 데이터 사이에 위치하며, 일반적인 행과 열의 구조를 갖지 않지만 일부 구조적인 특성을 가질 수 있다.
- 반정형 데이터는 엄격한 구조가 필요하지 않으면서도 일정한 구조가 있는데, 이 구조는 태그, 키-값 쌍, 메타데이터 등의 형태로 표현된다. 메타데이터는 데이터의 종류와 속성을 설명하는 데이터이다.

- 사람과 기계 모두에게 읽기 쉬우면서도 데이터의 저장 및 전송에 있어 유연성을 제공할 수 있어 웹 API(Application Programming Interface)를 통한 웹 서비스 및 애플리케이션 간의 데이터 교환에 널리 사용된다.
- 반정형 데이터의 처리와 분석은 정형 데이터보다는 어렵지만, 비정형 데이터보다는 쉽다. 반정형 데이터는 구조가 있으므로 데이터를 파싱하고 분석하는 것이 가능하지만, 구조의 불규칙성 때문에 추가적인 처리가 필요할 수 있다.
- 정형 데이터에 비해 반정형 데이터는 효율적으로 저장 공간을 사용할 수 있다. 별도의 구조 정의없이도 복잡한 데이터 구조를 표현할 수 있다.

② 반정형 데이터의 예시

XML(eXtensible Markup Language)	• 태그와 속성을 사용하여 데이터를 구조화하는 형식 • 웹 서비스, 구조화된 문서, 데이터 교환, 설정 파일 등에서 사용
JSON(JavaScript Object Notation)	• 키–값 쌍을 사용하여 데이터를 표현하는 형식 • 웹 응용 프로그램과 웹 서버 사이의 데이터 교환에 주로 사용됨
HTML(HyperText Markup Language)	• 웹페이지를 구성하기 위한 마크업 언어 • 웹 문서의 내용과 구조를 정의하는 데 사용
YAML(YAML Ain't Markup Language)	• 구성 파일, 데이터 교환 등에 사용 • JSON과 유사하게 데이터를 키–값 쌍으로 구조화하지만, 보다 가독성이 높은 형태로 작성됨
로그 파일	• 애플리케이션 또는 시스템에서 발생하는 이벤트를 기록하는 데 사용 • 로그 파일은 구조화된 메시지와 비구조화된 데이터를 모두 포함 가능
소셜 미디어 데이터	• 소셜 미디어 플랫폼에서 생성되는 데이터는 반정형 데이터로 분류됨 • 게시물, 댓글, 공유 등이 구조화되어 있지만 플랫폼마다 데이터 형식이 다를 수 있음
이메일	이메일은 텍스트 내용, 보낸 사람, 받는 사람, 제목 등의 특정 구조로 되어 있는 정보를 포함

```
〈주문 데이터〉
    〈주문 번호〉1〈/주문 번호〉
    〈고객 이름〉손흥민〈/고객 이름〉
    〈제품 번호〉1〈/제품 번호〉
    〈주문 수량〉3〈/주문 수량〉
    〈주문 금액〉15000〈/주문 금액〉
〈/주문 데이터〉
```

▲ XML 예시

```
{
    "주문 번호":1,
    "고객 이름":"손흥민",
    "제품 번호":1,
    "주문 수량":3,
    "주문 금액":15000
}
```

▲ JSON 예시

3) 비정형 데이터(Unstructured Data)

① 비정형 데이터의 특징

- 다양한 분야에서 발생하며, 정보 추출, 텍스트 분석, 이미지 및 음성 인식, 감성 분석, 추천 시스템, 자동화 및 머신러닝 등 다양한 분야에서 비정형 데이터를 분석하고 활용·응용한다.
- 고정된 구조나 형식을 갖추지 않은 데이터이다. 데이터는 자유 형식으로 내용과 형식이 다양하고 일관성이 없다.
- 텍스트, 이미지, 오디오, 비디오, 소셜 미디어 게시물, 이메일, 웹페이지 등의 다양한 형식으로 존재한다.
- 정형 또는 반정형 데이터와 비교하여 데이터의 크기가 매우 크기 때문에, 이를 처리하기 위해서는 빅데이터 기술이 필요하다.
- 비정형 데이터를 분석하려면 자연어 처리나 이미지 인식과 같은 고급 기술이 필요하다.
- 자연어 처리 기술은 인간의 언어를 컴퓨터가 이해하고 해석하는 데 사용되는 기술로 텍스트나 음성 데이터에서 의미를 추출하고 이해하는 데 사용된다.

② 비정형 데이터의 예시

텍스트 문서	뉴스 기사, 보고서, 블로그 게시물, 소셜 미디어 게시물, 이메일 등 텍스트 형식의 문서
소셜 미디어 콘텐츠	트위터, 페이스북, 인스타그램 등 소셜 미디어 플랫폼의 콘텐츠
이미지	디지털 사진, 그래픽, 스캔된 문서 및 다른 비디오 스크린샷 등
오디오	음악 파일, 팟캐스트, 음성 녹음 및 전화 통화 녹음 등
비디오	영화, YouTube 동영상, 스트리밍 미디어 콘텐츠 등
웹 스크래핑 데이터	웹 스크래핑(웹페이지를 다운로드하고 정보를 추출하는 과정)을 통해 수집된 웹페이지의 텍스트, 이미지, 동영상 등
센서 데이터	IoT 장치, 기상 센서, 피트니스 트래커 등에서 수집되는 데이터

구분	정형 데이터	반정형 데이터	비정형 데이터
정의	미리 정해진 데이터 구조와 모델에 따라 엄격하게 조직된 데이터	일정한 구조로 되어있지만 정형 데이터만큼 엄격하지 않음	미리 정해진 구조 또는 모델이 존재하지 않는 다양한 형식의 데이터
형태	• 데이터베이스 테이블 • 엑셀 스프레드시트	• XML • JSON	텍스트 문서, 이미지, 오디오, 비디오 파일
특징	• 검색, 정렬, 분석 용이 • 엄격한 데이터 구조	• 유연한 데이터 구조 • 데이터와 메타데이터 공존	• 데이터 분석이 어려움 • 데이터 가공과 정리 필요
용도	• 트랜잭션 처리 • 정확한 데이터 분석	• 데이터 교환 • 웹 데이터 관리	• 감성 분석 • 비디오/이미지 분석

▲ 정형, 반정형, 비정형 데이터의 비교

🅑 기적의 TIP

데이터 구조에 따라 데이터를 처리하고 분석하는 기술과 도구가 달라지기 때문에 데이터를 구조적으로 분류하는 것은 필수적이다.

데이터의 유형이나 내용을 의미하는 특성에 따라 데이터를 크게 범주형 데이터와 수치형 데이터로 나눌 수 있다. 범주형 데이터는 콘텐츠 분석, 주제별 분석 또는 인코딩(범주형 데이터를 수치형 데이터로 변환)과 같은 방법을 통해 분석하고, 수치형 데이터는 통계적 방법을 사용하여 분석한다.

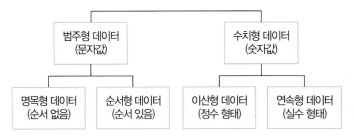

▲ 특성에 따른 데이터 분류

1) 범주형 데이터(Categorical Data)

숫자가 아닌 범주로 구분할 수 있는 값으로 종류를 나타내는 값을 가진 데이터이다. 크기 비교와 산술적인 연산이 가능하지 않아 질적 데이터라고도 한다. 범주형 데이터는 순서의 유무에 따라 명목형 데이터와 순서형 데이터로 구분할 수 있다.

① 명목형 데이터(Nominal Data)
• 범주 또는 분류를 나타내는 데 사용되며, 각 범주 사이에는 순서나 등급이 없다.
• ⓔ 성별(남성, 여성), 혈액형(A, B, AB, O), 국가(한국, 일본, 미국, 독일), 색상(빨강, 파랑, 녹색) 등이 명목형 데이터에 해당한다.
• 각 범주의 빈도 또는 비율을 분석하는 데 주로 사용된다.
• 막대 차트 또는 원형 차트를 이용하여 시각화할 수 있다.

② 순서형 데이터(Ordinal Data)
• 범주 간에 명확한 순서가 있다. 예를 들어, 만족도 평가에서 '매우 나쁨', '나쁨', '보통', '좋음', '매우 좋음'과 같은 응답은 순서가 명확하다.
• 범주 사이의 간격이 균등하지 않을 수 있다. 예를 들어, 만족도 평가의 '보통'과 '좋음' 사이의 차이가 '좋음'과 '매우 좋음' 사이의 차이와 동일하지 않을 수 있다.
• 범주 사이의 상대적인 순위를 비교할 수는 있지만, 정확한 수치적 차이를 비교할 수는 없다.
• 순서형 데이터도 명목형 데이터와 같이 빈도 분석 또는 비율 분석이 가능하고 막대 차트와 원형 차트를 이용하여 시각적으로 표현할 수 있다.

③ 범주형 데이터의 분석 _{24년 2회}

- 빈도 분석: 범주형 데이터의 각 범주가 데이터에서 얼마나 자주 발생하는지를 확인하여 데이터의 분포를 이해할 수 있다.
- 카이제곱 검정: 범주형 데이터 간의 종속성 또는 독립성을 확인하기 위해 사용되는 통계 검정 방법이다.
- 데이터 시각화: 범주형 데이터의 범주 간 빈도 또는 비율을 비교하기 위해 막대 차트와 원형 차트를 사용한다.
- 순위 분석: 순서형 데이터의 범주 간 순위 및 상대적인 차이를 파악하고 비교하는 분석이다.
- 로지스틱 회귀 분석: 범주형의 목표 변수를 예측하기 위해 사용되는 회귀 분석이다.

2) 수치형 데이터(Numerical Data)

크기 비교와 산술적인 연산이 가능한 숫자값을 가진 데이터로 양적 데이터라고도 한다. 수치형 데이터는 수학적 연산과 통계 분석에 적합하다. 연속성에 따라 이산형 데이터와 연속형 데이터로 구분할 수 있다.

① 이산형 데이터(Discrete Data)

- 개수를 셀 수 있는 단절된 숫자값으로, 정수 형태로 표현되며 일정한 간격으로만 값을 가질 수 있다.
- ⑩ 나이, 시간, 학생 수, 고객 수, 주문 수량, 판매 수량 등이 이산형 데이터에 포함된다.

② 연속형 데이터(Continuous Data)

- 측정을 통해 얻어지는 연속적으로 이어진 숫자값을 가지는 데이터로 임의의 두 값 사이에 무한개의 다른 값이 존재할 수 있다.
- ⑩ 온도는 섭씨($℃$)나 화씨($℉$)로 표현하고, 길이는 인치(in), 센티미터(cm), 미터(m) 등의 단위로 표현하며 속도는 킬로미터/시간(km/h), 메가바이트/초(Mbyte/sec) 등의 단위로 표현된다.

③ 수치형 데이터의 분석 _{24년 1회/2회}

- 기술 통계: 평균, 중앙값, 최빈값 등을 사용하여 데이터의 중심 경향을 파악할 수 있고, 표준 편차, 분산, 범위, 사분위수 등을 이용하여 데이터의 퍼짐 정도를 분석할 수 있다.
- 추론 통계: 데이터를 바탕으로 이론적 가설 검증과 다양한 통계적 검정을 수행할 수 있다. 변수 간의 상관관계와 영향을 분석할 수 있다.
- 예측 분석: 선형 회귀, 다중 회귀 등 회귀 모델을 사용하여 수치형 데이터를 예측할 수 있고 시계열 분석을 이용하여 미래를 예측할 수 있다.
- 데이터 시각화: 막대 차트, 선 차트, 산점도, 히스토그램 등을 사용하여 데이터의 패턴과 관계를 시각적으로 표현할 수 있다.
- 머신러닝(기계 학습): 지도 학습과 비지도 학습 기법을 사용하여 데이터를 분류하거나 유사한 데이터를 군집화하는 것이 가능하다.

3) 기타 특성에 따른 데이터 유형

① 시계열 데이터
- 일정한 시간 간격으로 측정된 데이터로, 시간에 따른 변화를 분석할 수 있다.
- 에 주식 가격, 날씨 데이터, 웹 트래픽 등을 예로 들 수 있다.

② 텍스트 데이터
- 문자와 문장으로 이루어진 데이터로, 자연어 처리 분야에서 활용한다.
- 에 문서, 이메일, 뉴스 기사, 소셜 미디어 텍스트 등을 예로 들 수 있다.

③ 멀티미디어 데이터
- 이미지, 오디오, 비디오 데이터 등이 멀티미디어 데이터에 포함된다.
- 에 이미지 데이터는 시각적 정보를 포함하며 오디오 데이터는 소리와 음성 정보를 담고 있다.

④ 공간 데이터
- 지리 정보와 관련된 데이터로, 지리 정보 시스템(GIS)에서 활용한다.
- 에 지도 데이터, 지리적 좌표, 지형 데이터 등을 예로 들 수 있다.

⑤ 생성 데이터
- 알고리즘 또는 모델에 의해 의도적으로 생성된 데이터이다.
- 가상 환경에서 실험하거나 모델을 훈련하는 데 사용한다.
- 에 시뮬레이션 데이터, 가짜 이미지, 가상 센서 데이터 등을 예로 들 수 있다.

> **기적의 TIP**
>
> 데이터의 특성을 이해하는 것은 데이터를 분석하고 결과를 해석하는데 적합한 방법을 선택하기 위한 필수적인 요소이다.

5 데이터 수명 주기(Data Life Cycle) 24년 2회

데이터 생성부터 최종 보관 또는 폐기까지 데이터가 진행되는 단계를 나타내며, 데이터의 생애 주기를 관리하고 최적화하는 데 필요한 단계와 활동을 정의하는 데 도움을 준다.

▲ 데이터 생명 주기

1) 데이터 수집 단계
- 데이터 수명 주기의 첫 번째 단계는 데이터를 생성하고 수집하는 단계이다.
- 데이터를 기록 또는 수집하고, 데이터 정리 및 포맷을 위한 초기 처리가 이루어진다.
- 데이터는 다양한 소스에서 수집될 수 있으며, 센서, 웹 애플리케이션, 데이터베이스, 로그 파일, 소셜 미디어 등에서 발생할 수 있다.
- 수집 단계에서는 데이터의 품질을 평가하고 오류나 부정확한 정보를 최소화한다.

2) 데이터 저장 단계

- 수집된 데이터는 데이터베이스, 데이터 웨어하우스 또는 기타 저장 시스템에 저장된다.
- 데이터의 특성에 따라 적절한 저장 시스템을 선택하고, 데이터를 보호하기 위한 보안 조치를 구현한다.
- 데이터 저장소의 선택은 데이터의 크기, 형식 및 보안 요구 사항에 따라 다를 수 있다.
- 데이터 손실을 방지하기 위해 정기적인 백업과 복구 계획을 수립하고 수행한다.

3) 데이터 처리 단계

- 데이터를 유용하고 구조화된 형태로 변환하기 위해 데이터를 처리하는 작업이다.
- 데이터의 오류를 해결하기 위한 작업과 분석을 위한 집계 또는 요약을 포함한다.
- 저장된 데이터는 필요한 처리 작업을 수행하기 위해 추출, 변환 및 적재 프로세스를 통해 처리된다.
- 처리된 데이터는 분석 또는 다른 시스템과 통합하는 데 사용된다.

4) 데이터 분석 단계

- 지식과 통찰을 추출하고 의사결정을 수행하기 위해 데이터를 분석한다.
- 통계적 모델링, 예측 분석, 머신러닝 등 고급 분석 기법을 적용하여 분석을 수행하고 결과를 생성한다.
- 차트, 그래프, 대시보드 등 데이터의 시각적 표현을 통해 의사결정자에게 정보와 지식을 전달한다.

5) 데이터 보관

- 데이터 보존 정책에 따라 데이터를 오랫동안 저장하고 보관한다.
- 법적 요구사항 또는 비즈니스 규정에 따라 데이터를 보존한다.

6) 데이터 폐기

- 더 이상 필요하지 않은 데이터를 안전하게 제거한다.
- 보안 및 개인정보 보호를 준수하여 데이터를 폐기한다.

6 빅데이터의 개념

1) 빅데이터의 등장

지난 수십 년 동안 기술의 발전, 디지털화의 증가, 대용량 데이터의 활용과 분석이 필수적으로 필요한 조직이 증가하면서 등장하게 되었다.

① 컴퓨팅 기술의 발전

- 첨단 컴퓨팅 기술, 특히 처리 능력과 저장 기능의 발전으로 대규모 데이터를 처리할 수 있는 기반이 마련되었다.
- 병렬 처리 아키텍처 및 분산 컴퓨팅 시스템과 같은 하드웨어의 발전이 이러한 기술에 포함된다.

② 데이터 저장 비용의 감소

- 데이터 저장 기술의 발전으로 데이터 저장 비용은 시간이 지남에 따라 크게 감소하였다.
- 저장 비용의 감소로 조직은 막대한 비용을 들이지 않고도 분석을 위해 더 많은 양의 데이터를 저장하고 유지할 수 있게 되었다.

③ 오픈 소스 기술의 등장
- 아파치(Apache)의 하둡(Hadoop)과 스파크(Spark)와 같은 오픈 소스 기술의 등장으로 빅데이터를 처리하고 분석할 수 있는 확장 가능하고 효율적인 솔루션이 제공되었다.
- 빅데이터 솔루션 도구를 통해 분산 컴퓨팅 환경을 구축하고 병렬 처리 기술을 구현할 수 있게 되었다.

④ 클라우드컴퓨팅의 확산
- 아마존 웹 서비스(AWS), 마이크로소프트 애저(Azure), 구글 클라우드와 같은 클라우드컴퓨팅 플랫폼은 빅데이터를 저장, 처리, 분석할 수 있는 유연한 인프라를 제공하였다.
- 클라우드 서비스를 활용하여 조직은 막대한 초기 투자 없이도 빅데이터를 구현할 수 있게 되었다.

⑤ 인터넷과 디지털화
- 인터넷의 광범위한 보급과 다양한 산업의 디지털 전환으로 인해 방대한 양의 데이터가 생성되었다.
- 온라인 활동, 소셜 미디어의 상호작용, 전자상거래, 디지털 커뮤니케이션 등은 모두 데이터의 기하급수적인 증가에 기여하였다.

⑥ 사물인터넷(IoT)의 증가
- 사물인터넷(IoT) 장치와 센서의 확산으로 상호 연결된 장치에서 생성되는 데이터의 양이 폭발적으로 증가하였다.
- 증가한 데이터에는 스마트 기기, 웨어러블, 산업용 센서 등에서 생성되는 데이터가 포함된다.

⑦ 고급 분석 및 머신러닝의 등장
- 고급 분석 및 머신러닝 알고리즘의 등장으로 조직은 크고 복잡한 데이터 세트에서 가치 있는 통찰을 추출할 수 있게 되었다.
- 예측 분석, 데이터 마이닝, 머신러닝, 인공지능 등은 빅데이터 분석에서 필수적인 구성 요소가 되었다.

⑧ 데이터 기반의 의사결정
- 데이터의 잠재적 가치를 인식한 조직들은 데이터 기반의 의사결정을 중요하게 생각하게 되었다.
- 빅데이터 분석은 합리적 의사결정의 중요한 구성 요소가 되어 조직이 경쟁 우위를 확보하고, 운영을 최적화하며, 새로운 기회를 파악하는 데 도움이 되고 있다.

⑨ 데이터 과학의 부상
- 데이터 과학 분야의 등장과 조직 내 데이터 중심 문화의 확립은 빅데이터의 부상에 기여했다.
- 데이터 과학자는 대규모 데이터 세트에서 의미 있는 통찰을 추출하고 예측 모델을 구축하는 데 핵심적인 역할을 하고 있다.

2) 빅데이터의 특성
빅데이터는 기존의 데이터 처리 역량을 뛰어넘는 매우 크고 복잡한 데이터를 의미하므로 기존 데이터와 구분되는 특성을 가진다.

▲ 빅데이터의 특성(5V)

① 규모(Volume)

- 빅데이터에는 방대한 양의 데이터가 포함된다. 데이터의 크기는 테라바이트, 페타바이트, 심지어 엑사바이트 단위일 수도 있다.
- 예 소셜 미디어 게시물, 센서 데이터, 과학 연구 데이터 등은 대량의 정보를 생성한다.

② 속도(Velocity)

- 빅데이터는 실시간 또는 거의 실시간으로 데이터를 생성, 수집, 처리한다.
- 예 소셜 미디어, 금융 거래, 사물인터넷 장치는 실시간으로 데이터를 스트리밍한다.

③ 다양성(Variety)

- 빅데이터는 텍스트, 이미지, 비디오, 오디오 등 다양한 형식의 데이터가 존재한다.
- 예 소셜 미디어 플랫폼의 데이터에는 텍스트 게시물, 이미지, 동영상 등이 포함된다.

④ 진실성(Veracity)

- 빅데이터는 다양한 수준의 정확도와 품질을 가진 다양한 출처의 데이터를 다룬다.
- 예 소셜 미디어에서 수집한 데이터는 불일치, 오류 또는 편향이 있을 수 있다.

⑤ 가치(Value) 24년 2회

- 빅데이터의 목표는 방대한 데이터에서 의미 있는 통찰과 가치를 추출하는 것이다.
- 예 소셜 미디어 데이터를 분석하여 고객 경험을 개선할 수 있는 패턴을 파악할 수 있다.

3) 빅데이터 기술

대량의 데이터를 저장, 처리, 분석하고 이로부터 가치를 추출하기 위한 기술과 도구를 말한다. 빅데이터 기술은 대규모 데이터를 효과적으로 다루고 유용한 통찰력을 얻기 위해 지속적으로 발전하고 있다.

① 데이터 수집 기술

- 다양한 원천으로부터 데이터를 수집하고 저장하는 과정과 관련된 기술이다.
- 주로 소셜 미디어, 센서, 웹 로그, 스마트 기기 등에서 발생하는 데이터를 수집한다.

② 데이터 저장 기술

- 대량의 데이터를 저장하고 관리하기 위해 분산 데이터베이스 시스템을 사용한다.
- HDFS(Hadoop Distributed File System), NoSQL 데이터베이스(MongoDB, Cassandra), 데이터 웨어하우스 등이 사용된다.

③ 데이터 처리 기술

- 데이터 처리는 데이터를 추출, 변환 및 적재하는 작업과 데이터 정제, 집계, 필터링 및 변환을 포함한다.
- 데이터 처리를 통해 데이터의 품질을 향상시키고 데이터 분석의 준비를 한다.

④ 데이터 분석 기술

- 데이터 분석은 머신러닝, 통계, 시각화 등의 기술을 사용하여 데이터로부터 통찰을 도출하는 과정이다.
- 데이터 과학자 및 분석가는 분석을 수행하고 결과를 해석하여 유용한 통찰을 제공하고 의사결정을 지원한다.

⑤ 데이터 시각화 기술

- 데이터를 시각적으로 표현함으로써 패턴과 추세를 시각적으로 이해하고 다른 이해관계자들과 소통한다.
- 다양한 시각화 도구와 라이브러리를 사용하여 데이터를 시각적으로 표현하고 공유한다.

⑥ 데이터 보안 및 개인정보 보호

- 대규모 데이터를 다룰 때 특히 데이터 보안과 개인정보 보호가 중요한 고려 사항이 된다.
- 데이터 암호화, 접근 제어 및 규정 준수가 포함된다.

⑦ 분산 컴퓨팅

- 빅데이터를 처리하기 위해서는 데이터를 분산하고 병렬 처리하는 분산 컴퓨팅 시스템이 반드시 필요하다.
- 주로 Hadoop, Apache Spark, Apache Flink 등의 프레임워크를 사용한다.

⑧ 빅데이터 도구와 플랫폼

- 빅데이터 기술을 구현하기 위한 다양한 도구와 플랫폼이 존재한다.
- Apache Hadoop, Apache Spark, Apache Kafka, TensorFlow, PyTorch 등이 있다.

⑨ 빅데이터 분석 언어 및 프레임워크

- 데이터 분석과 머신러닝을 위한 언어와 프레임워크를 사용한다.
- Python, R, Scala 등의 언어와 Scikit-Learn, Pandas, Keras 등의 라이브러리를 활용한다.

4) 빅데이터의 활용

빅데이터를 분석하여 그 결과를 효과적으로 활용하면 실행 가능한 통찰, 향상된 의사결정, 경쟁 우위 등을 확보할 수 있다. 빅데이터는 다양한 산업과 기능 영역으로 확장되어 오늘날의 데이터 중심 세상에서 조직이 더 나은 의사결정을 내리고, 효율성을 높이고, 혁신하고, 경쟁 우위를 확보할 수 있도록 지원하고 있다.

① 정보에 입각한 의사결정

- 빅데이터 분석을 통해 조직은 데이터 기반의 합리적 의사결정을 내릴 수 있다.
- 의사결정자는 방대하고 다양한 데이터를 분석함으로써 현실 세계의 추세, 패턴, 관계를 더 깊이 이해할 수 있어 더 효과적인 전략을 수립할 수 있다.

② 운영 효율성 향상

- 조직은 빅데이터를 분석하여 비효율적인 부분을 파악하고, 프로세스를 간소화하며, 비용을 절감함으로써 운영을 최적화할 수 있다.
- 공급망 최적화, 제조설비의 예측 유지보수, 다양한 부문의 자원 할당 등이 이에 포함된다.

③ 고객의 이해 향상

- 빅데이터 분석은 기업이 고객의 행동, 욕구, 선호 등을 이해하는 데 도움이 된다.
- 고객의 이해를 바탕으로 제품 및 서비스를 개인화하고, 고객 경험을 개선하며, 마케팅 활동을 보다 효과적으로 타기팅할 수 있다.

④ 혁신 및 제품 개발

- 빅데이터는 시장 트렌드, 새로운 기술, 고객 니즈에 대한 통찰을 제공함으로써 혁신을 촉진할 수 있다.
- 조직은 빅데이터 분석을 통해 시장 수요에 부합하는 새로운 제품, 서비스 또는 기능을 개발할 수 있다.

⑤ 리스크 관리

- 금융 및 보험과 같은 산업에서 빅데이터 분석은 리스크 관리에 중요한 역할을 한다.
- 대규모 데이터를 분석하면 잠재적 위험, 사기 패턴, 시장 변동을 파악할 수 있고 선제적인 위험 완화 전략을 수립할 수 있다.

⑥ 경쟁 우위

- 빅데이터를 효과적으로 활용하는 조직은 경쟁 우위를 확보할 수 있다.
- 데이터를 빠르고 정확하게 분석할 수 있는 능력은 더 빠르고 민첩한 의사결정으로 이어져 시장 변화에 즉각적으로 대응하고 경쟁사보다 앞서 나갈 수 있게 한다.

⑦ 최적화된 마케팅 및 광고

- 빅데이터 분석은 마케터가 소비자 행동을 이해하고, 특정 고객을 타기팅하고, 광고 캠페인의 효과를 측정하는 데 도움이 된다.
- 빅데이터를 활용한 마케팅 최적화는 보다 효과적이고 효율적인 마케팅 전략과 높은 투자수익률(ROI)로 이어질 수 있다.

⑧ 실시간 통찰

- 빅데이터 기술을 통해 데이터를 실시간으로 처리할 수 있으므로 조직은 변화하는 상황에 신속하게 대응할 수 있다.
- 주식 거래, 사이버 보안, 동적 가격 책정 등과 같이 실시간으로 상황을 모니터링하면서 즉각적인 대응이 요구되는 분야에서 특히 유용하다.

01 현실 세계에서 단순히 관찰하거나 측정하여 수집한 사실이나 값을 지식이라고 한다. ◎ ☒

02 의사결정에 유용하게 활용할 수 있도록 데이터를 처리한 결과물을 □□라고 한다.

03 통찰은 지식과 경험을 바탕으로 도출된 심오하고 실행 가능한 이해이다. ◎ ☒

04 □□ 데이터는 고도로 조직화되어 있으며 미리 정의된 형식을 따른다.

05 연속형 데이터는 개수를 셀 수 있는 단절된 숫자값을 갖는다. ◎ ☒

06 시각화 단계는 데이터 분석의 결과를 해석하기 쉽도록 표현하는 것이다. ◎ ☒

07 빅데이터 분석은 □□□ 의사결정의 중요한 구성 요소가 되고 있다.

08 빅데이터는 텍스트, 이미지, 비디오, 오디오 등 다양한 형식의 데이터가 존재한다. ◎ ☒

09 빅데이터의 목표는 방대한 데이터를 수집 및 처리하는 것이다. ◎ ☒

10 □□□□ 분석은 기업이 고객의 행동, 욕구, 선호 등을 이해하는 데 도움이 된다.

정답 01 ✕ 해설 현실 세계에서 수집한 사실이나 값은 데이터이다.
02 정보
03 ○
04 정형
05 ✕ 해설 개수를 셀 수 있는 단절된 값을 갖는 것은 이산형 데이터이다.
06 ○
07 합리적
08 ○
09 ✕ 해설 빅데이터의 목표는 데이터로부터 통찰과 가치를 창출하는 것이다.
10 빅데이터

1 데이터 해석의 주요 관점

데이터를 해석하는 다양한 관점을 의미하며, 데이터를 어떻게 보고, 이해하며, 그 결과를 어떻게 적용할 것인가에 대한 방식이다. 데이터를 어떠한 관점에서 바라보는지에 따라 의사결정 결과가 달라질 수 있다. 따라서 데이터를 분석하고 이해하는 과정에서 다양한 관점을 고려해야 한다.

1) 통계적 관점

• 수치와 시각화를 통해 데이터의 경향성과 변동성을 파악한다.

탐색적 데이터 분석	데이터에서 패턴, 이상치, 구조를 파악
기술 통계 분석	데이터의 기본적인 특성(평균, 중앙값, 분산 등)을 설명

• 통계적 유의성(Statistical Significance)이란, 통계적 검정을 통해 얻은 결과가 우연에 의한 것이 아니라 실제로 의미 있는 차이나 관계를 가리키는지 판단하는 개념으로 통계적 유의성을 검증하여 데이터의 결과가 우연인지 아닌지를 '확률적으로' 판단할 수 있다.

2) 비즈니스 관점

• 데이터 분석의 결과를 비즈니스 목표와 연결 지어 해석한다.
• 고객 행동, 시장 동향, 경쟁 분석 등을 통해 비즈니스 전략을 수립하거나 조정한다.
• 의미 있는 해석은 데이터를 기반으로 목표에 부합하는 합리적이고 타당한 결론을 도출하는 것이다.
• 데이터 분석 결과의 불확실성과 잠재적 위험을 고려해야 한다.

3) 맥락적 관점

• 데이터를 해당 분야의 맥락 안에서 이해해야 한다.
• 역사적, 문화적, 사회적, 경제적 맥락을 고려하여 데이터를 해석한다.
• 맥락을 이해하는 것은 데이터가 수집된 배경과 상황을 이해하는 것이다.
• 특정 분야의 전문 지식을 활용하여 데이터를 해석해야 한다.

4) 데이터 품질 관점

• 데이터의 품질이 해석의 정확성에 큰 영향을 미칠 수 있다.
• 데이터 해석 시 데이터의 정확성, 완전성, 일관성, 신뢰성 등을 평가한다.
  – 정확성: 수집된 데이터가 오류 없이 정확한가?
  – 완전성: 필요한 모든 데이터가 포함되어 있는가?
  – 일관성: 동일한 데이터가 일관된 구조의 형식인가?
  – 신뢰성: 데이터 출처를 신뢰할 수 있는가?

5) 윤리적 관점

- 데이터 수집 및 해석 과정에서 윤리적 사항을 고려한다.
- 데이터 분석 과정에서 개인정보를 보호하고 데이터 사용의 도덕적 책임을 고려한다.
- 데이터 해석 시 편향이나 주관적 해석을 피하고 객관성을 유지하는 것이 중요하다.

6) 시각적 관점

- 데이터 시각화를 통해 데이터의 패턴, 트렌드, 관계를 쉽고 빠르게 파악할 수 있다.
- 데이터를 차트, 그래프, 맵 등의 다양한 도구를 활용하여 시각적으로 표현하고 탐색할 수 있다.
- 상호작용 시각화는 사용자의 상호작용을 통해 발견적 데이터 탐색을 가능하게 한다.

7) 기술적 관점

- 데이터 분석에 사용되는 다양한 기법과 알고리즘을 이해하고 적용한다.
- 통계 분석, 머신러닝, 데이터 마이닝, 인공지능 등의 다양한 분석 방법론을 적용하여 데이터를 분석하고 결과를 해석한다.

2 데이터 해석 관점의 중요성

데이터 해석은 단순히 수치를 분석하는 것을 넘어서, 다양한 관점을 통합하고 균형 잡힌 시각으로 데이터를 이해하는 과정이다. 이러한 종합적인 접근은 데이터에서 더 깊은 의미와 가치를 발견하는 데 중요한 역할을 한다.

① 정확한 의사결정
데이터를 올바르게 해석하면 더 정확한 의사결정을 내릴 수 있다.

② 전략적 통찰
비즈니스, 과학, 공공 정책 등 다양한 분야에서 전략적 통찰을 제공한다.

③ 문제 해결
복잡한 문제를 해결하는 데 필요한 통찰을 얻을 수 있다.

④ 혁신 촉진
새로운 아이디어와 혁신적인 솔루션을 찾는 데 기여한다.

⑤ 사회적 영향
데이터 해석을 통해 사회, 경제, 환경 문제에 대한 해결책을 제시할 수 있다.

> **기적의 TIP**
>
> 데이터 분석의 결과는 데이터 해석의 관점에 따라 다양하게 해석될 수 있으므로 올바른 해석을 위해서는 여러 해석 관점을 충분히 숙지해야 한다.

3 데이터 해석 오류

데이터를 분석할 때 발생하는 다양한 형태의 오류를 의미한다. 이러한 오류는 데이터의 부적절한 사용, 부정확한 해석, 잘못된 결론과 의사결정으로 이어질 수 있다. 데이터 해석 오류는 데이터 분석 과정에서 발생할 수 있으며, 여러 가지 형태로 나타난다.

1) 데이터 해석 오류의 유형

① 표본 편향
- 표본을 추출하는 과정에서 발생하는 편향으로 표본이 모집단을 대표하지 못할 때 발생한다.
- 표본 편향이 발생하는 경우 잘못된 결론을 도출하거나 데이터 분석 결과를 일반화하기 어렵다.
- 📌 온라인 설문조사를 통해 데이터를 수집할 때, 특정 인구 집단에 대한 응답이 다수인 경우 해당 집단을 과대 대표하는 표본 편향이 발생한다.

② 측정 오류
- 측정 과정에서 발생하는 오류로 실제의 값과 측정된 값 사이의 차이를 의미한다.
- 측정 오류가 발생하면 데이터의 신뢰도와 정확도에 영향을 미친다.
- 📌 온도를 측정하는 데 사용된 온도계의 고장 또는 정확성 부족으로 인한 온도 데이터에 오류가 발생할 수 있다.

③ 거짓 인과관계
- 두 변수 사이에 상관관계가 있을 때, 직접적인 인과관계가 없음에도 불구하고 인과관계가 있는 것처럼 잘못 해석하는 상황이 발생한다.
- 상관관계가 인과관계를 의미하지 않는다.
- 📌 아이스크림 판매량이 증가할 때 물에 빠지는 사고의 발생 빈도가 높아진다. 물에 빠지는 사고가 증가한 것은 아이스크림 판매가 늘어서가 아니라 '더운 날씨' 때문이다.

④ 이상치 무시
- 이상치는 정상적인 데이터 범위에서 벗어난 값이다.
- 이상치를 제거하지 않고 무시하면 데이터 분석 결과가 왜곡될 수 있다.
- 📌 급격한 가격 변동으로 인해 주식 가격 데이터에 이상치가 발생하는데, 이를 제거하지 않고 분석할 때 주식 가격의 분석 결과를 왜곡할 수 있다.

⑤ 일반화 오류
- 하나의 데이터 집합을 기반으로 일반적인 결론을 내리는 것은 위험할 수 있으며, 다른 상황에서는 다른 결과가 나올 수 있다.
- 📌 특정 지역의 소득 데이터를 기반으로 전국적인 소득 패턴을 일반화하는 경우에 발생할 수 있다.

확증 편향	분석가가 자신의 믿음이나 가설을 뒷받침하는 데이터만을 선택적으로 해석하는 경우로 객관적이지 않은 데이터 해석으로 오류를 유발할 수 있음
과대 적합	모델이 훈련 데이터에 지나치게 적합하여 새로운 데이터에 대한 예측 성능이 떨어지는 현상으로, 모델이 데이터의 노이즈까지 학습할 때 발생함
과소 적합	너무 단순한 모델을 사용하거나 충분한 훈련이 이루어지지 않았을 때 발생하고, 모델이 데이터의 중요한 패턴을 학습하지 못해 성능이 저하됨
단일 변수 오류	복잡한 문제나 현상을 한 가지 변수나 요인으로만 설명하려는 경향은 여러 변수와 그 상호작용을 고려하지 않아서 오해의 소지가 있을 수 있음
심슨의 역설	세부 집단별로는 추세나 경향성이 나타나지만, 전체적으로 추세가 사라지거나 반대의 경향성이 나타나는 현상

⑥ 적절하지 않은 모델 선택

- 데이터 분석에 적합하지 않은 통계 모델을 선택하면 데이터 분석 결과의 정확성과 해석력에 문제가 생길 수 있다.
- 📖 시계열 데이터에 선형 회귀 모델을 사용하는 경우, 데이터 패턴을 잘 표현하지 못할 수 있다.

⑦ 통계적 허위성

- 여러 통계 테스트 또는 가설 검정을 수행할 때, 우연히 유의미한 결과가 나타날 가능성이 있다. 이에 따라 허위적으로 유의미한 관계를 찾을 수 있다.
- 📖 여러 가설 검정을 수행한 후에 유의미한 관계를 보이는 결과를 선택적으로 보고하는 경우가 발생할 수 있다.

2) 데이터 해석 오류의 방지

- 객관적인 데이터 분석: 분석자의 개인적 가설이나 기대와 무관하게 데이터를 분석한다.
- 적절한 데이터 수집: 모집단을 대표할 수 있는 표본을 정의하고 데이터를 수집한다.
- 다양한 변수 고려: 문제의 다양한 측면을 고려하고, 여러 변수 간의 상호작용을 분석한다.
- 모델 복잡도 조절: 과적합을 피하기 위해 적절하게 모델 복잡도를 선택해야 한다.
- 추가적인 검증: 분석 결과에 대해 추가적인 실험, 테스트, 검증을 수행한다.
- 전문가 의견: 다른 전문가 또는 동료의 의견을 경청하고 수용하는 것이 필요하다.

4 데이터 탐색(EDA, Exploratory Data Analysis)

주어진 데이터 세트를 다양한 각도에서 분석하고 이해하는 과정이다. 이 과정에서는 주로 시각적 방법을 사용하여 데이터의 구조, 패턴, 이상치, 기본적인 특성 등을 파악한다. 데이터 탐색은 데이터 과학 및 통계 분석의 초기 단계에서 매우 중요하며, 복잡한 데이터 세트에 대한 직관을 개발하고 후속 분석의 방향을 설정하는 데 도움이 된다.

1) 데이터 탐색의 역할

데이터 탐색은 데이터 분석 프로젝트의 기초를 마련하며, 후속 분석의 방향과 품질에 큰 영향을 미친다. 데이터를 직관적으로 통찰하는 데이터 탐색은 더 복잡한 통계적 분석이나 머신러닝 모델링을 진행하기 전에 필수적인 단계이다.

① 데이터 이해
데이터 세트의 기본적인 특성과 구조를 이해하고, 어떤 유형의 분석이 가능한지 파악한다.

② 문제 정의
데이터 탐색을 통해 현실 세계에 대한 새로운 질문을 발견하고, 데이터 분석의 방향을 설정할 수 있다.

③ 데이터 품질 검증
데이터 품질에 영향을 미치는 문제(이상치, 결측치 등)를 식별하고 처리 방법을 결정할 수 있다.

④ 가설 설정
데이터 탐색을 통해 형성된 데이터의 이해와 통찰을 바탕으로 데이터 분석 가설을 설정할 수 있다.

2) 데이터 탐색의 주요 단계 24년 2회

① 데이터 구조 이해
- 데이터 세트의 크기, 변수의 수, 각 변수의 데이터 유형(수치형, 범주형 등)을 파악한다.
- 이상값, 결측값, 중복값 등 데이터의 품질 문제를 식별한다.

② 기초 통계량 분석
- 기술 통계(평균, 표준 편차 등)를 사용하여 데이터의 중심 경향과 분포를 파악한다.
- 범주형 변수의 경우, 빈도수와 비율을 분석한다.

③ 데이터 시각화
- 히스토그램, 상자 그림, 산점도 등을 사용하여 데이터 분포와 패턴을 시각적으로 분석한다.
- 시계열 데이터의 경우, 시간에 따른 추세와 계절성을 파악하기 위해 선 차트를 사용한다.

④ 변수 간의 관계 탐색
- 수치형 데이터인 경우 산점도, 상관계수 등을 통해 변수 간의 관계를 조사한다.
- 범주형 변수 간의 관계를 분석하기 위해 교차표와 누적 막대 차트를 사용할 수 있다.

⑤ 그룹화 및 집계
데이터를 특정 기준(연령대, 지역 등)에 따라 그룹화하고, 각 그룹의 통계량을 분석한다.

1) 통계의 정의

데이터를 수집, 분석, 해석, 요약하고 패턴을 식별하는 수량적이고 과학적인 방법을 의미한다. 정보와 데이터로 가득한 현대사회에서 더 강조되고 있으며, 데이터 과학과 연관된 분야에서도 핵심 개념 중 하나이다. 통계는 다양한 분야에서 정보를 추출하고 결정을 지원하기 위해 사용되며, 다음과 같은 주요 요소로 정의된다.

① 데이터 수집

- 데이터는 관찰, 실험, 조사 등 다양한 방법으로 수집된다.
- 데이터는 숫자, 텍스트, 이미지 등 다양한 형식으로 표현될 수 있다.

② 데이터 분석

- 수집된 데이터를 분석하여 정보를 도출하고 패턴을 식별한다.
- 차트, 표 등을 사용하여 데이터를 시각적으로 표현하고 통계 모델을 적용한다.

③ 결과 해석

- 데이터 분석 결과를 맥락적으로 해석하여 의미 있는 정보를 도출한다.
- 데이터 분석 결과의 해석을 통해 판단, 결정 또는 예측을 할 수 있다.

④ 결과 요약

- 데이터를 간결하게 요약하여 이해관계자에게 전달하거나 보고할 때 사용한다.
- 평균, 중앙값, 표준 편차, 분위수 등의 통계량을 사용하여 데이터를 요약한다.

⑤ 불확실성 처리

- 통계는 데이터의 불확실성을 식별하고 처리하는 다양한 방법을 제공한다.
- 신뢰구간, 가설 검정, 표본 오차 등을 통해 데이터의 신뢰성과 통계적 유의성을 평가한다.

2) 기술 통계

수집한 데이터를 정리, 요약, 해석 등을 통해 데이터의 특성과 속성을 파악하는 방법으로 데이터를 이해하고 해석하는 데 필수적인 단계이다. 크게 중심 경향성을 나타내는 통계와 분산 혹은 변동성을 나타내는 통계로 구분된다.

① 중심 경향성을 나타내는 통계(데이터가 어디에 집중되어 있는지를 나타내는 지표) 24년 1회

평균(Mean)	• 모든 데이터값을 더한 후 데이터의 개수로 나눈 값 • 평균은 데이터의 중심 경향성을 대표하는 가장 일반적인 지표 • 주로 연속형 데이터에서 사용
중앙값(Median)	• 데이터를 크기순으로 나열했을 때 가운데에 위치하는 값 • 이상값의 영향을 가장 덜 받는 중심 경향성 지표 • 데이터의 개수가 홀수일 경우는 가운데 값이며, 짝수일 경우는 가운데 두 값의 평균
최빈값(Mode)	• 데이터 세트에서 가장 자주 나타나는 값 • 범주형 데이터에서 특히 유용하게 사용

② 분산 혹은 변동성을 나타내는 통계(데이터가 얼마나 퍼져 있는지를 나타내는 지표)

범위(Range)	• 데이터 세트에서 가장 큰 값과 가장 작은 값의 차이를 의미 • 데이터의 전체적인 분포를 간단히 파악 가능
사분위수 범위 (IQR, Interquartile Range)	• 데이터를 네 등분으로 나눈 뒤, 중간 두 사분위수(1사분위수와 3사분위수) 사이의 범위를 의미 • 이상값을 감지하고 제거하는 데 유용하며 데이터의 전반적인 분포를 이해할 수 있음
분산(Variance)	• 데이터가 평균으로부터 얼마나 멀리 떨어져 있는지를 나타내는 지표 • 각 데이터 포인트와 평균값의 차이를 제곱한 값들의 평균을 구한 값
표준 편차 (Standard deviation)	• 분산과 마찬가지로 평균값으로부터 데이터가 얼마나 떨어져 있는지를 나타내는 값 • 분산의 제곱근으로 원 데이터와 단위가 동일하여 분산을 더 직관적으로 이해 가능

3) 추론 통계

표본 데이터를 기반으로 모집단의 특성을 추정하거나 가설을 검정하는 통계 분야이다. 기술 통계가 데이터를 요약하고 설명하는 데 초점을 맞춘다면, 추론 통계는 표본을 바탕으로 모집단에 대한 일반화, 예측, 결론을 내리는 데 초점을 맞춘다. 추론 통계는 데이터에 내재된 불확실성을 인식하고, 통계적으로 조절하여 신뢰성 있는 결론을 도출할 수 있으며, 다음과 같은 주요 개념으로 설명할 수 있다.

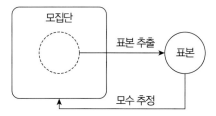

▲ 추론 통계의 개념

① 모집단(Population)

• 관심의 대상이 되는 전체 집단으로 연구나 조사의 대상이 되는 모든 개체 또는 항목의 집합이다.
• 모집단 전체의 데이터를 수집하는 것이 현실적으로 불가능하거나 비효율적일 때 표본을 추출하여 모집단 특성을 추정한다.

② 표본(Sample)

• 모집단의 부분집합으로, 모집단을 직접 조사하는 것이 어렵기 때문에 표본을 추출하여 사용한다.
• 모집단을 대표하고 모집단의 특성을 추정하는 데 사용된다.

③ 표본 추출(Sampling)

- 모집단에서 표본을 선택하는 과정으로, 모집단을 잘 대표할 수 있도록 추출되어야 한다.
- 단순 무작위 추출, 계통 추출, 계층화 추출, 군집 추출 등 다양한 확률적 표본 추출 방법이 있다.

단순 무작위 추출	모집단의 모든 구성원이 표본에 포함될 동일한 확률을 가짐
계층화 추출	모집단을 비슷한 특성을 가진 여러 계층으로 나누고, 각 층에서 무작위로 표본을 추출
군집 추출	집단을 여러 군집으로 분할하고, 일부 군집을 무작위로 선택 후, 선택된 군집 내 모든 구성원을 조사
계통 추출	정해진 간격(웹 모든 10번째 구성원)으로 모집단에서 구성원 선택

④ 모수 추정(Parameter Estimation)

- 모집단의 특성(모수)을 표본을 기반으로 추론하는 과정으로 점 추정과 구간 추정으로 구분된다.
- 점 추정은 모집단의 모수(평균, 비율 등)를 단일 값으로 추정하는 방법이다.
- 구간 추정은 모집단의 모수가 특정 구간 안에 있을 것으로 추정하는 방법이다.
- 표본 오차는 표본과 모집단 간의 차이로, 표본을 사용하여 모집단 특성을 추정할 때 발생하는 오차이다.

⑤ 신뢰구간(Confidence Interval)

- 모집단의 모수가 특정 범위 안에 있을 것이라는 확신을 나타내는 구간이다.
- 신뢰 수준은 표본 추출 과정을 동일한 방식으로 여러 번 반복했을 때, 추정된 신뢰구간이 실제 모수를 포함할 확률을 나타낸다.
- 웹 신뢰 수준 95%의 신뢰구간은 모집단의 모수가 구간 안에 있을 확률이 95%임을 의미한다.

⑥ 가설 검정(Hypothesis Testing)

- 통계적 추측인 가설(웹 두 집단 간의 평균 차이)을 검증하는 과정이다.
- 귀무가설과 대립가설을 설정하고, 데이터를 통해 귀무가설을 기각하거나 채택한다.

변수	• 조사나 연구에서 관찰되거나 측정되는 특성 또는 특징 • 가설 검정에서 변수는 종속 변수와 독립 변수로 나뉨
통계적 유의성	• 가설 검정과 관련된 개념 • 관찰된 차이나 관계가 우연히 발생한 것인지를 결정하는 통계적 방법

⑦ 상관관계(Correlation) ^{24년 1회}

- 두 변수 사이에 존재하는 확률적인 함수 관계로, 관계의 방향과 강도를 나타낸다.
- 상관관계는 양(+)의 상관관계(한 변수가 증가할 때 다른 변수도 증가), 음(−)의 상관관계(한 변수가 증가할 때 다른 변수는 감소)일 수도 있고 상관관계가 존재하지 않을 수 있다.
- 상관계수의 절댓값은 두 변수 간의 관계에서 강도를 나타낸다. 0에 가까울수록 관계가 약하고, 1에 가까울수록 관계가 강하다고 해석한다.
- 상관계수는 두 변수 사이 상관관계의 정도를 수치로 나타낸 계수로 피어슨 상관계수, 스피어만 순위 상관계수 등이 있다.

⑧ 회귀 분석(Regression Analysis)

- 변수 사이의 관계를 모델링하고 예측하는 통계적 방법이다.
- 모델 구성에 따라 단순 선형 회귀(하나의 독립 변수와 하나의 종속 변수 사이의 관계 분석), 다중 선형 회귀(두 개 이상의 독립 변수와 하나의 종속 변수 사이의 관계 분석), 비선형 회귀(독립 변수와 종속 변수 사이의 비선형 관계 분석) 등의 방법이 있다.
- 모델 선택, 변수 선택, 모델 적합, 모델 평가, 예측 및 해석의 과정을 거쳐 회귀 분석을 수행한다.

📋 기적의 TIP

기초 통계는 데이터를 이해하고 분석하는 기본적이면서 필수적인 내용으로 개념을 반드시 숙지해야 한다.

6 확률

1) 확률의 개념

불확실한 사건의 발생 가능성을 수학적으로 표현하는 방법이다. 기본적으로, 확률은 어떤 특정한 사건이 일어날 가능성을 나타내며, 0과 1 사이의 값을 가진다. 여기서 0은 사건이 전혀 발생하지 않을 것을 의미하고, 1은 사건이 확실히 발생할 것을 의미한다. 확률은 어떤 잠재적 사건이 일어날 경우의 가능성과 이 가능성 안에 있는 복잡한 시스템의 구조에 대한 답을 도출하기 위해 사용된다.

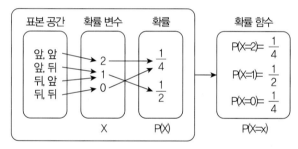

▲ 확률의 개념(동전을 두번 던져 앞면이 나올 확률)

2) 확률의 정의

① 확률(Probability)

- 특정 사건이 발생할 가능성을 수치로 나타낸 것으로, 0과 1 사이의 값으로 표현된다.
- 어떤 사건 A의 확률 $P(A)$는 그 사건에 속하는 결과들의 수를 표본 공간의 결과들의 총수로 나눈 값이다.
- $P(A)$=(사건 A에 속하는 결과들의 수)÷(표본 공간의 결과들의 총수)

② 사건(Event)

- 확률에서 고려되는 결과나 일련의 결과들을 의미한다.
- 🔍 동전 던지기에서 '앞면이 나오는 사건'을 생각할 수 있다.

③ 표본 공간(Sample Space)

- 가능한 모든 결과들의 집합이다.
- 🔍 동전을 두 번 던지는 경우, 표본 공간은 {(앞면, 앞면),(앞면, 뒷면),(뒷면, 앞면),(뒷면, 뒷면)}이다.

3) 확률의 종류

① 고전적 확률
- 모든 가능한 기본 사건들이 동일한 확률을 가진다고 가정하는 확률이다.
- 확률은 특정 사건이 발생할 경우의 수를 전체 가능한 경우의 수로 나눈 값으로 정의된다.
- 예 동전 던지기에서 '앞면이 나올 확률'은 1/2이다.

② 빈도주의 확률
- 특정 사건의 발생 빈도를 장기적인 관점에서 해석하는 확률이다.
- 장기적으로 반복되는 실험에서, 특정 사건이 발생하는 상대적 빈도로 확률을 정의한다.
- 예 많은 횟수의 동전 던지기 실험에서 앞면이 나오는 상대적 빈도가 확률이다.

③ 베이지안 확률
- 사건의 발생 가능성을 주관적인 믿음이나 추정에 근거하여 정의하는 확률이다.
- 사전 정보와 새로운 데이터를 결합하여 사건의 확률을 갱신한다.
- 예 질병에 걸릴 확률을 개인의 건강 상태, 가족력, 환경적 요인 등을 고려하여 추정한다.

4) 확률의 법칙

① 덧셈 법칙
두 사건이 서로 독립일 경우, 두 사건 중 하나가 발생할 확률은 각 사건의 확률을 더한 것과 같다.

② 곱셈 법칙
두 사건이 독립적일 경우, 두 사건이 모두 발생할 확률은 각 사건의 확률을 곱한 것과 같다.

③ 조건부 확률
어떤 사건 B가 이미 발생했다는 조건 아래 다른 사건 A가 발생할 확률이다.

7 확률 분포

1) 확률 분포의 정의
어떤 확률 변수가 특정한 값 또는 범위의 값을 가질 확률을 나타내는 수학적 모델 또는 함수이다. 확률 분포는 통계학, 확률론, 데이터 분석 등 다양한 분야에서 중요한 개념으로 사용된다.

2) 확률 분포의 주요 개념

① 확률 변수(Random Variable)
- 확률적인 실험, 관찰 또는 현상의 결과를 수치로 표현한 것이다.
- 확률 변수는 이산형 확률 변수와 연속형 확률 변수로 나눌 수 있다.

이산형 확률 변수	셀 수 있는 특정한 값만 가질 수 있는 확률 변수로, 주사위나 동전 던지기의 결과는 이산형 확률 변수
연속형 확률 변수	연속적인 범위의 값을 가질 수 있는 확률 변수로, 온도나 시간과 같은 연속형 데이터는 연속형 확률 변수

② 확률 질량 함수(PMF, Probability Mass Function)

- 이산형 확률 변수의 가능한 값에 대한 확률을 나타내는 함수이다.
- 확률 질량 함수는 이산 확률 변수의 확률 분포를 이해하고 특정한 값이 나타날 확률을 계산하는 데 사용한다.

③ 확률 밀도 함수(PDF, Probability Density Function) 24년 2회

- 연속형 확률 각 변수의 가능한 값 대신 연속적인 범위에서 특정한 값의 확률 밀도를 나타내는 함수이다. 예를 들어, 정규 분포의 확률 밀도 함수는 종형 곡선으로 표현된다.
- 연속 확률 분포에서는 각 변수의 가능한 값에 대한 확률을 직접 나타내지 않고, 확률 밀도 함수를 사용하여 확률을 정의한다.
- 확률 밀도 함수는 확률 변수의 가능한 값들에 대한 밀도를 나타내는 함수로, 어떤 값 근처의 밀도가 높을수록 해당 값이 나타날 확률이 높다는 것을 의미한다.

④ 누적 분포 함수(CDF, Cumulative Distribution Function)

- 어떤 값보다 작거나 같은 확률 변수값이 특정한 값 이하일 확률을 나타내는 함수이다.
- 누적 분포 함수는 확률 변수의 값이 어떤 구간에 속할 확률을 계산하는 데 사용한다.

8 이산 확률 분포

1) 이산 확률 분포의 정의

- 이산형 확률 변수에 대한 확률을 정의하는 확률 분포이다.
- 이산형 확률 변수는 유한한 개수의 가능한 값 중 하나를 취하는 확률 변수이다.
- 주로 불연속적인 상황에서 확률을 모델링하고 예측하는 데 사용되며, 이러한 분포를 통해 다양한 현상을 통계적으로 분석할 수 있다.

2) 이산 확률 분포의 종류

① 이항 분포(Binomial Distribution)

- 성공과 실패 두 가지 결과만을 가지는 독립적인 베르누이 시행(단일 시행에서 두 가지 결과를 가지는 실험, 성공 또는 실패)을 일정 횟수(n) 반복할 때의 확률 분포이다.
- 두 개의 모수, 확률(p)과 시행 횟수(n)를 가지며, 이를 통해 성공 횟수를 모델링한다.
- 주로 동전 던지기, 불량품이 나올 확률, 성공 또는 실패 등 단일 사건의 발생 여부가 베르누이 시행일 때 사용된다.

② 포아송 분포(Poisson Distribution)

- 일정한 시간 또는 공간 내에서 발생하는 사건의 평균 발생률(λ)에 기반하여 특정 시간 또는 공간 내에서 사건이 발생하는 확률을 모델링한다.
- 주로 도착 패턴, 고객 서비스 요청, 결함 발생 등의 이벤트 발생을 모델링하는 데 사용된다.

③ 기하 분포(Geometric Distribution)
- 독립적인 베르누이 시행에서 처음으로 성공할 때까지 시행한 횟수를 모델링하는 확률 분포이다.
- 주로 첫 번째 성공까지 걸리는 시간 또는 시행 횟수를 모델링하는 데 사용된다.

④ 다항 분포(Multinomial Distribution)
- 세 개 이상의 베르누이 시행 결과에 대한 확률 분포로, 각 범주의 발생 횟수를 모델링한다.
- 주로 카테고리 분류, 실험 결과 분석 등에 사용된다.

⑤ 이산 균일 분포(Discrete Uniform Distribution)
- 이산형 확률 변수의 값들이 발생할 확률이 모두 동일한 경우의 분포이다.
- 📖 주사위를 던지는 경우, 각 숫자 1부터 6까지 나올 확률은 모두 1/6이다.

9 연속 확률 분포

① 연속 확률 분포의 정의
- 연속형 확률 변수에 대한 확률을 나타내는 확률 분포이다.
- 연속형 확률 변수는 실수 범위에서 값을 가지며, 이 범위 내에서 무한히 많은 가능한 값이 존재한다.
- 이산 확률 분포와는 달리 각 값의 사이에 무한한 중간값이 존재하며, 확률 밀도 함수를 통해 확률을 정의한다.

② 연속 확률 분포의 종류

정규 분포 (Normal Distribution)	• 가장 잘 알려진 연속 확률 분포 • 종 모양의 곡선을 가지며, 평균과 표준 편차라는 두 매개변수로 모양이 결정됨 • 중심극한정리에 따라 동일한 분포를 가지는 많은 확률 변수의 평균 분포를 근사할 수 있는 분포 • 중심극한정리: 확률 분포를 알 수 없는 어떠한 변수라도 정해진 횟수 n만큼 독립적으로 추출하는 작업을 반복했을 때 추출된 값의 평균은 n이 커짐에 따라 정규 분포에 근접함
연속 균일 분포 (Continuous Uniform Distribution)	• 연속적인 구간에서 모든 값이 발생할 확률이 동일한 경우의 분포 • 0과 1 사이의 실수에서, 어떤 숫자가 나올 확률도 모두 동일한 경우에 적용
지수 분포 (Exponential Distribution)	사건이 서로 독립적일 때 사건이 평균 발생률에 따라 발생하는 시간 간격을 모델링하는 데 사용
카이제곱 분포 (Chi-Square Distribution)	• 표본 분포와 가설 검정에서 사용되는 분포 • 자유도(Degree of Freedom)라는 매개변수에 따라 모양이 변함
스튜던트 t-분포 (Student's t-Distribution)	작은 샘플 크기에 대한 통계적 검정과 신뢰구간을 계산할 때 사용되는 분포로, 정규 분포와 관련이 있음

> 🔔 기적의 TIP
>
> 확률은 데이터의 분포를 이해하는 필수적인 개념으로 이산 확률 분포와 연속 확률 분포의 차이를 이해하고 종류를 구분하는 것이 중요하다.

10 데이터 마이닝(Data Mining)

1) 데이터 마이닝의 정의

- 복잡하고 방대한 데이터 세트에서 의미 있는 정보를 추출하고, 이를 통해 실질적인 가치를 창출하는 일련의 과정이다.
- 데이터베이스, 데이터 웨어하우스 또는 다양한 데이터 저장소에서 데이터를 검색하고, 통계 분석, 머신러닝, 패턴 인식, 인공지능 등의 기술을 활용한다.

2) 데이터 마이닝의 활용

① 비즈니스 및 마케팅

- 고객 세분화: 고객의 구매 패턴, 선호도, 행동을 분석하여 특정 시장 세그먼트를 식별한다.
- 시장 분석: 시장의 트렌드, 수요, 경쟁 상황을 파악한다.
- 추천 시스템: 사용자의 이전 행동과 선호도를 분석하여 개인화된 제품이나 서비스를 추천한다.

② 금융 분야

- 신용 평가: 개인의 신용 기록, 거래 내역을 분석하여 신용 위험을 평가한다.
- 사기 탐지: 비정상적인 거래 패턴을 식별하여 금융 사기를 탐지한다.

③ 의료 분야

- 의료 진단: 환자 데이터를 분석하여 질병을 진단하거나 위험 요인을 식별한다.
- 약물 연구: 화합물 데이터를 분석하여 새로운 약물 후보를 탐색한다.

④ 인터넷 및 소셜 미디어

- 소셜 네트워크 분석: 소셜 미디어 데이터를 분석하여 사용자 간의 관계, 영향력, 커뮤니케이션 패턴을 이해한다.
- 웹 마이닝: 웹페이지, 사용자 로그, 링크 구조를 분석하여 사용자 행동 및 웹 콘텐츠의 통찰을 얻는다.

⑤ 공공 안전 및 법 집행

- 범죄 분석: 범죄 데이터를 분석하여 범죄 패턴을 파악하고 예방 전략을 수립한다.
- 재난 대응: 재난 데이터를 분석하여 위험 요인을 평가하고 대응 계획을 수립한다.

⑥ 과학 및 공학

- 환경 분석: 기후 변화, 환경 오염 등의 데이터를 분석하여 환경 보호 및 정책 결정을 지원한다.
- 공학 설계: 복잡한 공학 데이터를 분석하여 설계 최적화 및 고장 예측을 수행한다.

3) 데이터 마이닝의 단계

① 데이터 수집

- 다양한 소스에서 데이터를 수집할 수 있다.
- 수집된 데이터는 정형 또는 비정형 데이터 형태로 존재할 수 있다.

② 데이터 정제

수집된 데이터에는 오류, 누락된 값, 중복 데이터 등이 포함될 수 있으므로, 데이터 정제를 통해 이러한 문제를 해결하고 데이터의 품질을 향상시키는 작업을 수행한다.

③ 데이터 변환

- 데이터를 분석하기 쉽도록 형식을 변경하거나 변환하는 단계이다.
- 스케일링, 정규화, 차원 축소 등이 데이터 변환의 대표적인 방법이다.

④ 데이터 저장

가공된 데이터는 데이터베이스 또는 데이터 웨어하우스에 저장된다.

⑤ 데이터 탐색

- 데이터의 특성을 이해하고, 품질을 평가하는 단계이다.
- 기초적인 통계 분석, 시각화 등을 이용하여 데이터를 탐색한다.

⑥ 데이터 분석

- 적절한 데이터 마이닝 알고리즘을 선택하고 모델을 구축한다.
- 분류, 군집화, 예측 등의 목적에 부합하는 알고리즘을 선택하고 적용한다.

⑦ 결과 해석

- 데이터 분석 결과를 맥락적으로 해석하고 이해한다.
- 발견된 통찰을 비즈니스 문제나 의사결정에 적용할 수 있도록 변환한다.

⑧ 모델 평가

- 데이터 마이닝 모델의 성능을 평가하고, 모델의 예측 정확도나 효과를 검증한다.
- 교차 검증, 성능 지표(정확도, 정밀도, 재현율 등)를 사용하여 모델을 평가한다.

⑨ 의사결정

- 데이터 마이닝 결과를 기반으로 의사결정을 내리거나 전략을 수립한다.
- 모델링 과정을 통해 얻은 결과를 비즈니스 프로세스를 최적화하거나 문제를 해결하는 데 활용한다.

4) 데이터 마이닝의 분석 기술

대규모 데이터 집합에서 유용한 정보, 패턴, 통찰력을 추출하는 데 사용되는 다양한 통계 및 기계 학습 알고리즘과 기술이 데이터 마이닝 분석 기술에 포함된다. 데이터의 특성과 분석 목표에 따라 분석 기술이 선택된다.

① 연관 분석 24년 2회

- 연관 분석은 데이터 집합에서 항목 간의 연관성을 찾는 기법이다.
- 주로 판매 및 마케팅 분석에서 사용되며, 항목 간의 연관성과 지지도, 신뢰도, 향상도 등을 측정한다.
- 함께 구매하는 상품의 조합이나 서비스 패턴을 발견하고자 할 때 많이 사용하여 장바구니 분석이라고도 한다. ('맥주를 구매하는 고객이 기저귀도 함께 구매한다'와 같은 패턴을 찾을 수 있다.)
- Apriori 알고리즘은 이러한 연관 규칙 학습에 자주 사용된다. 먼저 여러 아이템으로 구성된 트랜잭션 데이터를 준비한다. 모든 단일 아이템의 지지도(특정 아이템 세트가 전체 트랜잭션에서 차지하는 비율)를 계산하고, 빈발 아이템 세트로부터 연관 규칙을 생성한다. 이때, 신뢰도(한 아이템이 주어졌을 때 다른 아이템이 함께 나타날 조건부 확률)를 계산하여 유의미한 규칙을 선별한다.

구매 번호	구매 목록
1	기저귀, 버터, 맥주
2	기저귀, 맥주
3	기저귀, 빵
4	땅콩, 사이다

구매 물품	지지도
기저귀	3/4=75%
맥주	2/4=50%
버터	1/4=25%
빵	1/4=25%
땅콩	1/4=25%
사이다	1/4=25%

연관 규칙	지지도	신뢰도
기저귀 → 맥주	2/4=50%	2/3=67%
맥주 → 기저귀	2/4=50%	2/2=100%

▲ 연관 분석(Apriori 알고리즘)

② 군집 분석 24년 1회

- 군집 분석은 데이터를 유사한 집단으로 그룹화하여 각 집단의 성격을 파악하는 기법이다.
- 데이터 포인트 간의 유사도를 기반으로 군집을 형성하고, 각 군집의 특성을 파악한다.
- 시장 세분화, 소셜 네트워크 분석 등에 사용되며 K-평균 군집화와 계층적 군집화가 대표적인 군집 분석의 알고리즘이다.
- K-평균 군집화는 먼저 데이터를 그룹화할 군집의 수(K)를 사용자가 지정한다. 각 군집의 초기 중심점을 무작위로 선택하고, 데이터 포인트들을 가장 가까운 중심점을 기준으로 군집에 할당한다. 할당된 데이터 포인트들의 평균 위치로 각 군집의 중심점을 재조정한다. 군집의 할당이 더 이상 변하지 않을 때까지 군집 할당과 중심점 변경을 반복한다.

▲ 군집 분석(K-평균 군집화)

③ 분류 분석

- 데이터 포인트를 미리 정의된 클래스 또는 범주로 할당하는 작업이다.
- 지도 학습 알고리즘을 사용하여 모델을 훈련하고, 이를 통해 새로운 데이터 포인트를 먼저 정의된 여러 클래스 또는 카테고리로 분류(◉ 이메일을 '스팸' 또는 '비스팸'으로 분류)한다.
- 의사결정나무(의사결정트리), 랜덤 포레스트, 서포트 벡터 머신 등이 분류 알고리즘으로 사용된다.
- 의사결정나무 기법은 대표적인 분류 분석 기법으로 의사결정 규칙을 나무 구조로 표현하여 분류 및 예측을 수행하는 분석이다. 노드와 가지로 구성되고 각 노드는 변수를 의미하며, 마지막 노드는 결괏값을 의미한다. 어떤 특정 분류를 구분하기 위해 어떤 기준으로 나누어 나갈 것인가에 대한 답이 나무의 형태로 형성되고 나무에서 내려올수록 더 세분되며, 마지막 노드에 도착하면 선택한 데이터가 어떤 분류에 속하는지 알 수 있다.

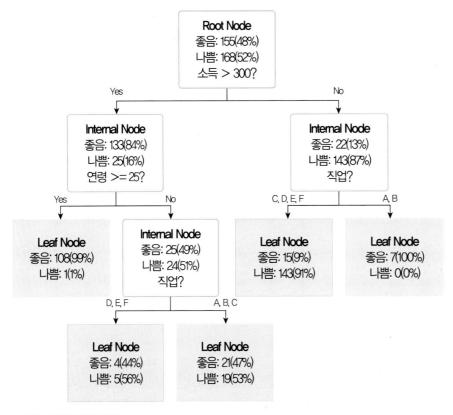

▲ 분류 분석(의사결정나무)

④ 회귀 예측

- 회귀 예측은 연속형 변수의 값을 예측하는 기법이다.
- 예측 변수와 목표 변수의 관계를 모델링하고, 이를 통해 목표 변수의 값을 예측한다.
- ⓐ 주택 가격, 주식 가격 등을 예측할 때 사용한다.
- 선형 회귀, 다항 회귀, 릿지 회귀, 라쏘 회귀 등을 회귀 예측 알고리즘으로 사용한다.

⑤ 차원 축소

- 차원 축소는 고차원 데이터의 특성을 줄여서 데이터를 시각화하거나 분석하기 쉽게 만드는 기법이다.
- 주성분 분석(PCA, Principal Component Analysis) 및 t-SNE(t-distributed Stochastic Neighbor Embedding) 등은 차원 축소 알고리즘으로 사용한다.

⑥ 이상 탐지

- 이상 탐지는 정상 데이터와 다른 비정상적인 데이터 포인트를 식별하는 기법이다.
- 통계적 이상 탐지, 기계 학습(머신러닝) 기반 이상 탐지, 클러스터링 기반 이상 탐지 등 다양한 방법을 사용한다.
- 사기 탐지, 네트워크 보안, 결함 감지 등에 활용되고 있다.

⑦ 텍스트 마이닝

- 텍스트 마이닝은 텍스트 데이터에서 정보를 추출하고 텍스트의 패턴 및 특성을 분석하는 기술이다.
- 자연어 처리 기술과 기계 학습을 결합하여 문서 분류, 감성 분석, 주제 모델링 등에 사용한다.

⑧ 신경망 및 딥러닝

- 신경망과 딥러닝은 복잡한 패턴 및 특성을 추출하는 데 강력한 도구이다.
- 딥러닝은 이미지 분류, 음성 인식, 자연어 처리 등 다양한 분야에서 활발히 사용되고 있다.

🅑 기적의 TIP

데이터 마이닝 단계의 세부 작업을 이해하고 여러 분석 기법들의 목적과 활용에 관해 중점적으로 학습해야 한다.

01 동일한 데이터라도 사용하는 분석 방법이나 해석의 관점에 따라 다른 결론을 도출할 수 있다.
◎ ☒

02 맥락을 이해하는 것은 데이터가 수집된 배경과 상황을 이해하는 것이다. ◎ ☒

03 데이터 해석에서 상관관계는 반드시 인과관계를 의미한다. ◎ ☒

04 ☐☐ 편향은 표본이 모집단을 대표하지 못하는 경우에 발생한다.

05 데이터 탐색은 주어진 데이터 세트를 다양한 각도에서 분석하고 이해하는 과정이다. ◎ ☒

06 ☐☐ 통계는 데이터를 요약하고 설명하는 통계적 분석 기법이다.

07 빈도주의 확률은 사전 정보와 새로운 데이터를 결합하여 사건의 확률을 갱신한다. ◎ ☒

08 ☐☐ 분포는 종 모양의 곡선을 가지며, 평균과 표준 편차에 의해 모양이 결정된다.

09 분류 분석은 데이터를 비슷한 특성 또는 패턴을 가진 집단으로 나누는 데이터 마이닝 기법이다.
◎ ☒

10 ☐☐☐은 이미지 분류, 음성 인식, 자연어 처리 등에 사용된다.

정답 **01** ◎
02 ◎
03 ☒ 해설 상관관계가 반드시 인과관계를 의미하는 것은 아니다.
04 표본
05 ◎
06 기술
07 ☒ 해설 사전 정보와 새로운 데이터를 결합하여 사건의 확률을 갱신하는 것은 베이지안 확률이다.
08 정규
09 ☒ 해설 데이터를 비슷한 특성 또는 패턴을 가진 집단으로 나누는 데이터 마이닝 기법은 군집 분석이다.
10 딥러닝

예상문제

01 데이터와 정보에 대한 설명으로 가장 적절한 것은?

① 데이터는 의사결정에 필요한 질문에 답을 제공한다.
② 정보는 현실 세계에 존재하는 가공되지 않은 그대로의 값을 의미한다.
③ 정보는 데이터를 처리해서 얻을 수 있는 결과이다.
④ 데이터는 현실 세계에 맥락과 의미가 부여된 것이다.

02 다음 중 '지식과 경험을 바탕으로 도출된 심오하고 실행 가능한 이해'를 의미하는 것으로 가장 적절한 것은?

① 데이터
② 정보
③ 통찰
④ 고찰

03 다음 중 통찰에 대한 예시로 가장 적절하지 않은 것은?

① 광고와 매출의 상관관계 확인
② 잠재 시장의 트렌드 인식
③ 프로세스 최적화의 기회 파악
④ 고객 행동의 새로운 이해

04 구조에 따른 데이터 분류에 대한 설명으로 가장 적절하지 않은 것은?

① 반정형 데이터는 데이터의 구조를 파악하는 파싱이 필요하다.
② 정형 데이터는 주로 XML 또는 JSON 파일 형태로 저장된다.
③ 정형 데이터는 행과 열로 구성되고 유형이 정의되어 있다.
④ 비정형 데이터는 사전에 정의된 데이터 모델이나 형식이 없다.

05 자연어 처리나 이미지 인식과 같은 고급 기술이 필요한 데이터는?

① 비정형 데이터
② 반정형 데이터
③ 명목형 데이터
④ 정형 데이터

06 다음 중 비정형 데이터의 예시로 가장 적절하지 않은 것은?

① PDF
② XML
③ 동영상
④ 이미지

07 특성에 따른 데이터 분류에 대한 설명으로 가장 적절하지 않은 것은?

① 명목형 데이터는 고유한 순서가 없는 값을 가지는 데이터이다.
② 순서형 데이터는 고정된 숫자 간격이 있는 값을 가지는 데이터이다.
③ 이산형 데이터는 개수를 셀 수 있는 단절된 숫자값을 가지는 데이터이다.
④ 연속형 데이터는 연속적으로 이어진 숫자값을 가지는 데이터이다.

08 다음 중 산술적 연산이 가능한 데이터는?

① 범주형 데이터
② 명목형 데이터
③ 연속형 데이터
④ 순서형 데이터

09 데이터 수명 주기에서 데이터를 구조화된 형태로 변환하는 단계는?

① 수집 단계

② 저장 단계

③ 처리 단계

④ 분석 단계

10 데이터 수명 주기에서 분석 단계에 대한 설명으로 가장 적절하지 않은 것은?

① 다양한 원천에서 데이터를 생성하거나 수집한다.

② 통계 및 머신러닝 기법을 적용하여 결과를 생성한다.

③ 분석 결과를 해석하여 의미와 통찰을 도출한다.

④ 분석 결과를 이해하고 해석하기 쉽도록 표현한다.

11 빅데이터의 등장에 대한 설명으로 가장 적절하지 않은 것은?

① 병렬 처리 기술 및 분산 컴퓨팅의 발전

② 머신러닝 알고리즘의 개선과 발전

③ 사물인터넷(IoT) 장치와 센서의 확산

④ 관행적인 경험 기반의 직관적 의사결정

12 데이터가 폭발적으로 증가한 이유와 가장 관련이 없는 것은?

① 전자 상거래

② 소셜 미디어

③ 분산 컴퓨팅

④ 스마트 기기

13 방대한 데이터에서 의미 있는 통찰을 추출하는 빅데이터의 특성은?

① 진실성(Veracity)
② 가치(Value)
③ 다양성(Variety)
④ 속도(Velocity)

14 빅데이터의 특성에서 다양성과 관련이 있는 것은?

① 데이터의 규모
② 데이터의 형식
③ 데이터의 속도
④ 데이터의 가치

15 빅데이터의 활용으로 얻을 수 있는 이점으로 가장 적절한 것은?

① 데이터의 복잡성 증가
② 더 적은 양의 데이터 수집
③ 합리적 의사결정과 전략 수립
④ 실시간 데이터 처리의 어려움

16 데이터의 정확성, 완전성, 일관성, 신뢰성을 평가하는 데이터 해석 관점은?

① 통계적 관점
② 비즈니스 관점
③ 데이터 품질 관점
④ 윤리적 관점

17 역사적, 문화적, 사회적, 경제적 상황을 고려하여 데이터를 해석하는 관점은?

① 통계적 관점

② 맥락적 관점

③ 시각적 관점

④ 기술적 관점

18 데이터 해석 시 모델이 너무 단순하거나 충분한 훈련이 이루어지지 않을 때 발생하는 현상은?

① 확증 편향

② 과대 적합

③ 과소 적합

④ 심슨의 역설

19 특정 지역의 데이터를 분석한 결과가 전국 데이터를 분석한 결과와 다르게 나타낼 때 발생하는 현상은?

① 확증 편향

② 과대 적합

③ 과소 적합

④ 심슨의 역설

20 데이터 탐색 과정에서 시각적 방법을 주로 사용하는 이유는?

① 계산의 효율성

② 데이터의 완전한 이해

③ 머신러닝 모델링을 위해

④ 데이터 이해의 용이성

21 다음 중 중심 경향성을 나타내는 통계량이 아닌 것은?

① 평균
② 중앙값
③ 분산
④ 최빈값

22 분산과 표준 편차의 관계로 적절한 것은?

① 분산은 표준 편차의 제곱근이다.
② 표준 편차는 분산의 제곱근이다.
③ 분산과 표준 편차는 동일한 지표이다.
④ 분산과 표준 편차는 관계가 없다.

23 추론 통계에서 신뢰구간의 의미는?

① 표본의 크기
② 모집단의 모수값
③ 추정된 모집단의 특정 범위
④ 표본 오차의 크기

24 상관계수의 절댓값이 0에 가까울수록 두 변수 사이의 관계로 가장 적절한 것은?

① 관계를 판단할 수 없다.
② 관계가 강하다.
③ 관계가 약하다.
④ 관계의 방향이 역으로 되어 있다.

25 확률의 정의에서, 사건 A의 확률 계산 방법으로 가장 적절한 것은?

① (표본 공간의 결과들의 수) ÷ (사건 A에 속하는 결과들의 수)

② (사건 A에 속하는 결과들의 수) ÷ (표본 공간의 결과들의 총수)

③ (사건 A에 속하는 결과들의 합) ÷ (표본 공간의 결과들의 합)

④ (표본 공간의 결과들의 합) ÷ (사건 A에 속하는 결과들의 합)

26 확률 질량 함수가 나타내는 함수로 가장 적절한 것은?

① 연속적인 범위에서 특정한 값의 확률을 나타내는 함수

② 이산형 확률 변수의 확률을 나타내는 함수

③ 누적 분포 함수의 값

④ 연속형 확률 변수의 밀도 함수

27 다음 중 이산 확률 분포가 아닌 것은?

① 이항 분포

② 다항 분포

③ 지수 분포

④ 포아송 분포

28 작은 샘플 크기에 대한 통계적 검정과 신뢰구간을 계산하는 데 사용되는 분포로 가장 적절한 것은?

① t-분포

② 이항 분포

③ 포아송 분포

④ 기하 분포

29 데이터 마이닝의 주요 목적으로 가장 적절한 것은?

① 데이터 저장

② 데이터 수집

③ 정보 추출

④ 데이터 공유

30 다음 중 데이터 마이닝의 분석 기술에 대한 설명으로 가장 적절하지 않은 것은?

① 연관 분석은 데이터 집합에서 항목 간의 연관성을 찾는 기법이다.

② 군집 분석은 비슷한 특성을 가진 집단으로 나누는 기법이다.

③ 군집 분석은 데이터를 미리 정의된 범주로 할당하는 기법이다.

④ 회귀 예측은 연속형 변수의 값을 예측하는 기법이다.

정답 & 해설

합격을 다지는
예상문제

01 ③	02 ③	03 ①	04 ②	05 ①
06 ②	07 ②	08 ③	09 ③	10 ①
11 ④	12 ③	13 ②	14 ②	15 ③
16 ③	17 ②	18 ③	19 ④	20 ④
21 ③	22 ②	23 ③	24 ③	25 ②
26 ②	27 ③	28 ①	29 ③	30 ③

01 ③

현실 세계에 존재하는 가공되지 않은 그대로의 값은 데이터에 관한 설명이다.

02 ③

통찰은 지식과 경험을 바탕으로 도출된 심오하고 실행 가능한 이해이다.

03 ①

광고와 매출의 상관관계를 확인하는 것은 지식에 해당한다.

04 ②

정형 데이터는 일반적으로 테이블 또는 스프레드시트에 저장된다.

05 ①

비정형 데이터는 자연어 처리나 이미지 인식과 같은 고급 데이터 기술이 필요하다.

06 ②

XML은 대표적인 반정형 데이터이다.

07 ②

순서형 데이터는 순서는 있지만 고정된 숫자 간격이 없는 값을 갖는다.

08 ③

연속형 데이터는 연속적으로 이어진 숫자값을 갖는 데이터로 산술 연산이 가능하다.

09 ③

처리 단계는 데이터를 구조화된 형태로 변환하는 작업을 포함한다.

10 ①

다양한 원천에서 데이터를 수집하거나 생성하는 작업은 데이터 수명 주기에서 수집 단계에 해당한다.

11 ④

데이터 기반의 합리적 의사결정이 빅데이터 등장의 요인이 되었다.

12 ③

분산 컴퓨팅은 폭발적으로 증가한 데이터를 처리하기 위한 기술이다.

13 ②

가치는 빅데이터에서 의미 있는 통찰을 추출하는 것을 의미한다.

14 ②

빅데이터는 다양한 형식의 데이터가 존재한다.

15 ③

빅데이터를 활용하면 합리적 의사결정과 전략 수립이 가능하다.

16 ③

데이터의 품질을 평가하고 정확성, 완전성, 일관성, 신뢰성을 고려하는 것은 데이터 품질 관점이다.

17 ②

맥락적 관점은 데이터를 해당 분야의 맥락 안에서 이해하기 위하여 역사적, 문화적, 사회적, 경제적 상황을 고려한다.

18 ③

과소 적합은 모델이 너무 단순하거나 충분한 훈련이 이루어지지 않을 때 발생하며, 모델이 데이터의 중요한 패턴을 학습하지 못해 성능이 저하된다.

19 ④

세부 집단의 패턴이 전체에서 사라지거나 반대의 패턴이 나타나는 현상을 심슨의 역설이라고 한다.

20 ④

시각적 방법을 사용하면 데이터를 쉽게 이해하고 직관적으로 탐색할 수 있다.

21 ③

평균, 중앙값, 최빈값은 데이터의 중심 경향성을 나타내는 통계량이다.

22 ②

표준 편차는 분산의 제곱근으로 계산된다.

23 ③

모집단의 모수가 특정 범위 안에 있을 것이라는 추정된 모집단의 특정범위이다.

24 ③

상관계수의 절댓값이 0에 가까울수록 두 변수 사이의 관계가 없다.

25 ②

사건 A의 확률은 사건 A에 속하는 결과들의 수를 표본 공간의 결과들의 총수로 나누어 계산한다.

26 ②

확률 질량 함수는 이산형 확률 변수의 각 가능한 값에 대한 확률을 나타내는 함수이다.

27 ③

지수 분포는 연속 확률 분포로, 사건이 서로 독립적일 때 사건의 평균 발생률에 따라 발생하는 시간 간격을 모델링하는 분포이다.

28 ①

t-분포는 작은 샘플 크기에 대한 통계적 검정과 신뢰구간을 계산하는 데 사용한다.

29 ③

데이터 마이닝은 복잡한 데이터에서 의미 있는 정보를 추출하고 실질적인 가치를 창출하기 위한 과정이다.

30 ③

데이터를 미리 정의된 범주로 할당하는 기법은 분류 분석이다.

02

데이터 파일 시스템

데이터 파일 시스템의 개념 및 종류

1 파일 시스템

컴퓨터에서 데이터를 저장하고 관리하는 데 사용되는 소프트웨어와 하드웨어로 구성된다. 운영체제의 핵심 구성 요소 중 하나이며, 데이터의 안정성과 보안을 유지하는 데 중요한 역할을 한다.

1) 파일 시스템의 주요 기능 24년 1회

① 파일 저장 및 조직화
• 데이터 저장: 데이터를 파일 형식으로 저장하고 디스크 또는 다른 저장 장치에 배치한다.
• 데이터 조직화: 데이터를 폴더 또는 디렉터리의 계층 구조로 구성하여 구조화한다.

② 데이터 접근 및 관리
• 데이터 접근: 사용자 및 응용 프로그램은 파일 시스템을 통해 저장된 데이터에 접근한다.
• 파일 검색: 파일을 이름, 크기, 일자 등을 기준으로 검색할 수 있는 기능을 제공한다.
• 파일 생성 및 삭제: 사용자 및 프로그램은 파일을 생성하고 삭제할 수 있다.
• 파일 읽기 및 쓰기: 파일을 열고 읽거나, 파일에 데이터를 쓰는 기능을 제공한다.
• 파일 복사 및 이동: 파일을 다른 위치로 복사하거나 이동할 수 있다.

③ 파일 보안 및 권한 관리
• 보안 및 권한 관리: 파일 및 디렉터리에 대한 액세스 권한을 관리한다.
• 데이터 보안: 파일에 대한 접근을 제어하고, 중요 데이터의 손실을 방지한다.
• 데이터 무결성과 보안은 주로 운영체제의 권한 관리에 의존한다.
• 데이터 중복 및 일관성 문제가 발생할 수 있다.

④ 파일 백업 및 복구
데이터 손실을 방지하기 위해 파일의 백업 및 복구 기능을 제공한다.

⑤ 파일 공유 및 협업
네트워크를 통해 파일을 공유하고, 여러 사용자가 협업할 수 있는 기능을 제공한다.

2) 파일 시스템의 계층 구조
파일 시스템의 계층 구조는 데이터를 구조화하고 조직화하여 데이터 관리를 용이하게 만들어 준다. 이러한 구조를 통해 사용자는 파일과 디렉터리를 찾고 탐색할 수 있으며, 파일과 디렉터리 간의 계층 관계를 통해 데이터를 효율적으로 관리할 수 있다. 일반적으로 이 계층 구조는 트리(Tree) 구조로 표현된다.

① 디렉터리

- 폴더라고도 하며 파일을 체계적으로 관리하기 위한 논리적인 단위이다.
- 파일이나 다른 디렉터리를 포함할 수 있는 컨테이너 역할을 수행하며, 파일을 조직화하기 위한 계층 구조를 제공한다.
- 고유한 식별자인 디렉터리 경로를 가지며, 사용자는 디렉터리를 통해 파일에 쉽게 접근할 수 있다.
- 파일의 계층 구조를 형성하며, 파일과 다른 하위 디렉터리를 포함할 수 있다.

루트 디렉터리	• 파일 시스템의 가장 상위 디렉터리 • 다른 모든 디렉터리와 파일의 부모이자, 시스템에 관한 접근점
하위 디렉터리	• 루트 디렉터리 아래에는 하나 이상의 디렉터리가 있을 수 있으며, 하위 디렉터리는 다시 하위 디렉터리를 포함할 수 있음 • 하위 디렉터리들은 계층적으로 구성되며, 디렉터리를 생성하여 파일을 그룹화하고 조직화할 수 있음

② 파일

- 사용자가 생성하는 데이터의 단위이다.
- 데이터의 실제 내용을 저장하는 논리적 단위로 블록들의 집합으로 구성된다.
- 디렉터리 내에 저장되며, 해당 디렉터리의 구조(파일 경로)와 파일명을 사용하여 파일을 검색하고 관리할 수 있다.
- 파일에 대한 메타데이터(파일 크기, 생성 날짜, 수정 날짜, 파일 유형, 접근 권한 등)를 포함한다.
- 파일 시스템은 파일의 데이터를 여러 개의 블록에 분산하여 저장하고, 파일의 메타데이터는 특정 블록에 저장되거나 파일 시스템의 다른 영역에 저장될 수 있다.

③ 블록

- 파일 시스템의 가장 낮은 계층으로, 일정한 크기의 데이터 조각으로 파일 시스템에 저장된다.
- 각 블록은 고유한 주소를 가지고 있으며, 파일 시스템은 이러한 블록들을 조직화하여 파일이나 디렉터리(폴더)에 할당한다.

④ 경로

- 파일 시스템에서 각 파일 및 디렉터리는 고유한 경로를 갖는다. 경로는 파일의 위치를 나타내며, 절대 경로와 상대 경로로 표현된다.
- 절대 경로는 루트 디렉터리에서부터 시작하여 해당 파일이나 디렉터리까지의 전체 경로를 나타낸다.
- 상대 경로는 현재 작업 디렉터리에서부터 시작하여 해당 파일이나 디렉터리까지의 상대적인 경로를 나타낸다.

3) 파일 시스템의 구성 요소

파일	데이터의 논리적 단위
디렉터리(또는 폴더)	파일을 체계적으로 관리하기 위한 논리적인 단위
파일 관리 시스템	파일과 디렉터리를 관리하는 시스템
저장 매체	데이터를 저장하는 물리적인 장치(◎ 하드 드라이브, SSD, USB 드라이브, 클라우드 저장소 등)

4) 파일 시스템의 종류

다양한 파일 시스템 유형이 존재하며, 각각은 특정 운영체제와 하드웨어 환경에 맞게 설계되어 있다.

① 로컬 파일 시스템

개별 컴퓨터 또는 서버에서 사용되며, 로컬 저장 장치에 데이터를 저장한다.

NTFS(New Technology File System)	마이크로소프트 윈도우에서 사용되는 파일 시스템
Ext4(EXTended file system 4)	리눅스에서 사용되는 파일 시스템
APFS(Apple File System)	애플의 최신 운영체제에서 사용되는 파일 시스템
FAT32(File Allocation Table 32)	이동식 저장 장치에 사용되는 파일 시스템

② 네트워크 파일 시스템

여러 컴퓨터 간에 파일을 공유하고 액세스하기 위해 네트워크를 통해 사용되는 파일 시스템이다.

③ 분산 파일 시스템

- 여러 서버나 장치에 데이터를 분산하여 저장하며, 대용량 데이터를 효과적으로 관리할 수 있다.
- ⓔ Hadoop HDFS, Google Cloud Storage 등이 있다.

5) 파일 시스템의 단점

① 데이터 중복과 불일치

파일 시스템에서는 같은 데이터가 여러 파일에 중복되어 저장될 수 있다. 이 경우 데이터의 불일치 문제가 발생할 수 있으며, 데이터 관리의 효율성이 떨어진다.

② 데이터 무결성 문제

파일 시스템은 데이터 무결성을 유지하기 위한 복잡한 제약 조건을 설정하고 관리하기 어렵다. 따라서 데이터의 정확성과 일관성 유지가 어려울 수 있다.

③ 보안 문제

파일 시스템은 데이터에 대한 세분화된 접근 제어를 제공하는 데 제한적이다. 사용자별, 역할별로 데이터 접근을 제한하는 것이 어렵다.

④ 동시성 제어 부족

여러 사용자가 동시에 같은 데이터에 접근하고 수정할 때 발생하는 문제를 해결하기 어렵다. 이는 데이터의 일관성과 무결성에 영향을 줄 수 있다.

⑤ 백업과 복구의 어려움

대규모 파일 시스템에서 효과적인 데이터 백업과 복구 전략을 구현하는 것은 복잡하고 어려울 수 있다.

⑥ 데이터 검색의 비효율성

복잡한 쿼리를 수행하거나 대량의 데이터를 분석하는 경우, 파일 시스템은 데이터베이스 관리 시스템만큼 효율적이지 않을 수 있다.

⑦ 확장성 문제

파일 시스템은 대규모 데이터셋을 관리하거나, 빠르게 성장하는 데이터의 요구사항을 충족시키는 데 한계가 있을 수 있다.

🅵 기적의 TIP

파일 시스템의 계층 구조와 종류를 숙지하고 단점을 설명할 수 있어야 한다.

2 데이터베이스 관리 시스템(DBMS, Database Management System)

데이터를 효과적으로 저장, 관리, 검색, 변경, 보호하기 위한 소프트웨어이다. 데이터의 안전성, 무결성, 일관성, 보안을 유지하고 데이터를 가치 있는 정보로 변환하는 데 필수적이다.

1) 데이터베이스 시스템의 구성

데이터베이스 시스템의 구성 요소는 데이터의 효율적인 저장, 검색, 관리 및 보안을 위해 중요한 역할을 한다.

① 데이터베이스(Database) 24년 2회

- 정의: 데이터베이스는 구조화된 데이터의 집합이다. 데이터는 테이블 형태로 조직되며, 각 테이블은 행과 열로 구성된다.
- 기능: 데이터를 체계적으로 저장하고, 쉽게 접근 및 검색할 수 있도록 한다. 정보의 중복을 최소화하고 데이터 무결성을 유지하는 데 중요하다.

② 데이터베이스 관리 시스템(DBMS)

- 정의: DBMS는 데이터베이스와 사용자 또는 응용 프로그램 간의 인터페이스 역할을 하는 소프트웨어 시스템이다.
- 기능: 데이터 생성, 검색, 업데이트 및 관리를 담당한다. 데이터 무결성과 보안을 유지하며, 동시에 여러 사용자의 데이터베이스 접근을 관리한다.

③ 데이터베이스 스키마(Schema)

- 정의: 스키마는 데이터베이스의 구조와 조직을 정의하는 설계도이다.
- 테이블, 열, 데이터 타입, 관계 등을 명시한다.
- 기능: 데이터베이스의 논리적 구조를 제공하며, 데이터 구성 및 관계를 명확하게 한다.

④ 데이터베이스 엔진(Database Engine)

- 정의: 데이디베이스 엔진은 DBMS의 핵심 부분으로, 데이디 처리 및 쿼리 실행을 담당한다.
- 기능: 데이터의 실제 저장, 검색, 업데이트를 처리한다. 성능 및 효율성에 큰 영향을 미친다.

⑤ SQL(Structured Query Language)

- 정의: SQL은 데이터베이스와 상호작용하기 위한 표준 프로그래밍 언어이다.
- 기능: 데이터를 쿼리하고, 업데이트하며, 관리하는 데 사용된다. 데이터베이스 스키마를 정의하고 수정하는 데에도 쓰인다.

⑥ 트랜잭션 관리 시스템(Transaction Management System)
- 정의: 데이터베이스에서 실행되는 트랜잭션을 관리하는 시스템이다.
- 기능: 데이터의 일관성과 정확성을 유지하며, 여러 데이터베이스 작업을 하나의 작업 단위로 묶어 처리한다.
- 트랜잭션: 데이터베이스에서 처리를 하는 기본단위로, 갱신으로 인해 일시적으로 정합하지 않은 데이터가 사용되지 않도록 적절한 구분 기호로 일련의 조작을 묶어서 처리한다.

⑦ 보안 관리 시스템(Security Management System)
- 정의: 데이터베이스의 보안을 담당한다.
- 기능: 데이터에 대한 접근을 제어하고 사용자 권한을 관리한다. 민감한 데이터의 보호와 무단 접근 방지에 중요한 역할을 한다.

2) 데이터베이스 관리 시스템의 기능

① 데이터 저장 및 관리
- 데이터는 테이블, 레코드(행), 열(속성)의 형태로 구조화되어 저장된다.
- 데이터의 삽입, 삭제, 수정 등을 수행할 수 있는 기능이다.

② 데이터 무결성 유지
- 데이터의 정확성과 일관성을 유지한다.
- 데이터의 정확성과 일관성을 유지하기 위해 스키마를 정의하고 설정한다.
- 스키마(Schema)는 데이터의 구조, 조직, 제약 조건을 정의하는 개념이다.

③ 데이터 검색 및 질의
- 사용자는 SQL(Structured Query Language) 또는 다른 쿼리 언어를 사용하여 데이터베이스에서 데이터를 검색하고 원하는 정보를 추출할 수 있다.
- 사용자의 요청에 대한 효율적인 검색 및 필터링 기능을 수행한다.

④ 데이터 보안
- 데이터 접근 및 수정에 대한 보안을 제공한다.
- 사용자 인증 및 권한 관리를 통해 데이터에 대한 무단 접근을 방지한다.

⑤ 데이터 무결성 검사
- 데이터가 올바르게 저장되고 유지되도록 하는 기능을 제공한다.
- 데이터가 형식과 규칙을 준수하는지 확인하기 위한 데이터 무결성 검사를 수행한다.
- 다수의 트랜잭션이 ACID 원칙을 준수하면서 데이터의 일관성을 유지하고 완전히 수행되도록 관리한다.

원자성(Atomicity)	트랜잭션의 모든 연산은 모두 완료되거나, 수행되지 않아야 함
일관성(Consistency)	트랜잭션 수행 전후로 데이터베이스의 일관성이 유지되어야 함
고립성(Isolation)	트랜잭션이 수행되는 동안 다른 트랜잭션의 연산이나 데이터에 영향을 주지 않아야 함
지속성(Durability)	트랜잭션이 성공적으로 완료되면, 그 결과는 영구적으로 데이터베이스에 반영되어야 함

▲ ACID 원칙

⑥ 동시성 제어

- 다수의 사용자가 동시에 데이터에 접근하여 작업할 수 있도록 지원한다.
- 동시성 제어를 통해 데이터 충돌을 방지하고 일관성을 유지한다.

⑦ 백업 및 복구

주기적인 백업 및 복구 기능을 제공하여 데이터 손실을 방지하고 시스템 장애 시 데이터를 복원할 수 있도록 한다.

⑧ 데이터 모델링

- 데이터베이스를 설계하고 모델링하는 기능을 제공한다.
- 데이터의 구조와 관계를 정의하고 테이블, 인덱스, 관계 등을 생성한다.

⑨ 성능 최적화

- 데이터베이스 쿼리의 성능을 최적화하기 위한 쿼리 최적화 엔진을 제공한다.
- 인덱스를 생성하거나 데이터베이스 스키마를 수정하여 쿼리 실행 속도를 향상시킨다.

⑩ 데이터 분석

일부 데이터베이스 관리 시스템은 데이터 마이닝, 분석, 보고 기능을 제공한다.

3) 데이터베이스 관리 시스템의 특징 24년 1회

① 데이터 중앙 집중화

- DBMS는 데이터를 중앙 집중화하여 한 곳에서 효율적으로 저장하고 관리한다.
- 데이터베이스 관리 시스템을 통해 데이터의 일관성과 무결성을 유지할 수 있다.

② 데이터 공유(Data Sharing)

- 다중 사용자가 동시에 데이터베이스에 접근하고 데이터를 공유할 수 있다.
- 데이터 공유를 통해 조직 내에서 데이터에 대한 협업이 편리해진다.

③ 데이터 무결성(Data Integrity)

- DBMS는 데이터의 일관성과 무결성을 보장하기 위한 기능을 제공한다.
- 데이터베이스 내의 데이터는 미리 정의된 제약 조건을 준수해야 하며, 잘못된 데이터 입력을 방지한다.

④ 데이터 독립성(Data Independence)

- 논리적 데이터 독립성과 물리적 데이터 독립성을 제공한다.
- 데이터 독립성은 데이터의 논리적 구조와 물리적 저장 위치를 분리하여 데이터 모델 변경에 유연하게 대응할 수 있도록 한다.

⑤ 데이터 보안(Data Security)

DBMS는 데이터에 대한 접근 제어와 보안을 관리하며, 사용자 권한 및 암호화를 통해 무단 액세스를 방지한다.

⑥ 데이터 백업 및 복구(Data Backup and Recovery)

DBMS는 데이터의 주기적인 백업을 지원하고 시스템 장애 또는 오류 발생 시 데이터를 복구할 수 있는 기능을 제공한다.

⑦ 고성능 및 최적화

- DBMS는 데이터베이스 쿼리의 성능을 최적화하기 위한 최적화 엔진을 제공한다.
- 인덱스, 쿼리 최적화 및 캐싱 기능을 활용하여 빠른 데이터 검색과 처리를 지원한다.

⑧ 데이터 모델링

데이터베이스 관리 시스템은 데이터를 구조화하고 관계형 데이터베이스 모델, 객체 지향 데이터베이스 모델 등 다양한 데이터 모델을 지원한다.

⑨ 트랜잭션 관리(Transaction Management)

DBMS는 다중 작업을 트랜잭션 단위로 관리하고, ACID(원자성, 일관성, 고립성, 지속성) 트랜잭션 속성을 보장한다.

⑩ 데이터 분석과 보고(Data Analysis and Reporting)

- 일부 DBMS는 데이터를 분석하고 시각화하여 정보와 통찰력을 제공하는 기능을 지원한다.
- 보고서를 생성하고 비즈니스 의사결정을 지원한다.

⑪ 분산 데이터베이스 지원(Distributed Database Support)

DBMS는 분산 환경에서 여러 데이터베이스 서버 간의 데이터 관리와 동기화를 지원할 수 있다.

⑫ 다양한 데이터 유형 지원

DBMS는 텍스트, 숫자, 이미지, 오디오, 비디오 등 다양한 데이터 유형을 저장하고 관리할 수 있다.

⑬ 확장성(Scalability)

DBMS는 데이터의 양이 증가해도 시스템을 확장할 수 있는 확장성을 제공한다.

⑭ 다중 플랫폼 지원

다양한 운영체제와 하드웨어 플랫폼에서 동작하는 DBMS가 있어 다양한 환경에서 사용할 수 있다.

⑮ 데이터 레플리케이션(Data Replication)

데이터의 복제와 동기화를 지원하여 고가용성 및 데이터 로드 밸런싱을 실현할 수 있다.

특징	파일 시스템	데이터베이스 관리 시스템
저장 방식	파일과 폴더에 데이터 저장	테이블 형태로 데이터 저장
데이터 접근	파일 경로와 이름을 사용하여 접근	SQL을 이용하여 데이터에 접근
데이터 관리	수동 관리로 중복 가능성	효율적 관리로 중복 최소화
데이터 무결성	기본적인 무결성 지원	무결성 제약 조건 지원
데이터 보안	제한적인 접근 제어	세분화된 접근 제어
동시성 제어	지원하지 않음	지원함
백업 및 복구	수동 백업 및 복구	자동 및 수동 백업 및 복구
복잡한 질의 처리	지원하지 않음	지원함
적합한 활용 · 관리	간단한 데이터 저장에 적합	복잡한 데이터 관리에 적합

▲ 파일 관리 시스템과 데이터베이스 관리 시스템의 비교

데이터베이스 시스템의 구성과 데이터베이스 관리 시스템의 기능을 중점적으로 학습해야 한다.

3 관계형 데이터베이스 관리 시스템(RDBMS, Relational Database Management System)

1) 관계형 데이터베이스 관리 시스템의 개념

① 테이블(Table) 24년 1회
- 데이터를 하나 이상의 테이블에 저장한다.
- 각 테이블은 고유한 이름을 가지며, 특정 유형의 데이터를 저장한다.
- 행과 열로 구성되어 있으며, 각 행은 개별 데이터 레코드를 나타내고, 각 열은 해당 레코드의 속성을 표현한다.

② 스키마(Schema)
- 데이터베이스 내의 테이블 구조와 제약 조건을 정의하는 개체이다.
- 데이터베이스 개체 간의 관계와 데이터 유형을 포함한다.

③ 데이터 유형(Data Type)
- 테이블의 각 열은 특정 데이터 유형을 가지며, 데이터의 형식과 제약 조건을 정의한다.
- 일반적인 데이터 유형은 문자열, 숫자, 날짜 등이다.

④ 기본키(Primary Key)
- 테이블 내의 각 레코드를 고유하게 식별하는 열(또는 열의 조합)이다.
- 기본키를 통해 데이터를 빠르게 검색하고 관리할 수 있다.

⑤ 외래키(Foreign Key)
- 외래키는 두 테이블 간의 관계를 나타내는 열이다.
- 외래키를 사용하여 데이터의 일관성과 무결성을 유지하며, 테이블 간의 관계를 설정한다.

⑥ SQL(Structured Query Language)
- 관계형 데이터베이스와 상호 작용하기 위한 표준화된 쿼리 언어이다.
- SQL을 사용하여 데이터를 검색, 삽입, 삭제, 변경할 수 있다.

⑦ 데이터 무결성(Integrity Constraints)
- 관계형 데이터베이스 관리 시스템은 데이터 무결성을 보장하고 유지하기 위해 제약 조건을 지원한다.
- 📌 고유한 값을 가져야 하는 열이나 널(NULL) 값을 허용하지 않는 열을 정의할 수 있다.

⑧ 트랜잭션(Transaction)
- 데이터베이스의 작업 단위를 나타낸다.
- 원자성, 일관성, 고립성, 지속성이라는 특성을 가지고 데이터의 무결성을 보장해야 한다.

2) 관계형 데이터베이스 관리 시스템의 특징

① 테이블 기반 구조
- 데이터는 행과 열의 형태로 구성된 테이블에 저장된다.
- 각 행은 고유한 레코드를 나타내고, 각 열은 특정 속성을 나타낸다.

② 데이터 무결성(Data Integrity) 24년 2회
- 데이터 무결성을 지원하여, 데이터의 정확성과 일관성을 유지한다.
- 기본키, 외래키, 제약 조건 등을 통해 데이터 무결성을 관리한다.

③ 관계의 정의
- 테이블 간의 관계를 정의할 수 있으며, 이를 통해 데이터 간의 연관성을 표현한다.
- 🄜 외래키를 사용하여 서로 다른 테이블의 관련 데이터를 연결할 수 있다.

④ SQL 지원
- 구조화된 쿼리 언어(SQL, Structured Query Language)를 사용하여 데이터를 추출, 삽입, 변경, 삭제할 수 있다.
- SQL은 데이터 관리 및 조작을 위한 표준 언어이다.

⑤ 트랜잭션 관리
- 트랜잭션을 지원하며, 이를 통해 데이터베이스의 일관성을 보장한다.
- 트랜잭션이 ACID 원칙을 준수하여 원자성(Atomicity)과 일관성(Consistency)을 보장하고, 동시에 고립성(Isolation)과 지속성(Durability)을 유지하도록 관리한다.

⑥ 보안
- 사용자별 접근 권한 관리를 통해 데이터 보안을 제공한다.
- 사용자는 자신에게 할당된 권한에 따라 데이터에 접근할 수 있다.

⑦ 확장성과 유연성
데이터의 양이 증가함에 따라 데이터베이스를 확장할 수 있으며, 다양한 응용 프로그램과 연동할 수 있다.

⑧ 백업 및 복구
데이터의 정기적인 백업 및 필요시 복구를 지원하여, 데이터의 손실을 방지한다.

4 NoSQL 데이터베이스 관리 시스템

1) NoSQL 데이터베이스 관리 시스템의 개념
- NoSQL 데이터베이스 관리 시스템은 전통적인 관계형 데이터베이스의 구조화된 쿼리 언어와 달리, 비관계형 또는 비정형 데이터를 저장하고 관리하기 위해 설계된 데이터베이스 시스템이다.
- 'NoSQL'은 'Not Only SQL'의 약자로, NoSQL 데이터베이스가 SQL을 사용하지 않거나, SQL 이외의 방법으로 데이터를 조작한다는 것을 의미한다.
- NoSQL 데이터베이스는 대량의 분산 데이터 처리, 빠른 읽기/쓰기 성능, 유연한 데이터 모델, 수평적 확장성 등의 특징을 가지고 있다. NoSQL 데이터베이스는 전통적인 관계형 데이터베이스가 제공하기 어려운 유연성, 확장성, 성능을 제공하여 많은 기업과 조직에서 NoSQL을 채택하고 있다.

2) NoSQL 데이터베이스의 주요 유형

① 문서 지향 데이터베이스(Document-Oriented Database)

- 데이터를 JSON, BSON, XML 같은 문서 형식으로 저장한다.
- 문서마다 다른 구조를 가질 수 있으며, 유연성이 높다.
- ⓪ MongoDB, CouchDB 등을 예로 들 수 있다.

② 키-값 저장소(Key-Value Store)

- 데이터를 키와 값의 쌍으로 저장한다.
- 높은 성능과 확장성을 제공하며, 간단한 데이터 모델을 갖는다.
- ⓪ Redis, DynamoDB, Riak 등을 예로 들 수 있다.

③ 열 기반 저장소(Column-Family Store)

- 데이터를 열의 집합으로 저장하여 대용량 데이터 처리와 분석에 유리하다.
- 시계열 데이터, 분석 데이터 등에 적합하다.
- ⓪ Cassandra, HBase 등을 예로 들 수 있다.

④ 그래프 데이터베이스(Graph Database)

- 데이터를 노드(Node), 엣지(Edge), 속성으로 모델링한다.
- 복잡한 관계와 네트워크를 효율적으로 처리할 수 있다.
- ⓪ Neo4j, ArangoDB 등을 예로 들 수 있다.

문서 지향 데이터베이스　　　키-값 저장소　　　열 기반 저장소　　　그래프 데이터베이스

▲ NoSQL 데이터베이스의 유형

3) NoSQL 데이터베이스의 특징 24년 1회/2회

- 유연한 스키마: 고정된 스키마가 없어, 데이터 구조가 다양하고 동적일 수 있다.
- 수평적 확장성: 데이터와 트래픽이 증가하면 서버를 추가하여 수평적으로 확장할 수 있다.
- 빠른 성능: 단순한 데이터 모델과 효율적인 데이터 저장 방식으로 높은 성능을 제공한다.
- 고가용성: 분산 아키텍처를 사용하여 데이터의 복제 및 파티셔닝을 지원한다.

4) NoSQL 데이터베이스의 적용 분야

- 빅데이터 처리 및 분석: 대규모 데이터 세트의 저장과 실시간 분석에 적합하다.
- 웹 애플리케이션: 다양한 형태의 데이터와 빠른 응답 시간이 요구되는 경우에 사용된다.
- 사물인터넷(IoT): 다양한 형태의 센서 데이터를 처리하는 데 효과적이다.
- 네트워크 분석: 개체 사이의 관계와 상호작용을 효과적으로 표현하고 분석할 수 있다.

5 분산 데이터베이스 관리 시스템(DDBMS, Distributed Database Management System)

1) 분산 데이터베이스 관리 시스템의 개념
- 분산 데이터베이스 관리 시스템은 여러 위치에 분산된 컴퓨터 네트워크에 데이터베이스를 저장하고 관리하는 시스템이다.
- 이 시스템은 각기 다른 지리적 위치에 있는 여러 데이터베이스 서버가 하나의 통합된 데이터베이스 시스템처럼 작동하도록 만들어 준다.
- 사용자는 네트워크상의 여러 데이터베이스에 분산된 데이터에 접근하고 조작할 수 있다.

2) 분산 데이터베이스 관리 시스템의 주요 구성 요소
① 분산 데이터베이스
- 여러 사이트에 걸쳐 물리적으로 분산되어 저장된 데이터베이스의 집합이다.
- 각각의 사이트는 독립적인 데이터 처리와 저장 기능을 가지며, 전체 시스템은 이를 하나의 데이터베이스처럼 관리한다.

② 네트워크 인프라
- 분산된 데이터베이스 사이트들을 연결하는 통신 네트워크이다.
- 데이터의 전송 및 통신을 가능하게 하는 기본적인 통신 매체를 제공한다.

③ 데이터 처리 및 쿼리 최적화 엔진
- 효율적인 데이터 처리와 쿼리 실행을 위한 엔진이다.
- 데이터를 최적으로 검색하고 처리하기 위해 쿼리를 분석하고 최적화한다.

④ 트랜잭션 관리자
- 분산 환경에서 발생하는 트랜잭션을 관리하는 컴포넌트이다.
- 트랜잭션의 원자성, 일관성, 독립성, 지속성(ACID 원칙)을 보장한다.

⑤ 데이터 복제 관리자
- 데이터를 여러 사이트에 복제하고 동기화하는 기능을 관리한다.
- 데이터의 가용성과 신뢰성을 높이기 위해 데이터 복제와 동기화를 수행한다.

⑥ 보안 관리자
- 분산 데이터베이스 시스템의 보안을 관리한다.
- 접근 제어, 암호화, 감사 로깅 등을 통해 데이터의 보안을 유지한다.

⑦ 클라이언트 인터페이스
- 사용자가 시스템에 접근하고 상호작용할 수 있는 인터페이스이다.
- 사용자 쿼리, 데이터 요청 및 관리 기능을 제공한다.

3) 분산 데이터베이스의 주요 특징

① 분산 저장
- 데이터는 여러 위치의 서버에 분산되어 저장된다.
- 각 서버는 데이터의 부분집합을 보유하며, 이들은 함께 전체 데이터베이스를 구성한다.
- 지리적으로 분산된 데이터 저장소와 데이터 처리 노드로 구성된다.
- 데이터 처리 노드는 로컬 네트워크 또는 원격 위치에 있을 수 있다.

② 자율성
- 각 분산 데이터베이스는 일정 수준의 자율성을 갖는다.
- 로컬 데이터베이스 관리 시스템을 통해 독립적으로 운영될 수 있다.
- 분산 데이터베이스는 논리적으로 데이터 독립성을 제공한다.
- 사용자 및 응용 프로그램은 데이터의 논리 구조를 변경하지 않고 접근할 수 있다.

③ 투명성
- 사용자는 데이터가 어디에 위치해 있는지 알 필요 없이 데이터에 접근할 수 있다.
- 사용자와 응용 프로그램은 데이터의 분산 여부를 인식하지 않고 데이터베이스에 접근할 수 있다.
- 데이터베이스 시스템의 관리자가 데이터의 분산을 효과적으로 관리할 수 있도록 한다.
- 투명성은 분할 투명성, 위치 투명성, 중복(복제) 투명성 등을 포함한다.
  - 분할 투명성: 하나의 논리적 관계가 여러 단편으로 분할되어 각 단편의 사본이 여러 사이트에 저장된다.
  - 위치 투명성: 사용하는 데이터의 저장 장소를 명시할 필요가 없다.
  - 지역사상 투명성: 지역 DBMS와 물리적 DB 사이에 연계를 보장한다.
  - 중복 투명성: DB 객체가 여러 사이트에 중복되어 있는지 알 필요가 없다.
  - 장애 투명성: 구성 요소의 장애와 무관하게 트랜잭션의 원자성을 유지한다.
  - 병행 투명성: 다수의 트랜잭션을 동시에 수행해도 다른 트랜잭션의 결과에 영향을 받지 않는다.

④ 복제
- 데이터는 여러 노드에 복제되거나 분산되어 저장된다.
- 데이터의 복제본이 다른 서버에 저장될 수 있어, 고가용성과 빠른 접근성을 제공한다.
- 복제는 데이터 무결성 및 일관성 관리에 추가적인 복잡성을 가져올 수 있다.

⑤ 데이터 일관성
- 분산 트랜잭션 관리 및 동시성을 제어하여 데이터의 일관성을 유지한다.
- 여러 노드에서 동시에 수행되는 작업 간의 일관성을 보장할 수 있다.

4) 분산 데이터베이스의 장점

- 신뢰성: 하나의 서버에 문제가 생겨도 시스템 전체에 영향을 주지 않는다.
- 확장성: 시스템을 확장하기 위해 새로운 서버를 추가하는 것이 비교적 쉽다.
- 자원 공유: 네트워크를 통해 데이터와 자원을 공유할 수 있다.
- 처리 성능: 데이터가 분산되어 있어, 동시에 여러 작업을 효율적으로 처리할 수 있다.
- 가용성: 데이터의 복제 및 분산을 통해 장애 발생 시에도 데이터에 접근할 수 있다.
- 성능 향상: 데이터베이스 작업을 여러 노드에 분산하여 병렬 처리를 가능하게 하므로 대용량 데이터 처리 및 검색에 효율적이다.
- 로드 밸런싱: 분산 데이터베이스는 데이터와 작업을 노드 간에 균형적으로 분산하여 네트워크 및 서버 리소스를 효율적으로 활용한다.
- 지역성 이용: 분산 데이터베이스는 데이터가 지리적으로 가까운 위치에 저장되므로 데이터 접근 시간을 줄이고 대기 시간을 최소화할 수 있다.

5) 분산 데이터베이스의 단점

- 유지관리의 복잡성: 분산 환경의 관리와 유지ㆍ보수는 매우 복잡할 수 있다.
- 데이터 일관성: 분산된 데이터를 일관되게 유지하기 위한 추가적인 노력이 필요하다.
- 보안 문제: 데이터가 네트워크에 분산되어 있으므로 보안에 취약할 수 있다.
- 네트워크 의존성: 네트워크의 성능과 안정성이 전체 시스템의 성능에 영향을 미친다.

특징	관계형 데이터베이스	NoSQL 데이터베이스	분산 데이터베이스
데이터 모델	테이블 기반의 관계형 모델	키-값, 문서, 그래프 등	여러 스토리지 시스템에 분산
스케일링	수직적 확장	수평적 확장	수평적 확장
트랜잭션 처리	ACID 속성 준수	일부 ACID 준수	일부 ACID 준수
쿼리 언어	SQL	NoSQL 쿼리 언어	SQL 또는 NoSQL
데이터 무결성	높음	비교적 낮음	가변적
유연성	제한적	높음	높음
응용 분야	복잡한 쿼리, 트랜잭션 중심 애플리케이션	빅데이터, 실시간 분석, 유연한 스키마	대규모 분산 처리, 지리적 분산 데이터

▲ 데이터베이스 관리 시스템의 비교

1) 객체지향 데이터베이스 관리 시스템의 개념

- 객체지향 데이터베이스 관리 시스템은 객체지향 프로그래밍 패러다임을 기반으로 하는 데이터베이스 시스템이다.
- 데이터를 객체로 표현하고 관리하는 객체지향 데이터베이스는 전통적인 관계형 데이터베이스와는 다른 접근 방식을 사용하여, 복잡한 데이터 관계를 더 자연스럽게 모델링하고 처리할 수 있다.

2) 객체지향 데이터베이스의 주요 특징

① 객체 기반 데이터 모델링

- 데이터와 그 데이터에 적용되는 연산(메소드)을 하나의 객체 단위로 캡슐화한다.
- 객체들은 클래스에 의해 정의되며, 상속, 다형성, 캡슐화와 같은 객체지향 개념을 지원한다.

② 데이터 구조의 표현

- 복잡한 데이터 구조와 관계를 자연스럽게 표현할 수 있다.
- 객체 간의 관계는 포인터나 참조를 사용하여 표현된다.

③ 상속

- 클래스 계층을 통해 데이터 모델의 재사용성과 확장성을 향상시킨다.
- 상위 클래스의 특성과 메소드를 하위 클래스가 상속받을 수 있다.

④ 직렬화 및 지속성

객체의 상태를 데이터베이스에 영구적으로 저장(지속성)하고, 필요할 때 복원(직렬화)할 수 있다.

⑤ 쿼리 언어

- SQL과 다른 형태의 객체지향 쿼리 언어를 사용할 수 있다.
- 객체를 직접 조작하는 데 초점을 맞춘 쿼리 언어를 제공한다.

3) 객체지향 데이터베이스의 단점

- 복잡성: 객체지향 데이터베이스는 설계와 구현이 복잡할 수 있다.
- 성능 이슈: 복잡한 객체 연산과 관계 처리는 성능 저하를 초래할 수 있다.
- 표준의 부재: 표준이 잘 성립되어 있지 않아 시스템 간의 호환성 문제가 발생할 수 있다.

1) 인메모리 데이터베이스 관리 시스템의 개념

- 인메모리 데이터베이스 관리 시스템은 데이터를 디스크가 아닌 주 메모리에 저장하여 관리하는 데이터 베이스 시스템이다.
- 디스크 기반의 데이터베이스에 비해 데이터 접근 속도가 훨씬 빠르다. 주로 실시간 처리와 빠른 응답 시 간이 필요한 애플리케이션에 적합하다.

2) 인메모리 데이터베이스의 주요 특징

① 데이터 저장 위치

모든 데이터는 주 메모리(RAM)에 저장되며, 디스크 I/O가 필요 없어 데이터 접근 속도가 빠르다.

② 성능

메모리 접근이 디스크 접근보다 훨씬 빠르므로, 인메모리 데이터베이스는 매우 높은 성능을 제공한다.

③ 실시간 처리

빠른 데이터 처리 능력으로 실시간 분석 및 트랜잭션 처리에 적합하다.

④ 단순화된 구조

디스크 기반 시스템에서 필요한 복잡한 캐싱 및 인덱싱 메커니즘이 필요가 없거나 간소화된다.

⑤ 데이터 복구 및 지속성

전원이 꺼지면 메모리의 데이터가 사라지는 문제를 해결하기 위해, 지속성을 위한 메커니즘(⑩ 데이터 스 냅샷, 로그 기록)을 포함하고 있다.

3) 인메모리 데이터베이스의 단점

- 비용: 높은 메모리 요구 사항으로 인해 하드웨어 비용이 증가할 수 있다.
- 데이터 지속성: 전원 손실 또는 시스템 장애 시 데이터 손실 위험이 있다.
- 보안 및 복구: 메모리상의 데이터는 디스크 기반 데이터보다 복구 및 보안 관리가 더 어려울 수 있다.

4) 대표적인 인메모리 데이터베이스 시스템

- Redis: 고성능 키–값 저장소로, 캐싱, 메시징 큐 등에 널리 사용된다.
- SAP HANA: 고급 분석과 실시간 애플리케이션을 위한 대규모 인메모리 데이터베이스이다.
- Memcached: 분산 메모리 캐싱 시스템으로, 동적 웹 애플리케이션의 속도를 향상시키는 데 사용된다.

Quiz

01 □□은 데이터를 저장하는 논리적 단위로 블록들의 집합으로 구성된다.

02 NTFS는 여러 서버나 장치에 데이터를 분산하여 저장한다. ◎ ☒

03 □□□는 데이터의 구조, 조직, 제약 조건을 정의하는 개념이다.

04 파일 시스템은 간단한 데이터를 저장하는 데 적합하다. ◎ ☒

05 □□□ 데이터베이스 시스템은 데이터를 테이블에 저장한다.

06 MongoDB는 데이터를 키와 쌍의 값으로 저장한다. ◎ ☒

07 SQL은 관계형 데이터베이스와 상호작용하기 위한 표준화된 언어이다. ◎ ☒

08 분산 데이터베이스에 접근하기 위해서는 데이터의 위치를 정확하게 알아야 한다. ◎ ☒

09 객체지향 데이터베이스는 설계와 구현이 가장 단순하다. ◎ ☒

10 □□□□ 데이터베이스는 실시간 분석과 트랜잭션 처리에 적합하다.

정답 01 파일
02 × 해설 여러 서버나 장치에 데이터를 분산하여 저장하는 파일 시스템은 분산 파일 시스템이다.
03 스키마
04 ○
05 관계형
06 × 해설 MongoDB는 데이터를 문서 형식으로 저장한다.
07 ○
08 × 해설 분산 데이터베이스는 위치 투명성을 제공하여 데이터의 저장 장소를 알 필요가 없다.
09 × 해설 객체지향 데이터베이스는 설계와 구현이 복잡하다.
10 인메모리

데이터베이스 이해

1 데이터베이스 구성 요소

1) 테이블(Table)

- 데이터베이스에서 정보를 구조화하여 저장하는 단위이다.
- 엔터티(Entity) 또는 릴레이션(Relation)이라고도 불린다.
- 행과 열로 구성된 2차원의 구조로, 데이터의 집합을 나타낸다.
- 각 테이블은 고유한 이름을 가지며, 특정 유형의 데이터를 저장하는 역할을 한다.
- 일반적으로 관련된 데이터를 그룹화하여 효율적인 데이터 관리를 가능하게 한다.
- 예 '고객'이라는 테이블은 고객들의 정보를 저장하는 역할을 할 수 있다.

2) 속성(Attribute)

- 테이블의 열을 나타내며, 특정 데이터 유형에 대한 정보를 기술한다.
- 필드(Field) 또는 변수(Variable)라고도 불린다.
- 각 속성은 고유한 이름을 가지며, 해당 속성에 저장되는 데이터의 유형을 정의한다.
- 테이블의 구조를 설명하고 데이터의 특징을 정의하는 데 사용된다.
- 예 '이름', '나이', '성별'과 같은 속성은 '고객' 테이블에서 각 고객의 이름, 나이, 성별과 관련된 데이터를 저장한다.

3) 레코드(Record)

- 테이블의 행을 나타내며, 튜플(Tuple)이라고도 한다.
- 각 레코드는 테이블의 속성에 해당하는 값들의 집합으로 구성된다.
- 데이터베이스에서 개별 데이터 항목을 표현하고 행 단위의 작업을 수행하는 데 사용된다.
- 예 '고객' 테이블의 한 레코드는 특정 고객의 이름, 나이, 성별 등에 대한 값을 포함한다.

4) 메타데이터(Metadata)

- 데이터에 대한 데이터로, 데이터의 특성, 구조, 의미 등을 설명하는 정보이다.
- 데이터베이스 시스템에서 데이터를 관리하고 사용하는 데 필요한 정보를 제공한다.
- 테이블의 속성 이름, 데이터 유형, 제약 조건, 관계 등의 정보를 포함하며, 이를 통해 데이터의 의미를 이해하고 해석할 수 있다.

- 테이블 이름, 속성 이름, 인덱스 정보 등을 포함하여 데이터베이스에서 원하는 데이터를 식별하고 검색하는 데 도움을 준다.
- 테이블 간의 관계, 제약 조건, 외래키 등을 정의하여 데이터의 일관성과 무결성을 보장한다.
- 데이터의 유형, 형식, 크기, 통계 정보 등을 포함하여 데이터 분석 및 가공 작업에 필요한 정보를 제공한다.
- 접근 권한, 사용자 권한, 보안 제약 조건의 정보를 포함하여 데이터의 보안과 접근 제어를 관리한다.

5) 데이터 딕셔너리(Data Dictionary)

- 데이터베이스 시스템에서 사용되는 데이터 구조와 메타데이터에 대한 정보를 저장하고 관리하는 역할을 한다.
- 데이터베이스 객체(테이블, 속성, 제약 조건 등)의 정의, 구조, 속성, 통계 등의 데이터에 대한 설명과 정보를 포함한다.
- 데이터베이스 관리 시스템(DBMS)에서 중요한 역할을 하며, 데이터의 정확성과 일관성을 유지하는 데 도움을 준다.

6) 트랜잭션 관리자(Transaction Manager)

- 데이터베이스에서 트랜잭션의 관리와 제어를 담당한다.
- 트랜잭션은 데이터베이스에서 원자와 같은 작업 단위로 간주되며, 여러 개의 데이터 조작 작업을 하나의 논리적인 단위로 묶어 일관성과 안전성을 보장한다.
- 트랜잭션의 시작, 종료, 병합, 롤백 등의 작업을 처리하여 데이터의 일관성과 동시성 제어를 관리한다.

7) 저장 데이터 관리자(Stored Data Manager)

- 데이터베이스의 저장 구조와 데이터의 물리적인 저장, 접근, 관리를 담당한다.
- 데이터베이스의 블록 할당, 파일 시스템, 인덱스 구조, 버퍼 등을 관리하여 데이터의 효율적인 저장과 검색을 지원한다.
- 데이터의 저장 방법과 구조에 관한 결정, 디스크 공간 관리, 인덱스 생성과 유지, 데이터베이스 파일 관리 등의 작업을 수행한다.

8) 질의 처리기(Query Processor)

- 사용자의 질의(SQL)를 처리하고 데이터베이스로부터 원하는 정보를 추출하는 역할을 한다.
- 사용자가 요청한 질의를 해석하고, 최적의 실행 계획을 생성하여 데이터베이스로부터 데이터를 검색하거나 조작한다.

2 데이터베이스 구조

1) 스키마(Schema)

① 스키마의 정의 24년 2회

- 데이터베이스의 논리적 구조를 나타내는 메타데이터의 집합이다.
- 테이블, 열, 데이터 유형, 관계, 제약 조건 등 데이터베이스의 구조적 특성을 정의한다.
- 데이터 구조와 제약 조건을 분명하고 자세히 하는 것으로 개체, 속성, 관계의 정의와 그들이 유지해야 할 제약 조건을 포함한다.
- 데이터베이스 관리의 관점에서 스키마는 외부 단계, 개념 단계, 내부 단계로 구분된다. 각 단계의 스키마는 외부 스키마, 개념 스키마, 내부 스키마로 알려져 있으며, 이를 3단계 데이터베이스 구조라고 한다.
- 데이터베이스 시스템에서 데이터의 정확성과 일관성을 유지하기 위해 중요한 역할을 한다. 외부 스키마, 개념 스키마, 내부 스키마는 서로 다른 관점에서 데이터의 구조를 정의하며, 데이터베이스 시스템의 사용자 및 관리자가 데이터에 접근하고 조작할 수 있도록 한다.

② 스키마의 구성 요소

- 테이블: 데이터를 저장하는 기본 단위로, 행과 열로 구성된다.
- 열: 테이블 내의 각 열은 특정 데이터의 유형과 속성을 가진 데이터를 저장한다.
- 행: 각 행은 테이블 내의 개별 데이터의 레코드를 나타낸다.
- 데이터 유형: 각 열의 데이터 유형을 정의한다(⑩ 정수, 실수, 문자열 등).
- 관계: 테이블 간의 관계를 정의한다(⑩ 일대일, 일대다, 다대다).
- 제약 조건: 데이터의 무결성을 보장하기 위한 규칙을 정의한다(⑩ 기본키, 외래키 등).

③ 스키마의 종류 24년 1회

외부 스키마	• 데이터베이스의 논리적 구조로, 데이터베이스 사용자가 인식하는 데이터베이스 구조 • 데이터베이스의 논리적 설계와 구조화 방법을 정의하고, 물리적 저장 세부 사항은 포함하지 않음 • 관계형 데이터베이스에서 테이블 구조, 열과 데이터 유형, 테이블 간의 관계 등을 포함
개념 스키마	• 데이터베이스 전체의 추상적 모델로, 데이터베이스의 전반적인 구조를 설명 • 전체 데이터베이스의 구조와 정책을 정의 • 응용 프로그램과 사용자 그룹을 아우르는 데이터베이스의 전체적인 뷰를 제공 • 개념적 스키마는 일반적으로 데이터베이스 설계 초기 단계에 정의됨 • 개체 관계 모델(ERM), 개체-관계 다이어그램(ERD) 등을 포함
내부 스키마	• 데이터베이스의 물리적 저장 형태로, 데이터가 실제로 저장되는 방식을 설명 • 저장 파일, 레코드의 배열, 인덱스의 구조, 액세스 경로 등을 포함 • 데이터베이스 관리 시스템의 성능과 저장 효율성에 영향을 미치고, 데이터베이스 관리자에 의해 관리됨 • 데이터베이스 파일의 저장 방식, 데이터 압축 및 인코딩 방식, 인덱스의 물리적 구현 등을 포함

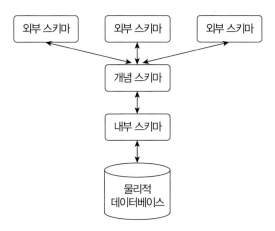

▲ 데이터베이스 스키마

데이터베이스의 구성 요소를 구분하고 스키마의 정의와 종류를 명확히 숙지한다.

2) 데이터 언어

- 데이터베이스 시스템과 상호작용하기 위해 사용되는 프로그래밍 언어의 한 형태이다. 데이터 언어는 데이터베이스를 정의하고 조작하고 제어하는 데 사용된다.
- SQL(Structured Query Language)은 관계형 데이터베이스 관리 시스템에서 사용되며, 강력하고 유연한 데이터 관리 기능을 제공한다.

① 데이터 정의어(DDL, Data Definition Language) 24년 1회

- 데이터베이스의 스키마를 정의하고 관리하는 데 사용된다.
- 주요 명령어는 CREATE, ALTER, DROP 등이다.
  - CREATE: 새로운 테이블, 데이터베이스, 인덱스, 뷰 등을 생성하는 명령어

```
# 'Customers' 테이블 생성
CREATE TABLE Customers(
  CustomerID INT PRIMARY KEY,
  CutermerName VARCHAR(50),
  CustomerEmail VARCHAR(100)
);
```

– ALTER: 이미 존재하는 테이블의 구조를 변경(열 추가, 수정, 삭제 등)하는 명령어

```
# 'Customers' 테이블에 'CustomerAddress' 필드 추가
ALTER TABLE Customers
ADD  CustomerAddress VARCHAR(200);

# 'Customers' 테이블에서 'CustomerAddress' 필드의 데이터 유형 변경
ALTER TABLE Customers
MODIFY CustomerAddress VARCHAR(300);

# 'Customers' 테이블에서 'CustomerAddress' 필드 삭제
ALTER TABLE Customers
DROP COLUMN CustomerAddress;
```

– DROP: 데이터베이스 객체(테이블, 뷰, 인덱스 등)를 삭제하는 명령어

```
# 'Customers' 테이블 삭제
DROP TABLE Customers;
```

② 데이터 조작어(DML, Data Manipulation Language) 24년 2회
• 데이터를 검색, 삽입, 수정, 삭제하는 데 사용된다.
• 주요 명령어는 SELECT, INSERT, UPDATE, DELETE 등이다.
  – SELECT: 데이터베이스에 데이터를 검색할 때 사용하는 명령어

```
# 'Customers' 테이블에서 'CustomerID'가 1인 고객의 이름 검색
SELECT CustomerName
FROM Customers
WHERE CustomerID = 1;
```

  – INSERT: 데이터베이스에 새로운 데이터를 삽입하는 명령어

```
# 'Customers' 테이블에 새로운 고객 데이터 추가
INSERT INTO Customers(CustomerID, CustomerName, CustomerEmail)
VALUES(1, 'Il-Jung Seo', 'ijseo@kyonggi.ac.kr');
```

  – UPDATE: 데이터베이스에 이미 존재하는 데이터를 수정하는 명령어

```
# 'Customers' 테이블에서 'CustomerID'가 1인 고객의 이메일 수정
UPDATE Customers
SET Email = 'iljung.seo@gmail.com'
WHERE CustomerID = 1;
```

  – DELETE: 데이터베이스에서 데이터를 삭제하는 명령어

```
# 'Customers' 테이블에서 'CustomerID'가 1인 고객 삭제
DELETE FROM Customers
WHERE CustomerID = 1;
```

③ 데이터 제어어(DCL, Data Control Language)

- 데이터베이스에 대한 접근 권한을 관리하는 데 사용된다.
- 주요 명령어로는 GRANT와 REVOKE가 있다.
  - GRANT: 사용자에게 특정 권한을 부여하는 명령어

```
# 사용자 'Tom'에게 'Customers' 테이블에 대한 SELECT 권한 부여
GRANT SELECT ON Customers TO Tom;
```

  - REVOKE: 사용자에게 부여된 권한을 취소하는 명령어

```
# 사용자 'Tom'의 'Customers' 테이블에 대한 SELECT 권한 취소
REVOKE SELECT ON Customers FROM Tom;
```

> **기적의 TIP**
>
> 데이터 언어의 종류와 목적을 구분하고 특히 데이터 조작어의 쓰임새를 숙지한다.

3 키와 변수의 개념

1) 키(Key)

데이터베이스에서 키는 테이블 내의 특정 행을 식별하거나, 테이블 간의 관계를 정립하는 데 사용되는 개념이다. 여러 종류의 키가 있으며, 각각은 데이터베이스 내에서 고유의 다른 역할을 한다.

▲ 주문 데이터베이스(고객–주문–제품)

① 기본키(Primary Key)

- 테이블 내의 각 행을 고유하게 식별하는 열 또는 열의 조합이다.
- 중복된 값을 가질 수 없으며, NULL 값을 포함할 수 없다.
- NULL: 어떠한 값도 갖지 않는 것을 의미하고, 0 또는 공백과 다르다.
- 데이터 무결성 유지, 테이블 내에서 각 행을 고유하게 식별, 테이블 간의 관계를 구축하는 데 사용된다.
  - ⑩ 고객 테이블의 고객 ID: 고객 정보를 저장하는 테이블에서, 각 고객을 식별하기 위해 '고객 ID'라는 고유한 번호를 사용할 수 있다.
  - ⑩ 주문 테이블의 주문 번호: 주문 기록을 저장하는 테이블에서, 각 주문을 구별하는 데 사용되는 '주문 번호'는 기본키로 사용할 수 있다.
  - ⑩ 제품 테이블의 제품 번호: 제품 정보를 저장하는 테이블에서, 각 제품을 구별하는 데 사용되는 '제품 번호'는 기본키로 사용할 수 있다.

② 외래키(Foreign Key)

- 다른 테이블의 기본키를 참조하는 열이다.
- 두 테이블 간의 관계를 정립하고, 참조 무결성을 유지하는 데 사용된다.
- 외래키는 참조하는 기본키의 값과 일치해야 하며, 그렇지 않으면 데이터의 무결성이 깨질 수 있다.
  - 예 주문 테이블의 고객 ID: 주문 테이블의 '고객 ID'는 고객 테이블의 기본키인 '고객 ID'를 참조한다. 이를 통해 각 주문이 어떤 고객에 속하는지 식별할 수 있다.
  - 예 주문 테이블의 제품 번호: 주문 테이블의 '제품 번호'는 제품 테이블의 기본키인 '제품 번호'를 참조한다. 이를 통해 각 주문이 어떤 제품에 속하는지 식별할 수 있다.

③ 후보키(Candidate Key)

- 테이블 내의 행을 고유하게 식별할 수 있는 열 또는 열의 조합이다.
- 후보키는 중복될 수 없고, NULL 값을 포함할 수 없다.
- 후보키는 테이블에서 기본키로 사용될 수 있는 모든 가능한 키이다.
- 예 고객 테이블에서 '고객 ID'와 '고객 이메일'은 각 고객을 고유하게 식별할 수 있는 후보키가 될 수 있다.

④ 대체키(Alternate Key)

- 후보키 중에서 기본키로 선택되지 않은 키이다.
- 대체키는 기본키로 사용되지 않지만, 여전히 행을 고유하게 식별할 수 있는 열이다.
- 예 고객 테이블의 후보키에서 '고객 ID'를 기본키로 선택하면 '고객 이메일'은 대체키가 된다.

⑤ 복합키(Composite Key)

- 두 개 이상의 열을 결합하여 테이블 내의 행을 고유하게 식별하는 키이다.
- 단일 열로는 행을 고유하게 식별할 수 없을 때 사용된다.
  - 예 고객 테이블에서 '고객 이름'과 '고객 주소'의 조합을 사용하여 고객을 식별할 수 있다.
  - 예 주문 테이블에서 '고객 ID'와 '제품 번호'의 조합을 사용하여 주문을 식별할 수 있다.

⑥ 슈퍼키(Super Key) 24년 1회

- 테이블 내의 행을 고유하게 식별할 수 있는 모든 가능한 열의 조합이다.
- 복합키는 각 행을 식별하는 데 필요한 최소의 열만 포함하지만, 슈퍼키는 필요 이상의 열을 포함할 수 있다.
- 예 '고객 ID+이름+주소'에서 '고객 ID'만으로도 각 행을 고유하게 식별할 수 있지만, 슈퍼키는 추가 정보인 '이름'과 '주소'를 포함할 수 있다.

2) 변수

측정이나 관찰을 통해 수집된 데이터의 다양한 속성을 나타내는 요소이다. 데이터 내에서 각 관찰치의 다른 특성들을 나타내며, 분석의 기본 구성 요소이다. 변수를 이해하는 것은 데이터의 구조를 파악하고 적절한 분석 방법을 선택하는 데 중요한 역할을 한다.

① 변수의 정의

- 변수는 데이터 세트 내 각 관찰치를 표현하는 개별 데이터 포인트이다. 예를 들어, 설문조사의 각 질문, 인구 조사에서의 각 항목 등이 변수에 해당한다.
- 각 변수는 고유한 이름(변수명)으로 식별되며, 이 이름을 통해 해당 데이터에 접근한다.
- 데이터 처리 및 분석에 사용되며, 값을 저장하고 조작함으로써 원하는 결과를 얻을 수 있게 한다.
- 프로그래밍에서 변수는 데이터를 저장하고 처리하는 데 사용되며, 통계에서 변수는 데이터의 특성을 기록하고 분석하는 데 사용된다.
- 값을 저장하여 다른 연산에 활용할 수 있으며, 값을 변경하거나 필요에 따라 다른 값을 할당할 수 있다.
- 변수는 특정한 데이터 유형을 가지며, 해당 유형에 따라 저장 가능한 값의 종류와 연산이 제한될 수 있다.

② 변수의 유형

양적 변수 (Quantitative Variable)	• 수치적 값을 가지며, 측정이나 계산을 통해 얻을 수 있는 변수 • 연속 변수: 어떤 범위 내에서 어떤 값이든 취할 수 있는 변수로, 온도, 체중, 소득 등이 이에 해당 • 이산 변수: 셀 수 있는 별개의 값들을 가지는 변수로, 자녀의 수, 고객 방문 횟수 등이 이에 해당
질적 변수 (Qualitative Variable)	• 특정 범주나 그룹으로 분류되는 변수 • 명목 변수: 데이터를 서로 구별하는 데 사용되는 변수로, 순서나 등급이 없는 성별, 혈액형, 국적 등이 이에 해당 • 순서 변수: 범주 간에 순서가 있는 변수로, 교육 수준(초등학교, 중학교, 고등학교, 대학교), 서비스 만족도(매우 만족, 만족, 보통, 불만족) 등이 이에 해당
독립 변수 (Independent Variable)	• 종속 변수에 영향을 주는 변수로, 원인이 되는 변수 • 다른 변수들에 영향을 받지 않고 자유롭게 값을 변경 가능
종속 변수 (Dependent Variable)	• 독립 변수에 의해 영향을 받는 변수로, 결과 혹은 응답을 나타내는 변수 • 다른 변수들의 변화에 따라 값이 변함 • 어떤 제품의 판매량을 예측한다면, 판매량은 종속 변수가 되며 이에 영향을 미치는 광고 비용, 가격을 독립 변수로 사용할 수 있음
파생 변수 (Derived Variable)	• 기존 변수로부터 새로 생성된 변수 • 원래 데이터에서 추가적인 통찰을 제공 가능 • 날짜에서 요일을 추출, 나이로부터 연령대를 그룹화하는 것 등이 이에 해당
인덱스 변수 (Index Variable)	• 여러 변수를 결합하여 만든 복합적인 단일 변수 • 사회경제적 지수, 건강 지수 등이 이에 해당
요약 변수 (Summary Variable)	• 데이터의 특성을 요약하여 표현한 변수 • 여러 개의 관측치를 대표하는 값으로 축약된 형태를 가지며, 데이터의 집계나 통계 계산에 사용 • 학생들의 시험 점수로부터 평균, 중앙값, 최댓값, 최솟값 등을 계산하여 요약 변수를 생성하는 경우가 이에 해당
시계열 변수 (Time Series Variable)	• 시간에 따라 변화하는 값을 갖는 변수 • 일정한 간격으로 측정되거나 관찰되는 시간 데이터를 기반으로 함 • 시간 경과에 따른 패턴, 추세, 계절성 등을 파악하거나 예측하는 데 사용 • 매일의 주가, 매월의 판매량, 연간 기후 데이터 등이 이에 해당

③ 변수의 중요성
- 분석 기반: 데이터를 분석하는 기본 단위로, 데이터의 특성을 이해하는 데 필수적이다.
- 패턴 인식: 변수를 분석함으로써 데이터 내의 패턴, 추세, 상관관계를 파악할 수 있다.
- 요인 식별: 변수 간의 관계를 분석하여, 특정 결과에 영향을 미치는 주요 요인들을 식별할 수 있다.
- 예측 모델: 예측 분석에서 변수들은 입력 데이터로 사용된다.

④ 변수의 사용
- 데이터 수집: 데이터 수집 단계에서는 분석 목적에 맞는 변수를 결정하고 수집한다.
- 데이터 처리: 데이터를 전처리하는 과정에서 변수를 정리하고, 필요한 변환을 수행한다.
- 데이터 분석: 변수의 특성에 따라 적절한 분석 방법을 적용하여 통찰을 도출한다.

기적의 TIP

키와 변수의 종류를 구분하고 예를 들어 설명할 수 있어야 한다.

4 데이터베이스 설계

데이터를 효과적으로 저장, 검색 및 관리하기 위해 데이터베이스 시스템의 구조를 만드는 과정이다. 이 과정은 데이터 무결성과 일관성을 유지하고, 전체 시스템 성능을 향상시키고, 시스템의 확장성 및 유지보수를 용이하게 하는 것을 목적으로 한다. 데이터베이스 설계는 크게 개념적 설계, 논리적 설계, 물리적 설계로 구분된다.

1) 개념적 설계
데이터베이스 설계의 전체적인 방향과 구조를 결정하는 단계이다. 개념적 설계의 목적은 데이터와 그 데이터 간의 관계를 일반적인 수준에서 정의하고 모델링하는 것이다.

① 개념적 설계의 구성 요소
- 개체(Entity): 데이터베이스에 저장될 객체나 사물을 나타낸다. '고객', '주문', '제품' 등이 개체가 될 수 있다.
- 속성(Attribute): 개체의 특성이나 성질을 나타내는 항목이다. 고객 개체의 속성으로는 이름, 주소, 이메일 등이 있다.
- 관계(Relationship): 개체와 개체 사이의 연관성을 나타낸다. 고객 개체와 제품 개체 사이의 주문이라는 관계를 나타낼 수 있다.

② 개념적 설계의 과정

1. 요구사항 분석	• 사용자의 필요와 요구사항을 수집하고 분석하는 단계 • 이 단계는 인터뷰, 설문조사, 문서 분석 등을 통해 수행됨
2. 개체 식별	시스템에 필요한 주요 개체들을 식별하는 단계
3. 속성 정의	각 개체에 대한 속성들을 정의하는 단계
4. 관계 설정	개체들 사이의 관계를 개념 수준에서 정의하는 단계
5. ER(개체-관계) 다이어그램 작성	• 개체, 속성, 관계를 시각적으로 나타내는 다이어그램을 작성하는 단계 • 작성한 다이어그램은 전체 데이터베이스 구조의 청사진 역할을 함

2) 논리적 설계

개념적 설계가 완료된 후 진행되는 과정으로, 실제 데이터베이스 관리 시스템에서 사용될 수 있는 구조로 데이터 모델을 변환하는 단계이다. 이 단계에서는 특정 데이터베이스 모델(◉ 관계형 모델)에 맞게 데이터의 구조를 정의한다. 논리적 설계의 주요 목표는 효율적인 데이터 저장과 접근을 위한 데이터베이스 스키마를 개발하는 것이다. 논리적 설계가 잘 이루어지면 데이터베이스 시스템의 성능, 유지보수성, 확장성이 향상된다.

① 논리적 설계의 과정

1. 데이터 모델 선정	관계형, 객체지향, NoSQL 등의 데이터 모델 중 적합한 것을 선택
2. 테이블 정의	• 개념적 설계 단계에서 식별된 개체를 테이블로 변환 • 각 테이블에는 기본키가 지정되어야 함
3. 속성(필드) 정의	각 테이블의 속성을 정의하고 데이터 유형을 지정
4. 관계 설정	• 테이블 간의 대응 관계(카디널리티)를 정의(◉ 일대일, 일대다, 다대다 관계) • 외래키를 사용하여 테이블 간의 관계를 구현
5. 정규화	• 데이터 중복을 최소화하고 무결성을 보장하기 위해 정규화 과정을 수행 • 정규화는 데이터베이스의 설계를 최적화하고, 갱신 이상을 방지하는 데 도움이 됨
6. 데이터베이스 스키마 작성	• 논리적 구조를 문서화하여 데이터베이스 스키마를 작성 • 스키마는 테이블, 속성, 관계, 제약 조건 등의 정보를 포함

② 논리적 설계의 고려 사항

- 데이터베이스 사용자의 데이터 요구사항을 충분히 이해하고 반영해야 한다.
- 선택된 데이터베이스 관리 시스템의 특성과 제약 사항을 고려하여 설계해야 한다.
- 데이터 보호 및 접근 제어를 위한 메커니즘을 설계에 반드시 포함해야 한다.

3) 물리적 설계

논리적 설계 단계 이후에 수행되는 과정으로, 논리적으로 정의된 데이터베이스 스키마를 실제 저장 매체에 어떻게 저장할지 결정하는 단계이다. 물리적 설계의 목적은 데이터의 저장 및 접근 방식을 최적화하여 전체 데이터베이스 시스템의 성능을 향상시키는 것이다.

① 물리적 설계의 과정

1. 파일 저장 구조 결정	• 데이터베이스의 테이블이 실제로 저장되는 파일의 형태와 구조를 결정 • 인덱싱, 클러스터링, 데이터 파일의 배치 등을 고려
2. 인덱싱 전략	• 데이터 검색 속도를 향상시키기 위해 어떤 필드에 인덱스를 생성할지 결정 • 인덱스 유형(⑩ B-트리, 해시) 및 특성을 고려하여 인덱스를 결정
3. 파티셔닝 및 클러스터링	대용량 테이블의 데이터를 파티션(분할)하거나 클러스터(그룹화) 가능
4. 데이터베이스 서버의 구성	하드웨어 리소스(CPU, 메모리, 디스크 공간 등)를 할당하고 최적화
5. 데이터 보안 및 백업 전략	데이터 보안을 위한 접근 제어와 백업 및 복구 전략을 수립
6. 네트워크 구성	클라이언트와 서버 간의 네트워크 통신 및 데이터 전송 방식을 고려하여 네트워크를 설계

② 물리적 설계의 고려 사항 24년 2회

- 사용 가능한 하드웨어의 성능 및 용량을 고려해야 한다.
- 데이터가 얼마나 자주, 어떤 형태로 접근되는지를 분석한다.
- 트랜잭션의 복잡성과 처리량을 고려하여 설계한다.
- 성능 향상과 관련된 비용을 분석하고 최적의 균형점을 찾는다.
- 시스템의 성장 가능성과 미래의 확장성을 고려한다.

5 데이터베이스 구현과 활용

1) 데이터베이스 구현

데이터베이스 설계 단계가 완료된 후에 이루어지는 과정이다. 이 단계는 설계된 데이터베이스 모델을 실제로 구축하고, 필요한 소프트웨어 시스템과 통합하여 작동하게 만드는 과정이다. 데이터베이스 구현 과정은 데이터베이스를 생성하고, 데이터를 적재하고, 애플리케이션과의 통합, 성능 테스트 등을 포함한다.

① 데이터베이스 생성

- 데이터베이스 관리 시스템에 데이터베이스 설계에 따라 데이터베이스를 생성한다.
- 테이블, 뷰, 인덱스 등을 정의하고 생성한다.

② 데이터 입력 및 마이그레이션

- 데이터베이스에 초기 데이터를 입력하거나 기존 시스템에서 데이터를 마이그레이션(이전)한다.
- 데이터 변환 도구나 스크립트를 사용하여 데이터를 형식에 맞게 변환하고 적재한다.

③ 애플리케이션 통합

- 개발된 데이터베이스를 응용 프로그램과 통합한다.
- 응용 프로그램이 데이터베이스와 상호작용할 수 있도록 API(Application Programming Interface)나 쿼리 인터페이스를 구현한다.

④ 사용자 인터페이스 개발

- 사용자가 데이터베이스와 상호작용할 수 있도록 사용자 인터페이스(UI)를 개발한다.
- 사용자 인터페이스를 개발하여 웹 인터페이스, 데스크톱 애플리케이션, 모바일 앱 등에 이용할 수 있다.

⑤ 보안 설정

- 데이터 접근 제어를 설정하고, 사용자 권한을 정의한다.
- 암호화, 백업, 복구 전략을 구현한다.

⑥ 성능 튜닝 및 최적화

- 데이터베이스의 쿼리 성능, 서버 자원 사용률, 가용성 등을 지속적으로 모니터링한다.
- 쿼리 최적화, 인덱싱 전략, 데이터베이스 설정 등을 통해 시스템의 성능을 최적화한다.

⑦ 테스팅 및 디버깅

- 데이터베이스의 기능과 성능을 테스트하고, 발견된 문제를 수정한다.
- 부하 테스트, 보안 테스트, 통합 테스트 등을 수행한다.

⑧ 문서화 및 유지보수

- 데이터베이스 구조, 사용 방법, 유지보수 절차 등을 문서화한다.
- 데이터베이스의 지속적인 유지보수 및 관리 계획을 수립한다.

2) 데이터베이스의 활용

데이터베이스는 다양한 분야에서 활용되며, 조직과 개인의 업무 및 의사결정을 지원하는 데 중요한 역할을 한다.

① 엔터프라이즈 애플리케이션

- 기업들은 데이터베이스를 사용하여 엔터프라이즈 애플리케이션을 구축한다.
- 전사적자원관리(ERP, Enterprise Resource Planning), 고객관계관리(CRM, Customer Relationship Management), 공급사슬관리(SCM, Supply Chain Management) 등이 대표적인 엔터프라이즈 애플리케이션이다.

② 온라인 트랜잭션 처리(OLTP, On-Line Transactiopn Processing)

- 데이터베이스는 온라인 판매, 은행 거래, 항공 예약과 같은 실시간 트랜잭션 처리 시스템에 사용된다.
- 데이터베이스는 고객 정보, 주문 기록, 재고 등을 관리하고 신속한 응답을 제공한다.

③ 데이터 웨어하우스 및 비즈니스 인텔리전스

- 데이터베이스는 대량의 데이터를 수집하고 저장하여 데이터 웨어하우스를 구축하는 데 사용된다.
- 데이터 웨어하우스는 데이터 마이닝 및 비즈니스 인텔리전스를 위한 분석 도구에 데이터를 제공한다.

④ 과학 및 연구

과학 연구 및 학문 분야에서는 데이터베이스가 실험 데이터, 연구 결과, 문헌 정보 등을 저장하고 공유하는 데 활용된다.

⑤ 인터넷 애플리케이션 및 웹사이트

웹 애플리케이션 및 웹사이트에서는 사용자 데이터, 콘텐츠 및 세션 관리를 위해 데이터베이스를 활용한다.

⑥ 로그 및 모니터링

시스템 및 네트워크 로그, 보안 이벤트 로그 등의 데이터는 데이터베이스에 저장되어 추적, 모니터링 및 보고를 위해 활용된다.

01 테이블은 데이터베이스에서 정보를 구조화하여 저장하는 단위이다. ◎ ✗

02 ☐☐☐ 스키마는 추상적 모델로 데이터베이스의 전반적인 구조를 설명한다.

03 데이터 조작어는 데이터베이스의 스키마를 정의하고 관리하는 데 사용된다. ◎ ✗

04 SQL에서 ☐☐☐☐은 데이터베이스 객체를 삭제하는 명령어이다.

05 대체키는 테이블에서 기본키로 사용될 수 있는 모든 가능한 키이다. ◎ ✗

06 질적 변수는 특정 범주나 그룹으로 분류되는 변수로 순서의 유무에 따라 구분된다. ◎ ✗

07 온도, 체중, 소득 등은 연속 변수에 해당한다. ◎ ✗

08 ☐☐는 데이터베이스에 저장된 객체나 사물을 나타낸다.

09 외래키를 사용하여 테이블 사이의 관계를 정의하고 구현한다. ◎ ✗

10 데이터베이스의 개념적 설계 단계에서 특정 데이터 모델을 선택한다. ◎ ✗

정답 01 ◎
02 개념적
03 ✗ 해설 스키마를 정의하고 관리하는 데이터 언어는 데이터 정의어이다.
04 DROP
05 ✗ 해설 기본키로 사용될 수 있는 모든 가능한 키는 후보키라고 한다.
06 ◎
07 ◎
08 개체
09 ◎
10 ✗ 해설 특정 데이터 모델의 선택은 데이터베이스의 논리적 설계 단계에서 이루어진다.

01 파일 시스템의 계층 구조 중 루트 디렉터리에 대한 설명으로 옳은 것은?

① 루트 디렉터리는 내용을 저장하는 논리적 단위이다.

② 루트 디렉터리는 일정한 크기의 데이타 조각이다.

③ 루트 디렉터리는 일반적으로 사용자가 생성한다.

④ 루트 디렉터리는 파일 시스템의 가장 상위 디렉터리이다.

02 파일 시스템의 종류 중 리눅스에서 사용되는 파일 시스템으로 가장 적절한 것은?

① NTFS

② Ext4

③ APFS

④ FAT32

03 파일 시스템에서 데이터 불일치 문제가 발생하는 이유로 가장 적절한 것은?

① 파일 시스템이 네트워크에 연결되어 있지 않기 때문이다.

② 파일 시스템은 데이터 무결성을 보장하지 못하기 때문이다.

③ 파일 시스템에서 같은 데이터가 여러 파일에 중복으로 저장될 수 있기 때문이다.

④ 파일 시스템은 데이터를 자동으로 업데이트하지 않기 때문이다.

04 데이터베이스 시스템에서 데이터가 올바르게 저장되고 유지되도록 하는 기능으로 가장 적절한 것은?

① 데이터 검색 및 질의
② 데이터 모델링
③ 데이터 무결성 검사
④ 데이터 백업 및 복구

05 다음 중 여러 사용자가 데이터에 접근하여 작업할 수 있도록 지원하는 데이터베이스 시스템의 기능으로 가장 적절한 것은?

① 데이터 검색 및 질의
② 데이터 백업 및 복구
③ 데이터 모델링
④ 동시성 제어

06 파일 시스템과 데이터베이스 시스템의 차이점으로 가장 적절한 것은?

① 파일 시스템은 단일 파일만 관리하고 데이터베이스 시스템은 여러 파일을 관리한다.
② 파일 시스템은 데이터를 효율적으로 구조화하고 검색한다.
③ 데이터베이스 시스템은 데이터를 구조화하고 관리하는 데에 특화되어 있다.
④ 파일 시스템은 SQL을 사용하여 데이터를 관리한다.

07 관계형 데이터베이스의 특징으로 옳은 것은?

① 테이블 기반으로 구조화된다.
② 데이터의 무결성을 무시한다.
③ 트랜잭션 관리를 지원하지 않는다.
④ SQL을 지원하지 않는다.

08 관계형 데이터베이스에서 외래키의 역할로 가장 적절한 것은?

① 데이터의 유형을 결정한다.
② 테이블 간의 관계를 나타낸다.
③ 테이블 내 행을 고유하게 식별한다.
④ 데이터를 암호화한다.

09 트랜잭션의 특성 중 '원자성'이 의미하는 것으로 가장 적절한 것은?

① 트랜잭션의 모든 연산은 모두 완료되거나, 수행되지 않아야 한다.
② 트랜잭션은 원자로 처리되어야 한다.
③ 트랜잭션은 데이터의 일관성을 유지해야 한다.
④ 트랜잭션은 지속적으로 실행되어야 한다.

10 약자 'NoSQL'이 의미하는 것으로 가장 적절한 것은?

① 'New SQL'의 약자로 새로운 SQL 쿼리 언어를 의미한다.

② 'Not Only SQL'의 약자로 SQL 이외의 방법으로 데이터를 조작할 수 있다는 뜻이다.

③ 'Non-Relational SQL'의 약자로 관계형 SQL을 사용하지 않는다는 의미이다.

④ 'No Sequel'의 약자로 SQL을 전혀 사용하지 않는다는 의미이다.

11 다음 중 그래프 데이터베이스에 대한 설명으로 옳은 것은?

① 데이터를 키와 값의 쌍으로 저장한다.

② 데이터를 열의 집합으로 저장한다.

③ 데이터를 노드와 엣지로 모델링한다.

④ 데이터를 문서로 저장한다.

12 분산 데이터베이스의 특징 중 투명성의 의미로 가장 적절한 것은?

① 사용자는 데이터가 어디에 위치해 있는지 알 필요가 없다.

② 트랜잭션 관리를 통해 데이터의 일관성을 유지하는 것이다.

③ 각 분산 데이터베이스는 일정 수준의 자율성을 갖는다.

④ 데이터는 여러 위치의 서버에 분산되어 저장된다.

13 분산 데이터베이스에서 복제 기능의 목적으로 가장 적절한 것은?

① 데이터의 투명성을 제공한다.
② 데이터의 보안을 강화한다.
③ 데이터의 가용성을 높여준다.
④ 트랜잭션 관리를 간소화한다.

14 객체지향 데이터베이스에서 객체 간의 관계를 표현하는 것으로 가장 적절한 것은?

① SQL을 사용하여 표현된다.
② 포인터나 참조를 사용하여 표현된다.
③ 테이블을 사용하여 표현된다.
④ 인덱스를 사용하여 표현된다.

15 인메모리 데이터베이스에 가장 적합한 애플리케이션은?

① 트랜잭션 중심의 애플리케이션
② 대용량 데이터 저장이 필요한 애플리케이션
③ 실시간 처리와 빠른 응답 시간이 필요한 애플리케이션
④ 복잡한 캐싱 및 인덱싱 메커니즘이 필요한 애플리케이션

16 관계형 데이터베이스와 NoSQL 데이터베이스의 가장 큰 차이점은?

① 데이터 모델
② 데이터 크기
③ 사용자 인터페이스
④ 보안 기능

17 데이터베이스에서 데이터를 실제로 저장하고 관리하는 데 사용되는 구성 요소로 가장 적절한 것은?

① 데이터 딕셔너리
② 데이터 인덱스
③ 데이터 테이블
④ 데이터 스키마

18 데이터베이스 스키마의 구성 요소로서, 테이블 내에서 개별 데이터를 저장하는 기본 단위는?

① 열
② 행
③ 데이터 유형
④ 제약 조건

19 데이터베이스 스키마 중 데이터베이스 사용자가 인식하는 데이터베이스 구조에 해당하는 것으로 가장 적절한 것은?

① 데이터 인덱스
② 개념 스키마
③ 외부 스키마
④ 내부 스키마

20 데이터베이스를 정의하고 조작하고 제어하는 데 사용되는 것으로 가장 적절한 것은?

① 데이터베이스 모델
② 데이터베이스 언어
③ 데이터베이스 엔진
④ 데이터베이스 스키마

21 데이터베이스의 스키마를 정의하고 관리하는 데 사용되는 언어는?

① 데이터 제어어
② 데이터 조작어
③ 데이터 정의어
④ 데이터 검색어

22 데이터베이스에서 데이터를 수정하는 데 사용되는 데이터 언어의 명령어는?

① CREATE
② INSERT
③ UPDATE
④ DELETE

23 다음 중 외래키의 설명으로 가장 적절한 것은?

① 테이블의 각 행을 고유하게 식별한다.
② 테이블 사이의 관계를 정립한다.
③ 중복된 값을 허용한다.
④ 데이터 무결성을 깨트린다.

24 대체키에 대한 설명으로 가장 적절한 것은?

① 후보키 중에서 기본키로 선택되지 않은 키이다.
② 두 개 이상의 열을 결합하여 테이블 내의 행을 고유하게 식별하는 키이다.
③ 다른 테이블의 기본키를 참조하는 키이다.
④ 테이블 내의 각 행을 고유하게 식별하는 키이다.

25 다음 중 변수가 나타내는 것으로 가장 적절한 것은?

① 관찰치의 순서
② 관찰치의 크기
③ 관찰치의 특징
④ 관찰치의 범주

26 다음 중 인덱스 변수의 설명으로 가장 적절한 것은?

① 단일 변수이다.
② 여러 변수의 결합으로 생성한다.
③ 기존 변수로부터 새로 생성된다.
④ 연속 변수의 하위 범주이다.

27 변수를 이해하는 것이 중요한 이유로 가장 적절한 것은?

① 데이터를 고유하게 식별하는 데 필요하다.
② 데이터 분석 방법을 선택하는 데 필요하다.
③ 변수 이름을 설정하는 데 필요하다.
④ 양적 변수와 질적 변수를 구분하는 데 도움을 준다.

28 데이터베이스 설계 단계 중 논리적 설계의 주요 목표로 가장 적절한 것은?

① 데이터 무결성 보장
② 데이터 중복 최소화
③ 효율적 데이터 저장
④ 개념적 구조 정의

29 데이터베이스 설계 단계 중 데이터 보안 및 백업 전략을 수립하는 단계는?

① 개념적 설계
② 논리적 설계
③ 물리적 설계
④ 추상적 설계

30 데이터 중복을 최소화하고 무결성을 보장하기 위해 수행하는 과정으로 가장 적절한 것은?

① 쿼리 최적화
② 정규화
③ 인덱싱
④ 테이블 정의

01	④	02	②	03	③	04	③	05	④
06	③	07	①	08	②	09	①	10	②
11	③	12	①	13	③	14	②	15	③
16	①	17	③	18	②	19	③	20	②
21	③	22	③	23	②	24	①	25	③
26	②	27	②	28	③	29	③	30	②

01 ④

루트 디렉터리는 파일 시스템의 최상위 디렉터리로 모든 다른 디렉터리와 파일의 부모 역할을 한다.

02 ②

Ext4는 리눅스에서 사용되는 파일 시스템 중 하나이다.

03 ③

파일 시스템에서는 같은 데이터가 여러 파일에 중복으로 저장되기 때문에 데이터 불일치 문제가 발생할 수 있다.

04 ③

데이터가 올바르게 저장되고 유지되도록 하는 기능은 데이터 무결성 검사에 해당한다.

05 ④

여러 사용자가 동시에 데이터에 접근하여 작업할 수 있도록 지원하는 기능은 동시성 제어에 해당한다.

06 ③

파일 시스템은 파일을 단순히 저장하고 관리하는 데 사용되지만, 데이터베이스 시스템은 데이터를 구조화하고 효과적으로 관리하는 데에 중점을 둔다.

07 ①

관계형 데이터베이스는 데이터를 테이블 형태로 저장하며, 각 테이블은 행과 열로 구성된다.

08 ②

외래키는 두 테이블 간의 관계를 나타내며, 데이터의 무결성을 유지하는 데 사용된다.

09 ①

원자성은 트랜잭션의 모든 연산이 완전하게 실행되거나 전혀 실행되지 않아야 함을 의미한다.

10 ②

NoSQL 데이터베이스는 관계형 SQL 이외에도 다양한 방법으로 데이터를 조작할 수 있다.

11 ③

그래프 데이터베이스는 데이터를 노드, 엣지, 속성으로 모델링하여 복잡한 관계와 네트워크를 다루기에 적합하다.

12 ①

투명성은 사용자가 데이터가 어디에 위치해 있는지 알 필요 없이 데이터에 접근할 수 있도록 하는 것이다.

13 ③

데이터 복제는 데이터 가용성을 향상시키고 빠른 접근성을 제공한다.

14 ②

객체지향 데이터베이스에서 객체 간의 관계는 포인터나 참조를 사용하여 표현된다.

15 ③

인메모리 데이터베이스는 실시간 처리와 빠른 응답 시간이 필요한 애플리케이션에 가장 적합하다.

16 ①

관계형 데이터베이스는 테이블 기반의 데이터 모델을 사용하고, NoSQL 데이터베이스는 다양한 데이터 모델을 사용한다.

17 ③

데이터베이스에서 데이터는 테이블에 실제로 저장되고 관리된다

18 ②

데이터베이스 테이블 내에서 개별 데이터는 행의 형태로 저장된다.

19 ③

외부 스키마는 데이터베이스 사용자가 인식하는 데이터베이스 구조를 정의한다.

20 ②

데이터베이스 언어는 데이터베이스 시스템과 상호작용하기 위해 사용된다.

21 ③

데이터 정의어는 데이터베이스의 스키마를 정의하고 관리하는 데 사용된다.

22 ③

UPDATE 명령어는 데이터베이스에 이미 존재하는 데이터를 수정하는 데 사용된다.

23 ②

외래키는 다른 테이블의 기본키를 참조하여 테이블 간의 관계를 정립한다.

24 ①

대체키는 후보키 중에서 기본키로 선택되지 않은 키이다.

25 ③

변수는 데이터의 다양한 특성을 나타내며, 각 관찰치의 특징을 표현한다.

26 ②

인덱스 변수는 여러 변수를 결합하여 만든 복합적인 변수이다.

27 ②

변수를 이해하면 데이터의 구조를 이해하고 적절한 분석 방법을 선택하는 데 도움이 된다.

28 ③

논리적 설계의 주요 목표는 데이터의 효율적인 저장과 접근을 위한 스키마를 개발하는 것이다.

29 ③

물리적 설계 단계에서 데이터 보안 및 백업 전략을 수립한다.

30 ②

정규화는 데이터 중복을 최소화하고 무결성을 보장하기 위한 과정이다.

CHAPTER

03

∨

데이터 활용

데이터 가공 방법

1 데이터 오류

데이터 집합 또는 데이터베이스 내에서 발생하는 잘못된, 부정확한 또는 불완전한 데이터값이다. 데이터 오류는 입력 실수, 기술적 결함, 하드웨어 오작동, 데이터 수집, 저장, 전송 과정 등 다양한 원인으로 인해 발생한다. 데이터 오류는 데이터 관리 및 분석에 심각한 오류를 초래하므로 데이터의 정확성과 신뢰성을 보장하기 위해 유효성 검사와 검증 프로세스가 필수적이다.

1) 데이터 오류의 유형

① 데이터 무결성 오류

- 데이터베이스의 무결성 제약 조건(⑩ 기본키, 외래키, 고유 제약 조건)을 위반할 때 발생한다.
- 데이터베이스의 특정 열에 대한 고유값 조건이 있을 때, 동일한 값이 중복으로 입력되면 데이터 무결성 오류가 발생한다.
- ⑩ 주문 테이블에 주문 번호가 중복되는 경우 무결성 위반 오류가 발생한다.

② 데이터 정확성 오류

- 데이터값이 사실과 다를 때 발생한다.
- 데이터 입력 과정에서 실수로 부정확한 정보가 입력되거나, 데이터 소스에서 오류가 발생한 경우에 발생할 수 있다.
- ⑩ 이상값(데이터 범위를 크게 벗어나는 값), 오타·오류(데이터를 수동으로 입력할 때 실수로 발생), 계산 오류(수학적 또는 통계적 계산이 잘못 수행될 때 발생) 등이 여기에 해당된다.

③ 데이터 일관성 오류

- 서로 다른 데이터 소스의 동일한 데이터가 상이한 형식 또는 값으로 나타날 때 발생한다.
- 데이터베이스나 스프레드시트에서 데이터가 잘못 정렬되어 값이 잘못된 범주나 레이블에 연결될 수 있다.
- ⑩ 동일한 고객의 주소가 서로 다른 테이블에서 다르게 나타나거나 날짜 형식이 다른 두 데이터베이스에서 동일한 날짜 정보를 나타내는 경우 데이터 일관성 오류가 발생한다.

④ 데이터 완전성 오류

- 데이터가 누락되거나 부족한 경우에 발생한다.
- 데이터 입력 과정에서 필수 정보가 누락되거나, 데이터가 시스템에서 손실되었을 때 완전성 오류가 발생할 수 있다.
- 예 고객 테이블에서 주소가 빠지거나 주문 테이블에서 수량이 빠진 경우에 데이터 완전성 오류가 발생한다.

⑤ 데이터 형식 오류

- 데이터가 예상된 형식과 다르게 저장될 때 발생한다.
- 데이터가 지정한 표준에 따라 올바르게 포맷되지 않았을 때 발생한다.
- 예 문자로 지정한 전화번호가 문자가 아닌 숫자로 저장된 경우에 데이터 형식 오류가 발생한다.

2) 데이터 오류의 원인

① 데이터 생성 오류

- 데이터를 생성하는 원본 시스템 또는 데이터 소스에서 데이터 오류가 발생할 수 있다.
- 데이터 소스에서 데이터를 불완전하게 생성하거나 오류가 있는 형식으로 제공할 때 발생할 수 있다.
- 예 센서에서 수집한 데이터가 노이즈나 오류를 포함하는 경우 데이터 생성 오류가 발생할 수 있다.

② 데이터 입력 및 수집 오류

- 데이터를 입력하거나 수집하는 과정에서 발생한다.
- 데이터를 입력하는 사람들의 실수이거나 데이터 수집 시스템 또는 프로세스의 결함으로 인해 발생할 수 있다.
- 예 설문조사 데이터를 수동으로 입력할 때 응답자의 응답을 잘못 기록하는 경우 데이터 입력 및 수집 오류가 발생할 수 있다.

③ 데이터 변경 오류

- 데이터를 변경하는 과정에서 데이터 일관성을 유지하지 않는 경우 데이터 오류가 발생할 수 있다.
- 데이터 변환 프로세스 중에 데이터가 잘못 변환되거나 처리될 경우 데이터 오류가 발생할 수 있다.
- 예 주문을 변경할 때 잘못된 제품 번호를 입력하거나 고객 정보를 실수로 삭제하는 경우가 데이터 변경 오류에 해당한다.

④ 데이터 통합 오류

- 다수의 시스템 또는 데이터베이스 사이에 데이터를 통합할 때 일관성이 유지되지 않으면 데이터 오류가 발생할 수 있다.
- 데이터를 통합할 때 데이터 형식 또는 데이터값에 대한 불일치가 발생할 수 있다.
- 예 서로 다른 데이터베이스에서 동일한 정보를 다른 형식으로 저장하는 경우 데이터 통합 오류가 발생한다.

3) 데이터 오류의 관리

데이터 품질을 향상시키고 신뢰성 있는 데이터를 보장하기 위한 활동이다. 데이터 오류는 비용과 신뢰성에 영향을 미치는 중요한 문제이므로, 데이터 오류 관리에 주의를 기울여야 한다.

① 데이터 오류 탐지
- 데이터 검증 규칙: 데이터 오류를 탐지하는 데이터 검증 규칙을 정의한다.
- 데이터 프로파일링: 데이터의 품질을 분석하여 데이터 오류를 식별한다.
- 오류 로깅: 데이터 오류가 발생한 시간과 위치 등을 기록하고 추적한다.

② 데이터 오류 수정
- 오류 데이터 수정: 데이터 오류를 수정하고 데이터를 정확하게 변경한다.
- 데이터 재입력: 오류가 심각한 경우, 해당 데이터를 다시 입력한다.
- 오류 관리 프로세스: 데이터 오류에 대한 수정 및 관리를 체계화한다.

③ 데이터 오류 예방
- 데이터 품질 관리: 데이터 입력 및 저장에 관한 검증 규칙을 정의하고 적용한다.
- 자동 검증: 데이터 입력 및 처리 과정을 자동화하고 자동 검증 규칙을 적용한다.
- 교육 및 훈련: 데이터 사용자에게 데이터 입력 및 관리에 대한 교육 및 훈련을 제공한다.

④ 데이터 오류 모니터링
- 데이터 오류 대시보드: 데이터 품질을 모니터링하는 대시보드를 구축하고 추적한다.
- 정기적인 검증: 데이터 오류를 정기적으로 검증하고 수정하는 계획을 수립하고 실행한다.

⑤ 데이터 오류 보고 및 대응
- 데이터 오류가 발생한 경우 이를 신속하게 보고하고 적절하게 조치해야 한다.
- 데이터 오류 보고 및 대응 절차를 설정하여 오류 발생 시 즉각적으로 처리한다.

> **기적의 TIP**
>
> 데이터 오류는 데이터 분석의 품질에 지대한 영향을 미치므로 데이터 오류의 종류와 원인을 숙지하는 것이 중요하다.

2 데이터 정제

데이터 세트를 정확하고 일관되며 신뢰할 수 있는 형태로 만드는 과정이다. 데이터 정제의 목적은 분석의 정확도를 높이고, 데이터 품질을 개선하는 것이다.

1) 데이터 품질 검증
데이터가 특정 기준이나 요구사항을 만족하는지 확인하는 과정이다. 데이터 품질 검증은 7가지 핵심 측면이 있다.

① 데이터 정확성(Accuracy)
- 데이터가 현실을 정확하게 반영하는지 그 여부를 평가한다.
- 실제값과 데이터 세트의 값을 비교하거나, 샘플 데이터를 통해 오류를 검출한다.

② 데이터 완전성(Completeness)
- 필요한 모든 데이터 항목이 포함되어 있는지 확인한다.
- 결측값, NULL 값(비어있는 값)을 확인하고, 필요한 데이터가 모두 존재하는지 검사한다.

③ 데이터 일관성(Consistency)
- 데이터 세트 내의 데이터가 일관된 형식과 값을 가지고 있는지 검증한다.
- 서로 다른 데이터 소스 간의 데이터 일치 여부를 확인하고, 데이터 형식의 일관성을 점검한다.

④ 데이터 신뢰성(Reliability)
- 데이터가 일관된 출처로부터 제공되고, 반복적인 측정에서도 동일한 결과를 보이는지 평가한다.
- 데이터 출처를 확인하고, 데이터의 변동성을 분석한다.

⑤ 데이터 적시성(Timeliness)
- 데이터가 최신 상태이며, 적절한 시기에 사용할 수 있는지 평가한다.
- 데이터 생성 및 갱신 날짜를 검토하고, 현재 비즈니스 요구에 부합하는지 확인한다.

⑥ 데이터 유일성(Uniqueness)
- 데이터 세트 내에서 중복이 없는지 확인한다.
- 중복 데이터 항목을 식별하고 제거한다.

⑦ 데이터 유효성(Validity)
- 데이터가 특정 규칙이나 제약 조건을 준수하는지 검사한다.
- 데이터 유형, 형식, 범위를 검사하고, 비즈니스 규칙에 부합하는지 확인한다.

2) 결측값
① 결측값의 유형
- 완전 무작위 결측(MCAR, Missing Completely At Random): 결측치가 다른 변수들과 관련 없이 완전히 무작위로 발생한 경우(⑩ 설문 응답 중 일부가 무작위로 누락)이다.
- 무작위 결측(MAR, Missing At Random): 결측치가 다른 관측된 변수들과 관련이 있을 때 발생(⑩ 특정 연령대에서 설문 응답률이 낮은 경우)한다.
- 비무작위 결측(NMAR, Not Missing At Random): 결측치가 누락된 값 자체와 관련이 있을 때(⑩ 높은 소득을 가진 사람들이 소득 관련 질문에 응답을 피하는 경우) 발생한다.

② 결측값 처리

제거	• 행 제거: 결측값이 포함된 행 전체를 삭제하는 것, 데이터 손실이 발생할 수 있으므로 주의가 필요 • 열 제거: 결측값이 많은 특정 열(변수)을 삭제하는 것, 해당 변수가 중요하지 않을 때 고려될 수 있음
단순 대체	• 평균, 중앙값, 최빈값 대체: 결측값을 해당 열의 평균, 중앙값 또는 최빈값으로 대체하는 것, 수치형 데이터에는 평균이나 중앙값, 범주형 데이터에는 최빈값 대체가 일반적 • 고정값 대체: 결측값을 특정 값으로 대체하는 것, 0이나 특정 값 등을 사용할 수 있음
예측 모델을 사용한 대체	• 회귀 대체: 다른 변수를 기반으로 회귀 분석을 수행하여 결측값을 예측하는 것 • K-최근접 이웃(KNN, K-Nearest Neighbors): 결측값이 있는 데이터 포인트와 가장 유사한 K개의 이웃 데이터 포인트를 찾아 이들의 값을 기반으로 결측값을 추정하는 것
다중 대체	• 결측값을 여러 번 대체하여 여러 개의 완전한 데이터 세트를 생성하고, 이들 결과를 종합하여 최종 결론을 도출하는 방법 • 결측값의 불확실성을 고려하여, 분석의 신뢰도를 높일 수 있음
무시하기	• 결측값을 그대로 두고 분석을 진행하는 방법 • 결측값이 분석 결과에 큰 영향을 미치지 않거나, 결측값이 매우 적을 때 고려할 수 있음

③ 주의할 점
- 데이터의 특성 파악: 결측치의 원인과 유형을 파악하는 것이 중요하다.
- 방법의 선택: 데이터의 특성과 분석의 목적에 따라 적절한 결측치 처리 방법을 선택해야 한다.
- 결측치 처리의 영향: 어떤 처리 방법을 사용하느냐에 따라 분석 결과에 큰 영향을 미칠 수 있다.

3) 중복값 제거

① 중복값 식별
- 데이터 세트 내의 완전히 동일한 레코드(중복 행) 또는 특정 열에서의 중복 항목을 식별한다.
- 데이터베이스 쿼리(액세스), 스프레드시트(엑셀), 데이터 분석 프로그램(Python, R) 등을 사용해 중복 데이터를 찾을 수 있다.

② 중복값 제거
- 전체 행 제거: 모든 열이 완전히 동일한 행을 제거한다.
- 특정 열 기준 제거: 특정 열(◉ 고객 ID, 이메일 주소)을 기준으로 중복된 행을 제거한다.

③ 주의 사항
- 데이터 손실의 위험: 중복으로 보이는 데이터가 실제로 중요한 정보를 포함하고 있을 수 있으므로 신중한 판단이 필요하다.
- 데이터의 특성 이해: 데이터의 특성과 중복의 원인을 이해하는 것이 선행되어야 한다.

4) 불일치 데이터 처리

① 데이터 표준화
- 서로 다른 형식이나 단위를 사용하는 데이터를 표준 형식으로 변환한다.
- 날짜 형식, 통화, 주소, 전화번호 등을 일관된 형식으로 표준화한다.

② 데이터 맵핑(Data Mapping)

• 서로 다른 데이터 소스나 시스템 간의 데이터를 일치시키기 위해 매핑한다.
• 데이터 필드 간의 관계를 정의하고, 동일한 데이터를 매핑 규칙에 따라 연결한다.

③ 데이터 변경

불일치 데이터를 수정하거나 제거한다.

④ 데이터 조정

서로 다른 데이터 소스 간의 데이터를 비교하고 조정한다.

5) 이상값 처리

① 이상값 식별

• 통계적 방법: 평균과 표준 편차를 이용하거나, 사분위수를 활용하여 이상값을 식별한다.
• 시각적 방법: 상자수염그림, 산점도 등을 이용하여 시각적으로 이상값을 탐색한다.

② 이상값 제거

• 이상값을 데이터 세트에서 완전히 제거한다.
• 이상값이 데이터 분석에 부정적인 영향을 끼칠 때 사용된다.

③ 이상값 대체

• 이상값을 다른 값으로 대체한다.
• 평균, 중앙값, 최빈값 또는 다른 계산된 값으로 대체할 수 있다.

④ 데이터 변환

• 로그 변환, 제곱근 변환 등을 통해 데이터의 범위를 조정한다.
• 데이터의 분포를 보다 정규화시켜 이상값의 영향을 줄일 수 있다.

⑤ 이상값 분리

• 이상값을 별도의 그룹으로 분리하여 분석한다.
• 이상값이 특정한 패턴이나 중요한 정보를 포함하고 있을 수 있기 때문이다.

⑥ 통계적 조정

이상값에 가중치를 부여하거나 통계적으로 조정할 수 있다.

> **기적의 TIP**
>
> 데이터 품질의 기준에 대한 개념을 숙지하고, 결측값, 중복값, 이상값을 처리하는 방법을 중점적으로 학습해야 한다.

데이터 전처리 과정에서 데이터를 가공하고 변환하여 데이터의 형식, 구조 또는 값의 품질을 개선하는 작업이다.

1) 정규화(데이터를 일정 범위로 조정)

① 데이터 정규화의 목적

- 비교 용이성: 다른 단위 또는 규모의 데이터를 동일한 기준으로 비교할 수 있다.
- 편향 감소: 특정 변수가 결과에 미치는 과도한 영향을 줄인다.
- 알고리즘 성능 향상: 특히, 거리 기반 알고리즘(⁂ K-최근접 이웃, K-means 클러스터링)에서 중요하다.
- 수치적 안정성: 컴퓨터에서 수치 계산의 안정성을 향상시킨다.

② 주요 정규화 기법

- 최대-최소 정규화: 데이터를 0과 1 사이의 값으로 변환하는 것으로, '$(x-min(x))/(max(x)-min(x))$' 공식을 사용한다. 모든 데이터 포인트가 동일한 범위 내에 존재한다.
- 표준화: 평균이 0이고, 표준 편차가 1이 되도록 데이터를 변환한다. '$(x-\mu)/\sigma$, μ는 평균, σ는 표준 편차' 공식을 쓰며, 데이터의 분포 형태를 유지하면서 스케일을 조정한다.
- 소수점 정규화: 데이터값을 소수점 이동을 통해 정규화한다. 123.45를 1.2345로 변환(100으로 나눔)하는 경우를 예로 들 수 있다.

③ 정규화의 주의점

- 데이터의 원래 의미: 정규화는 데이터의 원래 의미나 단위를 변경할 수 있으므로, 이를 고려해야 한다.
- 이상치의 영향: 최대-최소 정규화는 이상치에 민감할 수 있으므로, 이상치가 존재하는 경우 다른 방법을 고려해야 한다.
- 데이터의 복원: 필요한 경우 원래 형태로 데이터를 복원할 수 있는 방법을 고려해야 한다.

2) 로그 변환

- 데이터 분포가 왜곡된 경우 데이터의 분포를 대칭적으로 만들어 극단적인 값의 영향을 줄이기 위해 데이터에 로그 함수를 적용하는 것이다.
- 이상값의 영향을 줄여주고, 데이터의 분포를 정규 분포에 가깝도록 만들어 준다.

3) 범주화(구간화 또는 이산화)

연속적인 데이터를 범주형 데이터로 변환하는 것이다.

① 범주화의 주요 목적

- 분석 용이성: 데이터를 명확하고 이해하기 쉬운 범주로 나누어 분석을 용이하게 한다.
- 정보 요약: 대량의 데이터를 간략하고 핵심적인 정보로 요약한다.
- 패턴 인식: 범주화를 통해 데이터 내의 패턴이나 경향을 더 쉽게 식별할 수 있다.

② 범주화 기법
- 등간격 구간화: 데이터의 범위를 동일한 크기의 구간으로 나눈다. 나이를 0-10, 10-20, 20-30 등으로 나누는 것을 예로 들 수 있다.
- 등빈도 구간화: 각 구간에 거의 동일한 수의 데이터 포인트가 오도록 나눈다. 성적을 상위 30%, 중간 40%, 하위 30% 등으로 나누는 것을 예로 들 수 있다.
- 클러스터 기반 구간화: 데이터를 클러스터링하고, 각 클러스터를 별도의 구간으로 간주한다. 데이터의 내재된 구조를 기반으로 구간을 정하는 것이다.
- 결정 트리 기반 구간화: 결정 트리 알고리즘을 사용하여 데이터를 이산화한다. 데이터의 순도(Purity)를 최대화하는 방향으로 구간을 정한다.

③ 범주화의 주의점
- 데이터 손실: 범주화 과정에서 정보가 손실될 수 있으므로, 중요한 정보가 유지되는지 확인해야 한다.
- 과도한 일반화: 너무 많은 데이터를 단순화함으로써 중요한 세부 정보를 놓칠 수 있다.
- 범주의 선택: 범주를 설정하는 기준이 중요하며, 잘못된 범주화는 분석 결과에 부정적인 영향을 미칠 수 있다.

4) 범주형 데이터 변환
- 원핫(One-Hot) 인코딩: 범주형 데이터를 0과 1의 이진값으로 변환한다.
- 성별: 남성 → [1, 0], 여성 → [0, 1]
- 레이블 인코딩 :범주형 데이터의 각 범주에 고유한 정숫값을 할당한다.
- 만족도: 좋음 → 3, 보통 → 2, 나쁨 → 1

5) 날짜 및 시간 처리
- 분할: 날짜/시간 데이터를 년, 월, 일, 시, 분 등으로 분할한다.
- 파생: 날짜/시간 데이터로부터 시간대, 요일 또는 계절 등의 파생 변수를 생성한다.

6) 데이터 집계 및 형태 변환
- 데이터 집계: 특정 변수의 합계, 평균, 최댓값, 최솟값 등을 계산하여 특정 기준에 따라 여러 행 또는 레코드를 단일 요약 행으로 집계한다.
- 데이터 형태 변환: 데이터 세트를 와이드 또는 롱 포맷으로 변환하는 것이다.

7) 데이터 형식 변환

① 형식 변환
- 데이터값을 다른 형식으로 변환하거나 구조를 변경한다.
- 문자열을 숫자 형식으로 변환하거나 날짜 형식을 'YYYY-MM-DD'에서 'DD-MM-YYYY'로 변경한다.

② 구조 변환
- 데이터의 구조를 변경하는 작업이다.
- XML 형식의 데이터를 JSON 형식으로 변환하거나, 테이블 데이터를 키-값 쌍의 형태로 변환한다.

③ 인코딩 변환

- 데이터의 인코딩 방식을 변경하는 것이다.
- 예 UTF-8 인코딩에서 ASCII 인코딩으로 변환한다.

④ 단위 변환

- 데이터의 측정 단위를 변환하는 것이다.
- 예 온도를 섭씨에서 화씨로, 거리를 마일에서 킬로미터로 변환한다.

B 기적의 TIP

데이터를 정규화하고 범주화하는 목적과 방법을 중점적으로 학습해야 한다.

4 데이터 분리

데이터 처리, 분석, 모델링 또는 유효성 검사를 목적으로 특정 기준에 따라 데이터를 분할하는 작업이다.

1) 데이터 분리의 목적

① 모델 훈련(Training)

- 일반적으로 전체 데이터 집합 중 일부 데이터를 모델 훈련에 사용한다.
- 모델은 훈련 데이터에서 패턴을 학습하고 가중치를 조정하여 예측 모델을 구축한다.

② 모델 검증(Validation)

- 훈련된 모델의 성능을 평가하고 하이퍼파라미터 튜닝을 위해 데이터를 검증용으로 사용한다.
- 검증 데이터를 사용하여 모델의 일반화 성능을 조정하고 최적 모델을 선택한다.

③ 모델 테스트(Test)

- 최종 모델의 성능을 평가하고 모델이 처음 보는(Unseen) 데이터에 대한 예측을 수행하기 위해 데이터를 테스트용으로 사용한다.
- 분리한 테스트 데이터를 사용하여 모델의 실제 성능을 측정한다.

2) 데이터 분리의 주의할 점

- 데이터 분포: 분리된 각 세트가 원본 데이터의 분포를 잘 반영해야 한다.
- 데이터 크기: 충분한 크기의 테스트 세트를 확보하여 신뢰할 수 있는 성능 평가를 해야 한다.
- 데이터 누수 방지: 테스트 데이터가 훈련 과정에 영향을 주지 않도록 주의한다.

3) 데이터 분리 방법

① 홀드아웃 방법(Holdout Method)

- 데이터 집합을 훈련 데이터, 검증 데이터 및 테스트 데이터로 나눈다.
- 일반적으로 전체 데이터의 일정 비율을 훈련, 검증 및 테스트 데이터로 나눈다.
- 예 전체 데이터의 70%를 훈련 데이터로, 15%를 검증 데이터로, 나머지 15%를 테스트 데이터로 나눈다.

② 교차 검증(Cross-Validation) ^{24년 1회}

모델의 성능을 평가하기 위해 데이터를 여러 폴드(Fold)로 나누고 각 폴드를 번갈아 가며 훈련 및 검증에 사용하는 방법이다.

교차 검증의 주요 목적	• 과적합 방지: 모델이 훈련 데이터에 과도하게 최적화되는 것을 방지 • 모델 성능 평가: 다양한 데이터 세트에 대한 모델의 성능을 더 정확하게 평가 • 하이퍼파라미터 조정: 모델의 다양한 하이퍼파라미터에 대해 최적의 값을 찾음
K-겹 교차 검증 (K-Fold Cross-Validation)	• 데이터를 K개의 동일한 크기의 부분으로 나눔 • 각 반복에서 다른 하나의 부분을 검증 세트로, 나머지 (K-1)개의 부분을 훈련 세트로 사용 • 모델은 K번 훈련되고 평가되며, 각 반복의 성능을 평균 내어 모델의 성능을 평가
계층적 K-겹 교차 검증	• 각 폴드가 전체 데이터 세트의 클래스 분포를 잘 반영하도록 함 • 분류 문제에서 유용하며, 각 클래스의 비율을 유지
Leave-One-Out(LOO)	• 데이터의 각 샘플을 한 번에 하나씩 검증 세트로 사용 • 데이터 세트의 크기가 N이라면, 모델은 N번 훈련되고 평가
교차 검증의 장점	• 일반화 성능 평가: 모델이 다양한 데이터에 얼마나 잘 작동하는지 보여줌 • 데이터 활용 최대화: 제한된 데이터를 효과적으로 활용하여 모델을 평가 • 신뢰도 높은 성능 평가: 단일 테스트 세트보다 더 신뢰할 수 있는 성능 추정을 제공
교차 검증의 단점	• 계산 비용: 특히 큰 데이터 세트나 복잡한 모델에서 계산 시간이 매우 길어질 수 있음 • 데이터 분할의 중요성: 데이터 분할 방법에 따라 결과가 달라질 수 있음

③ 계층적 분리 ^{24년 2회}

데이터를 훈련 세트와 테스트 세트로 분리할 때, 원본 데이터 집합의 클래스(계층, 서브그룹)의 비율을 유지하여 분리하는 방법이다. 이 방법은 주로 분류 문제에서 사용되며, 각 클래스의 비율을 훈련 세트와 테스트 세트에서 동일하게 유지하기 위해 사용된다.

계층적 분리의 목적	• 대표성 유지: 원본 데이터의 클래스 비율을 유지함으로써, 모델이 전체 데이터를 더 잘 대표할 수 있음 • 편향 감소: 특정 클래스가 과대 대표되거나 과소 대표되는 것을 방지하여, 모델의 편향을 줄일 수 있음 • 일반화 능력 향상: 테스트 세트가 전체 데이터 분포를 더 잘 반영함으로써, 모델의 일반화 능력이 높아짐
계층적 분리의 방법	• 데이터 세트 분할: 전체 데이터 세트를 클래스별로 나눔 • 각 계층에서 샘플링: 각 클래스에서 동일한 비율로 데이터를 훈련 세트와 테스트 세트로 추출 • 훈련 및 테스트 세트 조합: 모든 클래스에서 추출된 샘플을 결합하여 최종 훈련 세트와 테스트 세트를 형성
계층적 분리의 장점	• 향상된 대표성: 중요한 특성을 반영하는 클래스가 샘플에 포함됨으로써 모집단을 더 잘 대표함 • 통계적 효율성: 동일한 샘플 크기에서 단순 무작위 샘플링보다 정확한 추정이 가능 • 데이터 불균형 해소: 소수 클래스의 데이터도 적절히 샘플링하여 데이터 불균형 문제를 줄일 수 있음
계층적 분리의 단점	• 클래스 정의의 어려움: 올바른 클래스를 정의하는 것이 어려울 수 있음 • 샘플링 과정의 복잡성: 단순 무작위 샘플링에 비해 샘플링 과정이 복잡

④ 시계열 데이터 분리
시계열 또는 순차적 데이터를 처리하기 위해 특정 시점 또는 기간을 기준으로 데이터 세트를 분할하는 것이다.

시계열 데이터 분리의 특징	• 시간 의존성: 시계열 데이터는 시간에 따라 서로 연관 되어 있어, 과거의 데이터가 미래의 데이터에 영향을 미칠 수 있음 • 순차적 분리: 데이터의 시간적 흐름을 보존하기 위해 데이터의 시간 순서를 유지하면서 분리해야 함
시계열 데이터 분리 방법	• 단순 시간 기반 분리: 데이터를 특정 시점을 기준으로 나누는 것 ⑩ 시계열 데이터를 특정 날짜 이전과 이후의 데이터로 나누는 것(이 방법은 구현이 간단하지만, 시계열의 계절성이나 추세 변화를 반영하지 못할 수 있음) • 롤링 윈도우 분리: 고정된 크기(기간 또는 간격)의 윈도우를 설정하고, 이 윈도우를 시계열 데이터 위에서 순차적으로 이동시키면서 시계열 데이터를 분리, 머신러닝에서 윈도우 내의 데이터는 훈련 세트로, 윈도우 바로 다음의 데이터는 테스트 세트로 사용 • 확장 윈도우 분리: 초기 윈도우 크기를 설정한 후, 반복할 때마다 윈도우 크기를 확장하는 것으로, 이 방법은 시간이 지날수록 더 많은 데이터를 훈련에 사용할 수 있으며, 시계열 데이터의 초기 부분을 최대한 활용할 수 있는 장점이 있음
주의할 점	• 데이터의 시간적 범위: 분석하려는 시계열의 전체 시간 범위를 고려해야 함 • 계절성과 추세: 시계열 데이터의 계절성, 추세, 주기성 등을 고려해야 함 • 데이터 누수 방지: 미래의 정보가 훈련 데이터에 누수되지 않도록 주의해야 함

기적의 TIP

데이터를 분리하는 목적과 방법들을 중점적으로 학습한다.

5 데이터 결합

다수의 데이터 세트를 하나의 통합된 데이터 세트로 만드는 과정이다.

1) 데이터 결합의 목적
① 데이터 통합
서로 다른 데이터 소스에서 가져온 데이터를 하나의 데이터 집합으로 통합하여 중복을 제거하고 데이터의 일관성을 확보한다.

② 데이터 확장
데이터를 병합함으로써 새로운 정보를 추가하거나 기존 데이터를 보강하여 더 유용한 정보를 생성한다.

③ 분석 가능한 형식으로 변환
다양한 형식과 구조의 데이터를 일관된 형식으로 변환하여 데이터 분석 및 모델링을 수행하기 쉽게 만든다.

④ 데이터 품질 향상
병합된 데이터를 품질 검사와 정제를 통해 오류를 식별하고 수정하여 데이터 품질을 개선한다.

2) 데이터 연결의 주의점

① 데이터 호환성

연결하려는 데이터 세트 간에 호환 가능한 구조(같은 열 이름 및 데이터 유형 등)를 가져야 한다.

② 중복 데이터 제거

데이터 연결 과정에서 중복 데이터가 발생할 수 있으므로, 이를 식별하고 처리해야 한다.

③ 데이터 무결성

잘못된 데이터 연결은 결과의 오류로 이어질 수 있으므로, 데이터 무결성을 유지해야 한다.

④ 성능 고려

큰 데이터 세트를 연결할 때는 메모리 사용량과 처리 시간을 고려해야 한다.

3) 데이터 결합의 방법

① 데이터 연결(두 개 이상의 데이터 세트를 하나의 데이터 세트로 결합하는 과정)

- 수직 연결: 두 데이터 세트를 행 방향으로 연결한다. 일반적으로 동일한 열을 가지고 있는 데이터 세트를 연결하는 데 사용된다. 같은 형태의 일일 주문 데이터들을 월간 데이터로 결합하는 경우를 예로 들 수 있다.

고객 번호	고객 이름	연락처	이메일
1	손흥민	xxx-xxxx-xxxx	xxx@xxx.xxx
2	황희찬	xxx-xxxx-xxxx	xxx@xxx.xxx
3	이강인	xxx-xxxx-xxxx	xxx@xxx.xxx

고객 번호	고객 이름	연락처	이메일
4	김민재	xxx-xxxx-xxxx	xxx@xxx.xxx
5	황인범	xxx-xxxx-xxxx	xxx@xxx.xxx
6	이재성	xxx-xxxx-xxxx	xxx@xxx.xxx

고객 번호	고객 이름	연락처	이메일
1	손흥민	xxx-xxxx-xxxx	xxx@xxx.xxx
2	황희찬	xxx-xxxx-xxxx	xxx@xxx.xxx
3	이강인	xxx-xxxx-xxxx	xxx@xxx.xxx
4	김민재	xxx-xxxx-xxxx	xxx@xxx.xxx
5	황인범	xxx-xxxx-xxxx	xxx@xxx.xxx
6	이재성	xxx-xxxx-xxxx	xxx@xxx.xxx

▲ 데이터 수직 연결

- 수평 연결: 두 데이터 세트를 열 방향으로 연결한다. 서로 다른 열을 가진 데이터 세트를 하나의 세트로 결합할 때 사용된다. 고객 정보 데이터와 고객 구매 이력 데이터를 결합하는 경우를 예로 들 수 있다.

고객 번호	고객 이름
1	손흥민
2	황희찬
3	이강인
4	김민재

고객 번호	전화번호	이메일
1	xxx-xxxx-xxxx	xxx@xxx.xxx
2	xxx-xxxx-xxxx	xxx@xxx.xxx
3	xxx-xxxx-xxxx	xxx@xxx.xxx
4	xxx-xxxx-xxxx	xxx@xxx.xxx

고객 번호	고객 이름	고객 번호	전화번호	이메일
1	손흥민	1	xxx-xxxx-xxxx	xxx@xxx.xxx
2	황희찬	2	xxx-xxxx-xxxx	xxx@xxx.xxx
3	이강인	3	xxx-xxxx-xxxx	xxx@xxx.xxx
4	김민재	4	xxx-xxxx-xxxx	xxx@xxx.xxx

▲▲ 데이터 수평 연결

② 데이터 병합(서로 다른 열을 기준으로 두 개 이상의 데이터 집합을 결합하는 것)

- 내부 병합(Inner Join): 두 데이터 세트에 공통으로 존재하는 키(기본키와 외래키)를 기준으로 병합한다. 결과 데이터 세트에는 두 세트 모두에 존재하는 행만 포함된다.

고객 테이블

고객 번호	고객 이름	전화번호	이메일
1	손흥민	xxx-xxxx-xxxx	xxx@xxx.xxx
2	황희찬	xxx-xxxx-xxxx	xxx@xxx.xxx
3	이강인	xxx-xxxx-xxxx	xxx@xxx.xxx
4	김민재	xxx-xxxx-xxxx	xxx@xxx.xxx
5	황인범	xxx-xxxx-xxxx	xxx@xxx.xxx

주문 테이블

주문 번호	고객 번호	주문 수량	주문 금액
1	1	3	15,000
2	2	4	20,000
3	3	2	10,000
4	4	7	35,000
5		3	15,000

주문 번호	고객 이름	전화번호	주문 금액
1	손흥민	xxx-xxxx-xxxx	15,000
2	황희찬	xxx-xxxx-xxxx	20,000
3	이강인	xxx-xxxx-xxxx	10,000
4	김민재	xxx-xxxx-xxxx	35,000

▲ 내부 병합

- 외부 병합(Outer Join): 하나의 데이터 세트에만 존재하는 키도 포함하여 병합한다.
  - 전체 외부 병합(Full Outer Join): 두 데이터 세트 중 하나라도 존재하는 키를 기준으로 결합한다.

고객 테이블

고객 번호	고객 이름	전화번호	이메일
1	손흥민	xxx-xxxx-xxxx	xxx@xxx.xxx
2	황희찬	xxx-xxxx-xxxx	xxx@xxx.xxx
3	이강인	xxx-xxxx-xxxx	xxx@xxx.xxx
4	김민재	xxx-xxxx-xxxx	xxx@xxx.xxx
5	황인범	xxx-xxxx-xxxx	xxx@xxx.xxx

주문 테이블

주문 번호	고객 번호	주문 수량	주문 금액
1	1	3	15,000
2	2	4	20,000
3	3	2	10,000
4	4	7	35,000
5		3	15,000

주문 번호	고객 이름	전화번호	주문 금액
1	손흥민	xxx-xxxx-xxxx	15,000
2	황희찬	xxx-xxxx-xxxx	20,000
3	이강인	xxx-xxxx-xxxx	10,000
4	김민재	xxx-xxxx-xxxx	35,000
5			15,000
	황인범	xxx-xxxx-xxxx	

▲ 전체 외부 병합

  - 왼쪽 외부 병합(Left Outer Join): 왼쪽 데이터 세트의 키를 기준으로 병합한다.

고객 테이블

고객 번호	고객 이름	전화번호	이메일
1	손흥민	xxx-xxxx-xxxx	xxx@xxx.xxx
2	황희찬	xxx-xxxx-xxxx	xxx@xxx.xxx
3	이강인	xxx-xxxx-xxxx	xxx@xxx.xxx
4	김민재	xxx-xxxx-xxxx	xxx@xxx.xxx
5	황인범	xxx-xxxx-xxxx	xxx@xxx.xxx

주문 테이블

주문 번호	고객 번호	주문 수량	주문 금액
1	1	3	15,000
2	2	4	20,000
3	3	2	10,000
4	4	7	35,000
5		3	15,000

주문 번호	고객 이름	전화번호	주문 금액
1	손흥민	xxx-xxxx-xxxx	15,000
2	황희찬	xxx-xxxx-xxxx	20,000
3	이강인	xxx-xxxx-xxxx	10,000
4	김민재	xxx-xxxx-xxxx	35,000
	황인범	xxx-xxxx-xxxx	

▲ 왼쪽 외부 병합

– 오른쪽 외부 병합(Right Outer Join): 오른쪽 데이터 세트의 키를 기준으로 병합한다.

고객 테이블

고객 번호	고객 이름	전화번호	이메일
1	손흥민	xxx-xxxx-xxxx	xxx@xxx.xxx
2	황희찬	xxx-xxxx-xxxx	xxx@xxx.xxx
3	이강인	xxx-xxxx-xxxx	xxx@xxx.xxx
4	김민재	xxx-xxxx-xxxx	xxx@xxx.xxx
5	황인범	xxx-xxxx-xxxx	xxx@xxx.xxx

주문 테이블

주문 번호	고객 번호	주문 수량	주문 금액
1	1	3	15,000
2	2	4	20,000
3	3	2	10,000
4	4	7	35,000
5		3	15,000

주문 번호	고객 이름	전화번호	주문 금액
1	손흥민	xxx-xxxx-xxxx	15,000
2	황희찬	xxx-xxxx-xxxx	20,000
3	이강인	xxx-xxxx-xxxx	10,000
4	김민재	xxx-xxxx-xxxx	35,000
5			15,000

▲ 오른쪽 외부 병합

- 교차 병합(Cross Join): 두 데이터 세트의 모든 행을 서로 결합하여 가능한 모든 조합을 생성한다. 결과적으로 생성되는 행의 수는 두 데이터 세트의 행 수의 곱과 같다.
- 자연 병합(Natural Join): 두 데이터 세트에서 이름이 같은 모든 열을 기준으로 결합한다. 결과 데이터 세트에서 중복된 열은 한 번만 포함된다.

③ 데이터 병합 시 주의할 점
- 데이터 일관성: 결합하는 데이터 세트 간의 데이터 형식과 스케일이 일관되어야 한다.
- 키의 정확성: 결합을 위한 키가 정확하고 유일해야 한다.
- 성능 이슈: 매우 큰 데이터 세트를 결합할 때는 성능 문제가 발생할 수 있다.
- 데이터 무결성: 잘못된 데이터 결합은 데이터의 무결성을 해칠 수 있다.

기적의 TIP

데이터를 결합하는 여러 방법을 명확하게 이해하고 예를 들어 설명할 수 있어야 한다.

01 데이터 입력 과정에서 실수로 잘못 입력하면 데이터 무결성 오류가 발생한다. ◎ ☒

02 데이터 ☐☐☐ 오류는 데이터가 빠지거나 부족한 경우에 발생한다.

03 데이터 품질 검증에서 데이터 신뢰성 검증은 반복적인 측정에도 동일한 결과가 나오는지 평가하는 것이다. ◎ ☒

04 해당 변수가 중요하지 않을 때 결측값이 많은 특정 열을 삭제할 수 있다. ◎ ☒

05 데이터 변환 시 데이터를 일정 범위로 조정하는 것을 ☐☐☐라고 한다.

06 범주형 데이터를 0과 1의 이진값으로 변환하는 것을 ☐☐ 인코딩이라고 한다.

07 교차 검증을 통해 원본 데이터의 클래스 비율을 유지할 수 있다. ◎ ☒

08 홀드아웃 방법은 데이터 세트를 훈련, 검증, 테스트 데이터로 나누는 것이다. ◎ ☒

09 데이터 병합은 두 개 이상의 데이터를 행 방향으로 합치는 것이다. ◎ ☒

10 ☐☐ 병합은 공통으로 존재하는 키를 기준으로 데이터를 합치는 것이다.

정답 **01** × 해설 데이터를 잘못 입력하면 데이터 정확성 오류가 발생한다.
02 완전성
03 ○
04 ○
05 정규화
06 원핫
07 × 해설 원본 데이터의 클래스 비율을 유지하는 데이터 분리 방법은 계층적 분리이다.
08 ○
09 × 해설 두 개 이상의 데이터를 행 방향으로 합치는 데이터 결합 방법은 데이터 연결의 일종인 수직 연결이다.
10 내부

SECTION 02 데이터 관리

난이도 (상)(중)(하)

1 데이터 수집 및 변환

데이터 수집은 다양한 소스로부터 데이터를 수집하는 과정과 방법을 의미하고, 데이터 변환은 수집된 데이터를 비즈니스 규칙이나 요구 사항에 맞게 변환하는 과정이다.

1) 데이터 수집 과정

① 목표 설정
- 수집할 데이터의 목표와 목적을 명확하게 설정한다.
- 어떤 종류의 데이터를 필요로 하는지, 어떤 문제를 해결하려는지 등을 고려한다.
- 목적를 달성하는 데 필요한 데이터 속성, 형식 및 구조를 명확하게 정의한다.

② 데이터 소스 식별
- 수집할 데이터의 원본 또는 소스를 식별한다.
- 데이터 소스는 다양할 수 있으며, 데이터베이스, 웹사이트, 로그 파일, 센서, 클라우드 서비스, 소셜 미디어 등이 될 수 있다.

③ 데이터 수집 도구 선택
- 데이터를 수집하기 위해 적절한 도구나 방법을 선택한다.
- 데이터를 수집하는 도구는 데이터 소스와 형식에 따라 다를 수 있다.
- 데이터 소스는 데이터베이스, 스프레드시트, 공개 데이터, 웹페이지, 로그 파일, IoT 장치, 소셜 미디어 플랫폼 등이 있다.

④ 데이터 수집 실행
- 선택한 도구나 방법을 사용하여 데이터를 실제로 수집한다.
- 데이터를 추출하고, 필요한 경우 데이터 변환 및 정제를 수행할 수 있다.
- SQL 쿼리, API 요청, 파일 다운로드 또는 웹 스크래핑(웹페이지의 내용을 추출하는 기술) 등을 사용하여 식별된 소스에서 데이터를 추출한다.

⑤ 데이터 저장
- 수집한 데이터를 안전하게 저장한다.
- 데이터를 저장하는 방법에는 데이터베이스, 파일 시스템, 클라우드 스토리지 등이 있으며, 데이터의 유형과 양에 따라 선택된다.

⑥ 데이터 문서화

- 수집한 데이터에 대한 문서화 작업을 수행한다.
- 데이터의 출처, 수집 일자, 데이터 구조, 정의, 메타데이터 등을 기록한다.

⑦ 데이터 품질 관리

- 데이터 품질을 관리하고 향상시키는 데 필요한 작업을 수행한다.
- 이상치 처리, 중복 제거, 누락된 데이터 대체 등의 작업을 통해 데이터 품질을 향상시킨다.

2) 데이터 수집 방법

데이터 수집 방법은 데이터의 종류, 소스, 목적 등에 따라 달라질 수 있다.

① 수동 데이터 입력

- 사용자가 직접 데이터를 수집하고 기록하는 방법이다. 설문조사, 직접 관찰, 수기로 기록된 문서, 엑셀 시트에 수작업으로 데이터 입력 등을 예로 들 수 있다.
- 간단하고 저렴하며, 특별한 기술이 필요하지 않은 방법이다.
- 인력과 시간이 많이 소요되며, 실수로 인한 오류 발생 가능성이 높다.

② 자동화된 데이터 수집

- 컴퓨터 프로그램, 스크립트 또는 기계적 장치를 사용하여 데이터를 자동으로 수집하는 방법이다. 센서 데이터 수집, 웹 스크래핑, 로그 파일 등에서 데이터 추출을 예로 들 수 있다.
- 효율적이고 정확하며 대용량 데이터를 수집하는 것이 가능하다.
- 개발 및 유지보수 비용이 소요되고, 데이터 소스에 대한 접근 권한이 필요하다.

③ 웹 스크래핑

- 웹사이트에서 데이터를 추출하는 자동화된 방법이다. 제품 정보, 뉴스 기사, 주식 가격 등 웹에서 제공하는 데이터 수집을 예로 들 수 있다.
- 웹에 존재하는 다양한 데이터에 접근하는 것이 가능하다.
- 웹사이트의 구조 변경으로 인한 오류 가능성과 법적 문제가 발생할 수 있다.
- BeautifulSoup, Selenium, Scrapy 등이 대표적인 웹 스크래핑 기술이다.

④ API(Application Programming Interface) 호출

- API를 사용하여 데이터를 수집하는 방법이다. 소셜 미디어 데이터, 날씨 정보, 지리 정보 등 API를 통한 데이터 수집을 예로 들 수 있다.
- 구조화된 외부 데이터에 접근이 가능하며, 법적인 문제가 없다.
- API 사용 권한이 필요하며, API 사용 요금이 부과될 수 있다.
- RESTful API, GraphQL 등이 대표적인 API 기술이다.

⑤ 로그 파일 분석

- 웹 서버, 응용 프로그램, 네트워크 장치 등에서 생성되는 로그 파일을 분석하여 데이터를 추출하는 방법이다. 웹사이트 트래픽 로그, 서버 로그, 애플리케이션 로그 등을 예로 들 수 있다.
- 실시간으로 데이터를 수집할 수 있고, 세부 정보를 포함할 수 있다.
- 로그의 형식을 이해하고 처리해야 하며, 로그의 처리 및 분석이 복잡할 수 있다.

⑥ 센서 데이터 수집

- 센서를 사용하여 물리적 환경에서 데이터를 수집하는 방법이다. 센서는 온도, 습도, 위치, 소리, 이미지 등 다양한 데이터를 측정할 수 있다. 기상 관측 센서, 자동차 센서, 스마트 홈 디바이스 등을 예로 들 수 있다.
- 실시간 데이터 수집이 가능하며, 환경 모니터링과 과학 연구에 유용하다.
- 센서의 정확성과 신뢰성을 보장하고 유지해야 한다.

⑦ 데이터베이스 쿼리

데이터베이스로부터 데이터를 추출하기 위해 SQL 또는 NoSQL 쿼리를 사용한다.

⑧ 파일 다운로드 및 업로드

파일 형식의 데이터를 다운로드하고 업로드하는 방식으로 데이터를 수집한다.

⑨ 클라우드 데이터 서비스

클라우드 플랫폼에서 데이터를 수집하는 도구 및 서비스를 활용한다. Amazon S3, Google Cloud Storage 등을 예로 들 수 있다.

3) 데이터 변환 방법

① 정규화

- 서로 다른 스케일을 가진 데이터를 통일된 범위(보통 0과 1 사이)로 조정한다.
- 최대−최소 정규화가 가장 일반적이고 대표적인 방법이다.

② 표준화 24년 1회

- 데이터의 평균을 0, 표준 편차를 1로 조정하여, 데이터 세트 간 비교를 용이하게 한다.
- 각 데이터 포인트에서 평균을 빼고 표준 편차로 나누는 Z−score 표준화가 일반적이다.

③ 로그 변환

- 데이터의 분포를 안정화하고, 이상치의 영향을 줄여준다.
- 데이터에 자연로그를 취하거나, 상용로그를 적용한다.

④ 범주형 데이터 인코딩

- 텍스트 형식의 범주형 데이터를 숫자 형식으로 변환한다.
- 원−핫 인코딩(One-Hot Encoding), 레이블 인코딩(Label Encoding) 등이 있다.

⑤ 연속형 데이터 범주화

- 연속적인 데이터를 범주형 데이터로 변환한다.
- 데이터의 범위를 동일한 크기의 구간으로 나누는 등간격 구간화와 각 구간에 동일한 수의 데이터 포인트가 오도록 나누는 등빈도 구간화가 일반적이다.

⑥ 데이터 유형 변환

- 데이터 유형을 변환하여 분석이나 모델링에 적합하게 변환한다.
- ⓔ 문자열을 숫자로, 정수를 부동 소수점으로 변환하는 방법 등이 있다.

⑦ 결측값 처리

- 데이터 세트 내의 결측값을 식별하고 처리한다.
- 결측값을 삭제하거나, 특정한 값(평균값, 중앙값 등)으로 대체하는 방법이 있다.

⑧ 특성 공학(Feature Engineering)

기존의 특성을 조합하거나 새로운 특성을 생성하여 모델의 성능을 개선하기 위해 사용된다.

⑨ 날짜 및 시간 처리

날짜와 시간 데이터를 분해하거나 추출하여 년, 월, 일, 요일 등과 같은 추가 정보를 생성하는 작업이 포함된다.

⑩ 텍스트 처리

텍스트 데이터를 토큰화, 벡터화 또는 특성 추출 등을 통해 수치 데이터로 변환한다.

⑪ 차원 축소(Dimensionality Reduction)

데이터의 차원을 축소하여 모델의 복잡성을 줄이는 방법으로, 주로 주성분 분석(PCA) 또는 t-SNE 등을 사용한다.

⑫ 데이터 집계(Data Aggregation)

- 데이터 집계는 데이터를 그룹화하고 요약하여 더 큰 통찰력을 얻기 위해 사용된다.
- 그룹별 평균, 합계, 개수 계산 등으로 데이터 집계를 할 수 있다.

⑬ 데이터 정렬 및 재구성

- 데이터를 필요한 순서로 정렬하거나 원하는 형태로 재구성하는 과정이다.
- 날짜별 정렬, 열 재구성, 피벗 테이블 작성 등으로 데이터를 정렬하고 재구성할 수 있다.

기적의 TIP

데이터 수집 방법들을 구분하고 소스와 목적을 중점적으로 학습해야 한다.

2 데이터 적재 및 저장

데이터 적재는 데이터를 수집한 후 그 데이터를 저장 장치 또는 데이터 저장소에 저장하는 과정이고, 데이터 저장은 데이터를 장기적으로 보존하고 유지하는 것이다.

1) 데이터 적재의 방법

① 일괄 적재

- 주기적이고 일괄적으로 데이터를 로드하는 방식으로, 대량의 데이터를 한 번에 처리하며 주로 일일 또는 주간 배치 작업으로 수행된다.
- 주로 대량의 데이터를 처리하고 저장하는 데 사용되며, 데이터 처리 주기를 정의하고 배치 작업을 예약하여 데이터를 적재한다.
- 매일 밤 로그 파일을 데이터 웨어하우스로 적재하는 것을 예로 들 수 있다.

② 실시간 적재

- 데이터가 발생할 때마다 실시간으로 처리되고 적재되는 방식으로, 데이터의 실시간 분석과 모니터링에 사용된다.
- 데이터 스트림을 지속적으로 수집하고, 변환 및 적재 프로세스를 통해 실시간으로 데이터를 저장소에 전달한다.
- 📖 실시간 센서 데이터를 모니터링하고 저장하는 IoT 시스템을 예로 들 수 있다.

③ 병렬 적재

- 데이터를 동시에 여러 부분으로 분할하여 병렬로 처리하는 방법이다.
- 데이터 처리 성능을 향상시키고 대용량 데이터를 효율적으로 적재할 수 있다.
- 📖 데이터 웨어하우스에서 여러 슬라이스의 데이터를 병렬로 적재할 수 있다.

④ 증분 적재 24년 2회

- 이전에 적재한 데이터와 새로운 데이터를 비교하여 변경된 부분만 적재하는 방법이다.
- 데이터 적재 작업의 속도를 향상하고 중복 데이터를 방지할 수 있다.
- 📖 변경 로그를 기반으로 데이터베이스 테이블에 증분 데이터를 적재할 수 있다.

⑤ 데이터 전송 프로토콜

- 데이터 적재에는 데이터를 전송하는 다양한 프로토콜과 방법을 사용할 수 있다.
- 📖 FTP, SFTP, HTTP, HTTPS, SCP, 데이터베이스 연결 등을 통해 데이터를 전송하고 적재할 수 있다.

⑥ ETL(Extract, Transform, Load) 프로세스

- 데이터 추출(Extract), 데이터 변환(Transform), 데이터 적재(Load)의 세 단계로 구성된다.
- 데이터를 원하는 형식으로 변환하고 적재하는 데 사용되며, 데이터 웨어하우스와 데이터 레이크에서 널리 활용된다.

⑦ 클라우드 서비스와 플랫폼

- 클라우드 서비스 제공 업체는 데이터 적재를 위한 다양한 도구와 서비스를 제공한다. 데이터 적재를 위해 클라우드 기반 데이터 웨어하우스나 데이터 레이크 플랫폼을 활용할 수 있다.
- 📖 Amazon Redshift, Google BigQuery, Azure Data Lake Storage 등의 클라우드 서비스를 활용한 데이터 적재가 있다.

2) 데이터 적재의 과정

① 대상 스키마 생성

- 데이터를 적재할 저장소(데이터베이스, 데이터 웨어하우스 등)에 맞는 스키마(데이터 구조와 형식을 정의하는 설계)를 생성한다.
- 스키마는 데이터를 저장할 목표 저장소의 구조와 일치해야 한다.

② 데이터 적재 수행

- 데이터를 변환한 후에 데이터를 목표 저장소에 정확하고 안전하게 저장한다.
- 대량의 데이터를 일괄로 처리하거나 실시간으로 데이터를 전송할 수 있다.

③ 인덱싱 및 최적화
- 데이터를 적재한 후에는 데이터에 대한 인덱스를 생성하고 저장 공간을 최적화한다.
- 데이터에 빠르게 접근하여 데이터 조회 및 분석의 효율성을 높여준다.

④ 데이터 검증 및 오류 처리
- 적재된 데이터를 검증하여 데이터 품질을 확인하고 오류를 처리한다.
- 데이터의 신뢰성과 정확성을 유지하는 역할을 한다.

3) 데이터 적재 도구와 기술

① ETL 도구(Extract, Transform, Load)
- 데이터를 추출(Extract), 변환(Transform), 적재(Load)하는 데 사용된다.
- 추출 단계에서 데이터를 다양한 소스에서 추출하고, 변환 단계에서 데이터를 정제하고 가공하며, 적재 단계에서는 데이터를 대상 데이터베이스나 데이터 웨어하우스에 적재한다.
- Apache NiFi, Talend, Apache Spark, Microsoft SQL Server Integration Services(SSIS), Informatica 등이 있다.

② 데이터베이스 관리 시스템(DBMS)
- 데이터를 구조화하고 저장하는 데 사용된다. 데이터 적재는 주로 데이터베이스 관리 시스템을 활용하여 수행된다.
- 관계형 데이터베이스 관리 시스템(RDBMS)인 PostgreSQL, MySQL, Oracle, Microsoft SQL Server 등은 데이터베이스 적재에 사용된다.
- NoSQL 데이터베이스 관리 시스템인 MongoDB, Cassandra, Elasticsearch 등이 비정형 데이터를 적재하는 데 사용된다.

③ 클라우드 데이터 저장소
- 클라우드 플랫폼에서 데이터를 저장하고 관리하는 데 사용된다.
- 클라우드 기반 데이터 저장소는 확장성과 가용성을 제공한다.
- Amazon S3, Google Cloud Storage, Azure Data Lake Storage 등이 있다.

④ 빅데이터 플랫폼
- 대규모 데이터를 처리하고 저장하는 데 사용된다.
- 빅데이터 플랫폼은 데이터 적재와 처리에 필요한 기능을 제공한다.
- Apache Hadoop, Apache Spark, Apache Kafka 등이 있다.

⑤ 데이터 레이크
- 다양한 형식과 구조의 데이터를 저장하는 데 사용된다.
- 데이터를 원시 형식으로 저장하고 필요한 대로 가공할 수 있다.
- Amazon S3, Hadoop HDFS 등이 있다.

⑥ 데이터 통합 플랫폼

- 다양한 데이터 소스에서 데이터를 수집하고 통합하는 데 사용된다.
- 데이터 유형과 형식을 관리할 수 있다.
- ⑩ Informatica, Talend, Apache Nifi 등이 있다.

⑦ 클라우드 기반 데이터 웨어하우스

- 클라우드에서 데이터 웨어하우스 서비스를 제공하며 데이터 적재, 저장, 분석을 통합하여 제공한다.
- ⑩ Amazon Redshift, Google BigQuery, Snowflake 등이 있다.

⑧ 데이터 마이그레이션 도구

- 데이터를 한 위치에서 다른 위치로 이전하고 적재하는 데 사용된다.
- 데이터 마이그레이션은 데이터 중요도 및 비즈니스 요구사항에 따라 수행된다.
- ⑩ AWS Database Migration Service, Azure Data Factory, Oracle Data Integrator 등이 있다.

⑨ 스트리밍 데이터 플랫폼

- 실시간 데이터를 수집하고 처리하는 데 사용된다.
- 스트리밍 데이터 적재는 데이터의 실시간 분석과 처리에 중요하다.
- ⑩ Apache Kafka, Apache Flink, Apache Spark Streaming 등이 있다.

4) 데이터 저장의 개념

① 데이터 저장소

- 데이터를 저장하기 위한 물리적 또는 가상의 장소가 필요하다.
- 데이터 저장소는 데이터 센터, 클라우드 스토리지, 파일 서버, 데이터베이스, 데이터 레이크, 데이터 웨어하우스 등 다양한 종류가 있다.

② 데이터 보존 정책

- 데이터 저장은 데이터 보존 정책에 따라 이루어진다.
- 데이터 보존 정책은 어떤 종류의 데이터를 얼마 동안 보관해야 하는지, 어떤 데이터를 삭제해야 하는지, 데이터 보안 및 규정 준수와 관련된 사항을 정의한 것이다.

③ 데이터 백업과 복구

- 데이터 저장에는 데이터의 손실을 방지하기 위한 백업 및 복구 전략이 포함된다.
- 주기적인 데이터 백업은 데이터를 보호하고 데이터 손실 시 데이터를 복구하는 데 필요하다.

5) 데이터 저장소의 유형

① 데이터베이스 시스템

- 데이터를 관리하기 위해 데이터베이스 시스템을 사용한다.
- 정형 데이터를 관계형 데이터베이스(MySQL, PostgreSQL, Oracle 등)에 저장한다.
- 비정형 또는 반정형 데이터를 NoSQL 데이터베이스(MongoDB, Cassandra, Redis 등)에 저장할 수 있다.

② 파일 시스템

- 파일과 폴더의 형태로 데이터를 저장하며 로컬 서버 또는 네트워크 공유로 사용한다.
- 비정형 데이터 및 정형 데이터 모두를 저장하는 데 사용된다.
- 대량의 비정형 데이터를 분산 파일 시스템에 저장할 수 있다. 대표적인 분산 파일 시스템은 하둡 분산 파일 시스템(HDFS, Hadoop Distributed File Systems)과 구글 파일 시스템(GFS, Google File System)이다.

③ 클라우드 스토리지

- 클라우드 스토리지 서비스(Amazon S3, Google Cloud Storage, Azure Blob Storage 등)를 사용하여 데이터를 안전하게 저장할 수 있다.
- 확장성과 가용성을 제공하며 데이터를 클라우드에서 관리한다.

④ 데이터 레이크 및 데이터 웨어하우스 24년 2회

- 대규모 데이터를 저장하고 분석하기 위한 목적으로 데이터 레이크와 데이터 웨어하우스를 사용한다.
- 데이터 레이크는 데이터를 원시 형식으로 저장하고 필요에 따라 가공한다.
- 데이터 웨어하우스는 데이터를 구조화하고 분석하기 위해 최적화된 형식으로 저장한다.
- 대표적인 솔루션으로 Amazon Redshift, Google BigQuery, Snowflake 등이 있다.

> **기적의 TIP**
>
> **데이터 마트**
>
> 데이터 마트(Data Mart, DM)는 사용자의 경영 활동을 돕기 위해 데이터 웨어하우스에서 데이터를 꺼내 사용자에게 제공하는 역할을 한다. 데이터 웨어하우스는 기관 또는 기업 전체의 상세 데이터를 포함하지만, 데이터 마트는 전체적인 데이터 웨어하우스에 있는 데이터를 가지고 특정 사용자의 요구 사항을 체계적으로 분석하여 제공한다는 차이가 있다.

6) 데이터 저장 시 고려 사항

① 안전성과 보안

- 저장된 데이터는 안전하게 보호되어야 한다.
- 액세스 제어, 암호화 및 보안 조치를 적용하여 데이터의 무결성과 기밀성을 유지해야 한다.

② 용량 관리

- 데이터 저장 시 용량을 효율적으로 관리하는 것이 중요하다.
- 데이터 압축, 데이터 아카이빙, 중복 데이터 제거 등의 기술을 사용하여 용량을 최적화한다.

③ 성능 및 액세스 속도

- 데이터 저장 및 검색의 성능과 액세스 속도는 중요한 고려 사항이다.
- 빠른 액세스가 필요한 데이터는 빠르게 검색할 수 있는 저장소에 저장해야 한다.

④ 비용 관리

- 데이터 저장은 비용이 발생하므로 조직은 데이터 저장 비용을 관리하고 예산을 할당해야 한다.
- 클라우드 스토리지의 경우 비용 모델 및 요금 체계를 이해하는 것이 중요하다.

> **기적의 TIP**
>
> 데이터를 적재하는 방법과 도구들에 대해서 중점적으로 학습해야 한다.

3 데이터 백업 및 복구

데이터 백업은 데이터의 손실을 방지하고 데이터를 안전하게 복원할 수 있는 복사본을 생성하는 과정이다. 데이터 복구는 데이터 손실, 손상 또는 삭제 시 데이터를 이전 상태로 복원하는 과정이다. 데이터 손실은 하드웨어 장애, 소프트웨어 오류, 악성 코드, 사용자 실수 또는 자연재해와 같은 다양한 이유로 발생할 수 있다.

1) 데이터 백업의 중요성

① 데이터 손실 방지

• 하드웨어 고장, 소프트웨어 오류, 악성 코드, 사고 또는 인간의 실수와 같은 다양한 이유로 데이터가 손실될 수 있다.
• 데이터 백업은 이러한 상황에서 데이터를 보호하고 손실을 방지한다.

② 재해 대비

• 자연재해, 화재, 홍수 등과 같은 재해로 인한 데이터 손실을 대비하기 위해 데이터 백업은 필수적이다.
• 백업은 조직의 업무 연속성을 보장하고 재해 복구에 도움을 준다.

③ 데이터 복원

• 데이터 백업은 데이터가 손실되었을 때 데이터를 원래 상태로 복원하는 데 사용된다.
• 복원은 중요한 비즈니스 데이터 또는 개인 파일을 회복하는 데 필수적이다.

2) 데이터 백업 방법

① 전체 백업

• 모든 데이터를 한 번에 백업하는 방법이다.
• 데이터의 양이 적을 때 효과적이지만, 대규모 데이터베이스 또는 파일 시스템의 경우 시간과 저장 공간이 많이 소요된다.

② 증분 백업 24년 1회

• 마지막 전체 백업 이후 변경된 데이터만을 백업하는 방법이다.
• 증분 백업은 저장 공간을 절약하고 백업 시간을 단축해 준다.

③ 차등 백업

• 증분 백업과 유사하게 마지막 전체 백업 이후 변경된 데이터만을 백업한다.
• 차이점은 변경된 데이터만을 백업하는 것이 아니라 마지막 전체 백업 이후 변경된 모든 데이터를 백업하는 것이다.

④ 순차적 백업

• 일련의 백업 세트를 생성하여 장기적으로 보존하는 방법이다.
• 보관 기간별로 일일, 주간, 월간 백업 세트를 만든다.

3) 데이터 백업 위치

① 로컬 백업

데이터를 동일한 시스템이나 장비에 저장하는 것으로, 빠른 복원을 제공하지만 로컬 장애나 재해 시 데이터 손실 위험이 있다.

② 원격 백업

백업된 데이터를 원격 위치나 클라우드 서비스에 저장하는 것으로, 장비 장애나 재해에 대한 보호를 제공한다.

③ 클라우드 백업

클라우드 스토리지 서비스를 사용하여 데이터를 안전하게 백업하는 것으로, 확장성과 가용성을 제공한다.

4) 데이터 복구 과정

① 데이터 평가

- 데이터 복구 작업은 데이터 손실의 원인과 범위를 평가하는 단계에서 시작한다.
- 어떤 데이터가 손실되었는지, 얼마나 오래된 데이터인지, 얼마나 중요한 데이터인지를 확인하는 작업이다.

② 데이터 복구 계획 수립

- 데이터 평가 결과를 기반으로 데이터 복구 계획을 수립한다.
- 복구에 필요한 자원, 도구, 시간 및 우선순위를 결정한다.

③ 데이터 복구 수행

- 손상 또는 삭제된 데이터를 이전 상태로 복원하기 위해 필요한 작업을 진행한다.
- 데이터 백업, 데이터 복구 소프트웨어, 데이터 내 복사 등을 사용하여 수행될 수 있다.

④ 테스트 및 검증

- 복구된 데이터가 올바르게 작동하고 정확한지 확인하기 위해 테스트와 검증을 수행한다.
- 데이터의 무결성과 일관성을 확인하고 문제가 없는지 검토한다.

⑤ 백업 및 예방 조치

- 데이터 복구 후에는 손실을 최소화하기 위해 적절한 백업 전략과 예방 조치를 구현한다.
- 정기적인 데이터 백업, 데이터 복제, 보안 강화 등을 수행한다.

5) 데이터 복구 방법

① 데이터 백업 복구

- 가장 일반적인 데이터 복구 방법 중의 하나로, 이전에 수행한 데이터 백업을 사용하여 데이터를 복원한다.
- 전체 백업, 증분 백업 또는 차등 백업을 사용할 수 있다.

② 데이터 복구 소프트웨어

- 데이터 복구 소프트웨어를 사용하여 손상된 파일 또는 삭제된 데이터를 복구할 수 있다.
- 데이터 복구 소프트웨어는 삭제된 파일 복구, 파티션 복구, 포맷된 드라이브 복구 등 다양한 기능을 제공한다.

데이터 보안은 조직의 데이터를 보호하고 데이터의 기밀성, 무결성, 가용성을 유지하기 위한 조치와 프로세스를 포함하는 분야이다. 개인정보보호는 개인의 정보와 데이터를 보호하고 이를 무단으로 수집, 사용, 공유 또는 악용하는 것으로부터 개인을 보호하기 위한 개념과 원칙이다.

1) 데이터 보안의 목적

① 기밀성 보장
- 데이터가 오직 인가된 사용자 또는 시스템만 접근할 수 있어야 함을 의미한다.
- 데이터가 무단으로 노출되는 것을 방지하여, 중요한 정보나 기밀을 보호한다.
- 개인정보, 금융 정보, 고객 데이터와 같이 민감한 정보를 보호한다.

② 무결성 유지
- 데이터가 변경되거나 손상되지 않도록 보호되어야 함을 의미한다.
- 데이터가 불법적으로 변경되거나 변조되는 것을 방지하며, 데이터의 신뢰성을 보장한다.

③ 가용성 보장
- 데이터가 필요한 시간에 사용 가능해야 함을 의미한다.
- 서버 고장, 장애, 공격으로부터 복구하여 데이터가 지속적으로 사용 가능해야 한다.
- 업무 연속성을 유지하고 데이터에 대한 중단 없는 접근을 보장해야 한다.

2) 데이터 보안 조치

조직이 데이터를 안전하게 관리하고 보호하기 위해 취해야 하는 다양한 절차와 기술적인 조치를 포함한다.

① 접근 제어
- 사용자 또는 시스템 역할과 권한에 따라 세분된 접근 제어를 설정한다.
- 사용자에게 최소한의 필요 권한만 부여하고, 권한 부여 및 관리 프로세스를 구현한다.
- 데이터 사용자를 확인하기 위해 비밀번호, 다단계 인증(MFA, Multi-Factor Authentication), 생체 인증 등과 같은 기술을 이용하여 데이터 접근을 제한한다.
- 민감도와 중요도에 따라 공개, 내부, 기밀, 제한 등으로 데이터를 분류하고 적절한 수준의 보안 접근 제어를 설정한다.

② 데이터 암호화
- 민감한 데이터를 저장, 전송, 처리하는 동안 데이터를 암호화한다.
- 암호화는 데이터를 읽거나 해독하지 않고는 데이터를 이해할 수 없도록 변환하는 것이다.
- 데이터 전송에 SSL/TLS를 사용하고, 데이터 저장소에서는 암호화된 디스크 또는 암호화 레이어를 적용한다.

③ 네트워크 보안

- 방화벽, 침입 탐지 및 방지 시스템, 인트라넷, DMZ(비공개 네트워크), VPN(Virtual Private Network)과 같은 네트워크 보안 장치를 사용하여 외부에서 내부 네트워크로 접근하는 것을 제한한다.
- 방화벽은 수신 및 발신 네트워크의 트래픽을 모니터링하고 제어하는 솔루션이다.
- 침입 탐지 및 방지 시스템은 침입 시도, 멀웨어(Malware), 무단 접근 등의 네트워크 공격을 탐지하고 방지하는 시스템이다.
- Wi-Fi 네트워크 보안을 위해 비밀번호 변경 및 펌웨어 업데이트를 정기적으로 실시해야 한다.

④ 로깅 및 모니터링

- 시스템 및 네트워크 활동을 모니터링하고 로깅하여 보안 이벤트를 탐지하고 대응한다.
- 보안 로그를 수집하고 정기적으로 검토하여 이상 징후나 사이버 공격을 식별한다.

⑤ 보안 업데이트 및 취약점 관리

- 운영체제, 소프트웨어, 하드웨어 및 네트워크 장치를 최신 상태로 유지하고 보안 업데이트 및 패치를 설치한다.
- 보안 취약점을 정기적으로 점검하고 취약점을 해결하는 프로세스를 구현한다.

⑥ 보안 교육 및 인식

- 사용자에게 보안 교육 및 훈련을 제공하여 보안 정책 및 절차를 준수하도록 유도한다.
- 사용자가 사회공학적 공격에 노출되지 않도록 경각심을 높인다.
- 사회공학적 공격은 사람들의 심리적 취약점을 이용하여 정보를 얻거나 시스템에 접근하는 비기술적 해킹 방법이다.

⑦ 사고 대응 계획

- 보안 사고에 대비하여 사고 대응 계획을 수립하고 점검한다.
- 사고가 발생했을 때 신속하게 대응할 수 있도록 대응 팀을 구성한다.

⑧ 법률 및 규정 준수

- 데이터 보안 조치는 관련 법률 및 규정을 준수해야 한다.
- 개인정보 보호법, GDPR(General Data Protection Regulation) 등의 규정을 반드시 준수해야 한다.

⑨ 물리적 보안 조치

- 접근 제한, 비디오 감시, 환경 제어 등 데이터 센터와 서버실을 보호하기 위한 물리적 보안 조치를 한다.
- 무단 접근 및 도난 방지를 위해 저장 매체를 안전하게 보관한다.

3) 데이터 모니터링(Data Monitoring)

조직이 데이터 시스템과 데이터 자산을 지속적으로 추적하고 감시하는 프로세스이다. 이 프로세스는 데이터의 품질, 가용성, 보안, 성능, 무결성 등을 모니터링하여 데이터 환경을 관리하고 개선하는 데 사용된다. 데이터 모니터링의 주요 목적은 데이터 관리의 효율성을 높이고 데이터 시스템의 문제나 이상 현상을 신속하게 감지하여 조치하는 것이다.

① 실시간 모니터링
- 데이터 모니터링은 실시간으로 데이터 환경을 모니터링하며 이상 현상이나 장애를 빠르게 감지한다.
- 실시간 모니터링은 데이터 시스템의 중요한 구성 요소로서 장애나 데이터 품질 문제를 신속하게 식별하여 업무 연속성을 보장한다.

② 성능 모니터링
- 데이터 시스템의 성능 지표를 추적하고 성능 문제를 식별하는 데 사용된다.
- 데이터베이스, 서버, 네트워크 및 스토리지 성능을 모니터링하여 병목 현상을 찾고 최적화할 수 있다.

③ 데이터 품질 모니터링
- 데이터의 정확성, 일관성 및 무결성을 확인하고 데이터 품질 문제를 식별하는 데 사용된다.
- 데이터 품질 지표를 정의하고 데이터가 품질 규격을 충족하는지 모니터링한다.

④ 보안 모니터링
- 데이터 시스템의 보안 상태를 추적하고, 데이터의 민감한 정보에 대한 액세스를 모니터링하여 보안 위협을 탐지한다.
- 보안 로그, 인증 및 권한 관리를 모니터링하여 데이터 보안을 강화한다.

⑤ 로그 및 이벤트 모니터링
- 시스템 이벤트, 로그 메시지 및 활동을 추적하고 분석하여 이상 징후나 비정상적인 활동을 탐지한다.
- 모니터링 작업은 보안, 규정 준수 및 문제 해결을 위해 중요하다.

⑥ 알림 및 경고
- 데이터 모니터링 시스템은 이상 사항이나 장애를 탐지하면 즉시 관련 담당자에게 알림을 보내고 조치를 할 수 있도록 한다.
- 알림 및 경고는 신속한 대응을 지원한다.

⑦ 대시보드와 보고서
- 데이터 모니터링 대시보드와 보고서를 통해 데이터 상태와 성능 지표를 시각화하고 보고할 수 있다.
- 데이터 관리자 및 의사결정자에게 유용한 정보를 제공한다.

⑧ 자동화 및 자동 대응
- 데이터 모니터링은 자동화된 프로세스와 자동 대응 기능을 포함할 수 있다.
- 일부 이상 현상에 대한 자동 조치를 구현하여 장애와 데이터 손실을 최소화한다.

⑨ 비즈니스 지표 모니터링
데이터 모니터링은 비즈니스 목표와 연결된 중요한 비즈니스 지표를 추적하고 모니터링하여 조직의 성과를 평가하는 데 사용된다.

⑩ 규정 준수 모니터링
데이터 모니터링은 규정 준수를 확인하고 데이터 보관, 보안 및 개인정보 보호 규정을 준수하는 데 필요한 모든 조치를 추적한다.

4) 개인정보보호의 중요성

- 개인정보는 신용카드 정보, 의료 기록, 사회 보장 번호, 전자 메일 주소 및 기타 개인 식별 정보 등 민감한 정보를 포함할 수 있다. 이러한 정보의 무단 접근 또는 유출은 개인과 조직에 심각한 피해를 입힐 수 있다.
- 개인정보보호는 개인의 권리와 자유를 보호하고, 조직의 명예와 신뢰성을 유지하는 데 중요한 역할을 한다.
- 규정 준수와 개인정보보호는 조직의 법적 책임을 준수하는 데 필수적이며, 개인정보 침해 사고의 법적, 금전적 책임을 피하기 위해 중요하다.
- 개인정보를 보호하는 것은 개인, 기업, 정부 및 조직의 공통적인 관심사이며, 온라인 및 오프라인 환경에서 모두 적용된다.

5) 개인정보보호의 개념과 원칙

① 동의

- 개인정보를 수집하고 처리하기 전에 개인의 명시적인 동의를 얻어야 한다.
- 개인은 자신의 정보가 어떤 용도로 사용되고 누구와 공유되는지에 대해 이해하고 동의해야 한다.

② 필요 최소한의 원칙

- 개인정보 처리는 목적에 필요한 최소한의 정보만 수집하고 사용해야 한다.
- 불필요한 데이터 수집은 피해야 한다.

③ 정보의 목적 제한

개인정보 수집은 명확한 목적을 가지고 이루어져야 하며, 해당 목적 외의 용도로는 사용되어서는 안 된다.

④ 정확성

개인정보는 정확하고 최신 상태로 유지하고, 부정확한 정보는 수정되거나 삭제되어야 한다.

⑤ 보안

개인정보는 적절하게 보안 조치하여 불법 액세스, 데이터 유출, 해킹 및 기타 위협으로부터 보호되어야 한다.

⑥ 보유 기간 제한

개인정보는 더 이상 필요 없는 경우 즉시 삭제되거나 익명화되어야 한다.

⑦ 개인의 권리

개인은 자신의 개인정보에 대한 접근, 수정, 삭제 및 이전 요청을 할 수 있어야 한다.

⑧ 투명성

개인정보 수집과 처리에 대한 정보는 투명하게 제공되어야 한다.

⑨ 개인정보 보호 관리체계

조직은 개인정보 보호 관리체계를 구축하고 유지해야 한다.

⑩ 법적 규정 준수

개인정보보호는 법적 규정 및 규정 준수가 필요하다.

6) 비식별화 기술 24년 1회

개인의 프라이버시를 보호하기 위해 개인 식별 가능 정보를 제거하거나 변조하는 방법이다. 특히 개인정보 보호법이나 GDPR 같은 규정을 준수하고, 데이터 분석, 공유 또는 공개 시 개인정보의 노출 위험을 최소화 하기 위해 사용된다. 비식별화 기술에는 6가지 방법이 있다.

① 데이터 마스킹
- 실제 데이터값을 가려서 익명화한다.
- 🜀 이름이나 전화번호의 일부를 '*' 또는 다른 문자로 대체한다.

② 익명화
- 데이터에서 개인을 식별할 수 있는 모든 정보를 제거한다.
- 이름, 주소, 전화번호, 이메일과 같은 식별 정보를 완전히 제거하거나 대체한다.

③ 가명화
- 식별 가능한 데이터를 가명(대체 식별자)으로 대체한다.
- 실제 이름을 코드나 무작위 문자열로 대체하여 개인을 직접 식별할 수 없게 한다.

④ 데이터 집계
- 개별적인 데이터를 그룹화하여 개인정보의 식별 가능성을 낮춘다.
- 🜀 개별 사용자의 나이를 그룹별 평균 나이로 대체한다.

⑤ 데이터 임의화
- 데이터에 임의성을 추가하여 개인을 식별할 수 없도록 한다.
- 데이터값에 임의의 변동을 추가하거나 데이터 순서를 변경한다.

⑥ k-익명성
- 개인정보를 포함하는 레코드가 데이터 세트 내에서 최소 k번 이상 나타나도록 한다.
- 각 레코드가 적어도 k명의 개인과 연관될 수 있도록 데이터를 변조한다.

기적의 TIP

데이터 보안을 위한 조치에 대해 이해하고 비식별화 기술에 대해서 중점적으로 학습해야 한다.

01 ☐☐☐☐는 구조화된 외부 데이터에 접근하여 데이터를 수집하는 방법이다.

02 수동 데이터 입력은 간단하고 저렴하지만, 오류 발생 가능성이 높다. ◯ ☒

03 ☐☐ 변환은 데이터의 분포를 안정화하고 이상값의 영향을 줄여준다.

04 ☐☐ 적재는 이전에 적재한 데이터와 새로운 데이터를 비교하여 변경된 부분만 적재하는 방법이다.

05 데이터 적재는 데이터를 장기적으로 보존하고 유지하는 것이다. ◯ ☒

06 확장성과 가용성이 탁월한 데이터 저장소는 ☐☐☐☐ 스토리지다.

07 데이터 복구는 데이터 손실 또는 손상 시 데이터를 이전 상태로 복원하는 것이다. ◯ ☒

08 ☐☐☐은 오직 인가된 사용자만 데이터에 접근할 수 있어야 한다는 것을 의미한다.

09 수신 및 발신 네트워크의 트래픽을 모니터링하고 제어하는 솔루션은 ☐☐☐이다.

10 개인정보 비식별화 기술에서 가명화는 식별 가능한 모든 데이터를 제거하는 것이다. ◯ ☒

정답 01 API
02 ◯
03 로그
04 증분
05 ☒ 해설 데이터를 장기적으로 보존하고 유지하는 것은 데이터 저장에 해당한다.
06 클라우드
07 ◯
08 기밀성
09 방화벽
10 ☒ 해설 식별이 가능한 모든 데이터를 제거하는 비식별화 기술은 익명화이다.

비즈니스 인텔리전스

1 비즈니스 인텔리전스(BI, Business Intelligence)의 개념

조직에서 데이터를 분석하여 실행 가능한 통찰과 의미 있는 정보를 생성하기 위해 사용하는 기술, 전략, 프로세스이다. 비즈니스 운영, 추세 및 패턴에 대한 포괄적인 뷰를 제공하여 비즈니스 프로세스를 개선하고, 사업 기회를 파악하고, 문제를 해결하며 전략적 의사결정을 지원하는 것을 목적으로 한다.

1) 비즈니스 인텔리전스의 기술

데이터 수집부터 분석, 시각화에 이르기까지 다양한 단계와 도구를 포함한다.

① 데이터 웨어하우징(Data Warehousing) 24년 1회
- 조직의 다양한 출처로부터 수집된 데이터를 통합, 저장, 관리하는 시스템이다.
- 데이터 웨어하우징을 통해 데이터가 일관된 형식으로 저장되어, 효율적인 분석과 리포팅이 가능해진다.
- ETL(Extract, Transform, Load), 데이터 정제 및 통합 등 기술이 포함된다.

② OLAP(Online Analytical Processing) 24년 2회
- 복잡한 분석 쿼리를 빠르게 처리할 수 있는 시스템이다.
- 다차원 데이터 모델을 사용하여 데이터를 분석하는 기능을 제공한다.
- 피벗 테이블, 다차원 데이터 큐브, 복합 쿼리 등의 기술을 응용한다.

③ 데이터 마이닝(Data Mining)
- 대규모 데이터 세트에서 패턴, 연관성, 추세를 발견하는 과정이다.
- 데이터 마이닝 기법은 분류, 군집화, 연관 규칙 학습, 예측 모델링 등이 있다.
- R, Python, SAS, SPSS 등의 분석 도구가 데이터 마이닝에 사용된다.

④ 데이터 시각화(Data Visualization)
- 데이터 분석 결과를 시각적으로 표현하고 탐색하는 기술이다.
- 인터랙티브 대시보드, 그래픽, 차트 등를 통해 데이터를 쉽게 이해할 수 있다.
- Tableau, Power BI, Qlik Sense(구 Qlik View) 등이 대표적인 데이터 시각화 도구이다.

⑤ 비즈니스 성과 관리(BPM, Business Performance Management)
- 조직의 성과를 측정하고 관리하는 접근 방식이다.
- 핵심성과지표(KPI, Key Performance Indicators), 스코어 카드, 성과 대시보드 등을 사용하여 조직의 목표 달성 정도를 평가한다.

⑥ 예측 분석 및 머신러닝
- 과거 데이터를 기반으로 미래의 이벤트나 결과를 예측하는 기술이다.
- 대표적인 방법은 회귀 분석, 분류 모델, 시계열 분석, 인공 신경망 등이다.

⑦ 모바일 비즈니스 인텔리전스 24년 2회
- 스마트폰이나 태블릿과 같은 모바일 장치를 통해 BI 솔루션에 접근하는 기술이다.
- 모바일 BI는 언제 어디서나 데이터에 접근하고 분석할 수 있는 유연성을 제공한다.

⑧ 셀프 서비스 비즈니스 인텔리전스
- 최종 사용자가 IT 부서의 지원 없이 독립적으로 데이터 분석을 수행할 수 있는 도구이다.
- 사용자 친화적인 인터페이스와 드래그 앤드 드롭 기능 등을 사용하여 편리성을 제공한다.

⑨ 클라우드 기반 비즈니스 인텔리전스
- 클라우드 환경에서 비즈니스 인텔리전스 서비스를 제공하는 모델과 기술이다.
- 조직이 자체적으로 운영하는 방식과 비교하여 비용 효율성, 확장성, 유연성을 제공한다.

2) 비즈니스 인텔리전스의 프로세스 24년 2회

데이터를 수집, 분석하고, 이를 통해 비즈니스 관련 인사이트를 얻어 의사결정을 지원하는 일련의 단계로 진행된다.

① 데이터 수집
- 다양한 데이터 소스로부터 필요한 데이터를 수집하는 단계이다.
- 내부 시스템, 외부 데이터 공급자, 웹사이트, 소셜 미디어, 센서 및 로그 파일 등 다양한 출처에서 데이터를 수집한다.
- 수집된 데이터는 데이터 웨어하우스나 데이터 레이크와 같은 중앙 저장소에 저장된다.
- ETL 도구, 데이터 크롤러, API 등의 데이터 수집 도구를 이용한다.

② 데이터 정제 및 통합
- 서로 다른 형식과 소스의 데이터를 통합하고, 오류나 중복을 제거하여 데이터의 품질을 개선하는 단계이다.
- 중복된 데이터나 불완전한 데이터를 식별하고 수정하여 데이터의 무결성(일관성과 정확성)을 보장한다.
- 데이터 정제, 데이터 변환, 데이터 정규화 등의 기술을 이용한다.
- 통합된 데이터는 데이터 정제 및 변환 과정을 거친 후 분석에 사용된다.

③ 데이터 저장
- 정제 및 통합된 데이터를 저장하는 단계이다.
- 데이터는 효율적인 분석을 위해 구조화된 형태로 안전한 저장소에 보관된다.
- 데이터베이스, 데이터 웨어하우스, 데이터 레이크 등의 저장 시스템을 활용하여 데이터를 저장한다.
- 데이터는 변경되고 관리되는 동안 손상되거나 소실되지 않도록 보호된다.

④ 데이터 분석

- 저장된 데이터에 대한 분석을 수행하는 단계이다.
- 데이터 마이닝, 통계 분석, 머신러닝, 예측 분석 등을 활용한다.
- 저장된 데이터를 분석하여 비즈니스 관련 패턴과 통찰을 발견한다.
- R 또는 Python과 같은 데이터 분석 도구를 이용한다.

⑤ 데이터 시각화 및 보고

- 분석 결과를 이해관계자에게 보고하는 단계이다.
- 데이터를 시각적으로 표현하고 이해하기 쉬운 보고서와 대시보드를 작성한다.
- Tableau, Power BI 등과 같은 도구를 이용하여 대시보드, 차트, 그래프를 생성한다.
- 대시보드는 비즈니스 성과를 실시간 또는 주기적으로 모니터링할 수 있도록 한다.

⑥ 의사결정 및 전략 수립

- 분석 결과를 활용하여 의사결정을 수행하는 단계이다.
- 데이터를 기반으로 비즈니스 전략을 수립하고 개선하기 위한 행동 계획을 수립한다.
- 통찰을 통해 조직의 경쟁력을 향상하고 비즈니스 프로세스를 최적화한다.

⑦ 성과 모니터링 및 개선

- 의사결정의 효과를 모니터링하고, 지속적인 개선을 위한 피드백을 제공하는 단계이다.
- 비즈니스 성과를 지속적으로 모니터링하고, 필요한 경우 전략을 개선하고 수정한다.
- 데이터의 품질과 유효성을 유지하기 위해 데이터 수집 및 정제 프로세스를 조정한다.

> **기적의 TIP**
>
> 비즈니스 인텔리전스의 정의를 숙지하고 관련 기술들의 개념을 학습해야 한다.

2 비즈니스 인텔리전스와 데이터 기반 의사결정

데이터 기반 의사결정은 주관적인 경험과 믿음을 기반으로 하는 직관적 의사결정과 달리 데이터 분석과 해석을 기반으로 의사결정과 전략적 계획을 세우는 접근 방식이다. 비즈니스 인텔리전스는 데이터 기반 의사결정에 필요한 프레임워크, 도구, 통찰 등을 제공한다.

1) 데이터 기반 의사결정의 특징 24년 2회

- 조직이 데이터를 수집, 분석 및 해석하여 비즈니스 결정을 내리는 과정과 방식을 의미한다.
- 주관이나 직관에 의존하는 대신 데이터를 중심으로 비즈니스 의사결정을 하는 접근 방식을 채택한다.
- 데이터를 핵심 자원으로 취급하며, 의사결정을 데이터의 품질과 정확성에 의존한다.
- 주관적인 판단이나 개인적인 견해를 최소화하고, 데이터를 기반으로 의사결정을 내린다.
- 단일 이벤트가 아니라 지속적인 프로세스로서, 주기적으로 데이터를 수집하고 분석하여 결정을 개선한다.
- 문제가 발생하기 전에 데이터를 모니터링하고, 예측 분석을 통해 문제를 예방하고자 한다.

구분	데이터 기반 의사결정	직관 기반 의사결정
기반	객관적이고 실증적인 증거	개인적인 경험, 감각, 믿음
판단	객관적이고 분석적인 판단	주관적이고 직관적인 판단
장점	일관되고 신뢰성 있는 의사결정	데이터 부족 시 빠른 의사결정
단점	데이터 분석의 복잡성과 많은 시간 소모	오류 가능성이 높고 일관성이 부족
상황	데이터가 풍부하고 객관적 결정이 필요한 상황	데이터가 부족하고 빠른 결정이 필요한 상황

▲ 데이터 기반 의사결정과 직관 기반 의사결정의 비교

2) 데이터 기반 의사결정의 예시

① 마케팅 및 고객 분석
- 온라인 쇼핑몰은 웹사이트 및 앱을 통해 고객 행동을 모니터링한다.
- 고객의 구매 이력, 클릭 패턴, 이탈률 등의 데이터를 분석하여 특정 상품에 대한 수요를 예측하고 마케팅 캠페인을 개선한다.

② 금융 및 투자 의사결정
- 투자 은행은 금융 시장 데이터를 사용하여 주가 예측 및 포트폴리오 관리를 수행한다.
- 주가 움직임, 재무 보고서, 경제 지표 등을 분석하여 투자 전략을 조정하고 리스크를 최소화한다.

③ 제조 및 생산 최적화
- 자동차 제조업체는 센서 데이터와 IoT 기기를 통해 생산 과정을 실시간으로 모니터링한다.
- 모니터링 데이터를 사용하여 생산 라인의 효율성을 향상시키고 고장 예측을 수행한다.

④ 인사 및 인재 관리
- 대기업은 HR 데이터를 사용하여 인사 관리 및 인재 영입 전략을 개발한다.
- 직원 이탈률, 승진 패턴, 역량 강화 등을 분석하여 효율적인 인재 관리를 실시한다.

⑤ 공급망 및 재고 최적화
- 소매업체는 공급망 데이터를 사용하여 재고 수준을 관리한다.
- 주문 이력, 입고 일정, 수요 예측 등을 기반으로 재고를 최소화하고 납품 시간을 줄인다.

⑥ 건강 관리 및 의료
- 의료 기관은 환자 데이터를 사용하여 진단 및 치료를 개선한다.
- 환자 의료 기록, 생체 센서 데이터, 유전자 정보 등을 분석하여 치료 계획을 수립한다.

⑦ 교육 및 학습 분석
- 학교는 학생 학업 성과 데이터를 분석하여 교육 방법을 개선하는 데 활용한다.
- 학생 성적, 출석률, 학습 습관 등을 기반으로 학습 지원 시스템을 구축한다.

⑧ 환경 모니터링 및 에너지 관리
- 에너지 회사는 센서 및 스마트 미터(Smart Meter) 데이터를 사용하여 에너지 소비를 모니터링하고 예측한다.
- 환경 모니터링과 에너지 관리를 통해 에너지 효율성을 향상시키고 비용을 절감한다.

3) 비즈니스 인텔리전스와 데이터 기반 의사결정의 관계

비즈니스 인텔리전스는 데이터 기반 의사결정의 토대가 되며, 비즈니스 인텔리전스가 제공한 통찰을 통해 의사결정자는 비즈니스의 현재 상태를 이해하고, 기회를 파악하고, 문제를 진단할 수 있다. 비즈니스 인텔리전스는 주로 현재 상황을 파악하고 정보를 시각적으로 제공하는 데 중점을 두지만, 데이터 기반 의사결정은 데이터를 사용하여 미래 의사결정 및 전략을 개선하는 데 중점을 둔다.

① 정보의 제공

비즈니스 인텔리전스는 조직 내외부의 다양한 데이터 소스로부터 유용한 정보를 추출하여 제공한다. 이 정보를 활용하여 데이터 기반 의사결정을 수행한다.

② 통찰과 전략 수립

비즈니스 인텔리전스 도구와 기술을 통해 얻은 통찰은 비즈니스 전략을 수립하고 의사결정을 하는 데 사용된다.

③ 성과 측정 및 개선

비즈니스 인텔리전스는 비즈니스 성과를 지속적으로 측정하고, 이를 바탕으로 프로세스 개선 및 최적화 결정을 내리는 데 도움을 준다.

④ 리스크 관리

데이터 분석을 통해 잠재적 위험을 파악하고, 이에 대한 예방 조치를 취할 수 있다.

기적의 TIP

데이터 기반 의사결정의 특징을 이해하고 비즈니스 인텔리전스와의 관계를 설명할 수 있어야 한다. Z

3 비즈니스 인텔리전스의 활용

비즈니스 인텔리전스를 효과적으로 사용하려면 기술, 데이터 거버넌스, 데이터 기반 사고방식이 필수적이며 이를 위한 단계와 고려 사항이 필요하다.

1) 비즈니스 목표 정의

비즈니스 목표와 비즈니스 인텔리전스를 사용하여 해결하고자 하는 구체적인 질문 또는 과제를 명확하게 정의한다.

2) 핵심성과지표 식별

- 핵심성과지표(KPI, Key Performance Indicator)란 조직의 성과를 모니터링하고 목표에 대한 진행 상황을 추적하는 데 도움이 되는 측정 가능한 지표이다.
- 비즈니스 목표와 일치하고 비즈니스 운영 및 성과에 대한 의미 있는 통찰을 제공하는 핵심성과지표를 설정한다.

3) 비즈니스 인텔리전스의 적용

① 데이터 수집 및 통합

- 데이터베이스, 스프레드시트, 엔터프라이즈 시스템, API 등과 같은 다양한 소스에서 데이터를 수집하고 통합하고 정리하여 정확하고 일관성 있는 데이터를 준비한다.
- 데이터 변환 작업은 중복값 제거, 이상값 처리, 결측값 처리 등의 데이터 정제와 정규화, 표준화, 인코딩 등을 포함한다.

② 비즈니스 인텔리전스 도구 선택

- 사용자의 요구사항을 충족하는 적합한 비즈니스 인텔리전스 도구 또는 플랫폼을 선택한다.
- 비즈니스 인텔리전스 도구 선택 시 사용 편의성, 확장성, 데이터 시각화 기능, 보고 옵션, 기존 시스템과의 통합과 같은 요소들을 고려한다.

③ 대시보드 디자인 및 개발

- 비즈니스에 의미가 있고 사용자가 이해하기 쉬운 형식으로 데이터를 표현하고 직관적이고 시각적으로 매력적인 대시보드를 디자인하고 개발한다.
- 주요 지표, 차트 및 시각화를 적절히 배치하여 비즈니스 성과에 대한 포괄적인 개요를 제공한다.
- 대시보드 디자인 시 대상 고객의 구체적인 요구사항에 대한 면밀한 수집 및 분석이 수반되어야 한다.

④ 데이터 분석 수행

- 비즈니스 인텔리전스 도구를 사용하여 데이터의 추세, 패턴, 상관관계, 이상 징후 등을 탐색한다.
- 통계 기법, 데이터 마이닝, 데이터 시각화 등의 데이터 분석 방법을 이해하고 사용한다.
- 데이터 분석의 목적은 비즈니스에 대한 깊은 이해와 통찰을 발견하는 것이다.

⑤ 보고서 및 시각화 생성

- 분석을 기반으로 보고서와 시각화를 생성하여 분석 결과를 의사결정자에 효과적으로 전달한다.
- 명확하고 간결하며 시각적으로 매력적인 방식으로 정보를 제시해야 한다.
- 차트, 그래프, 표, 내러티브를 사용하여 주요 결과를 강조하고 스토리텔링 기법을 사용하여 이해관계자에게 효과적으로 전달한다.

⑥ 성과 모니터링 및 추적

- 비즈니스 인텔리전스의 기술과 도구를 적절히 사용하여 비즈니스 성과를 지속적으로 모니터링하고 추적한다.
- 경고 및 알림을 설정하여 지표의 편차 또는 이상 징후를 사전에 식별하고 확인할 수 있도록 한다.
- 대시보드와 보고서를 정기적으로 검토하여 변경 사항에 대한 정보를 파악하고 필요한 경우 적시에 조치를 시행한다.

⑦ 협업 및 통찰 공유

팀과 부서 간에 협업을 장려하고 통찰을 공유하여 데이터 기반 의사결정 문화를 조성하고 정착하도록 노력한다.

⑧ 반복 및 개선
반복적인 프로세스로 구현 효과를 지속적으로 평가하고 피드백을 수집하여 데이터, 핵심성과지표, 데이터 시각화 등을 지속적으로 개선하는 것이 중요하다.

⑨ 사용자 훈련 및 교육
- 비즈니스 인텔리전스를 효과적으로 활용할 수 있도록 조직 내 사용자에게 교육 및 훈련 프로그램을 제공한다.
- 사용자가 독립적으로 데이터를 탐색하고 정보에 기반한 의사결정을 내릴 수 있도록 장려하여 데이터 기반 문화를 조성한다.

4) 비즈니스 인텔리전스의 사례

① 실적 모니터링 및 분석
- 비즈니스 인텔리전스는 조직의 실적을 실시간 또는 정기적으로 모니터링하고 분석하는 데 사용된다.
- 실적 모니터링 및 분석을 통해 매출, 수익, 비용, 재고량 등의 핵심 지표를 추적하고 비즈니스의 현재 상태를 이해할 수 있다.

② 대시보드 및 리포팅
- 비즈니스 인텔리전스 대시보드와 리포팅은 데이터를 시각적으로 표현하여 의사결정자가 정보를 쉽게 이해하고 신속하게 행동할 수 있도록 도와준다.
- 대시보드 및 리포팅을 통해 주요 성과 지표를 한눈에 확인할 수 있다.

③ 고객 관리 및 분석
- 비즈니스 인텔리전스는 고객 데이터를 분석하여 고객 행동을 이해하고 고객 만족도를 개선하는 데 활용된다.
- 고객 데이터로 고객 관리와 분석을 하면 개별 고객에 대한 맞춤형 마케팅 전략을 수립하는 데 도움이 된다.

④ 재무 분석
- 재무 부서에서 비즈니스 인텔리전스는 예산 수립, 비용 관리, 수익 분석 및 자금 관리를 지원한다.
- 재무 데이터를 실시간으로 모니터링하고 재무 리포트를 생성하여 조직의 재무 건강 상태를 평가한다.

⑤ 비즈니스 프로세스 개선
- 비즈니스 인텔리전스는 비즈니스 프로세스를 분석하고 최적화하는 데 사용된다.
- 프로세스의 병목 현상을 식별하고 개선점을 찾아 경영 효율성을 향상시킨다.

⑥ 재고 관리
- 제조 및 유통업체에서 비즈니스 인텔리전스는 재고 수준을 최적화하고 재고 비용을 줄이는 데 도움이 된다.
- 재고 관리를 통해 재고 회전율과 주문 예측을 개선할 수 있다.

⑦ 마케팅 및 판매 전략
- 비즈니스 인텔리전스는 마케팅 효과를 추적하고 매출을 최대화하는 판매 전략을 개발하는 데 사용된다.
- 고객 세분화, 시장 분석 및 마케팅 ROI 측정에 활용된다.

⑧ 리스크 관리

• 금융 및 보험 업계에서는 비즈니스 인텔리전스를 사용하여 리스크 모델링과 포트폴리오 관리를 수행한다.

• 비즈니스 인텔리전스를 사용한 리스크 관리는 금융 리스크를 평가하고 관리하는 데 도움이 된다.

⑨ 품질 관리

제조업과 품질 관리 분야에서는 비즈니스 인텔리전스를 사용하여 제품 품질을 모니터링하고 불량률을 줄이는 데 활용된다.

⑩ 인사 관리

인사 부서에서 비즈니스 인텔리전스는 직원 성과 및 리더십 분석에 사용되며, 조직의 인적 자원 관리를 향상시키는 데 도움이 된다.

🅑 기적의 TIP

비즈니스 인텔리전스를 효과적으로 활용하기 위한 고려 사항들을 명확하게 이해해야 한다.

01 데이터 웨어하우징은 조직의 다양한 출처로부터 수집된 데이터를 통합, 저장, 관리하는 시스템이다. ◎ ☒

02 Tableau, Power BI, QlikView 등은 대표적인 데이터 마이닝 도구이다. ◎ ☒

03 데이터 시각화는 데이터 분석 결과를 시각적으로 표현하고 탐색하는 기술이다. ◎ ☒

04 ☐☐ 서비스 비즈니스 인텔리전스는 최종 사용자가 IT 부서의 지원 없이 독립적으로 데이터 분석을 수행할 수 있는 도구이다.

05 데이터 기반 의사결정은 주관적인 경험과 믿음을 기반으로 한다. ◎ ☒

06 ☐☐☐☐는 비즈니스 성과를 실시간 또는 주기적으로 모니터링할 수 있도록 한다.

07 ☐☐☐☐☐☐는 조직의 성과를 모니터링하고 목표에 대한 진행 상황을 추적하는 데 도움이 되는 측정 가능한 지표이다.

08 비즈니스 인텔리전스는 데이터 기반 의사결정에 필요한 도구와 통찰을 제공한다. ◎ ☒

09 비즈니스 인텔리전스의 목적은 실행 가능한 ☐☐을 제공하는 것이다.

10 비즈니스 인텔리전스를 효과적으로 활용하기 위해서는 비즈니스 목표를 명확하게 정의하는 것이 반드시 필요하다. ◎ ☒

정답

01 ○

02 × 해설 제시된 도구는 대표적인 데이터 시각화 도구이다.

03 ○

04 셀프

05 × 해설 데이터 기반 의사결정은 객관적이고 실증적인 증거를 기반으로 한다.

06 대시보드

07 핵심성과지표

08 ○

09 통찰

10 ○

01 데이터 오류의 유형 중에서 데이터베이스의 기본키 제약 조건을 위반할 때 발생하는 오류는?

① 데이터 정확성 오류
② 데이터 일관성 오류
③ 데이터 완전성 오류
④ 데이터 무결성 오류

02 다음 중 데이터 완전성 오류가 발생하는 경우는?

① 데이터 입력 과정에서 필수 정보가 누락될 때
② 동일한 데이터가 서로 다른 데이터 소스에서 다른 형식으로 나타날 때
③ 데이터베이스의 무결성 제약 조건을 위반할 때
④ 데이터 형식이 예상된 형식과 다를 때

03 다음 중 데이터 오류 관리의 활동으로 적절하지 않은 것은?

① 데이터 오류 탐지
② 데이터 오류 수정
③ 데이터 오류 예방
④ 데이터 오류 무시

04 데이터 품질 검증 시 데이터 정확성을 평가할 때 수행하는 작업으로 적절한 것은?

① 데이터가 일관된 형식을 가지고 있는지 확인한다.
② 모든 데이터 항목이 포함되어 있는지 확인한다.
③ 데이터의 값을 실제의 값과 비교한다.
④ 데이터가 최신 상태인지 확인한다.

05 결측값 처리 시 다중 대체 방법을 사용하는 경우로 적절한 것은?

① 결측값이 매우 적은 경우
② 결측값을 완전히 삭제해야 하는 경우
③ 결측값의 불확실성을 고려하는 경우
④ 이상값이 발생하지 않은 경우

06 이상값을 식별하기 위해 사용되는 방법으로 적절한 것은?

① 서로 다른 형식이나 단위를 사용하는 데이터를 표준 형식으로 변환한다.
② 서로 다른 데이터 소스나 시스템 간의 데이터를 일치시킨다.
③ 상자수염그림, 산점도 등을 이용하여 시각적으로 탐색한다.
④ 데이터를 일정 범위로 조정한다.

07 결측값이 분석 결과에 큰 영향을 미치지 않는다고 판단될 때 사용할 수 있는 결측값 처리 방법으로 적절한 것은?

① 결측값 제거
② 단순 대체
③ 결측값 무시
④ 다중 대체

08 최대-최소 정규화를 수행한 후 데이터의 범위로 적절한 것은?

① −1~1
② 0~1
③ 0~100
④ −100~100

09 데이터 구간화에서 등간격 구간화의 방법으로 적절한 것은?

① 각 구간에 거의 동일한 수의 데이터 포인트가 오도록 나눈다.
② 데이터의 범위를 동일한 크기의 구간으로 나눈다.
③ 데이터를 클러스터링하여 구간을 나눈다.
④ 결정 트리 알고리즘을 사용하여 구간을 나눈다.

10 범주형 데이터를 원-핫 인코딩으로 변환하는 방법으로 적절한 것은?

① 범주형 데이터를 고유한 정숫값으로 변환한다.
② 범주형 데이터를 연속형 데이터로 변환한다.
③ 범주형 데이터를 이진값으로 변환한다.
④ 범주형 데이터를 소수점으로 변환한다.

11 홀드아웃 방법의 목적으로 적절한 것은?

① 데이터 정제
② 데이터 분석
③ 데이터 분리
④ 데이터 변환

12 데이터를 계층적으로 분리하는 이유로 적절한 것은?

① 모델의 복잡도 증가
② 모델의 편향 증가
③ 데이터의 대표성 유지
④ 데이터의 크기 증가

13 시계열 데이터 분리 중 롤링 윈도우 분리에 대한 설명으로 적절한 것은?

① 고정된 크기의 윈도우를 사용하여 시계열 데이터를 분리한다.

② 계절성을 고려하여 시계열 데이터를 분리한다.

③ 윈도우 크기를 확장하면서 시계열 데이터를 분리한다.

④ 초기 데이터를 활용하여 시계열 데이터를 분리한다.

14 서로 다른 열을 가진 데이터 세트를 결합하는 방법으로 적절한 것은?

① 수직 연결

② 수평 연결

③ 내부 병합

④ 외부 병합

15 다음 중 내부 병합에 대한 설명으로 가장 적절한 것은?

① 두 데이터 세트 중 하나라도 존재하는 키를 기준으로 결합한다.

② 두 데이터 세트의 모든 행을 서로 결합하여 가능한 모든 조합을 생성한다.

③ 두 데이터 세트에서 이름이 같은 모든 열을 기준으로 결합한다

④ 두 데이터 세트에 공통으로 존재하는 키를 기준으로 병합한다.

16 자동화된 데이터 수집 방법의 장점으로 적절한 것은?

① 인력과 시간을 절약할 수 있다.

② 실수로 인한 오류 가능성이 높아진다.

③ 간단하고 저렴하다.

④ 복잡한 기술이 필요하지 않다.

17 범주형 데이터를 숫자 형식으로 변환하는 방법으로 가장 적절한 것은?

① 정규화

② 표준화

③ 로그 변환

④ 데이터 인코딩

18 다음 중 웹 스크래핑에 대한 설명으로 가장 적절한 것은?

① 구조화된 외부 데이터에 합법적으로 접근하는 것이다.

② 실시간으로 데이터를 수집하는 것이 가능하다.

③ 데이터를 추출하는 자동화된 방법이다.

④ 로그 파일을 분석하여 데이터를 추출하는 방법이다.

19 다음 중 대량의 데이터를 한 번에 처리하는 데이터 적재 방식은?

① 실시간 적재

② 병렬 적재

③ 증분 적재

④ 일괄 적재

20 대규모 데이터를 저장하고 분석하는 가장 적절한 저장소는?

① 데이터베이스 시스템

② 파일 시스템

③ 데이터 웨어하우스

④ 클라우드 스토리지

21 다음 중 클라우드 스토리지 서비스로 가장 적절하지 않은 것은?

① Amazon S3

② Google Cloud Storage

③ MongoDB

④ Azure Blob Storage

22 데이터를 장기적으로 보존하고 유지하는 과정으로 적절한 것은?

① 데이터 적재

② 데이터 저장

③ 데이터 백업

④ 데이터 복구

23 마지막 전체 백업 이후 변경된 데이터만을 백업하는 방법으로 가장 적절한 것은?

① 증분 백업

② 전체 백업

③ 로컬 백업

④ 원격 백업

24 데이터 복구에 필요한 자원, 도구, 시간 등을 결정하는 단계로 가장 적절한 것은?

① 데이터 복구 수행

② 데이터 복구 계획

③ 테스트 및 검증

④ 데이터 백업

25 다음 중 데이터 보안 조치 중 접근 제어에 해당하는 것은?

① 다단계 인증

② 로깅 및 모니터링

③ 비식별화

④ 데이터 백업

26 다음 중 네트워크 보안에 해당하는 것으로 가장 적절한 것은?

① 방화벽

② 데이터 암호화

③ 데이터 마스킹

④ 개인정보 삭제

27 비식별화 기술 중 데이터 마스킹에 대한 설명으로 옳은 것은?

① 실제 데이터값을 가려서 익명화한다.

② 데이터에서 개인을 식별할 수 있는 모든 정보를 제거한다.

③ 식별 가능한 데이터를 대체 식별자로 대체한다.

④ 데이터값에 임의의 변동을 추가한다.

28 다음 중 비즈니스 인텔리전스의 목적으로 가장 적절한 것은?

① 데이터 수집

② 데이터 시각화

③ 프로세스 개선

④ 데이터 마이닝

29 비즈니스 인텔리전스와 데이터 기반 의사결정의 관계에 대한 설명으로 가장 적절한 것은?

① 비즈니스 인텔리전스는 현재 상태를 이해하고 정보를 제공하는 데 중점을 두며, 데이터 기반 의사결정은 주로 미래 의사결정에 중점을 둔다.

② 비즈니스 인텔리전스는 주관적 의사결정을 지원하며, 데이터 기반 의사결정은 주관적 의견을 배제한다.

③ 비즈니스 인텔리전스와 데이터 기반 의사결정은 동일한 개념이며, 상호 교체 가능하다.

④ 비즈니스 인텔리전스는 미래 의사결정을 지원하며, 데이터 기반 의사결정은 현재 상태를 이해하는 데 중점을 둔다.

30 비즈니스 인텔리전스를 효과적으로 활용하기 위한 첫 번째 단계로 가장 적절한 것은?

① 데이터 분석

② 대시보드 디자인

③ 비즈니스 목표 정의

④ 성과 모니터링

정답 & 해설

01 ④	02 ①	03 ④	04 ③	05 ③
06 ③	07 ③	08 ②	09 ②	10 ③
11 ③	12 ③	13 ①	14 ②	15 ④
16 ①	17 ④	18 ③	19 ④	20 ③
21 ③	22 ②	23 ①	24 ②	25 ①
26 ①	27 ①	28 ③	29 ①	30 ③

01 ④

기본키 제약 조건은 데이터베이스의 무결성 제약 조건이다.

02 ①

데이터 완전성 오류는 데이터가 누락되거나 필수 정보가 부족한 경우에 발생한다.

03 ④

데이터 오류 관리의 목표는 데이터 품질을 향상시키고 신뢰성 있는 데이터를 보장하는 것으로, 데이터 오류를 무시하는 것은 그 목표에 부합하지 않는다.

04 ③

데이터 정확성을 확인하기 위해 데이터의 값을 실제값과 비교한다.

05 ③

다중 대체는 결측값의 불확실성을 고려하여 여러 번 대체하여 분석의 신뢰도를 높일 때 사용된다.

06 ③

이상값을 통계적 방법과 시각적 방법을 이용하여 식별할 수 있다.

07 ③

결측값이 분석 결과에 큰 영향을 미치지 않거나, 결측값이 매우 적을 때 결측값을 무시할 수도 있다.

08 ②

최대-최소 정규화는 데이터를 0과 1 사이의 값으로 변환한다.

09 ②

등간격 구간화는 데이터의 범위를 동일한 크기의 구간으로 나누는 것이다.

10 ③

원-핫 인코딩은 범주형 데이터를 0과 1의 이진값으로 변환하는 것이다.

11 ③

홀드아웃 방법은 데이터를 훈련, 검증 및 테스트 데이터로 분리하는 방법이다.

12 ③

계층적 분리는 데이터의 클래스 비율을 유지하여 모델이 전체 데이터를 대표할 수 있도록 한다.

13 ①

롤링 윈도우 분리는 고정된 윈도우 크기를 사용하면서 시계열 데이터를 분리하는 것이다.

14 ②

수평 연결은 서로 다른 열을 가진 데이터 세트를 하나의 세트로 결합하는 데 사용된다.

15 ④

내부 병합은 두 데이터 세트에 공통으로 존재하는 키를 기준으로 병합하는 것이다.

16 ①

자동화된 데이터 수집 방법을 사용하면 인력과 시간을 절약할 수 있다.

17 ④

데이터 인코딩은 텍스트 형식의 범주형 데이터를 숫자 형식으로 변환하는 방법이다.

18 ③

웹 스크래핑은 웹사이트에서 데이터를 추출하는 자동화된 방법이다.

19 ④

일괄 적재는 대량의 데이터를 한 번에 적재하는 방식이다.

20 ③

데이터 웨어하우스는 대규모 데이터를 저장하고 분석하는 데 가장 적절한 데이터 저장소이다.

21 ③

MongoDB는 대표적인 NoSQL 데이터베이스이다.

22 ②

데이터 적재는 데이터를 저장 장치 또는 데이터 저장소에 저장하는 과정이고, 데이터 저장은 데이터를 장기적으로 보존하고 유지하는 과정이다.

23 ①

증분 백업은 마지막 전체 백업 이후 변경된 데이터만을 백업하는 방법이다.

24 ②

데이터 복구에 필요한 자원, 도구, 시간 및 우선순위를 결정하는 단계는 데이터 복구 계획을 수립하는 단계이다.

25 ①

다단계 인증은 사용자를 확인하는 접근 제어에 해당한다.

26 ①

방화벽은 외부에서 내부 네트워크로의 접근을 제한하기 위한 네트워크 보안 솔루션이다.

27 ①

데이터 마스킹은 실제 데이터값을 가려서 익명화하기 위해 사용된다.

28 ③

비즈니스 인텔리전스의 주요 목적은 비즈니스 프로세스를 개선하고 사업 기회를 파악하며 문제를 해결하는 것이다.

29 ①

비즈니스 인텔리전스와 데이터 기반 의사결정은 서로 다른 목적과 중점을 가지고 있다. 비즈니스 인텔리전스가 현재 상황을 파악하여 제공하는 통찰을 기반으로 데이터 기반 의사결정이 미래 의사결정 및 의사결정을 수행한다.

30 ③

비즈니스 목표를 명확하게 정의하는 것이 비즈니스 인텔리전스를 효과적으로 활용하는 첫 번째 단계이다.

PART

03

경영정보시각화 디자인

파트 소개

경영정보시각화 디자인을 위한 그래픽 디자인의 기본 원리를 이해하고 이를 활용한 정보 디자인에 대해 학습한다. 그래프 등의 시각화 도구를 알아보고, 이를 통하여 제작할 수 있는 차트 디자인을 이해하고 그리는 것을 학습한다.

경영정보시각화 디자인 기본 원리

학습 방향

그래픽 디자인의 기본 원리를 이해하여 이를 바탕으로 경영정보시각화 디자인을 함에 있어 기본적인 그래프 디자인의 특성과 요소를 이해하고 활용할 수 있도록 한다. 또한 시각화 목적에 적합한 차트의 선택과 도구의 선택에 대해서도 학습하도록 한다.

섹션 차례

경영정보시각화 개념과 프로세스

1 정보 시각화 개요

1) 인지와 시각화

① 사고의 도구(Thinking Tools) 활용

- 사고의 도구를 활용하는 사람들이 그렇지 않은 사람들보다 인지적인 능력이 더 뛰어나다.
- 인지적 도구로 구성된 시스템을 사용자가 사용하는 과정에서 인지(Perception)가 발생하게 되므로 인지는 인지적 도구인 필기도구, 계산기, 컴퓨터 시스템 사이에서 발생하는 상호작용으로 일어난다고 볼 수 있다.

② 시각화(Visualization)의 의미

- 시각화는 머릿속에 시각적 이미지를 형성하는 것을 의미하기도 했으나, 20세기 이후의 그래프, 그래픽 디자인 등의 출현으로 데이터나 개념을 그래픽으로 표현한다는 의미가 더 많이 쓰인다.
- 시각화는 '인간의 떠오르는 심상을 이미지로 형성한다'라는 개념에서 최근에는 '의사결정을 지원하는 외부적인 작업 결과물'이라는 의미로 변화했다.
- 시각화의 의미가 변화하는 데는 인지적 시스템(데이터 탐색 과정을 최적화하고 중요한 패턴을 더 쉽게 인식하게 만드는 과정)의 발전이 주요한 역할을 하였다. 특히 컴퓨터와 인터넷의 발달에 의한 데이터의 폭발적인 증가와 이를 활용해야 하는 기업으로서는 인지적 시스템을 더 효율적으로 활용하는 것이 중요해졌다.

③ 인지 시스템의 효율성 향상

- 경영정보시각화를 적용한 대시보드로 업무를 수행하는 것을 일종의 인지 시스템이라 볼 수 있다. 사용자는 목표를 위한 의사결정 메커니즘을 기반으로 연관된 정보 패턴을 찾고자 하는데 사용자는 이 과정에서 시각 체계를 활용하게 된다.
- '경영정보'와 '사용자의 시각 체계' 사이에는 상호작용하는 시각화 인터페이스(Interface)가 필요하게 된다. 시각화가 잘 이루어진 인터페이스는 인지 시스템의 효율성을 향상시킬 수 있다.
- 인터페이스를 디자인하는 데이터 시각화를 효율적으로 한다면 다음과 같은 이점을 얻을 수 있다.
  - 방대한 양의 데이터를 한 번에 쉽게 이해할 수 있도록 한다.
  - 패턴 인식을 하게 함으로써 알아채지 못했던 새로운 인사이트를 얻게 한다.
  - 데이터가 가진 문제점을 드러내는 데 효율적이므로 품질 관리에 유용한 장점이 있다.
  - 데이터의 작은 특징과 큰 특징을 동시에 이해하게 하므로 관련된 패턴을 효과적으로 인식할 수 있다.
  - 가설을 뒷받침하는 정보를 제공하여 수행을 위한 동기를 부여한다.

2) DIKW 개념

① DIKW의 개념

정보 시각화 개념을 파악하기 위해서 데이터(Data), 정보(Information), 정보를 통해서 얻어지는 지식(Knowledge) 또는 인사이트(Insight)가 서로 어떤 관계로 전환되는지 이해한다면 지혜(Wisdom)의 수준까지 도달할 수 있다. 지혜의 수준은 시각화를 통해 도달하고자 하는 궁극적인 목적이며 정보 시각화의 본질이다.

② DIKW 피라미드 24년 1회

- 데이터(Data), 정보(Information), 지식(Knowledge), 지혜(Wisdom)의 앞 글자를 딴 DIKW 피라미드는 데이터, 정보, 정보 간의 구조적·기능적 관계를 나타내는 모델이다. 네 가지 질적 단계를 거치면서 주제에 대한 깊은 이해가 어떻게 드러나는지 보여준다.
- '시각 이해의 위계(Hierarchy of Visual Understanding)'는 시각화의 대가 데이비드 맥캔들레스(David McCandless)가 그린 것으로, 1990년 스테판 투씰(G. Stephen Tuthill)이 3M사에서 개발한 '데이터 위계 모델(Data Hierarchy Model)'을 기초로 하였다.

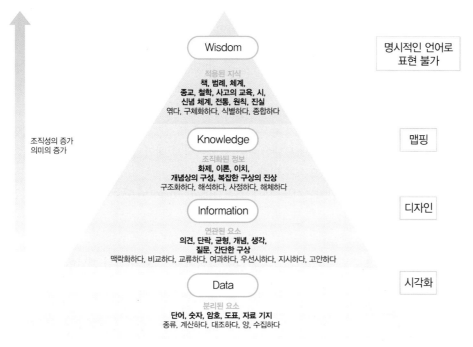

▲ 데이비드 맥캔들레스의 시각 이해의 위계

- 데이터에서 정보로, 지식으로, 지혜로 계층을 이루는 구조에서 데이터는 시각화(Visualization)로, 정보는 디자인(Design)으로, 지식은 맵핑(Mapping)으로, 지혜는 '정의되지 않은 것'으로 각각 표현된다.

③ 데이터(Data)

- 데이터의 사전적 의미는 재료 또는 자료, 논거를 뜻하는 '데이텀'의 복수형으로 일반적으로 결론을 내리는 데 근거가 되는 사실이나 참고 자료이다. 정보와 혼용하기도 하고 미디어에 저장된 형태를 일컫는다.
- 넓은 의미로의 데이터는 연구나 조사·발견·수집의 결과인 일종의 기초 자료로서, 정보를 만들기 위한 원자재와 같은 것이라고 정의할 수 있다.
- 데이터는 정보 자체가 아니므로 정보로서의 가치가 부족하며, 데이터를 만들어 낸 생산자에게는 유용할 수 있으나 사용자에게 의미를 전달하기에는 적절하지 않을 수 있다.
- 데이터는 가공되지 않고 의미를 갖지 않은 상태의 개체이기 때문에 데이터가 분석의 대상이 될 수는 있어도 데이터 자체로는 우리가 디자인하려는 대상이 될 수 없다.
- 효율적인 정보 전달에서는 데이터를 직접 보여주지 않는다. 불완전하고 비연속적이므로 정보 전달 측면에서 가치가 없기 때문이다.

④ 정보(Information)

- 데이터와 달리 정보는 그 자체만으로 의미가 있으므로 생산자와 사용자의 관점에 따라 다르게 전달될 수 있으며, 나름의 형태와 형식을 갖고 있다.
- 정보는 서로 다른 데이터 간의 관계와 일정한 패턴을 가시화하여 정보를 보는 사람에게 데이터가 내포하는 의미를 전달한다.
- 데이터가 정보로서 가치를 갖기 위해서는 조직화(Organized)·변형(Transformed)을 거쳐, 의미를 전달하기 위한 형태로 표현되어야 한다.
- 데이터와 정보를 명확하게 구분하려면 정보 생산과 활용 과정에서 전체적 맥락(Global Context)을 고려해야 한다. 맥락이 없으면 정보가 존재할 수 없기 때문이다. 맥락(콘텍스트)은 데이터의 환경과 관계있을 뿐만 아니라 '그것이 어디에서 왔는지', '왜 소통돼야 하는지', '어떻게 배열되는지', '이해하는 사람의 태도와 환경이 무엇인지'를 설명하는 중요한 요소가 된다.
- 정보는 생산자와 소비자 영역에 모두 포함되면서도 자기 조직화(Self-organized)되지 않은 일반적인 의미만을 갖는다.

⑤ 지식(Knowledge)

- 인간이 생활을 영위하면서 인위적으로 습득하는 고도의 논리적 상식이자, 정보의 상위 개념이며 모든 경험의 산물이다.
- 다른 영역에서 조직화된 데이터가 정보라면, 지식은 다른 영역의 정보가 자기 조직화(Self-organization)의 과정을 거친 것이다. 즉 지식은 특정 영역에서 경험을 통해 얻은 정보를 통합한 형태라고 할 수 있다. 지식이 국소 맥락(Local Context)의 영역에 속하는 것을 보아도 알 수 있다.
- 지식은 경험을 통해 다른 관점과 방법으로 해석할 수 있으며, 경험을 통해 형성된 지식은 특정한 세부 사항만을 설명하는 것이 아니라 다양한 상황에서 적용할 수 있게 일반화된 것이다.
- 정보의 조직화에서도 스토리텔링 개념이 중요하게 적용된다. 좋은 스토리는 섬세하게 묘사되는 풍부한 세부성과 경험을 제공하는 서사성이 있고 다양한 해석을 허락한다. 스토리는 듣는 사람의 흥미와 경험에 따라 변화하고 정보를 더욱 개인적 수준으로 만들게 되기 때문에 지식을 전달하는 데 가장 효과적인 방법이다.

⑥ 지혜(Wisdom)

- 고차원 방법으로 우리가 사용할 수 있는 이상적인 정보의 최종 단계라 볼 수 있으며 통찰이라고 표현하는 경우도 있다.
- 정보가 특정 영역에서의 경험으로 자기 맥락을 갖게 될 때 지식이 되며, 지식이 자기 내면화를 통해 개인적 맥락(Personal Context) 안에 포함될 때 지혜가 된다.
- 지혜는 자기 내면화한 지식으로 명시적인 언어로 상대방에게 전달하기 어렵다. 지혜는 경험을 통해 얻게 되는 과정에서 만들어진 메타지식(Meta-knowledge)이라고도 할 수 있다.
- 지혜는 개인적 이해의 수준에 따라 결정되므로 도달하기 어려운 단계이며, 정보와 지식의 개인화로 생성되기 때문에 인위적으로 전달하거나 공유할 수 없다. 지혜는 다른 단계들보다 훨씬 추상적이고 철학적이기 때문이다.

⑦ DIKW 정보 디자인 24년 2회

- 정보 디자인 다이어그램은 나단 셰드로프(Nathan Shedroff)가 1994년 제시한 개념으로 데이터, 정보, 지식, 지혜가 생성되고 전환되는 과정 중에서 정보 디자인이 어떻게 전달되는지를 보여준다. 데이터가 정보로 이해·활용되고 지식으로 체계화되어 지혜로서 문제 해결과 미래 예측에 사용되는 과정을 그리고 있다.
- 공급자(Producers)는 데이터와 정보의 단계에 속하고, 수용자(Consumers)는 정보와 지식의 단계에 속하며 정보는 글로벌 콘텍스트(일반적 맥락)에 있지만, 지식은 로컬 콘텍스트(개인적 맥락)에 있는 것을 알 수 있다.
- 시각화의 방법도 각 맥락의 단계에 따라 다르게 나타나는데 지식으로 갈수록 경험에 기반한 스토리텔링이 중요해진다.

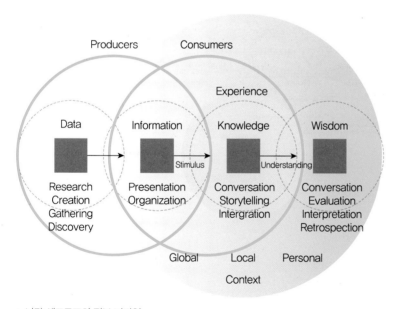

▲ 나단 셰드로프의 정보 디자인

3) 데이터 시각화와 정보 시각화

① 데이터 시각화(Data visualization)

- 데이터 분석 또는 데이터 과학의 단계 중 하나로 데이터의 시각적 표현의 연구 영역을 의미한다.
- 주로 정량적인 원시 데이터(Raw Data) 집합을 도식화된 시각적 개체(점, 선, 막대 등)로 인코딩하여 전달하는 기술을 말한다. 이러한 그래픽 안에는 추상적으로 표현된 속성(Attributes)이나 변수(Variables) 단위가 포함된다.
- 데이터 시각화의 목표는 정보를 사용자에게 명확하고 효율적으로 전달하는 것이므로 표, 차트, 그래프, 대시보드 등의 형식을 사용하여 데이터를 시각화한다.

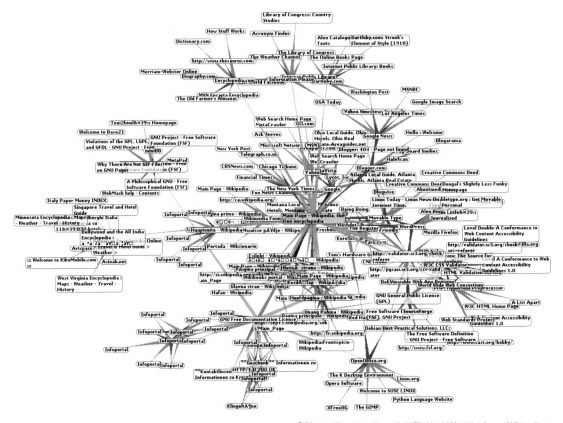

출처: https://en.wikipedia.org/wiki/File:WorldWideWebAroundWikipedia.png

▲ 인터넷의 부분으로서 위키피디아의 데이터 시각화 예시

② 정보 시각화(Information Visualization)

- 대규모 비수량 정보를 시각적으로 표현하는 것으로, 방대한 양의 정보를 사용자가 한 번에 보고 이해하도록 시각적 표현 방법과 인터랙션 기술을 이용하는 것이다. 이 과정에서 추상적 정보를 직관적 방법으로 전달하기 위한 접근 방법을 창조하게 된다.
- 원시 데이터에 가치를 더하고, 사용자의 이해도를 높이며, 인지를 강화하고, 인터페이스를 탐색하고 상호 작용하면서 인사이트를 도출하고 의사결정을 내리는 데 도움을 주는 것이 정보 시각화의 목표이다.
- 기하 및 도형 양식(선, 막대, 원 등)을 이용하여 데이터의 특징을 더 잘 설명할 수 있는 차트나 그래프 등으로 표현하는 것이 정보 시각화이다. 데이터 시각화 분야보다 한 단계 더 정보 형태 가공 과정을 거치며, 분기도 · 수지도 · 히트 맵 등의 다양한 그래프를 통해 표현된다.
- 정보 시각화의 대표적인 사례로 하버드-MIT 경제 복잡성의 전망대(The Observatory of Economic Complexity)가 개발한 트리 맵이 있다. 이 정보 시각화 프로젝트의 목표는 시각화를 도울 수 있는 새로운 툴을 개발하는 것과 거시경제 개발 의사결정과 관련된 상품의 공간과 같은 데이터의 거대한 양을 느낄 수 있도록 만드는 것이었다.

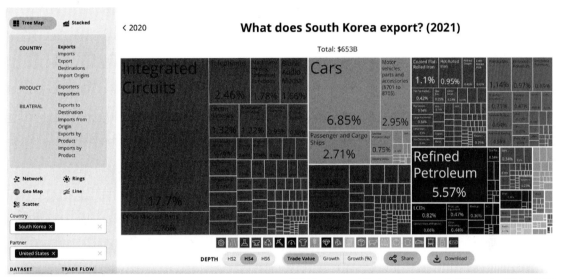

출처: https://oec.world/en/visualize/tree_map/hs92/export/are/all/show/2020

▲ 트리 맵 예시: 경제 복잡성의 전망대

③ 정보 디자인(Information Design)과 인포그래픽 _{24년 1회}

- 사람이 사용할 수 있는 효과적인 정보와 복잡하고 구조적이지 않은 기술 데이터를 시각적으로 표현하는 방법으로, 보는 사람들이 좀 더 명확하게 의미를 이해할 수 있도록 한다.
- 광범위한 의미로는 앞에서 다룬 데이터 시각화, 정보 시각화도 정보 디자인의 범위에 속하며, 그래픽 정보 표현 방법이 많이 적용되는 인포그래픽(Information Graphics, Infographics) 역시 정보 디자인의 한 유형으로 볼 수 있다.
- 과거에는 데이터 집합을 처리하고 시각화하기 위해 소프트웨어를 사용했으므로 주로 실용적인 측면에서 데이터 시각화와 정보 시각화가 이루어졌고, 전공 교육을 받은 전문인, 지식인, 숙련된 개인 등 소수만이 오랫동안 정보 시각화를 업무에 활용했다.
- 인터넷이 유행하기 시작하고 2000년대에 인포그래픽에 관해 관심이 커지면서 그래프를 일부 포함한 화려한 그래픽의 인포그래픽이 새롭게 제작되기 시작했고, 뉴스 그래픽 · 연감보고서 · 출판물 등 다양한 업계와 분야에서 인포그래픽이 활용되었다.
- 인터넷 사이트에 게시되기 위해 좁고 긴 디자인이 일반적인 형태가 되었고 인포그래픽이라는 용어와 동일시되었다. 인포그래픽은 전통적인 정보 시각화 결과물보다 삽화와 장식을 많이 포함한다. 이를 좀 더 세분화한 용어로는 에디토리얼 인포그래픽(Editorial Infographics)이 있다.

출처: https://wiiisdom.com/blog/business-intelligence-trends-2020-infographic/

▲ 비즈니스 인텔리전스 인포그래픽

- 정보 시각화, 정보 디자인, 인포그래픽에 대해서는 확실한 정의가 정해져 있는 것은 아니지만 이 분야에서 가장 잘 알려진 시각화 전문가는 예일대학교 통계학과 명예교수인 에드워드 터프티(Edward R. Tufte)와 영국의 그래픽 디자이너 나이젤 홈즈(Nigel Holmes)이다. 이들은 효과적인 시각화에 대해서 상반된 의견을 지니고 있다.

에드워드 터프티의 의견	나이젤 홈즈의 의견
• 특정한 정보를 전달하지 않는 그래픽 요소는 필요치 않으며 생략해야 함 • 불필요한 선, 제목이나 이름표 또는 장식적 요소와 같은 차트 정크는 산만함을 높이고 데이터를 왜곡하기 때문에 그래픽의 진실성을 훼손시키고 가치를 떨어뜨림	• 정보 디자인을 꾸미는 데 일러스트레이션과 장식을 많이 사용하도록 장려 • 시각화할 때 주제를 뒷받침하고 보강하기 위해 일러스트레이션과 시각적 은유를 사용함으로써 더욱 흥미를 느끼도록 함

▲ 효과적인 시각화에 대한 의견

• 동일한 데이터 집합을 시각화하더라도 터프티는 정보를 선입견 없이 분석할 수 있도록 가장 중립적인 방법으로 시각화하는 것을 권장한다. 반대로 홈즈는 의도된 시각적 메시지를 통해 가치판단을 전달함과 동시에 관심을 끌기 위해 메시지를 적절히 그래픽적으로 편집하여 보여주도록 권한다.

④ 경영정보시각화와 인포그래픽 24년 2회

• 경영정보시각화 디자인은 일반적으로 터프티의 커뮤니케이션 방법인 '탐색적 시각화'를 목적으로 한다. 보는 사람이 정보 시각화 디자인된 인터페이스를 탐색하여 본인만의 통찰력을 끌어낼 수 있도록 하는 것이다.

• 경영정보시각화 디자인은 에디토리얼 인포그래픽보다 주관적 맥락을 덜 넣어, 객관적 의사 판단을 하도록 하는 데 목표를 두고 있다.

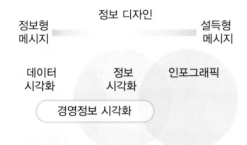

▲ 정보 디자인에서의 경영정보시각화 영역

• 경영정보시각화를 목표로 할 때는 정보형 메시지를 담고 있어 주관적 경향과 스토리텔링이 강한 인포그래픽보다는 터프티 관점으로 정보형 메시지를 담은 데이터 시각화 방법이 더 적합하다.

• 반면 경영정보시각화 디자인을 이용하여 보고서나 제안서를 작성할 때는 설득적 메시지를 전달하는 목적이 강해지므로 인포그래픽으로 시각화하는 것이 필요하다.

4) 인포그래픽의 원칙

주제와 목적에 맞게 중요한 정보를 강조하고 단순하고 명확하게 전달하는 것이 인포그래픽의 원칙이다.

① 단순성(Simplicity)
- 인포그래픽은 단순하고 명확해야 한다.
- 복잡한 요소를 최소화하고, 필요한 정보만을 간결하게 전달해야 한다.

② 명확성(Clarity)
- 인포그래픽은 명확한 메시지를 전달해야 한다.
- 그래프, 차트, 아이콘 등의 시각적 요소는 데이터와 목적에 맞게 명확하게 표현해야 한다.

③ 중요성(Importance)
- 인포그래픽은 핵심적인 정보를 강조해야 한다.
- 중요한 데이터나 핵심 메시지를 시각적으로 부각하고, 사용자의 시선을 끌도록 해야 한다.

④ 일관성(Consistency)
- 인포그래픽은 디자인의 일관성을 유지해야 한다.
- 서체, 색상, 아이콘 스타일 등의 요소를 일관되게 사용해야 하며, 전체적인 디자인 톤과 맞아야 한다.

⑤ 가독성(Readability)
- 인포그래픽은 가독성이 높아야 한다.
- 텍스트의 크기, 텍스트와 배경 간의 대비, 그래프나 차트의 축 레이블 등은 사용자가 정보를 쉽게 읽고 이해할 수 있도록 디자인되어야 한다.

⑥ 효과성(Effectiveness)
- 인포그래픽은 정보를 효과적으로 전달해야 한다.
- 시각적인 요소는 데이터와 목적에 맞게 선택되고 배치되어 사용자가 데이터를 이해하고 해석할 수 있도록 해야 한다.

⑦ 대상 독자(Target Audience)
- 인포그래픽은 대상 독자를 고려하여 디자인되어야 한다.
- 대상 독자의 관심사, 수준, 문화적 배경 등을 고려하여 정보를 전달하는 스타일과 톤을 조절해야 한다.

5) 오컴의 면도날(Occam's Razor)

① 오컴의 면도날 개념

- 과학적 추론과 이론 구축에 사용되는 원칙 중 하나로, 단순한 설명이 복잡한 설명보다 선호되어야 한다는 원칙이다.
- 가정이나 개념을 최소화하여 문제를 설명하는 것이 좋다는 의미이다.
- 논리적 추론이나 이론 구축에 널리 적용되며, 인포그래픽 디자인에도 사용될 수 있다.
- 인포그래픽은 복잡한 정보를 시각적으로 전달하기 위한 도구로 사용되므로, 오컴의 면도날을 적용하여 인포그래픽을 더 간결하고 이해하기 쉽게 만들 수 있다.

② 인포그래픽 디자인에 적용하는 방법 24년 2회

- 오컴의 면도날을 적용하려면 핵심 메시지를 간결하게 정의하고, 시각적으로 강조해야 한다. 주요 메시지 전달을 위해 불필요한 세부 정보를 제거하고 중요한 내용에 집중하게 하는 것을 예로 들 수 있다.
- 단순하게 시각화하기 위해 필요한 만큼의 시각화 요소만 사용하고, 과도한 세부 정보나 복잡한 그래프를 배제함으로써 인포그래픽을 더 직관적으로 만들 수 있다.
- 명확하게 구조화하기 위해 정보를 단순화하고, 주제와 하위 주제 간의 계층 구조를 정의하도록 한다.
- 최소한의 텍스트만 사용하기 위해 간결하고 명료한 문구를 사용하고, 필요한 경우 그래픽 요소를 활용하여 텍스트를 대체하도록 한다.

> **기적의 TIP**

인포그래픽의 종류

지도 및 지리적 인포그래픽	• 지도, 도표, 지리적 요소 등을 통해 지리적 정보를 시각화 • 지역, 국가, 대륙 등의 지리적 특성을 나타냄
프로세스와 플로차트	• 화살표, 상자, 다이어그램을 사용해 데이터 흐름과 상호작용을 표현 • 과정이나 절차를 단계별로 시각화하여 보여줌
인포그래픽 아이콘	• 아이콘, 그림, 이미지를 활용하여 정보를 시각적으로 전달 • 개념, 객체, 통계 등을 그림이나 아이콘 형태로 표현하여 쉽게 이해할 수 있도록 함
타임라인 및 역사적 인포그래픽	• 연표, 시간 축 등을 사용하여 시간에 따른 변화나 역사적 이벤트를 시각화 • 특정 기간의 데이터 변화나 발전 과정을 보여줌
비교 및 대조 인포그래픽	• 막대 차트, 원형(파이) 차트 등을 사용하여 데이터의 차이나 비율 비교 • 다양한 항목 또는 데이터를 비교하거나 대조하여 시각적으로 표현
설명적 인포그래픽	주제나 개념에 대한 설명과 함께 그림, 그래프, 텍스트 등을 조합하여 전체적인 이해를 돕는 인포그래픽

단계	프로세스	설명
1단계	시각화 목적 및 이용 대상자 설정	시각화를 통해 누구에게 어떤 정보를 왜 전달하고자 하는지 명확히 설정
2단계	데이터 수집과 전처리	필요한 데이터를 수집하고 정리하고 수집한 데이터를 분석에 적합한 형태로 가공
3단계	시각화 디자인	데이터 내러티브를 정하고 이에 맞는 시각화의 형식과 디자인을 결정
4단계	시각화 디자인 구현	선택한 시각화 도구를 사용하여 시각화 구현
5단계	시각화 결과 전달	시각화된 데이터를 분석하고 해석이 가능한 시각화 결과를 적절한 형태로 전달

1) 1단계: 시각화 목적 및 대상자 설정

① 명확한 목적 설정하기

- 좋은 데이터 시각화를 위한 첫 번째 단계는 해결하려는 문제를 파악하는 것이다.
  - 어떤 중요한 전략적 질문에 답할 것인가?
  - 제시하는 정보가 어떤 방식으로 회사에 실질적인 가치를 제공할 수 있을까?
- 질문에 답하려면 핵심성과지표(KPI, Key Performance Indicator)가 무엇인지 파악해야 하며, 원하는 것이 무엇인지 알아야 한다.
- 강조할 최고의 퍼즐 조각을 선택하려면 무엇을 측정하고자 하는지를 정확하게 아는 것이다.

② 시각화 이용 대상자 설정

- 선택한 시각화 전략은 목표 고객과 효과적으로 소통할 수 있도록 설계되어야 한다.
  - 이용 대상자의 전문성은 무엇인가?
  - 데이터를 가장 잘 처리할 수 있는 방법에는 어떤 것이 있는가?
- 사람들은 정보를 소비하는 방식이 각기 다르므로 메시지를 개발할 때 그들의 반응을 신중하게 고려해야 한다. 예를 들면, 부서 내 팀에게 프레젠테이션을 하는 경우 팀원들은 여러 데이터 포인트와 연결에 의존하는 복잡한 그래픽을 원할 수 있고, 회사 이사회의 멤버는 더 높은 수준의 요약을 선호할 수 있다.

2) 2단계: 데이터 수집과 전처리

① 데이터 수집(필요한 데이터를 수집 정리)

- 데이터는 내부 시스템, 데이터베이스, 엑셀 파일 등 다양한 리소스에서 가져올 수 있다. 이미 내부적으로 확보가 되어 있을 수도 있고 새롭게 구해야 할 수도 있다.
- 필요한 데이터를 요구하기 위해서는 1단계에서 시각화의 목적과 의도가 잘 수립되어 있어야 하고, 여기에 필요한 구체적인 분석 차원을 정의해 놓아야 한다.
- 데이터가 많다고 해서 항상 좋은 것은 아니다. 올바른 질문에 대한 올바른 데이터가 필요하다.
- 데이터를 수집했다면 철저한 조사를 통해 획득한 데이터의 적절성에 대한 신뢰도를 점검한다. 잠재적인 요구사항을 만족시키기 위해 데이터가 얼마나 적합한지 평가하는 것을 포함한다. 데이터의 크기와 복잡도에 따라, 분석가의 역량에 따라 엑셀이나 태블로 등을 활용하여 빠르게 데이터를 살펴보고, 필터링, 정렬, 검색을 수행한다.
- 수집된 데이터의 완전성과 품질을 점검한다.

분류	점검 항목
완전성	• 필요한 데이터가 모두 있는가 혹은 추가 데이터가 필요한가? • 크기와 형태는 만족스러운가? • 필요한 카테고리를 모두 포함하는가? • 필요한 기간만큼 확보되었는가? • 필드와 값은 빈 곳이 없는가? • 데이터 레코드는 충분한가?
품질	• 중요한 에러가 있는가? • 설명되지 않은 분류나 코드가 있는가? • 이상한 날짜나 ASCII 문자와 같은 포맷 이슈가 있는가? • 데이터가 중복되어 있는가? • 데이터의 정확도는 어떠한가? • 일반적이지 않은 값이나 이상치를 포함하는가?

▲ 데이터 완전성과 품질 점검표

• 원천데이터의 성질을 이해하고 데이터의 유형을 이해하기 위해 유형별 값의 범위를 따져보거나 샘플 데이터를 만들어 본다.

② 데이터 전처리(수집한 데이터를 분석에 적합한 형태로 가공)

• 데이터의 누락, 오류, 이상치를 처리하고, 필요한 형식으로 변환 및 필터링한다.

• 데이터의 품질을 확보하기 위한 변환 작업은 데이터를 정리하고 클렌징하는 작업이다. 시각화에 사용하는 데이터의 상태를 변환하는 과정에서 발견되는 에러의 종류를 파악해야 한다. 사라진 데이터의 차이를 메꾸고, 중복을 제거하고, 데이터의 값을 정리하고, 일반적이지 않은 텍스트를 처리하는 것을 수행한다. 데이터는 정확하고 일관된 형식으로 준비해야 한다.

• 품질을 확보하기 위해 변환하는 것과는 대조적으로, 분석을 위한 변환 과정에서는 데이터 전처리와 정제에 집중한다. 이 과정은 데이터를 활용해서 하게 될 분석과 시각화 작업을 염두에 두고 진행해야 한다.
  - 변수 파싱(나누기)하기
  - 변수를 병합해서 새로운 데이터를 만들기
  - 정량 데이터와 텍스트 데이터를 정해진 코드나 키워드로 전환하기
  - 기존 데이터에서 새로운 값 만들어 내기
  - 분석에서 사용하기 위해 값 계산하기
  - 사용할 계획이 없는 데이터 삭제하기

• 필요한 경우, 수집한 데이터에 추가적인 데이터 계층 결합(Mashed-up)을 수행한다. 이러한 데이터 계층 결합은 추가 연산을 수행하거나 원래 데이터와 나란히 놓고 맥락을 파악하거나 커뮤니케이션의 범위를 확장하기 위한 목적으로 수행된다.

3) 3단계: 시각화 디자인

① 시각적 분석을 통한 데이터 내러티브 발상

• 데이터 내러티브는 시각화를 통해 데이터에 관한 질문을 하고 데이터가 시각화를 통해 답변하는 데 도움을 준다. 수집한 데이터로부터 시각화 목적을 이룰 수 있는 질문에 답이 되는 스토리를 찾아내 데이터 내러티브를 발상하는 능력은 차별화된 시각화를 수행하는 데에 꼭 필요하다.

- 사용자나 데이터나 관련된 주제에 대해 갖게 되는 데이터 질문(Data Question)을 설정하고 이에 대한 가장 적절하고 대답이 되는 설명을 그래프 등으로 그려봄으로써 시각적으로 탐색하는 과정을 시각적 분석이라고 하며 이 과정을 통해 데이터 내러티브를 더 용이하게 발상할 수 있다.
- 시각적 분석은 시각적으로 데이터 세트를 분석하고 연역적 추론과 귀납적 추론을 활용함으로써 데이터 세트를 모든 측면에서 탐색하게 하고 주제를 더 잘 파악할 수 있도록 한다.

연역적 추론	귀납적 추론
시각화에 쓰일 스토리텔링이 흥미롭고, 데이터와 관계가 있고, 활용 가능한지 아이디어를 수립한 상태에서 쓰일 수 있는 추론방법으로, 핵심 주제와 분석 차원에 대한 아이디어를 입증하기 위한 데이터 분석을 진행함	시각화 아이디어가 정해진 바 없이 데이터를 탐색하는 과정에서 데이터에 잠재된 흥미로운 사실이나 인사이트를 발견하고, 질문을 변경하고 조합을 바꾸어서 다시 탐색과 분석을 진행함

▲ 시각적 분석에서 연역적 · 귀납적 추론의 활용

- 시각화 디자인은 데이터를 조사하기 위해서가 아니라 데이터 내러티브를 발상하기 위한 인사이트와 영감을 얻기 위해서 이용된다. 시각적 분석을 통하여 원재료의 숨겨진 특성을 발견하거나, 그 형태나 내재된 관계 등을 파악하게 된다.
- 시각화 분석은 시각적으로 표현된 데이터를 해석하고 읽어내는 능력, 즉 높은 수준의 그래픽 리터러시(Graphic Literacy)를 요구한다. 이러한 능력은 시각화 원리를 이해하고 데이터를 다양한 그래프로 그려봄으로써 기를 수 있다.

② 데이터의 물리적 특성 파악
- 데이터의 시각적 분석을 지속하면서 정보 시각화를 위한 중요한 스토리텔링를 찾아내기 위해 다양한 물리적 특성을 파악해야 한다.
- 비교와 비율의 시각화 분석을 위해 막대그래프 등의 비교 시각화를 시도해 봄으로써 데이터가 가지고 있는 값과 범주의 물리적 특성을 파악할 수 있다.

범위/분포	값의 범위 파악과 개별의 변수들 혹은 변수의 조합이 갖는 분포 형태 파악
순위	크기 기준의 데이터 순서 확인(최댓값, 중간값, 최솟값)
측정	값이 갖는 중요성을 파악하기 위한 숫자 자체 파악(몇 자리 숫자 등)
맥락	평균, 표준편차, 목표나 예측에서 벗어나는 값 파악

▲ 비교/비율 활용 시각적 분석

- 시간 시각화를 이용해 변화 추이나 패턴의 시각적 분석을 시도하여 물리적 특성을 파악할 수 있다.

방향	값의 증가 또는 감소의 변화 여부와 유지
변화 속도	값의 선형 또는 지수형으로의 변화 여부, 변화의 속도
변동	반복되는 패턴의 유무, 변동 폭의 높고 낮음, 일정 또는 무작위 패턴
중요도	발견된 패턴의 중요 신호 여부
교차	변수 간의 교차나 중첩 발생 여부, 관계를 나타내는 교차점 발생

▲ 추이/패턴 활용 시각적 분석

- 스캐터 플롯을 사용한 관계 시각화를 이용하면 관계의 유형을 쉽게 파악할 수 있다.

예외	이상치(Outlier)로 간주되는 정상범위를 벗어난 변수 발견
상관성	강하거나 약한 상관관계 파악
연관성	변수와 값의 조합 간의 의미 있는 관계 파악
클러스터, 갭	데이터 군집화 발생. 데이터 포인트 사이 빈틈의 위치 파악
계층 관계	데이터의 범주와 하위 범주의 구성과 분포, 관련성 결정

▲ 관계/연결 활용 시각적 분석

- 데이터의 다양한 물리적 특성을 반영함으로써 데이터와 관련된 데이터 내러티브를 발상하고 이후 경영정보시각화 디자인 작업에서 이를 반영하고 구체적으로 구현하게 된다. 시각적 탐색을 통해 발상한 데이터 내러티브를 글로 쓰거나, 스케치함으로써 사용자가 시각화 결과물을 어떻게 읽고 이해하기를 원하는지 정하게 된다.

4) 4단계: 시각화 디자인 구현

① 데이터 형상화 – 시각화 유형 결정

- 데이터를 형상화하기 위해 전달하고자 하는 스토리텔링에 적합한 정보 시각화 유형, 즉 어떤 그래프로 표현할지 결정하는 것은 경영정보시각화 디자인에서 가장 중요한 부분이다.
- 시각화에 담긴 의도와 정보를 효과적으로 전달하면서도 심미적으로 아름다운 시각화 결과물을 만들어낼 적합한 그래프 선택은 경험론적 방법론에 따라 결정되므로 정해진 정답은 없으며, 최선의 방법을 선택하는 훈련을 통해 더 효과적인 시각화가 가능해진다.
- 결정한 시각화 유형을 구현할 때 선택한 시각화 도구(파워 BI, 태블로 등)가 제공하는 다양한 기능과 라이브러리를 활용할 수 있으며, 차트, 그래프, 대시보드 등으로 데이터를 시각적으로 변환하여 시각화를 진행한다.
- 시각적 변수(Visual Variable)는 데이터를 시각적으로 표현하기 위해 부여한 특정한 형태를 말한다. 막대그래프에서의 막대의 폭이나 높이일 수도 있고, 스캐터 플롯의 축상의 점의 위치, 지도상 지역의 색상, 네트워크에서의 두 개 노드 간의 연결을 포함한다.
- 그래프는 대개 한 개 또는 그 이상의 시각 변수를 동시에 조합하여 만들어진다. 여러 개의 다양한 변수를 사용하는 경우 하나의 단일한 표시 속성 뒤에 추가적인 레이어를 사용하여 효과적으로 표현할 수 있으므로 더 창의적인 그래프를 시각화 디자인할 수 있다.

② 그래픽적 표현

- '겉으로 드러나는 전체 디자인의 통합'을 칭하는 것으로 전체 디자인을 통합하는 그래픽적 표현 과정을 의미한다. 그래픽 요소의 선택, 색의 표현, 타이포그래피, 상호작용(Interactivity), 주석(Annotation) 등 모든 시각적 요소의 구성과 관련된다.
- 그래픽 요소의 선택은 사용자를 위한 추가적인 의미 전달, 직관, 통찰력의 깊이에 따라 결정된다. 데이터를 더 명료하게 전달하기 위해서는 시각적으로 정리되어 보이고, 잘 읽혀야 한다.

5) 5단계: 시각화 결과 전달

① 시각화 분석 제시

- 사용자는 대시보드 등의 인터페이스상에서 데이터의 패턴, 추이, 관계 등을 파악하여 경영정보를 도출할 수 있다.
- 사용자가 경영정보시각화 디자인으로써 데이터를 비교, 필터링, 상호작용 등을 통해 다양한 관점에서 분석할 수 있도록 제공할 수 있다.

② 시각화 결과 전달

- 디자인된 시각화 결과물은 대시보드뿐만 아니라, 이를 담은 보고서, 프레젠테이션으로도 활용될 수 있고, 고객을 대상으로 하는 마케팅 인터랙티브 웹페이지 등에 활용하는 것도 가능하다.
- 시각화 목표에 맞게 정확하고 이해하기 쉬운 형태로 결과를 전달하여 의사결정에 활용할 수 있도록 한다.

3 정보 시각화 체크리스트

1) 데이터와 통계의 정확성

- 시각화된 결과물에 적절한 데이터 샘플을 적용하여 잘못된 숫자나 부정확한 이상치가 있지 않은지 테스트를 수행한다.
- 시각화 결과물의 모든 통계 숫자와 결과의 정확도를 확인해야 한다.

2) 시각화 정확성

- 데이터를 묘사하는 방식이 기능적으로 효과적이고, 사용자에게 오해를 일으키지 않는지 확인한다.
- 시각화 설명을 위한 모든 선택 요소가 데이터의 가치를 정확하게 보여주고 있는지 점검해야 한다.

3) 기능적 정확성

- 대시보드 같은 인터페이스에서는 인터랙션으로 시각화가 구현되는데, 이런 경우 오류 없이 작동되는지 사용자를 대상으로 기능적 정확성을 테스트해야 한다.
- 인터페이스상의 기능과 요소가 의도한 대로 작동되는지 점검해야 한다.

4) 시각적 추론

- 데이터 추론과 시각적 추론이 일치해야 한다. 데이터처럼 보인다면 데이터여야 하고, 위치나 색의 선택 때문에 특정 부분이 중요해 보인다면 실제로 중요한 것이어야 한다.
- 장식적이거나 필요하지 않은 시각화라면 과감히 삭제하여야 한다.

5) 형식의 정확성

- 인터페이스상에 보이는 타이포그래피의 폰트, 스타일, 크기 등의 일관성을 확인해야 한다.
- 지정한 색상의 범위에서 벗어나지 않는지 점검하여 일관성을 유지하도록 한다.

6) 주석의 정확성

- 제목, 레이블, 도입부의 텍스트, 크레딧 등을 읽고 점검한다.
- 사용한 모든 텍스트를 확인하여 맞춤법, 문법적 오류가 없는지 확인한다.
- 텍스트가 시각 표현을 이해하고 간결하게 표현하고 있는지도 점검해야 한다.

01 ☐☐☐, ☐☐, ☐☐, ☐☐의 앞 글자를 딴 DIKW 피라미드는 데이터, 정보, 정보 간의 구조적 · 기능적 관계를 나타내는 모델이다.

02 데이터는 정보 그 자체이므로 정보로서의 가치가 충분하며, 데이터를 만들어 낸 생산자에게 유용하고, 사용자에게 의미를 전달하기에도 매우 적절하다. ◎ ✕

03 데이터가 정보로서 가치를 갖기 위해서는 ☐☐☐ 및 ☐☐되어야 하며, 의미를 전달하기 위한 형태로 표현되어야 한다.

04 나단 셰드로프의 정보 디자인 다이어그램에 따르면 공급자는 데이터와 ☐☐의 단계에 속하고, 수용자는 ☐☐와 지식 단계에 속하는 것을 알 수 있다. 또한, ☐☐는 일반적 맥락에 있지만, ☐☐은 개인적 맥락에 있는 것을 알 수 있다.

05 ☐☐☐ 시각화는 주로 정량적인 원시 데이터 집합을 그래픽에 포함된 도식화된 시각적 개체로 인코딩하여 전달하는 데 사용되는 기술을 말한다.

06 ☐☐ 시각화는 방대한 양의 비수량 정보를 사용자가 이해하도록 시각적 표현 방법과 인터랙션 기술을 이용해 추상적 정보를 직관적 방법으로 전달하는 방법이다.

07 ☐☐☐☐☐은 기존 사용자들에 의해 만들어진 전통적인 정보 시각화 결과물보다 삽화와 장식을 많이 포함한다. 이를 좀 더 세분화한 용어로는 에디토리얼 ☐☐☐☐☐이 있다.

08 경영정보시각화 디자인의 프로세스는 다음의 순서와 같다. ◎ ✕

1단계: 시각화 목적 및 이용 대상자 설정
2단계: 시각화 디자인
3단계: 시각화 구현
4단계: 데이터 수집과 전처리
5단계: 시각화 분석 결과 전달

09 ☐☐☐ ☐☐☐ 단계에서는 데이터의 누락, 오류, 이상치를 처리하고, 필요한 형식으로 변환 및 필터링한다.

10 데이터를 형상화할 때, 전달하고자 하는 스토리텔링에 어떤 정보 시각화 유형(그래프 등)으로 표현하는 것이 적합할지 결정하는 것은 경영정보시각화 디자인에서 가장 중요한 부분이다. ○ ✕

시각화 디자인 기본 원리

1 시각 인식과 지각

1) 시각 인식 개요

인간의 시각 체계는 강력하면서도 섬세한 패턴의 탐색자이다. 시각은 인간의 다른 어떤 감각보다도 더 빠르게 정보를 받아들이고 이해하도록 처리할 수 있다.

① '우리 감각들의 대역폭' 예시

- '우리 감각들의 대역폭(Bandwidth of Our Senses)'은 인간의 감각을 컴퓨터 용어로 변환한 도표로, 덴마크 물리학자 토르 노레트란더스(Tor Norretranders)가 만든 도표를 데이비드 맥캔들레스가 시각화 디자인한 것이다.
- 우리의 시각, 촉각, 청각과 후각, 미각이 초당 감지하는 정보의 양을 다른 감각과 비교해 보면, 컴퓨터 네트워크의 대역폭처럼 순식간에 엄청난 양의 정보를 전달하는 데 시각화가 효과적인 이유를 알 수 있다. 오른쪽 아래 모서리에 있는 흰색 점은 우리가 방금 감지한 것을 의식하게 되는 정보의 양을 보여준다.

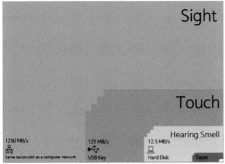

출처: https://terralrameblog.wordpress.com/2013/11/06/why-does-data-visualization-matter

▲ 우리 감각들의 대역폭

② 뇌의 시각적 인지와 처리

- 효과적인 시각화 디자인을 위해서는 시각적 인식이 어떻게 작동하고 이해하는지, 인간의 뇌가 인지된 정보를 어떻게 처리하는지도 중요하다.
- 우리의 뇌는 시각적 표현을 인식하고 이를 처리하여 기억에 저장한다. 우리가 정보를 감지한 직후, 그 정보의 인상이 자동으로 이미지처럼 감각기억에 저장된다.
- 정보 감지는 자동적이고 독립적으로 일어나기 때문에 우리가 정보를 처리하기 전에 훨씬 더 일찍 정보를 감지한다. 이 과정을 전주의 처리(Preattentive Processing)라고 한다.

- 전주의 처리 후에는 추가 처리를 위해 데이터의 일부가 단기 기억으로 전송된다. 단기 메모리의 용량은 제한되어 있어 단기 메모리의 정보는 짧은 시간 동안 유지된다. 단기 기억의 정보는 주기적으로 연습하거나 의미 있는 연상을 통해 장기 기억으로 옮겨져 평생 유지될 수 있다.
- 메모리 유형의 특성은 정보 시각화 그래픽을 디자인하는 데 매우 중요하다. 전주의 처리는 특히 중요한데, 전주의 속성은 무의식적으로 인식되기 때문이다. 또한 단기 기억은 제한적이라는 점을 염두해 두어야 한다.

2) 시각적 인식과 지각 속성

① 시각을 활용한 효율적인 정보 전달

- 감각을 통해 지각한 후 정보로 전달받기 위해 시각을 활용하는 것은 다른 감각을 이용하는 것보다 효율적이다.
- 맨 처음 언어는 대부분 시각적인 상징으로, 실제 개념을 전달하는 용도로 쓰였다. 이후 언어가 발전함에 따라 의사소통의 필요성이 커지면서 글자로 된 텍스트들이 나타났으며 더 많은 정보와 개념을 전달할 수 있게 되고 더 효율적으로 적은 공간을 차지하였다.
- 텍스트와 시각적인 것을 비교해 보면 데이터, 숫자들보다는 시각적인 것이 훨씬 이해하기 쉽다는 것을 알 수 있다. 뇌의 30~50%는 시각적인 처리에 쓰이며, 감각 수용체의 70%가 눈에 해당한다. 눈에 연결된 감각은 매우 뛰어나서 시각으로 보이는 장면을 이해하는 데 1/10초밖에 걸리지 않는다.

② 그림 우월 효과와 지각 속성

- 그림 우월 효과(Picture Superiority Effect): 이미지가 없는 경우보다 이미지가 있는 경우가 배울 때 작업 능력이 323% 더 우수하다는 것은 입증된 효과이다. 이미지가 없다면 6%밖에 기억하지 못하지만, 이미지로 배운다면 60%를 기억할 수 있다. 나이에 따라서 10배 이상으로 점점 효과가 커진다.
- 지각 속성(Principles of Visual Perception): 지각 처리 중에 지각되는 도형의 시각적 특성을 지각 속성이라고 한다. 콜린 웨어(Colin Ware)는 『정보 시각화: 디자인을 위한 인지(Information Visualization: Perception for Design)』라는 저서에서 지각 속성을 색상, 형태, 공간적 위치, 움직임의 네 가지 그룹으로 분류하고 다음 그림과 같은 8가지의 속성을 제시했다.

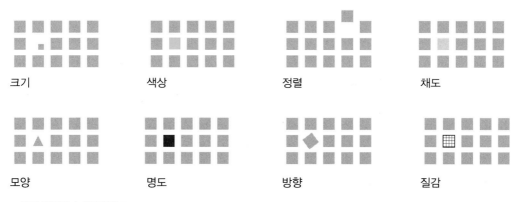

크기	색상	정렬	채도
모양	명도	방향	질감

▲ 공통 전주의 속성들의 비교

- 웨어의 주장은 이미지는 공간적 구조, 위치 및 세부 사항에 유용하고, 말은 절차적 정보 논리적 상황 및 추상적 언어 개념에 더욱 유용하다는 것이다. 공통 전주의 속성들을 이용하여 시각 자료의 미적 매력을 더해 사람들의 관심을 끌 수도 있고 메시지를 이해하는 데 걸리는 시간을 줄일 수도 있다.
- 웨어는 뇌가 시각 정보를 처리하는 과정을 세 단계로 정리하였다.

1단계: 뚜렷한 시각 요소 파악하기	• 시각 정보가 눈의 신경세포에 입력되어 뇌로 전달되면 각각의 신경세포들이 앞서 설명한 8가지 지각 속성을 추출하기 시작 • 그중에서 가장 뚜렷한 요소가 감각기억에 단기 저장됨
2단계: 패턴 알아차리기	• 앞서 추출한 시각 요소들의 공통점과 차이점을 발견 • 게슈탈트 이론에 따라 그룹으로 나누거나, 색상 · 질감 · 방향성 등에 따라 패턴을 인식하게 됨
3단계: 해석하기	• 전주의 처리로 추출된 시각 요소와 찾아진 패턴을 이용하여 뇌에서 의미를 부여하고 해석하는 과정을 진행 • 텍스트를 이미지와 연결하여 해석하기도 하고, 원래 알고 있는 정보나 지식을 이용하여 새로운 의미를 부여하는 과정을 진행

2 게슈탈트 법칙

1) 게슈탈트 법칙(Gestalt Principles)의 개요

- 게슈탈트는 독일어로 '모양' 또는 '형태'를 뜻하며, 영어로는 '통합된 전체'라는 의미로, 일반적으로 전체가 부분의 합보다 크다는 생각과 관련이 있다. 게슈탈트 법칙은 인간의 눈이 시각적 요소를 인식하는 패턴을 칭하며, 시각 인식에 영향을 미치는 과학적 기본 원리이다.
- 오스트리아–헝가리 태생의 심리학자 막스 베르트하이머(Max Wertheimer, 1880~1943)가 처음 개발한 이 원리는 이후 볼프강 키르케고르, 볼프강 쾰러(1929), 쿠르트 코프카(1935), 볼프강 메츠거(1936)에 의해 개선되었다. 연구자들은 관련된 이론을 통합하여 사람들이 무의식적으로 디자인 요소를 연결하고 연결하는 방법을 제시하였다.
- 게슈탈트 법칙은 복잡한 장면을 어떻게 더 단순한 형태로 축소할 수 있는지 보여주는 데 목적이 있다. 또한 뇌가 어떻게 형상을 개별적인 단순한 요소가 아닌 하나의 통합된 형태로 인식하는지를 설명하는 데 목적이 있다.
- 게슈탈트 법칙은 전경과 배경, 근접성, 유사성, 단순 충만, 공동 운명, 폐쇄성, 연속성 등 인간의 뇌가 시각 정보를 보는 방식을 설명하는 7가지 법칙으로 구성된다.

전경과 배경의 법칙	시각적 요소는 전경 또는 배경 중 하나로 간주된다.
근접성의 법칙	가까운 공간에 있으면 서로 관련된 것처럼 보인다.
유사성의 법칙	비슷하게 보이는 것들은 서로 관련된 것처럼 보인다.
단순 충만의 법칙	시각적으로 서로 연결된 것들이 관련된 것처럼 보인다.
공동 운명의 법칙	같은 방향으로 움직이는 요소는 하나의 단위로 인식된다.
폐쇄성의 법칙	불완전한 모양이 완성된 것으로 인식된다.
연속성의 법칙	부분적으로 가려진 개체는 익숙한 모양으로 완성된다.

▲ 게슈탈트의 7가지 법칙

2) 전경과 배경의 법칙

• 어느 한순간에 관심의 초점이 되는 부분을 전경(Figure)이라고 하고 관심 밖에 놓인 부분을 배경(Ground) 이라고 부른다.

• 게슈탈트 이론의 전경과 배경의 대표적 예로 '루빈의 컵'이 있다. 그림의 배경인 흰색 부분을 보면 사람의 얼굴이 보이지만, 전경인 검은색 부분을 보면 컵으로 인식된다. 동일한 시각 정보지만 어느 부분을 보느 냐에 따라서 뇌가 처리하기에 따라 해석이 달라질 수 있다는 것을 보여준다.

▲ 루빈의 컵

• 전경과 배경 원리는 로고 디자인에 자주 사용되는 방법으로 브랜드 페덱스(Fedex)의 로고가 좋은 예이 다. 페덱스 로고를 보면 E와 X 사이에 숨겨진 화살표 모양을 발견할 수 있다. 화살표 모양을 통해 배송 서비스 기업으로서의 익스프레스의 의미를 배가시키고 있다.

출처: https://commons.wikimedia.org/wiki/File:FedEx_logo.jpg

▲ 페덱스 익스프레스 로고

• 다음의 전경과 배경 그래프에서는 왼쪽의 검은색 바탕에 흰색 그래프와 오른쪽의 흰색 바탕에 검은색 그래프를 보는 순간 대개 아래쪽을 인식한다. 이에 따라 아래쪽은 그래프가 되고 상단 부분은 배경이 되는 현상을 경험한다. 대부분 사람은 자동으로 이렇게 인식하기 때문에 거꾸로 그린 그래프는 이해하기 힘들 수도 있다.

▲ 전경과 배경 그래프

• 전경과 배경 그래프와는 달리, 의도적으로 전경과 배경을 바꾸는 활용도 가능하다. 2011년 12월 13일 자 사우스 차이나 모닝 포스트에 게재된 사이먼 스카(Simon Scarr)의 '이라크 사망자 수(Iraq's Bloody Toll)' 시각화를 보면 의도적으로 피가 흘러내리는 막대그래프를 사용하여 사망자 수를 표현하는 방법으로 데이터를 효과적으로 보여준다.

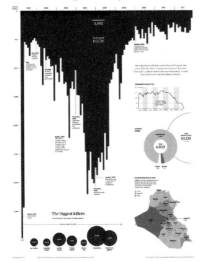

출처: https://www.scmp.com/infographics/article/1284683/iraqs-bloody-toll

▲ 사이먼 스카의 이라크 사망자 수

3) 근접성(Proximity)의 법칙

- 가까이 있는 것이 멀리 있는 것보다 더 관련 있다고 인식하는 것은 근접성의 법칙이다.
- 기본적으로 서로 가깝게 있는 것을 함께 있는 것으로 보는 것으로, 다음 그림과 같이 왼쪽에 세 개 열의 점들이 함께 표시되면 이것을 한 그룹으로 보고, 오른쪽에 있는 두 개의 열의 점들을 또 다른 한 그룹으로 보아 두 그룹으로 보게 된다. 근접성의 법칙에 따라 각각 3개의 열과 2개의 열을 가진 각기 다른 그룹으로 인식하여 패턴으로 인식된다.

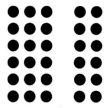

▲ 근접성 그룹 예시

- 산점도(스캐터 플롯) 그래프 등에서 근접성의 법칙을 자주 볼 수 있다. 다음 그림의 스캐터 플롯의 점들이 퍼져 있는 것을 보게 되면 왼쪽의 하단부터 오른쪽 상단으로 몰려가면서 어떤 경향을 보여준다는 시각적 해석이 가능하다. 이러한 패턴 인식에 영향을 주는 것은 근접성의 법칙이 작용하기 때문이다.

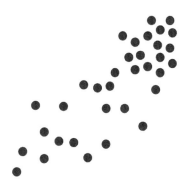

▲ 근접성 산점도

- 근접성 법칙의 예로 2000년부터 2019년까지 미국 여자 마라토너 중 가장 빠른 50명의 기록을 보여주는 뉴욕타임스의 '연도별 가장 빠른 미국 여성 마라토너 50인(The 50 Fastest U.S. Women's Marathoners Per Year)' 스캐터 플롯 그래프가 있다. 해가 거듭될수록 기록이 단축되는 경향을 보인다는 것을 쉽게 알 수 있다.

50 fastest U.S. women's marathons per year

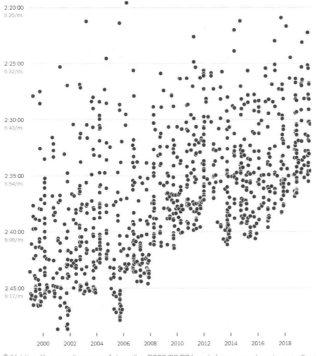

출처: https://www.nytimes.com/interactive/2020/02/28/sports/womens-olympic-marathon-trials.html
▲ 연도별 가장 빠른 미국 여성 마라토너 50인

4) 유사성(Similarity)의 법칙

• 비슷하게 보이는 것들을 함께 묶인다고 가정하는 것이다. 아래의 이미지에서 흰색의 점들끼리, 검정의 점들끼리 묶어서 패턴으로 인식하는 것이 유사성의 법칙이다.

● ○ ● ○ ●
● ○ ● ○ ●
● ○ ● ○ ●
● ○ ● ○ ●
● ○ ● ○ ●

▲ 유사성 패턴

• 색상, 모양, 크기 등에 의해서 비록 떨어져 있더라도 같은 동일한 속성을 가진 그룹으로 인식하게 되는 것이 유사성이다.
• 다음 그림은 뉴욕타임스에 게재된 그래프로 36개 민주주의 국가의 대통령과 총리의 재임 기간의 나이를 시각화한 것이다. 각 나라 대통령과 총리의 재임 기간 나이를 화살표로 보여주며 공화당 소속의 리더, 민주당 소속 리더, 다른 나라의 리더를 화살표의 색으로 나누어 표현했다. 게슈탈트 법칙의 유사성에 의해 색상으로 인지하여 색상별로 같은 그룹임을 알 수 있다.

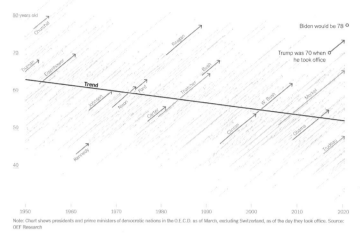

Note: Chart shows presidents and prime ministers of democratic nations in the O.E.C.D. as of March, excluding Switzerland, as of the day they took office. Source: OEF Research

출처: https://www.nytimes.com/2020/07/16/opinion/america-presidents-old-age.html

▲ OECD 국가의 대통령과 총리의 재임 기간

5) 단순 충만의 법칙(The Law of Parallel)

- 단순성의 법칙 또는 좋은 형태의 법칙이라고도 불리는 지각 조직화의 법칙이다. 평행한 것들을 같다고 보고 평행하지 않은 것들은 다르다고 본다. 자극 패턴의 지각 해석은 가능한 단순하면서 의미가 충만한 방향으로 지각된다는 것을 보여준다.

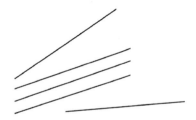

▲ 단순 충만의 법칙 평행선

- 선 그래프의 꺾임이 같지 않을지라도 우리 뇌에서는 두 선 그래프의 유사한 영역이 평행하게 같은 경향을 보인다고 해석한다. 서로 가까이 있는 두 그래프에 의해 형성된 평행으로 보이는 형태는 잠재의식 속의 특정한 종류의 상관관계, 패턴으로 지각됨으로써 평행하게 보이게 만든다.
- 다음 그림도 단순 충만의 예로 꺾은선 그래프에서 평행선이 같이 인식되어, 위로부터 첫 번째, 두 번째 꺾은선이 유사한 패턴을 가진다고 인식하게 된다.

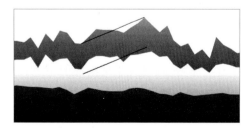

▲ 단순 충만의 법칙 꺾은선 그래프 예시

6) 공동 운명의 법칙(The Law of Common Fate)

- 같은 속도와 방향으로 함께 움직이거나, 각각의 속도나 방향으로 움직이는 요소를 그룹에 속하는 것으로 인식하는 것을 말한다.
- 아래 예제는 움직이는 애니메이션으로 움직이는 화면을 캡처한 것이다. 점들의 첫 번째 그림을 보면 무언가로 묶이기 힘드나 첫 번째 그림과 두 번째 그림을 반복하는 애니메이션이라고 가정한다면 움직이는 순간 움직여진 점들은 같은 운명을 가진 공통적인 요소로 인식하게 된다.

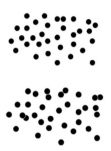

▲ 공동 운명의 법칙 점의 움직임 예제

- 한스 로슬링(Hans Rosling)의 갭 마인더(Gap Minder)는 애니메이션 되는 버블 차트로 유명하다. 갭 마인더 차트를 보면 거품이 오른쪽과 위쪽으로 움직이는 것을 볼 수 있다. 이 버블 차트를 통하여 GDP 증가에 따라 기대 수명이 증가하는 것으로 인식한다. 공동 운명의 법칙에 따라 같은 방향으로 움직이는 요소는 같은 운명을 가진 것으로 인식되기 때문이다.

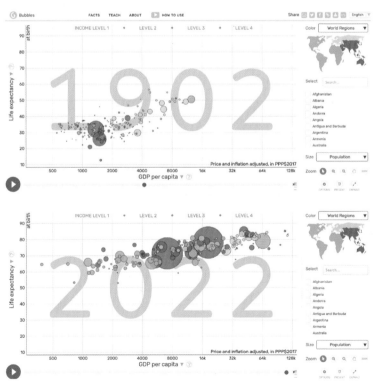

출처: https://www.gapminder.org/tools/#$chart-type=bubbles&url=v1

▲ 갭 마인더

7) 폐쇄성의 법칙(The Law of Closure) 24년 1회

- 끊어지거나 불연속적인 부분들이 전체적인 형(원, 사각형, 삼각형 등)을 이루어 지각되는 것으로 아래 그림에서 세 개의 파이를 보고 그 안의 음의 공간에 존재하는 삼각형을 보게 되는 것이 그 예이다. 실제 삼각형은 존재하지 않으나 우리의 뇌에서는 삼각형을 그려내게 된다.

▲ 폐쇄성의 법칙 삼각형

- 폐쇄성의 좋은 예로 세계자연기금 로고를 보면, 이미지의 판다는 불완전하지만 우리의 뇌는 이미지를 보는 순간 판다로 인식한다.

출처: https://en.wikipedia.org/wiki/World_Wide_Fund_for_Nature#/media/File:WWF_logo.svg

▲ 세계자연기금 로고

- 다음 예제의 꺾은선 그래프에서 차트의 추세를 인식하기 위해 X축과 Y축에 두 개의 선만 있으면 충분하다. 1970년에 대한 일부 데이터가 빠져 있지만 이 그래프를 보면 두 개의 파선을 잇는 선이 자동으로 그려진다. 비록 선이 이어져 있지는 않지만, 인구가 증가하는 추세라는 것을 알 수 있다.

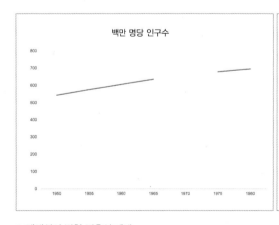 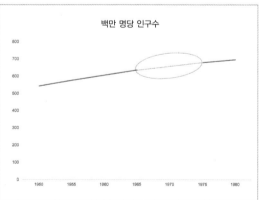

▲ 폐쇄성의 법칙 꺾은선 예제

8) 연속성의 법칙(The Law of Continuance)

- 뇌는 선의 갑작스럽거나 급격한 움직임을 좋아하지 않으며 가능한 부드러운 연속을 추구한다. 사람의 눈은 디자인의 경로, 선, 곡선을 따라가며 지각하는 경향이 있으며, 분리된 개체보다는 시각적 요소의 연속적인 흐름을 선호한다.
- 다음 그림처럼 두 개의 무작위로 굽은 모양의 이미지를 보는 순간 이들이 연결된 'S'자 형상으로 인식하는 것이 연속성의 법칙이다.

▲ 연속성의 법칙 S자

- 정보 시각화에서도 연속성의 법칙을 활용할 수 있는데 사람들이 도형을 가능한 한 연속적으로 보는 경향을 이용하는 것이다. 사람의 눈이 선, 곡선 또는 일련의 도형을 따라가며 경로를 만들도록 시각화에 활용하는 것이다.
- 데이비드 맥캔들레스의 '미디어가 부추긴 공포의 타임라인(A Timeline of Media-inflamed Fears)' 이라는 시각화 디자인을 보면, 각 이슈에 해당하는 산의 모습을 띤 각각의 이슈 데이터가 X축 기준선을 사용하지 않았으나 이 막대들은 연속성의 법칙에 따라 X축의 공통 기준선을 공유하는 것처럼 보인다.

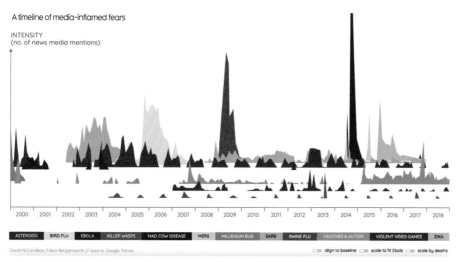

출처: https://informationisbeautiful.net/visualizations/mountains-out-of-molehills/

▲ 미디어가 부추긴 공포의 타임라인

데이터 시각화 또는 정보 시각화는 체계적이고 논리적인 방식을 통해 데이터값을 시각적 속성으로 변환한 다음 그 속성들로 최종 그래프를 만드는 과정으로 이루어진다. 이 과정에 대해서 전문가와 학자들은 유사한 방식을 제안하고 있다.

① 자크 베르탱의 7가지 주요 변수

자크 베르탱(Jacques Bertin)은 1967년 『그래픽의 기호학(Semiology of Graphics)』이라는 저서에서 시각적 변수의 개념을 제시했다. 그는 다양한 정보를 전달하기 위해 위치, 크기, 모양, 명도, 색상, 기울기, 질감의 7가지 주요 변수 유형을 제시했다.

② 데이터 포인트(Data Points)

네이선 아우(Nathan Yau)의 2013년 『데이터 포인트(DATA POINTS)』라는 저서에 따르면 그래프의 시각화 구성 성분에 따라서 데이터 포인트를 시각적 단서, 좌표계, 척도(스케일), 맥락 네 가지로 구분할 수 있고, 이들은 모두 데이터에 의해서 그 구성 성분이 결정되게 된다.

시각적 단서	• 데이터를 부호화할 때 그래픽 단서들을 배치하는 구조화된 공간과 규칙 • 데이터를 시각화할 때 수치들을 형태(도형)와 크기, 색상 정보로 바꾸어 표현하게 됨 • 위치, 길이, 각도, 방향, 형태, 면적, 부피, 색상 채도, 색상 색조로 시각적 단서를 제시
좌표계	• 직교 좌표계, 극좌표계, 지리 좌표계 세 가지가 일반적으로 많이 사용됨 • 데이터에 따라서 다른 좌표계를 사용하게 됨(◉ 산점도는 X축과 Y축으로 이루어진 각 좌표계를 사용하고 파이 차트는 각도 값으로 이루어진 극좌표계를 사용) • 지리적 정보의 데이터는 지리 좌표계를 사용
척도(스케일)	• 좌표계가 시각화 작업의 차원을 나타내고 단위 척도는 각 차원에서 데이터가 맵핑되는 범위를 반영함 • 척도는 숫자, 범주, 시간 세 유형으로 나뉨
맥락	• 사람들이 데이터를 더 명확하게 이해하고 올바른 방향으로 바라볼 수 있도록 도와주는 정보

③ 클라우스 윌케(Claus O. Wilke)의 시각적 속성

• 클라우스 윌케는 2019년 저술한 『데이터 시각화 교과서(Fundamentals of Data Visualization)』에서 데이터값을 '정량화할 수 있는 속성'으로 나타내 그래픽으로 표현한 결과물, 즉 '시각적 속성(Aesthetic)'이라고 데이터 시각화를 정의하고 있다.

• 클라우스 윌케가 정의한 시각적 속성은 위치, 모양(형태), 크기, 색, 선 굵기, 선 유형이며, 모든 시각적 속성은 연속형 데이터를 표현할 수 있는 데이터와 표현할 수 없는 데이터, 이산형 데이터로 나뉘어서 적용된다.

위치　　　　　　　　　　모양　　　　　　　　　　크기

색상

선 굵기

선 유형

▲ 클라우스 윌케가 정의한 시각적 속성

④ 시각적 속성의 활용 예시

시각적 속성 중 색상은 다음과 같은 활용이 가능하다.

색상의 활용 예시	예
범주형 자료의 구별로 사용	성인 – 검은색, 유아 – 노란색
수치형 자료의 데이터 측정값 표현	낮은 수익률 – 빨간색, 높은 수익률 – 파란색
범주형 혹은 수치형 자료의 측정값 강조	불만족스러운 소비자의 반품 여부 – 빨간색

4 자크 베르탱의 시각적 변수

- 프랑스 지도 제작인 자크 베르탱은 게슈탈트 학자들의 연구를 기반으로 쓰인 『그래픽 기호학(Semiology of Graphics)』에서 데이터의 관계적 구조를 바탕으로 그래픽 요소들을 분석하였다. 그가 제시한 시각적 변수(Visual Variables) 7요소는 위치, 크기, 모양, 명도, 색상, 기울기, 질감으로 구성되어 있다.
- 베르탱은 시각적 변수를 수치적(양적), 질적 데이터 간의 차이, 순서, 비율의 관계를 시각적으로 전환할 수 있는 가장 효율적인 수단으로 정의하고, 사용자가 이를 통해 정보를 시각적으로 지각하고 이해하게 하는 절대적인 역할을 한다고 하였다.

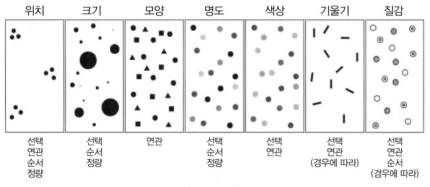

출처: https://www.axismaps.com/guide/visual--variables

▲ 자크 베르탱의 시각적 변수 7요소

1) 위치(Position)

- 위치에 변화를 줌으로써 하나의 요소를 강조할 수 있다.
- 다음 그림에서는 같은 요소를 나열하면서 Y좌표값에 변화를 줌으로써 강조하고 있으며 특정 요소의 상대적인 위치를 확인하게 한다.
- 위치 요소를 이용하여 주변의 여타 요소와 관계 비교를 유도할 수 있고, 크기와 마찬가지로 수치로 표현할 수도 있으며, 정보의 상하 구조를 효과적으로 전달할 수 있다.

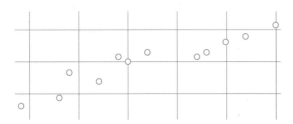

▲ 위치

2) 크기(Size)

- 같은 크기를 갖고 있는 요소들이라면 하나만 작게 만들면 상대적으로 작은 요소가 강조되어 보이게 된다. 따라서 크기가 크고 작은가의 문제가 아니라 같이 있는 요소 간의 관계에 따라 결정되게 된다.
- 클수록 사람들에 시선을 끌게 되며, 크기는 수치로 표현할 수 있고, 순서로 구분할 수도 있다. 이것으로 인해 양과 중요도를 인지할 수 있다.

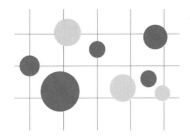

▲ 크기

3) 모양(Shape)

- 여러 개체 중의 하나만 모양이 다르다면 이것이 도드라지게 된다. 중요한 것은 비슷한 형태가 아닌 전혀 다른 형태로 바꾸어야 강조되어 보인다는 것이다.
- 사람들은 모양의 외곽선을 보고 대상을 인지한다. 하지만 사람들이 형태를 구분하는 능력은 색상이나 크기를 인지하는 능력보다 고도의 기술이나, 인식 면에서는 떨어진다. 형태만으로는 큰 대비 효과를 기대할 수 없는 것도 이러한 이유 때문이다.

▲ 모양

4) 명도(Value)

• 그래프에서 하나만 명도가 유난히 높거나 낮다면 비교되어 잘 보일 수 있다.
• 명도가 높고 낮음은 색상을 변화시키는 것보다 더 명시성에 영향을 주는 경향이 있다. 수치적 변화를 시각화하고자 한다면 색상 차보다는 명도 차를 이용하는 것이 더 나은 선택이다.

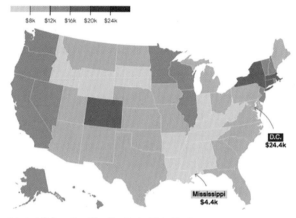

Data: Annie E. Casey Foundation; Map: Tory Lysik/Axios Visuals

출처: https://housedemocrats.wa.gov/blog/2023/06/20/tuesday-june-20-2/

▲ 명도

5) 색상(Hue) 24년 2회

• 그래프에 그려진 요소들이 같은 색상이라면 강조하고자 하는 부분에 다른 색을 쓰면 잘 보이게 할 수 있다.
• 대개 강조를 위해 보색을 쓰는 경우가 많으나, 인쇄물의 보색과 스크린 위의 보색이 다름을 인지하고 선정하는 것이 필요하다.
• 색은 문화적 환경에 따라 다른 의미가 있으며, 크기나 명암과 달리 수치로 표현하기 힘들다. 본질적으로 정량적인 속성이 아니기 때문이다.
• 순서를 매기기에는 적합하지 않으며, 정보를 전달할 때 색상에만 의존하는 것은 적절하지 않다.

▲ 색상

6) 기울기(Orientation)

- 그래프상의 같은 오브젝트 중 하나의 기울기에 변화를 주어 시선을 유도할 수 있다.
- 기울기를 달리한 오브젝트를 향한 시선은 반복에서 벗어나 변화를 감지해 강조한다고 느끼게 된다.

▲ 기울기

7) 질감(Texture)

- 같은 색상과 형태일지라도 질감을 다르게 주면 눈에 띄게 만들 수 있다.
- 질감을 지나치게 많이 쓰면 복잡도가 높아 안 좋은 결과를 가져올 수 있으므로 신중하게 선택해야 한다.

▲ 질감

8) 시각적 변수의 활용

- 자크 베르탱은 시각적 변수의 선택이 데이터의 성격과 전달하고자 하는 메시지에 부합해야 한다고 강조하였다.
- 데이터의 유형과 전달하려는 목표에 따라 데이터 전달에 사용할 변수 인코딩을 신중하게 선택해야 한다. 사용자에게 원하는 것을 이해시키기 위해 가장 즉각적인 영향을 줄 수 있어야 하기 때문이다.
- 자크 베르탱은 효과적인 커뮤니케이션을 위해서 정보 유형에 따라 서로 다른 시각적 인코딩을 제안한다. 예를 들어 양적 차이에는 '크기', 범주 구분에는 '색상', 방향성 정보에는 '기울기'를 사용하는 인코딩 방식을 제시하였다.

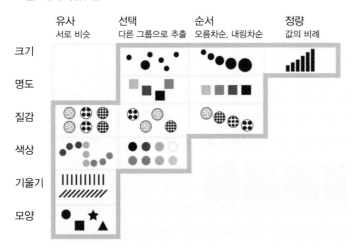

▲ 자크 베르탱의 데이터 유형별 인코딩 제안

- 자크 베르탱의 시각화에 대한 체계적인 접근 방식은 작업하는 데이터의 특성에 따라 가장 적합한 시각적 변수를 선택하여, 시각화를 통해 더 명확하고 정확한 커뮤니케이션을 할 수 있도록 도와준다.

5 **기초 디자인 원리** 24년 1회/2회

1) 색의 3속성

색은 다양한 속성을 가지며, 자크 베르탱은 색의 세 가지 주요 속성을 색상(Hue), 명도 또는 밝기(Value), 채도(Saturation)로 제시하였다. 세 가지 속성을 조합하여 다양한 색을 표현하고 구별할 수 있다.

① 색상(Hue)

- 색의 이름이나 종류를 말한다.
- 어떤 '색'인지를 나타내는 요소로, 일반적으로 다른 두 색의 차이는 색상의 차이를 의미한다.
- 빨강, 주황, 노랑, 초록, 파랑, 남색, 보라 등 무지개 스펙트럼의 다양한 색상을 포함한다.

② 명도 또는 밝기(Value)

- 색의 밝고 어두운 정도를 말한다.
- 흰색과 검은색 사이의 차이로 표현되며, 색상이 얼마나 밝거나 어두운지를 결정한다.
- 높은 명도 값은 색이 밝고, 낮은 명도 값은 색이 어두운 것을 의미한다.

③ 채도(Saturation)

- 색의 순수성이나 강도를 말한다.
- 채도가 높을수록 색이 순수하고 선명하며, 채도가 낮을수록 회색이나 흰색에 가까워지고 탁한 느낌을 준다.
- 색상에 다른 색이 혼합된 정도를 나타내며, 0%의 채도는 회색, 100%의 채도는 순수한 색을 말한다.

2) 리듬

- 디자인에서 움직임과 조화를 형성한다. 요소의 패턴, 도형, 이미지, 색상 등이 일정한 간격이나 규칙에 따라 반복하여 배치됨으로써 리듬이 만들어진다.
- 디자인의 일관성을 높이거나 조화롭게 하며 크기, 비율, 간격, 움직임, 방향 등을 조절하여 조화로운 리듬을 조성할 수 있다.

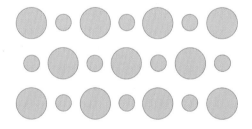

▲ 리듬 예시

- 디자인에 생동감을 불어넣고 시각적인 흥미를 제공하며, 시각적으로 조화로운 느낌을 형성한다.
- 반복적인 움직임과 패턴을 통해 디자인에 일관성을 부여하고, 관찰자의 시선을 이끌어 디자인 요소들이 상호작용하며 조화를 이루도록 한다.

3) 강조

- 특정 요소나 내용을 돋보이게 하거나 중요하게 표현하여 시각적인 효과와 주목성을 높이는 역할을 한다.
- 시각적인 방법을 통해 이루어지며, 크기, 색상, 형태, 위치, 명암 등의 다양한 요소를 활용할 수 있다.

크기	크기를 키우거나 줄이는 등의 크기 변화는 요소를 강조하는 데 효과적
색상	밝고 선명한 색상을 사용하거나 색상 대비를 조절하여 강조 효과 부여
형태	특이한 형태, 독특한 패턴, 뚜렷한 윤곽 등을 갖는 요소는 시선을 끌고 강조
위치	특정 위치에 요소를 배치하거나 배경과 대비를 이루는 방법으로 강조 구현
명암	명암을 조절하여 흑백의 대비나 그림자 효과를 활용하여 요소를 강조

▲ 요소를 활용한 강조의 예시

▲ 강조

4) 대비

- 디자인에서 요소 간의 명암, 색상, 크기 등의 차이를 강조하여 시각적인 대조를 만들어 낸다.

이용	활용
명암 대비(밝기 차이를 이용)	요소를 뚜렷하게 구분 짓고 시각적인 균형을 조절
색상 대비(색상 차이를 이용)	요소를 돋보이게 하고 시각적인 경계를 형성
크기 대비(요소의 크기 차이를 이용)	시선을 이끌거나 중요한 요소를 강조

- 디자인 요소 간의 조화와 균형을 조절하는 중요한 요소이며, 높은 대비는 요소 간의 차이를 강조하여 주목성과 강렬한 시각적 효과를 줄 수 있다.
- 관찰자의 시선을 끌고 디자인 요소 간의 관계를 강조한다.

5) 대칭

- 디자인에서 요소들이 중심을 기준으로 좌우 또는 상하로 똑같은 모습을 갖는 것을 말한다.
- 디자인 요소들이 균형을 이루어 관찰자에게 조화로운 느낌을 전달하듯이 디자인에 안정감과 조화를 부여한다.
- 디자인 요소 간의 연결과 일관성을 형성하는 데 도움을 주고, 시각적인 균형과 안정성을 조절하여 시선의 집중을 유도할 수 있다.
- 디자인의 형태, 배치, 패턴 등 다양한 측면에서 활용될 수 있고, 대칭을 조절하여 강조하고자 하는 요소를 강조하거나 특정 분위기나 느낌을 전달할 수 있다.

6) 변화

- 디자인 요소들의 변동과 차이를 의미하며, 통일과 상반된 개념이다.
- 디자인에 다양성과 차별성을 부여하고, 시각적인 흥미와 독특성을 제공한다.
- 새로움과 혁신을 나타내며, 관찰자의 시선을 끌고 디자인에 생동감을 부여할 수 있다.
- 모양 변화는 요소의 기하학적 형태를 변화시키는 것으로 예를 들어 사각형을 원형으로 변화시키거나, 각진 모서리를 부드러운 곡선 모서리로 변화시키는 것을 말한다.

색상 변화	색상의 밝기, 채도, 톤 등을 조절하거나 다른 색상으로 변화시킴으로써 디자인에 다양성과 감각적 효과 부여
크기 변화	크기를 확대하거나 축소함으로써 디자인에 균형, 강조 또는 조화 등의 시각적인 효과 부여
배치 변화	요소의 위치, 간격, 방향 등을 조절하여 디자인의 구조나 조화 변경
패턴 변화	패턴의 반복, 회전, 대칭 등을 조절하여 디자인에 독특한 시각적인 효과 부여
텍스처 변화	요소의 질감이나 표면의 변화로, 텍스처의 부드러움, 거칠기, 광택 등을 조절하여 디자인에 색다른 시각적인 경험 부여 가능

▲ 변화

7) 통일

- 디자인에서 요소들이 일관성을 유지하고 조화롭게 어우러지는 것을 의미하며, 변화와 상반된 개념이다.
- 디자인 요소들이 동일한 디자인 원칙과 스타일을 공유하면 일관된 스타일을 가지게 된다. 통일은 디자인의 일관성을 높이고, 하나의 통일된 표현으로 전달될 수 있도록 한다.
- 디자인에 사용되는 색상들이 조화롭게 조합되고, 색상 팔레트가 일관되면 디자인의 분위기와 감정을 일관되게 전달하고, 시각적인 조화를 형성하는 데 도움을 준다.
- 일관된 폰트는 디자인에서 사용되는 폰트가 일관되고 조화를 이루는 것으로, 가독성과 일관성을 유지할 수 있도록 도와준다.
- 색과 폰트뿐만 아니라 선의 굵기, 형태, 스타일 등이 일관적이면 디자인 전체에 통일성이 생긴다.

8) 조화

- 각 요소가 서로 어우러져 일관성 있고 균형 잡힌 시각적인 효과를 만드는 것이다.
- 통일된 요소 간의 일관성과 변화를 조화롭게 조합하는 개념이다. 통일을 통해 디자인 요소들의 일관성을 유지하고, 변화를 통해 다양성과 차별성을 부여함으로써 조화로운 느낌과 시각적인 흥미를 동시에 제공할 수 있다.
- 디자인 요소 간의 일관성과 변화의 조화를 통해 디자인의 품격과 독특성을 높일 수 있다.

9) 균형

- 디자인 요소의 배치와 무게를 조절하여 대칭과 균형에서 시각적인 안정성을 형성한다.

대칭적 균형	• 중심을 기준으로 요소들이 대칭으로 배치되는 형태 • 안정적이고 고전적인 느낌 전달 가능
비대칭적 균형	• 요소들이 서로 다른 크기, 무게, 색상 등을 가지며, 중심축을 기준으로 대칭이 아닌 형태 • 동적이고 흥미로운 느낌 전달 가능
불균형적 균형	• 요소의 무게나 크기 등의 측면에서 균형을 이루지 않고 조화롭게 배치되는 형태 • 강조나 움직임을 표현하는 데 사용

- 디자인 요소 간의 관계를 조절하여 시각적인 조화와 안정성을 형성하며, 관찰자에게 평형과 조화로움을 전달한다.

10) 형태

- 요소의 외부적인 형상, 모양, 윤곽 등을 의미한다.
- 디자인의 전체적인 시각적 효과와 인식을 결정짓고, 디자인의 분위기, 스타일, 특징 등을 전달한다.
- 형태에 따라 다른 시각적인 경험을 제공할 수 있는데, 간단하고 깔끔한 형태는 현대적이고 간결한 느낌을 주며, 곡선과 복잡한 형태는 우아하고 복잡한 느낌을 전달한다.
- 형태는 디자인 요소 간의 관계와 상호작용을 형성한다.
- 요소의 형태가 조화롭게 어우러지면 디자인의 일관성과 조화를 향상시킬 수 있다.
- 요소의 변화를 통해 특정한 형태를 가진 요소가 시선을 끌도록 하여, 디자인에 구분·강조 효과를 부여할 수 있다.

11) 공간

- 평면, 부피 등과 같은 개념으로 물리적 측면과 연관된다.
- 디자인 요소의 크기, 위치, 간격 등이 물리적 공간을 형성하며, 공간을 조절하여 디자인의 시각적인 조화와 균형을 이룰 수 있다.
- 디자인 요소의 배치와 관련되며, 디자인 요소 간 관계와 상호작용을 형성한다.

12) 규모

- 디자인 요소의 크기와 비율을 나타내는 것으로, 요소가 차지하는 실제 크기를 의미한다.
- 주요 요소와 그 주변 요소 간의 크기 차이에 따라 다른 느낌을 줄 수 있다. 큰 규모의 요소는 힘과 강도를 나타낼 수 있고, 작은 규모의 요소는 섬세함과 부드러움을 표현할 수 있다.
- 규모의 조절은 디자인의 시각적인 효과와 감정 전달에 영향을 미친다. 큰 규모의 요소를 중심으로 배치하면 시선을 집중시키고 강조할 수 있으며, 작은 규모의 요소를 조화롭게 배치하면 디자인을 균형적이고 조화롭게 할 수 있다.

13) 비례

- 디자인 요소 간의 상대적인 크기와 배치의 조합을 의미한다.
- 요소 간의 크기 차이와 상대적인 배치에 중점을 둔다.
- 요소들이 조화롭게 어우러지거나 주목을 받도록 할 수 있다.

6 시각화 그래픽 디자인 원리

1) 시각적 위계 디자인

① 화면을 읽는 방식

- 화면을 읽을 때 왼쪽 상단에서 오른쪽 하단으로 시선이 이동하는 경향이 있다. 사람의 눈은 습관적으로 상단 왼쪽의 입구를 본 다음 하단 오른쪽 귀퉁이로 훑어 내려가게 된다.
- 사람의 눈은 이미지나 본문을 훑어볼 때 이미지나 텍스트 등의 디자인 요소에 영향을 받거나 습관적으로 훑기 때문에 하나의 화면의 특정 영역에서 다른 부분보다 더 뜨겁고 활발하게 움직인다.
- 이 원리를 이용하여 디자인 요소를 배치할 때 사람의 눈이 움직이는 방향을 생각해야 한다.
- 다음 그림에서 색의 농도는 가장 강하게 주목되는 초점이 어디인지를 보여준다. 이러한 원리를 이용하여 주요 디자인 요소를 더 두드러지거나 아니면 눈에 덜 띄게 배치할 수 있다.

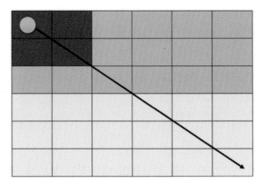

▲ 화면을 읽는 방식

② 3등분의 법칙

- 이미지 구도와 레이아웃의 지침으로 한 개의 화면에 3×3 그리드를 포개 그리드 선이 교차하는 곳을 적극적 핫스팟으로 삼아 역동적인 결과를 배치하는 방법이다.
- 다음 그림의 하단에 보이는 점들이 핫스팟으로, 한 핫스팟에 항목들이 규칙적으로 떨어지지 않아도 핵심 요소를 그 가까이에 배치하면 구성에 역동성을 더할 수 있다.

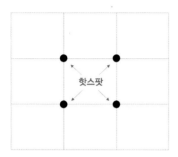

▲ 3등분의 법칙

③ 정보의 역피라미드 개념

- 저널리즘 세계에서 유래한 것으로, 기본적으로 뉴스 보도의 내용을 중요도가 떨어지는 순서대로 세 가지로 나누는 것을 예시로 볼 수 있다.

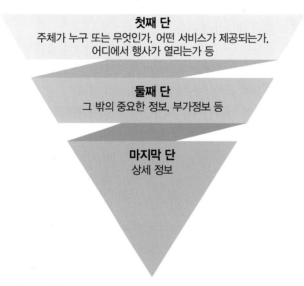

▲ 정보의 역피라미드

- 보는 사람이 화면의 모든 텍스트를 읽지 않으려는 경향이 있으므로 가장 중요하고 실질적인 정보가 맨 위에 있고, 그다음에는 그 위의 개요를 이해하는 데 도움이 되는 중요한 세부 정보가 있으며, 맨 아래에는 훨씬 더 자세한 내용을 담고 독자가 더 깊이 들어갈 수 있는 일반 및 배경 정보가 제시된다.
- 시각화 디자인 구조에서는 시각화 영역의 상단을 효과적으로 이용하고 극대화하기 위해 가장 중요한 정보가 맨 위로 가고 2차 정보가 뒤 따라오게 한다. 더 일반적인 정보는 마지막에 오도록 표기해야 한다.

④ 그리드 디자인

- 현대 디자인에서는 시각적으로 조화롭게 보이도록 격자의 선들을 이용하여 그리드로 디자인하는 것이 중요하다.
- 단지 데이터만 제시하는 단순 시각화를 할 때는 잘 적용되지 않지만, 디자인 안에 여러 요소를 복합적으로 배치할 때는 반드시 그리드를 계획하고 지켜야 시각적으로 우수한 디자인이 완성된다. 그리드를 이용해 블록 레이아웃을 잡고 그 위에 요소를 효율적으로 올려놓아 전체적인 조화를 추구하는 것이 중요하다.
- 니콜라스 펠톤(Nicholas Felton)은 자신의 데이터를 이용해 2005년 첫 번째 개인 연차 보고서를 발표한 이래 매년 보고서를 발표해 오고 있다. 펠톤의 연감을 보면 타이포그래피와 그리드를 이용해 정보 시각화 디자인의 완성도를 끌어올리는 것을 볼 수 있다.
- 다음의 연감에서 위치 정보뿐 아니라, 함께 지낸 사람들, 식사한 음식점들, 관람한 영화들, 읽은 책들이나 자신이 매년 알아낸 여러 가지 것들을 모두 기록되어 있다. 이 연감에서는 좌측 페이지와 우측 페이지에 각각 4단 그리드를 구성하고 좌에서 우를 가로지르는 숫자들의 위치도 그리드에 맞추어 같은 위치에 구성한 것을 볼 수 있다. 이렇게 구성하면 복잡한 데이터라도 정돈된 느낌을 주므로 가독성이 올라간다.

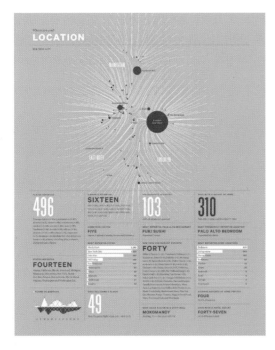 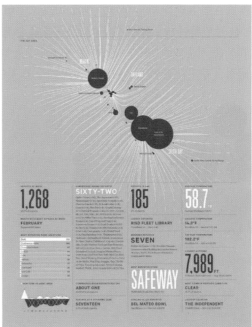

출처: http://feltron.com/FAR12.html

▲ 니콜라스 펠톤의 2012 연차 보고서(The 2012 Feltron Annual Report)

2) 색채 디자인

① 색을 이용한 시각화

- 여러 색상을 함께 쓸 때 채도를 다르게 하여 균형을 깨는 것은 흔히 저지르는 실수이다. 두 가지 색을 쓰는 경우 보색을 이용하고 명도와 채도를 같게 하면 조화로운 시각화 디자인을 할 수 있다.
- 시각화 결과물을 컴퓨터 모니터에서 제공한다면 가산 혼합 보색을 이용해야 한다.

- 시각적 대상물 구별에 색을 이용하면 편리하고 쉽게 인지할 수 있으므로 정보를 구분하고 묶는 데 색상을 많이 이용하는 것이 좋다.
- 유의할 점은 인간의 인지를 고려할 때 색의 사용 숫자를 제한할 필요가 있다는 것이다. 인간의 단기 기억력은 장기 기억력과 달리 시간이 조금만 흘러도 올바로 기억하지 못하기 때문이다. 보통 사람이 분명하게 구분할 수 있는 색상은 대략 8가지이다.

② 색의 단계로 표현하는 순서와 위계

- 순서 위계가 필요한 정보는 명암이나 채도 등 색의 단계로 표현할 수 있다.
- 검은색에서 하얀색으로 이어지는 명암 단계나, 스펙트럼에서 빨간색으로부터 녹색으로 이어지는 단계, 노란색에서 파란색으로의 단계를 이용해 분명하게 구분하면 위계를 명확히 할 수 있다.
- 색의 채도 단계로도 순서와 위계를 표현할 수 있는데, 섬세한 순서와 상태를 표현하는 데는 무채색의 단계가 정보를 더 명확하게 전달할 수 있다.
- 명도와 채도의 복합 개념이라 할 수 있는 톤은 선형적 단계를 표현하므로 정보의 순서와 위계를 표현하는 데 활용이 가능하다.
- 비율을 색으로 표현할 수는 없지만, 시각적으로 구별할 정도로 표현할 수 있다. 비율의 연속은 0을 중심으로 0을 중립적인 명도로 표시하고 위, 아래의 수치들은 상반되는 두 가지 색을 사용하는 것이다. 예를들어 회색을 기준으로 0이라 했을 때, 빨간색이 늘어나면 부정적 수치가 증가하는 것이고, 녹색이 늘어나면 긍정적 수치가 늘어나는 식의 표현이 가능한 것이다.

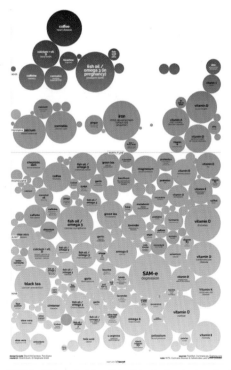

출처: https://informationisbeautiful.net/visualizations/snake-oil-scientific-evidence-for-nutritional-supplements-vizsweet/

▲ 스네이크 오일

③ 잘못된 색채 사용

• 색채 사용과 인지색을 통해 정보를 이해할 때 인간의 지각과 인지 작용이 관여한다. 지각된 색채 정보들이 서로 충돌 없이 인지될 때 빠르게 정보가 해석되고 수행 결과도 최적화된다.

• 다음은 색의 잘못된 사용으로 사람이 인지할 때 혼란을 일으킬 수 있는 경우를 표현한 예이다. 금지를 상징하는 붉은색과 허용을 상징하는 녹색이 반대 의미로 사용되어 기존의 지식이나 관습과 충돌하게 된다. 색을 사용할 때는 이러한 관습이나 기존 지식에 맞춰서 사용해야 한다.

▲ 색채 잘못된 사용과 인지의 예시

3) 타이포그래피(Typography)

① 타이포그래피의 개념

• 타이포그래피는 사용자에게 데이터의 의미를 전달하는 가장 효과적인 도구 중 하나로 타이포그래피가 있다. 데이터 시각화나 정보 시각화를 만들 때 타이포그래피 요소의 계층 구조를 명확하게 설정하고 읽기 쉬운 글꼴 패밀리를 사용하면 사용자가 데이터를 더 잘 이해하고 상호작용하는 데 도움이 된다.

• 타이포그래피는 문자를 표시할 때 가독성과 호소력을 높이기 위해 문자와 텍스트를 배열하는 예술이자 기술이다. 타이포그래피에는 글꼴, 크기, 간격 및 기타 타이포그래피 요소를 선택하고 배열하여 의미, 감정 및 의미를 전달하는 것이 포함된다.

② 타이포그래피의 활용

• 정보의 계층 구조를 만들어 디자인으로 보는 사람의 시선을 안내한다.

• 크기나 두께, 색상의 변화로 만들어지는 제목, 부제목, 본문 텍스트와 같은 일반적인 타이포그래피 요소는 각기 다른 수준의 중요성을 전달한다.

③ 타이포그래피의 가독성과 일관성

• 서체를 선택할 때는 가독성과 일관성에 유의해야 한다.

• 시각화 디자인에서는 3가지보다는 1~2가지의 서체에 크기나 스타일의 변화를 주어 쓰는 것이 중요하다.

• 가급적 영문과 한글 각각 한 가지 종류의 서체를 쓰거나, 한글 서체 한가지로 정하여 이를 패밀리 서체 안에서 선택하여 쓰고, 한글 서체와 영문 서체에서 비슷한 느낌을 주어야 효과적이다.

SD 산돌고딕 Neo
Franklin Gothic
SM 신신명조
Times New Roman

▲ 서체의 가독성과 일관성 예시

④ 서체의 무게

- 글자를 구성하는 획의 두께를 의미하는데, 시각적 정보표현에서는 심리적 무게감에 따라 정보의 위계 표현이 가능하다.
- 굵은 서체는 무게가 무거워 보이기 때문에 가는 서체와 함께 사용하면 위계가 표현된다.

SD 산돌고딕 Neo
SD 산돌고딕 Neo
SD 산돌고딕 Neo
SD 산돌고딕 Neo
SD 산돌고딕 Neo
SD 산돌고딕 Neo
SD 산돌고딕 Neo
SD 산돌고딕 Neo
SD 산돌고딕 Neo

▲ 서체의 무게 예시

⑤ 서체의 크기

- 실제 글자의 크기가 아니라 배치되는 금속 활자판의 높이를 의미한다. 같은 크기라 해도 서체에 따라 실제 글자의 크기가 달라진다.
- 서체의 크기는 정보의 중요성 및 위계 관계를 보여줄 수 있으므로 특정 요소를 강조하거나 숨길 경우에도 사용한다.

SD 산돌고딕 Neo
SD 산돌고딕 Neo
SD 산돌고딕 Neo
SD 산돌고딕 Neo
SD 산돌고딕 Neo

▲ 서체의 크기 예시

⑥ 서체의 스타일

- 서체는 가로 세로의 비율, 각도에 따라 그 스타일이 달라진다.
- 이탤릭체와 같이 기울이거나 장체, 평체처럼 글자의 폭을 좁히거나 넓히는 방법들도 존재한다. 이러한 스타일을 통해서 정보의 차별화나 강조 등을 위해서 선택적으로 사용하게 된다.

Helvetica Neue
Helvetica Neue
Helvetica Neue
Helvetica Neue

▲ 서체의 스타일 예시

⑦ 서체의 색채 속성

- 서체에 명도, 채도, 색상의 색채 속성을 적용해 정보를 분류할 수 있으며, 정보의 중요도나 종속의 관계 표현이 가능하다.
- 글자가 놓이는 바탕색에 크게 영향을 받으며, 빛으로 글자를 표현하는 경우 청색은 후퇴되어 보이기 때문에 자제해야 한다.

SD 산돌고딕 Neo
SD 산돌고딕 Neo
SD 산돌고딕 Neo
SD 산돌고딕 Neo
SD 산돌고딕 Neo

▲ 서체의 색채 예시

⑧ 서체의 간격

- 서체의 간격(글자 사이, 낱말 사이, 글줄 사이)은 가독성에 가장 큰 영향을 주는 부분이다.
- 읽어야 할 다음 글자가 다른 글자보다 근접해 있어야 하며 이 때문에 글자 사이보다 낱말 사이가, 낱말 사이보다는 글 줄 사이가 넓어야 한다. 다음 예시에서 간격에 따라서 어떠한 시각화 변화가 있는지 확인할 수 있다.

글자 사이=낱말 사이=글줄 사이	글자 사이<낱말 사이=글줄 사이	글자 사이<낱말 사이<글줄 사이
정보디자인은사용자를 배려하여사용환경에적합한 구조와형태가필요하다.	정보디자인은 사용자를 배려하여 사용환경에 적합한 구조와 형태가 필요하다.	정보디자인은 사용자를 배려하여 사용환경에 적합한 구조와 형태가 필요하다.

▲ 서체의 간격 예시

7 그래프 디자인 요소

1) 제목

- 주요 메시지를 강조하고, 전반적인 주제를 파악할 수 있도록 도와준다.
- 사용자의 주의를 끌고 정보의 중요성을 강조하는 역할을 하며, 정보의 카테고리화 및 구조화에 도움이 된다.
- 목적과 목표를 명확하게 제시해 사용자에게 가치 있는 정보를 제공한다.
- 시각적으로 부각되거나 텍스트 스타일이 강조될 수 있어 사용자의 시선을 끌기에 유용하다.
- 디자인 요소와 일관성을 유지하여 전체적인 통일감을 제공한다.
- 사용자가 디자인 요소를 선택하거나 참고할 때 적절한 정보를 신속하게 파악할 수 있도록 한다.

2) 서체

- 사용되는 텍스트의 외관을 의미하며, 가독성과 사용자 경험에 직접적인 영향을 미친다.
- 서체의 선택은 스타일과 톤을 설정하는 데에 중요한 역할을 한다.
- 서체의 크기와 스타일을 통해 중요한 내용과 부가적인 내용을 구분할 수 있다.
- 정보 제시, 사용자의 주의집중, 특정 부분 강조, 정보의 계층 구조에 대한 시각적 표현 등에 활용된다.
- 일관성을 유지하는 데 중요하며, 대상 독자의 특성과 내용을 고려하여 선택되어야 한다.

3) 주석

- 특정 부분에 대한 설명이나 추가 정보를 제공하여 사용자가 정보를 이해하고 해석하는 데 도움을 준다.
- 주로 텍스트 형태로 제시되며 그래픽 요소와 함께 사용되기도 한다.
- 중요한 세부 정보, 통계 데이터의 해석, 용어 정의 등을 제공할 수 있고, 사용자의 이해를 돕는 데 필요한 추가적인 문맥이나 배경 정보를 제공하기도 한다.
- 정보의 정확성과 신뢰성을 강화하기 위해 사용될 수 있다.
- 그래픽 요소와의 관계를 명확하게 표시하여 정보를 명확하게 전달해야 한다.
- 디자인과 일관성을 유지하기 위해 적절한 서체, 크기, 스타일 등이 사용되어야 하며, 사용자의 주의를 끌기 위해 시각적인 강조나 텍스트 스타일의 변화를 사용할 수도 있다.
- 목적과 대상 독자를 고려하여 작성되어야 한다.

4) 격자선

- 그래프나 차트의 구조를 명확하게 나타내는 데 사용되며, 데이터의 비교, 패턴 파악, 정확한 위치 파악 등을 도와준다.
- 가로선과 세로선의 조합으로 이루어진 격자선은 그래프의 영역을 구분하고 정보의 배치를 정렬하는 데 도움을 준다.
- 그래프의 데이터 비교를 용이하게 하며, 데이터값의 상대적인 크기나 위치를 시각적으로 인식할 수 있도록 한다.
- 패턴이나 추세를 파악하는 데 도움을 주고, 데이터의 변화를 더욱 명확하게 인식할 수 있도록 한다.
- 데이터 요소들이 정렬되므로 시선의 이동과 정보의 해석이 쉬우며 가독성이 높아진다.
- 디자인과 일관성을 유지하기 위해 격자선의 색상, 두께, 스타일 등은 조절할 수 있다.
- 시각화의 목적과 대상 독자를 고려하여 적용되어야 하며, 필요한 경우에만 적절하게 사용되어야 한다.

▲ 격자선 예시

5) 클립아트

- 다양한 주제나 개념을 시각적으로 표현하는 데 사용되며, 다양한 주제를 컬러풀하고 친근한 이미지로 나타내어 사용자의 시각적 이해를 돕는다.
- 단순하고 명확한 형상으로 구성되어 있어, 빠르고 쉽게 정보를 전달하는 데 유용하다.
- 특정 개념이나 사물을 시각화하여 정보를 생동감 있게 전달한다.
- 복잡한 데이터나 추상적인 개념을 쉽게 이해할 수 있는 그림으로 변환한다.
- 디자인 스타일과 일관성을 유지하기 위해 선택된 적절한 스타일과 색상으로 구성된다.
- 저작권에 주의해야 하며, 무료 또는 라이선스가 부여된 클립아트를 사용해야 한다.

6) 두 번째 축

- 그래프나 차트에서 추가적인 정보를 나타내는 데 사용되는 보조적인 축이다.
- 기존의 축과는 다른 데이터 요소를 나타내며, 다른 척도 또는 차원의 데이터를 보여줄 수 있다. 서로 다른 단위의 데이터를 동시에 표현하고, 데이터 간의 상대적인 크기와 관계, 상호작용을 시각화하는 데 활용된다.
- 두 번째 축을 사용할 경우 데이터의 비교가 쉬우며, 서로 다른 데이터의 추이, 패턴, 상관관계를 동시에 비교하고 분석할 수 있으므로 그래프 또는 차트의 가독성과 이해를 향상시키는 역할을 한다.
- 시각화의 목적과 대상 독자를 고려하여 적용해야 하며, 필요한 경우에만 적절하게 사용되어야 한다.

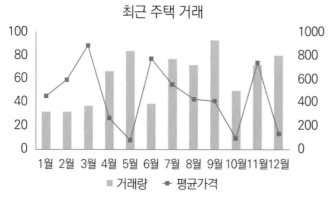

▲ 두 번째 축 예시

7) 범례 24년 1회

- 그래프나 차트에서 사용된 색상, 패턴, 기호 등에 대응하는 항목을 설명하는 텍스트 요소이다. 각 항목이나 카테고리를 시각적 요소와 함께 텍스트로 설명하여 사용자에게 정보를 제공한다.
- 데이터 요소의 의미를 명확하게 전달하고, 그래프의 해석을 돕는 역할을 한다.

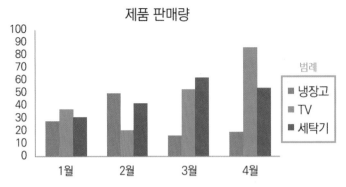

▲ 범례 예시

8) 질감

- 표면의 느낌이나 특성을 시각적으로 나타내는 것을 의미한다.
- 나무, 금속, 섬유 등 재료의 질감을 시각화하여 해당 정보를 전달하듯이 실제 객체나 재료의 표면 특성을 시각적으로 나타내는 것이다.
- 부드러운 질감은 친근하고 안정적인 느낌을 주며, 거친 질감은 강인하고 원기 왕성한 느낌을 주듯이 감정이나 분위기 전달에도 사용될 수 있다.
- 서로 다른 질감을 사용하여 구분되는 요소나 부분을 시각적으로 강조할 수 있으며 시각적 계층성 부여에도 사용된다.
- 다양한 질감을 사용하거나 특정 요소에 흥미로운 질감 효과를 적용하여 사용자의 주의를 끌 수 있다.
- 차트의 경우에는 데이터의 특성을 나타내는 것이 더 중요하므로 질감의 활용이 상대적으로 적은 편이다.
- 과도하게 사용하면 가독성이 저하되거나 데이터의 해석을 어렵게 만들 수 있으므로 주의가 필요하다.

▲ 질감 예시

9) 배경

- 그래프, 차트, 표 등의 주요 요소를 감싸는 영역이며, 전반적인 시각적인 톤과 미적 요소를 형성하는 역할을 한다.
- 배경은 주변과의 구분을 제공하여 주요 내용을 독립적으로 인식할 수 있도록 돕는다.
- 색상, 패턴, 이미지 등을 사용하여 분위기나 주제에 맞는 시각적인 요소를 추가할 수 있다.
- 주요 내용을 강조하기 위해 중요한 텍스트나 그래픽 요소들에 대한 대비를 제공한다.
- 목적과 대상 독자를 고려하여 선택되어야 하며, 일관성과 가독성을 유지하는 것이 중요하다.

8 에드워드 터프티(Edward Tufte)의 데이터 잉크

1) 데이터 잉크의 개념

- 에드워드 터프티가 저술한 『정량적 정보의 시각적 디스플레이(The Visual Display of Quantitative Information)』에서 데이터 잉크는 '그래프의 핵심으로 더 이상 지울 수 없는(Non-erasable) 것이며, 숫자의 변화를 비중복(Non-redundant)적으로 표현하는 것'이라고 소개되었다.
- 즉 데이터 잉크란 그래프나 차트에 사용된 잉크 중 실제 데이터를 나타내는 부분을 의미한다.
- 데이터 잉크가 아닌 것과 중복되는 데이터 잉크를 제거해 데이터 잉크 비율을 올리는 것이 데이터를 그래픽 디자인으로 올바르게 표현하는 방법이다.

2) 그래프 단순화 방법

그래프를 최소한으로 표현하는 것이 최대한을 전달하는 힘을 갖는 경우가 많다. 시각화 툴에서 제공하는 그래프를 사용하더라도 단순하고 명료하게 시각화 디자인을 적용하여, 목표하는 데이터 내러티브를 전달하려고 노력한다면 효율적인 정보 전달이 가능하다. 아래에서는 시각화 툴에서 제공하는 그래프를 단순화하는 방법을 단계별로 설명한다.

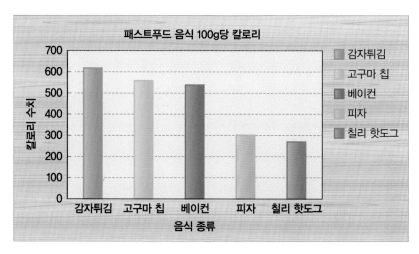

① 그래프의 배경을 지운다.

이미지, 질감이나 색상으로 된 배경은 그래프를 눈에 띄게 할 수 있지만, 오히려 시각적으로 데이터를 강조하는 데 방해되고 있다. 배경을 지우면 그래프의 데이터가 더 강조된다.

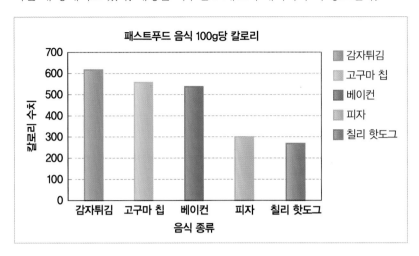

② 그래프 안에 표시된 범례를 지운다.

그래프에 범례가 포함돼 있다면 굳이 범례를 추가할 필요가 없다. 범례를 보고 그래프를 보려면, 보는 사람이 직접 색상과 글씨를 매칭해야 하므로 해석에 방해될 수 있다.

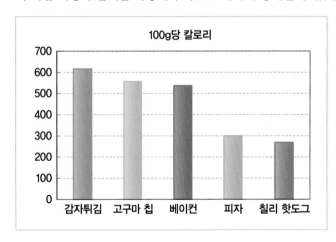

③ 그래프의 바깥 테두리를 지운다.

배경이 흰색인 문서에서 테두리는 답답한 느낌을 주며, 디자인에 방해될 수 있다.

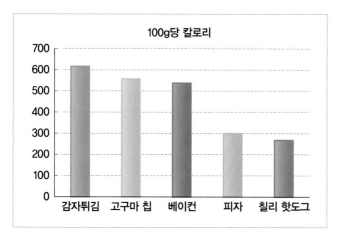

④ 그래프 안의 다양한 색깔을 지운다.

다양한 색은 보는 사람에게 핵심이 무엇인지 파악하기 어렵게 만든다.

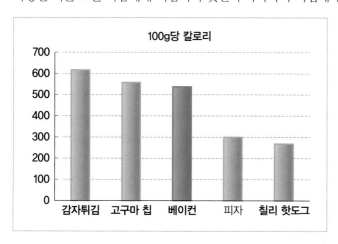

⑤ 그래프에 쓰인 특수 효과를 지운다.

그림자 효과와 볼록 효과와 같은 특수 효과는 전체적인 디자인의 통일성을 맞추기 어렵게 한다. 특수 효과는 데이터의 핵심을 전달하는 데 방해될 수 있다.

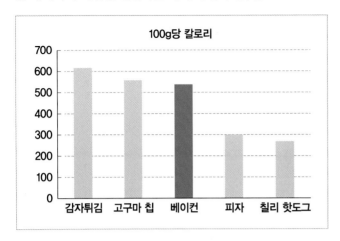

⑥ 그래프에 쓰인 굵은 글씨를 필요한 경우를 제외하고 지운다.

필요한 경우가 아니면 장식으로서의 굵은 글씨, 이탤릭 등 서체 스타일은 가독성을 낮추고 복잡성을 증가시키기 때문에 사용하지 않는다.

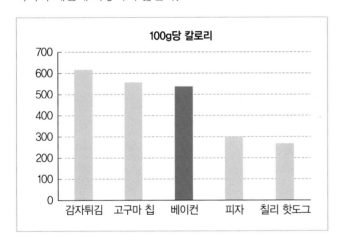

⑦ 그래프에서 중요한 데이터 라벨을 제외하고는 흐리게 처리한다.

흐릿하게 처리된 라벨은 처음 그래프를 보는 사람이 데이터의 핵심에만 집중하는 데 도움을 준다.

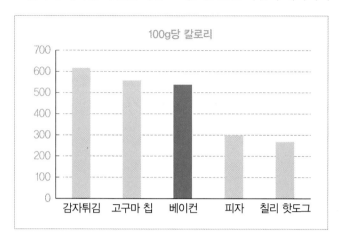

⑧ 그래프의 보조선을 흐리게 처리하거나 아예 지운다.

진하게 그려진 보조선은 데이터를 표현하는 부분과 겹치기 때문에 흐릿하게 처리하거나 없애는 편이 깔끔하다.

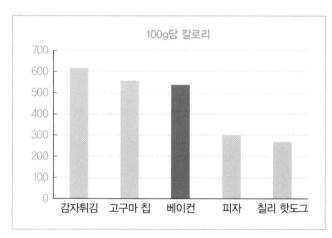

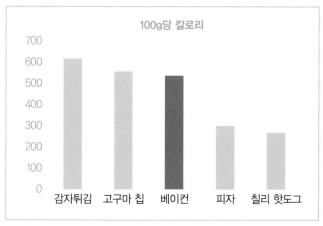

⑨ 그래프에 데이터 라벨을 직접 표시한다.

보조선을 없앤 대신 라벨을 데이터에 직접 표현하면 보는 사람이 즉각적으로 그래프를 해석할 수 있다.

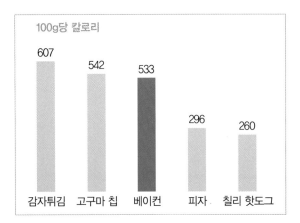

⑩ 그래프를 비교하여 구별해 본다.

명료한 시각화 디자인의 결과로 나온 그래프와 처음 그래프를 함께 놓고 비교해 보면 어떤 그래프가 더 보기 명료하고 이해하기 쉬운지 쉽게 구별할 수 있다.

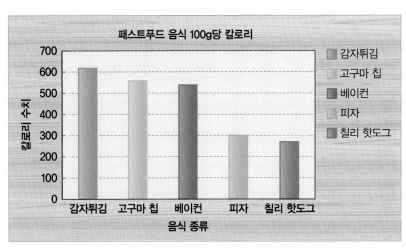

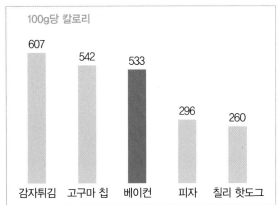

3) 시각 정보 디자인 7원칙

에드워드 터프티는 '훌륭한 시각 디자인은 시각적으로 표현된 명쾌한 생각'이라고 주장했다. 보는 이의 인지적인 과업과 디자인 원칙을 깊이 이해해야 훌륭한 시각화 작업을 할 수 있으므로 터프티는 정보 시각화를 위한 시각 정보 디자인 7원칙을 지킬 것을 권고했다.

① 시각적 비교를 강화하라

연관된 변수와 트렌드를 비교할 수 있는 도구를 제공해야 한다. 정보는 비교를 통해 사용자에게 더욱 가치가 올라간다.

② 인과관계를 보여라

정보를 디자인할 때 원인과 결과를 명쾌하게 제시하라.

③ 다중 변수를 표시하라

여러 개의 연관된 변수를 활용해 정보를 표현하는 데이터도 있다.

④ 텍스트, 그래픽, 데이터를 조화롭게 배치하라

라벨과 범례가 도표에 녹아 있는 다이어그램이 더 효과적이다.

⑤ 콘텐츠의 질과 연관성, 진실성을 분명히 하라

보여주려는 정보가 과연 사용자가 특정 목적을 달성하는 데 도움이 되는지를 고민하라.

⑥ 시간순이 아닌 공간순으로 나열하라

시간보다는 공간에 따라 나열할 때 사용자의 이해가 쉬워진다.

⑦ 정량적 자료의 정량성을 제거하지 마라

트렌드를 나타내기 위해 정량적 자료를 그래프나 도표로 표현할 수 있다. 정량적인 정보를 한눈에 파악할 수 있기 때문이다.

01 인간의 시각 체계는 강력하면서도 섬세한 패턴의 탐색자이다. 인간의 다른 감각보다도 더 빠르게 정보를 받아들이고 이해하도록 처리할 수 있다. ⊙ ☒

02 이미지가 없는 경우보다 이미지가 있는 경우가 배울 때 작업 능력이 323% 더 우수하다는 것이 입증된 바 있으며 이를 가리켜 ☐☐ ☐☐ ☐☐라고 한다.

03 콜린 웨어는 뇌가 시각 정보를 처리하는 과정을 세 단계로 정리하였는데 3단계는 '스토리텔링하기'이다. ⊙ ☒

04 게슈탈트 7가지 법칙은 전경과 배경의 법칙, 근접성의 법칙, 참신성의 법칙, 단순 충만의 법칙, 공동 운명의 법칙, 폐쇄성의 법칙, 연속성의 법칙이다. ⊙ ☒

05 게슈탈트 법칙 중 단순 충만의 법칙은 시각적 요소는 전경 또는 배경 중 하나로 간주되는 현상을 말한다. ⊙ ☒

06 가까운 공간에 있으면 서로 관련된 것처럼 보이는 현상은 게슈탈트 법칙 중 근접성의 법칙에 해당한다. ⊙ ☒

07 사람의 눈은 디자인의 경로, 선, 곡선을 따라가며 지각하는 경향이 있으며, 분리된 개체보다는 시각적 요소의 연속적인 흐름을 선호하는데 이는 게슈탈트 법칙 중 연속성의 법칙에 따르기 때문이다. ⊙ ☒

08 자크 베르탱은 '수치적(양적), 질적 데이터 간에 차이, 순서, 비율의 관계를 시각적으로 전환할 수 있는 가장 효율적인 수단이며, 사용자가 이를 통해 정보를 시각적으로 지각하고 이해하게 하는 절대적인 역할을 한다'라고 하는 위치, 크기, 형태, 명도, 색상으로 구성된 5개의 시각적 변수를 제시하였다. ⊙ ☒

09 정보의 역피라미드 원리는 저널리즘에서 유래한 것으로, 가장 중요하고 강력한 정보가 아래로 가고 이차 정보가 뒤에 따르며 더 일반적인 정보는 맨 위로 오도록 하는 것이다. ⊙ ☒

10 순서나 위계가 필요한 정보는 색의 단계로 표현할 수 있다. ◎ ☒

11 데이터 잉크가 아닌 것과 중복되는 데이터 잉크를 제거해 데이터 잉크 비율을 올리는 것이 데이터를 그래픽 디자인으로 올바르게 표현하는 방법이다. ◎ ☒

12 에드워드 터프티의 시각 정보 디자인 7원칙은 아래와 같다. ◎ ☒

1. 시각적 비교를 강화하라
2. 인과관계를 보여라
3. 다중 변수를 표시하라
4. 텍스트, 그래픽, 데이터를 조화롭게 배치하라
5. 콘텐츠의 질과 연관성, 진실성을 분명히 하라
6. 시간순이 아닌 공간순으로 나열하라
7. 정량적 자료의 정량성을 제거하지 마라

정답 01 ○
02 그림 우월 효과
03 × 해설 콜린 웨어가 정리한 뇌가 시각 정보를 처리하는 과정의 3단계는 해석하기다.
04 × 해설 참신성의 법칙이 아니라 유사성의 법칙이다.
05 × 해설 게슈탈트 법칙 중 시각적 요소는 전경 또는 배경 중 하나로 간주 현상은 전경과 배경의 법칙이다.
06 ○
07 ○
08 × 해설 자크 베르탱은 위치, 크기, 모양, 명도, 색상, 기울기, 질감으로 구성된 7개의 시각적 변수를 제시하였다.
09 × 해설 정보의 역피라미드 원리는 저널리즘에서 유래한 것으로, 가장 중요하고 강력한 정보가 맨 위로 가고 2차 정보가 뒤에 따르며 더 일반적인 정보는 마지막에 오도록 하는 것이다.
10 ○
11 ○
12 ○

01 다음 중 시각화를 통한 데이터 표현에 대한 설명으로 옳은 것은?

① 시각화는 20세기 이후에도 동일하게 머릿속에 시각적 이미지를 형성하는 것에 국한되어 있다.

② 시각화의 의미가 변화하는 데는 인포그래픽의 발전이 주요한 역할을 하였다.

③ 시각화는 데이터의 작은 특징과 큰 특징을 동시에 이해하게 함으로써 관련된 패턴을 인식하게 하는 데 효과적이다.

④ 시각화는 오직 머릿속의 이미지를 형성하는 과정에서만 의미가 있다.

02 DIKW 개념에 대한 설명 중 옳지 않은 것은?

① DIKW 피라미드는 데이터, 정보, 지식, 지혜의 영어 앞 글자로 이루어진 모델이다.

② 데이터가 정보로서 가치를 갖기 위해서는 조직화되고 변형되어 의미를 전달하기 위한 형태로 표현되어야 한다.

③ 지혜는 명시적인 언어로 상대방에게 전달할 수 있으며, 정보와 지식의 개인화로 생성된다.

④ DIKW 개념을 이해하면 시각화를 통해 정보를 어떻게 효과적으로 전달할지 이해할 수 있다.

03 나단 셰드로프의 정보 디자인 개념 다이어그램의 설명 중 옳지 않은 것은?

① 수용자는 데이터와 정보의 단계에 속하고, 공급자는 정보와 지식의 단계에 속하는 것을 알 수 있다.

② 데이터가 정보로 이해되고 활용되며 지식으로 체계화되어 지혜로서 문제 해결과 미래 예측에 사용되는 과정을 그리고 있다.

③ 정보는 일반적 맥락에 있지만, 지식은 개인적 맥락에 있는 것을 알 수 있다.

④ 데이터, 정보, 지식, 지혜가 생성되고 전환되는 과정 중에 정보 디자인이 어떻게 전달되는지 보여준다.

04 '데이터'에 대한 설명 중 옳은 것은?

① 데이터는 정보의 일종으로 정보 전달 측면에서 가치가 있다.

② 데이터는 불완전하고 비연속적이며 완전한 메시지가 아니므로 효율적인 정보 전달에는 적합하지 않다.

③ 데이터 디자인이라는 표현이 사용되며, 데이터는 디자인의 대상이 된다.

④ 데이터는 조직화되지 않은 상태에서 사용자에게 의미를 전달할 수 있다.

05 '정보'에 대한 설명 중 옳지 않은 것은?

① 정보는 서로 다른 데이터 간의 관계와 패턴을 가시화시킴으로써 의미를 전달한다.

② 정보는 사용자의 관점에 따라 다르게 전달될 수 있으며, 콘텍스트는 정보의 환경과 관계된 중요한 요소이다.

③ 정보는 전체적인 맥락을 고려하지 않고도 독립적으로 존재할 수 있으며, 생산자와 소비자의 두 영역에 모두 포함된다.

④ 정보는 글로벌 콘텍스트에 있으며, 지식은 로컬 콘텍스트에 있다.

06 '지식'에 대한 설명 중 옳지 않은 것은?

① 지식은 경험을 통해 다양한 상황에서 적용할 수 있게 일반화된 형태로 형성된다.

② 지식은 정보의 상위 개념이며, 특정 영역에서의 경험을 통해 정보를 통합한 형태이다.

③ 지식은 경험을 통해 다른 관점과 방법으로 해석할 수 있으며, 특정한 세부 사항만을 설명하는 것이 아니라 일반화된 형태이다.

④ 지식은 정보의 조직화에서 스토리텔링 개념이 적용되지 않으며, 상대적으로 비관련성을 가진다.

07 데이터 시각화에 대한 설명 중 옳지 않은 것은?

① 데이터 시각화는 데이터 분석 또는 데이터 과학의 단계 중 하나로, 데이터의 시각적 표현 연구를 의미한다.

② 데이터 시각화는 정량적인 원시 데이터를 그래픽으로 인코딩하여 정보를 전달하는 기술을 말한다.

③ 데이터 시각화는 주관적 맥락을 적게 넣어 객관적 의사 판단을 할 수 있도록 하는 것이 목표이다.

④ 사용되는 시각적 형식에는 표, 차트, 그래프 등이 있으며 대시보드에서도 사용된다.

08 정보 시각화에 대한 설명 중 옳지 않은 것은?

① 정보 시각화는 대규모 비수량 정보를 시각적으로 표현하여 사용자가 직관적으로 이해하고 탐험할 수 있도록 하는 것이다.

② 정보 시각화의 목표는 사용자의 이해도를 높이며, 인지를 강화하고, 인터페이스를 탐색하고 상호 작용하면서 인사이트를 도출하고 의사결정을 내리는 데 도움을 주는 것이다.

③ 정보 시각화는 선, 막대, 원 등의 기하학적인 요소를 사용하여 데이터의 특징을 더 잘 설명하는 것을 목표로 한다.

④ 정보 시각화는 주로 인포그래픽으로 표현되며, 화려한 디자인이 특징이다.

09 정보 디자인과 인포그래픽에 대한 설명 중 옳은 것은?

① 정보 디자인은 복잡한 기술 데이터를 세밀하고 화려한 일러스트레이션으로 표현하여 사용자가 감상할 수 있게 하는 방법이다.

② 인포그래픽은 정보 시각화와 정보 디자인의 범위에 속하며, 그래픽 정보표현 방법이 많이 적용된다.

③ 인터넷이 유행하기 시작하면서 인포그래픽에 대한 관심이 이전보다 축소되었으며 화려한 디자인이 대중들의 외면을 받았다.

④ 에드워드 터프티와 나이젤 홈즈는 정보 시각화에 대해 동일한 의견을 가지고 있다.

10 경영정보시각화 디자인 프로세스로 옳은 것은?

① 1단계: 시각화 디자인

2단계: 시각화 구현

3단계: 시각화 목적 및 이용 대상자 설정

4단계: 데이터 수집과 전처리

5단계: 시각화 결과 전달

② 1단계: 데이터 수집과 전처리

2단계: 시각화 목적 및 이용 대상자 설정

3단계: 시각화 디자인

4단계: 시각화 구현

5단계: 시각화 결과 전달

③ 1단계: 시각화 목적 및 이용 대상자 설정

2단계: 시각화 디자인

3단계: 시각화 구현

4단계: 시각화 결과 전달

5단계: 데이터 수집과 전처리

④ 1단계: 시각화 목적 및 이용 대상자 설정

2단계: 데이터 수집과 전처리

3단계: 시각화 디자인

4단계: 시각화 구현

5단계: 시각화 결과 전달

11 다음 중 정보 시각화 체크리스트에 속하지 않는 항목은 무엇인가?

① 에디토리얼 인포그래픽으로 제작할 수 있도록 스케치를 점검해야 한다.

② 시각화 설명을 위한 모든 선택 요소가 데이터가 담고 있는 가치를 정확하게 보여주고 있는지 점검해야 한다.

③ 인터페이스상에 보이는 타이포그래피의 폰트, 스타일, 크기 등의 일관성을 확인해야 한다.

④ 잘못된 숫자나 부정확한 이상치가 있지 않은지 시각화된 결과물에 적절한 데이터 샘플을 적용하여 테스트를 수행한다.

12 인간의 감각 중 가장 빠르게 정보를 받아들이고 이해하도록 처리할 수 있는 감각은 무엇인가?

① 촉각

② 청각

③ 후각

④ 시각

13 이미지가 없는 경우보다 이미지가 있는 경우가 배울 때 작업 능력이 323% 더 우수하다는 것이 입증된 바 있다. 이것을 무슨 효과라 칭하는가?

① 그림 우월 효과

② 착시의 효과

③ 일관성의 효과

④ 면적 효과

14 콜린 웨어가 정리한 뇌가 시각 정보를 처리하는 3단계 과정에 속하지 않는 것은?

① 해석하기

② 스토리텔링 지어내기

③ 뚜렷한 시각 요소 파악하기

④ 패턴 알아차리기

15 게슈탈트 법칙에 대한 설명 중 옳지 않은 것은?

① 게슈탈트 법칙은 데이터를 분석하고 해석하는 시각 인식 과정이며, 인지 심리학 관점의 시각 기본 원리이다.

② 게슈탈트는 '모양' 또는 '형태'를 뜻하며, 전체가 부분의 합보다 크다는 생각과 관련이 있다.

③ 게슈탈트 법칙은 복잡한 장면을 어떻게 더 단순한 형태로 축소할 수 있는지를 보여주며, 뇌가 어떻게 형상을 개별적인 단순한 요소가 아닌 하나의 통합된 형태로 인식하는지를 설명한다.

④ 게슈탈트 법칙은 전경과 배경, 근접성, 유사성, 단순 충만, 공동 운명, 폐쇄성, 연속성 등 인간의 뇌가 시각 정보를 보는 방식을 설명하는 7가지 법칙으로 구성된다.

16 스캐터 플롯의 점들이 퍼져 있는 것을 보게 되면 왼쪽의 하단부터 오른쪽 상단으로 몰려가면서 어떤 경향을 보인다는 시각적 해석이 가능해진다. 이러한 시각적 해석을 가능하게 해주는 게슈탈트 법칙은 무엇인가?

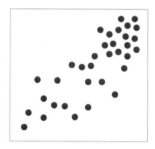

① 폐쇄성의 법칙

② 연속성의 법칙

③ 공동 운명의 법칙

④ 근접성의 법칙

17 색상, 모양, 크기 등에 의해서 비록 떨어져 있더라도 같은 동일한 속성을 가진 그룹으로 인식하게 되는 것은 게슈탈트 법칙 중 무엇인가?

① 유사성의 법칙
② 폐쇄성의 법칙
③ 단순 충만의 법칙
④ 공동 운명의 법칙

18 아래의 세계자연기금 로고는 게슈탈트 법칙 중 어떤 것이 적용된 것인가?

① 폐쇄성의 법칙
② 공동 운명의 법칙
③ 연속성의 법칙
④ 전경과 배경의 법칙

19 아래의 그림을 보는 순간 'S'로 인식되는 것은 게슈탈트 법칙 중 무엇 때문인가?

① 전경과 배경의 법칙
② 폐쇄성의 법칙
③ 근접성의 법칙
④ 연속성의 법칙

20 다음 그림인 루빈의 컵과 관련 있는 게슈탈트 법칙은 무엇인가?

① 전경과 배경의 법칙
② 공동 운명의 법칙
③ 폐쇄성의 법칙
④ 단순 충만의 법칙

21 같은 속도와 방향으로 함께 움직이거나, 각각의 속도나 방향으로 움직이는 요소가 그룹에 속하는 것은 게슈탈트 법칙에서 어떤 것과 관련이 있는가?

① 공동 운명의 법칙
② 단순 충만의 법칙
③ 유사성의 법칙
④ 연속성의 법칙

22 자크 베르탱이 제시한 시각적 변수 요소에 대한 설명 중 옳지 않은 것은?

① 자크 베르탱은 총 7가지 시각적 변수를 제시하였다.

② 시각적 변수는 수치적(양적), 질적 데이터 간의 차이, 순서, 비율의 관계를 시각적으로 전환할 수 있는 가장 효율적인 수단이다.

③ 자크 베르탱은 시각적 변수의 중요성을 강조하며 이를 통해 사용자가 정보를 시각적으로 지각하고 이해하도록 하는 역할을 한다고 하였다.

④ 시각적 변수는 크기, 위치, 형태, 명도, 농도, 색상, 비례이다.

23 시각적 변수 중 '색상'에 대한 설명으로 옳은 것은?

① 그래프에 그려진 요소들이 같은 색상이라면 강조하고자 하는 부분에 다른 색을 쓰면 잘 보이게 할 수 있다.

② 대개 강조를 위해 비슷한 색상을 쓰는 것이 효과적이며, 인쇄물의 색상과 스크린의 색상이 동일하다.

③ 색상은 본질적으로 정량적인 속성이며, 정보를 전달할 때 색상에만 의존하는 것이 바람직하다.

④ 색은 문화적 환경에 따라 다른 의미가 있으며, 순서를 매기기에 적합하다.

24 시각적 변수 중 '크기'에 대한 설명으로 옳지 않은 것은?

① 같은 크기를 갖고 있는 요소들이라면 하나만 작게 만들면 상대적으로 작은 요소가 강조되어 보이게 된다.

② 클수록 사람들의 시선을 끌게 되며, 크기는 수치로 표현할 수 있고, 순서로 구분할 수도 있다.

③ 크기는 상대적인 중요도를 인지할 수 있게 해주며, 일반적으로 같은 크기의 요소 간의 관계를 나타내는 데 활용된다.

④ 모든 요소에 동일한 크기를 적용하는 것이 좋은 시각적 표현 방법이다.

25 자크 베르탱의 시각적 변수 선택에 대한 설명으로 옳지 않은 것은?

① 시각적 변수의 선택이 데이터의 성격과 전달하고자 하는 메시지에 부합해야 한다고 강조하였다.

② 제시하는 데이터의 유형과 데이터를 전달할 때의 목표에 따라 데이터를 전달하는 데 사용할 변수 인코딩을 신중하게 선택해야 한다고 하였다.

③ 효과적인 커뮤니케이션을 위해서는 정보 유형에 따라 서로 다른 물리적 코딩을 제안하였다.

④ 자크 베르탱의 시각화에 대한 체계적인 접근 방식은 작업하는 데이터의 특성에 따라 가장 적합한 시각적 변수를 선택하여, 시각화를 통해 더 명확하고 정확한 커뮤니케이션을 할 수 있도록 도와준다.

26 이미지 구도와 레이아웃의 지침으로 한 개의 화면에 3×3 그리드를 포개 그리드 선이 교차하는 곳을 적극적 핫스팟으로 삼아 역동적인 결과를 배치하는 방법을 무엇이라 하는가?

① 게슈탈트 법칙

② 3등분의 법칙

③ 정보의 역피라미드

④ 시각 인지 7요소

27 시각화 디자인을 할 때 시선 이동 경향을 고려하는 데 대한 설명으로 옳지 않은 것은?

① 인간의 눈은 화면을 읽을 때 상단 왼쪽에서 시작하여 오른쪽 하단으로 시선이 이동하는 경향이 있다.

② 시선 이동 경향을 고려하여 디자인할 때, 항상 화면의 가운데에 주요 디자인 요소를 배치하는 것이 좋다.

③ 화면의 특정 영역에서 다른 부분보다 뜨겁고 활발한 움직임을 보이는데, 디자인 요소를 배치할 때 이러한 시선 이동 경향을 고려해야 한다.

④ 디자인에서 색의 농도는 주목되는 초점을 나타내며, 이를 이용하여 주요 디자인 요소를 강조하거나 눈에 덜 띄게 배치할 수 있다.

28 정보 시각화 디자인을 위한 색상 디자인에 대한 설명으로 옳지 않은 것은?

① 여러 색상을 함께 사용할 때 채도를 같게하면서 균형을 유지하는 것이 중요하다.

② 색상을 쓸 때, 두 가지 색을 쓸 때는 명도와 채도를 같게 하면 조화로운 시각화 디자인을 할 수 있다.

③ 시각화 결과물을 컴퓨터 모니터에서 제공할 때는 감산 혼합 보색을 사용해야 한다.

④ 색은 정보를 구분하고 묶는 데 이용되며, 색을 사용하여 시각적 대상물을 구별하는 것이 편리하다.

29 서체의 간격에 관한 명제 중 옳지 않은 것은?

① 글자의 간격은 가독성에 가장 큰 영향을 주는 부분이라고 할 수 있다.

② 글자 사이보다 낱말 사이가 넓어야 하며, 낱말 사이보다는 글 줄 사이가 넓어야 한다.

③ 글자의 간격은 글자 사이보다 낱말 사이가 좁아야 한다.

④ 글자의 간격은 읽어야 할 다음 글자가 다른 글자보다 근접해 있어야 한다.

30 에드워드 터프티의 데이터 잉크에 대해 바르게 설명한 것은?

① 데이터 잉크를 적용해서 장식적으로 그래프를 아름답게 디자인할 수 있다.

② 데이터 잉크는 에디토리얼 인포그래픽을 지지하기 위해서 쓰이는 개념이다.

③ 데이터 잉크는 더 이상 지울 수 없는(Non-erasable) 그래픽의 핵심이며, 숫자의 변화를 비중복 (Non-redundant)적으로 표현하는 잉크이다.

④ 데이터 잉크는 데이터를 정량적으로 표시할 수 있는 수치 표시 그래프를 말한다.

정답 & 해설

01 ③	02 ③	03 ①	04 ②	05 ③
06 ④	07 ③	08 ②	09 ②	10 ④
11 ①	12 ④	13 ①	14 ②	15 ①
16 ④	17 ①	18 ①	19 ④	20 ①
21 ①	22 ④	23 ①	24 ④	25 ③
26 ②	27 ②	28 ③	29 ③	30 ③

01 ③

시각화는 머릿속에 시각적 이미지를 형성하는 것을 의미하기도 했으나, 20세기 이후의 그래프, 그래픽 디자인 등의 출현으로 데이터나 개념을 그래픽으로 표현한다는 의미가 더 많이 쓰인다. 시각화의 의미가 변화하는 데는 데이터 탐색 과정을 최적화하고 중요한 패턴을 더 쉽게 인식하게 만드는 인지적 시스템의 발전이 주요한 역할을 하였다.

02 ③

지혜는 개인적 이해의 수준에 따라 결정되는 것으로, 명시적인 언어로 상대방에게 전달하기 어렵다.

03 ①

공급자는 데이터와 정보의 단계에 속하고, 수용자는 정보와 지식의 단계에 속하는 것을 알 수 있다.

04 ②

데이터는 가공되지 않고 의미를 갖지 않은 상태의 개체로, 효율적인 정보 전달에는 부적절하다.

오답 피하기

① 데이터는 정보 자체가 아니므로 정보로서의 가치가 부족하다.
③ 데이터 디자인이라는 표현은 사용되지 않으며, 데이터는 디자인의 대상이 아니다.
④ 데이터가 정보로서 가치를 갖기 위해서는 조직화 · 변형을 거쳐야 한다.

05 ③

정보는 전체적인 맥락(Global Context)을 고려하지 않으면 존재할 수 없다. 정보는 사용자의 관점, 콘텍스트에 따라 의미와 가치가 다르며, 정보와 지식은 각각 생산자와 소비자의 두 영역에 모두 포함된다.

06 ④

지식은 정보의 조직화에서 스토리텔링 개념이 중요하게 적용되며, 스토리텔링은 지식 전달에 효과적인 방법이다. 지식은 다양한 상황에서 적용할 수 있고 일반화된 형태이며, 경험을 통한 다양한 해석이 가능하다.

07 ③

데이터 시각화의 목표는 데이터를 이용하여 사용자에게 정보를 명확하고 효율적으로 전달하는 것이다.

08 ④

정보 시각화는 기하 및 도형 양식(선, 막대, 원 등)을 이용하여 데이터의 특징을 더 잘 설명할 수 있는 차트나 그래프 등으로 표현하는 것이 정보 시각화이다. 인포그래픽은 정보 디자인의 일종으로 간주된다.

09 ②

인포그래픽은 정보 시각화와 정보 디자인의 범위에 속하며, 다양한 그래픽 정보표현 방법이 사용된다. 화려한 디자인과 일러스트레이션을 많이 활용하는 경향이 있다.

10 ④

경영정보시각화 디자인 프로세스는 1단계: 시각화 목적 및 이용 대상자 설정 → 2단계: 데이터 수집과 전처리 → 3단계: 시각화 디자인 → 4단계: 시각화 구현 → 5단계: 시각화 결과 전달이다.

11 ①

의도에 따라서 에디토리얼 인포그래픽을 선택할 수는 있으나 체크리스트에 속하지는 않는다.

12 ④

인간의 감각 중에 시각이 가장 뛰어난 시각화 관련 능력을 갖는다.

13 ①

그림 우월 효과에 대한 설명이다.

14 ②

콜린 웨어는 뇌가 시각 정보를 처리하는 과정을 1단계: 뚜렷한 시각 요소 파악하기 → 2단계: 패턴 알아차리기 → 3단계: 해석하기의 세 단계로 정리하였다. 스토리텔링 지어내기는 과정에 포함되지 않는다.

15 ①

게슈탈트 법칙(Gestalt Principles)은 인간의 눈이 시각적 요소를 인식하는 패턴을 칭하며, 시각 인식에 영향을 미치는 과학적 기본 원리이다.

16 ④

가까이 있는 것을 멀리 있는 것보다 더 관련되었다고 인식하는 근접성의 법칙이 적용되었다.

17 ①

색상, 모양, 크기 등에 의해서 비록 떨어져 있더라도 같은 동일한 속성을 가진 그룹으로 인식하게 되는 것은 유사성이다.

18 ①

끊어지거나 불연속적인 부분들이 전체적인 형(원, 사각형, 삼각형)을 이루어 지각되는 것은 폐쇄성의 법칙 때문이다.

19 ④

사람의 눈이 분리된 개체보다는 시각적 요소의 연속적인 흐름을 선호하는 연속성의 법칙 때문이다.

20 ①

관심의 초점에 따라 전경이 되고, 관심 밖에 놓인 부분이 배경이 되는 전경과 배경의 법칙 대표적 사례이다.

21 ①

공동 운명의 법칙은 같은 속도와 방향으로 함께 움직이거나, 각각의 속도나 방향으로 움직이는 요소를 그룹에 속하는 것으로 인식하는 것을 말한다.

22 ④

자크 베르탱의 시각적 변수 7요소는 위치, 크기, 형태, 명도, 채도, 기울기, 질감이다.

23 ①

② 강조를 위해서는 다른 색을 쓰는 것이 효과적이고 인쇄물과 스크린의 색상은 RGB와 CMYK로 다르게 보인다.
③ 색상은 정성적인 특징을 가지며, 정보를 전달할 때는 다양한 시각적 변수와 함께 사용하는 것이 효과적이다.
④ 색은 문화적 환경에 따라 다른 의미가 있을 수 있지만, 순서를 매기기에는 적합하지 않다.

24 ④

다양한 크기를 적용하여 상대적인 중요도를 나타내는 것이 크기에 대한 효과적인 활용 방법이다.

25 ③

효과적인 커뮤니케이션을 위해서는 정보 유형에 따라 서로 다른 시각적 인코딩을 제안하였다. 예를 들어, 양적 차이에는 크기를, 범주 구분에는 색상을, 방향성 정보에는 방향을 사용하는 등의 인코딩 방식을 적용하는 것을 제시하였다.

26 ②

이미지 구도와 레이아웃의 지침으로 한 개의 화면에 3×3 그리드를 포개 그리드 선이 교차하는 곳을 적극적 핫스팟으로 삼아 역동적인 결과를 배치하는 방법은 3등분의 법칙이다.

27 ②

화면의 중앙에 있는 디자인 요소가 항상 주목받는 것은 아니며, 시선 이동 경향을 고려하여 배치해야 한다.

28 ③

컴퓨터 모니터에서는 가산 혼합이 일반적으로 사용되며, 감산 혼합은 프린터에서 주로 사용된다.

29 ③

글자 간격은 글자 사이가 근접해 있어야 하며, 낱말 사이와 글 줄 사이의 간격이 넓어야 한다.

30 ③

데이터 잉크는 그래프나 차트에 사용된 잉크 중 실제 데이터를 나타내는 부분을 의미한다. 터프티는 비데이터 잉크, 즉 실제 데이터를 나타내지 않는 잉크를 더 이상 지울 수 없는 상태까지 최소화하라고 강조했다.

정보 시각화 그래프 디자인

그래프 선택과 종류

1 정보 시각화 그래프 선택

1) 시각화 그래프 선택 시 고려 사항

① 목적에 따른 시각화 방식을 이해하고 그래프를 선택하기

- 그래프 형태에 따라 관계를 잘 나타낼 수 있는 특성이 서로 다르기 때문에 정보가 취해야 하는 그래프의 유형이 어떻게 되는가에 따라 그래프의 형태가 결정된다.
- 그래프로 정량적 정보를 전달하는 첫 번째 단계는 관계의 형태를 밝혀내는 것이다. 관계의 형태를 밝혀내는 것은 접근 방법을 체계적으로 해줄 뿐만 아니라 적합하지 않은 그래프 형태를 제외하는 데도 도움이 된다.
- 올바른 그래프 유형을 선택하는 것은 제대로 된 데이터 내러티브를 전달하기 위한 중요한 능력이다.
- 그래프 유형을 잘못 선택하면 혼란을 초래하거나 데이터를 잘못 해석하거나 심지어 비즈니스 의사결정에 지속적인 영향을 미칠 수 있으므로, 데이터 내러티브에 맞게 차트 유형을 적절히 선택해야 성공적으로 정보 시각화를 할 수 있다.

② 시각화 도구에 의존하기보다는 수단으로써 활용하기

- 대용량 데이터나 빅데이터를 막론하고 정보 시각화 방법은 분석과 함께 제공되는 시각화 도구(Tool)에 의해 결정되는 경향이 강하다. 대부분의 시각화 도구에서는 다양한 차트와 그래프를 지원하고 있다.
- 분석의 내용을 반영하기 위해 시각화 도구에서 제공하는 차트와 그래프를 어떤 방식으로 써야 하는지 그 쓰임새와 활용 방법을 이해하고 도구를 익혀 적절한 정보 시각화 수단으로 사용해야 한다.
- 시각화 도구에 한정한 그래프로만 구현하다 보면, 단지 멋있어 보이는 그래프를 선호하기 쉽지만 어떠한 내용을 전달할 것인가를 고려하여 그래프를 선택하는 것이 중요하므로 먼저 그래프를 손으로 스케치해 본 뒤에 시각화 도구에서 제공하는 그래프 중에서 선택하는 것이 좋다.

③ 정보 시각화 디자인은 분석 디자인을 목표로 하기

- 에드워드 터프티는 2004년 '테크니컬 커뮤니케이션 쿼터리'의 인터뷰에서 '효과적인 분석 디자인은 생각하는 작업을 보는 작업으로 변화시키는 것'이라고 언급했다.
- 사고의 목적이 인과관계를 이해하는 것이라면 디자인의 목적은 인과관계를 보여주는 것이다. 사고의 목적은 어떤 질문에 대한 답을 찾고 정보끼리 비교하는 것이지만, 디자인의 목적은 비교한 내용을 메시지 또는 내러티브가 들어간 디자인으로 보여주어 사고의 전환이나 행동을 유도하는 것이다.
- '분석 디자인의 구조는 이 디자인이 증거에 대한 분석적 사고를 얼마나 효율적으로 보조하느냐로 결정해야 한다.'라고 주장한 에드워드 터프티는 명료한 그래프를 그리는 것이 중요하다는 점을 강조하며 정보 디자인을 분석 디자인이라고 칭하기도 했다.
- 좋은 시각화 디자인을 좌우하는 기준은 전문가의 눈에 어떻게 보이냐가 아니라 결과물이 사용자가 쓰기에 편리하고 이해하기 쉬운지와 사용자가 시각화 결과물을 통해 깨닫거나 영감을 받느냐는 것이다.

2) 시각화 그래프의 선택 방법

① 전달하고 싶은 메시지 결정하기

- 정보 시각화 그래프를 선택하려면 사용자에게 무엇을 보여주고 싶은지를 먼저 결정해야 한다.
- 정해진 내러티브를 구현하기 위한 데이터로 원하는 메시지를 전달하기에 적절한 시각화 그래프를 선택하는 것이 중요하다.

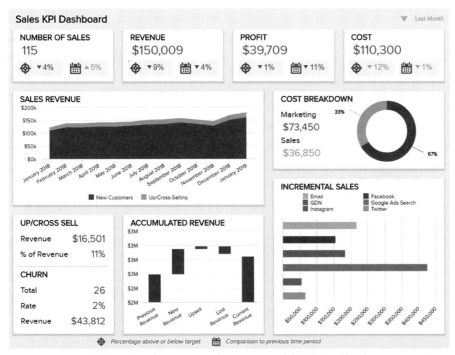

출처: https://www.datapine.com/blog/wp-content/uploads/2019/06/monthly-sales-report-template.png

▲ 대시보드 정보 시각화 예시

② 어떤 커뮤니케이션 목적을 갖는지를 정하기

종류	내용	커뮤니케이션 목적
수량 시각화	정량적 변수의 시각화	범주형 값의 상대적 크기와 절대적 크기를 쉽게 비교하기 위해 사용한다.
비율 시각화	부분과 전체의 관계에 대한 접근	값의 모집단 또는 계층 구조의 구성 요소로 범주형 값의 관계를 분석하여 제공한다.
시간 시각화	시간에 따른 변화	지속적인 기간을 통해 시간 데이터를 이용하고 변화 추세와 값의 패턴을 보여준다.
관계 시각화	연결과 관계를 구성	다변량 데이터 사이에 존재하는 연관성, 분포와 패턴을 평가할 수 있는 시각화를 한다.
공간 시각화	지리—공간 데이터 매핑	다양한 다른 매핑 프레임워크를 통해 지리 공간적 특성으로 데이터 세트를 보여주고 구성한다.

▲ 종류별 시각화의 커뮤니케이션 목적

③ 질문을 통해 가장 적합한 그래프 유형과 방식 찾기

• 데이터의 물리적 특성을 잘 표현하는가?
• 시각화를 통해 전달하는 주제를 원하는 수준만큼 정확하게 나타낼 수 있는가?
• 주제의 메타포와 디자인적 일관성을 전달하는가?

3) 도식화로 설명한 시각화 그래프 선택

• 경영정보시각화 디자인 시 파워 BI, 태블로 등의 도구를 이용하여 그래프 선택 방법을 도식화할 수 있다.
  - 시각화를 통해 사용자가 어떤 것을 보고 이해하기를 원하는지 정한다.
  - 정보 시각화 디자인 원리를 통해 설명한 정보의 역피라미드 구조를 구성한다.
  - 상단에는 숫자를 사용하여 주요 성과 지표를 시각화한다.
  - 커뮤니케이션 목적에 부합하는 다양한 시각화 그래프를 선택한다. 데이터 내러티브를 상기하고 이야기 흐름에 맞는 그래프들로 시각화한다.
  - 하단에는 필요시 아이템들의 세부 내용을 효과적으로 보여줄 수 있는 테이블을 디자인한다.
• 그래프의 종류는 경영정보시각화라는 특성을 반영하여, 수량 시각화, 비율 시각화, 시간 시각화, 관계 시각화, 공간 시각화로 분류하였다.
• 다음의 '경영정보시각화 디자인을 위한 그래프 선택 방법'으로 그래프를 선택하면 경영정보시각화 요구 사항의 대부분을 충족할 수 있다.

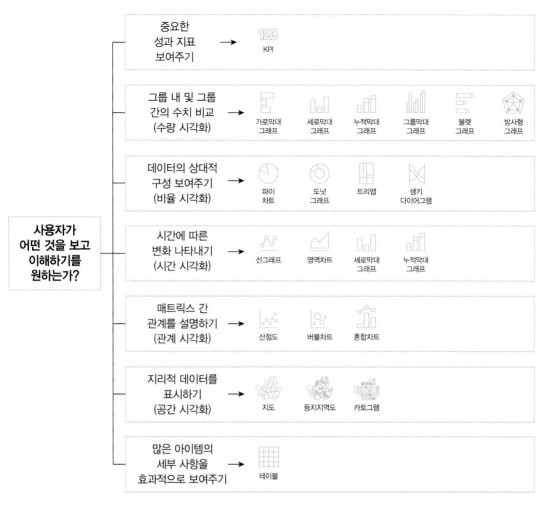

▲ 경영정보시각화 디자인을 위한 그래프 선택 방법

2 시각화의 부수적 요소

1) KPI 숫자

① KPI 숫자의 활용

- 그래프 외의 KPI(핵심성과지표) 숫자와 테이블은 시각화의 부수적 요소이므로 숫자가 있다고 해서 반드시 차트를 만들어야 하는 것은 아니지만, 마케팅, 프로젝트 관리 또는 공급망 대시보드를 만들 때 KPI를 표시하는 것은 헤드라인 수치 정보를 전달하는 좋은 방법이다.
- KPI에 적합한 숫자의 좋은 예는 판매된 품목 수, 총수익과 순수익, 웹사이트 방문자 수 등이 있으며, KPI를 보여주는 숫자는 크고 눈에 띄도록 디자인해야 한다.

② KPI와 제공되어야 하는 중요한 정보

- 시간 범위: 시간 범위란 KPI가 나타내는 시간 범위인 관련 날짜 범위 또는 시간 프레임이다. 일반적으로 대시보드에서 날짜 필터의 형태로 표시되거나 KPI 제목에 표시된다.
- 콘텍스트: 이전 기간과의 차이를 표시하거나 다른 지표와 비교할 때 필요한 것으로 콘텍스트가 없으면 사용자는 이 숫자가 긍정적인지 부정적인지 알 수 없으므로 숫자만 표시하는 것만으로는 충분하지 않다.

Total Revenue	Total Orders	Total Active Customers	Avg. Revenue per Customer
$4,618,319	**4,570**	**958**	**$4,892.29**
↘ 0% $4,638,741	↗ 1% 4,523	↘ 0% 959	↘ 0% $4,898.35
change prev. 12m	change prev. 12m	change prev. 12m	change prev. 12m

출처: https://medium.com/gooddata-developers/how-to-choose-the-best-chart-type-to-visualize-your-data-85c866ca13a1

▲ 큰 숫자로 표시한 KPI

2) 테이블(Table)

① 테이블의 개념과 구조

- 테이블 또는 표라고 하기도 하며 자료를 정렬하는 양식 중 하나이다.
- 테이블 디자인에도 크기, 색상, 선 굵기, 선 유형 등의 시각적 속성이 적용될 수 있다.
- 테이블은 일반적으로 행과 열의 2차원 구조로 구성된다.
  - 행: 테이블의 가로 방향으로, 데이터베이스에서는 레코드(Record), 튜플(Tuple)이라고도 한다.
  - 열: 테이블의 세로 방향으로, 데이터베이스에서는 속성(Attribute), 필드(Field), 변수(Variable) 등으로 불린다.
  - 행과 열의 교차점은 셀(Cell) 또는 칸으로 표현한다.
  - 머리글(Header)이나 합계를 포함하는 행이 추가되기도 한다.
- 테이블 중 커다란 테이블을 요약하는 통계표를 피벗 테이블(Pivot Table)이라 부르기도 한다. 피벗 테이블은 개수, 합계, 평균 등의 통계를 포함한다.

연도	월	총매출금액	전월 매출	연간 누계	← 머리글
2022	1	76,479,700	76,046,100	76,479,700	
2022	2	81,545,600	76,479,700	158,025,300	
2022	3	79,928,300	81,545,600	237,953,600	
2022	4	82,532,100	79,928,300	320,485,700	← 칸/셀
2022	5	75,537,500	82,532,100	369,023,200	
2022	6	77,869,500	75,537,500	473,892,700	
2022	7	61,812,600	77,869,500	535,705,300	
2022	8	83,975,200	61,812,600	619,680,500	
2022	9	90,649,700	83,975,200	710,330,200	
2022	10	71,820,800	90,649,700	782,151,000	
2022	11	65,124,600	71,820,800	847,275,600	
2022	12	72,622,000	65,124,600	919,897,600	
합계		919,897,600	923,321,700	919,897,600	← 합계

행 →   열 ↓

▲ 테이블 예시

② 표 디자인의 핵심 원칙

- 세로선은 필요한 경우만 넣고 자제한다.
- 데이터의 행과 행 사이에 가로선을 넣지 않는다.
- 글자열은 왼쪽을 기준으로 정렬하면 가독성에 도움이 된다.
- 숫자열은 오른쪽을 기준으로 정렬하고, 모든 숫자의 소수점 자릿수를 통일한다.
- 열에 숫자나 문자가 1글자만 들어가는 경우 가운데 정렬로 한다.
- 헤더 칸은 아래쪽 데이터 열과 정렬을 맞춰야 한다. 문자열의 헤더 칸은 왼쪽 정렬, 숫자열의 헤더 칸은 오른쪽 정렬로 한다.

가.

순위	제목	시청 시간
1	오징어 게임	2,302,800,000 시간
2	이상한 변호사 우영우	662,090,000 시간
3	지금 우리 학교는 시즌 1	659,510,000 시간
4	더 글로리	560,990,000 시간
5	킹더랜드	446,900,000 시간

나.

순위	제목	시청 시간
1	오징어 게임	2,302,800,000 시간
2	이상한 변호사 우영우	662,090,000 시간
3	지금 우리 학교는 시즌 1	659,510,000 시간
4	더 글로리	560,990,000 시간
5	킹더랜드	446,900,000 시간

다.

순위	제목	시청 시간
1	오징어 게임	2,302,800,000 시간
2	이상한 변호사 우영우	662,090,000 시간
3	지금 우리 학교는 시즌 1	659,510,000 시간
4	더 글로리	560,990,000 시간
5	킹더랜드	446,900,000 시간

▲ 표의 시각적 디자인에 있어 더 보기 편한 경우

라.

순위	제목	시청 시간
1	오징어 게임	2,302,800,000 시간
2	이상한 변호사 우영우	662,090,000 시간
3	지금 우리 학교는 시즌 1	659,510,000 시간
4	더 글로리	560,990,000 시간
5	킹더랜드	446,900,000 시간

* 표 '가'와 '나'보다는 '다'와 '라'가 훨씬 쉽게 읽힐 것이다. 가로로 잘 읽히도록 세로선을 배제하고 디자인할 때, 더 가독성이 좋은 표 디자인 결과를 얻을 수 있다.

 기적의 TIP

교차표(Cross-Table)

구분		문항5 응답				
		1번	2번	3번	4번	계
문항1 응답	1번	13	12	14	15	54
	2번	6	29	15	25	75
	3번	17	4	1	22	44
	4번	3	10	0	14	27
	계	39	55	30	76	200

1. 2차원 빈도(Frequency)를 표현한다.
2. 집계에 많이 사용되며 엑셀에서는 피벗 테이블로 불린다.
3. 범주형 자료를 분석하는데 적합하다.

3) 캘린더 차트 24년 1회/2회

- BI소프트웨어에 내장된 기본 차트는 아니지만, 날짜데이터를 활용하여 구성할 수 있다.
- '요일'을 열, '주차'를 행, '일'을 칸에 포함하는 특수한 형태의 테이블이다.
- 칸의 색상, 레이블을 통해 데이터에 대한 정보를 시각적으로 제공할 수 있다.

1) 수량 시각화

- 비교 시각화라고 하기도 하며, 정량적 변수(수량 혹은 숫자값)를 시각화하는 방법이다.
- 사물의 비교, 양의 많고 적음을 표현하는 일반적인 방법이다.
- 💡 라면 브랜드별 총판매량이나 국가별 총관광객 입국자 수, 월드컵 출전 국가별 선수들의 나이 평균 등을 수량 시각화의 예시로 볼 수 있다.
- 종류로는 가로 막대그래프, 세로 막대그래프, 누적 막대그래프, 그룹 막대그래프, 레이더 차트(방사형 그래프), 폭포수(워터폴) 차트, 롤리팝(막대 사탕) 차트, 불렛 그래프, 히트맵 차트 등이 있다.

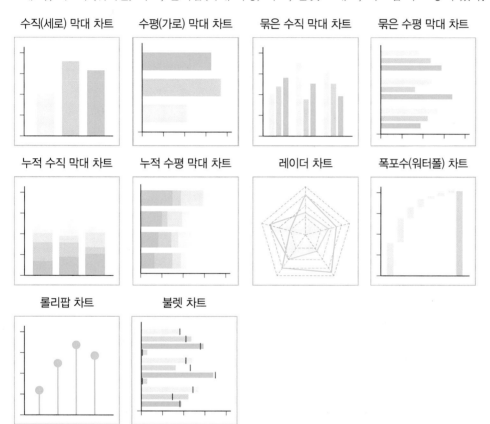

▲ 수량 시각화 예시

2) 비율 시각화 _{24년 1회/2회}

- 전체 중 부분의 비율을 시각화하는 방법이다.
- 비율 데이터의 일반적인 특성은 최대(Maximum), 최소(Minimum), 전체 분포(Overall Distribution)로 나뉜다. 최대와 최소는 글자 그대로 순서 정렬에서 양 끝을 취하면 최대와 최소이다.
- 비율 데이터는 부분을 전부 합치면 1 또는 100%가 된다. 비율 데이터의 시각화는 이러한 데이터 특성에 맞게 전체의 관점에서 부분 간의 비율 관계를 보여주어야 한다.
- 🔘 집단에서의 성비, 연령대별 비율 표현, 기업별 · 상품별 시장점유율 등의 예시가 있다.
- 종류로는 파이 차트(원그래프), 막대그래프, 누적 막대그래프, 그룹 막대그래프, 모자이크 도표, 트리 맵, 도넛 그래프, 와플 차트(그리드 플롯), 폭포수 그래프(워터폴 차트), 생키 다이어그램 등이 있다.

▲ 비율 시각화 예시

3) 분포 시각화 _{24년 1회}

- 데이터의 분포와 통계량을 시각화하는 방법이다.
- 관심이 있는 특정 변수(필드)의 데이터값이 어떻게 분포되어 있는지를 파악할 수 있다.
- 🔵 슈퍼마켓 데이터에서 제품을 구매한 소비자의 연령(나이) 분포를 파악하는 경우 등에 사용할 수 있다.
- 종류에는 히스토그램, 누적 히스토그램, 밀도분포, 중첩밀도분포, 누적밀도, QQ 도표, 도트 플롯, 박스 플롯, 바이올린 차트, 스트립 차트, 시나 플롯 등이 있다.
- 분포, 중앙값, 평균, 최솟값, 최댓값, 4분위수 등에서 데이터 혹은 통계 분야와의 연관이 있음을 보여준다.

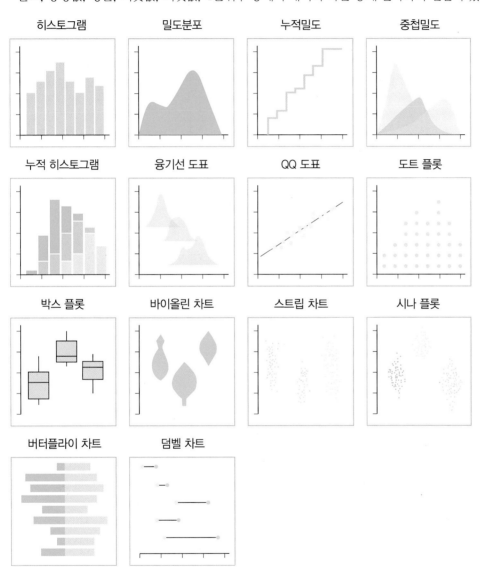

▲ 분포 시각화 예시

4) 시간 시각화 ^{24년 2회}

- 시간 변화에 따른 추이를 나타내는 시각화 방법이다.
- 시간에 따른 변화나 트렌드(Trend), 즉 경향성으로 장기간에 걸쳐 진행되는 변화를 추적하는 데 주로 사용된다.
- 시간 데이터는 분절형과 연속형으로 나눌 수 있다. 분절형은 데이터의 특정 시점 또는 특정 시간 구간의 값으로 나타내며, 기온 변화 같은 데이터는 연속형이다.
- 📷 지난 1년간의 매출 추세, 웹페이지 방문자 수 추세, 매일 헬프데스크로 들어오는 고객 불만 건수 추세 등에 사용되고 있다.
- 종류로는 막대그래프, 누적 막대그래프, 선 그래프, 간트 차트, 폴라 그래프(폴라 면적 다이어그램), 산점도, 캘린더 히트 맵, 누적 영역 차트, 스파크라인, 컬럼 스파크라인 등이 있다.

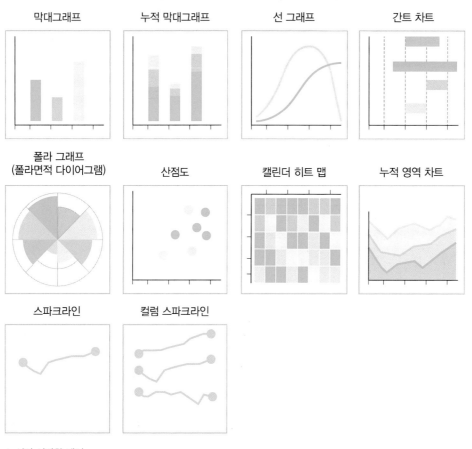

▲ 시간 시각화 예시

5) 관계 시각화 ^{24년 2회}

- 두 개 이상의 정량적 변수의 관계를 시각화하는 방법으로 상관관계를 표현할 수 있다.
- 상관관계를 알면 한 수치의 변화를 통해 다른 수치의 변화를 예측할 수 있는데 산점도(스캐터 플롯)과 멀티플 스캐터 플롯이 사용된다.
- 스캐터 플롯은 시간적인 변화를 알아보는 데 도움이 되지만 두 변수의 관계를 알아볼 때도 활용된다.
- ⓔ 매출과 수익과의 관계, 광고 투자와 판매량의 관계를 들 수 있다.
- 종류로는 분산형 차트(산점도, 산포도), 연결산점도, 꺾은선 그래프, 버블 차트, 경사 차트, 히트 맵, 상관도표, 2차원 상자, 육각형 상자, 밀도 등고선 등이 있다.
- 상관계수에서 데이터 혹은 통계 분야와의 연관성이 보여진다.

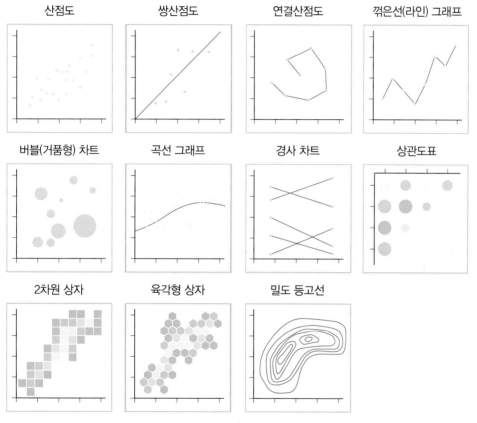

▲ 관계 시각화 예시

6) 공간 시각화 _{24년 1회}

- 지리 공간 데이터를 활용하여 지도로 표현하는 시각화 방법이다.
- 지도를 읽는 방법은 통계 그래픽을 읽는 방법과 매우 비슷하다. 지도의 한 위치를 다른 위치와 비교해 보는 것은 그래픽의 한 클러스터 영역과 나머지의 비교와 같다.
- 데이터에 위도, 경도 등의 위치 관련 데이터가 포함되어야 한다.
- 지도를 만들 때 위치를 정확하게 배치해야 하며, 색상 구분도 정확해야 하고, 라벨이 위치를 가려서는 안 되며, 정확한 투시 방법을 선택해야 한다.
- 하나의 지도는 시간상의 한 지점, 한순간의 현실만을 반영하고 있지만, 여러 장의 지도를 통해 시간의 여러 단면을 표현할 수 있다.
- 🕮 서울 지역 청년 거주 비율, 시도별 여름철 강우량을 예로 들 수 있다.
- 종류에는 지도, 단계구분도, 등치 지역도, 카토그램, 카토그램 히트 맵 등이 있다.

지도	단계구분도(등치맵)	카토그램 히트 맵

▲ 공간 시각화 예시

7) 불확실성의 시각화 _{24년 1회}

- 데이터의 불확실성이 존재할 때 불확실성을 표시하는 시각화 방법으로, 오차 표현을 포함한다. 대표적인 불확실성 시각화 차트로는 오차 막대가 있다.
- 막대로 표현할 수 있는 수치형 자료(정량적 정보)에 기반(🕮 고객 만족도)한다는 특징이 있다.
- 평균과 같은 통계량을 표현하기 위해 표준편차, 표본오차 등의 통계량과 90%, 95%, 99% 신뢰 간 표시가 필요하다.
- 종류로는 오차 막대, 눈모양도표, 분위수점도표, 신뢰대역 등이 있다.
- 모집단, 표본, 추정, 표본분포, 표준오차, 신뢰수준, 신뢰구간, 상관계수 등에서 데이터 혹은 통계 분야와의 연관성을 알 수 있다.

01 경영정보시각화를 위한 그래프 선택 시 목적에 따른 시각화 방식을 이해하기보다는 경영정보시각화 도구에서 제공하는 그래프 안에서 선택하되, 그래프를 수단으로써 활용하지 말아야 한다. O X

02 정보 시각화 그래프 선택 시 경영정보시각화 디자인을 보는 사용자에게 무엇을 보여주고 싶은지를 먼저 결정해야 한다. 선택 방법은 □□□ □□□□와 연관이 있다.

03 수량 시각화는 정량적 변수(수량 혹은 숫자 값)를 시각화하는 것으로 사물의 비교, 양의 많고 적음을 표현하는 방법이다. O X

04 수량 시각화 그래프로는 가로 막대그래프, 세로 막대그래프, 누적 막대그래프, 그룹 막대그래프, 히트 맵, 불렛 그래프, 레이더 차트(방사형 그래프), 롤리팝(막대사탕) 차트, 워터폴 차트 등이 있다. O X

05 비율 시각화는 비율(전체 중 부분)을 시각화하는 방법이다. O X

06 비율 시각화 그래프로는 히스토그램, 박스 플롯, 생키 다이어그램 등이 있다. O X

07 분포 시각화는 데이터의 분포와 통계량을 시각화하는 방법이다. O X

08 히스토그램, 밀도분포, 도트 플롯, 누적밀도, QQ도표, 박스 플롯은 비율 시각화 그래프에 속한다. O X

09 시간에 따른 변화나 트렌드(Trend), 즉 경향성으로 장기간에 걸쳐 진행되는 변화를 추적하는 데 주로 사용되는 방법은 관계 시각화다. O X

10 시간 시각화 그래프로는 막대그래프, 누적 막대그래프, 선 그래프, 간트 차트, 폴라그래프(폴라 면적 다이어그램), 산점도, 캘린더 히트 맵, 누적 영역 차트, 스파크라인, 컬럼 스파크라인 등이 있다. O X

11 ☐☐ 시각화는 두 개 이상의 정량적 변수의 관계를 시각화하는 방법으로 상관관계를 표현할 수 있다.

12 관계 시각화 그래프로는 분산형 차트(산점도, 산포도), 연결 산점도, 꺾은선 그래프, 버블 차트, 경사 차트, 상관도표, 2차원 상자, 육각형 상자, 밀도 등고선 등이 있다. ◯ ✖

13 ☐☐ 시각화는 지리 공간 데이터를 활용하여 지도로 표현하는 시각화 방법이다.

14 관계 시각화 그래프로는 지도, 단계구분도, 카토그램, 카토그램 히트 맵 등이 있다. ◯ ✖

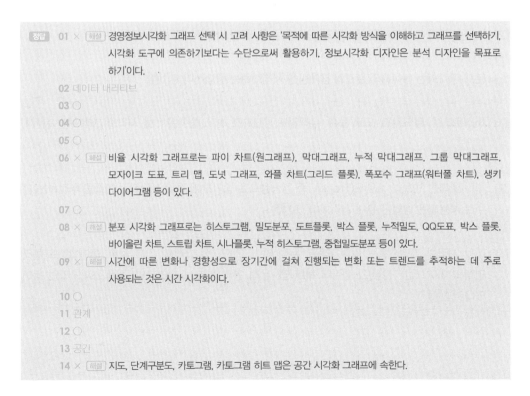

정답 01 ✕ 해설 경영정보시각화 그래프 선택 시 고려 사항은 '목적에 따른 시각화 방식을 이해하고 그래프를 선택하기, 시각화 도구에 의존하기보다는 수단으로써 활용하기, 정보시각화 디자인은 분석 디자인을 목표로 하기'이다.

02 데이터 내러티브

03 ◯

04 ◯

05 ◯

06 ✕ 해설 비율 시각화 그래프로는 파이 차트(원그래프), 막대그래프, 누적 막대그래프, 그룹 막대그래프, 모자이크 도표, 트리 맵, 도넛 그래프, 와플 차트(그리드 플롯), 폭포수 그래프(워터폴 차트), 생키 다이어그램 등이 있다.

07 ◯

08 ✕ 해설 분포 시각화 그래프로는 히스토그램, 밀도분포, 도트플롯, 박스 플롯, 누적밀도, QQ도표, 박스 플롯, 바이올린 차트, 스트립 차트, 시나플롯, 누적 히스토그램, 중첩밀도분포 등이 있다.

09 ✕ 해설 시간에 따른 변화나 경향성으로 장기간에 걸쳐 진행되는 변화 또는 트렌드를 추적하는 데 주로 사용되는 것은 시간 시각화이다.

10 ◯

11 관계

12 ◯

13 공간

14 ✕ 해설 지도, 단계구분도, 카토그램, 카토그램 히트 맵은 공간 시각화 그래프에 속한다.

비교(수량) 시각화

1 가로 막대그래프(Bar Chart)

1) 그래프 특성

- 막대를 수평으로 나타낸 그래프로 범주별 수량 비교가 가능하다.
- 세로 막대그래프와 마찬가지로 2개 이상의 값을 비교할 때 효과적이며, 가장 이해하기 쉽고 사용하기 간단하다.
- 값에 음수(−)를 포함할 때는 세로 막대그래프보다 가로 막대그래프가 적합하고, 시간순, 연속적 범주의 값을 나타낼 때는 세로(수직) 막대그래프가 더 적합하다.
- 각 범주의 레이블이 긴 경우, 가로 막대그래프가 적합하다.

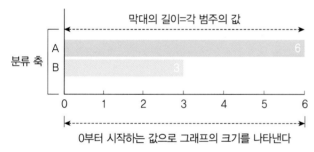

▲ 가로 막대그래프

2) 시각화 시 주의점 24년 2회

- 가로 막대그래프는 세로 막대그래프에 비해 그래프 배경 그리드를 통해 값을 파악하는 것이 쉽지 않기 때문에 배경 그리드는 없애는 것이 더 효과적이다.
- 데이터값은 막대 끝 안쪽 혹은 바깥쪽 인근에 기입하는 것이 좋다.
- 범주의 양이 많은 경우 5개 단위로 선을 넣어 구분 짓는 것이 좋다. 또 값을 막대 끝 안쪽이나 바깥쪽 인근보다는 그리드의 오른쪽 끝에 맞추어 값을 일렬로 정렬하는 것이 값을 비교하기에 더 좋다.
- 특정한 순서가 없을 때는 막대 순서를 오름차순 혹은 내림차순으로 정렬한다.
- X축을 0부터 시작해야 정확한 전달이 가능하다. 음수가 있을 경우 기준선을 중심으로 음수는 왼쪽에, 양수는 오른쪽에 표현한다. 양수 없이 음수만 있는 경우에도 항상 음수는 기준선의 왼쪽에 와야 한다.
- 다수의 데이터 세트를 그룹 막대그래프로 표현할 경우, 막대 사이에 간격을 두는 것보다 붙여서 비교하는 게 더 좋다. 이는 세로 막대그래프에도 동일하게 적용된다.

3) 그래프 예시

- 뉴욕타임스의 '총기 소지와 총기 사망의 시각화'는 두 개의 가로 막대그래프를 비교하여 볼 수 있도록 디자인하였다.
- 나라별 100명당 총기 소지와 10만 명당 총기 사망자의 데이터를 효과적으로 비교하고 있다.
- Y축은 0으로부터 시작하고 X축의 수치를 상단에 표시하여 가독성을 높였다.
- 명도 차와 색상을 이용하여, 더 많은 총기를 소지하고 있는 미국의 경우 인구 10만 명당 총기 관련 사망자 수가 다른 나라보다 훨씬 많다는 것을 강조한다.

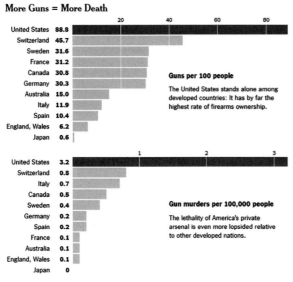

Sources: Small Arms Survey (guns per 100 people); United Nations Office on Drugs and Crime (murder)
2007 data for guns per 100 people; U.S. murder data is for 2010 and latest available for other countries

출처: https://www.nytimes.com/interactive/2015/12/28/opinion/rattner-2015-year-in-charts.html?searchResultPosition=7

▲ 총기 소지와 총기 사망의 시각화

- 뉴욕타임스의 '오직 상위층만 번다 그래프'는 가로 막대그래프를 이용하여 음수부터 양수까지의 데이터를 시각화하였다.
- Y축에 해당하는 계층별 소득 순위를 직접적으로 알려주기 위한 가운데 레이블은 양수와 음수 막대의 중간에 와도 되고, 가장 왼쪽으로 빼도 된다.
- 그래프를 통해 '중산층의 임금 하락은 달러 기준으로 가장 컸지만, 백분율 기준으로 임금 삭감을 감당할 여력이 가장 적은 미국인인 최하위 계층의 임금 하락이 가장 컸다'라는 것을 알 수 있다.
- 임금 정체와 소득 불평등의 증가가 양극화로 이어졌다는 것을 알려주고 있다.

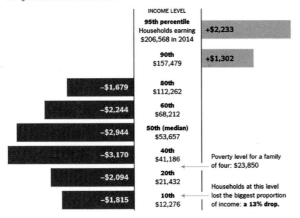

Gains Only at the Top
Change in income from 2006 to 2014.

Source: Census Bureau

Figures in 2014 dollars. The government has not calculated the 30th and 70th percentiles.

출처: https://www.nytimes.com/interactive/2015/12/28/opinion/rattner-2015-year-in-charts.html?searchResultPosition=7

▲ 오직 상위층만 번다 그래프

2 세로 막대그래프(Column Chart)

1) 그래프 특성

- 각 범주의 값을 막대의 높이(길이)로 표현한 그래프로 식별할 수 있을 정도로 값들이 뚜렷한 차이를 보이는 경우 사용한다.
- 2개 이상의 값을 비교할 때 효과적이며, 가장 이해하기 쉽고 사용하기 간단한 그래프이다.
- 시간순(날짜, 년, 월, 일)이나 연속적 범주의 값을 비교하는 경우가 아니라면 왼쪽부터 큰 값의 막대를 순서대로 배열하는 것이 일반적이다.
- 범주(차원)별 이름(레이블)을 가진 경우, 세로(수직) 막대 차트에 표시하기가 어려울 수 있다.

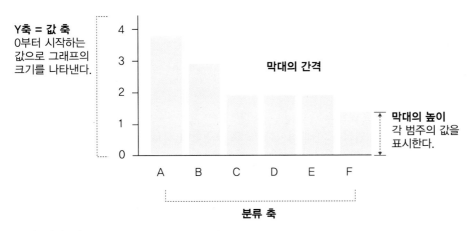

▲ 세로 막대그래프

2) 시각화 시 주의점

- 막대의 가로 폭이 너무 좁으면 막대보다 주변의 흰 영역에 시선이 집중될 수 있다.
- 그림자, 광선, 정보와 무관한 여러 가지 패턴 등은 정보를 읽는 데 방해가 된다.
- Y축값의 기준점(시작점)은 '0'이어야 한다.
- 기준선(시작선)은 그리드보다 두꺼운 선으로 구분해야 한다.
- 막대의 값이 모두 비슷한 경우 각 데이터값을 막대 상단에 꼭 기입해야 한다.
- 막대 차트의 지루함을 피하고 시각적 표현력을 높이기 위해 막대 대신 특정 도형을 사용할 수 있으나 막대의 가로 폭에 해당하는 길이를 늘이면 면적이 늘어나므로 막대의 높이만 키워야 한다.

3) 그래프 예시

- DATA USA는 공공데이터를 이용하여 직업별 분야별 다양한 시각화 그래프를 제공한다. 다음은 '성별 인종별 인터페이스 디자이너 인구'의 시각화에서 세로 막대그래프를 사용한 것이다.
- X축의 분류는 인종이고, 막대의 색상으로 성별을 구분하였다.
- 인터페이스 디자이너 종사자 중에 백인의 비율이 월등히 높고, 남녀 비율은 비슷한 것을 알 수 있다.

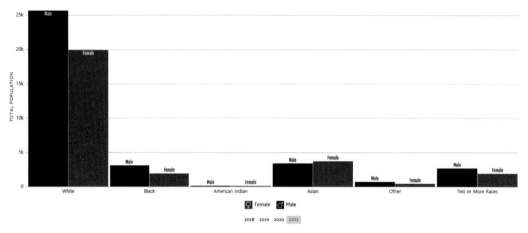

출처: https://datausa.io/profile/soc/web-and-digital-interface-designers

▲ DATA USA의 '성별 인종별 인터페이스 디자이너 인구' 시각화

3 누적 막대그래프

1) 그래프 특성

- 각 카테고리를 해당 값에 비례하는 면적을 가진 직사각형으로 표현하여 서로 다른 카테고리의 상대적인 값을 표시한다.
- 한 구간이 몇 개의 세부 항목으로 나뉘면서도 전체의 합이 의미가 있을 때 누적 막대그래프를 쓴다. 한 구간의 각 세부 항목은 질감 또는 색상으로 구분 · 표시된다.
- 100% 누적 막대그래프처럼 백분율을 비교하는 것이 아니라 절댓값을 비교한 그래프로 여러 항목의 변화 추이를 한 번에 확인할 수 있다.

2) 시각화 시 주의점 ^{24년 2회}

- 100% 누적 막대그래프와 달리 절댓값을 표현하므로 Y축에 단위 눈금을 표시한다. 분할 막대에 데이터 값을 표기할 경우 막대 안쪽에 기입한다.
- 일반적으로 누적 막대그래프에서는 세부 분류값을 같은 순서로 정렬한다.

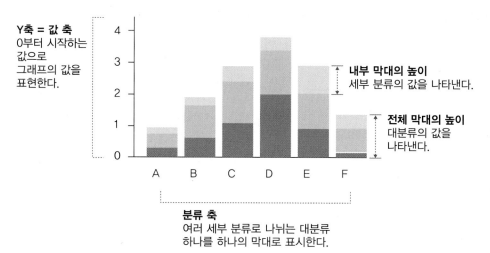

Y축 = 값 축
0부터 시작하는 값으로 그래프의 값을 표현한다.

내부 막대의 높이
세부 분류의 값을 나타낸다.

전체 막대의 높이
대분류의 값을 나타낸다.

분류 축
여러 세부 분류로 나뉘는 대분류 하나를 하나의 막대로 표시한다.

▲ 누적 막대그래프

3) 그래프 예시

- 뉴욕타임스에 게시된 2020년과 파리 협정 목표가 달성되는 2040년까지의 '청정에너지 금속과 광물에 대한 폭발적인 수요 증가 예측'을 하는 누적 막대그래프이다.
- 각각의 광물의 수요값을 내부 막대의 높이로 표시하여 나타낸다.
- 막대의 정렬을 통해 그룹 또는 기간에 따른 범주 비례값을 쉽게 비교할 수 있다.
- 전기 자동차와 배터리의 수요가 크게 성장하게 될 것으로 예측한다.

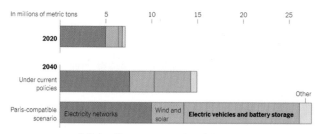

출처: https://www.nytimes.com/2021/11/21/world/us-china-energy.html

▲ 청정에너지 금속 및 광물에 대한 수요 증가 예측

4 그룹 막대그래프(Grouped Bar Chart)

1) 그래프 특성

- 차트의 막대와 열을 모두 그룹화(클러스터링)할 수 있다. 예를 들어, 국가 간 비교뿐만 아니라 국가 내 비교를 표시하려는 경우 그룹화된 막대 차트를 사용하면 국가(그룹)의 평균 연령뿐만 아니라 남성과 여성 간의 평균 연령도 표시할 수 있다.
- 다른 옵션은 차트에 막대를 쌓거나 분할하는 것이다. 이 단계에서는 각 카테고리의 데이터를 세분화하므로 차트를 통해 여러 지역 및 여러 제품 카테고리의 판매량과 같은 질문에 답할 수 있다.
- 누적 막대형 차트의 막대는 단순한 값의 합으로 총계를 표시하거나 모든 막대를 100%로 누적하여 각 카테고리의 백분율을 표시할 수 있다.

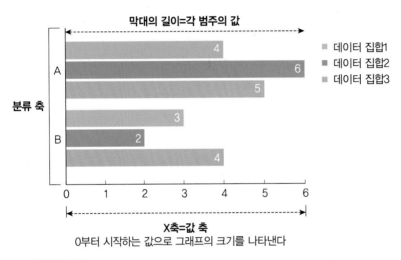

▲ 그룹 막대그래프

2) 그래프 예시

- 뉴욕타임스에 게시된 2022년까지 '누적된 미국 코로나19 사망률' 시각화 그래프이다.
- 미국 코로나19 사망률 바 차트는 연령별 코로나19 사망률(각 하위 그룹에서 100,000명당 사망자 수)을 각 연령대 그룹 내에서 인종을 색상으로 세분화하여 그룹 막대그래프로 보여준다. 각 연령 그룹은 민족 또는 인종 그룹에 대한 사망률로 더 세분화된다.
- 그래프를 통하여 2019년부터 2021년까지 코로나19 사망자가 미국의 인종 및 민족별 기대 수명에 미친 영향을 부분적으로 알 수 있다.
- 코로나19 사망률은 65세 이상에서 가장 높고, 모든 민족 또는 인종 그룹에서 아메리카 원주민의 사망률이 가장 높다.

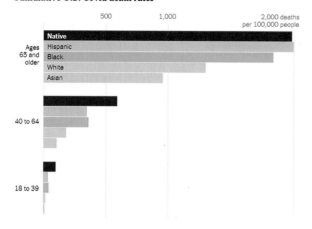

Cumulative U.S. Covid death rates

Note: Data through Aug. 13, 2022. Figures for white, Black, Asian and Native people exclude Hispanic people. · Source: C.D.C.

출처: https://www.nytimes.com/2022/09/08/briefing/covid-death-toll-native-americans.html

▲ 누적된 미국 코로나19 사망률

5 불렛 그래프(Bullet Chart, 총알 차트)

1) 그래프 특성 24년 2회

- 성능 또는 실적 데이터를 표현하기 위한 최적의 그래프로 타깃 대비 현재 얼마나 목표에 달성했는지 보여주기 위한 목적으로 사용한다.
- 막대그래프와 유사하게 생겼으나, 더 많은 콘텍스트를 담을 수 있는 시각적 요소가 추가되어 있다.
- 불렛 그래프와 유사하게 실적 데이터를 표현하는 방식에는 게이지 차트(Gauge Chart)도 있다. 불렛 그래프는 게이지 차트에 비해 화면을 경제적으로 사용할 수 있다는 장점이 있다.
- 목표와 성과를 시각적으로 효과적으로 비교하여 결정을 내리고 전달하는 데 도움을 주는 강력한 시각화 도구이다.
- 주요 데이터값은 차트 중앙의 막대를 사용하여 길이별로 인코딩되며, 이를 기능 측정값이라고 한다. 그래프의 방향에 수직인 선 마커는 비교 측정값이라고 하며, 특징 측정값과 비교하기 위한 대상 마커로 사용된다. 따라서 메인 막대가 비교 측정값의 위치를 통과하면 목표에 도달한 것으로 봐야 한다.

2) 시각화 시 주의점

- 단순한 비교에서 한 단계 더 나아가려면 다음과 같은 질문을 설정해 본다.
    - 우리 회사에서 최고의 영업 사원은 누구이며 그들의 목표는 무엇인가?
    - 이 사람은 회사 벤치마크와 비교했을 때 어떤 성과를 내고 있는가?
- 특징 측정값 뒤에 있는 세분된 색상 막대는 정성적 범위 점수를 표시하는 데 사용된다. 세 가지 색상 음영은 성과 범위 등급을 지정하는 데 사용된다. 예를 들어, '미흡', '보통', '좋음'으로 설정할 수 있다.

배경전체 색상 나쁨, 만족, 좋음과 같은 정성적 범위의 값을 표시한다.

정량적 범위

글자 라벨

바 성능 측정 값을 나타낸다.

기호마커 비교 측정 기준을 제시한다.

▲ 불렛 그래프

3) 그래프 예시

- 캠페인 예산 분기별 벤치마크를 불렛 그래프를 이용하여 시각화한 그래프이다.
- 지금까지 해당 기업에서 평균적으로 캠페인에 소요한 예산이 가로 막대로 시각화되어 있고, 당해년도 분기별 캠페인 예산의 표시가 세로선으로 표시되어 있으며, 기업에서 분기별로 캠페인에 실제 소요한 예산이 진한 가로 막대로 표현되어 있다.
- 이 기업은 3분기에 확보된 예산에 근접하게 집행하는 성과를 이룩했음을 알 수 있다.

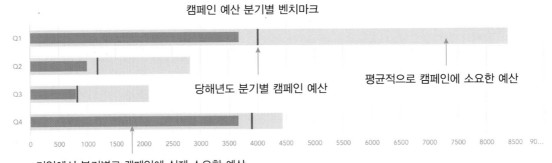

캠페인 예산 분기별 벤치마크

당해년도 분기별 캠페인 예산

평균적으로 캠페인에 소요한 예산

기업에서 분기별로 캠페인에 실제 소요한 예산

▲ 불렛 그래프 예시

6 방사형 그래프(Spider Chart)

1) 그래프 특성

- 하나의 범주에 대한 변수가 여러 개일 때 각 변수에 대한 범주값의 균형을 한눈에 볼 수 있는 그래프이다.
- 차트 중앙에서 외부 링까지 이어지는 몇 개의 축을 그리고, 전체 공간에서 하나의 변수마다 축 위의 중앙으로부터의 거리로 수치를 나타낸다.
- 그리드를 같은 간격으로 나누고 각 변수의 축에 데이터 포인트를 찍은 후 선으로 연결하고 면적을 표시한다. 그 결과는 다각형 모양의 도형으로 나타나며 그래프 모양 때문에 방사형 그래프는 거미줄 차트 또는 스타 차트라고도 불린다.
- 중심점은 축이 나타내는 값의 최솟값을, 가장 먼 끝은 최댓값을 나타낸다.

2) 시각화 시 주의점

- 여러 범주의 그래프를 겹쳐서 표시할 경우, 투명도를 조절해 각각의 그래프가 온전히 드러나도록 해야 한다.
- 겹치는 각 그래프의 색은 뚜렷하게 구분되어야 한다.
- 그리드가 데이터 포인트를 이은 선보다 부각되면 안 된다.
- 하나의 그래프에 변수는 8개를 넘지 말아야 한다. 변수가 3~5개로 적을 때는 각 변수 간의 차이를 시각적으로 파악·비교하기 쉽지만, 변수의 수가 증가할수록 차트가 혼잡해지고 해석이 어려워질 수 있기 때문이다.
- 각 변수의 축에 점을 찍지 않고 축과 축 사이의 면적을 채워 표현할 수도 있으나 범주가 하나일 때만 가능하다.

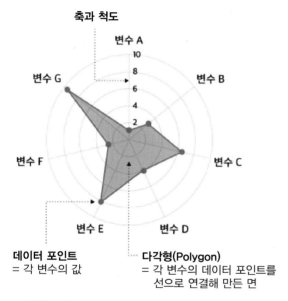

▲ 방사형 그래프

3) 그래프 예시

- 미국 주별 백신 접종 장애물 그래프에서는 방사형 차트 안에 나타난 다각형 모양이 부드럽게 표현된 각 주의 지문(Fingerprint)을 볼 수 있다.
- 역사적인 예방 접종 부족, 사회경제적 장벽, 낮은 의료 자원, 열악한 의료 접근성, 불규칙한 의료 서비스 등 5가지 변수를 설정하였고, 각 변수에 대해 각 주에는 대중의 백신 접종에 대한 장벽을 반영하는 점수(0=최소 우려, 1=최대 우려)가 할당되었다.
- 점수가 높을수록 백신 배포에 대한 우려가 크다는 것을 나타낸다.
- 중앙을 둘러싼 점선 원은 모든 주의 중앙값을 나타내며, 원 너머의 값은 전체 백신 접종에 대한 높은 장벽을 나타낸다.

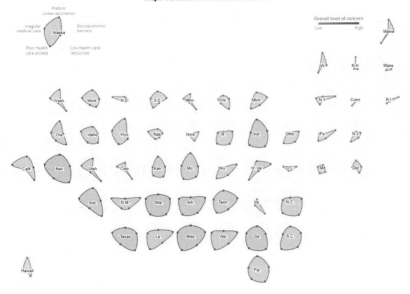

출처: https://www.nytimes.com/interactive/2021/02/25/opinion/covid-vaccination-barriers.html?referringSource=articleShare

▲ 주별 백신 접종 장애물

01 ☐☐ 시각화에는 막대그래프, 누적 막대그래프, 그룹 막대그래프, 불렛 그래프, 방사형 차트 등이 있다.

02 가로 막대그래프 또는 바 차트는 원형의 비율을 나타낸 그래프로 범주별 비율 비교가 가능하다. ◎ ✕

03 세로 막대그래프 또는 컬럼 차트는 각 범주의 값을 막대의 너비로 표현한 그래프로 식별할 수 없을 정도로 값들이 차이가 작아도 사용할 수 있다. ◎ ✕

04 ☐☐ ☐☐그래프는 각 카테고리를 해당하는 값에 비례하는 면적을 가진 직사각형으로 표현하여 서로 다른 카테고리의 상대적인 값을 표시한다.

05 누적 막대그래프는 100% 누적 막대그래프와 달리 절댓값을 표현하므로 Y축에 단위 눈금을 표시한다. 분할 막대에 데이터값을 표기할 경우 막대 안쪽에 기입한다. ◎ ✕

06 ☐☐ ☐☐그래프는 차트의 막대와 열을 모두 그룹화(클러스터링)하거나, 차트에 막대를 쌓거나 분할하는 것이다.

07 누적 막대형 차트의 막대는 단순한 값의 합으로 총계 표시만 가능하고 백분율 표시는 불가능하다. ◎ ✕

08 불렛 그래프 또는 총알 차트는 성능 또는 실적 데이터를 표현하기 위한 최적의 그래프로, 타깃 대비 현재 얼마나 목표에 달성했는지 보여주기 위한 목적으로 사용한다. ◎ ✕

09 방사형 그래프, 거미줄 차트, 스타 차트는 하나의 범주에 대한 변수가 여러 개일 때 각 변수에 대한 범주값의 균형을 한눈에 볼 수 있도록 하는 그래프 모양을 가진다. ◎ ☒

10 방사형 그래프의 중점은 축이 나타내는 값의 최댓값을, 가장 먼 끝은 최솟값을 나타낸다. ◎ ☒

정답 01 수량
02 ✕ [해설] 가로 막대그래프 또는 바 차트는 막대를 수평으로 나타낸 그래프로 범주별 수량 비교가 가능하다.
03 ✕ [해설] 세로 막대그래프 또는 컬럼 차트는 각 범주의 값을 막대의 높이(길이)로 표현한 그래프로 식별할 수 있을 정도로 값들이 뚜렷한 차이를 보이는 경우 사용한다.
04 누적 막대
05 ○
06 그룹 막대
07 ✕ [해설] 누적 막대형 차트의 막대는 단순한 값의 합으로 총계를 표시하거나 모든 막대를 100%로 누적하여 각 카테고리의 백분율을 표시할 수 있다.
08 ○
09 ○
10 ✕ [해설] 방사형 그래프의 중심점은 축이 나타내는 값의 최솟값을, 가장 먼 끝은 최댓값을 나타낸다.

시간 시각화

1 선 그래프(Line Chart)

1) 그래프 특성

- 연속 시계열 그래프라고도 불리며 점그래프와 거의 같지만 점 사이를 선으로 연결한다는 점이 다른 그래프이다.
- 선으로 표현되는 연속적인 데이터가 끊임없이 변화하는 현상의 추이를 볼 수 있어, 변수의 변화를 명확히 표시할 필요가 있거나 트렌딩 또는 변화율 정보가 중요한 경우에 선 그래프를 사용한다.
- 선의 기울기가 급할수록 변화가 더 크다는 것을 의미한다.

2) 시각화 시 주의점

- 선 그래프를 그릴 때 시각적으로 유의해야 하는 사항은 선 두께와 영역이다.
  - 선 두께가 너무 가늘면 그리드와 헷갈릴 수 있으므로 그리드 두께의 2배 정도가 적당하다.
  - 값의 추이가 한눈에 가장 잘 들어오는 영역은 전체 그래프 면적의 2/3 정도 영역이므로 그 안에 선 그래프를 배치하는 것이 좋다.
  - 데이터 포인트의 크기가 너무 작거나 크지 않아야 한다.
- 막대그래프와 달리 선 그래프는 Y축의 기준점이 반드시 0일 필요는 없고 일반적으로 익숙한 증가분의 숫자 단위로 표시하는 것이 좋다. 메시지를 강조하기 위해 선의 기울기가 급격하게 보이게끔 Y축 단위의 척도를 조정하지 말아야 한다.
- 선 그래프를 선택할 때는 데이터 포인트의 유·무뿐만 아니라 데이터 포인트의 수에 따라 결정해야 한다. 표시할 데이터 포인트가 10개인 경우에는 표를 사용해 특정 순서로 열거하는 것이 오히려 데이터 포인트를 파악하기에 쉬운 방법일 수 있다.

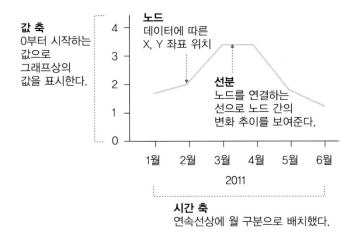

▲ 선 그래프

3) 그래프 예시

- 뉴욕타임스에 게시된 물가 상승에 관한 기사와 관련하여 '달걀 한 상자의 월평균 가격'을 시각화한 그래프이다.
- 달걀 가격 그래프에서 숫자 변수는 2000년부터 2022년까지 달걀 12개에 대한 인플레이션 조정 가격이다.
- 2004년, 2008년, 2015년, 2022년에 달걀의 인플레이션 조정 가격이 크게 상승했다.

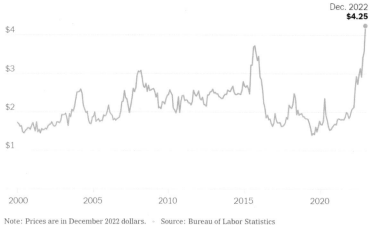

Monthly average price of a dozen eggs

Note: Prices are in December 2022 dollars. • Source: Bureau of Labor Statistics

출처: https://www.nytimes.com/2023/02/03/briefing/why-eggs-cost-so-much.html

▲ 달걀 한 상자의 월평균 가격

2 시계열 막대그래프(Time Series Bar Chart)

1) 그래프 특성

- 시계열 그래프라고도 불리며, 어떤 변수가 시간에 따라 어떻게 변하는지를 보여준다.
- 일정 기간 동안의 연속적인 정량적 데이터 포인트를 표시하며, 일반적으로 동일한 간격으로 나뉜다.
- 그래프상에 추세선 또는 이동 평균을 사용하여 시계열의 패턴과 추세를 식별할 수 있다.
- 시계열 데이터는 추세적, 계절적, 순환적, 불규칙 요인의 4가지 요인으로 구성된다.

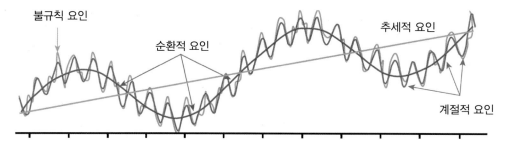

▲ 시계열 데이터의 4가지 요인

2) 시각화 시 주의점

일관된 시간 간격을 사용하여 추세를 부드럽고 정확하게 표현해야 한다.

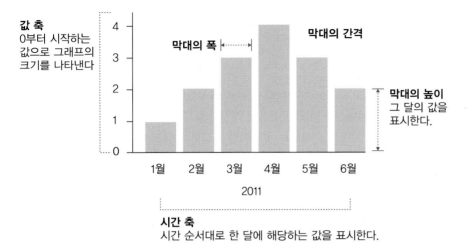

▲ 시계열 그래프

3) 그래프 예시

- 뉴욕타임스에 게시된 시계열 그래프로 시각화한 주요 자연재해로 인한 비용에 대한 그래프이다.
- 각 연도의 데이터 포인트가 막대로 표시되며, 2005년과 2017년의 누적 막대는 특정 대형 재난을 명도차를 가진 색으로 강조하여 표시하였다.
- 변동성이 크지만, 비용의 손실이 증가하고 있는 것으로 보인다. 2005년은 허리케인 카트리나가, 2017년에는 4번의 허리케인으로 인한 이상 수치를 나타내고 있다.

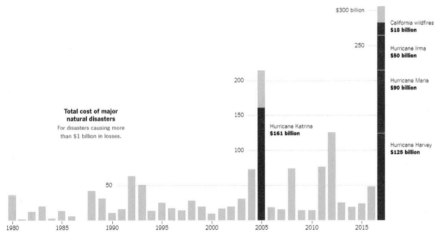

출처: https://www.nytimes.com/interactive/2018/05/24/us/disasters-hurricanes-wildfires-storms.html

▲ 주요 자연재해로 인한 비용

1) 그래프 특성

• 누적 막대그래프라고도 불리며 범주형 변수에 대한 하위 그룹 수 또는 백분율을 표시한다.

• 시간에 따른 범주형 변수의 하위 그룹 변화를 보여준다.

2) 시각화 시 주의점

• 시각적 명확성을 높이기 위해 각 카테고리 또는 변수마다 고유한 색상을 사용해야 한다.

• 누적 합계 또는 관련 측정 단위를 나타내는 Y축에 명확하게 레이블을 지정해야 한다. 중요도, 규모 또는 관련성을 기준으로 쌓인 구성 요소를 논리적 순서대로 정렬하여 해석하기 쉽게 해야 한다.

• 스택이 겹치는 경우 투명도를 사용하여 개별 구성 요소의 가시성을 유지하는 것이 필요하다. 누적 합계와 데이터의 전반적인 표현의 정확성을 검증하도록 한다.

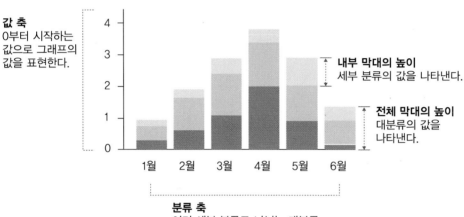

▲ 누적 시계열 그래프

3) 그래프 예시

• 뉴욕타임스의 '역대 기온 기록을 깬 미국 기후 관측소 비율' 누적 막대그래프는 연도별로 7,800개 이상의 미국 기상 관측소 중 최고 또는 최저 기온을 기록한 관측소의 비율을 보여준다.

• 2021년에는 약 8.3%의 관측소가 최고 기온을 기록했고, 2.3%의 관측소가 최저 기온을 기록했다.

• 지난 31년 중 26년 동안 최고 기온 기록이 깨진 횟수가 최저 기온 기록보다 많았다.

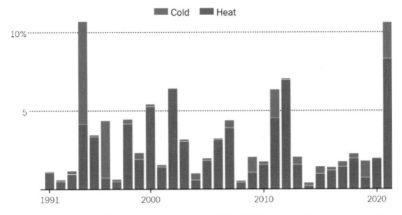

Percentage of U.S. Weather Stations That Broke All-Time Temperature Records

All-time temperature records were set in 2021 at 10.6 percent of all U.S. stations.

출처: https://www.nytimes.com/interactive/2022/01/11/climate/record-temperatures-map-2021.html

▲ 역대 기온 기록을 깬 미국 기후 관측소 비율

4 누적 영역 그래프(Stacked Area Chart)

1) 그래프 특성

- 몇 개의 꺾은선 그래프를 차곡차곡 쌓아 올려 그리고 빈 공간을 채워서 시각화한다.
- 가로축은 시간을 나타내며 세로축은 데이터값을 나타낸다.
- 누적 영역 그래프에서 한 시점의 세로 단면을 가져오면 그 시점의 분포를 볼 수 있다.

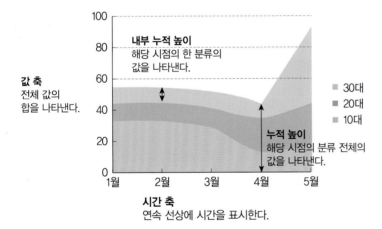

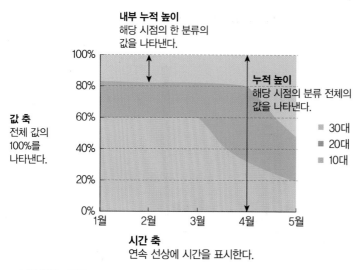

▲ 누적 영역 그래프

2) 그래프 예시

- 네임그래퍼(Name Grapher)는 아기 이름의 역사적 추세를 살펴볼 수 있는 재미있는 도구로 누적 영역 그래프로 제작되었다.
- 새 이름을 입력하면 그래프가 동적으로 변경되는 인터랙티브 시각화 그래프이다.
- 시계열 그래프로 검색창에 이름의 첫 글자 또는 처음 몇 글자 또는 마지막 글자 또는 마지막 몇 글자를 입력할 수도 있다.
- 총계를 누적 영역으로 표시하여 여자 이름과 남자 이름의 시간 경과에 따른 차이를 더 명확하게 보여준다.

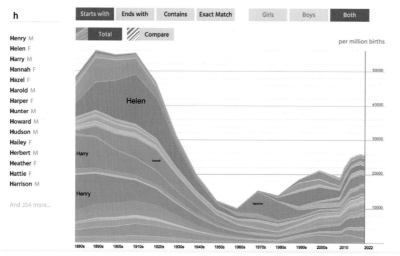

출처: https://namerology.com/baby-name-grapher/

▲ 네임그래퍼

01 ☐☐ 시각화에는 선 그래프, 시계열 그래프, 누적 시계열 그래프, 누적 영역 그래프 등이 있다.

02 선으로 표현되는 연속적인 데이터의 끊임없이 변화하는 현상의 추이를 볼 수 있어, 변수의 변화를 명확히 표시할 필요가 있거나 트렌딩 또는 변화율 정보가 중요한 경우 파이 차트를 사용할 수 있다. ◎ ✖

03 시계열 그래프 또는 막대그래프는 어떤 변수가 시간에 따라 어떻게 변하는지를 보여준다. ◎ ✖

04 누적 시계열 그래프 또는 누적 막대그래프는 범주형 변수에 대한 하위 그룹 수 또는 백분율을 표시한다. ◎ ✖

05 누적 영역 그래프에서 한 시점의 가로 단면을 가져오면 그 시점의 분포를 볼 수 있다. ◎ ✖

정답 01 시간
02 ✖ 해설 선으로 표현되는 연속적인 데이터의 끊임없이 변화하는 현상의 추이를 볼 수 있어, 변수의 변화를 명확히 표시할 필요가 있거나 트렌딩 또는 변화율 정보가 중요한 경우 선 그래프를 사용할 수 있다.
03 ◯
04 ◯
05 ✖ 해설 누적 영역 그래프에서 한 시점의 세로 단면을 가져오면 그 시점의 분포를 볼 수 있다.

비율 시각화

1 파이 차트(Pie Chart) 24년 1회

1) 그래프 특성

- 공식적인 최초의 파이 차트(원그래프)는 윌리엄 플레이페어(William Playfair)가 만들었고 부분과 전체, 부분과 부분 간의 비율을 알아보는 데 사용되는 방법이다.
- 파이 차트에서 각 부분의 각도는 해당 데이터 항목이 전체에서 차지하는 비율에 따라 결정된다. 원 전체는 360도이고, 각 항목의 비율에 따라 이 360도를 나누어 각도를 계산된다. 따라서, 파이 차트는 분포의 정도를 총합 100%로 나타내어 부분 간의 관계를 보여주며, 면적으로 값을 보여주고, 수치는 각도로 표시된다.
- 비즈니스 프레젠테이션부터 유머 웹사이트까지 일상 속 어디서나 파이 차트를 찾아볼 수 있다. 하지만 육안으로 면적을 가늠하고 시각(Visual Angles)을 비교해야 하므로 어떤 경우에는 그래프를 해석하기가 쉽지 않을 수 있다.
- 파이 차트를 분석에 사용할 때 발생할 수 있는 문제점은 크기가 비슷하지만, 서로 인접해 있지 않은 파이의 조각들을 제대로 비교하기가 매우 어렵다는 것이다.

2) 시각화 시 주의점 24년 2회

- 최대한 구성 요소를 제한하고 내용을 설명하기 위한 텍스트와 퍼센티지를 포함하는 것이 좋다.
- 추가 정보를 제공하면 사용자가 각 그래프 조각의 의미와 가치를 놓고 혼동하는 상황을 막을 수 있다.

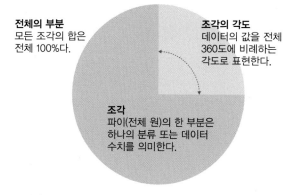

전체의 부분
모든 조각의 합은 전체 100%다.

조각의 각도
데이터의 값을 전체 360도에 비례하는 각도로 표현한다.

조각
파이(전체 원)의 한 부분은 하나의 분류 또는 데이터 수치를 의미한다.

▲ 파이 차트

3) 그래프 예시

- 아서 벅스톤(Arthur Buxton)의 '10명의 아티스트, 10년(Ten Artists, Ten Years)'이라는 작업으로 10명의 화가들 작품에 쓰인 색상을 분석한 결과를 파이 차트를 이용하여 시각화 디자인한 것이다.

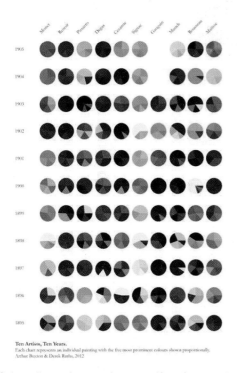

Ten Artists, Ten Years.
Each chart represents an individual painting with the five most prominent colours shown proportionally.
Arthur Buxton & Derek Ruths, 2012

출처: https://visual.ly/community/Infographics/lifestyle/10-artists-10-years-color-palettes

▲ 10명의 아티스트, 10년의 색상 팔레트

- 모네 · 르누아르 · 드가 · 세잔 등 10명의 인상파와 신인상파 화가들이 1895년부터 1904년까지 10년 동안 사용한 색상을 분석해 색상 사용이 어떻게 변화해 왔는지를 보여주고 있다.
- 각 화가의 대표작에서 가장 많은 면적을 차지하는 5개의 색을 추출해 만든 이 시각화는 원그래프이며, 파이선(Python)으로 색을 추출해 개발했다.

2 도넛 차트(Donut Chart)

1) 그래프 특성

- 원그래프와 달리 중심부를 잘라내 도넛 모양으로 보인다는 점이 다르다.
- 중심의 구멍 때문에 조각에 해당하는 값은 조각의 면적이 아닌 길이로 표시한다.

2) 시각화 시 주의점

- 데이터의 정확성을 보장하고 각 세그먼트의 백분율 또는 값이 전체 데이터 세트의 비율을 정확하게 나타내는지 검증해야 한다.
- 각 세그먼트에 해당 범주 또는 데이터값으로 명확하게 레이블을 지정하고, 가독성을 위해 세그먼트의 레이블을 범례로 따로 두기보다는 해당 세그먼트 내부나 근접한 곳에 배치하는 것이 좋다.
- 각 세그먼트를 쉽게 구분할 수 있도록 뚜렷하고 대비되는 색상을 선택한다.

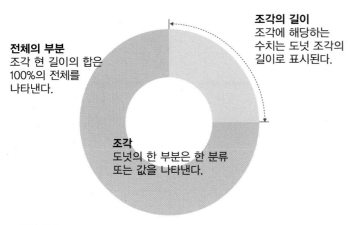

조각의 길이
조각에 해당하는 수치는 도넛 조각의 길이로 표시된다.

전체의 부분
조각 현 길이의 합은 100%의 전체를 나타낸다.

조각
도넛의 한 부분은 한 분류 또는 값을 나타낸다.

▲ 도넛 차트

3 트리 맵(Tree Map)

1) 그래프 특성

- 영역 기반의 시각화로, 각 사각형의 크기가 수치를 나타낸다.
- 계층 구조가 있는 데이터 표현에 적합하며 계층 내 비율을 편리하게 표현할 수 있다. 한 사각형을 포함하고 있는 바깥의 영역은 그 사각형이 포함된 대분류를, 내부의 사각형은 내부적인 세부 분류를 의미한다.
- 트리 맵은 단순 분류별 분포 시각화에도 쓸 수 있지만, 위계 구조가 있는 데이터나 트리 구조의 데이터를 표시할 때 활용된다.
- 정보를 상대적인 것으로 만들어 제시되는 정보와 데이터에 대해 완전한 그림을 볼 수 있도록 만든다.

2) 시각화 시 주의점 24년 2회

- 직관적이고 관계를 명확하게 이해할 수 있는 방식으로 카테고리와 하위 카테고리를 구성해야 한다.
- 각 사각형의 크기가 그것이 나타내는 정량적 값에 비례하도록 면적 비례 시각화를 해야 한다.
- 직사각형의 가로세로 비율에 주의를 기울여 해석하기 어려운 모양을 피하도록 한다.
- 트리 맵 전체에 일관된 색 구성표를 사용하여 선명도와 시각적 일관성을 유지한다.
- 인접한 사각형 간에 충분한 색상 및 명도 대비를 유지하여 가시성을 높이고 카테고리를 쉽게 구분할 수 있도록 한다.
- 음수값을 표현하기 어려우므로 시각화 시 주의해야 한다.

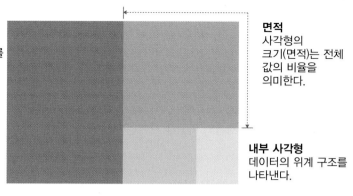

전체의 부분
모든 사각형의
면적은 전체 100%를
나타낸다.

면적
사각형의
크기(면적)는 전체
값의 비율을
의미한다.

내부 사각형
데이터의 위계 구조를
나타낸다.

▲ 트리 맵

3) 그래프 예시

- 데이비드 맥캔들레스의 '빌리언 달러 오 그램' 트리 맵은 '다양한 글로벌 규모의 문제'에 드는 비용을 수십억 달러 단위로 표현하여 이해하는 데 도움을 주는 데이터 기반 탐색형 시각화이다.
- 색상과 상대적인 크기를 사용하여 다양한 카테고리와 국가별 비용에 대한 관점을 얻을 수 있다.
- 이 그래프에 쓰인 이 숫자 데이터만 보면 모두 엄청나게 커 보이나, 트리 맵의 비율로 표시하면 각 숫자의 규모를 쉽게 알 수 있고 이해할 수 있는 맥락이 제공된다.

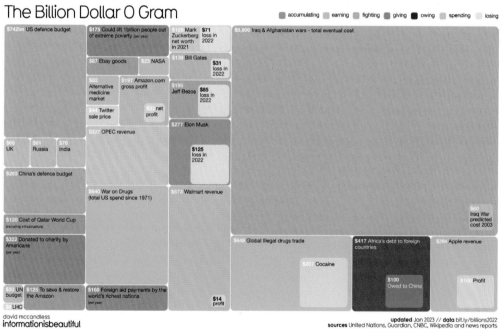

출처: https://informationisbeautiful.net/visualizations/the-billion-dollar-gram/

▲ 빌리언 달러 오 그램

4 생키 다이어그램(Sankey Diagram) 24년 1회/2회

1) 그래프 특성

- 흐름(Flow) 다이어그램의 한 종류로서 그 화살표의 너비로 흐름의 양을 비율적으로 보여준다.
- 범주형 값에 연관된 일련의 정량값으로 구성된다.
- 각 값은 몇 개의 단계를 거치고, 각 단계를 연결하는 밴드를 통해 계속되는 연관성을 표현한다. 링크의 폭은 한 단계에서 다른 단계로 이어지는 흐름의 비율을 보여준다.

2) 시각화 시 주의점

- 수량을 비례적으로 반영하는 흐름으로 데이터를 정확하게 표현해야 한다.
- 다이어그램의 명확성을 높이기 위해 일관된 단위와 비례 배율을 유지한다.
- 프로세스 또는 데이터 흐름의 자연스러운 진행을 따르도록 단계를 논리적으로 구성한다.

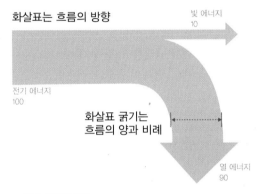

▲ 생키 다이어그램

3) 그래프 예시

- '플라스틱 문제' 시각화는 데이비드 맥캔들레스가 디자인한 그래프로, 플라스틱이 얼마나 생산되고 어떻게 이용되는지를 시각화한 생키 다이어그램이다.
- 재사용 여부와 폐기, 소각, 재사용이라는 단계를 통해 전체 플라스틱의 이용 비율이 어떻게 되는지를 한 눈에 알 수 있다.

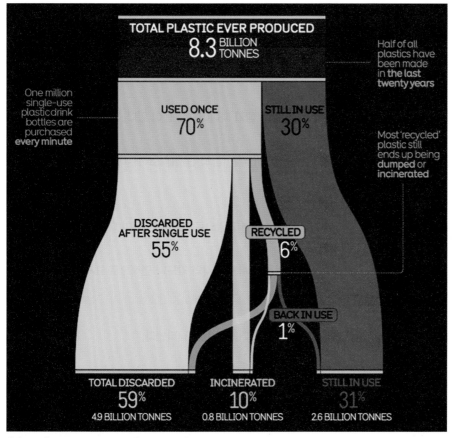

▲ 플라스틱 문제

01 ☐☐ 시각화에는 파이 차트, 도넛 차트, 트리 맵, 생키 다이어그램 등이 있다.

02 파이 차트는 분포의 정도를 총합 100%로 나타내어 부분 간의 관계를 보여주며, 길이로 값을 보여주고, 수치를 길이로 표시한다. ◎ ☒

03 ☐☐ 차트는 원그래프와 달리 중심부를 잘라내 도넛 모양으로 보인다는 점이 다르다.

04 도넛 차트는 중심의 구멍 때문에 조각에 해당하는 수치는 조각의 각도나 면적으로 표시한다.
   ◎ ☒

05 ☐☐☐은 영역 기반의 시각화로, 각 사각형의 크기가 수치를 나타낸다.

06 트리 맵은 한 사각형을 포함하고 있는 바깥의 영역이 그 사각형이 포함된 대분류를, 내부의 사각형은 내부적인 세부 분류를 의미한다. ◎ ☒

07 트리 다이어그램은 흐름 다이어그램의 한 종류로, 화살표의 너비를 통해 흐름의 양을 비율적으로 보여준다. ◎ ☒

08 값이 몇 개의 '단계'를 거치면서 계속되는 연관성을 표현하고 링크의 폭이 다른 단계로 이어지는 흐름의 비율을 보여주는 그래프는 시계열 그래프이다. ◎ ☒

정답 01 비율
02 × 해설 파이 차트는 분포의 정도를 총합 100%로 나타내어 부분 간의 관계를 보여주며, 면적으로 값을 보여주고, 수치를 각도로 표시한다.
03 도넛
04 × 해설 도넛 차트는 중심의 구멍 때문에 조각에 해당하는 수치는 조각의 각도나, 면적이 아닌 길이로 표시한다.
05 트리 맵
06 ○
07 × 해설 흐름 다이어그램의 한 종류로서 그 화살표의 너비로 흐름의 양을 비율적으로 보여주는 것은 생키 다이어그램이다.
08 × 해설 각 값이 몇 개의 '단계'를 거치면서 계속되는 연관성을 표현하고 링크의 폭이 다른 단계로 이어지는 흐름의 비율을 보여주는 그래프는 생키 다이어그램이다.

관계 시각화

1 산점도(Scatter Chart)

1) 그래프 특성 24년 1회

- 스캐터 플롯 또는 X · Y그래프라고도 불리며, 두 데이터 항목의 공통 변이를 나타내는 2차원 도표이다.
- 산점도에서 각 마커(점, 사각형, 플러스 기호 등)는 관측치를, 마커의 위치는 각 관측치에 대한 값을 나타낸다.
- 두 정량 변수 간의 관계를 표시하는 데 사용되는 그래프로, 관계의 방향, 강도, 형태, 특이한 관찰 사항으로 설명된다.

방향	• 방향이 양수이면 X축 변수가 증가함에 따라 Y축 변수가 증가하는 경향(또는 상승 추세)이 있음을 의미 • 음의 방향은 X 변수가 증가함에 따라 Y 변수가 감소하는 경향(또는 하락 추세)을 의미 • 산점도에 일관된 양 또는 음의 패턴이 없는 경우 양적 변수 간의 관계에 방향이 없다고 간주
강도	두 정량적 변수 간의 관계는 점들이 '촘촘한' 패턴으로 떨어지면 강한 관계에서 점들이 흩어지면 약한 관계로 해석
형태	• 관계의 형태는 산점도의 포인트 패턴에 따라 결정 • 가장 일반적인 형태는 선형과 곡선 • 산점도에 명확한 패턴이 없는 경우 분산형이라고 함
비정상적인 관찰	산점도의 일반적인 패턴에 맞지 않는 비정상적인 점은 이상값일 수 있음

- 모든 데이터 포인트를 표시한 후에는 데이터 포인트들의 관련성 여부를 시각적으로 판단할 수 있다.
- 데이터가 얼마나 분포됐는지 또는 데이터 포인트들이 얼마나 밀접한 관련이 있는지 이해하는 데 도움을 주며, 데이터의 분포에 존재하는 패턴을 신속하게 식별할 수 있게 해준다.

2) 시각화 시 주의점

- 데이터 포인트가 많을 때 특히 유용하지만, 데이터 포인트의 수가 적을 때는 막대그래프나 일반 표가 정보를 제대로 표시하는 데 더 효과적일 수 있다.
- 두 변수의 값 범위를 검토하여 정확하게 표현할 수 있는지 확인한다. 가로축과 세로축 값의 비율이 적절한지, 이 비율이 데이터 관계를 정확하게 반영하는지 확인해야 한다.
- 산점도의 해석에 영향을 줄 수 있는 예외 값을 강조 표시하여 해석을 돕도록 한다.

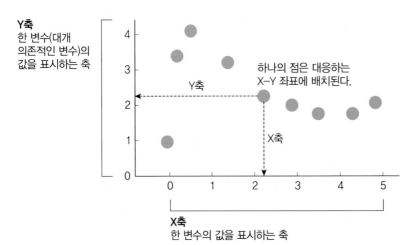

Y축
한 변수(대개 의존적인 변수)의 값을 표시하는 축

하나의 점은 대응하는 X-Y 좌표에 배치된다.

X축
한 변수의 값을 표시하는 축

▲ 산점도

3) 그래프 예시

- 뉴욕타임스의 '전 세계 패스트푸드와 부유함 간의 관계'를 그린 산점도이다.
- 두 개의 정량적 변수는 2010~2015년 동안의 패스트푸드 매출의 변화율(세로축, Y축)과 부유함의 변화율(가로축, X축)로 설정되었다. 방향은 양수이며, 형태가 분산형, 강도는 보통이다.
- 가장 특이한 국가는 아르헨티나로, 부유함의 변화보다 패스트푸드 매출의 변화가 더 크다는 것을 알 수 있다.
- 데이터 색상 요소는 범주형 변수인 국가 경제의 단계, 즉 고소득(선진국) 또는 중하위 소득 및 중상위 소득의 개발도상국으로 구분된다.

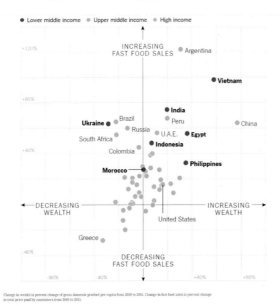

출처: https://www.nytimes.com/2017/10/02/health/ghana-kfc-obesity.html

▲ 전 세계 패스트푸드와 부유함 간의 관계

2 버블 차트(Bubble Chart)

1) 그래프 특성

- 세 가지 요소의 상관관계를 표현하는 방법으로, 가로축의 변수와 세로축의 변수, 버블 크기로 변수를 나타낸다.
- 수십 또는 수백 개의 값을 갖거나 값들이 몇 자릿수씩 차이가 나는 데이터 세트에 특히 유용하다.
- 애니메이션 버블 차트는 장기간에 걸쳐 점진적으로 변화하는 데이터를 표시하는 데 적합한 방법으로, 한스 로슬링(Hans Rosling)의 갭마인더(Gapminder)가 대표적인 사례이다.
- 특정한 값을 다양한 크기의 버블을 통해 시각적으로 표현하고자 할 때 버블 차트를 사용할 수 있다.

2) 시각화 시 주의점

- 버블 차트를 보는 사람들이 원의 면적을 보는 것이 아니라, 원의 지름을 갖고 판단하는 경향이 있으므로 주의해야 한다.
- 각 버블 크기가 정량값을 비례대로 정확하게 나타내는지 확인해야 한다.
- 정확한 시각적 비교가 가능하도록 모든 버블의 배율을 일관적으로 유지하여야 한다.
- 버블의 색상을 전략적으로 사용하여 카테고리, 데이터 그룹과 같은 추가 정보를 잘 전달할 수 있도록 하고 선택한 색상이 의미를 쉽게 구분하여 전달하는지 확인해야 한다.

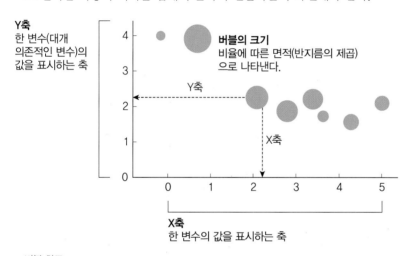

▲ 버블 차트

3) 그래프 예시

① 한스 로슬링의 갭마인더

- 애니메이션 버블 차트의 대표적인 사례이다. 갭마인더는 세계의 다양한 국가들의 경제, 보건, 사회 지표를 비교하고 이해하기 쉽게 시각화하는 데 중점을 둔 프로젝트로, 세계의 발전 수준과 그에 영향을 미치는 다양한 요소들을 시각적으로 분석할 수 있다.
- GDP, 수명, 출생률 등과 같은 다양한 지표들을 한 차트에 통합하여 시각화하였다.
- 버블로 시각화된 국가 간의 비교가 직관적으로 이루어지도록 버블의 크기는 해당 국가의 인구를 나타내고, 색상은 해당 지역을 나타낸다.
- 시간에 따른 데이터의 변화를 보여주기 위해 애니메이션 기능을 활용하여 특정 지표의 추이나 국가 간의 변화를 시각적으로 확인할 수 있다.
- 버블이 시간의 흐름에 따라 움직여, 각 국가의 특정 지표가 어떻게 변화하는지 보여준다.
- 단순히 상관관계뿐만 아니라 원인과 결과의 관계를 시각적으로 표현하여, 특정 지표의 변화가 다른 지표에 어떤 영향을 미치는지 인과관계를 이해하기 쉽게 나타낸다.

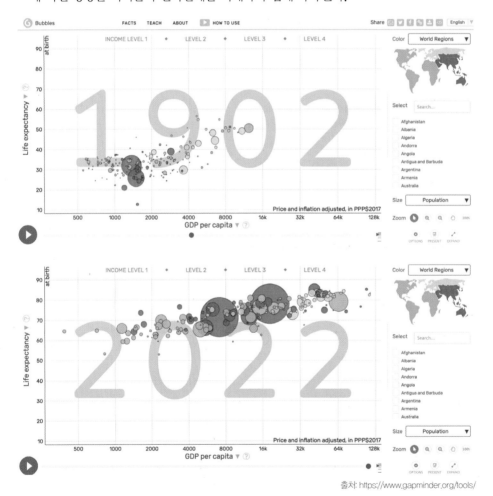

출처: https://www.gapminder.org/tools/

▲ 한스 로슬링의 갭마인더

② 팬데믹 기간 소비 경향 변화 버블 차트

- 뉴욕타임스의 '바이러스가 미국인의 소비 습관을 어떻게 변화시켰는가?' 기사에 게시된 7개의 인터랙티브 차트 중 하나로, '팬데믹 기간 소비 경향 변화'를 버블 차트로 시각화한 것이다.
- 지출 습관 그래프에서 각 버블은 지출 카테고리를 나타내고, 버블의 지름은 해당 카테고리의 업계 매출을 나타낸다. 가로축은 2019년 같은 주에 비해 2020년 3월 26일부터 4월 1일까지의 신용 카드 및 직불 카드 구매의 백분율 변화를 보여준다.
- 백분율 변화로 X축의 카테고리 거품의 위치를 결정하며, 양수 변화는 더 많은 지출을 나타내는 오른쪽 녹색 거품으로 표시되고 음수 변화는 더 적은 지출을 나타내는 왼쪽 붉은색 거품으로 표시되었다.
- 온라인 식료품 구매는 1년 전보다 약 80% 증가했지만, 전체 매출에서 차지하는 비중은 슈퍼마켓에 비해 상대적으로 작다. 반면 슈퍼마켓은 1년 전과 비교했을 때 구매 건수는 거의 변화가 없었지만, 총매출은 두 번째로 큰 카테고리인 것을 알 수 있다.

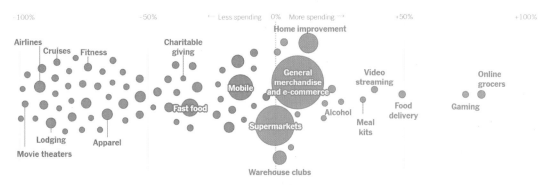

Change in spending from 2019 for the week ending April 1. Bubbles are sized by industry sales.

▲ 팬데믹 기간 소비 경향 변화

3 히트 맵(Heat Map)

1) 그래프 특성 24년 2회

- 행렬의 값이 색상으로 표시된 데이터를 그래픽으로 표현한 것이다.
- 매트릭스의 각 셀에는 해당 셀이 나타내는 값에 해당하는 색상이 할당된다. 색상은 일반적으로 차가운 색부터 따뜻한 색까지 다양하며, 색의 강도나 밝기는 값의 크기를 나타낸다.
- 데이터는 행과 열이 범주, 변수 또는 차원을 나타내는 매트릭스 형식으로 구성된다. 행렬의 각 셀은 특정 행과 열의 교집합에 해당하며 숫자값을 포함한다.
- 색상과 숫자값의 매핑을 나타내기 위해 색상 눈금 범례가 포함되는 경우가 일반적이다. 범례를 참고하여 각 색상과 관련된 값을 이해함으로써 히트 맵 해석이 가능하다.
- 히트 맵을 읽는 방법은 표를 읽는 방법과 같다. 하나의 대상에 해당하는 한 행을 왼쪽에서 오른쪽으로 보면서 모든 변수를 파악할 수도 있고, 하나의 변수에 대응하는 한 열을 위에서 아래로 읽을 수도 있다.

2) 시각화 시 주의점

- 데이터의 값 범위와 분포를 정확하게 반영하는 적절한 색상 눈금을 설정하고 보는 사람이 변화를 쉽게 식별할 수 있는 그라데이션을 사용해야 한다.
- 행과 열이 범주, 변수 또는 차원을 나타내는 명확한 매트릭스 형식으로 데이터를 구성해야 한다.
- 배경과 텍스트 또는 격자선 사이의 대비가 충분한지 확인한다. 공백을 적절히 사용하면 선명도가 향상되고 시각적 혼란을 방지할 수 있다.

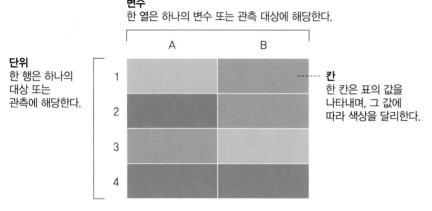

▲ 히트 맵

3) 그래프 예시

- 뉴욕타임스의 '2022 베이징 동계 올림픽에서 어느 국가가 승리하였는가?' 기사에 게재된 '국가별 올림픽 메달 수' 히트 맵이다.
- 각 국가의 총메달 수에 가중치를 부여한 값에 따라 올림픽에서 해당 국가의 순위가 결정했다.
- 눈금에 따라 순위의 색이 히트 맵에 표시된다. 눈금은 빨강, 주황, 노랑, 초록, 파랑의 색상 스펙트럼으로, 1~2위는 진한 빨간색, 25~27위는 진한 파란색으로 표시되었다.
- 올림픽 메달 수 그래프에서 한 국가가 획득한 메달의 가치는 금메달, 은메달, 동메달의 개수에 각각의 가중치를 곱한 다음 이를 합산하여 총가중치를 구한 것으로 표시되었다.
- 국가들은 총가중치 메달값에 따라 정렬되었고 내림차순으로 순위가 매겨졌다. 순위는 각 메달의 종류별 가중치에 따라 달라졌는데, 가중치가 가장 큰 메달값이 가장 큰 국가가 1위, 가중치가 가장 작은 메달 수가 가장 적은 국가가 최하위이다.
- 은메달의 가치가 동메달의 2배이고 금메달의 가치가 은메달의 5배인 경우 국가별 순위는 노르웨이, 독일, 미국, 중국, 러시아, 캐나다, 일본, 호주, 벨라루스 순으로 나타난다.

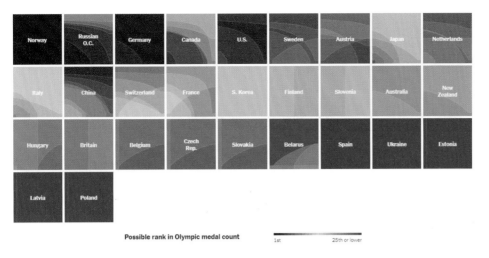

Possible rank in Olympic medal count

1st ━━━━━━━━━ 25th or lower

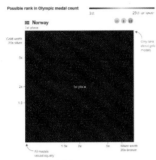

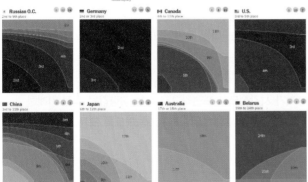

출처: https://www.nytimes.com/interactive/2022/02/07/upshot/which-country-leads-olympic-medal-count.html

▲ 올림픽 메달 수 히트 맵

01 ☐☐ 시각화에는 산점도(스캐터 플롯), 버블 차트, 히트 맵 등이 있다.

02 산점도는 두 데이터 항목의 공통 변이를 나타내는 2차원 도표로 각 ☐☐는 관측치를, ☐☐ 의 위치는 각 관측치에 대한 값을 나타낸다.

03 산점도는 두 정량 변수 간의 비율을 표시하는 데 사용되는 그래프로, 수치의 정량적 표시 및 특이한 관찰 사항으로 설명된다. ◎ ☒

04 산점도를 시각화할 때는 두 변수의 값 범위를 검토하여 정확하게 표현할 수 있는지 확인해야 한다. 가로축과 세로축 값의 비율이 적절한지, 이 비율이 데이터 관계를 정확하게 반영하는지 확인한다. ◎ ☒

05 ☐☐ 차트는 세 가지 요소의 상관관계를 표현하는 방법으로, 가로축의 변수와 세로축의 변수, 버블의 크기로 변수를 나타낸다.

06 버블 차트를 보는 사람들은 데이터의 수치를 나타내는 버블 모양의 원의 면적을 보고 정확하게 판단하는 것이 가능하다. ◎ ☒

07 버블 차트로 시각화할 때는 각 버블의 크기가 시각적으로 표현하고자 하는 정량값을 직접 비례하여 정확하게 나타내는지 확인해야 한다. 또한, 정확한 시각적 비교가 가능하도록 모든 버블의 배율을 일관되게 유지하여야 한다. ◎ ☒

08 한스 로슬링의 ☐☐☐☐는 버블 차트의 대표적인 사례이다. 이는 세계의 다양한 국가들의 경제, 보건, 사회 지표 등을 비교하고 이해하기 쉽게 시각화하는 데 중점을 둔 프로젝트로 세계의 발전 수준과 그에 영향을 미치는 다양한 요소들을 시각적으로 분석할 수 있다.

09 □□ □은 행렬의 값이 색상으로 표시된 데이터를 그래픽으로 표현한 것이다.

10 히트 맵은 데이터의 값 범위와 분포를 비율에 따라 반영하는 적절한 색상 눈금을 설정하고 보는
    사람이 변화를 쉽게 식별할 수 있도록 먼셀 색상환에서 각기 다른 색상들을 사용한다. ◎ ☒

공간 시각화

1 지도(Map)

1) 그래프 특성 24년 2회

- 지도에 데이터 또는 통계와 지리적 관계를 함께 표시하면 그래프가 될 수 있다.
- 지도는 지구의 지리적 위치를 기반으로 한다. 각 지리적 위치는 지도상의 좌표로 나타나며, 이를 통해 각 위치에 대한 데이터를 시각적으로 확인할 수 있어 효율적으로 지리적 위치를 표현할 수 있다.
- 지역 간의 상대적인 크기, 중요성 또는 차이를 시각적으로 비교하기 쉽게 해주므로 인접한 지역 간의 패턴이나 관계를 파악하여 비교와 인사이트 도출을 도와준다.
- 맵을 사용한 그래프 작성에는 숫자 또는 범주형 정보를 맵에 공간적으로 표현하는 것이 포함된다. 범주형 데이터는 다양한 카테고리를 나타내기 위해 색상 또는 패턴을 사용할 수 있으며, 연속형 데이터는 색상의 강도 또는 영역의 크기를 통해 변화를 보여줄 수 있다.
- 지도를 활용한 시각화는 지리적 콘텍스트를 제공하여 데이터 내의 지리적 패턴, 분포 및 관계를 이해하는 데 특히 유용하다. 지역 간의 위치 관계를 시각적으로 확인할 수 있어, 데이터의 이해와 해석이 명확하게 이루어진다.
- 시간에 따른 변화를 시각화하기 위해 애니메이션으로 동적 표현을 지원하는 지도는 시간에 따른 데이터의 흐름을 보여줌으로써 사용자가 특정 사건이나 추세의 변화를 추적할 수 있다.
- 사용자와의 상호작용을 통해 특정 지역의 자세한 정보를 확인할 수 있는 지도도 있다. 이 기능을 통해 사용자는 필요한 지역에 집중하여 더 깊은 통찰력을 얻을 수 있다.

2) 시각화 시 주의점

- 지도의 각도와 형태가 데이터에 적합한지 확인한다. 적절하지 않은 지도를 선택하면 공간 데이터에 대한 인식이 왜곡될 수 있다.
- 위도와 경도의 위치값을 이용해 지도 위에 정확한 맵핑 포인트를 표시해야 한다.
- 지리 데이터의 정확성을 확인하도록 한다. 부정확하거나 오래된 데이터는 잘못된 해석과 결함 있는 분석으로 이어질 수 있다.

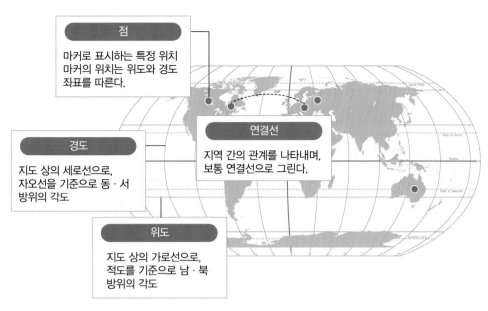

점

마커로 표시하는 특정 위치
마커의 위치는 위도와 경도
좌표를 따른다.

경도

지도 상의 세로선으로,
자오선을 기준으로 동 · 서
방위의 각도

연결선

지역 간의 관계를 나타내며,
보통 연결선으로 그린다.

위도

지도 상의 가로선으로,
적도를 기준으로 남 · 북
방위의 각도

▲ 매핑 포인트 프레임워크

3) 그래프 예시

• 뉴욕타임스의 '추수감사절 승객 이동 추이' 그래프에서 항공편 출발지와 도착지가 점으로 표시되고 이 두 지역 간의 연결선의 두께로 추수감사절 트래픽 증가 모션을 추가하여 시각화한 것을 볼 수 있다.
• 지도 그래프상에 방향을 나타내는 화살표는 없지만 가장자리의 기점과 목적지가 색으로 구분되고 있다.
• 연결선 가장자리의 너비는 출발지와 도착지 인구를 합산하여 조정한 추수감사절 항공 여행의 증가를 나타낸다.

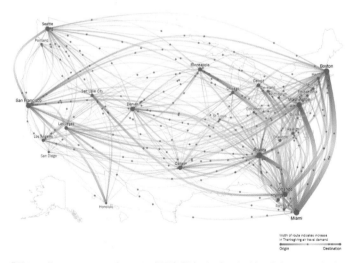

출처: https://www.nytimes.com/interactive/2015/11/24/upshot/thanksgiving-flight-patterns.html

▲ 추수감사절 승객 이동 추이

1) 그래프 특성

- 지리적 영역의 특정 속성을 나타내는 데 사용되며, 일반적으로 행정 구역이나 지리적 구획을 표시한다.
- 지도상에 표시되는 색상은 정량적인 값에 근거하여 채도나 밝기를 순차적으로 변화시켜서 적용한다.
- 등치 지역도(Contour Map)는 단계구분도와 유사한 지도로 등고선을 사용하여 지역 내의 등고선을 나타낸다. 지형, 기후, 등고선, 압력 등과 같은 연속적인 현상의 변화를 보여주는 데 사용된다.

2) 시각화 시 주의점

- 단계구분도의 경우, 데이터가 나타내는 값에 의해서가 아니라 지리적으로 차지하는 면적이 큰 경우 값이 왜곡되는 효과가 있을 수 있다.
- 데이터의 지리적 위치 위에 한 가지 이상의 변수를 시각화하고 싶다면, 버블 맵(Bubble Map)을 활용해 원형의 거품 면적과 색상으로 두 가지 변수에 대한 시각화가 가능하다.

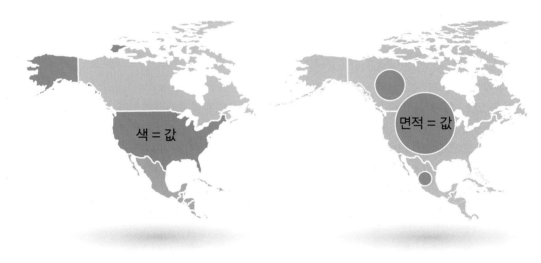

▲ 단계구분도   ▲ 버블 맵

3) 그래프 예시

① 구글 지오 차트(Geo Chart) 단계구분도

- 구글의 지오 차트는 값을 모르고 지명만 알아도 시각화 작업이 가능하다.
- 지오 차트에서 영역 모드와 마커 모드를 가지고 나라별, 대륙별 또는 지역의 지도를 쉽게 그려볼 수 있다.
- 영역 모드는 국가, 지방 또는 국가와 같은 전체 지역을 채색하는 것이고, 마커 모드 마크는 사용자가 지정한 값에 따라 조정되는 것으로 버블 차트를 사용해 영역을 지정할 수 있다.

▲ 구글 지오 차트의 단계구분도

② 전 세계 기후 위험도

- 뉴욕타임스의 '전 세계 기후 위험도'는 2040년까지 가장 큰 기후 위험 요인을 전 세계 지도 위에 단계구분도를 이용하여 인터랙티브 디자인으로 보여준다.
- 각 지역의 기후 위험도 중 가장 높은 순위의 통계는 맵에 표시된 색상으로 표시되어 있다.
- 지역의 색상은 홍수, 온도 상승, 물 부족, 산불, 허리케인 및 태풍, 해수면 상승 중 해당 지역의 기후 위험 1순위를 나타낸다.
- 위험이 가장 큰 지역은 범례에 표시된 색으로 표시되어 있다.
- 전 세계 기후 위험도를 통해 한국의 주요 위험은 허리케인과 태풍, 일부 지역의 해수면 상승이며, 전 세계적으로 산불 위험 지역이 물 스트레스 및 열 스트레스 지역과 인접해 있다는 것을 알 수 있다.

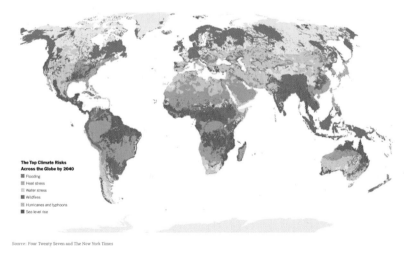

▲ 전 세계 기후 위험도

출처: https://www.nytimes.com/interactive/2021/01/28/opinion/climate-change-risks-by-country.html

▲ 전 세계 기후 위험도 중 대한민국 검색 결과

3 카토그램(Cartogram)

1) 그래프 특성 24년 2회

- 의석수나 선거인단 수, 인구수 등의 수치형 자료의 측정값에 맞춰 지리적 단위의 면적을 왜곡시켜 보여주는 통계 지도이다.
- 핵심 데이터를 강조하기 위해 지도의 한 측면을 왜곡해서 보여주는 방식으로, 정확한 해석을 하고자 하는 목적보다는 부풀려지거나 축소된 모양과 크기를 강조하는 시각화이다.
- 지도는 단위 사이 공백 없이 연속적이거나, 단위의 상대적 위치를 유지하기 위해 단위 사이에 공백이 있어서 비연속적일 수 있다.
- 카토그램은 인터랙션 시각화 디자인에서 가장 효과적이고, 탐색적 분석의 효과가 극대화되는 시각화이다.

2) 시각화 시 주의점

사용자가 나라의 위치나 형상 및 크기를 어느 정도 익숙하게 알고 있다는 전제하에 시각화해야 한다.

3) 그래프 예시

- 대한민국 국가지도집에 실린 '카토그램으로 살펴보는 우리나라의 인구 성장 과정'은 1960년대를 기준으로 2010년의 대한민국의 행정 구역의 크기를 인구에 비례하여 시각화한 카토그램이다.
- 카토그램에서 보이는 지리 형태의 왜곡으로 서울과 수도권 지역에 과도하게 인구가 증가한 것을 알 수 있다.

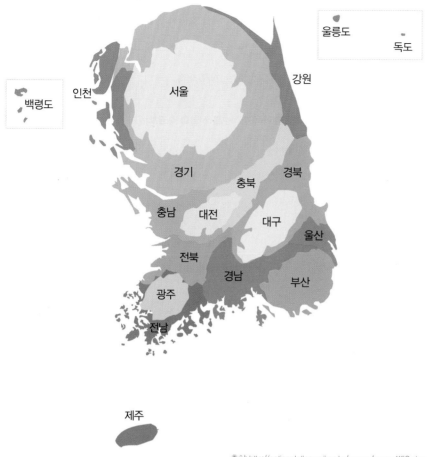

백령도

인천

서울

울릉도

독도

강원

경기

경북

충북

충남

대전

대구

울산

전북

경남

부산

광주

전남

제주

출처: http://nationalatlas.ngii.go.kr/pages/page_1158.php

▲ 카토그램으로 살펴보는 우리나라의 인구 성장 과정

기타 그래프 유형

1. 히스토그램 24년 1회

- 가로축에 범주형 데이터 혹은 구간, 세로축에 측정값의 정도를 표현하는 그래프이다.
- 통계적 분포를 표시할 수 있다.
- 가로축(X축)에 구간의 폭을 정확하게 설정하면 시각적으로 효과적인 정보를 전달할 수 있다.

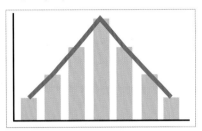

▲ 히스토그램

2. 박스 플롯(Box Plot) 24년 1회

- 여러 범주의 범위나 분포를 박스형으로 간단하게 표시하는 방법의 그래프이다.
- 데이터를 사분위로 표시하여 최솟값, 1사분위값, 2사분위값(중앙값), 3사분위값, 최댓값 등을 표현한다.
- 평균은 표시하지 않는다.
- 아웃라이어(데이터 분포 중 다른 측정값에서 크게 벗어난 값) 발견이 쉽다.

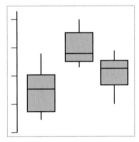

▲ 박스 플롯

3. 바이올린 차트(Violin Plot)

- 데이터 분포를 시각적으로 표현하는 차트로, 주로 데이터의 분포와 중앙 경향을 동시에 확인하는 데 사용된다.
- 다른 분포 차트와는 달리 커널 밀도 추정을 기반으로 하여 데이터의 밀도를 부드럽게 표현한다.
- 바이올린 차트는 박스 플롯과 결합되어 최빈값, 최댓값, 중앙값을 통해 중앙 경향을 알 수 있고, 데이터의 흩어진 정도도 함께 확인할 수 있다.

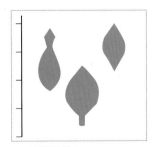

▲ 바이올린 차트

4. 경사(기울기) 차트 _{24년 1회}

- 시간 추이 중 특별히 '두 점 사이'의 추이를 비교하는 차트로 선 그래프에서 파생된 유형이다.
- 두 날짜 사이의 정량적 데이터의 변화를 비교하거나, 추이 외에도 두 범주 간 정량적 변수의 차이를 비교할 수 있다.

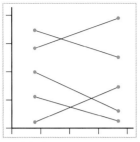

▼ 경사 차트

5. 범프(혹) 차트

- 순위의 변동 상황을 명확하게 이해할 수 있는 차트이다.
- 순위나 그룹 등 범주별로 색상 속성을 표현하여 구분하면 효과적이다.
- 순위를 나타내는 축은 차트의 좌측에 세로축(Y축)으로 표시하고, 시간은 차트의 하단에 가로축(X축)으로 표시한다.
- 추이 파악과 순위 파악이 동시에 가능하다.

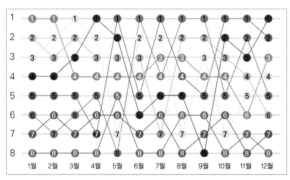

▲ 범프 차트

6. 폭포수 차트 _{24년 1회}

- 누적 효과를 보기 위해 많이 사용하는 플롯이다.
- 최종 이익에 기여하는 세그먼트와 그 기여의 정도를 쉽게 판단할 수 있다.
- 측정값의 총합계를 같이 표현하면 더 효과적이다.
- 음의 측정값이 존재해도 누적 효과를 확인할 수 있다.

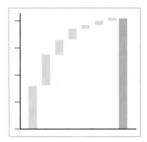

▲ 폭포수 차트

7. 덴드로그램 24년 1회

- 머신러닝 기법 중 군집화의 결과로 생성되는 그래프이다.
- 각 단계에서 관측치의 군집화를 통해 형성된 그룹과 이들의 유사성 수준을 표시하는 트리 다이어그램이다.

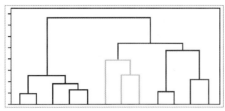

▲ 덴드로그램

8. 간트 차트

- 프로젝트가 진행되는 동안 프로젝트의 일정과 관련 작업 또는 이벤트를 표시하기 위해 사용하는 가로 막대 차트이다.
- 보통 프로젝트의 로드 맵을 보여준다.

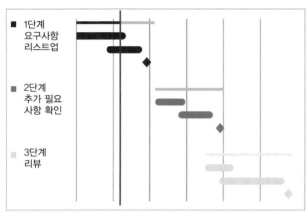

▲ 간트 차트

9. 상관도표(Correlogram)

- 상관관계가 통계적으로 유의하지 않은 경우를 확인할 수 있는 도표이다.
- 양의 상관 관계와 음의 상관관계가 잘 나타난다.
- 산점도에 너무 많은 변수가 존재할 때 발생하는 문제점을 극복할 수 있다.

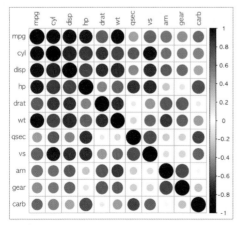

▲ 상관도표

10. 결합형 차트

- 두 개 종류의 차트를 결합하여 제시함으로써 다양한 정보를 제공하는 것이 가능하다.
- 단일 축을 활용하기도 하나 이중 축(보조 축)을 활용하면 복합적인 정보를 제공할 수 있다.

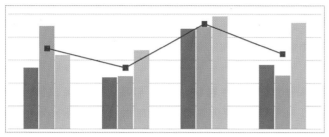

▲ 결합형 차트

01 ☐☐ 시각화에는 지도, 단계구분도, 카토그램 등이 있다.

02 ☐☐는 데이터 시각화를 위한 맵을 사용한 숫자 또는 범주형 정보를 맵에 공간적으로 표현한다. 이것을 활용한 시각화는 데이터 내의 지리적 패턴, 분포 및 관계를 이해하는 데 특히 유용하다.

03 지도는 지역 간의 상대적인 크기, 중요성 또는 차이를 시각적으로 비교하기 쉽게 해 준다. ◎ ☒

04 ☐☐☐☐☐는 지리적 영역의 특정 속성을 나타내는 데 사용되며, 일반적으로 행정 구역이나 지리적 구획을 표시한다.

05 단계구분도는 지리적으로 차지하는 면적이 큰 경우라도 데이터가 나타내는 값이 왜곡되는 효과가 있을 수 없다. ◎ ☒

06 ☐☐☐☐은 의석수나 선거인단 수, 인구 등의 수치형 자료의 측정값에 맞춰 지리적 단위의 면적을 왜곡시켜 보여주는 통계 지도이다.

07 카토그램은 핵심 데이터를 강조하기 위해 지도의 한 측면을 ☐☐하게 된다. 정확한 해석을 하고자 하는 목적보다는 부풀려지거나 축소된 상태의 모양과 크기를 강조하는 시각화를 한다.

정답 01 공간
02 지도
03 ○
04 단계구분도
05 × 해설 단계구분도는 지리적으로 차지하는 면적이 큰 경우, 데이터가 나타내는 값이 왜곡되는 효과가 있을 수 있다.
06 카토그램
07 왜곡

합격을 다지는 예상문제

01 시각화 도구를 사용할 때 주의해야 할 점은?

① 가능한 많은 차트와 그래프를 사용하여 다양성을 추구한다.

② 시각화 도구의 모든 기능을 활용하여 디자인 복잡성을 높인다.

③ 분석적 사고를 무시하고 디자인 중심으로만 접근한다.

④ 시각화 도구의 제약을 고려하며 목적에 맞는 수단으로 활용한다.

02 에드워드 터프티가 강조하는 시각화 디자인의 목적은?

① 멋진 디자인으로 사람들의 시선을 끈다.

② 정보를 효과적으로 전달하고 분석적 사고를 돕는다.

③ 경영정보시각화의 미학적 가치를 높인다.

④ 다양한 시각화 디자인 스타일을 시도하여 창의성을 표현한다.

03 시각화 디자인을 할 때 사용자의 편리성과 이해 측면을 고려해야 하는 이유는?

① 전문가의 눈에 어떻게 보이는지가 중요하므로 고려하기 위함이다.

② 사용자가 결과물을 편리하게 사용하고 이해하기 위함이다.

③ 다양한 색상과 스타일을 통해 창의적인 디자인을 추구하기 위함이다.

④ 사용자의 요구사항을 무시하고 전문가의 감각을 우선시하기 위함이다.

04 시각화 그래프 선택 시 고려해야 할 가장 기본적인 요소는?

① 그래프의 디자인과 색상, 무늬, 그라데이션

② 목적과 데이터 내러티브에 맞는 그래프 유형

③ 사용자가 주로 선호하는 그래프 스타일

④ 그래프를 작성하는 데 소요되는 시간

05 그래프 선택 방법으로 적절한 그래프를 사용하면 얻을 수 있는 이점으로 옳은 것은?

① 시각화의 부수적 요소로 테이블 디자인을 얻을 수 있다.

② 효과적으로 경영정보를 제공하고 경영정보시각화를 구현할 수 있다.

③ 차트 유형이 아닌 경영정보도 제공할 수 있다.

④ 경영정보시각화 요구사항을 무시하고 그래프를 선택할 수 있다.

06 KPI를 보여주는 숫자의 디자인에 대한 설명으로 옳은 것은?

① KPI 숫자는 작게 디자인되어서 사용자가 더 많은 세부 정보를 볼 수 있도록 해야 한다.

② KPI 숫자는 크고 눈에 띄도록 디자인되어야 한다.

③ KPI 디자인에서 콘텍스트를 제공하는 것은 필수적이지 않다.

④ KPI 디자인은 반드시 다크 모드로 설정되어야 한다.

07 테이블 디자인에 적용될 수 있는 시각적 속성에 대한 설명으로 옳은 것은?

① 테이블 디자인에서는 절대로 색상을 사용해서는 안 된다.

② 테이블 디자인에 크기, 색상, 선 굵기, 선 유형 등의 시각적 속성이 적용될 수 있다.

③ 테이블 디자인에서 글자의 크기는 중요하지 않다.

④ 테이블 디자인에서는 세로선을 많이 사용하는 것이 가독성을 향상시킨다.

08 수량(비교) 시각화에 대한 설명으로 옳은 것은?

① 범주형 값의 상대적 크기와 절대적 크기를 모두 비교하기 위해 사용된다.

② 시간에 따른 변화를 표현하며, 트렌드를 추적하는 데 주로 사용된다.

③ 라면 브랜드별 총판매량과 같은 수량 데이터를 시각화할 때 사용된다.

④ 히스토그램, 밀도분포, 도트 플롯, 박스 플롯 등이 수량 시각화에 사용된다.

09 비율 시각화에 대한 설명으로 옳지 않은 것은?

① 비율 데이터는 부분을 전부 합치면 1 또는 100%가 된다.

② 최대와 최소를 순서 정렬에서 양 끝으로 나타내며 전체에서 부분 간의 비율을 보여준다.

③ 트리 맵, 도넛 그래프, 와플 차트 등이 비율 시각화에 사용된다.

④ 비율 시각화는 특정 부분의 일부를 비율적으로 나누어 시각화하는 방법이다.

10 분포 시각화에 대한 설명으로 옳은 것은?

① 스캐터 플롯, 멀티플 스캐터, 플롯이 사용된다.

② 히스토그램, 박스 플롯, 바이올린 차트, 간트 차트 등이 사용된다.

③ 특정 변수의 데이터값이 어떻게 분포되어 있는지를 파악할 수 있다.

④ 분포 시각화는 주로 지리적 데이터를 나타내는 데 사용된다.

11 시간 시각화에 대한 설명으로 옳지 않은 것은?

① 지도, 단계구분도, 등치 지역도 등이 사용된다.

② 시간 데이터는 분절형과 연속형으로 나눌 수 있으며, 분절형은 데이터의 특정 시점 또는 특정 시간 구간의 값으로 나타낸다.

③ 막대그래프, 누적 막대그래프, 간트 차트 등이 사용된다.

④ 시간 시각화는 연도별, 분기별, 월별, 계절별 등의 트렌드를 추적하는 데에 사용된다.

12 관계 시각화에 대한 설명으로 옳은 것은?

① 두 개 이상의 정량적 변수의 관계를 시각화하는 방법으로, 변수 간의 상관관계를 표현할 수 있다.

② 연도별 매출과 수익 같은 수량 데이터를 시각화할 때 사용된다.

③ 히스토그램, 밀도분포, 박스 플롯 등이 관계 시각화에 사용된다.

④ 관계 시각화는 지리적 연관성을 나타내는 데 주로 사용된다.

13 다음 중 공간 시각화에 대한 설명으로 옳지 않은 것은?

① 공간 시각화에는 주로 막대그래프, 누적 막대그래프, 간트 차트, 선 그래프 등이 사용된다.

② 하나의 지도는 시간상의 한 지점, 한순간의 현실만을 반영하고 있지만, 여러 장의 지도를 통해 시간의 여러 단면을 표현할 수 있다.

③ 지도를 만들 때 위치를 정확하게 배치해야 하며, 색상 구분도 정확해야 하고, 라벨이 위치를 가려서는 안 되며, 정확한 투시 방법을 선택해야 한다.

④ 위도, 경도 등의 위치 관련 데이터가 포함되어야 한다.

14 다음 중 그림과 같은 가로 막대그래프의 특성에 대한 설명으로 옳지 않은 것은?

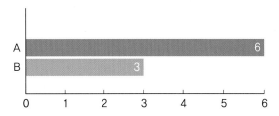

① 막대를 수평으로 나타낸 그래프로 범주별 수량 비교가 가능하다.

② 세로 막대그래프와 마찬가지로 2개 이상의 값을 비교할 때 효과적이다.

③ 값에 음수(−)를 포함하거나 시간순, 연속적 범주의 값을 나타낼 때는 가로 막대그래프가 적합하다.

④ 각 범주의 레이블이 긴 경우, 가로 막대그래프가 더 적합하다.

15 다음 중 그림과 같은 세로 막대그래프에 관한 설명으로 옳지 않은 것은?

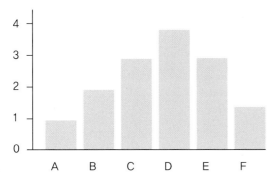

① 각 범주의 값을 막대의 높이(길이)로 표현한 그래프로 식별할 수 있을 정도로 값들이 뚜렷한 차이를 보이는 경우 사용한다.

② 범주의 값이 매우 비슷하여도 사용할 수 있는 그래프이다.

③ 연속적 범주의 값을 비교하는 경우가 아니라면 왼쪽부터 큰 값의 막대를 순서대로 배열하는 것이 일반적이다.

④ 범주(차원)별 이름(레이블)을 가진 경우, 수직(세로) 막대 차트에 표시하기가 어려울 수 있다.

16 다음 중 그림과 같은 누적 막대그래프에 대한 설명으로 옳지 않은 것은?

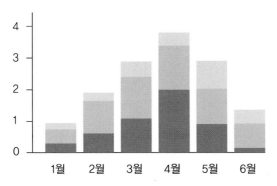

① 누적 막대그래프는 각 카테고리를 해당 값에 비례하는 면적을 가진 직사각형으로 쌓아서 표현한다.

② 100% 누적 막대그래프처럼 백분율을 비교하는 것이 아니라 절댓값을 비교한 그래프로 여러 항목의 변화 추이를 확인할 수 있다.

③ 100% 누적 막대그래프와 달리 절댓값을 표현하므로 Y축에 단위 눈금을 표시할 필요가 없다.

④ 일반적으로 누적 막대그래프에서는 카테고리의 세부 분류값을 같은 순서로 정렬한다.

17 다음 중 그림과 같은 그룹 막대그래프의 특성에 대한 설명으로 옳지 않은 것은?

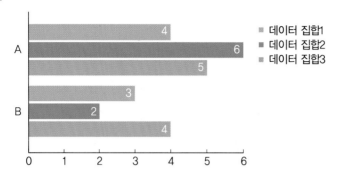

① 차트의 막대와 열을 모두 그룹화(클러스터링)할 수 있다.
② 차트의 막대는 단순한 값의 합으로 총계를 표시하거나 모든 막대를 100%로 누적하여 각 카테고리의 백분율을 표시한다.
③ 각 그룹은 집합별 동일한 색상의 막대들로 이루어져 있다.
④ 목표와 성과를 시각적으로 효과적으로 비교하여 결정을 내리고 전달하는 데 도움을 주는 강력한 시각화 도구이다.

18 불렛 그래프의 특성에 대한 설명으로 옳지 않은 것은?

① 불렛 그래프는 성능 또는 실적 데이터를 표현하기 위한 최적의 그래프로 타깃 대비 현재 얼마나 목표에 달성했는지 보여주기 위한 목적으로 사용한다.
② 막대그래프와 유사하게 생겼으나, 더 많은 콘텍스트를 담을 수 있는 시각적 요소가 추가되어 있다.
③ 불렛 그래프는 게이지 차트에 비해 화면을 경제적으로 사용할 수 있다는 면에서 장점이 있다.
④ 불렛 그래프의 기호 마커는 성능 측정값을 나타낸다.

19 방사형 그래프의 특성에 대한 설명으로 옳지 않은 것은?

① 하나의 범주에 대한 변수가 여러 개일 때 각 변수에 대한 범주값의 균형을 한눈에 볼 수 있도록 하는 그래프 모양 때문에 방사형 그래프, 거미줄 차트 또는 스타 차트라고도 불린다.
② 겹치는 각 그래프의 색을 동일하게 정해도 데이터를 해석하는 데는 문제가 없다.
③ 중심점은 축이 나타내는 값의 최솟값, 가장 먼 끝은 최댓값을 나타낸다.
④ 방사형 그래프는 차트 중앙에서 외부 링까지 이어지는 몇 개의 축을 그리고, 전체 공간에서 하나의 변수마다 축 위의 중앙으로부터의 거리로 수치를 나타낸다.

20 파이 차트의 특징으로 옳은 것은?

① 부분과 전체, 부분과 부분 간의 비율을 나타낸다.

② 면적으로 값을 표시하며, 수치를 길이로 표시한다.

③ 어떤 경우에도 그래프를 해석하기 쉽다.

④ 파이의 조각들은 각각의 데이터들의 절댓값으로 표시된다.

21 도넛 차트의 주요 특징으로 옳은 것은?

① 중심의 구멍으로 인해 수치를 조각의 길이가 아닌 면적으로 표시한다.

② 세그먼트의 색상은 비슷한 톤으로 선택하는 것이 좋다.

③ 원그래프와 달리 중심부를 잘라내 도넛 모양으로 보인다.

④ 각 세그먼트에 레이블을 배치할 때 도넛 외부에 목록화해서 배치하는 것이 좋다.

22 트리 맵의 주요 특징으로 옳은 것은?

① 각 사각형의 크기가 정량적 값에 비례하지 않는다.

② 한 사각형을 포함하는 바깥의 영역은 그 사각형이 포함된 대분류를 의미한다.

③ 음수값도 표현할 수 있다는 장점이 있다.

④ 트리 맵 전체에 일관된 색 구성표를 사용하지 않는 것이 더 좋은 시각화 결과를 얻을 수 있다.

23 생키 다이어그램의 주요 특징으로 옳지 않은 것은?

① 생키 다이어그램은 흐름 구조의 데이터를 표시할 때 주로 사용된다.

② 화살표의 너비로 흐름의 양을 나타내며, 각 값은 서로 연결된 밴드를 통해 표현된다.

③ 생키 다이어그램은 단일 범주에 연관성이 없는 값으로 구성된다.

④ 단계 간의 연결을 표현하는 데에 생키 다이어그램이 적합하다.

24 다음 중 그림과 같은 선 그래프의 특징으로 옳은 것은?

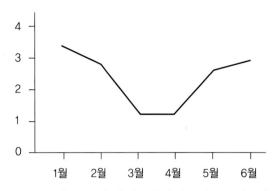

① 선 그래프는 Y축의 기준점이 반드시 0일 필요가 없으며, 척도를 필요에 따라서 조정하면 된다.

② 선 그래프는 점 사이를 선으로 연결하며, 연속적인 데이터의 추이를 보여준다.

③ 선의 기울기가 급할수록 변화가 작다.

④ 선 그래프를 선택할 때는 데이터 포인트의 존재 여부만 고려하면 된다.

25 다음 중 그림과 같은 시계열 막대그래프의 특징으로 옳은 것은?

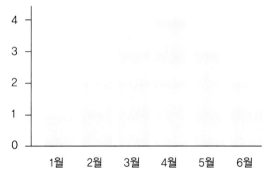

① 단순한 값의 합으로 총계를 표시하거나 모든 막대를 100%로 누적하여 각 카테고리의 백분율을 표시할 수 있다.

② 범주의 값이 매우 비슷하여도 사용할 수 있는 그래프이다.

③ 일정 기간에 걸쳐 연속적인 정량적 데이터 포인트를 표시한다.

④ 데이터에 따라 다른 시간 간격으로 나뉘기도 하며, 추세선을 절대 사용할 수 없다.

26 다음 중 그림과 같은 누적 영역 그래프의 특징으로 옳은 것은?

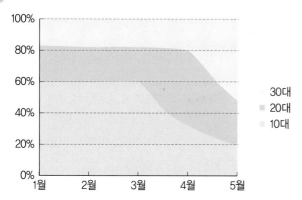

① 누적 영역 그래프에서 한 시점의 세로 단면을 가져오면 그 시점의 분포를 볼 수 있다.

② 가로축은 데이터값을 나타내며, 세로축은 시간을 나타낸다.

③ 누적 영역 그래프는 카테고리마다 고유한 색상을 사용하지 않는다.

④ 중요도, 규모 또는 관련성을 기준으로 쌓인 구성 요소를 논리적 순서로 정렬할 필요가 없다.

27 다음 중 산점도의 특징으로 옳은 것은?

① 산점도는 데이터 포인트가 매우 적은 경우에도 유용하게 사용할 수 있다.

② 양의 방향은 X 변수가 증가함에 따라 Y 변수가 감소하는 경향(또는 하락 추세)을 의미한다.

③ 산점도에서 각 마커(점, 사각형, 플러스 기호 등)는 관측치를 나타내며, 마커의 위치는 해당 관측치의 값에 대응한다.

④ 두 정량적 변수 간의 관계는 점들이 촘촘한 패턴으로 떨어지면 약한 관계에서 점들이 흩어지면 강한 관계로 본다.

28 버블 차트의 특징으로 옳지 않은 것은?

① 버블 차트는 세 가지 요소의 상관관계를 표현할 수 있는 차트로, 가로축의 변수와 세로축의 변수, 버블의 크기로 변수를 나타낸다.

② 버블 차트는 수십 또는 수백 개의 값을 갖거나 값들이 몇 자릿수씩 차이가 나는 데이터 세트에 특히 유용하다.

③ 애니메이션 버블 차트는 장기간에 걸쳐 점진적으로 변화하는 데이터를 표시하는 데 적합한 방법으로 사용될 수 있다.

④ 버블 차트의 각 버블의 크기가 시각적으로 표현하고자 하는 정량값에 직접 비례할 필요는 없고 시각적으로 편차를 두어 의도적으로 강조하여 표현하도록 한다.

29 히트 맵의 특징으로 옳지 않은 것은?

① 히트 맵을 읽는 방법은 하나의 대상에 해당하는 한 행을 왼쪽에서 오른쪽으로 보면서 모든 변수를 파악할 수도 있고, 하나의 변수에 대응하는 한 열을 위에서 아래로 읽을 수도 있다.

② 히트 맵에서 색상과 숫자값의 매핑을 나타내기 위해 색상 눈금 범례가 포함되는 경우가 일반적이다.

③ 히트 맵은 행렬의 값이 색상으로 표시된 데이터를 그래픽으로 표현한 것이다.

④ 히트 맵의 색상은 일반적으로 전혀 다른 무지개색을 쓰는 경향이 있다.

30 지도의 특성에 대한 설명으로 옳은 것은?

① 지도는 지구의 지리적 위치를 기반으로 하며, 각 위치는 좌표로 표현되어 다양한 데이터를 시각적으로 확인할 수 있다.

② 지도는 오직 수치적인 데이터를 시각적으로 표현하는 용도로만 사용된다.

③ 지도는 주로 시계열 데이터를 표현하기 위한 그래프로 사용되어, 특정 시간대의 데이터를 강조한다.

④ 지도를 사용한 데이터 시각화는 주로 색상과 크기를 활용하여 범주형 및 연속형 데이터를 표현한다.

31 단계구분도에서 다양한 색상을 사용하는 것이 중요한 이유로 가장 적절한 것은?

① 디자인을 강조하기 위해

② 지역 간의 대비를 높이기 위해

③ 시각적으로 흥미로움을 더하기 위해

④ 동일한 데이터값이라도 각 지역의 독특한 특성을 나타내기 위해

32 카토그램에 대한 설명으로 옳은 것은?

① 카토그램은 지리적 분포를 나타낼 때 사용되는 막대그래프 형식의 시각화 도구이다.

② 카토그램은 주로 지도 위에 지리적인 특성들을 나타내는 데 사용되며, 지역의 크기를 면적으로 표현한다.

③ 카토그램은 지리적 위치와는 무관하게 통계 데이터를 시각적으로 나타낼 때 사용된다.

④ 카토그램은 주로 지도상의 지리적 거리를 표현하며, 지역의 모양을 그대로 유지한다.

정답 & 해설

01 ④	02 ②	03 ②	04 ②	05 ②
06 ②	07 ②	08 ③	09 ④	10 ③
11 ①	12 ①	13 ①	14 ③	15 ②
16 ③	17 ④	18 ④	19 ②	20 ①
21 ③	22 ②	23 ③	24 ②	25 ③
26 ①	27 ③	28 ④	29 ④	30 ①
31 ②	32 ②			

01 ④

시각화 도구의 기능을 모두 사용하거나 디자인의 복잡성에만 주의하는 것이 아니라, 목적에 맞게 제약을 고려하고 효과적으로 활용해야 한다.

02 ②

에드워드 터프티는 시각화 디자인의 목적을 효과적인 정보 전달과 사용자의 분석적 사고를 돕는 데에 있다고 강조하고 있다.

03 ②

시각화 디자인은 사용자가 쉽게 이해하고 활용할 수 있어야 한다. 사용자의 편리성과 이해를 중요시하는 것이 핵심이다.

04 ②

그래프의 목적과 데이터 내러티브에 맞는 그래프를 선택하는 것이 기본이며 중요한 요소이다.

05 ②

그래프 선택 방법은 경영정보를 제공하기 위한 요구사항을 충족시킬 수 있도록 도와준다. 올바른 그래프를 선택하고 사용함으로써 효과적인 경영정보시각화를 구현할 수 있다.

06 ②

KPI 숫자는 시각적으로 눈에 띄도록 크게 디자인되어야 하며, 사용자가 주요 성과를 쉽게 인식할 수 있도록 도와야 한다.

07 ②

테이블 디자인에서는 크기, 색상, 선 굵기, 선 유형 등의 시각적 속성을 활용하여 디자인할 수 있다.

08 ③

수량 시각화는 정량적 변수(수량 또는 숫자값)를 시각화하는 방법으로, 라면 브랜드별 총판매량과 같은 수량 데이터를 표현하는 데 사용된다.

09 ④

비율 시각화는 특정 부분이 아니라 전체 중 부분의 비율을 시각화하여 부분 간의 비율 관계를 보여주는 시각화이다.
④번 보기의 '히트맵'은 비율시각화에 속한다.

10 ③

오답 피하기

① 스캐터 플롯은 관계 시각화의 종류이다.
② 간트 차트는 시간 시각화의 종류이다.
④ 지리적 데이터를 나타내는 것은 공간 시각화이다.

11 ①

시간 시각화에는 주로 막대그래프, 누적 막대그래프, 간트 차트, 선 그래프 등이 사용된다. 시간 데이터는 분절형과 연속형으로 나눌 수 있으며, 연속형 데이터는 특정 시간 구간값으로 나타낸다.

12 ①

관계 시각화는 두 개 이상의 정량적 변수의 관계를 시각화하는 방법으로, 두 변수 간의 상관관계를 표현할 수 있다.

13 ①

공간 시각화에는 지도, 단계구분도, 등치 지역도, 카토그램, 카토그램 히트 맵 등이 주로 사용된다. 막대그래프, 누적 막대그래프, 간트 차트, 선 그래프 등은 다른 시각화 유형에 해당한다.

14 ③

가로 막대그래프는 주로 범주별 수량을 수평으로 비교할 때 사용되며, 값에 음수(−)를 포함할 때는 세로 막대그래프보다 가로 막대그래프가 적합하고, 시간적, 연속적 범주의 값을 나타낼 때는 세로(수직) 막대그래프가 더 적합하다.

15 ②

각 범주의 값이 식별할 수 있을 정도로 값들이 뚜렷한 차이를 보이는 경우 세로 막대그래프를 사용한다.

16 ③

문제의 누적 막대그래프는 100% 백분율을 표현하지 않고 각 카테고리 해당하는 값을 높이로 가진 세로 직사각형으로 표현되었다.

17 ④

목표와 성과를 시각적으로 효과적으로 비교하여 결정을 내리고 전달하는 데 도움을 주는 강력한 시각화 도구는 불렛 그래프이다.

18 ④

불렛 그래프의 바는 성능 측정값을 나타내고, 기호 마커는 비교 측정 기준을 제시한다.

19 ②

방사형 그래프에서는 각 그래프의 색이 겹치지 않도록 주의해야 하며, 색의 명확한 구분이 중요하다. 겹치는 경우 시각적 혼란을 줄 수 있다.

20 ①

파이 차트는 부분과 전체, 부분과 부분 간의 비율을 나타내는 데 사용된다.

오답 피하기
② 면적으로 값을 나타내고 수치를 각도로 표시한다.
③ 파이 차트는 원형으로 그래프를 해석하기가 쉽지 않을 수 있다.
④ 파이 차트는 부분 간의 관계를 총합 100%의 비율로 면적에 따라 값을 나타낸다.

21 ③

오답 피하기
① 수치는 조각의 면적이 아닌 길이로 표시한다.
② 세그먼트의 색은 구분되는 색으로 선택하는 것이 좋다.
④ 레이블을 범례로 따로 두기보다는 세그먼트 내부나 근접한 곳에 배치하는 것이 좋다.

22 ②

오답 피하기
① 트리 맵은 각 사각형의 크기가 정량적 값에 비례한다.
③ 트리 맵에서 음수값은 표현할 수 없다.
④ 트리 맵 전체에 카테고리 종류나 수치에 따라 일관된 색 구성표를 사용하여야 시각적 혼란을 줄일 수 있다.

23 ③

생키 다이어그램에서는 명확성을 향상시키기 위해 일관된 단위와 비례 배율을 유지하는 것이 중요하며, 각 값이 몇 개의 단계를 거치면서 단계 간의 연결과 연관성을 표현하는 데 적합하다.

24 ②

오답 피하기
① 메시지를 강조하기 위해 선의 기울기가 급격하게 보이게 끔 Y축 단위의 척도를 조정하지 말아야 한다.
③ 선의 기울기가 급할수록 데이터의 변화가 크다는 의미이다.
④ 데이터 포인트가 존재한다는 이유만으로 선 그래프를 선택하는 것이 아니라, 사용하는 데이터 포인트의 수에 따라 가장 적합한 시각 자료를 결정해야 한다.

25 ③

시계열 막대그래프는 일정 기간에 걸쳐 연속적인 정량적 데이터 포인트를 나타내며, 각 기간이 동일한 간격으로 나누어져 표시될 수 있다.

26 ①

오답 피하기
② 누적 영역 그래프의 가로축은 시간을 나타내며, 세로축은 데이터값을 나타낸다.
③ 누적 영역 그래프는 카테고리마다 고유한 색상을 사용한다.
④ 중요도, 규모 또는 관련성을 기준으로 쌓인 구성 요소를 논리적 순서로 정렬해야 한다.

27 ③

① 산점도는 데이터 포인트가 많은 경우에 유용하게 사용될 수 있다.

② 방향이 양수이면 X축 변수가 증가함에 따라 Y축 변수가 증가하는 경향(또는 상승 추세)이 있음을 의미한다. 음의 방향은 X 변수가 증가함에 따라 Y 변수가 감소하는 경향(또는 하락 추세)을 의미한다.

④ 산점도에서 두 정량적 변수 간의 관계는 점들이 촘촘한 패턴으로 떨어지면 강한 관계에서 점들이 흩어지면 약한 관계로 본다.

28 ④

버블 차트로 시각화할 때는 각 버블 크기가 시각적으로 표현하고자 하는 정량값을 직접 비례하여 정확하게 나타내는지 확인해야 한다.

29 ④

히트 맵 색상은 일반적으로 차가운 색부터 따뜻한 색까지 다양하며, 색의 강도나 밝기는 값의 크기를 나타낸다.

30 ①

지도는 지구의 지리적 위치를 기반으로 하며, 좌표를 사용하여 다양한 데이터를 시각적으로 나타낼 수 있다.

31 ②

단계구분도에서 다양한 색상을 사용함으로써 각 지역 간의 대비를 강조하고 데이터의 차이를 명확하게 시각화할 수 있다.

32 ②

카토그램은 주로 지도 위에 지리적인 특성들을 나타내는 데 사용되며, 지역의 크기를 면적으로 표현한다.

④ 카토그램은 핵심 데이터를 강조하기 위해 지도의 한 측면을 왜곡하는 시각화를 한다.

CHAPTER

03

$\vee$

시각화 도구 활용

사무자동화 프로그램 활용 시각화

1 사무자동화 프로그램을 활용한 주요 시각화 기능

1) 차트

① 차트의 개념과 기능

- 사무자동화 프로그램에서 시각화와 관련하여 가장 강력한 기능은 사용자가 데이터를 가장 효과적으로 전달할 수 있는 다양한 차트 생성 기능이다. 엑셀에서 흔히 사용되는 막대그래프, 선 그래프, 원그래프, 히트 맵 등이 이에 해당한다.
- 사용자는 차트를 통해 복잡한 데이터 세트의 패턴, 비교, 추세 등을 한눈에 볼 수 있도록 하여 데이터를 시각적으로 파악할 수 있다.

② 차트의 역할

- 시각화: 차트는 기본 구성 요소로, 사용자가 시각적으로 매력적인 데이터 표현을 만들 수 있게 해준다.
- 분석: 사용자는 데이터의 특성과 도출하고자 하는 인사이트에 따라 다양한 차트 유형 중에서 선택할 수 있다.

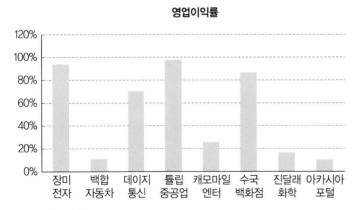

▲ 차트 기능 예시

2) 조건부 서식 24년 2회

① 조건부 서식의 개념과 기능

- 데이터의 특정 조건에 따라 셀의 서식을 변경하여 시각적인 효과를 준다.
- 조건부 서식을 사용하여 데이터의 특정 조건에 따라 서식을 동적으로 변경할 수 있다. 데이터 바인딩을 통해 차트가 데이터의 변경에 자동으로 반응한다.
- 조건부 서식을 통해 데이터의 패턴이나 예외를 빠르게 식별할 수 있다.

② **조건부 서식의 역할**

- 중요성 강조: 조건부 서식 지정은 사용자가 특정 데이터값을 강조 표시하여 추세, 이상값 또는 중요한 정보를 더 쉽게 식별할 수 있도록 도와준다.
- 데이터 비교: 사용자는 값을 비교하는 규칙을 설정하고 비교 결과에 따라 서식을 적용할 수 있다.

▲ 조건부 서식 기능 예시

3) 데이터 막대 24년 1회

① **데이터 막대의 개념과 기능**

- 조건부 서식의 한 종류로서, 숫자나 퍼센트 값의 상대적인 크기를 시각화하는 기능이다.
- 데이터값의 크기에 따라 막대의 크기나 색상이 변화하여 시각적으로 비교하고 분석할 수 있다.

② **데이터 막대의 역할**

- 빠른 비교: 데이터 막대는 범위 또는 데이터 집합 내의 값을 빠르고 시각적으로 비교할 수 있다.
- 한눈에 보는 인사이트: 사용자는 데이터 막대를 사용하여 값의 상대적인 크기를 쉽게 평가할 수 있다.

회사명	영업이익률
장미전자	94%
백합자동차	9%
데이지통신	70%
튤립중공업	98%
캐모마일엔터	25%
수국백화점	86%
진달래화학	17%
아카시아포털	10%

▲ 데이터 막대 기능 예시

4) 아이콘 세트

① 아이콘 세트의 개념과 기능

- 조건부 서식의 한 종류로서, 데이터 막대와 마찬가지로 숫자나 퍼센트값의 상대적인 크기를 시각화하는 기능이다.
- 데이터값의 크기에 따라 아이콘의 크기나 색상이 변화하여 시각적으로 비교하고 분석할 수 있다.

② 아이콘 세트의 역할

- 상징적 표현: 아이콘 세트는 데이터에 기호적 표현을 추가하여 한눈에 정보를 전달한다.
- 데이터 분류: 사용자는 아이콘을 사용하여 데이터를 카테고리로 분류할 수 있으므로 데이터 요소를 더 쉽게 해석하고 분류할 수 있다.

회사명	영업이익률	
장미전자	▲	94%
백합자동차	▽	9%
데이지통신	—	70%
튤립중공업	▲	98%
캐모마일엔터	▽	25%
수국백화점	▲	86%
진달래화학	▽	17%
아카시아포털	▽	10%

▲ 아이콘 세트 기능 예시

5) 스파크라인(Sparkline)

① 스파크라인의 개념과 기능

- 스파크라인은 작은 규모의 추세 그래프로, 셀 내에서 데이터의 변화를 시각화하는 기능이다.
- 각 데이터의 추세나 패턴을 한눈에 파악할 수 있어 시간에 따라 변화하는 데이터를 시각화하기에 좋다.

② 스파크라인의 역할

- 간결한 시각화: 스파크라인은 테이블이나 행렬 내에 추세 정보를 포함할 수 있는 공간 효율적인 방법을 제공한다.
- 과거 콘텍스트 확인: 사용자는 별도의 차트를 참조하지 않고도 데이터 계열의 과거 추세를 빠르게 확인할 수 있다.

회사명	2019	2020	2021	2022	2023	추세
장미전자	36%	41%	116%	65%	94%	
백합자동차	130%	110%	67%	102%	9%	
데이지통신	44%	15%	−19%	94%	70%	
튤립중공업	80%	−10%	7%	87%	98%	
캐모마일엔터	119%	138%	41%	96%	25%	
수국백화점	103%	70%	50%	132%	86%	
진달래화학	100%	13%	131%	60%	17%	
아카시아포털	55%	−9%	5%	143%	10%	

▲ 스파크라인 기능 예시

2 사무자동화 프로그램을 활용한 시각화의 장단점

1) 장점

① 다양한 시각화 옵션

다양한 종류의 시각화 요소를 사용할 수 있어 효과적으로 시각화할 수 있다.

② 간편하고 익숙한 인터페이스

간단한 데이터 시각화 작업을 수행하기 편리하고, 인터페이스가 직관적이며, 시각화 요소의 생성 및 데이터 조작이 편리하다.

③ 데이터 분석과 통합

데이터 필터링, 정렬, 피벗 테이블 등의 기능을 활용하여 데이터를 집계하고 분석할 수 있으며, 데이터 처리 후 다른 기능과 통합하여 보고서를 작성하는 데에도 유용하다.

2) 단점

① 기능 및 유연성의 제한

- 간단한 시각화 작업에는 유용하지만, 대규모 또는 복잡한 데이터를 다룰 때 한계가 있다.
- 특정 시각화 유형이나 고급 기능을 구현하지 못한다는 점에서 기능과 유연성이 제한된다.

② 수작업의 번거로움

- 데이터를 수작업으로 입력하고 수정해야 하는 한계를 가진다.
- 대량의 데이터를 다루는 경우, 수작업으로 데이터를 입력하면 시간이 많이 소요될 수 있다.

③ 제한된 대시보드 기능

복잡한 대시보드를 만들기 위해 수작업과 수식을 통해 시각화 요소와 데이터를 조합해야 하므로 번거로울 수 있다.

④ 협업 및 공유의 제한

- 개인 데스크톱에서의 작업 및 활용은 유용하지만, 여러 사람과 협업하거나 데이터를 실시간으로 공유하는 데는 한계가 있다.
- 동시 편집이 어렵고 파일 공유 및 업데이트 관리도 번거롭다.

01 사무자동화 프로그램 활용 주요 시각화 기능으로는 차트, 조건부 서식, 데이터 막대, 아이콘 세트, 스파크라인 등이 있다. ⓞ ✕

02 ☐☐를 사용하여 데이터의 패턴, 비교, 추세 등을 시각적으로 파악할 수 있다.

03 조건부 서식으로 특정 범위의 값을 강조는 가능하나, 데이터 크기에 따라 서식을 변화시킬 수는 없다. ⓞ ✕

04 ☐☐☐ ☐☐는 조건부 서식의 한 종류로서, 숫자나 퍼센트값의 상대적인 크기를 시각화하는 기능이다. 셀 내부에 데이터값의 크기에 따라 막대의 크기나 색상이 변화하여 시각적으로 비교하고 분석할 수 있다.

05 아이콘 세트는 데이터에 기호적 표현을 추가하여 한눈에 정보를 전달한다. ⓞ ✕

06 스파크라인만으로는 데이터의 추세나 패턴을 한눈에 파악하는 것이 불가능하다. ⓞ ✕

07 사무자동화 프로그램을 활용한 시각화는 간단한 데이터 시각화 작업을 수행하기 편리하고, 인터페이스가 직관적이며, 시각화 요소의 생성 및 데이터 조작이 쉽다는 장점이 있다. ⓞ ✕

08 사무자동화 프로그램을 이용하여 시각화하면 대량의 데이터를 처리하는 데에도 용이하고, 자동으로 만들어지는 대시보드를 손쉽게 사용할 수 있으며, 여러 사람과의 협업도 실시간으로 할 수 있어 매우 편리하다. ⓞ ✕

정답 01 ○

02 차트

03 × [해설] 조건부 서식으로 특정 범위의 값을 강조하거나, 데이터 크기에 따라 서식을 변화시킬 수 있다.

04 데이터 막대

05 ○

06 × [해설] 스파크라인으로 데이터의 추세나 패턴을 한눈에 파악할 수 있어 시간에 따라 변화하는 데이터를 시각화하기에 좋다.

07 ○

08 × [해설] 사무자동화 프로그램으로 시각화할 때 대량의 데이터를 다루는 경우, 수작업으로 데이터를 입력하면 시간이 많이 소요될 수 있다. 또한, 제한된 대시보드 기능으로 인해 복잡한 대시보드를 만들기 위해 수작업과 수식을 통해 시각화 요소와 데이터를 조합해야 하므로 번거로울 수 있다. 사무자동화 프로그램은 개인 데스크톱에서의 작업 및 활용은 유용하지만, 여러 사람과 협업하거나 데이터를 실시간으로 공유하는 데는 한계가 있다.

시각화 BI 도구 특징

1 BI 도구 개요

1) 시각화를 위한 BI 도구의 개념 24년 2회

- 비즈니스 인텔리전스(BI, Business Intelligence)는 조직에서 비즈니스 데이터를 수집·분석 및 시각화하여 실행 가능한 통찰과 의미 있는 정보를 생성하기 위해 사용하는 기술, 전략 프로세스를 의미한다.
- 비즈니스 인텔리전스 도구, 줄여서 BI 도구는 원시 데이터를 실행 가능한 인사이트로 변환하여 사용자가 데이터를 탐색 및 시각화하고, 보고서를 작성하고, 정보에 입각한 비즈니스 의사결정을 내릴 수 있도록 설계되어 있다.
- BI 도구는 경영정보시각화를 위하여 데이터를 시각적으로 매력적인 차트, 그래프, 대시보드 및 보고서로 변환할 수 있도록 지원한다.

2) BI 도구 특징 24년 2회

데이터 분석, 탐색, 시각화, 예측, 협업 등의 기능을 제공하여 사용자가 데이터를 최대한 활용할 수 있는 환경을 제공한다.

데이터 시각화	BI 도구를 사용하면 대화형으로 시각적으로 매력적인 차트, 그래프, 대시보드, 보고서를 만들어 데이터를 이해하기 쉬운 방식으로 표현 가능
데이터 분석 및 탐색	사용자는 데이터 세트를 분석 및 탐색하고, 추세, 패턴 및 이상값을 식별하고, 사용할 수 있는 정보를 더 깊이 이해 가능
대시보드 생성	BI 도구를 사용하면 핵심 성과 지표(KPI)와 메트릭을 통합하고 표시하는 동적 대시보드를 만들어 비즈니스 성과에 대한 전체적인 시각을 제공 가능
여러 데이터 소스와의 통합	• BI 도구는 데이터베이스, 스프레드시트, 클라우드 저장소, 기타 데이터 리포지토리 등 다양한 데이터 소스에 연결할 수 있으므로 다양한 데이터 소스(데이터 원본)로부터 데이터를 추출, 변환, 로드(ETL) 가능 • 로컬 컴퓨터와 클라우드 모두에서 사용 가능
데이터 변환 및 모델링	BI 도구는 데이터 변환 및 모델링 기능을 제공하여 사용자가 특정 분석 요구사항을 충족하도록 데이터를 정리, 변형 및 조작 가능
공유 및 협업	• 인사이트와 보고서를 조직 내 다른 사람들과 공유하여 협업을 촉진 • 의사결정권자가 관련 정보에 액세스할 수 있도록 보장
실시간 데이터 모니터링	일부 BI 도구는 실시간 데이터 모니터링 기능을 제공하여 사용자가 데이터의 변경 사항 및 업데이트를 추적할 수 있도록 지원

3) BI 도구 종류

① 파워 BI(Power BI)

파워 BI는 마이크로소프트에서 개발한 비즈니스 인텔리전스 도구로, 데이터 시각화와 인사이트 도출을 지원하는 플랫폼이다.

② 태블로(Tableau)

태블로는 세일즈포스에서 제공하는 비즈니스 인텔리전스 도구로, 데이터 시각화와 인사이트 도출을 지원하는 플랫폼이다.

2 시각화를 위한 BI 도구 활용

1) BI 도구의 시각화 관련 기능

- 조직에서 비즈니스 데이터를 수집·분석 및 제시하는 데 도움이 되도록 BI 도구를 이용하여 경영정보를 시각적으로 매력적인 대화형 차트, 그래프, 대시보드 및 보고서로 만들어 활용한다.
- BI 도구는 차트 및 그래프 유형, 대화형 기능, 대시보드라는 기능들을 이용하여 시각화가 가능하도록 한다.

차트 및 그래프 유형 제공	• BI 도구는 막대형 차트, 꺾은선형 차트, 원형 차트, 분산형 차트 등 다양한 차트 및 그래프 유형을 제공 • 사용자는 데이터의 특성과 전달하고자 하는 인사이트에 따라 가장 적합한 시각화 유형을 선택 가능
대화형 기능의 상호작용	• BI 도구에는 드릴다운, 필터링, 도구 설명과 같은 대화형 기능이 포함된 경우가 많음 • 사용자는 시각화와 상호작용하여 차트 및 그래프 내의 특정 데이터 요소 또는 세부 정보를 탐색 가능
대시보드 제작	• 사용자는 여러 시각화, 보고서, 핵심 성과 지표(KPI)를 하나의 화면에 결합하여 대시보드를 만들 수 있음 • 경영정보시각화로 디자인된 대시보드는 비즈니스 메트릭에 대한 전체적인 보기를 제공하고 모니터링 및 의사결정에 도움을 줌

- 경영정보시각화 디자인을 적용한 대시보드는 단순화, 이해도 향상, 명료한 커뮤니케이션이라는 세 가지 장점을 제공한다.

단순화한 쉬운 접근	데이터 시각화는 복잡한 데이터 집합을 단순화하여 더 많은 사람이 더 쉽게 액세스할 수 있도록 함
이해도 향상	시각적 요소는 원시 데이터보다 데이터 패턴과 추세를 더 빨리 이해하도록 도와주어 더 나은 정보에 기반한 의사결정으로 이어짐
명료한 커뮤니케이션	경영정보시각화 디자인은 커뮤니케이션 수단으로서, 사용자가 인사이트와 발견한 내용을 이해관계자에게 명확하고 영향력 있는 방식으로 전달할 수 있게 해줌

2) BI 도구의 장점

- 시각화를 위한 BI 도구는 탐색적 데이터 분석을 위해 동일한 데이터를 활용한 다양한 시각화 방법을 빠르게 적용할 수 있는 기능을 제공한다.
- 데이터의 탐색적 분석이란 데이터를 탐구하고 이해하기 위해 수행되는 분석 방법으로, 데이터 세트의 구조, 특성, 패턴 등을 탐색함으로써 데이터에 대한 통찰력을 얻는 것이다.
- 기술 통계(데이터의 구조와 통계적 특성 요약)와 시각화 기법을 통해 데이터의 분포, 상관관계, 이상치 등을 시각적으로 파악하며, 데이터 간의 상호작용과 패턴을 탐색할 수 있다.
- 그래프를 시도해 보고 어떤 변수를 어떤 시각적 속성으로 나타낼지 쉽게 변경해 볼 수 있으며, 이를 통해 단일한 구조 내에서 다양한 시각화 선택지를 실험할 수 있다.

3) BI 도구의 단점

- 경영정보시각화 결과물의 재현 가능성과 반복 가능성을 구현하기 어려울 수 있다. BI 도구는 일일이 데이터별 변환 과정을 기록하지 않고 대부분 최종 결과만 저장하는 특성이 있으므로, 시각화 도구를 사용하여 도표를 재현하거나 다른 데이터 세트로 비슷한 도표를 생성하기가 어렵다.
- 도표를 재현·반복할 수 있도록 하려면, 프로그래밍 방식으로 도표를 생성하는 코드를 작성해야 한다. 즉, 시각화 결과를 다른 사람이나 미래의 자신이 재현할 수 있는 능력인 재현 가능성과 동일한 조건에서 동일한 시각화 결과를 다시 얻을 수 있는 능력인 반복 가능성을 확보해야 한다.

재현 가능성 확보	• 코드, 데이터, 분석 방법 등을 충분히 기술하여 다른 사람이 시각화를 재현할 수 있도록 재현 가능성을 확보하면 신뢰성과 투명성을 높일 수 있음 • 차트의 데이터가 유효하고 차트에 데이터를 표시하는 방식을 정확히 명시한다면 다른 사람이 이를 활용하여 비슷한 차트를 생성할 수 있으므로, 해당 차트는 재현 가능성을 가질 수 있음 • 두 사람이 서로 다른 글꼴, 색상, 점의 크기 등을 사용하여 완전히 동일한 차트가 아니더라도, 동일한 메시지를 전달하면 서로를 재현한 것으로 간주
반복 가능성 확보	• 원본 데이터부터 화소 하나까지 완벽하게 재현할 수 있는 시각화 도표는 반복 가능성을 갖는다고 표현 • 엄밀히 말하자면, 도표에 무작위적인 요소가 포함되어 있더라도 해당 요소들이 재생성할 수 있는 방식으로 지정되어 향후 언제든지 동일한 도표를 재생성할 수 있는 것을 의미

4) BI 도구에서 사용되는 함수

BI 도구별로 활용되는 함수의 구체적인 내용은 다르지만, 공통으로 다음의 기능을 구현하는 함수를 제공한다(기본 함수는 시각화 도구 예시로 제시한 파워 BI와 태블로를 중심으로 제시하였으며, 실기시험에 출제되는 함수의 목록과 다를 수 있다.).

구분	기능	파워 BI	태블로
숫자/ 집계/ 통계 함수	절댓값 반환	ABS	ABS
	나누기	DIVIDE	DIV
	반올림	ROUND	ROUND
	모든 값의 평균 반환	AVERAGE	AVG
	열에서 비어 있지 않은 행의 수 반환	COUNT	COUNT
	최댓값 반환	MAX	MAX
	최솟값 반환	MIN	MIN
	합계 반환	SUM	SUM
	중앙값 반환	MEDIAN	MEDIAN
	샘플 집단을 기준으로 모든 값의 통계적 표준편차 반환	STDEV.S	STDEV
	샘플 집단을 기준으로 모든 값의 통계적 분산 반환	VAR.S	VAR
문자열 함수	주어진 문자열에 지정한 부분 문자열이 포함되어 있으면 TRUE 반환	CONTAINS	CONTAINS
	텍스트 문자열의 시작 부분부터 지정된 문자 수 반환	LEFT	LEFT
	텍스트 문자열의 끝부분부터 지정된 문자 수 반환	RIGHT	RIGHT
	지정한 위치에서 지정된 문자 수 반환	MID	MID
	지정한 문자 수에 따라 텍스트 문자열의 일부를 다른 텍스트 문자열로 전환	SUBSTITUTE	REPLACE
	텍스트 문자열의 문자 수 반환	LEN	LEN
	문자열 앞/뒤의 공백 제거	TRIM	TRIM
	소문자를 모두 대문자로 변환	UPPER	UPPER
날짜 함수	지정된 간격 수만큼 정방향 또는 뒤로 이동한 날짜 열이 포함된 테이블을 반환	DATEADD	DATEADD
	두 날짜 사이의 간격(월, 일 등) 반환	DATEDIFF	DATEDIFF
	날짜에 대한 반올림(가까운 월, 일, 주, 요일 등)	–	DATETRUNC
	주어진 날짜의 연도를 정수로 반환	YEAR	YEAR
	주어진 날짜의 분기를 정수로 반환	QUARTER	QUARTER
	주어진 날짜의 월을 정수로 반환	MONTH	MONTH
	주어진 날짜의 주를 정수로 반환	WEEKNUM	WEEKNUM
	주어진 날짜의 일자(1~31)를 정수로 반환	DAY	DAY
	지정된 년, 월, 일로 구성된 날짜 값을 반환	DATE	MAKEDATE
	현재 로컬 시스템 날짜 반환	TODAY	TODAY
테이블 계산 함수	테이블 인수의 각 행에 대한 숫자 목록의 숫자 순위	RANKX	RANK
	지정된 테이블 또는 테이블식에 계산 열 추가	ADDCOLUMNS	–
	다른 테이블에서 관련 값을 반환	RELATED	–

▲ 시각화 도구에서 활용되는 기본 함수 예시

01 조직에서 비즈니스 데이터를 수집·분석 및 제시하는 데 도움이 되도록 ☐☐ ☐☐를 이용하여 경영정보를 시각적으로 매력적인 대화형 차트, 그래프, 대시보드 및 보고서로 만들어 활용한다.

02 BI 도구는 데이터 분석, 탐색 기능만 제공하고 시각화 기능은 제공하지 않는다. ◎ ☒

03 BI 도구를 사용하면 핵심 성과 지표(KPI)와 메트릭을 통합하고 표시하는 동적 대시보드를 만들어 비즈니스 성과에 대한 전체적인 시각을 제공할 수 있다. ◎ ☒

04 경영정보시각화 디자인을 적용한 대시보드는 데이터 집합에 접근하는 방식을 더 복잡하게 만들고, 데이터 패턴과 추세를 이해하는 데도 시간이 들게 된다. 각종 수치를 사용하는 전통적인 커뮤니케이션이라고 볼 수 있다. ◎ ☒

05 BI 도구 사용자는 데이터의 특성과 도출하고자 하는 인사이트에 따라 다양한 차트 유형 중에서 선택하여 경영정보시각화를 수행할 수 있다. ◎ ☒

06 BI 도구의 조건부 서식 지정은 사용자가 특정 데이터값을 강조 표시하여 추세, 이상값 또는 중요한 정보를 더 쉽게 식별할 수 있도록 도와준다. ◎ ☒

정답 **01** BI 도구(또는 비즈니스 인텔리전스 도구도 맞음)
02 ✕ 해설 BI 도구는 데이터 분석, 탐색, 시각화, 예측, 협업 등의 기능을 제공하여 사용자가 데이터를 최대한 활용할 수 있는 환경을 제공한다.
03 ◯
04 ✕ 해설 경영정보시각화 디자인을 적용한 대시보드는 데이터 집합을 단순화하여 사용자가 더 쉽게 접근할 수 있도록 돕고, 데이터 패턴과 추세에 대한 이해도를 높이기 위한 시각화를 사용하는 명료한 커뮤니케이션이다.
05 ◯
06 ◯

시각화 BI 도구 주요 기능

1 대시보드 디자인 개요 및 고려 사항

1) 대시보드 디자인 개요

- 대시보드는 수십 년 동안 주요 비즈니스 지표를 전달하기 위해 경영정보시각화를 사용하고 있는 영역이다.
- 기업들이 자신의 결정에 영향을 미칠 데이터를 더 많이 찾아내고 기록하는 추세를 보임에 따라 그 데이터를 한꺼번에 보여줄 방법인 대시보드를 활용한 시각화 작업이 중요해졌다.

대시보드	• 데이터의 시각적 표시를 통해 상황을 모니터링하고 이해하는 데 도움을 주는 도구로, 화면에 여러 시각화 요소(개체)를 배치하여 데이터를 쉽게 탐색할 수 있는 디자인을 가짐 • 전형적인 대시보드는 몇 개의 선 그래프, 측정 계기판, 교통신호 등 스타일의 컬러 코드로 한 조직체 전체에 해당하는 가치가 있는 데이터를 축약해 표현함

- 대시보드 사용자(해당 데이터를 이해해야 하는 대상)를 위해 적절하고 창의적인 아이디어를 제시해야 하며, 최종 사용자 모두에게 유용한 도움을 줄 수 있어야 한다.
- 경영정보시각화 디자인으로 대시보드를 제작하여 창의적이고 혁신적으로 사용하면 더 적은 공간에 더 많은 데이터를 보여줄 수 있으며, 결과적으로 보는 사람에게 똑같은 시간에 더 훌륭한 통찰을 줄 수 있다.
- 데이터에 관하여 점점 더 박식해지고 있는 사용자들과 변화하는 데이터 세계 및 테크놀로지를 고려해야 한다. 앞으로는 데이터 표현 방식이 '데이터를 보여주는 방식'에서 '탐색적인 경험'으로 눈에 띄게 변해 사용자가 주도권을 잡게 될 것이다.

2) 대시보드 디자인 고려 사항

보이는 화면은 정보를 표현해야 할 뿐만 아니라 문제의 근원을 찾기 위해 정보로 더 깊이 들어갈 수 있도록 해야 한다. 즉 비즈니스의 개별적인 특성을 고려함과 동시에 대시보드도 보여주고자 하는 정보에 부합해야 한다.

순서	• 대시보드에서 데이터를 그래프로 표현하는 순서는 데이터 내러티브 또는 스토리를 명확하고 논리적으로 말할 수 있는 핵심적인 사항 • 시각화 디자인을 통해 인과관계를 보여주면 이해도와 파악 속도를 높이는 데 도움이 됨
계층	• 보는 사람들이 알아야 할 가장 중요한 정보를 생각하고 그에 따라 가중치를 줌 • 중요도가 높은 영역은 좀 더 많은 공간을 할애하고 다른 콘텐츠와 구분이 되게 색과 글꼴을 사용해서 주의를 끌어야 함
맥락	• 시각화를 위한 맥락을 파악할 수 있는 추가적인 설명, 레이블링 등을 잘 사용하면 사람들을 시각화 경험으로 안내하는 데 도움이 되며, 요소 간의 연관성을 완벽하게 이해하는 데도 도움이 됨 • 각 섹션의 머리말은 특정 지표의 뉘앙스와 함축적 의미를 설명하는 데 잘 활용될 수 있음

3) 좋은 대시보드의 특징

- 사용자가 알고 싶은 정보, 사용하고자 하는 목적에 대한 요구분석을 기반으로 설계된다.
- 사용자가 한눈에 이해할 수 있는 보고서 및 시각화 기능을 통해 전체 상황을 파악하고 보고할 내용을 공유할 수 있도록 한다.
- 비즈니스에서 데이터 중심의 의사결정을 신속하게 할 수 있도록 도와주며, 사용자가 통찰을 쉽게 얻을 수 있도록 한다.
- 직관적인 시각화를 통해 사용자가 쉽게 접근하고 검색할 수 있도록 설계되어, 상호작용이 용이하다.

4) 대시보드의 예시

① 재무회계 대시보드를 통한 손익계산 현황 분석하기

- 손익에서 가장 중요한 지표인 매출, 매출원가, 매출총이익, 영업이익을 좌측 상단에 배치하였다.
- 정보의 흐름과 관련된 디자인 원칙을 적용하여 정보의 역피라미드와 좌측에서 우측으로의 시선 처리의 원칙이 활용되었음을 볼 수 있다.

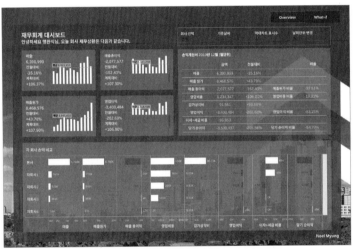

출처: https://public.tableau.com/app/profile/wansikmyung/viz/_16514546499990/Dash

▲ 재무회계 대시보드

② 이메일 마케팅 KPI 대시보드를 통한 효율적인 마케팅 방안 분석하기

- 성공적인 이메일 마케팅의 수행을 위해 현재 진행 중인 각 이메일 마케팅 데이터가 생키 다이어그램을 통해서 한눈에 데이터 흐름을 파악할 수 있도록 시각화되었다.
- 단계별 이메일이 어떻게 연결되는지 4단계에 걸친 데이터의 흐름이 효율적으로 보인다.
- 데이터 내러티브를 적용하여 유기적으로 연결된 시각화 디자인의 예시라고 볼 수 있다.

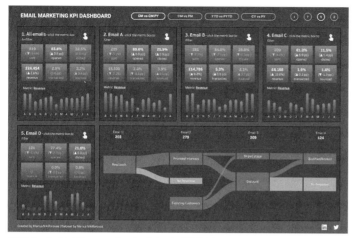

▲ 이메일 마케팅 KPI 대시보드

③ 고객 콜센터 대시보드

- 실시간으로 지원센터 통계를 시각적으로 표시하는 대시보드로 중요한 수치는 숫자를 크게 사용하여 강조하였다.
- 그래프는 가로 · 세로축, 범례 등 불필요한 그래프 구성 요소를 지우고 필요한 요소만을 남겨 디자인하였다.
- 최소한의 데이터 잉크를 사용하기 위해 색상을 최소한으로 사용하여 중요한 데이터에만 색상을 넣어서 주목성을 높인 예시이다.

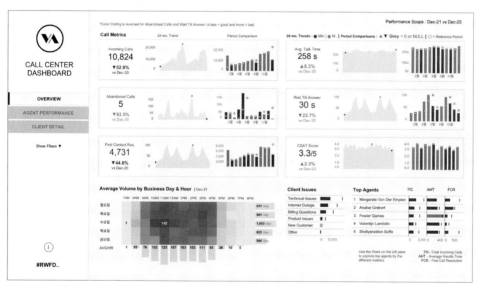

▲ 콜센터 대시보드

2 시각적 요소의 상호작용

1) 대시보드 기본 기능

① 그래프 및 차트를 통한 데이터 시각화 기능을 제공한다.

- 대시보드는 막대그래프, 선 그래프, 원그래프, 히스토그램 등 다양한 형태의 차트, 그래프, 맵 등을 사용하여 데이터를 시각적으로 표현한다. 이는 사용자가 데이터를 빠르게 이해하고 인사이트를 도출할 수 있도록 돕는다.
- 파워 BI에서 그래프를 만들려면 먼저 데이터를 가져오고 적절한 시각화 요소를 선택한 후, 해당 요소에 데이터 필드를 끌어다 놓아 연결하여 그래프의 디자인과 설정을 조정하면 원하는 시각화를 얻을 수 있다.

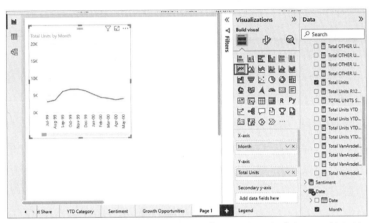

출처: https://learn.microsoft.com/ko-kr/power-bi/visuals/power-bi-line-chart?tabs=powerbi-desktop

▲ 파워 BI 차트 만들기

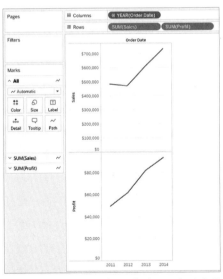

출처: https://help.tableau.com/current/pro/desktop/ko-kr/buildexamples_line.htm

▲ 태블로 차트 만들기

② 대시보드상의 대화형 요소를 사용하여 사용자의 데이터 분석을 돕는다.

- 사용자는 대시보드상에서 다양한 필터, 드롭다운 메뉴 등을 통해 데이터를 동적으로 변경하고 조작할 수 있다. 이는 사용자의 요구에 따라 대화형으로 데이터를 분석하는 데 도움을 준다.
- 파워 BI 대시보드에서 다양한 필터 및 드롭다운 메뉴를 활용하여 데이터를 동적으로 변경하려면 먼저 대시보드 페이지로 이동한 후, 편집 모드로 전환한다. 그 다음 필터 또는 드롭다운을 추가하고 원하는 데이터 필드를 선택하여 상호작용을 설정하면 사용자가 대시보드에서 쉽게 데이터를 선택하고 필터링할 수 있다. 설정한 조작 동작은 실시간으로 적용되어 대시보드가 동적으로 변화한다.

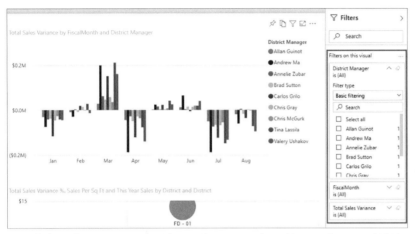

출처: https://learn.microsoft.com/ko-kr/power-bi/create-reports/power-bi-reports-filters-and-highlighting

▲ 파워 BI 필터 적용하기

출처: https://help.tableau.com/current/pro/desktop/ko-kr/publish_userfilters_create.htm

▲ 태블로 필터 적용하기

③ 대시보드상에 핵심 성과 지표(KPI)를 표시하여 효율적인 시각화를 구현한다. 24년 2회

- KPI는 대시보드상에 간결하게 표시하여 사용자가 비즈니스의 주요 성과를 빠르게 확인할 수 있도록 한다. 이는 중요한 지표를 즉각적으로 평가하고 의사결정에 활용할 수 있도록 돕는다.
- 파워 BI 대시보드 보고서에 KPI 수치를 추가하려면, 대시보드 편집 모드로 전환한 후 KPI 구성 요소를 추가한다. KPI에 표시할 필드를 선택하고 목표로 하는 값과 현재의 값 등을 설정한 후, 원하는 형식으로 KPI를 디자인하여 저장하면 대시보드에 실시간으로 KPI 수치가 표시된다. 설정한 KPI는 데이터의 성과를 간결하게 파악할 수 있게 도와준다.

출처: https://learn.microsoft.com/en-us/power-bi/visuals/power-bi-visualization-card?tabs=powerbi-desktop

▲ 파워 BI 보고서 KPI 표시

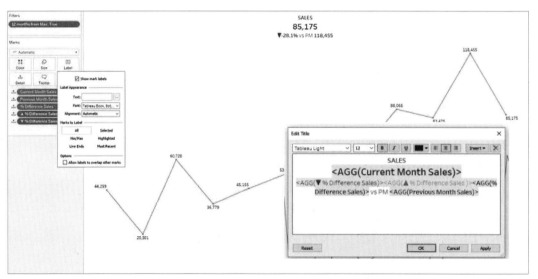

출처: https://medium.com/@alishadhillon__/formatting-kpis-in-tableau-f942b81cfaa7

▲ 태블로 대시보드 KPI 표시

④ 대시보드에 시각화된 KPI와 그래프는 실시간으로 데이터 갱신이 가능하다.

• 비즈니스 인텔리전스 도구로써의 대시보드는 실시간으로 데이터를 갱신할 수 있는 기능을 제공한다. 실시간 업데이트를 통해 사용자는 최신 정보를 확인하고 실시간으로 변화하는 데이터를 모니터링할 수 있다.

• 파워 BI 대시보드에서 실시간 데이터로 그래프를 설정하려면, 해당 데이터의 쿼리를 생성하고 업데이트 간격을 설정한 후 시각화 차트를 선택하여 대시보드에 추가한다. 업로드 후 파워 BI 서비스에서 공유 및 업데이트 설정을 확인하여 사용자가 실시간으로 데이터를 모니터링할 수 있도록 구성한다. 이를 통해 실시간으로 변화하는 데이터에 대한 동적인 시각화를 대시보드에서 제공할 수 있다.

출처: https://learn.microsoft.com/ko-kr/power-bi/connect-data/service-real-time-streaming

▲ 파워 BI 실시간 스트리밍

⑤ 다양한 데이터 원본 통합과 필터링을 할 수 있도록 지원한다.

대시보드는 데이터베이스, 엑셀 파일, CSV 파일 등 여러 데이터 원본에서 데이터를 추출하여 통합하는 기능을 제공한다. 이는 다양한 소스의 데이터를 한 곳에서 효과적으로 관리하고 시각화할 수 있도록 돕는다.

⑥ 데이터를 필터링하여 원하는 범위의 데이터만 표시할 수 있다.

필터를 적용하여 데이터를 세분화하거나 조건에 맞는 데이터에 대해서만 시각화 결과를 표시할 수 있다.

⑦ 대시보드에서 알림 및 예외 표시가 가능하다.

예외 사항이나 특정 조건이 충족될 때 알림 기능을 제공한다. 사용자는 대시보드를 통해 중요한 사항들을 즉각적으로 알 수 있고, 문제가 발생하면 빠르게 대응할 수 있다.

▲ 파워 BI 대시보드 경고 만들기

⑧ 대시보드상에 시각화된 경영정보에 대해 '보고서 생성 및 내보내기'를 할 수 있다.

- 대시보드에서는 생성된 분석 결과를 다양한 형식으로 내보낼 수 있는 기능을 제공하는데 이 기능은 보고서를 생성하거나 다른 팀 또는 이해관계자들과 공유할 때 유용하다.
- 파워 BI 보고서를 생성하려면, 데이터 소스를 연결하고 시각화 요소를 추가한 후 보고서를 설계한다. 보고서를 완성한 후 파일을 저장하고, 파워 BI 서비스에 업로드하여 온라인에서 공유하거나, '내보내기' 기능을 사용하여 PDF, Excel 등 다양한 형식으로 보고서를 공유할 수 있다.

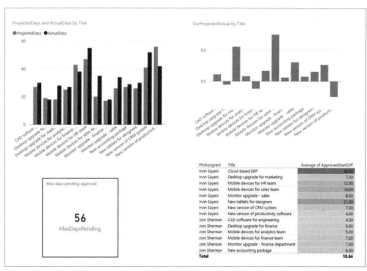

▲ 파워 BI 보고서

2) 사용자와의 상호작용

① 대시보드를 구성하기 위해 사용자와의 충분한 대화가 필요하다.

사용자들이 대시보드를 어떻게 활용하는지 조사하고, 대시보드가 필요한 정확한 이유를 파악해야 한다.

② 대시보드가 사용자의 요구 변화를 지원하는지 확인한다.

오래된 대시보드의 폐기, 기존 대시보드의 조정, 새로운 대시보드의 개발 등을 통해 대시보드가 사용자의 요구 변화를 지원하는지 항상 확인해야 한다.

③ 대시보드는 사용자의 역할, 선호도, 관심사 등에 맞게 개인화될 수 있다.

- 각 사용자는 자신에게 필요한 정보와 지표를 선택하고 구성할 수 있어야 하며, 이를 통해 자신의 요구에 맞게 사용하여 효과적인 의사결정을 내릴 수 있다.
- 개인화된 대시보드는 사용자의 편의성과 생산성을 높이며, 관련된 데이터를 더욱 효과적으로 분석할 기회를 제공한다.

3) 대시보드의 추적

① 사용자가 지속적으로 활용하는지 추적한다.

대시보드가 사용자에 의해서 계속해서 활용되고 있는지 추적해야 한다.

② 대시보드 사용 횟수에 대한 지표를 수집한다.

대시보드의 활용도가 낮아지는 것은 일반적으로 기존 대시보드에 대한 변화 요구의 발생을 의미하므로, 이를 확인하기 위해 장기적인 대시보드 사용 횟수에 대한 지표를 수집하여야 한다.

01 기업들이 자신의 결정에 영향을 미칠 데이터를 더 많이 찾아내고 기록하는 추세를 보임에 따라 그 데이터를 한꺼번에 보여줄 방법인 ☐☐☐☐를 활용한 시각화를 하는 것이 중요해졌다.

02 대시보드는 데이터의 시각적 표시를 통해 상황을 모니터링하고 이해하는 데 도움을 주는 도구로, 화면에 여러 시각화 요소(개체)를 배치하여 데이터를 쉽게 탐색할 수 있는 디자인을 가진다. ◎ ☒

03 경영정보시각화를 위한 좋은 대시보드를 만들기 위해서는 나만 알고 싶어 하는 정보, 내가 사용하고자 하는 목적을 생각하고 내가 개인적으로 보는 용도로 대시보드를 설계해야 한다. ◎ ☒

04 대시보드는 직관적인 시각화를 통해 사용자가 쉽게 접근하고 검색할 수 있도록 설계해야 하며, 이를 통해 상호작용이 편리해지도록 해야 한다. ◎ ☒

05 대시보드 디자인 시 대시보드에서 데이터를 그래프로 표현하는 ☐☐는 데이터 내러티브 또는 스토리를 명확하고 논리적으로 말하고자 할 때의 핵심적 사항이다.

06 대시보드 디자인 시 보는 사람들이 알아야 할 가장 중요한 정보를 생각하고 그에 따라 가중치를 준다. 중요도가 높은 영역은 좀 더 많은 공간을 할애하고 다른 콘텐츠와 구분이 되게 색과 글꼴을 사용해서 주의를 끌어야 한다. ◎ ☒

07 대시보드 디자인 시 ☐☐으로 추가적인 설명, 레이블링 등을 잘 사용하면 사람들을 시각화 경험으로 안내하는 데 도움이 되며 사용자가 찾고 있던 것과 그것이 다른 요소들과 어떻게 연관이 되어 있는지를 완벽하게 이해하는 데에도 도움이 된다.

08 사용자는 대시보드상에서 다양한 필터, 드롭다운 메뉴 등을 통해 데이터를 동적으로 변경하고 조작할 수 있다. 이는 사용자의 요구에 따라 대화형으로 데이터를 분석하는 데 도움을 준다. ◎ ☒

09 KPI는 대시보드상에 최대한 자세하게 설명하여 사용자가 비즈니스의 주요 성과를 자세히 확인할 수 있도록 한다. 이는 중요한 지표를 즉각적으로 평가하고 의사결정에 활용할 수 있도록 돕는다. ⓞ ☒

10 대시보드는 한 번만 만들면 알아서 활용되므로 사용자에 의해서 계속해서 활용되고 있는지 추적할 필요가 없다. ⓞ ☒

01 사무자동화 프로그램의 차트에 대한 설명으로 옳은 것은?

① 사용자는 차트를 통해 복잡한 데이터 세트의 패턴, 비교, 추세 등을 한눈에 시각적으로 파악할 수 있다.

② 차트는 사용자가 데이터를 시각적으로 표현하는 데 있어 가장 큰 제약이다.

③ 차트의 역할은 데이터 중요성 강조와 데이터 비교에 한정된다.

④ 사용자는 데이터의 특성과 도출하고자 하는 인사이트에 따라 원하는 차트를 선택하는 것이 불가능하다.

02 사무자동화 프로그램의 조건부 서식과 관련된 설명으로 옳은 것은?

① 조건부 서식은 사용자가 값을 비교하는 규칙을 설정하고 비교 결과에 따라 서식을 적용하는 것이 불가능하다.

② 조건부 서식은 차트에만 적용되며 다른 요소에는 적용되지 않는다.

③ 조건부 서식을 통해 데이터의 특정 조건에 따라 서식을 변경할 수 없다.

④ 조건부 서식을 통해 데이터의 특정 조건에 따라 서식을 동적으로 변경할 수 있다.

03 사무자동화 프로그램의 데이터 막대에 대한 설명으로 옳지 않은 것은?

① 사용자는 데이터 막대를 사용하여 값의 상대적인 크기를 쉽게 평가할 수 있다.

② 데이터 막대는 범위 또는 데이터 집합 내의 값을 빠르고 시각적으로 비교할 방법을 제공한다.

③ 조건부 서식의 한 종류로서, 숫자나 퍼센트값의 상대적인 크기를 시각화하는 기능이다.

④ 데이터값의 크기에 따라 막대의 크기나 색상이 모두 동일하므로 시각적으로 비교하는 것이 불가능하다.

04 사무자동화 프로그램의 아이콘 세트에 대한 설명으로 옳은 것은?

① 아이콘 세트는 상징적 표현을 추가하여 정보를 전달한다.

② 아이콘 세트는 주로 수치 데이터의 정확한 값을 나타내기 위해 사용되므로 수치적 표현을 반드시 추가해야 한다.

③ 아이콘 세트는 데이터 막대와 유사한 기능으로 정량적 데이터 전달을 제공한다.

④ 아이콘 세트는 주로 조건부 서식을 통해 서식을 동적으로 변경하는 데 사용된다.

05 사무자동화 프로그램의 스파크라인에 대한 설명으로 옳지 않은 것은?

① 각 데이터의 추세나 패턴을 각 셀에서 바로 파악할 수 있어 시간에 따라 변화하는 데이터를 시각화하기에 좋다.

② 사용자는 별도의 차트를 참조하지 않고도 데이터 계열의 과거 추세를 빠르게 확인할 수 있다.

③ 매우 큰 규모의 추세 그래프로, 모든 데이터의 변화를 하나로 요약해서 시각화하는 기능이다.

④ 테이블이나 행렬 내에 추세 정보를 포함할 수 있는 공간 효율적인 방법을 제공한다.

06 사무자동화 프로그램을 시각화로 이용할 때의 장점으로 옳지 않은 것은?

① 데이터 필터링, 정렬, 피벗 테이블 등의 기능을 활용하여 데이터를 집계하고 분석할 수 있다.

② 대규모 또는 복잡한 데이터를 다룰 때 적합하다.

③ 데이터 처리 후 다른 기능과 통합하여 보고서를 작성하는 데에도 유용하다.

④ 간단한 데이터 시각화 작업을 수행하기 편리하다.

07 사무자동화 프로그램을 시각화로 이용할 때의 단점으로 옳지 않은 것은?

① 여러 사람과 협업하거나 데이터를 실시간으로 공유하는 데 매우 유용하지만 개인 작업에는 한계가 있다.

② 특정 시각화 유형이나 고급 기능을 구현하지 못한다는 점에서 기능과 유연성이 제한된다.

③ 데이터를 수작업으로 입력하고 수정해야 하는 한계를 가진다.

④ 대규모 또는 복잡한 데이터를 다룰 때 한계가 있다.

08 다음 중 비즈니스 인텔리전스(BI)에 대한 설명으로 옳지 않은 것은?

① 비즈니스 인텔리전스(BI)는 조직에서 비즈니스 데이터를 수집·분석 및 시각화하여 실행 가능한 통찰과 의미 있는 정보를 생성하기 위해 사용하는 기술, 전략 프로세스를 의미한다.

② BI 도구는 경영정보시각화를 위하여 데이터를 시각적으로 매력적인 차트, 그래프, 대시보드 및 보고서로 변환할 수 있도록 지원한다.

③ BI 도구는 데이터를 정제하고 분석하여 실행 가능한 인사이트로 변환하며, 사용자는 데이터를 탐색, 시각화하고, 보고서를 작성하여 비즈니스 의사결정을 내릴 수 있도록 설계되어 있다.

④ BI 도구는 주로 원시 데이터의 저장과 관리를 위한 도구로 사용된다.

09 다음 중 BI 도구에 대한 설명으로 옳지 않은 것은?

① BI 도구를 사용하면 대화형으로 시각적으로 매력적인 차트, 그래프, 대시보드, 보고서를 만들어 데이터를 이해하기 쉬운 방식으로 표현할 수 있다.

② BI 도구는 다양한 데이터 소스에 연결할 수 있으므로 다양한 데이터 소스로부터 데이터를 추출, 변환, 로드할 수 있다.

③ 사용자는 BI 도구를 사용하여 데이터 세트를 분석 및 탐색하고, 추세, 패턴 및 이상값을 식별하고, 사용 가능한 정보를 더 깊이 이해할 수 있다.

④ BI 도구를 사용하면 정적 대시보드만 만들 수 있어, 단편적인 경영정보만 제공할 수 있다.

10 다음 중 BI 도구에서 제공하지 않는 것은?

① BI 도구는 막대형 차트, 꺾은선 차트, 원형 차트, 분산형 차트 등 다양한 차트 및 그래프 유형을 제공한다.

② BI 도구는 에디토리얼 인포그래픽을 위한 다양한 클립아트를 선택해서 아름답게 꾸밀 수 있다.

③ 사용자는 여러 시각화, 보고서, 핵심 성과 지표(KPI)를 하나의 화면에 결합하여 대시보드를 만들 수 있다.

④ 경영정보시각화로 디자인된 대시보드는 비즈니스 메트릭에 대한 전체적인 보기를 제공하고 모니터링 및 의사결정에 도움을 준다.

11 경영정보시각화 디자인을 적용한 대시보드가 제공하는 세 가지 장점으로 옳지 않은 것은?

① 명료한 커뮤니케이션
② 이해도 향상
③ 복합적인 의사결정 시스템
④ 단순화한 쉬운 접근

12 다음 중 BI 도구의 장점으로 옳지 않은 것은?

① 데이터 세트의 구조, 특성, 패턴 등을 탐색함으로써 데이터에 대한 통찰력을 얻을 수 있다.
② 경영정보시각화의 재현 가능성과 반복 가능성을 구현하기 매우 쉽다.
③ 데이터의 분포, 상관관계, 이상치 등을 시각적으로 파악하며, 데이터 간의 상호작용과 패턴을 탐색할 수 있다.
④ 시각화를 위한 BI 도구는 탐색적 데이터 분석을 위해 동일한 데이터를 활용한 다양한 시각화 방법을 빠르게 적용할 수 있는 기능을 제공한다.

13 다음 중 BI 도구의 단점으로 옳지 않은 것은?

① 동일한 조건에서 동일한 시각화 결과를 다시 얻을 수 있는 능력인 반복 가능성을 구현하기 어렵다.
② BI 도구는 일일이 데이터별 변환 과정을 기록하지 않고 대부분 최종 결과만 저장해 주는 단점이 있다.
③ 시각화 결과를 다른 사람이나 미래의 자신이 재현할 수 있는 능력인 재현 가능성을 확보하기 어렵다.
④ 경영정보시각화 결과물의 재현 가능성과 반복 가능성을 구현하기 매우 쉽다.

14 BI 도구에서 사용되는 함수의 설명으로 옳지 않은 것은?

① BI 도구별로 활용되는 함수는 모두 다르다.
② BI 도구인 파워 BI와 태블로의 최댓값 반환 함수는 MAX, 최솟값 반환 함수는 MIN으로 동일하다.
③ BI 도구인 파워 BI와 태블로의 주어진 문자열에 지정한 부분 문자열이 포함되어 있으면 TRUE를 반환하는 문자열 함수는 CONTAINS로 동일하다.
④ BI 도구인 파워 BI와 태블로의 합계 반환 함수는 SUM으로 동일하다.

15 BI 도구에서 공통적으로 주로 사용되는 함수의 설명으로 옳지 않은 것은?

① 지정된 간격 수만큼 정방향 또는 뒤로 이동한 날짜 열이 포함된 테이블을 반환하는 함수는 DATEADD 이다.

② 모든 값의 평균 반환 함수는 AVERAGE 또는 AVG이다.

③ 샘플 집단을 기준으로 모든 값의 통계적 분산을 반환하는 함수는 STDEV.S 또는 STDEV이다.

④ 텍스트 문자열의 문자 수를 반환하는 함수는 LEN이다.

16 BI 도구의 대시보드에 대한 설명으로 옳지 않은 것은?

① 대시보드는 데이터의 시각적 표시를 통해 상황을 모니터링하고 이해하는 데 도움을 주는 도구로, 화면에 여러 시각화 요소(개체)를 배치하여 데이터를 쉽게 탐색할 수 있는 디자인을 가진다.

② 경영정보시각화 디자인으로 대시보드를 제작하여 창의적이고 혁신적으로 사용하면 더 적은 공간에 더 많은 데이터를 보여줄 수 있으며, 결과적으로 보는 사람에게 똑같은 시간에 더 훌륭한 통찰을 줄 수 있다.

③ 앞으로는 데이터 표현 방식이 '엑셀 형식 데이터를 보여주는 방식'이 우세할 것이므로 대시보드의 사용은 자제해야 한다.

④ 기업들이 자신의 결정에 영향을 미칠 데이터를 더 많이 찾아내고 기록하는 추세를 보임에 따라 데이터를 한꺼번에 보여줄 방법인 대시보드를 활용한 시각화를 하는 것이 중요해졌다.

17 BI 도구의 대시보드 디자인 시 고려 사항으로 옳지 않은 것은?

① 시각화 디자인을 통해 인과관계를 보여주면 이해도와 파악 속도를 높이는 데 도움이 된다.

② 중요도가 높은 영역은 좀 더 많은 공간을 할애하고 다른 콘텐츠와 구분이 되게 색과 글꼴을 사용해서 주의를 끌어야 한다.

③ 대시보드에서 추가적인 설명, 레이블링 등은 최대한 자제해서 사용해야 한다.

④ 대시보드에서 데이터를 그래프로 표현하는 순서는 데이터 내러티브 또는 스토리를 명확하고 논리적으로 말할 수 있는 핵심적인 사항이다.

18 좋은 대시보드의 특징으로 옳지 않은 것은?

① 좋은 대시보드는 은유적인 시각화를 통해 데이터에 대해 깊이 고심하고 이해하도록 설계되어 있다.

② 좋은 대시보드는 사용자가 한눈에 이해할 수 있는 보고서 및 시각화 기능을 통해 전체 상황을 파악하고 보고 내용을 공유할 수 있도록 한다.

③ 좋은 대시보드는 비즈니스에서 데이터 중심의 의사결정을 더욱 신속하게 할 수 있도록 도와주며, 사용자가 통찰을 쉽게 얻을 수 있도록 한다.

④ 좋은 대시보드는 사용자가 알고 싶어 하는 정보, 사용하고자 하는 목적에 대한 요구 분석을 기반으로 설계되었다.

19 BI 도구의 대시보드에 속하지 않는 기능은?

① 다양한 필터, 드롭다운 메뉴 등을 통해 데이터를 동적으로 변경하고 조작하는 기능

② 다양한 데이터 원본 통합과 필터링을 할 수 있는 기능

③ 그래프 및 차트를 통한 데이터 시각화 기능

④ 시각화를 동일하게 구현할 수 있는 그래프 히스토리 기능

20 대시보드의 사용자 상호작용을 위한 특징으로 옳지 않은 것은?

① 대시보드를 한번 만든 뒤에는 사용자가 어떻게 사용하는지 확인할 필요가 없다.

② 대시보드는 사용자의 역할, 선호도, 관심사 등에 맞게 개인화될 수 있다.

③ 각 사용자는 자신에게 필요한 정보와 지표를 선택하고 구성할 수 있어야 한다.

④ 대시보드를 구성하기 위해 사용자와의 충분한 대화가 필요하다.

01 ①	02 ④	03 ④	04 ①	05 ③
06 ②	07 ①	08 ④	09 ④	10 ②
11 ③	12 ②	13 ④	14 ①	15 ③
16 ③	17 ③	18 ①	19 ④	20 ①

01 ①

차트는 사용자가 복잡한 데이터를 시각적으로 이해하고 비교, 추세 등을 빠르게 파악할 수 있게 도와주는 도구이다.

02 ④

조건부 서식은 데이터의 특정 조건에 따라 셀의 서식을 동적으로 변경하는 기능으로, 주로 중요성 강조나 데이터 비교에 활용된다.

03 ④

데이터 막대는 데이터값의 크기에 따라 막대의 크기나 색상이 다르므로 시각적으로 비교하고 분석할 수 있다.

04 ①

아이콘 세트는 데이터에 상징적 표현을 추가하여 사용자에게 한눈에 정보를 전달하는 역할을 한다.

05 ③

스파크라인은 작은 규모의 추세 그래프로, 셀 내에서 데이터의 변화를 시각화하는 기능이다.

06 ②

사무자동화 프로그램은 대규모 또는 복잡한 데이터를 다룰 때 한계가 있으므로 시각화 측면에서는 적합하지 않다.

07 ①

개인 데스크톱에서의 작업 및 활용은 유용하지만, 여러 사람과 협업하거나 데이터를 실시간으로 공유하는 데는 한계가 있다. 공유에 유용하다는 것은 단점으로 옳지 않다.

08 ④

비즈니스 인텔리전스(BI)와 BI 도구는 주로 데이터를 분석하고 시각화하여 비즈니스 의사결정을 지원하는 데 사용되며, 원시 데이터의 저장 및 관리는 주된 목적이 아니다.

09 ④

BI 도구를 사용하면 핵심 성과 지표(KPI)와 메트릭을 통합하고 표시하는 동적 대시보드를 만들어 비즈니스 성과에 대한 전체적인 시각을 제공할 수 있다.

10 ②

BI 도구는 에디토리얼 인포그래픽을 구현하기 위한 클립아트와 같은 기능을 제공하지 않는다.

11 ③

경영정보시각화 디자인을 적용한 대시보드는 단순화한 쉬운 접근, 이해도 향상, 명료한 커뮤니케이션이라는 세 가지 장점이 있다.

12 ②

BI 도구는 일일이 데이터별 변환 과정을 기록하지 않고 대부분 최종 결과만 저장해 주는 특성이 있으므로, 시각화 도구를 사용하여 도표를 재현하거나 다른 데이터 세트로 비슷한 도표를 생성하기가 어렵다.

13 ④

경영정보시각화 결과물의 재현 가능성과 반복 가능성을 구현하기 어려우므로, 매우 쉽다는 것은 단점으로 옳지 않다.

14 ①

BI 도구별로 활용되는 함수의 구체적인 내용은 다르나 공통으로 기능을 구현하는 함수들이 존재한다.

15 ③

샘플 집단을 기준으로 모든 값의 통계적 분산을 반환하는 함수는 VAR.S 또는 VAR이다. STDEV.S 또는 STDEV는 샘플 집단을 기준으로 모든 값의 통계적 표준편차를 반환하는 함수이다.

16 ③

데이터 표현 방식이 '데이터를 보여주는 방식'에서 '탐색적인 경험'으로 눈에 띄게 변해 BI 도구의 대시보드를 사용하는 사용자가 경영정보시각화의 주도권을 잡게 될 것이다.

17 ③

시각화를 위한 맥락을 파악할 수 있는 추가적인 설명, 레이블링 등을 잘 사용하면 사람들을 시각화 경험으로 안내하는 데 도움이 된다.

18 ①

좋은 대시보드는 직관적인 시각화를 통해 사용자가 쉽게 접근하고 검색할 수 있도록 설계되어 상호작용이 용이하다.

19 ④

대시보드상의 시각화를 동일하게 재현하고 반복하는 기능은 제공되지 않는다. 경영정보시각화 결과물의 재현 가능성과 반복 가능성을 구현하기 어려운 것이 BI 도구의 단점이다.

20 ①

오래된 대시보드의 폐기, 기존 대시보드의 조정, 새로운 대시보드의 개발 등을 통해 대시보드가 사용자의 요구 변화를 지원하는지 항상 확인해야 한다.

최신 기출 문제

등급	문항 수	소요시간
단일 등급	총 60문항	60분

수험번호 : _____

성   명 : _____

정답 & 해설 ▶ 544쪽

1과목 **경영정보 일반**

01 다음 중 보상 제도에 대한 설명으로 가장 옳지 않은 것은?

① 업무 관련 고충 처리와 스트레스 관리를 위한 종업원 지원프로그램(EAP) 등을 법정 외 복리후생으로 운영할 수 있다.

② 4대 보험, 유급휴가 및 퇴직금 제도는 종업원에게 반드시 제공되어야 하는 법정 복리후생이다.

③ 임금 수준 결정에 있어 회사의 지불 능력과 종업원의 최저생계비 보장은 핵심 고려사항이다.

④ 근속연수에 연동하여 임금을 인상하는 베이스업(base-up)은 고성과자의 동기를 저하시키는 부작용을 초래할 수 있다.

02 아래 글상자에서 공통으로 설명하는 감가상각 방법으로 가장 옳은 것은?

> – 자산의 내용연수에 따라 매년 같은 감가상각 비용을 부과하는 방법이다.
> – 간단하고 직관적이라는 장점이 있다.
> – 자산의 경제적 가치 변동을 고려하지 않아 실제 사용에 따른 감가상각 비용을 정확하게 나타내지 못할 수 있다는 단점이 존재한다.

① 정액법

② 정률법

③ 생산량비례법

④ 연수합계법

03 다음 중 피평가자 집단의 다양한 활동들을 복수의 평가자가 관찰과 평가를 하기 위해 행동 시뮬레이션과 과제를 활용하는 방법으로, 피평가자에 대한 집중적이고 전문적인 평가가 가능한 방법으로 가장 옳은 것은?

① 평가센터법

② 행태관찰척도법

③ 서열법

④ 행태기준평정법

04 다음 중 디지털 마케팅의 CVR에 대한 설명으로 가장 옳지 않은 것은?

① 마케팅에 참여한 전체 사용자 대비 전환을 수행한 사용자의 비율을 의미한다.

② 마케팅 활동을 통해 원하는 전환을 수행한 사용자의 비율을 의미한다.

③ 마케팅에서의 전환은 구매를 의미하므로 가입 및 다운로드는 포함되지 않는다.

④ 첫 페이지에서 결제 페이지까지의 과정을 최적화하는데 필요한 지표이다.

05 다음 중 고객행동 데이터로 가장 옳지 않은 것은?

① 구매이력
② 웹사이트 방문기록
③ 제품 리뷰 및 별점
④ 고객 인지도

06 다음 중 공급과 수요를 통합적으로 관리하는 것을 목적으로 하여 단일 조직이 아니라 독립적인 다수의 조직을 관리하는 방법으로 가장 옳은 것은?

① 공급사슬관리
② 구매관리
③ 통합품질관리
④ 통합마케팅커뮤니케이션

07 다음 중 일정 기간의 기업의 현금 유입과 유출 내역을 나타내어 기업의 현금 관리와 재무 건전성을 평가하는 보고서로 가장 옳은 것은?

① 자본변동표
② 현금흐름표
③ 재무비율표
④ 매출원가표

08 다음 중 기업이 단기 부채를 단기자산으로 상환할 수 있는 능력을 측정하는 데 사용되는 재무비율로 가장 옳은 것은?

① 총자산이익률
② 투자수익률
③ 유동비율
④ 부채비율

09 다음 중 공급사슬의 일반적인 세 가지 대표 유형의 이동으로 가장 옳지 않은 것은?

① 정보의 교환
② 물리적 이동
③ 현금 흐름
④ 직원 인사 이동

10 다음 중 정량적 데이터를 분석하는 방법으로 가장 옳은 것은?

① 텍스트마이닝
② 질적연구방법론
③ 회귀분석
④ 워드클라우드

11 다음 중 샘플 데이터를 추출하여 수행하는 검사로 가장 옳지 않은 것은?

① 생산 전 검사 : 투입되는 자원의 적합성 검사
② 생산 중 검사 : 원자재 구매 전 적합성 검사
③ 고객 인도 전 적합성 검사
④ 생산 후 검사 : 제품의 적합성 검사

12 다음 중 옵션계약의 가격으로, 옵션매수자가 권리를 갖는 대가로 매도자에게 옵션계약을 매수할 때 지불하는 금액을 나타내는 용어로 가장 옳은 것은?

① 프리미엄
② 행사가격
③ 기초자산
④ 옵션매도가

13 다음 국가통계포털에서 제공하는 정보 중 지역자치단체의 생활환경 및 경영상황과 관련성이 높은 지표로 가장 옳은 것은?

① E-지방지표
② 문화/여가지표
③ 소득/소비/자산지표
④ 국민계정지표

14 아래 글상자에서 공통적으로 설명하는 지표로 가장 옳은 것은?

> – 전체시장에서 차지하는 비율을 나타낸다.
> – '특정 기업의 연간 매출 전체 시장규모'로 계산한다.
> – 이것이 높은 기업은 더 큰 영향력을 가지며, 경제적인 이점을 얻을 수 있다.

① 시장점유율
② 성장률
③ 투자수익률
④ 시장포화도

15 다음 중 ROAS에 대한 설명으로 가장 옳은 것은?

① ROAS는 광고나 링크를 클릭한 사용자의 비율을 나타내는 지표이다.
② ROAS는 사용자가 웹페이지를 떠나는 비율을 나타내는 지표이다.
③ ROAS는 광고 투자 대비 수익률을 나타내는 지표이다.
④ ROAS는 얼마나 많은 고객이 재방문하는지를 나타내는 지표이다.

16 다음 중 역할과 책임의 확장에 따라 임금을 인상하는 임금 조정 방법으로 가장 옳은 것은?

① 승급
② 승진
③ 승격
④ 베이스업

17 다음 중 문제의 원인을 중요하지 않은 다수의 원인과 중요한 소수의 원인으로 분류하는 품질 검사 방법으로 가장 옳은 것은?

① 체크리스트 기법
② 파레토 분석 기법
③ 히스토그램 기법
④ 산점도 기법

18 다음 중 조직의 주요 경력개발프로그램으로 가장 옳지 않은 것은?

① 리스킬링
② 핵심인재육성
③ 이중경력제도
④ 종업원지원 프로그램

19 다음 중 채권투자에 따른 투자위험으로 가장 옳지 않은 것은?

① 구매력감소위험
② 채무불이행위험
③ 시장위험
④ 자본예산위험

20 다음 중 신규고객판매에 대한 설명으로 가장 옳지 않은 것은?

① 기업이 이전에 상호작용한 적이 없는 고객을 대상으로 제품이나 서비스를 판매하는 것이다.
② 고객을 유치하고 유입시키기 위해 다양한 마케팅 전략과 광고 캠페인의 효과를 파악한다.
③ 할인, 프로모션, 새로운 제품 출시 등을 통해 신규고객 판매를 늘리려고 노력한다.
④ 추가적인 가치제공을 위해 개인화된 서비스, 멤버십 혜택, 리워드 프로그램 등을 제공한다.

21 다음 중 수치형 데이터 분석에 대한 설명으로 가장 옳지 않은 것은?

① 데이터 간의 종속성 또는 독립성을 확인하기 위해 카이제곱 검정을 사용할 수 있다.

② 변수 간의 상관관계와 영향을 분석할 수 있다.

③ 회귀 모델을 사용하여 수치형 데이터를 예측할 수 있고 시계열 분석을 이용하여 미래를 예측할 수 있다.

④ 머신러닝을 사용하여 데이터를 분류하거나 유사한 데이터끼리 군집화하는 것이 가능하다.

22 다음 글상자에서 설명하는 백업 방법으로 가장 옳은 것은?

> – 마지막 백업 이후 변경된 데이터만을 백업하므로 훨씬 작고 빠른 백업이 가능하다.
> – 백업 사이의 시간 간격이 짧을수록 백업할 데이터가 적다.
> – 마지막 전체 백업과 이후 백업을 재구성해야 하기 때문에 복원 시 시간이 오래 걸린다는 단점이 있다.

① 로컬 백업
② 차등 백업
③ 증분 백업
④ 순차적 백업

23 데이터들의 유사도를 측정하여 유사도가 높은 데이터를 그룹화하여 분석하고자 할 때 가장 옳은 데이터 마이닝 기법은?

① 분류분석
② 군집분석
③ 연관분석
④ 회귀분석

24 아래 글상자에서 설명하는 비즈니스 인텔리전스 기술 중 가장 옳은 것은?

> 조직의 다양한 출처로부터 수집된 데이터를 통합, 저장, 관리하는 기술이다.

① 데이터 웨어하우징
② 데이터 마이닝
③ 데이터 시각화
④ OLAP(Online Analytical Processing)

25 다음 제시된 자료에 대한 최빈값은?

> 2, 4, NULL, 4, 6, NULL, NULL

① 2
② 4
③ NULL
④ 6

26 아래 글상자에서 설명하는 데이터 분리 방법으로 가장 옳은 것은?

> 데이터를 여러 폴드로 나누고 각 폴드를 번갈아 가며 훈련 및 검증에 사용하는 방법이다.

① 교차 검증
② 계층적 분리
③ 홀드아웃
④ 시계열 분리

27 다음 글상자에서 설명하는 데이터베이스 관리 시스템의 특징으로 가장 옳은 것은?

> 기존 응용 프로그램에 영향을 주지 않고 데이터 베이스의 논리적 구조를 변경시키거나 데이터의 물리적 구조를 변경할 수 있는 것을 말한다.

① 데이터 일관성
② 데이터 무결성
③ 데이터 독립성
④ 데이터 모델링

28 다음 중 정보의 예시로 가장 옳지 않은 것은?

① 가입 고객의 연령별 분포도
② 대리점별 평균 매출액
③ 고객이 서비스를 사용하기 위해 로그인한 시간
④ 지난달 판매된 베스트 상품

29 다음 비식별화 기술 중 데이터 임의화에 대한 설명으로 가장 옳은 것은?

① 실제 데이터의 일부를 가려서 익명화한다.
② 개인을 식별할 수 있는 모든 정보를 제거한다.
③ 식별 가능한 데이터를 대체 식별자로 대체한다.
④ 데이터에 임의의 변동을 추가한다.

30 아래 글상자에서 설명하는 스키마로 가장 옳은 것은?

> 데이터베이스 사용자가 인식하는 논리적 구조로 테이블, 뷰, 인덱스, 관계, 제약 조건 등을 포함한다.

① 개념 스키마
② 내부 스키마
③ 내용 스키마
④ 외부 스키마

31 다음 중 셀프서비스 비즈니스 인텔리전스의 주요 특징으로 가장 옳은 것은?

① IT전문가만 데이터에 대한 분석 및 보고를 할 수 있다.
② 데이터에 대하여 제한적인 접근 및 공유를 수행할 수 있다.
③ 비즈니스 사용자가 독립적으로 직접 데이터를 탐색하고 분석할 수 있다.
④ 의사결정 시 기술팀에서 제공하는 자동화된 알고리즘을 사용한다.

32 다음 중 데이터 표준화에 대한 설명으로 가장 옳은 것은?

① 데이터 세트에서 결측값을 제거하는 것이다.

② 비교를 위해 데이터를 일관된 단위로 변환하는 것이다.

③ 효율적인 저장을 위해 데이터를 압축하는 것이다.

④ 데이터의 분포를 최대한 보전하면서 고차원 데이터를 저차원 데이터로 변환하는 것이다.

33 아래 글상자에서 설명하는 데이터 해석 오류 중 가장 옳은 것은?

> 데이터 분석 모델이 너무 단순하거나 충분한 학습이 이루어지지 않았을 때 발생하는 해석 오류이다.

① 확증 편향

② 과대 적합

③ 과소 적합

④ 표본 편향

34 다음 중 키(Key)에 대한 설명으로 가장 옳지 않은 것은?

① 기본키는 후보키에 속한다.

② 대체키는 후보키에 속한다.

③ 외래키를 통해 테이블 간의 관계를 맺을 수 있다.

④ 슈퍼키는 유일성과 최소성을 만족해야 한다.

35 아래 글상자에서 설명하는 데이터베이스의 구성요소로 가장 옳은 것은?

> (   )은/는 테이블의 열을 나타내며, 특정 데이터 유형에 대한 정보를 기술한다. 이는 고유한 이름을 가지며, 데이터의 유형을 정의한다. 예를 들어 이름, 나이, 성별 등은 '학생'이라는 테이블에서 해당 구성요소로 사용될 수 있다.

① 레코드(Record)

② 속성(Attribute)

③ 엔터티(Entity)

④ 릴레이션(Relation)

36 다음 중 파일 시스템에 대한 설명으로 가장 옳지 않은 것은?

① 파일 시스템은 데이터를 계층적으로 구성한다.

② 파일 시스템은 같은 데이터가 중복될 수 있다.

③ 파일 시스템은 동시성 제어가 부족하다.

④ 파일 시스템은 데이터 검색이 효율적이다.

37 다음 중 통계용어에 대한 설명으로 가장 옳지 않은 것은?

① 주어진 시간이 일어났다는 가정하에 다른 한 사건이 일어날 확률을 조건부 확률이라 한다.

② 두 변수 간의 상관관계는 상관계수가 1에 가까울수록 약하다고 해석할 수 있다.

③ 공분산은 두 변수가 각자의 평균으로부터 얼마나 떨어져 있는지를 나타내는 값이다.

④ 확률변수의 기댓값은 확률변수의 중심적 성향을 나타내는 수치이다.

38 아래 글상자에서 설명하는 데이터베이스 언어로 가장 옳은 것은?

> 해당 언어는 데이터베이스의 논리적 구조를 설계하고, 데이터베이스 객체의 생성, 수정, 삭제를 담당한다. 중요 명령어로는 CREATE, ALTER, DROP 등이 있다.

① 데이터 관리어(Data Management Language)

② 데이터 조작어(Data Manipulation Language)

③ 데이터 제어어(Data Control Language)

④ 데이터 정의어(Data Definition Language)

39 다음 중 NoSQL 데이터베이스의 특징에 대한 설명으로 가장 옳은 것은?

① 데이터 저장을 위해 미리 정의된 스키마를 제공한다.

② 데이터 관리 및 조작을 위해 주로 SQL을 사용한다.

③ 구조적 및 관계형 데이터를 처리하는 데 적합하다.

④ 유연한 스키마 설계를 제공하고 비정형 또는 반정형 데이터를 처리한다.

40 다음 중 데이터의 종류에 대한 설명으로 가장 옳지 않은 것은?

① 정형 데이터는 데이블의 모든 행에 동일한 열 집합이 존재한다.

② 비정형 데이터는 정형 데이터에 비해 분석하기 어렵다.

③ 정형 데이터는 주로 XML, HTML, JSON 등의 파일 형태로 저장된다.

④ 반정형 데이터는 구조에 따라 저장된 데이터이지만 정형 데이터와 달리 데이터 내용 안에 설명이 함께 존재한다.

3과목 **경영정보시각화 디자인**

41 보기는 시각 이해 위계의 피라미드의 각 단계에 들어갈 내용이다. 아래로부터 위까지의 순서로 가장 옳은 것은?

① 지식–정보–데이터–지혜

② 정보–데이터–지식–지혜

③ 데이터–정보–지식–지혜

④ 데이터–지식–정보–지혜

42 다음은 어떤 그래프 유형에 대한 설명이다. 가장 옳은 것은?

> 누적 효과를 보기 위해 많이 사용하는 플롯이다.
> 최종 이익에 기여하는 세그먼트와 그 기여의 정도를 쉽게 판단할 수 있다.
> 측정값의 총합계를 같이 표현하면 더 효과적이다.
> 음의 측정값이 존재해도 누적 효과를 확인할 수 있다.

① 간트차트

② 덴드로그램

③ 폭포수차트

④ 스트립차트

43 다음과 같은 차트 유형의 명칭으로 가장 옳은 것은?

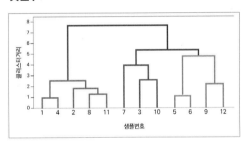

① 라인차트

② 스파이더차트

③ 범프차트

④ 덴드로그램

44 다음 중 시각화 도구(BI 소프트웨어)의 특징으로 가장 옳지 않은 것은?

① 시각화 도구를 사용한다면 재현 가능성을 구현하기 어려울 수 있다.

② 무작위한 요소가 포함된다면 반복 가능성을 구현하기 어려울 수 있다.

③ 시각화 도구는 동일한 데이터에 대해 다양한 시각화 방법을 빠르게 적용할 수 있게 한다.

④ BI 소프트웨어는 데이터 시각화를 위한 전용 도구로 데이터 추출 및 변환 기능은 제공하지 않는다.

45 다음 캘린더차트와 관련된 설명 중 가장 옳지 않은 것은?

① X, Y, Z 3개의 축을 가진 입체형태의 차트이다.

② 날짜데이터를 활용하여 구성할 수 있다.

③ '요일'을 행, '주차'를 열, '일'을 칸에 포함하는 특수한 형태의 테이블이다.

④ 칸의 색상, 레이블을 통해 데이터에 대한 정보를 시각적으로 제공할 수 있다.

46 다음과 같은 차트 유형에 대한 설명으로 가장 옳지 않은 것은?

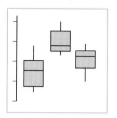

① 아웃라이어(데이터 분포 중 다른 측정값에서 크게 벗어난 값) 발견이 쉽다.

② 데이터를 사분위로 표시하여 최소, 1사분위수, 중위수, 3사분위수, 최대 등을 표시할 수 있다.

③ 평균은 표시하지 않는다.

④ 신뢰구간을 표시하여 불확실성을 나타낼 수 있다.

47 다음 제시된 이미지는 게슈탈트의 7가지 법칙 중 하나의 예시이다. 관련이 있는 법칙으로 가장 옳은 것은?

① 연속성의 법칙

② 폐쇄성의 법칙

③ 단순 충만의 법칙

④ 전경과 배경의 법칙

48 다음 중 공간 시각화에 해당하는 것은?

① 카토그램 히트맵
② 시계열 그래프
③ QQ도표
④ 버블차트

49 다음 그래프와 관련된 설명 중 가장 옳지 않은 것은?

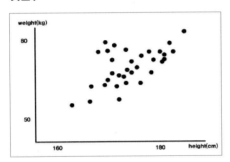

① 두 데이터 항목의 공통 변이를 나타내는 2차원 도표다.
② 두 정량적 변수 간의 관계는 점들이 '촘촘한' 패턴으로 떨어지면 강한 관계에서 점들이 흩어지면 약한 관계로 해석된다.
③ 데이터 포인트가 적을 때 명확한 패턴을 해석하기 용이하다.
④ 데이터가 얼마나 분포됐는지 또는 데이터 포인트들이 얼마나 밀접한 관련이 있는지 이해하는 데 도움을 주며, 데이터의 분포에 존재하는 패턴을 신속하게 식별할 수 있게 해준다.

50 다음 중 기초 디자인 원리 중 색의 3속성에 대한 내용으로 가장 옳지 않은 것은?

① 색상은 색의 이름이나 종류를 말한다.
② 채도는 색상에 다른 색이 혼합된 정도를 나타낸다.
③ 높은 명도 값은 색이 밝고, 낮은 명도 값은 색이 어두운 것을 의미한다.
④ 100%의 채도일 때 회색, 0%의 채도일 때 순수한 색이 된다.

51 다음 인포그래픽에 해당하는 설명 중 가장 옳지 않은 것은?

① 인터넷 사이트에 게시되기 위해 좁고 긴 디자인이 일반적인 형태가 되었다.
② 에디토리얼 인포그래픽은 전통적인 정보 시각화 결과물보다 삽화와 장식을 많이 포함한다.
③ 연구나 조사, 발견, 수집의 결과인 일종의 기초자료로서 정보를 만들기 위한 일종의 원자재와 같은 것이다.
④ 사람이 사용할 수 있는 효과적인 정보와 복잡하고 구조적이지 않은 기술 데이터를 시각적으로 표현하는 방법이다.

52 다음 설명과 가장 관련이 있는 도표는?

> (   ) 유형의 차트는 계급으로 데이터를 집단화하고, 지도에 각 계급을 단계적으로 표현함으로써 지역을 집단으로 하여 단순한 개수(count)가 아닌 숫자 데이터를 보여준다.

① 지도맵

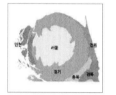

② 단계구분도

③ 카토그램

④ 카토그램 히트맵

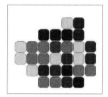

53 다음과 같은 차트 유형의 명칭으로 가장 옳은 것은?

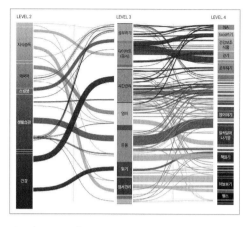

① 히스토그램
② 시나플롯
③ 생키차트
④ 곡선그래프

54 다음은 대표적인 분포 시각화 차트에 대한 설명이다. 설명에 해당하는 차트 유형으로 가장 옳은 것은?

> 가로축에 범주형 데이터 혹은 구간, 세로축에 측정값의 정도를 표현하는 그래프
> 통계적 분포를 표시할 수 있음
> 가로축(X축)에 구간의 폭을 정확하게 설정하면 시각적으로 효과적인 정보를 전달할 수 있음

① 히트맵차트
② 와플차트
③ 히스토그램
④ 도넛차트

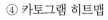

55 다음 설명에 해당하는 인포그래픽 디자인 구성 요소로 가장 옳은 것은?

( )은/는 그래프나 차트에서 사용된 색상, 패턴, 기호 등과 그에 대응하는 항목을 설명하는 텍스트 요소이다. 데이터 요소의 의미를 명확하게 전달하고 그래프의 해석을 돕는 역할을 한다. 그래프나 차트의 가독성을 향상시켜 사용자가 데이터를 이해하고 비교할 수 있도록 돕는 시각적인 가이드 역할을 한다.

① 제목
② 범례
③ 서체
④ 클립아트

56 다음 중 데이터의 불확실성을 표현하기에 가장 적합한 차트 유형은?

① 바이올린차트

② 밀도분포
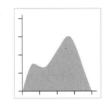

③ 수평오차막대

④ 히스토그램

57 다음 그림의 차트와 관련된 설명으로 가장 옳지 않은 것은?

① 원의 전체 크기는 데이터 전체의 총합에 해당하는 수량을 뜻한다.
② 파이 조각의 크기는 데이터 중 특정 차원의 데이터 값(부분)이 차지하는 비율을 말한다.
③ 상대적으로 특정 범주(차원)의 비율을 상호 비교하기 쉽다.
④ 범주(차원)가 많아지면 비율을 시각적으로 이해하기 쉽다.

58 다음 설명에 해당하는 시각화 기능으로 가장 옳은 것은?

조건부 서식의 한 종류로서, 숫자가 퍼센트 값의 상대적인 크기를 시각화하는 기능
데이터값의 크기에 따라 막대의 크기나 색상이 변화하여 시각적으로 비교 분석이 가능

① 스파크라인
② 데이터 막대
③ 피벗 테이블
④ 아이콘 세트

59 다음은 대시보드의 효율적인 시각화와 관련된 설명이다. 빈칸에 들어갈 내용으로 가장 옳은 것은?

( )는 대시보드 상에 간결하게 표시하여 사용자가 비즈니스의 주요 성과를 빠르게 확인할 수 있도록 한다. 이는 중요한 지표를 즉각적으로 평가하고 의사 결정에 활용할 수 있도록 돕는다.
파워 BI 대시보드 보고서에 ( ) 수치를 추가하려면, 대시보드 편집 모드로 전환한 후 ( ) 구성 요소를 추가한다. ( )에 표시할 필드를 선택하고 목표로 하는 값과 현재값 등을 설정한 후, 원하는 형식으로 ( )를 디자인하여 저장하면 대시보드에 실시간으로 ( ) 수치가 표시된다. 설정한 ( )는 데이터의 설과를 간결하게 파악할 수 있게 도와준다.

① Query
② CSV
③ KPI
④ Filter

60 다음 중 정량 데이터의 시간 전후 관계를 표현하는 데 가장 적합한 차트 유형은?

① 누적수평막대차트   ② 히트맵차트

③ 수직막대차트   ④ 경사차트

등급	문항 수	소요시간
단일 등급	총 60문항	60분

수험번호 : _____

성   명 : _____

정답 & 해설 ▶ **548쪽**

1과목 **경영정보 일반**

01 아래 글상자의 설명이 나타내는 SERVQUAL의 구성요인으로 가장 옳은 것은?

> 이것은 직원의 전문성, 지식 및 예의가 고객에게 신뢰와 안심을 줄 수 있는 능력을 이야기한다.

① 응답성(Responsiveness)
② 신뢰성(Reliability)
③ 확신성(Assurance)
④ 공감성(Empathy)

02 다음 중 크로스셀링(Cross Selling)에 대한 설명으로 가장 옳은 것은?

① 고객이 특정 모델의 스마트폰을 구매하려 할 때, 더 높은 스펙이나 기능을 가진 모델을 제안하는 것이다.
② 고객이 이미 구매한 상품과 관련이 있는 다른 부가적인 상품이나 서비스를 제안하는 것이다.
③ 고객이 이미 결정한 구매에 대해 추가 기능이나 업그레이드를 제안하는 것이다.
④ 고객이 좀 더 비용을 지불하고 더 나은 제품을 선택하도록 유도한다.

03 아래 글상자의 빈칸에 순서대로 들어갈 용어로 가장 옳은 것은?

> (A)(은)는 기업에서 관심 대상에 대한 특성을 측정한 값이고, 이것을 가공하고 해석하여 (B)(을)를 얻을 수 있으며, (B)(을)를 기반으로 대상을 이해하고 결론을 도출하여 (C)(을)를 얻을 수 있다.

① (A)데이터-(B)정보-(C)지식
② (A)지식-(B)데이터-(C)정보
③ (A)데이터-(B)통찰-(C)정보
④ (A)지식-(B)통찰-(C)데이터

04 다음 직무 데이터 평가 방법 중 외부의 유사 직무 수행자들의 평균임금을 기준으로 내부 직무 보상 수준을 결정하는 방법으로 가장 옳은 것은?

① 서열법
② 분류법
③ 점수법
④ 시장임금조사법

05 다음 중 채권의 종류와 그에 대한 설명으로 가장 옳지 않은 것은?

① 특수채는 특별법에 따라 설립된 법인이 발행하는 채권으로 공채와 사채의 성격을 모두 가진다.

② 중기채는 1년에서 5년 사이의 만기를 가지는 채권이다.

③ 이표채는 액면가에 이자를 선공제하여 발행되는 채권이다.

④ 단리채는 원금에 대한 이자를 일정한 간격으로 지급하는 채권이다.

06 다음 중 재무비율의 종류와 그 측정 목적이 가장 잘못 짝지어진 것은?

① 총자산이익률–안정성 측정

② 재고자산회전율–효율성 측정

③ 주당순이익–수익성 측정

④ 당좌비율–유동성 측정

07 다음 중 효과적인 공급사슬관리를 위한 품질관리 데이터의 활용 방안으로 가장 옳지 않은 것은?

① 품질개선 활동

② 불량률 감소 활동

③ 소비자만족도 향상 활동

④ 주문처리과정 최적화 활동

08 다음 중 핵심성과지표(KPI)의 특성으로 가장 옳지 않은 것은?

① KPI는 정량화할 수 있어야 하며 이를 통해 성과를 객관적으로 평가해야 한다.

② KPI는 명확하고 구체적인 성과 목표를 설정해서 조직내의 구성원들이 동일한 방향으로 나아가게 한다.

③ KPI는 설정 이후 조직 환경 변화에 따라 자주 수정해주는 것이 바람직하다.

④ KPI는 현실적으로 달성 가능한 수준이어야 하며 조직의 자원과 역량을 고려하여 합리적인 목표로 설정되어야 한다.

09 다음 중 총수익률을 연 단위로 기하평균하여 계산한 이론적 수익률을 의미하는 것으로 가장 옳은 것은?

① 만기수익률

② 실효수익률

③ 표면이율

④ 연평균수익률

10 다음 중 고객평생가치(LTV)에 대한 설명으로 가장 옳은 것은?

① 특정 고객이 기업과의 관계 동안 얼마나 추천할 것인지를 나타내는 지표이다.

② 특정 기간 기업이 고객을 얼마나 잘 유지하고 있는지를 나타내는 지표이다.

③ 특정 기간 동안 기업이 고객으로부터 얻을 수 있는 평균 수익을 나타내는 지표이다.

④ 특정 고객이 기업과의 관계 동안 기업의 제품이나 서비스에 지출할 것으로 예상되는 총금액을 의미한다.

11 다음 중 손익계산서에 대한 설명으로 가장 옳지 않은 것은?

① 일정 기간 동안의 수익과 비용을 파악하여 기업의 순이익 또는 순손실을 계산한다.

② 손익계산서를 통해 경영성과를 측정할 수 있다.

③ 손익계산서의 매출액을 기록하는 시점은 현금이 들어온 시점이다.

④ 매출총이익, 영업이익, 당기순이익 등이 포함되어 세부 이익 정보를 확인할 수 있다.

12 다음 성과평가방법 중 하나인 행동 기반 평가 척도(BARS)와 관련된 설명으로 가장 옳지 않은 것은?

① 종업원의 행동에 기반한 평가가 이루어지기 때문에 평가 편향이 존재한다.

② 척도를 개발하는 데 많은 시간과 비용이 들어간다.

③ 중요한 직무 행동을 식별하고 행동기준에 따라 종업원을 평가한다.

④ 개발된 척도를 유지관리하기 위해 많은 노력이 요구된다.

13 다음 중 직무분석에 대한 설명으로 가장 옳지 않은 것은?

① 직무의 절대적 중요도를 파악하여 급여체계를 확립할 수 있게 해준다.

② 조직 내에서 각 직무의 내용, 업무프로세스, 역량 요구 사항 등을 체계적으로 평가하는 과정이다.

③ 직무에 기반한 인사관리의 기본이 되는 작업이며, 이를 통해 직무기술서와 직무분류체계 등을 만든다.

④ 직무분석의 방법으로는 설문, 면접, 관찰, 기록, 일지 검토, 데이터수집, 환경분석 등이 있다.

14 다음 중 국가통계 마이크로데이터 통합서비스(MDIS) 시스템에 대한 설명으로 가장 옳지 않은 것은?

① 공공용 자료를 서비스하는 시스템으로서 통계분석 서비스는 제공하지 않는다.

② 통계청이 자체적으로 작성한 마이크로데이터를 서비스 받을 수 있다.

③ 정부부처, 지자체, 연구기관 등 다른 통계 작성 기관의 마이크로데이터를 서비스받을 수 있다.

④ 국가승인 통계 공표용 설문조사의 마이크로데이터를 제공한다.

15 다음 중 황소채찍효과(Bullwhip Effect)에 대한 설명으로 가장 옳지 않은 것은?

① 최종 고객과 가까이에 위치하는 기업일수록 재고 변동폭이 점점 증가하는 현상을 의미한다.
② 황소채찍효과로 인해 재고비용의 증가가 야기된다.
③ 황소채찍효과는 공급사슬 내 데이터의 실시간 공유를 통해 완화될 수 있다.
④ 공급사슬의 재고 변동폭을 줄이기 위해 실시간 재고 및 수요알람 등의 정보기술이 도입되고 있다.

16 다음 중 월간 활성 사용자(MAU)를 기준으로 고객 세그먼트를 구분할 때 중요한 고려사항으로서 가장 옳은 것은?

① 신규 고객을 확보하고 유지하기 위한 비용
② 유료 고객이 될 수 있는 가능성
③ 고객에게 제공되는 제품의 가격대
④ 고객의 활동 빈도와 사용패턴

17 다음 중 자본변동표의 구성요소에 대한 설명으로 가장 옳은 것은?

① 납입자본의 변동에 주식배당은 고려되지 않는다.
② 이익잉여금의 변동에는 자기주식이 포함된다.
③ 자본잉여금은 기업의 누적된 순이익에서 배당을 제외한 나머지 부분이다.
④ 기타자본구성요소의 변동에는 재평가잉여금도 포함된다.

18 다음 중 고객만족도를 분석하기 위한 방법으로 가장 옳지 않은 것은?

① 표적집단면접
② 설문조사
③ 심층면접
④ 전환비용조사

19 다음 수요 예측 방법 중 수요에 영향을 주는 설명요인들을 파악하여 변수 간 관계에 대한 모델을 생성하고 분석하는 방법으로 가장 옳은 것은?

① 시계열분석
② 회귀분석
③ 몬테카를로 시뮬레이션
④ 신경망 모델

20 다음 중 CTR(Click-Through Rate)를 계산하는 수식으로 가장 옳은 것은?

① (클릭 수÷노출 수)×100(%)
② (클릭 수×노출 수)×100(%)
③ (노출 수÷클릭 수)×100(%)
④ (노출 수+클릭 수)×100(%)

21 다음 데이터를 정규화하는 방법 중에서 Z-Score 표준화에 대한 설명으로 가장 옳은 것은?

① 데이터 값의 스케일을 로그로 변환한다.
② 데이터 값을 평균이 0, 표준편차가 1이 되도록 변환한다.
③ 데이터 값을 0과 1 사이의 값으로 변환한다.
④ 데이터 값을 소수점 이동하여 변환한다.

22 다음 중 OLAP(Online Analytical Processing)의 특징으로 가장 옳지 않은 것은?

① 테이블 형태의 구조로 데이터를 저장한다.
② 최종 사용자가 직접 데이터에 접근한다.
③ 대화식 질의를 통해 정보를 분석한다.
④ 의사결정을 효과적으로 지원한다.

23 다음 중 데이터베이스 설계 단계 중 물리적 설계의 고려 사항으로 가장 옳지 않은 것은?

① 트랜잭션의 복잡성과 처리량
② 시스템의 성장 가능성과 미래의 확장성
③ 데이터 보호 및 접근 제어를 위한 메커니즘
④ 데이터가 얼마나 자주, 어떤 형태로 접근되는지 분석

24 다음 중 스키마 변경이 데이터베이스 성능에 미치는 잠재적 영향으로 가장 옳은 것은?

① 스키마 변경은 데이터베이스의 성능에 전혀 영향을 미치지 않는다.
② 스키마 변경은 데이터베이스의 보안을 자동으로 강화한다.
③ 스키마 변경은 데이터베이스 인덱스와 쿼리 성능에 영향을 미칠 수 있다.
④ 스키마 변경은 데이터베이스의 물리적 파일 크기를 감소시킨다.

25 다음 중 범주형 데이터와 수치형 데이터의 분석에 대한 설명으로 가장 옳은 것은?

① 도수분포표를 이용하여 범주형 데이터와 수치형 데이터를 시각화할 수 있다.
② 로지스틱 회귀 분석을 사용하여 수치형 데이터의 목표변수를 예측할 수 있다.
③ 기술통계 중 분산과 표준편차를 이용하여 데이터의 중심 경향을 분석할 수 있다.
④ 수치형 데이터에 대해서만 가설 검정을 수행할 수 있다.

26 다음 중 확률에 관련된 용어에 대한 설명으로 가장 옳지 않은 것은?

① 표본공간은 어떤 실험 또는 시행에 의하여 일어날 수 있는 모든 가능한 결과의 집합이다.
② 확률변수는 표본공간의 각 원소에 하나의 실수값을 대응하는 함수를 말한다.
③ 사건은 표본공간의 결과들로 구성되는 부분집합을 말한다.
④ 확률밀도함수는 확률변수의 값이 어떤 구간에 속할 확률을 계산하는 데 사용한다.

27 다음 중 아래 글상자에서 설명하는 비즈니스 인텔리전스 기술로 가장 옳은 것은?

> ( )는 언제 어디서나 데이터에 접근하고 분석할 수 있는 도구이다.

① 셀프 서비스 비즈니스 인텔리전스
② 클라우드 기반 비즈니스 인텔리전스
③ 모바일 비즈니스 인텔리전스
④ 비즈니스 성과 관리

28 다음 중 데이터베이스 관리 시스템에 대한 설명으로 가장 옳지 않은 것은?

① 데이터가 중복으로 저장되어 데이터 불일치 문제가 발생할 수 있다.
② 동시성 제어를 통해 데이터 충돌을 방지하고 일관성을 유지한다.
③ 데이터를 검색하고 추출하는 효율적인 기능을 제공한다.
④ 사용자 인증 및 권한 관리를 통해 데이터에 대한 무단 접근을 방지한다.

29 다음 중 아래 글상자에서 설명하는 데이터 적재 방법으로 가장 옳은 것은?

> 이전에 적재한 데이터와 새로운 데이터를 비교하여 변경된 부분만 적재하는 방법으로, 적재 작업의 속도를 향상하고 중복 데이터를 방지할 수 있다.

① 실시간 적재
② 병렬 적재
③ 증분 적재
④ 일괄 적재

30 다음 중 빅데이터의 특징에 대한 설명으로 가장 옳지 않은 것은?

① 가치(Value)는 기업이나 기관에서 수집한 데이터가 신뢰할 수 있는지, 분석할 만한 가치가 있는지를 말하는 것이다.
② 규모(Volume)는 데이터의 양적 증가를 의미하여, 경우에 따라 다르지만 대략 수십 테라바이트에서 수 페타바이트에 이른다.
③ 속도(Velocity)는 데이터의 고도화된 실시간 처리를 뜻하며, 데이터가 생성 및 저장되고 시각화되는 과정이 얼마나 빠르게 이뤄져야 하는지에 대한 중요성을 나타낸다.
④ 다양성(Variety)은 다양한 형태의 데이터를 모두 포함하는 것을 뜻하며, 비정형 데이터를 머신러닝, 딥러닝 기법을 통해서 가공이 가능하다.

31 다음 중 데이터베이스의 무결성을 보장하고 데이터의 일관성을 유지하는 데 필수적인 요소로만 구성된 것은?

① 기본 키, 외래 키, 무결성 제약조건
② 외래 키, 데이터베이스 사용자, 트랜잭션
③ 기본 키, 데이터 암호화, 무결성 제약조건
④ 메타데이터, 트랜잭션, 기본 키

32 다음 중 고객의 구매금액에 대해 데이터 탐색(Exploratory Data Analysis, EDA) 방법으로 가장 옳지 않은 것은?

① 구매금액의 평균과 표준편차를 계산한다.
② 구매금액의 히스토그램을 그려 분포를 확인한다.
③ 구매금액의 이상치와 결측치를 식별한다.
④ 구매금액을 이용하여 회귀 모델을 만든다.

33 다음 중 계층적 분리에 대한 설명으로 가장 옳지 않은 것은?

① 원본 데이터의 클래스 비율을 유지함으로써 모델이 전체 데이터를 더 잘 대표할 수 있다.

② 올바른 클래스를 정의하는 것이 어려울 수 있지만 샘플링 과정을 단순화할 수 있다.

③ 동일한 샘플 크기에서 단순 무작위 샘플링보다 정확한 추정이 가능하여 통계적 효율성이 좋다.

④ 소수 클래스의 데이터도 적절히 샘플링하여 데이터 불균형 문제를 줄일 수 있다.

34 다음 중 동적으로 변하는 데이터 스키마를 요구하는 애플리케이션 구현 시 가장 적절한 데이터베이스 관리시스템은?

① 관계형 데이터베이스 관리 시스템

② 분산 데이터베이스 관리 시스템

③ NoSQL 데이터베이스 관리 시스템

④ 객체지향 데이터베이스 관리 시스템

35 다음 중 데이터 웨어하우스(Data Warehouse)에 대한 설명으로 가장 옳지 않은 것은?

① 경영자의 의사 결정을 지원하는 데이터의 집합체로 주제 지향적, 통합적, 시계열적, 비휘발적인 네 가지 특성을 지닌다.

② 읽기 전용 데이터베이스로서 운영 시스템에서와 같은 의미의 데이터 갱신은 발생하지 않는다.

③ 일반적으로 소스 시스템 데이터, 센서 데이터, 소셜 데이터 등의 원시 복사본과 보고, 시각화, 고급 분석 및 기계 학습과 같은 작업에 사용되는 변환된 데이터를 포함하는 단일 데이터 저장소이다.

④ 데이터를 구조화하고 분석하기 위해 최적화된 형식으로 저장한다.

36 다음 중 공개된 의료데이터를 그림과 같이 비식별된 의료데이터로 처리할 경우 적용된 비식별화 기술로 가장 옳은 것은?

〈공개된 의료데이터〉

구분	지역코드	연령	성별	질병
1	13053	28	남	전립선염
2	13068	21	남	전립선염
3	13068	29	여	고혈압
4	13053	23	남	고혈압
5	14853	50	여	위암
6	14853	47	남	전립선염
7	14850	55	여	고혈압
8	14850	49	남	고혈압
9	13053	31	남	위암
10	13053	37	여	위암
11	13068	36	남	위암
12	13068	35	여	위암

〈비식별된 의료데이터〉

구분	지역코드	연령	성별	질병	비고
1	130**	〈30	*		
2	130**	〈30	*		
3	130**	〈30	*		
4	130**	〈30	*		
5	148**	〉40	*		
6	148**	〉40	*		
7	148**	〉40	*		
8	148**	〉40	*		
9	130**	3*	*		
10	130**	3*	*		
11	130**	3*	*		
12	130**	3*	*		

① 임의화
② k-익명성
③ 익명화
④ 가명화

37 다음 중 데이터 마이닝에서 연관 분석의 예로 가장 옳은 것은?

① 제품 추천 알고리즘 구축
② 구매행동에 따라 고객 분류
③ 다양한 제품의 판매량 예측
④ 데이터의 이상치 식별

38 다음 중 SQL에 대한 설명으로 가장 옳지 않은 것은?

① GRANT는 사용자에게 특정 권한을 부여하는 명령어이다.
② UPDATE 명령어를 사용하여 이미 존재하는 테이블 필드의 데이터 유형을 변경할 수 있다.
③ DROP은 테이블, 뷰, 인덱스 등을 삭제하는 명령어이다.
④ CREATE 명령어로 새로운 데이터베이스를 생성할 수 있다.

39 다음 중 데이터 수명 주기를 가장 올바르게 나열한 것은?

① 수집-보관-저장-처리-분석-폐기
② 수집-처리-저장-보관-분석-폐기
③ 수집-분석-처리-저장-보관-폐기
④ 수집-저장-처리-분석-보관-폐기

40 A 회사는 원격 근무 제도를 도입한 이후 이직률이 감소한 것을 발견하였다. 이 발견에 대한 결론으로 가장 옳은 것은?

① 원격 근무 도입이 직원의 직무 만족도를 높여 이직률이 감소한 것이다.

② 원격 근무 도입이 직원의 이직률 감소에 영향을 미칠 수 있다.

③ 원격 근무 도입과 이직률 감소 간의 인과관계를 명확하게 입증할 수 있다.

④ 이직률 감소는 원격 근무 도입과 무관하게 발생한 결과이다.

3과목 **경영정보시각화 디자인**

41 다음 중 오컴의 면도날 개념(Occam's Razor)을 인포그래픽 디자인에 적용하는 설명으로 가장 옳지 않은 것은?

① 과도한 세부정보나 복잡한 그래프를 배제하고 필요한만큼의 시각화 요소만 사용한다.

② 최소한의 텍스트를 사용하는 것을 목표로 간결하고 명료한 문구를 사용한다.

③ 주요 메시지 전달에 자세한 세부 정보를 가능한 많이 제공하여 이해를 돕도록 한다.

④ 명확한 구조화를 위해 정보를 단순화한다.

42 다음 중 지리적 데이터를 시각화할 때, 카토그램(왜상통계지도)의 주요 단점으로 가장 옳은 것은?

① 데이터 간의 시간적 변화를 표현하기 어렵다.

② 지도상의 지리적 정확성이 왜곡되어 공간적인 해석이 어렵다.

③ 데이터를 단순하게 표현하여 세부 정보를 잃을 수 있다.

④ 데이터를 정량적으로 비교하기 어렵다.

43 다음 그림 차트 유형에 대한 설명으로 가장 옳지 않은 것은?

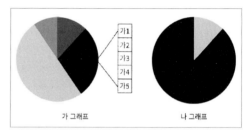

① 이 차트는 한 부분을 나누어 다중 정보를 제공할 때 '가 그래프'와 같이 수직이나 수평 막대를 활용할 수 있다.

② 이 차트를 시각화할 때는 절대 수량을 사용해 독자들의 혼란을 최소화한다.

③ '나 그래프'와 같이 조각을 명도나 색의 차이로 강조할 수 있지만 떼어내서 정보를 강조하는 방법도 있다.

④ 전체 원 크기의 40% 이상인 조각은 따로 떼어 사용 시 시각적 혼란을 만들 수 있다.

44 다음 중 트리 맵 시각화에 대한 설명으로 가장 옳지 않은 것은?

① 트리 맵은 위계 구조가 있는 데이터나 트리 구조 데이터를 효과적으로 시각화할 수 있으며 각 사각형의 크기는 데이터의 양적 값을 반영한다.

② 트리 맵에서 각 사각형의 색상은 데이터의 범주를 구분하는 데 사용되며 색상의 명확성은 시각적 효과를 높이는 데 중요한 역할을 한다.

③ 트리 맵에서 내부 사각형의 배치는 데이터의 계층 구조를 명확히 반영해야 하며 일반적으로 사각형의 배치는 구조적 의미를 가진다.

④ 트리 맵에서 음수값은 일반적으로 무채색의 색상 또는 특별한 방식으로 시각화 된다.

45 다음 그림들의 공통적인 특성으로 가장 옳지 않은 것은?

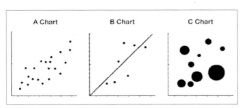

① A Chart는 흐름을 표현할 때 활용되기도 하지만 관계를 설명할 때 활용되기도 한다.

② A, B, C Chart 모두 정확한 수치를 파악하기에 적합하다.

③ C Chart는 면적은 종속변수를 나타내며 종속변수는 정량형이다.

④ A Chart는 산점도(분산형 차트)에 포함된다.

46 다음 그림은 조세프 미나르가 '나폴레옹의 모스크바 원정 과정'을 생키 다이어그램으로 시각화한 것이다. 생키 다이어그램의 주요 용도에 대한 설명으로 가장 옳은 것은?

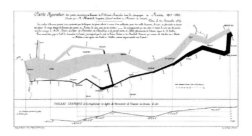

① 시간에 따른 데이터 변화를 시각화하기 위해 사용한다.

② 두 변수의 상관관계를 시각적으로 표현하기 위해 사용한다.

③ 비율 데이터의 흐름과 전환을 시각적으로 표현하기 위해 사용한다.

④ 특이성이 있는 독립적 데이터를 표현하기 위해 사용한다.

47 다양한 하이퍼파라미터 구성에 대한 머신 러닝 모델의 성능을 분석하려고 한다. 각 구성에는 여러 평가 지표(정확도, 정밀도, 리콜, F1 점수 및 런타임)가 있다. 이러한 구성을 비교하고 메트릭 간의 절충점을 파악하는 데 가장 효과적인 시각화 그래프는?

① 방사선 차트
② 평행좌표계
③ 그룹 막대그래프
④ 트리 맵

48 다음 중 캘린더 차트에 대한 설명으로 가장 옳은 것은?

① 캘린더 차트는 시간에 따른 데이터의 패턴과 추세를 시각적으로 분석하는 데 유용하며, 날짜별 데이터값을 색상으로 표현한다.
② 캘린더 차트는 카테고리 데이터만을 시각적으로 표현하는 데 사용된다.
③ 캘린더 차트는 두 개 이상의 변수 간의 상관관계를 분석하기 위한 도구로 사용된다.
④ 캘린더 차트는 데이터의 세부 사항을 표시하기보다는 주로 단일 숫자 집합을 시각적으로 표현하는 데 사용된다.

49 다음은 나단 셰드로프의 DIKW 정보 디자인에 대한 설명이다. 빈칸에 순서대로 들어갈 용어로 가장 옳은 것은?

> – 정보 디자인 다이어그램은 데이터, 정보, 지식, 지혜가 생성되고 전환되는 과정 중에서 정보 디자인이 어떻게 전달되는지를 보여준다. 데이터가 정보로 (A)활용되고 지식으로 (B)되어 지혜로써 문제 해결과 (C)에 사용되는 과정을 그리고 있다.
> – 맥락에 따라 시각화의 방법도 각 단계마다 다르게 나타난다. 지식으로 갈수록 경험에 기반한 (D)(이)가 중요해짐을 알 수 있다.

① (A)이해–(B)체계화–(C)미래 예측–(D)스토리텔링
② (A)스토리텔링–(B)체계화–(C)미래 예측–(D)이해
③ (A)스토리텔링–(B)체계화–(C)이해–(D)미래 예측
④ (A)체계화–(B)이해–(C)미래 예측–(D)스토리텔링

50 다음 중 비즈니스 인텔리전스(BI)와 관련된 설명으로 가장 옳지 않은 것은?

① BI 도구는 데이터의 정제, 분석, 시각화, 그리고 인사이트 도출을 통해 데이터의 패턴과 추세를 식별할 수 있게 도와준다.
② BI 도구는 사용자가 데이터를 시각적으로 변환할 수 있도록 지원하며 이를 통해 복잡한 비즈니스 정보를 명확하게 설명할 수 있다.
③ 데이터 기반의 의사결정을 지원하고 경쟁 우위를 확보하는 데 중요한 역할을 한다.
④ BI 도구는 시각화를 통한 그래프는 제공하나, 인터랙티브한 기능은 제공하지 않아 상호작용은 불가능하다.

51 다음 그래프는 코로나 누적 감염자 수를 나타내고 있다. 이와 같은 그래프 유형에 대한 설명으로 가장 옳지 않은 것은?

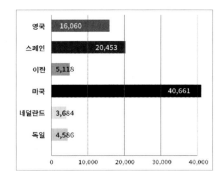

① 막대 그래프는 세로형과 가로형으로 시각화 되는데, 가로형은 세로형에 비해 배경 그리드를 통해 값을 파악하는 것이 쉽지 않다.
② 양수와 음수의 데이터 값이 있을 경우, 음수는 좌측에 위치하며 양수는 우측에 위치해야 하지만 양수가 없는 경우 기준선의 우측에 위치할 수 있다.
③ 데이터의 값은 막대 끝 안쪽 혹은 바깥쪽 인근에 기입한다.
④ 막대 순서는 오름차순 혹은 내림차순으로 정렬하나, 의도에 따라 특정한 순서를 부여하여 나열할 수 있다.

52 다음 중 시각화 유형이 다른 그래프로 가장 옳은 것은?

① 트리 맵
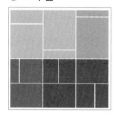

② 레이더 차트

③ 생키 다이어그램

④ 도넛 차트

① 트리 맵
② 레이더 차트
③ 생키 다이어그램
④ 도넛 차트

53 다음 그림은 누적 막대그래프이다. 이 그래프의 특성에 대한 설명으로 가장 옳지 않은 것은?

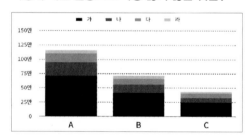

① 각 막대의 높이는 전체와 관련된 상대적 비율을 나타낸다.
② 여러 개의 범주 또는 변수를 동시에 표현하는 데 사용한다.
③ 누적 막대그래프는 상대적 비율을 표현하기에 적합하지만, 각 막대의 정확한 값 파악은 한 눈에 파악하기 어렵다.
④ 백분율을 비교하는 그래프가 아니기 때문에 세로축 단위 표시는 생략이 가능하다.

54 다음 중 조건부 서식의 기능과 관련하여 가장 옳은 것은?

① 조건부 서식은 특정 데이터 셀의 값을 기준으로 서식을 동적으로 적용할 수 있으며 복잡한 조건식도 지원한다.
② 조건부 서식은 데이터의 집합에만 적용할 수 있으며 개별 셀에는 적용할 수 없다.
③ 조건부 서식은 서식이 변경된 후 원본 데이터가 수정되면 서식이 자동으로 업데이트되지 않는다.
④ 조건부 서식은 사용자가 직접 작성한 수식이 아니라 프로그램에서 제공하는 기본 서식 규칙만을 적용할 수 있다.

55 다음 중 자크 베르탱의 7가지 시각적 변수 선택에 대한 설명으로 가장 옳지 않은 것은?

① 효과적 커뮤니케이션을 위해서 정보 유형에 따라 서로 다른 시각적 인코딩을 제안한다.
② 위치 변수는 주변 요소와의 관계 비교를 유도하여 정보의 상하 구조를 효과적으로 전달할 수 있다.
③ 명도 변수는 수치적 변화를 시각화할 때 색상의 차이보다 더 효과적이다.
④ 색상 변수는 채도의 차이에 따라 정보의 우선 순위를 매기며 이러한 방법은 효과적인 정보 전달에 활용된다.

56 다음 그림은 정보 디자인 범주를 도식적으로 표현하고 있다. 그림에 대한 설명 중 가장 옳은 것은?

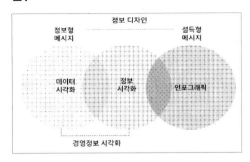

① 경영정보 시각화를 목표로 할 때는 정보형 메시지를 담고 있어 나단 셰드로프가 주장하는 인포그래픽보다는 에드워드 터프티의 시각화 방법이 더 적합하다.
② 경영정보 시각화는 설득적 메시지를 전달하는 목적이 강하므로 스토리텔링이 강한 에디토리얼 인포그래픽으로 시각화해야 한다.
③ 나단 셰드로프가 주장하는 인포그래픽 디자인은 경영정보 시각화보다 주관적 맥락이 덜 포함되어 있으며 객관적 의사 판단을 할 수 있도록 한다.
④ 인포그래픽은 전통적인 정보 시각화와는 달리 삽화, 장식이 많이 포함되어 있지 않으며 메시지 전달 보다는 관심을 끄는 것이 중요하다.

57 다음 그림은 캠페인 예산 분기별 벤치마크를 시각화한 불렛 그래프이다. 이에 대한 설명으로 가장 옳지 않은 것은?

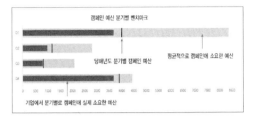

① 분기별 캠페인 예산의 표시가 세로선으로, 캠페인에 실제 소요한 예산이 진한 가로 막대로 표시되어 있어 분기별 성과 비교가 가능하다.
② 목표와 성과를 시각적으로 효과적으로 비교하여 결정을 내리고 전달하는 데 도움을 준다.
③ 주요 데이터값은 차트 중앙의 막대를 사용하여 길이별로 인코딩되며, 중앙의 막대를 기호 마커라고 한다.
④ 이 기업은 3분기에 확보된 예산에 근접하는 집행성과를 이루었음을 알 수 있다.

58 다음 중 디자인의 기본 원리에 대한 설명으로 가장 옳지 않은 것은?

① 균형은 디자인 요소가 시각적으로 균형을 이루도록 배치하며 안정감을 제공한다.
② 대비는 디자인에서 두 가시 상반된 요소를 사용하여 시각적 유도를 이끌며 중요한 요소를 강조하는 데 활용된다.
③ 정렬은 디자인 요소를 특정한 패턴이나 위치에 배치하여 일관성과 조직감을 제공하여 모든 요소가 서로 독립적으로 배치될 수 있다.
④ 근접은 디자인 요소를 서로 가까이 배치하여 그룹화하고 정보의 연관성을 명확히 하는 원리이다.

59 다음 중 지도의 사용 목적과 관련하여 가장 옳은 것은?

① 지도는 지리적 위치의 정확한 좌표와 함께 해당 위치에서의 데이터를 나타내기 위해 주로 사용된다.

② 지도는 데이터의 시계열 변화를 나타내는 데 효과적이지 않으며, 주로 과거의 데이터 분석에 사용된다.

③ 지도는 범주형 데이터를 시각적으로 표현할 수 없다.

④ 지도는 데이터의 평균값이나 중앙값을 직접적으로 표시하는 기능을 가지고 있다.

60 다음 중 비즈니스 인텔리전스(BI) 소프트웨어의 특징으로 가장 옳지 않은 것은?

① 대시보드는 실시간으로 데이터를 갱신할 수 있는 기능을 제공한다.

② 시각화 도구를 이용하여 사용자가 데이터를 최대한 활용할 수 있는 환경을 제공한다.

③ 데이터의 자동 통합 및 정제가 가능하여 재현 가능성과 반복 가능성의 구현이 가능하다.

④ 사용자는 원하는 데이터를 시각적으로 표현하기 위한 그래프를 활용할 수 있다.

PART

05

기출 예상 문제

기출 예상 문제 01회

등급	문항 수	소요시간
단일 등급	총 60문항	60분

수험번호 : _____

성　　명 : _____

정답 & 해설 ▶ 553쪽

01 다음 중 경영학에 대한 설명으로 옳은 것은?

① 정량적 데이터보다 정성적 데이터가 중요
하다.

② 자원관리는 효율적인 할당과 사용에 대한
전략적인 접근을 다룬다.

③ 의사결정이 크게 중요하지 않다.

④ 성과 평가와 피드백은 황소채찍 효과를 줄
이기 위해 중요하다.

02 외부 환경분석 방법에 대한 설명으로 옳지 않은
것은?

① PEST 분석은 정치, 경제, 사회적, 기술적
요소를 평가하여 외부 환경을 분석하는 도
구이다.

② STEEP 분석은 PEST 분석의 확장된 형태
로, 환경 요소를 5가지로 분석한다.

③ ETRIP 분석은 외부 환경을 경제, 국제무
역, 원자재 수급, 산업 지형, 정치 지형 등
5가지 측면에서 분석하는 기법이다.

④ PESTEL 분석은 마이클 포터(Michael
Porter)에 의해 개발된 경쟁 산업 분석 도
구로, 산업 내부의 경쟁 구조를 이해하고
평가하는 데 사용된다.

03 다음 중 투자자본수익률(ROI)을 구하기 위한 수
식으로 가장 적절한 것은?

① 당기순이익/총자산

② 당기순이익/매출액

③ 당기순이익/투자금액 × 100(%)

④ 순이익/자기자본

04 다음 중 재고자산의 종류에 대한 설명으로 옳지
않은 것은?

① 상품: 해당 기업이 판매를 목적으로 구입한
경우

② 제품: 해당 기업이 제조한 경우

③ 반제품: 제조 과정 중 두 단계 이상을 완료
한 제품

④ 원재료: 제조를 위한 원재료

05 다음 중 세제 우대 혜택이 있을 수 있는 채권의
종류는?

① 국고채

② 지방채

③ 특수채

④ 금융채

504　PART 05 • 기출 예상 문제

06 채권투자의 위험 중 채권을 현금화하기 어려운 상황에 발생할 위험으로 가장 적절한 것은?

① 채무불이행위험
② 시장위험
③ 유동성위험
④ 구매력감소위험

07 다음의 옵션 가치 중 옵션 계약의 행사가와 주식의 현재 시장 가격이 거의 동일한 상태로 콜 옵션의 행사가와 주식의 현재 시장 가격이 거의 동일하거나 풋옵션의 행사가와 주식의 현재 시장 가격이 거의 동일한 경우는?

① 내가격(ITM)
② 등가격(ATM)
③ 외가격(OTM)
④ 내재가치

08 다음 중 상위 조직의 목표를 하위 조직이나 개인 목표로 세분화하여 설정하는 방식으로, 목표는 상호 합의로 설정되고 추적, 평가되는 방식은?

① MBO(Management by Objectives)
② KPI(Key Performance Indicators)
③ OKR(Objectives and Key Results)
④ BSC(Balanced Scorecard)

09 다음의 인력평가 방법 중, 여러 가지 행동 시뮬레이션과 특별한 과제를 활용하여 직원의 역량을 평가하는 방법은?

① 행태관찰척도법
② 행태기준평정법
③ 평가센터법
④ 다면평가법

10 복리후생에 대한 설명으로 옳은 것은?

① 법정 복리후생에는 사내 헬스 및 피트니스 시설, 자기계발 및 경력 발전 지원 등이 포함된다.
② 법정 외 복리후생 프로그램은 주로 4대보험, 유급휴가, 퇴직금, 출산휴가 등을 다루는 것이다.
③ 종업원 지원 프로그램(EAP)은 주로 종업원의 응급 상황 시 긴급 지원을 위한 프로그램으로 구성되어 있다.
④ 카페테리아 복리후생은 개인의 선택권을 다양하게 부여하여 본인에게 맞는 제도를 선택할 수 있게 하는 방식이다.

11 제품 또는 서비스의 가격이 수요 및 공급의 원칙에 따라 결정되며, 판매량과 수요에 직접적인 영향을 미치는 지표는?

① 제품 판매량
② 가격 및 할인 정보
③ 광고 투자 대비 수익률(ROAS)
④ 순이익

12 고객이 이미 구매한 상품과 관련이 있는 다른 부가적인 상품이나 서비스를 제안하여 다양한 제품을 함께 구매하도록 유도하는 전략은?

① 업셀링
② 크로스셀링
③ 평균 주문액
④ 재고회전율

13 다음 중 고객 관계 관리(CRM)에서 활용되는 지표로 옳은 것은?

① 웹사이트 접속자 수
② 고객유지율(CRR, Customer Retention Rate)
③ 클릭당 비용(CPC, Cost per Click)
④ 노출도(Impression)

14 전자상거래(E-Commerce) 분야에서 사용되는 지표 중, 광고 효율성을 평가하는 지표로서 가장 적절한 것은?

① 특정 콘텐츠의 방문자 수
② 천 번 노출당 비용(CPM, Cost per Millennium)
③ 고객 행동 데이터
④ 고객 단가

15 다음 중 웹사이트나 앱에서 기업이 원하는 목표를 달성한 사용자 비율을 나타내는 지표는?

① 이탈률
② 페이지 잔류시간
③ 전환율
④ 고객 행동 데이터

16 다음 중 공급사슬 관리에 대한 설명으로 옳지 않은 것은?

① 공급사슬은 종종 가치사슬이라고 불리는데, 이는 제품이나 서비스가 이동하며 가치가 부가되는 개념을 반영하기 때문이다.
② 하나의 기업이 모든 공급사슬의 일을 도맡아서 진행할 수 없기 때문에 공급사슬관리가 중요하다.
③ 가치사슬은 다수 조직이 아니라 단독 조직으로 구성되는 특성이 있다.
④ 현대 기업은 공급자와 수요자 간에 다양한 계약을 맺으며, 어떤 계약에서는 공급자가 되기도 하고, 혹은 수요자가 되기도 한다.

17 다음 중 품질 기법으로 올바르게 짝지어진 것은?

① 체크리스트 기법 – 데이터의 범위를 몇 개의 계급으로 나누고 각 계급의 발생 빈도수를 막대그래프로 나타낸 것

② 히스토그램 기법 – 문제의 원인을 중요하지 않은 다수의 원인과 중요한 소수의 원인으로 분류하는 방법

③ 산점도 기법 – 두 변수의 특성 및 요인 관계를 시각적으로 나타내고 싶은 경우에 사용하는 방법

④ 그래프 기법 – 평균절대오차를 제곱한 뒤 n−1로 나누어 준 값

18 다음 중 서브퀄(SERVQUAL)에 대한 설명으로 옳은 것은?

① 서브퀄은 품질을 양적으로 측정하는 기법으로서, 주로 생산품이나 제품의 품질을 평가하는 데 사용된다.

② 서브퀄은 서비스 품질을 측정하는 기법으로서, 고객의 서비스 품질에 대한 인식 정도를 측정한다.

③ 서브퀄은 히스토그램 기법과 유사하게 데이터의 분포 형태를 파악하는 데 활용된다.

④ 서브퀄은 검토가 필요한 사항에 대하여 체크리스트를 작성하여 점검하는 기법이다.

19 제조업에서 Lean 생산 시스템에 대한 설명으로 옳은 것은?

① Lean 생산 시스템은 주로 대량 생산에 적합하며, 재고를 최소화하고 신속하게 고객의 수요를 충족시키는 것이 주된 목표이다.

② Lean 생산 시스템은 고정된 제조 공정 및 생산 라인을 가지고 있어, 제품 변화에 대응하기 어렵다.

③ Lean 생산에서는 공정의 안정성을 중시하며, 불완전한 제품이라도 빠르게 생산하여 수요를 만족시키는 것이 중요하다.

④ Lean 생산은 주문에 따라 제품을 생산하므로 재고가 적게 발생하며, 불량률 감소와 생산 품질 향상에 중점을 둔다.

20 다음 중 기상자료개방포털의 주요 특징으로 옳지 않은 것은?

① 날씨 데이터를 한곳에서 요청 후 승인을 받고 가져갈 수 있다.

② 지역과 기상요소만을 이용하여 날씨 데이터를 검색할 수 있다.

③ 개발자를 위한 오픈 API 서비스를 제공한다.

④ 카탈로그를 통한 날씨 데이터 조회가 가능하다.

21 데이터와 정보에 대한 설명으로 가장 적절한 것은?

① 데이터는 의사결정에 필요한 질문에 답을 제공한다.
② 정보는 현실 세계에 존재하는 가공되지 않은 값 그대로를 의미한다.
③ 데이터는 정보를 처리해서 얻을 수 있는 결과이다.
④ 정보는 데이터에 맥락과 의미가 부여된 것이다.

22 구조에 따른 데이터 분류에 대한 설명으로 가장 옳은 것은?

① 정형 데이터는 데이터의 구조를 파악하는 파싱이 필요하다.
② 정형 데이터는 주로 XML 또는 JSON 파일 형태로 저장된다.
③ 반정형 데이터는 행과 열로 구성되고 유형이 정의되어 있다.
④ 비정형 데이터는 사전에 정의된 데이터 모델이나 형식이 없다.

23 다음이 설명하는 데이터 수명 주기는?

( )은/는 데이터의 오류를 해결하기 위한 작업과 분석을 위한 집계를 포함하는 단계이다.

① 수집 단계
② 저장 단계
③ 처리 단계
④ 분석 단계

24 다음 설명에 해당하는 빅데이터의 특성은?

빅데이터는 다양한 수준의 정확도와 품질을 가진 다양한 출처의 데이터를 다룬다.

① 진실성(Veracity)
② 가치(Value)
③ 다양성(Variety)
④ 속도(Velocity)

25 다음이 설명하는 데이터 해석 관점은?

특정 분야의 전문 지식을 활용하여 데이터를 해석한다.

① 통계적 관점
② 맥락적 관점
③ 시각적 관점
④ 기술적 관점

26 데이터 해석 시 모델이 너무 단순하거나 충분한 훈련이 이루어지지 않을 때 발생하는 현상은?

① 확증 편향
② 과대 적합
③ 과소 적합
④ 심슨의 역설

27 분산과 표준 편차의 관계로 적절한 것은?

① 분산은 표준 편차의 제곱근이다.
② 표준 편차는 분산의 제곱근이다.
③ 분산과 표준 편차는 동일한 지표이다.
④ 분산과 표준 편차는 관계가 없다.

28 다음 중 데이터 마이닝의 분석 기술에 대한 설명으로 옳지 않은 것은?

① 연관 분석은 데이터 집합에서 항목 간의 연관성을 찾는 기법이다.
② 이상 탐지는 비슷한 특성을 가진 집단으로 나누는 기법이다.
③ 분류 분석은 데이터를 미리 정의된 범주로 할당하는 기법이다.
④ 회귀 예측은 연속형 변수의 값을 예측하는 기법이다.

29 파일 시스템의 종류 중 애플의 운영체제에서 사용되는 파일 시스템은?

① NTFS
② Ext4
③ APFS
④ FAT32

30 관계형 데이터베이스에서 외래키의 역할은?

① 데이터의 유형을 결정한다.
② 테이블 간의 관계를 나타낸다.
③ 테이블 내 행을 고유하게 식별한다.
④ 데이터를 암호화한다.

31 다음이 설명하는 데이터베이스 스키마의 구성 요소는?

> 데이터의 무결성을 보장하기 위한 규칙을 정의한다.

① 열
② 행
③ 데이터 유형
④ 제약 조건

32 데이터베이스에 대한 접근 권한을 관리하는 데 사용되는 언어는?

① 데이터 제어어
② 데이터 조작어
③ 데이터 정의어
④ 데이터 검색어

33 대체키에 대한 설명으로 가장 옳은 것은?

① 후보키 중에서 기본키로 선택되지 않은 키이다.
② 두 개 이상의 열을 결합하여 테이블 내의 행을 고유하게 식별하는 키이다.
③ 다른 테이블의 기본키를 참조하는 키이다.
④ 테이블 내의 각 행을 고유하게 식별하는 키이다.

34 다음 중 파생 변수의 설명으로 가장 옳은 것은?

① 단일 변수이다.
② 여러 변수의 결합으로 생성한다.
③ 기존 변수로부터 새로 생성된다.
④ 연속 변수의 하위 범주이다.

35 데이터베이스 설계 단계 중 전체적인 방향과 구조를 결정하는 단계는?

① 개념적 설계
② 논리적 설계
③ 물리적 설계
④ 추상적 설계

36 결측값 처리 시 결측값을 무시하는 경우는?

① 결측값이 매우 적은 경우
② 결측값을 완전히 삭제해야 하는 경우
③ 결측값의 불확실성을 고려하는 경우
④ 이상값이 발생하지 않은 경우

37 범주형 데이터를 레이블 인코딩으로 변환하는 방법은?

① 범주형 데이터를 고유한 정숫값으로 변환한다.
② 범주형 데이터를 연속형 데이터로 변환한다.
③ 범주형 데이터를 이진값으로 변환한다.
④ 범주형 데이터를 소수점으로 변환한다.

38 데이터를 계층적으로 분리하는 이유는?

① 모델의 복잡도 증가
② 모델의 편향 증가
③ 데이터의 대표성 유지
④ 데이터의 크기 증가

39 다음 설명에 해당하는 시계열 데이터 분리 방법은?

> (　　)은/는 고정된 크기의 윈도우를 사용하여 시계열 데이터를 분리한다.

① 단순 시간 기반 분리
② 롤링 윈도우 분리
③ 확장 윈도우 분리
④ 계층적 분리

40 비즈니스 인텔리전스와 데이터 기반 의사결정의 관계에 대한 설명으로 옳은 것은?

① 데이터 기반 의사결정은 비즈니스 인텔리전스가 제공하는 정보를 바탕으로 한다.
② 비즈니스 인텔리전스와 데이터 기반 의사결정은 무관하다.
③ 비즈니스 인텔리전스와 데이터 기반 의사결정은 동일한 개념이며, 상호 교체가 가능하다.
④ 비즈니스 인텔리전스는 의사결정에 중점을 두고, 데이터 기반 의사결정은 현재 상태를 이해하는 데 중점을 둔다.

41 DIKW 피라미드에 대한 설명으로 가장 적절한 것은?

① 데이터는 조직화된 정보로 이론, 이치 등이다.
② 정보는 분리된 요소로 단어, 숫자, 암호 등이다.
③ 지식은 연관된 요소로 의견, 개념, 질문 등이다.
④ 지혜는 적용된 지식으로 철학, 신념 체계 등이다.

42 나단 셰드로프가 제시한 정보 디자인 개념에서 다음의 설명에 해당하는 것으로 가장 적절한 것은?

> 데이터, 정보, 지식, 지혜가 생성되고 전환되는 과정 중에 정보 디자인이 어떻게 전달되는지 보여준다. 정보는 (　　)에 있지만, 지식은 (　　)에 있는 것을 알 수 있다. 따라서, 맥락에 따라 시각화의 방법도 각 단계에 따라 다르게 나타난다. 지식으로 갈수록 경험에 기반한 스토리텔링이 중요해짐을 알 수 있다.

① 개별적 맥락, 조직적 맥락
② 개인적 맥락, 일반적 맥락
③ 일반적 맥락, 개인적 맥락
④ 조직적 맥락, 개별적 맥락

43 정보 시각화 프로세스의 순서로 가장 적절한 것은?

① 목적/대상자 설정 – 데이터 수집/전처리 – 시각화 디자인 – 시각화 구현 – 시각화 결과 전달

② 목적/대상자 설정 – 시각화 디자인 – 데이터 수집/전처리 – 시각화 구현 – 시각화 결과 전달

③ 시각화 디자인 – 시각화 구현 – 목적/대상자 설정 – 데이터 수집/전처리 – 시각화 결과 전달

④ 데이터 수집/전처리 – 목적/대상자 설정 – 시각화 디자인 – 시각화 구현 – 시각화 결과 전달

44 다음 설명 중 빈칸에 들어갈 단어로 가장 적절한 것은?

> 이미지가 없는 경우보다 이미지가 있는 경우가 배울 때 작업 능력이 더 우수하다. 이미지가 없다면 기억을 잘하지 못하는 반면에 이미지로 배운다면 훨씬 더 잘 기억할 수 있다. 이를 가리켜 (   )(이)라고 한다.

① 오컴의 면도날
② 그림 우월 효과
③ 그래픽 7요소
④ 게슈탈트 법칙

45 다음 중 게슈탈트 법칙에 해당하지 않는 것은?

① 단순 충만의 법칙
② 공동 운명의 법칙
③ 차별성의 법칙
④ 전경과 배경의 법칙

46 게슈탈트의 법칙 중, 다음의 이미지와 같이 비슷하게 보이는 것들이 함께 묶인다고 가정하는 법칙은?

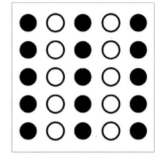

① 단순 충만의 법칙
② 유사성의 법칙
③ 공동 운명의 법칙
④ 연속성의 법칙

47 다음 중 자크 베르탱의 시각적 변수 7요소에 해당하지 않는 것은?

① 형태
② 대비
③ 기울기
④ 채도

48 시각화 디자인을 할 때 시선 이동 경향을 고려하는 것에 관한 내용으로 적절하지 않은 것은?

① 시선 이동 경향을 고려하여 디자인할 때, 항상 화면의 가운데에 주요 디자인 요소를 배치하는 것이 좋다.

② 인간의 눈은 화면을 읽을 때 상단 왼쪽에서 시작하여 오른쪽 아래로 시선이 이동하는 경향이 있다.

③ 화면의 특정 영역에서 다른 부분보다 뜨겁고 활발한 움직임을 보이는데, 디자인 요소를 배치할 때 이러한 시선 이동 경향을 고려해야 한다.

④ 디자인에서 색의 농도는 주목되는 초점을 나타내며, 이를 이용하여 주요 디자인 요소를 강조하거나 눈에 덜 띄게 배치할 수 있다.

49 다음의 빈칸에 공통으로 들어갈 단어로 가장 적절한 것은?

> 에드워드 터프티는 자신이 저술한 『정량적 정보의 시각적 디스플레이』에서 (   )을/를 더 이상 지울 수 없는 그래픽의 핵심이며, 숫자의 변화를 비중복적으로 표현하는 잉크라고 소개하고 있다. (   )이/가 아닌 것과 중복되는 (   )을/를 제거해 (   ) 비율을 올리는 것이 데이터를 그래픽 디자인으로 올바르게 표현하는 방법이라고 주장한다.

① 시각적 요소
② 그래픽 표현
③ 데이터 발자국
④ 데이터 잉크

50 다음 중 관계 시각화를 위한 그래프의 유형 설명으로 가장 적절한 것은?

① 데이터의 분포와 통계량을 시각화하는 방법이다.

② 두 개 이상의 정량적 변수의 관계를 시각화하는 방법으로 상관관계를 표현할 수 있다.

③ 시간 변화에 따른 추이를 나타내는 시각화 방법이다.

④ 수량 혹은 숫자값인 정량적 변수를 시각화하는 방법이다.

51 다음 중 공간 시각화에 대한 설명으로 가장 적절하지 않은 것은?

① 하나의 지도는 시간상의 한 지점, 한순간의 현실만을 반영하고 있지만, 여러 장의 지도를 통해 시간의 여러 단면을 표현할 수 있다.

② 지도를 만들 때 위치를 정확하게 배치해야 하며, 색상 구분도 정확해야 하고, 라벨이 위치를 가려서는 안 되며, 정확한 투시 방법을 선택해야 한다.

③ 지도를 읽는 방법은 통계 그래픽을 읽는 방법과 유사하다.

④ 공간 시각화 그래프 유형으로는 막대그래프, 누적 막대그래프, 간트 차트, 선 그래프 등이 있다.

52 다음 중 전체에서 부분의 비율을 시각화하기에 가장 적합한 그래프의 유형은?

① 경사 차트

② 트리 맵

③ 롤리팝 차트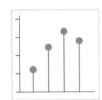

④ 꺾은선 그래프

53 다음 중 히트 맵의 특징으로 옳지 않은 것은?

① 히트 맵에서 색상과 숫자 값의 매핑을 나타내기 위해 색상 눈금 범례가 포함되는 경우가 일반적이다.

② 히트 맵의 색상은 점진적인 색상의 변화보다는 모든 셀마다 전혀 다른 차별되는 색상을 사용하여야 한다.

③ 히트 맵은 행렬의 값이 색상으로 표시된 데이터를 그래픽으로 표현한 것이다.

④ 히트 맵을 읽는 방법은 표를 읽는 방법과 같다. 하나의 대상에 해당하는 한 행을 왼쪽에서 오른쪽으로 보면서 모든 변수를 파악할 수도 있고, 하나의 변수에 대응하는 한 열을 위에서 아래로 읽을 수도 있다.

54 다음의 그래프들이 속하는 가장 적절한 시각화 유형은?

산점도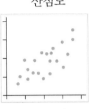

쌍산점도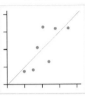

버블(거품형) 차트

곡선 그래프

① 비율 시각화
② 시간 시각화
③ 공간 시각화
④ 관계 시각화

55 다음 그림과 같은 그래프 유형의 명칭은?

① 불렛 그래프
② 방사형 차트
③ 생키 다이어그램
④ 카토그램

56 다음 중 도넛 차트의 주요 특징으로 옳은 것은?

① 각 세그먼트에 레이블을 배치할 때 반드시 도넛 외부를 목록화해서 따로 배치해야 한다.

② 중심의 구멍으로 인해 수치를 조각의 각도로 표시한다.

③ 그래프 조각의 백분율이 전체 데이터 세트의 비율을 정확하게 나타낸다.

④ 원그래프와 달리 중심부를 잘라내 도넛 모양으로 보인다.

57 다음 그림과 같은 그래프 유형의 명칭은?

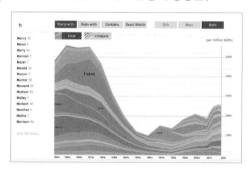

① 생키 다이어그램
② 히스토그램
③ 히트 맵
④ 누적 영역 그래프

58 다음의 데이비드 맥캔들레스의 '빌리언 달러 오그램' 그래프의 특징으로 가장 적절하지 않은 것은?

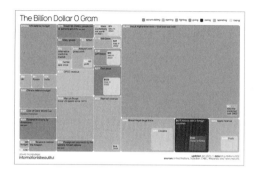

① 한 사각형을 포함하고 있는 바깥의 영역이 그 사각형이 포함된 대분류를, 내부의 사각형은 내부적인 세부 분류를 의미한다.

② 색상과 상대적인 크기를 사용하여 다양한 카테고리와 국가별 '비용'에 대한 관점을 얻을 수 있다.

③ 정보를 상대적인 것으로 만들어 제시되는 정보와 데이터에 대한 보다 완전한 그림을 볼 수 있도록 만든다.

④ 각 사각형의 크기가 정량적 값과는 상관없이 정성적 기준으로 나열한 순서에 따라 정성적 기준의 면적 범위로 시각화된다.

59 다음 중 사무자동화 프로그램의 스파크라인에 대한 설명으로 옳지 않은 것은?

① 테이블이나 행렬 내에 추세 정보를 포함할 수 있는 공간 효율적인 방법을 제공한다.

② 매우 큰 규모의 추세 그래프로, 모든 데이터의 변화를 하나로 요약해서 시각화하는 기능이다.

③ 사용자는 별도의 차트를 참조하지 않고도 데이터 계열의 과거 추세를 빠르게 확인할 수 있다.

④ 각 데이터의 추세나 패턴을 각 셀에서 바로 파악할 수 있어 시간에 따라 변화하는 데이터를 시각화하기에 좋다.

60 다음 중 좋은 대시보드의 특징으로 적절하지 않은 것은?

① 사용자가 알고 싶어 하는 정보, 사용하고자 하는 목적에 대한 요구분석을 기반으로 설계되었다.

② 비즈니스에서 데이터 중심의 의사결정을 더욱 신속하게 할 수 있도록 도와주며, 사용자가 통찰을 쉽게 얻을 수 있도록 한다.

③ 사용자가 한눈에 이해할 수 있는 보고서 및 시각화 기능을 통해 전체 상황을 파악하고 보고 내용을 공유할 수 있도록 한다.

④ 은유적인 시각화를 통해 데이터에 대해 깊이 고심하고 이해하도록 설계되어 있다.

기출 예상 문제 02회

등급	문항 수	소요시간
단일 등급	총 60문항	60분

수험번호 : _____

성 명 : _____

정답 & 해설 ▶ 557쪽

1과목 경영정보 일반

01 다음 중 전사적자원관리(ERP) 시스템에 대한 설명으로 옳지 않은 것은?

① ERP 시스템은 회계, 생산, 유통, 인사 등의 다양한 부서에서 발생하는 데이터와 프로세스를 하나의 통일된 플랫폼으로 통합하여 관리한다.

② ERP 시스템은 비즈니스 프로세스 자동화, 실시간 정보 제공, 통합성 등의 특징을 가지고 있다.

③ ERP 시스템의 모듈은 각각의 부서에서 독립적으로 운영되며 데이터 공유가 이루어지지 않는다.

④ 데이터 마이그레이션은 기존 시스템에서 ERP 시스템으로 데이터를 이전하는 과정을 나타낸다.

02 다음 중 산업 및 경쟁 환경분석 방법에 대한 설명으로 옳은 것은?

① 3C 분석은 Country, Customer, Competitor의 세 가지 요소로 구성되어 있고, 기업이 경쟁 전략을 수립하고 실행하는 데 도움을 준다.

② 5 Forces 모형은 산업 내 경쟁 구조를 이해하고 평가하는 데 사용되며, 경쟁자, 공급자, 잠재적 진입자, 구매자, 대체재의 다섯 가지 요인을 고려한다.

③ 3C 분석은 자사의 자원과 능력을 평가하고 내부 경쟁자와의 비교를 통해 경쟁 우위를 분석하는 도구이다.

④ STEEP 분석과 PESTEL 분석은 모두 원자재수급과 산업지형 등에 대한 외부 환경을 분석하는 기법이다.

03 다음 중 자기자본이익률(ROE)를 구하기 위한 수식으로 가장 적절한 것은?

① 당기순이익/총자산

② 당기순이익/매출액

③ 당기순이익/투자금액

④ 순이익/자기자본

04 다음의 재고자산의 회계 처리를 위한 판매단가 결정 중, 재고의 가격이 상승하는 경향이 있을 때 매입원가를 높게 적용하여 이익을 적게 평가하고 싶을 때 사용하는 방법은?

① 개별법
② 선입선출법
③ 후입선출법
④ 평균법

05 다음의 감가상각 방법 중, 연수합계법의 수식으로 가장 올바른 것은?

① 매기 감가상각비=(취득원가 – 잔존가치)÷내용연수
② 매기 감가상각비=기초 장부금액×상각률
③ 매기 감가상각비=(취득원가 – 잔존가치)×(당기 생산량÷총생산량)
④ 매기 감가상각비=(취득원가 – 잔존가치)×(당기초 잔존내용연수÷내용연수합계)

06 다음의 채권 종류 중, 가장 안정적이고 신용 위험이 낮은 것으로 일반적으로 평가되는 채권의 종류는?

① 국고채
② 지방채
③ 특수채
④ 금융채

07 다음 중 순현재가치법에 대한 설명으로 옳지 않은 것은?

① 투자의 NPV가 0이 되는 할인율을 찾아내는 방법이다.
② 현금흐름의 시간가치를 고려한다.
③ 투자의 현재가치를 통해 다양한 프로젝트를 비교할 수 있다.
④ 프로젝트 기간의 현금흐름을 정확하게 예측하기 어렵다.

08 다음의 직무평가 주요 방법 중, 각 직무에 대해 사전에 정의된 직급이나 등급에 따라 구분하여 평가하는 방법은?

① 서열법
② 분류법
③ 점수법
④ 비교법

09 다음 중 목표 달성을 0에서 100까지의 백분율로 평가하며, 시각적으로 목표 달성 정도를 파악할 수 있는 방식으로 성과가 평가되는 방식은?

① MBO(Management by Objectives)
② KPI(Key Performance Indicators)
③ OKR(Objectives and Key Results)
④ BSC(Balanced Scorecard)

10 다음 중 전직지원(Outplacement)에 대한 설명으로 옳은 것은?

① 전직지원은 주로 신규 입사자들이 조직에 적응할 수 있도록 지원하는 프로그램이다.
② 전직지원은 퇴직 예정자들이 새로운 직장을 찾는 데 필요한 도움을 제공하는 프로세스를 설계한다.
③ 전직지원은 주로 퇴직자의 퇴직 정보 수집과 관련된 프로세스를 포함한다.
④ 전직지원은 주로 기존 직원들에게 새로운 기술이나 역량을 배우게 함으로써 업무에 대응하고 조직의 요구를 충족시키는 것이다.

11 다음 중 광고를 통해 얻은 매출과 광고에 투자한 비용 간의 비율을 나타내는 지표는?

① 평균 주문액
② 광고 투자 대비 수익률(ROAS)
③ 재구매율
④ 업셀링 비율

12 다음 중 고객에게 현재 구매하려는 제품의 업그레이드나 고급 버전 등을 제안하여 구매액을 늘리는 전략은?

① 업셀링
② 크로스셀링
③ 신규고객 판매
④ 기존고객에 의한 판매

13 다음 중 고객과의 상호작용에 대한 정보를 기록하고 추적하는 데 사용되는 데이터로 가장 적절하지 않은 것은?

① 이메일 교환 기록
② 채팅 로그(log)
③ 페이지 잔류시간
④ 고객 불만 수

14 다음 중 특정 기간 기업이 유지한 고객 수를 이전 기간에 보유한 고객 수로 나눈 비율을 나타내는 지표는?

① 고객유지율(CRR, Customer Retention Rate)
② 고객생애가치(LTV, Lifetime Value)
③ 거래금액
④ VOC 해결기록

15 다음 중 전자상거래 사이트에서 특정 상품 페이지에 진입한 사용자가 해당 상품을 구매하기까지 걸리는 평균 시간을 측정하고 싶을 때, 활용할 수 있는 데이터는?

① 페이지 잔류시간
② 구매 일자
③ 이탈률
④ 클릭률(CTR, Click-through Rate)

16 다음 중 공급사슬이 종종 가치사슬이라고 불리는 이유로 가장 적절한 것은?

① 독립적인 다수의 조직으로 구성되어 있기 때문

② 제품이나 서비스가 이동하며 가치가 부가되는 개념을 반영하기 때문

③ 원자재 발굴부터 소비자에게 판매하고 애프터 서비스까지 모두 도맡아서 진행하기 때문

④ 가치를 생산하는 데 도움을 주는 하나의 단계를 포함하기 때문

17 다음 중 수평적 수요 데이터에 대한 설명과 예시로 올바른 것은?

① 수요가 일정한 평균을 중심으로 오르내리는 유형으로, 치약이나 칫솔과 같은 생필품이 해당한다.

② 시간의 흐름에 따라 평균값이 증가 또는 감소하는 형태를 보이는 것으로, 스마트폰 산업의 추세적 수요가 예시에 해당한다.

③ 계절이나 주, 월에 따라 수요의 증감이 반복되는 패턴 유형으로, 기후의 변화에 따른 제철 과일이나 전력의 사용량이 해당한다.

④ 연 단위 이상의 장기간, 수요의 증감이 반복되는 패턴 유형으로, 야구나 축구 등이 해당한다.

18 다음 중 품질 관리(Quality Control)에 대한 설명으로 올바른 것은?

① 품질 관리는 품질 결과를 표준과 비교 · 측정하여 표준에 미달하는 경우 수정하는 프로세스로, 주로 정성적 기법에 기반하여 진행된다.

② 품질검사는 품질 관리를 위해 실시하는 것으로서, 공정의 어느 위치에서 검사가 이루어져야 하는지는 중요하지 않다.

③ 품질 관리는 주로 제품이 소비자에게 인도되기 전에 일회성으로 실시하는 적합성 검사로 진행되며, 이는 샘플링 검사의 형태로 이루어진다.

④ 품질은 제품 또는 서비스가 제공하는 성능이 고객의 기대를 충족시키는 정도를 나타내며, 이를 충족시키기 위해 품질 관리가 필요하다.

19 다음 중 프로젝트 관리에서 PERT/CPM 기법을 사용하면서 생기는 장점과 특징에 대한 설명으로 올바른 것은?

① PERT/CPM을 사용하면 프로젝트의 전체 소요 시간을 정확하게 예측할 수 있으며, 각 활동의 시작과 완료 시점을 그림으로 나타내어 프로젝트 진행 상황을 시각적으로 확인할 수 있다.

② PERT/CPM을 적용하면 프로젝트의 주 경로(Critical Path)를 식별하여 총소요 시간에 영향을 주는 핵심 활동을 파악할 수 있고, 전체 프로젝트의 총소요 시간에 영향을 주지 않는 범위 내에서 각 활동의 지연 여부를 확인할 수 있다.

③ PERT/CPM에서는 AOA(Activity On Arrow) 방식의 네트워크도를 사용하며, 각 노드는 활동을 나타내고, 화살표는 시작과 완료의 순서를 표시한다.

④ 확률적 시간 추정은 PERT에서 사용하는 주요 알고리즘 중 하나로, 통계학적 지식이 필요하며, 이를 통해 활동의 시작 및 완료 시점을 정확하게 계산할 수 있다.

20 다음 중 국가공간정보포털 자료(국가교통 DB)를 활용하여 구축할 수 있는 예보시스템 및 모니터링 지원시스템으로 가장 적절하지 않은 것은?

① 차량 5부제 및 2부제의 효과 모니터링

② 특별이벤트 및 5월 황금연휴 기간의 교통 수요 모니터링

③ 네트워크에서 수용 가능한 수요 규모 추정

④ 차종별 선호 고객 추정 및 모니터링

21 다음 중 통찰에 대한 예시로 가장 적절한 것은?

① 대리점의 매출 내역

② 대리점별 평균 매출액

③ 광고와 매출의 상관관계

④ 대리점 고객의 행동 이해

22 다음 중 특성에 따른 데이터 분류에 대한 설명으로 가장 적절하지 않은 것은?

① 명목형 데이터는 고유한 순서가 없는 값을 가지는 데이터이다.

② 순서형 데이터는 고정된 숫자 간격이 있는 값을 가지는 데이터이다.

③ 이산형 데이터는 개수를 셀 수 있는 단절된 숫자값을 가지는 데이터이다.

④ 연속형 데이터는 연속적으로 이어진 숫자값을 가지는 데이터이다.

23 다음 설명에 해당하는 데이터 해석 관점으로 가장 적절한 것은?

( )은/는 데이터의 정확성, 완전성, 일관성, 신뢰성을 평가하는 데이터 해석 관점이다.

① 통계적 관점

② 비즈니스 관점

③ 데이터 품질 관점

④ 윤리적 관점

24 다음 중 데이터 탐색 과정에서 시각적 방법을 주로 사용하는 이유는?

① 계산의 효율성
② 데이터의 완전한 이해
③ 머신러닝 모델링을 위해
④ 데이터 이해의 용이성

25 다음 중 중심 경향성을 나타내는 통계량은?

① 범위
② 중앙값
③ 분산
④ 표준 편차

26 확률의 정의에서 사건 A의 확률 계산으로 가장 적절한 것은?

① 표본 공간의 결과들의 수÷사건 A에 속하는 결과들의 수
② 사건 A에 속하는 결과들의 수÷표본 공간의 결과들의 총수
③ 사건 A에 속하는 결과들의 합÷표본 공간의 결과들의 합
④ 표본 공간의 결과들의 합÷사건 A에 속하는 결과들의 합

27 파일 시스템의 계층 구조 중 루트 디렉터리에 대한 설명으로 옳은 것은?

① 루트 디렉터리는 시스템에서 가장 하위 디렉터리이다.
② 루트 디렉터리는 모든 다른 디렉터리와 파일의 부모 디렉터리이다.
③ 루트 디렉터리는 일반적으로 사용자가 생성한다.
④ 루트 디렉터리는 데이터를 저장하는 논리적 단위이다.

28 다음 중 데이터베이스 시스템에서 데이터가 올바르게 저장되고 유지되도록 하는 기능은?

① 데이터 검색 및 질의
② 데이터 모델링
③ 데이터 무결성 검사
④ 데이터 백업 및 복구

29 다음 설명에 해당하는 데이터베이스 시스템의 기능으로 가장 적절한 것은?

( )은/는 여러 사용자가 데이터에 접근하여 작업할 수 있도록 지원하는 기능이다.

① 데이터 검색 및 질의
② 데이터 백업 및 복구
③ 데이터 모델링
④ 동시성 제어

30 트랜잭션의 특성 중 '원자성'이 의미하는 것은?

① 트랜잭션의 모든 연산은 모두 완료되거나, 수행되지 않아야 한다.

② 트랜잭션은 원자로 처리되어야 한다.

③ 트랜잭션은 데이터의 일관성을 유지해야 한다.

④ 트랜잭션은 지속적으로 실행되어야 한다.

31 다음 중 'NoSQL'의 약자와 그 의미로 가장 적절한 것은?

① 'New SQL'의 약자로 새로운 SQL 쿼리 언어를 의미한다.

② 'Not Only SQL'의 약자로 SQL 이외의 방법으로 데이터를 조작할 수 있다는 뜻이다.

③ 'Non-Relational SQL'의 약자로 관계형 SQL을 사용하지 않는다는 의미이다.

④ 'No Sequel'의 약자로 SQL을 전혀 사용하지 않는다는 의미이다.

32 다음 중 NoSQL 데이터베이스에 대한 설명으로 옳지 않은 것은?

① 데이터를 키와 값의 쌍으로 저장한다.

② 데이터를 열의 집합으로 저장한다.

③ 데이터를 노드와 엣지로 모델링한다.

④ 데이터를 테이블로 지장한다.

33 다음 중 데이터베이스에서 데이터를 실제로 저장하고 관리하는 데 사용되는 구성 요소는?

① 데이터 딕셔너리

② 데이터 인덱스

③ 데이터 테이블

④ 데이터 스키마

34 다음 중 양적 변수가 나타내는 것으로 가장 적절한 것은?

① 관찰치의 순서

② 관찰치의 크기

③ 관찰치의 특징

④ 관찰치의 범주

35 다음 중 데이터 오류의 유형 중에서 데이터가 누락되거나 부족할 경우에 발생하는 오류는?

① 데이터 정확성 오류

② 데이터 일관성 오류

③ 데이터 완전성 오류

④ 데이터 무결성 오류

36 다음 중 데이터 품질 검증 시 데이터 정확성을 평가할 때 수행하는 작업은?

① 데이터가 일관된 형식을 가지고 있는지 확인한다.
② 모든 데이터 항목이 포함되어 있는지 확인한다.
③ 데이터의 값을 실제의 값과 비교한다.
④ 데이터가 최신 상태인지 확인한다.

37 다음 중 하나의 테이블에만 존재하는 키도 포함하는 데이터 결합 방법은?

① 수직 연결
② 수평 연결
③ 내부 병합
④ 외부 병합

38 다음 설명에 해당하는 데이터 적재 방식은?

> (　　　)은/는 대량의 데이터를 한 번에 처리하는 데이터 적재 방식이다.

① 실시간 적재
② 병렬 적재
③ 증분 적재
④ 일괄 적재

39 다음 중 데이터 보안 조치 중 접근 제어에 해당하는 것은?

① 다단계 인증
② 로깅 및 모니터링
③ 비식별화
④ 데이터 백업

40 다음 중 비즈니스 인텔리전스의 목적으로 가장 적절한 것은?

① 데이터 수집
② 데이터 시각화
③ 프로세스 개선
④ 데이터 마이닝

3과목 경영정보시각화 디자인

41 DIKW 피라미드 중 '지식'에 대한 설명으로 가장 적절한 것은?

① 공장 A에서 출하된 다른 부품들도 공장 B에서 출하된 부품들보다 가격이 낮으리라고 판단된다.
② 상대적으로 저렴한 공장 A에서 부품들을 구매하는 것이 좋겠다.
③ 공장 A의 부품 가격이 공장 B보다 더 싸다.
④ 공장 A의 부품은 100원이며 공장 B의 부품은 300원이다.

42 다음 중 나단 쉐드로프의 정보 디자인 개념 다이어그램 설명으로 가장 적절한 것은?

① 수용자는 데이터와 정보의 단계에 속한다.
② 공급자는 정보와 지식의 단계에 속한다.
③ 정보는 일반적 맥락에서 받아들여진다.
④ 지식은 보편적 맥락에서 받아들여진다.

43 다음 중 정보 시각화 체크리스트 항목으로 가장 적절하지 않은 것은?

① 에디토리얼 인포그래픽으로 제작 가능하도록 스케치를 점검해야 한다.
② 잘못된 숫자나 부정확한 이상치가 있지 않은지 시각화된 결과물에 적절한 데이터 샘플을 적용하여 테스트를 수행한다.
③ 인터페이스상에 보이는 타이포그래피의 폰트, 스타일, 사이즈 등의 일관성을 확인해야 한다.
④ 시각화 설명을 위한 모든 선택 요소가 데이터가 담고 있는 가치를 정확하게 보여주고 있는지 점검해야 한다.

44 다음 중 콜린 웨어가 정리한 뇌가 시각 정보를 처리하는 과정의 세 단계로 가장 적절한 것은?

① 시각 요소 보기 – 패턴 이해하기 – 상상하기
② 시각 요소 수집하기 – 패턴 해석하기 – 이해하기
③ 시각 요소 읽기 – 패턴 상상하기 – 제시하기
④ 뚜렷한 시각 요소 파악하기 – 패턴 알아차리기 – 해석하기

45 게슈탈트 법칙 중 루빈의 컵 그림이 해당하는 법칙은?

① 공동 운명의 법칙
② 전경과 배경의 법칙
③ 유사성의 법칙
④ 폐쇄성의 법칙

46 게슈탈트의 법칙 중 같은 속도와 방향으로 함께 움직이거나, 각각의 속도나 방향으로 움직이는 요소를 그룹에 속하는 것으로 인식하는 법칙은?

① 공동 운명의 법칙
② 전경과 배경의 법칙
③ 유사성의 법칙
④ 폐쇄성의 법칙

47 다음 중 자크 베르탱의 시각적 변수 7요소로 적절하지 않은 것은?

① 기울기
② 리듬
③ 위치
④ 형태

48 다음 중 정보의 역피라미드에 대한 설명으로 가장 적절한 것은?

① 정보의 역피라미드 개념은 바우하우스에서 유래하였다.
② 가장 중요하고 실질적인 정보가 맨 위에 있고, 그다음에는 그 위의 개요를 이해하는 데 도움이 되는 세부 정보가 있으며, 맨 아래에는 훨씬 더 자세한 내용을 담고 있는 일반 및 배경 정보가 있다.
③ 가장 중요하고 강력한 정보는 맨 아래에 배치하여 위에서부터 아래까지 순차적으로 정보를 읽도록 하는 것이 적절하다.
④ 보는 사람은 화면의 텍스트를 모두 꼼꼼히 읽으므로 중요한 정보를 어떤 순서로 배치하는지는 중요하지 않다.

49 다음 중 에드워드 터프티가 주장한 정보 시각화를 위한 시각 정보 디자인 7원칙으로 가장 적절하지 않은 것은?

① 공간순이 아닌 시간순으로 나열
② 다중 변수를 표시
③ 시각적 비교를 강화
④ 인과관계를 표현

50 다음 중 그래프 유형에 대한 설명으로 적절하지 않은 것은?

① 수량 시각화는 수량 혹은 숫자값인 정량적 변수를 시각화하는 방법이다.

② 비율 시각화는 전체 중 부분의 비율을 시각화하는 방법이다.

③ 분포 시각화는 지리 공간 데이터를 활용하여 지도로 표현하는 시각화 방법이다.

④ 시간 시각화는 시간 변화에 따른 추이를 나타내는 시각화 방법이다.

51 다음 중 관계 시각화에 대한 설명으로 적절한 것은?

① 두 개 이상의 정량적 변수의 관계를 시각화하는 방법으로, 변수 간의 상관관계를 표현할 수 있다.

② 연도별 매출과 수익 같은 수량 데이터를 시각화할 때 사용된다.

③ 히스토그램, 밀도분포, 박스 플롯 등이 관계 시각화에 사용된다.

④ 관계 시각화는 지리적 연관성을 나타내는 데 주로 사용된다.

52 다음 중 지리 공간 데이터를 활용하여 나타내기에 가장 적합한 그래프의 유형은?

① 트리 맵

② 산점도

③ 경사 차트

④ 단계구분도

53 다음 중 트리 맵의 주요 특징으로 가장 적절한 것은?

① 각 사각형의 크기가 정량적 값에 비례하지 않는다.

② 바깥의 영역은 그 사각형이 포함된 대분류를 의미하고, 내부의 사각형은 세부 분류를 의미한다.

③ 단순 분류별 수량 시각화에만 활용된다.

④ 트리 맵 전체에 일관된 색 구성표를 사용하지 않는 것이 더 좋은 시각화 결과를 얻을 수 있다.

54 다음 그래프들이 속하는 가장 적합한 시각화의 유형은?

수평(가로) 막대 차트

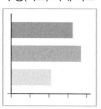

묶은 수직 막대 차트

누적 수평 막대 차트

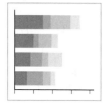

레이더 차트

① 수량 시각화
② 시간 시각화
③ 공간 시각화
④ 관계 시각화

55 다음 중 방사형 그래프의 특성에 대한 설명으로 적절하지 않은 것은?

① 각 그래프의 색이 겹치지 않도록 주의해야 하며, 색의 명확한 구분이 중요하다.
② 여러 개 변수에 대한 범주값의 균형을 한눈에 볼 수 있다.
③ 차트 중앙에서 외부 링까지 이어지는 축 위의 중앙으로부터의 거리로 수치를 나타낸다.
④ 중심점은 축이 나타내는 값의 최댓값을, 가장 먼 끝은 최솟값을 나타낸다.

56 다음 그림과 같은 막대그래프의 특징으로 가장 적절한 것은?

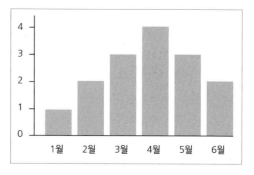

① 일정 기간에 걸쳐 연속적인 정량적 데이터 포인트를 표시한다.
② 범주의 값이 매우 비슷하여도 사용할 수 있는 그래프이다.
③ 모든 막대를 100%로 누적하여 각 카테고리의 백분율을 표시한다.
④ 데이터에 따라 다른 시간 간격으로 나뉘기도 하며, 추세선을 절대 사용할 수 없다.

57 다음 그림과 같은 그래프 유형으로 가장 적절한 것은?

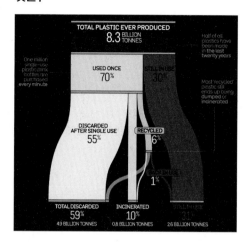

① 박스 플롯
② 밀도 맵
③ 생키 다이어그램
④ 단계구분도

58 다음의 한스 로슬링의 '갭 마인더' 그래프의 특징으로 가장 적절하지 않은 것은?

① 시간에 따른 데이터의 변화를 보여주기 위해 애니메이션 기능을 활용한다.
② 버블의 크기는 해당 국가의 인구를 나타내고, 색상은 해당 지역을 나타낸다.
③ 음의 상관관계가 있는 것으로 판단된다.
④ 국가별 기대수명과 일 인당 소득 간의 관계를 확인할 수 있다.

59 다음 중 사무자동화 프로그램의 아이콘 세트에 대한 설명으로 가장 적절한 것은?

① 상징적 표현을 추가하여 정보를 전달한다.
② 데이터의 정확한 값을 나타내기 위해 수치적 표현으로만 사용된다.
③ 데이터 막대와 유사한 기능으로 정량적 데이터 전달을 제공한다.
④ 아이콘 세트는 주로 조건부 서식을 통해 서식을 동적으로 변경하는 데 사용된다.

60 다음 중 BI 도구의 대시보드 디자인 시 고려 사항으로 가장 적절하지 않은 것은?

① 시각화 디자인을 통해 인과관계를 보여주면 이해도와 파악 속도를 높이는 데 도움이 된다.
② 중요도가 높은 영역은 좀 더 많은 공간을 할애하고 다른 콘텐츠와 구분이 되게 색과 글꼴을 사용해서 주의를 끌어야 한다.
③ 대시보드에서 데이터를 그래프로 표현하는 순서는 데이터 내러티브 또는 스토리를 명확하고 논리적으로 말할 때 핵심적인 사항이다.
④ 대시보드에서 추가적인 설명, 레이블링 등은 최대한 자제해서 사용해야 한다.

등급	문항 수	소요시간
단일 등급	총 60문항	60분

수험번호 : _____

성   명 : _____

정답 & 해설 ▶ 561쪽

1과목 **경영정보 일반**

01 다음 중 지식관리(KM) 시스템에 대한 설명으로 옳지 않은 것은?

① 지식관리는 조직이나 개인이 가진 지식을 효과적으로 수집, 저장, 공유, 활용하여 조직의 경쟁력을 향상시키는 방법론이다.

② 지식관리는 주로 조직의 학습, 협업, 의사결정, 혁신 등의 활동에서 지식을 활용하는 것을 목표로 한다.

③ 데이터 마이그레이션은 지식관리 시스템에서 사용되는 중요한 용어 중 하나이다.

④ 현대 조직이 경쟁력을 유지하고 발전시키기 위한 중요한 전략적 활동으로 간주된다.

02 다음 중 내부 환경분석 방법에 대한 설명으로 옳은 것은?

① 가치체계 분석은 조직이 내외부의 가치를 이해하고 최대한 효율적으로 창출하며 전파하는 과정을 평가하는 도구로 외부 고객이 지향하는 핵심가치를 실현하기 위한 구조이다.

② 7S 분석은 조직이나 기업의 효율성과 효과성을 평가하는 데 사용되며, Strategy, Structure, Systems, Skills, Staff, Style, Senior의 일곱 가지 요소를 고려한다.

③ 가치사슬 분석은 비즈니스 활동을 성과별로 세분화하여 각각의 기능이 가치를 창출하는 과정을 이해하고 최적화하기 위한 분석 도구이다.

④ VRIO 모형은 자원이 가치를 제공하고, 희소하며, 모방하기 어렵고, 조직 내에서 지속적으로 활용될 수 있는지를 평가하는 도구이다.

03 다음 중 총자산이익률(ROA)을 구하기 위한 수식으로 가장 적절한 것은?

① 당기순이익/총자산
② 당기순이익/매출액
③ 당기순이익/투자금액
④ 순이익/자기자본

04 재고자산의 회계 처리를 위한 판매단가 결정 중, 재고의 흐름을 따라가는 것이 가능한 경우에 주로 사용되며, 생산과정에서 사용되는 원자재 등에 적합한 방법은?

① 개별법
② 선입선출법
③ 후입선출법
④ 평균법

05 다음 감가상각 방법 중, 정액법의 수식은?

① 매기 감가상각비=(취득원가 – 잔존가치)÷
   내용연수
② 매기 감가상각비=기초 장부금액×상각률
③ 매기 감가상각비=(취득원가 – 잔존가치)×
   (당기 생산량÷총생산량)
④ 매기 감가상각비=(취득원가 – 잔존가치)×
   (당기초 잔존내용연수÷내용연수합계)

06 다음 채권투자의 위험 중, 인플레이션과의 관계에서 일어나는 위험은?

① 채무불이행위험
② 시장위험
③ 유동성위험
④ 구매력감소위험

07 이자 지급 방법에 따른 채권의 분류 중, 만기에 이르면 발행가액을 기준으로 원금이 상환되므로, 투자자는 발행가액과 원금 간의 차액을 수익으로 얻는 채권은?

① 단리채
② 복리채
③ 할인채
④ 이표채

08 다음 직무평가 주요 방법 중, 각 직무에 대해 여러 핵심 요소를 기준으로 점수를 할당하고, 이를 토대로 직무의 가치를 산정하는 방법은?

① 서열법
② 분류법
③ 점수법
④ 비교법

09 다음 인력평가 방법 중, 행동에 중점을 둔 평가 방법으로, 각 등급에 해당하는 행동 기준을 제시하고 직원의 행동이 이에 부합하는지를 평가하는 방법은?

① 행태관찰척도법
② 행태기준평정법
③ 평가센터법
④ 다면평가법

10 인적 자원 개발 및 조직 개발에 대한 설명으로 옳은 것은?

① 교육은 주로 직원들의 건강 상태를 개선하기 위해 제공되는 프로그램이다.
② 경력개발은 조직 내 직원들의 전문성 및 경력을 향상시키기 위해 마련된 체계적이고 지속적인 프로그램이다.
③ 리스킬링은 주로 직원들의 현재 역량을 업그레이드하고, 미래 업무에 대비하는 데 필요한 새로운 기술과 지식을 제공하기 위한 프로그램이다.
④ 이중경력제도는 조직의 핵심가치와 목표에 부합하는 우수 인재를 리더로 양성하고 유지하는 것이다.

11 다음 중 기업이 특정 기간 얼마만큼의 성장을 이루고자 하는지 목표를 설정하는 것은?

① 인적 자원관리
② 매출 목표
③ 퇴직 관리
④ 복리후생

12 다음 중 매출액을 계산하는 공식으로 적절한 것은?

① 판매량×단가
② 수익−비용
③ (수익−비용)÷비용×100(%)
④ 재고회전율=판매량÷평균재고

13 다음 중 고객이 기업의 제품을 소개하는 홍보 동영상을 소셜미디어에서 시청한 후 해당 제품을 구매한 비율을 나타내는 데이터는?

① SNS 플랫폼별 투자수익률(ROI, Return On Investment)
② SNS 방문자 수 증가율
③ 전환율(CVR, Conversion rate)
④ 고객 성향, 욕구, 구매 패턴

14 다음 중 사용자가 웹사이트나 앱에 머무르는 정도를 나타내는 것은?

① 고착도(Stickiness)

② 리드(Lead)

③ 콘텐츠 반응률(공유, 좋아요, 댓글 등)

④ 클릭률(CTR, Click-through Rate)

15 다음 중 순수고객추천지수(NPS, Net Promoter Score)의 답변 점수 분류가 가장 적절한 것은?

① '권유(9, 10)', '중립(7, 8)', '비판(0~6)'

② '권유(8~10)', '중립(7)', '비판(0~6)'

③ '권유(9, 10)', '중립(8, 7, 6)', '비판(0~5)'

④ '권유(8~10)', '중립(5~7)', '비판(0~4)'

16 다음 중 공급사슬 관리(SCM)의 궁극적인 목적으로 가장 적절한 것은?

① 수요와 공급을 통합적으로 관리 및 지원하는 것

② 자동차 부품에 들어가는 광석을 캐는 일부터 소비자에게 판매하고 애프터 서비스까지 모두 도맡아서 진행하는 것

③ 가치사슬을 따라 제품이나 서비스가 이동하며 가치가 유지되는 것

④ 단일 조직이 아니라 독립적인 다수의 조직으로 구성되는 것

17 다음 중 수요 변화의 형태로 올바르게 짝지어진 것은?

① 무작위 수요 데이터 – 수요가 일정한 평균을 중심으로 오르내리는 유형

② 추세적 수요 데이터 – 계절이나 주, 월에 따라 수요의 증감이 반복되는 패턴 유형

③ 계절적 수요 데이터 – 시간의 흐름에 따라 평균값이 증가 또는 감소하는 형태

④ 순환적 수요 데이터 – 연 단위 이상의 긴 시간 동안 수요의 증감이 반복되는 패턴 유형

18 다음 중 수요 예측 방법에 대한 설명으로 올바른 것은?

① 평균절대백분율오차(MAPE) – 예측값과 실제값 차이의 절댓값을 기하평균한 것으로, 오차의 절댓값을 퍼센트로 나타낸다.

② 평균제곱오차(MSE) – 평균절대오차를 제곱한 뒤 n으로 나누어 준 값으로, 예측값과 실제값의 차이를 나타낸다.

③ 평균절대오차(MAD) – 실측값을 예측값으로 나누어 백분율로 나타낸다.

④ 기존 자료(과거 데이터)를 활용하여 예측값과 실측값을 관찰하고, 예측 오차가 가장 적은 기법을 선정한 뒤, 그 예측 오차 대비 비용도 고려하여 예측 기법을 선정한다.

19 다음 중 황소채찍 효과(Bullwhip Effect)에 대한 설명으로 옳은 것은?

① 황소채찍 효과는 공급사슬 후방에 위치하는 기업일수록 재고 변동 폭이 감소하는 현상을 의미한다.

② 공급사슬에서 발생하는 주문량의 급격한 변동이 상류로 전파되는 현상을 나타내며, 주로 정보의 부족으로 발생한다.

③ 황소채찍 효과는 주로 공급사슬 전체에 일괄적으로 발생하는 현상으로, 특정 기업이나 활동에만 한정된 것이 아니다.

④ 수요의 급격한 변동이 상류로 전파되어 공급사슬 전반에 영향을 미치는 것을 말하며, 이는 주로 안전재고의 부재로 인해 발생한다.

20 다음 중 공공데이터포털과 관련된 설명으로 가장 적절하지 않은 것은?

① 공공데이터 관련 공모전에서 입상한 우수 사례를 공유한다.

② 공공데이터를 활용하여 개발된 국내외 다양한 사례와 가공데이터를 공유한다.

③ 공공데이터를 활용하여 다양한 시각화 차트를 만들어 공유한다.

④ 공공데이터포털에서 제공하지 않는 공공데이터에 대해서는 공유가 불가능하다.

21 다음 중 정보의 해석과 통합을 통해 얻은 현실 세계의 이해로 가장 적절한 것은?

① 지식
② 정보
③ 통찰
④ 지혜

22 다음 중 데이터의 구조를 파악하기 위하여 파싱 기술이 필요한 데이터로 가장 적절한 것은?

① 비정형 데이터
② 반정형 데이터
③ 명목형 데이터
④ 정형 데이터

23 다음 중 산술적 연산이 가능한 데이터는?

① 범주형 데이터
② 명목형 데이터
③ 연속형 데이터
④ 순서형 데이터

24 다음 중 빅데이터의 활용으로 얻을 수 있는 이점으로 가장 적절한 것은?

① 데이터의 복잡성 증가
② 더 적은 양의 데이터 수집
③ 합리적 의사결정과 전략 수립
④ 실시간 데이터 처리의 어려움

25 다음 중 모델이 데이터의 노이즈까지 학습하는 경우에 발생하는 현상은?

① 확증 편향
② 과대 적합
③ 과소 적합
④ 심슨의 역설

26 다음 중 추론 통계에서 신뢰구간의 의미는?

① 표본의 크기
② 모집단의 모수값
③ 추정된 모집단의 특정 범위
④ 표본 오차의 크기

27 다음 중 상관계수의 절댓값이 1에 가까울수록 의미하는 두 변수 사이의 관계로 적절한 것은?

① 관계가 약하다.
② 관계가 강하다.
③ 관계가 없다.
④ 관계의 방향이 역으로 되어 있다.

28 다음 중 이산 확률 분포가 아닌 것은?

① 이항 분포
② 다항 분포
③ 지수 분포
④ 포아송 분포

29 다음 중 파일 시스템에서 데이터 불일치 문제가 발생하는 이유로 적절한 것은?

① 파일 시스템이 네트워크에 연결되어 있지 않기 때문이다.
② 파일 시스템은 데이터 무결성을 보장하지 못하기 때문이다.
③ 파일 시스템에서 같은 데이터가 여러 파일에 중복으로 저장될 수 있기 때문이다.
④ 파일 시스템은 데이터를 자동으로 업데이트하지 않기 때문이다.

30 다음 중 객체지향 데이터베이스에서 객체 간의 관계의 표현으로 가장 적절한 것은?

① SQL을 사용하여 표현된다.
② 포인터나 참조를 사용하여 표현된다.
③ 테이블을 사용하여 표현된다.
④ 인덱스를 사용하여 표현된다.

31 다음 설명에 해당하는 데이터베이스의 구조는?

데이터베이스 스키마 중 데이터베이스 사용자가 인식하는 데이터베이스 구조이다.

① 데이터 인덱스
② 테이블
③ 외부 스키마
④ 내부 스키마

32 다음 중 데이터베이스에서 데이터를 삽입하는 데 사용되는 데이터 언어의 명령어로 가장 적절한 것은?

① SELECT
② INSERT
③ UPDATE
④ DELETE

33 다음 중 변수를 이해하는 것이 중요한 이유로 가장 적절한 것은?

① 데이터를 고유하게 식별하는 데 필요하다.
② 데이터 분석 방법을 선택하는 데 필요하다.
③ 변수 이름을 설정하는 데 필요하다.
④ 양적 변수와 질적 변수를 구분하는 데 도움을 준다.

34 다음 중 데이터 중복을 최소화하고 무결성을 보장하기 위해 수행하는 과정은?

① 쿼리 최적화
② 정규화
③ 인덱싱
④ 테이블 정의

35 다음 중 이상값을 식별하기 위해 사용되는 방법으로 옳은 것은?

① 서로 다른 형식이나 단위를 사용하는 데이터를 표준 형식으로 변환한다.
② 서로 다른 데이터 소스나 시스템 간의 데이터를 일치시킨다.
③ 상자수염그림, 산점도 등을 이용하여 시각적으로 탐색한다.
④ 데이터를 일정 범위로 조정한다.

36 다음 중 데이터 구간화에서 등간격 구간화의 방법으로 옳은 것은?

① 각 구간에 거의 동일한 수의 데이터 포인트가 오도록 나눈다.

② 데이터의 범위를 동일한 크기의 구간으로 나눈다.

③ 데이터를 클러스터링하여 구간을 나눈다.

④ 결정 트리 알고리즘을 사용하여 구간을 나눈다.

37 다음 중 데이터를 계층적으로 분리하는 이유로 가장 적절한 것은?

① 모델의 복잡도 증가

② 모델의 편향 증가

③ 데이터의 대표성 유지

④ 데이터의 크기 증가

38 다음 중 교차 병합에 대한 설명으로 옳은 것은?

① 두 데이터 세트 중 하나라도 존재하는 키를 기준으로 결합한다.

② 두 데이터 세트의 모든 행을 서로 결합하여 가능한 모든 조합을 생성한다.

③ 두 데이터 세트에서 이름이 같은 모든 열을 기준으로 결합한다.

④ 두 데이터 세트에 공통으로 존재하는 키를 기준으로 병합한다.

39 다음 중 클라우드 스토리지 서비스가 아닌 것은?

① Amazon S3

② Google Cloud Storage

③ MongoDB

④ Azure Blob Storage

40 비식별화 기술 중 익명화에 대한 설명으로 옳은 것은?

① 실제 데이터값을 가려서 익명화한다.

② 데이터에서 개인을 식별할 수 있는 모든 정보를 제거한다.

③ 식별 가능한 데이터를 대체 식별자로 대체한다.

④ 데이터값에 임의의 변동을 추가한다.

3과목   **경영정보시각화 디자인**

41 다음 중 DIKW 피라미드에 대한 설명으로 가장 적절하지 않은 것은?

① 지혜는 엮고, 구체화하고, 식별하고, 종합화하는 것이 가능하다.

② 데이터는 단어, 숫자, 암호, 도표 등으로 나타난다.

③ 정보는 맥락화하고, 비교하고, 여과하고, 지시하는 것을 포함한다.

④ 지식은 책, 범례, 신념 체계, 전통 등이다.

42 다음 중 나단 셰드로프의 정보 디자인 개념 다이어그램에 대한 설명으로 옳지 않은 것은?

① 데이터가 정보로 이해되고 활용되며 지식으로 체계화되어 지혜로써 문제 해결과 미래 예측에 사용되는 과정을 그리고 있다.

② 데이터, 정보, 지식, 지혜가 생성되고 전환되는 과정을 통해 정보 디자인이 어떻게 전달되는지 보여준다.

③ 정보는 일반적 맥락에 있지만, 지식은 개인적 맥락에 있는 것을 알 수 있다.

④ 수용자는 데이터와 정보의 단계에 속하고, 공급자는 정보와 지식의 단계에 속하는 것을 알 수 있다.

43 다음의 한스 로슬링의 갭 마인더와 같이 정보 시각화에서 시각화 애니메이션을 사용했을 때의 이점으로 가장 적절한 것은?

① 복잡한 데이터 표현을 단순화할 수 있다.

② 데이터로 시각적 예술을 만들 수 있다.

③ 사용자의 참여를 유도하고 콘텍스트를 제공한다.

④ 중요한 데이터 요소를 강조한다.

44 다음 중 정보 디자인과 인포그래픽에 대한 설명으로 가장 적절한 것은?

① 인터넷이 유행하기 시작하면서 인포그래픽에 관한 관심이 전보다 축소되었으며 화려한 디자인이 대중들의 외면을 받았다.

② 인포그래픽은 복잡한 기술 데이터를 화려한 디자인과 일러스트레이션으로 표현하여 사용자가 감상할 수 있게 하는 방법이다.

③ 인포그래픽은 정보 시각화와 정보 디자인 범위에 모두 속하지 않는다.

④ 에드워드 터프티와 나이젤 홈즈는 정보 시각화에 대해 동일한 의견을 가지고 있다.

45 게슈탈트의 법칙 중 가까이 있는 것이 멀리 있는 것보다 더욱 관련 있다고 인식하는 법칙은?

① 폐쇄성의 법칙

② 연속성의 법칙

③ 유사성의 법칙

④ 근접성의 법칙

46 다음의 그래프처럼 두 개의 선이 이어져 있지 않고 사이가 떨어져 있으나 두 개의 파선을 잇는 선이 머릿속에 자동으로 그려지는 현상과 가장 연관 있는 법칙은?

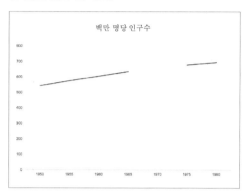

① 근접성의 법칙
② 단순 충만의 법칙
③ 폐쇄성의 법칙
④ 유사성의 법칙

47 다음 중 자크 베르탱의 시각적 변수 7요소에 대한 설명으로 가장 적절하지 않은 것은?

① 그래프에서 하나의 요소만 명도가 유난히 높거나 낮다면 비교되어 잘 보일 수 있다.
② 그래프에 그려진 요소들이 같은 색상이라면 강조하고자 하는 부분에 다른 색을 쓰면 잘 보이게 할 수 있다.
③ 같은 크기를 가진 요소 중 하나만 작게 만들면 그 작은 요소는 더 눈에 띄지 않게 된다.
④ 같은 색상과 형태일지라도 질감을 다르게 주면 눈에 띄게 만들 수 있다.

48 다음 중 에드워드 터프티가 제시한 시각 정보 디자인 7원칙으로 가장 적절하지 않은 것은?

① 정량적 자료의 정량성을 제거하지 마라
② 인과관계를 제시하라
③ 다중 변수를 표시하라
④ 공간순이 아닌 시간순으로 나열하라

49 다음 중 그래프 유형 설명으로 가장 적절한 것은?

① 분포 시각화는 지리 공간 데이터를 활용하여 지도로 표현하는 시각화 방법이다.
② 공간 시각화는 데이터의 분포와 통계량을 시각화하는 방법이다.
③ 비율 시각화는 수량 혹은 숫자값인 정량적 변수를 시각화하는 방법이다.
④ 관계 시각화는 두 개 이상의 정량적 변수의 관계를 시각화하는 방법이다.

50 다음 중 비율 시각화에 대한 설명으로 가장 적절하지 않은 것은?

① 비율 데이터는 부분을 전부 합치면 1 또는 100%가 된다.
② 비율 시각화는 최대와 최소를 순서 정렬에서 양 끝을 취해 나타낸다.
③ 트리 맵, 도넛 그래프, 와플 차트 등이 비율 시각화에 사용된다.
④ 비율 시각화는 연속형 데이터의 특정 시간 구간값을 나타내는 데 사용되지 않는다.

51 다음 중 개별 값을 쉽게 확인하고 서로 비교하는 데 가장 적합한 그래프 유형은?

① 막대그래프
② 선 그래프
③ 파이 차트
④ 산점도

52 다음 중 정량적 변수(수량 혹은 숫자값)를 시각화하기에 가장 적합한 그래프의 유형은?

① 파이 차트

② 박스 플롯
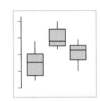

③ 방사형 그래프

④ 경사 차트

53 다음 중 생키 다이어그램의 주요 특징으로 가장 적절한 것은?

① 생키 다이어그램은 트리 구조의 데이터를 표시할 때 주로 사용한다.
② 화살표의 너비로 흐름의 양을 나타내며, 각 값은 서로 연결된 밴드를 통해 표현한다.
③ 생키 다이어그램은 단일 범주에 연관성이 없는 값으로 구성된다.
④ 단계 간의 연결을 표현하는 데에는 생키 다이어그램이 적합하지 않다.

54 다음 그래프들에 가장 적합한 시각화 유형은?

원형(파이)차트

도넛차트

모자이크도표

트리맵

① 수량 시각화
② 관계 시각화
③ 비율 시각화
④ 시간 시각화

55 다음 중 버블 차트의 특징으로 가장 적절하지 않은 것은?

① 애니메이션 버블 차트는 장기간에 걸쳐 점진적으로 변화하는 데이터를 표시하는 데 적합하다.

② 버블 차트는 수십 또는 수백 개의 값을 갖거나 값들이 몇 자릿수씩 차이가 나는 데이터 세트에 특히 유용하다.

③ 시각화 의도에 따라 버블 차트의 각 버블의 크기를 정성적으로 판단하여 표시한다.

④ 가로축의 변수와 세로축의 변수, 버블의 크기로 변수 간에 상관관계를 표현한다.

56 다음 그림과 같은 그래프 유형의 명칭은?

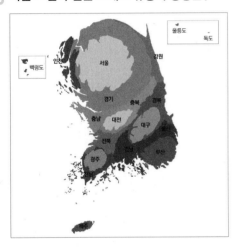

① 밀도 맵
② 카토그램
③ 히트 맵
④ 단계구분도

57 다음 중 축구 통계 스프레드시트에서 생성된 차트로 연도별 팀 성적을 비교할 수 있는 경우 가장 적절한 그래프는?

① 막대그래프
② 파이 차트
③ 트리 맵
④ 산점도

58 다음 중 데이터 포인트를 연결하여 일정 기간의 수치 변화 방향을 보여주는 그래프는?

① 막대그래프
② 선 그래프
③ 파이 차트
④ 산점도

59 다음 중 경영정보시각화 디자인을 적용한 대시보드가 제공하는 장점이 아닌 것은?

① 데이터 관리에 효율적
② 이해도 향상
③ 단순화한 쉬운 접근
④ 명료한 커뮤니케이션

60 다음 중 BI 도구의 대시보드가 제공하지 않는 기능은?

① 다양한 데이터 원본 통합과 필터링을 할 수 있는 기능
② 시각화를 동일하게 구현할 수 있는 그래프 히스토리 기능
③ 그래프 및 차트를 통한 데이터 시각화 기능
④ 다양한 필터, 드롭다운 메뉴 등을 통해 데이터를 동적으로 변경하고 조작하는 기능

정답 및 해설

정답 & 해설

최신 기출 문제 01회

01 ④	02 ①	03 ①	04 ③	05 ④
06 ①	07 ②	08 ③	09 ④	10 ③
11 ②	12 ①	13 ①	14 ①	15 ③
16 ③	17 ②	18 ④	19 ④	20 ④
21 ①	22 ③	23 ②	24 ①	25 ②
26 ①	27 ③	28 ③	29 ④	30 ④
31 ③	32 ②	33 ③	34 ④	35 ②
36 ④	37 ③	38 ④	39 ④	40 ③
41 ③	42 ③	43 ④	44 ④	45 ①,③
46 ④	47 ②	48 ①	49 ③	50 ④
51 ③	52 ②	53 ③	54 ③	55 ②
56 ③	57 ④	58 ②	59 ③	60 ④

1과목 경영정보 일반

01 ④

베이스업은 기본급 또는 베이스급을 증가시키는 것으로, 일반적으로 연봉을 기준으로 상향시킨다. 이에 가장 옳지 않은 정답은 ④번이다.

02 ①

정액법은 감가상각을 균일하게 분배하는 방법으로, 자산의 내용연수에 따라 매년 같은 감가상각 비용을 부과하는 방법으로 직선법으로도 불린다.

03 ①

평가센터법은 여러 가지 행동 시뮬레이션과 특별한 과제를 활용하여 직원의 역량을 평가하는 방법으로 질문과 가장 일치하는 평가방법이다.

04 ③

CVR은 웹사이트나 앱에서 기업이 원하는 목표를 달성한 사용자의 비율을 의미하며, Conversion Rate(전환율)으로 표기된다. 마케팅에서의 전환은 구매만을 의미하지는 않으며, 기업이 원하는 목표를 달성하기만 하면 전환율에 포함되므로 오답이다.

05 ④

고객행동 데이터는 고객이 상품이나 회사와 관련하여 활동하면서 발생시키는 데이터를 의미하는데, 고객 인지도의 경우 고객이 기업이나 상품, 서비스 등을 경험하면서 형성되는 것으로 고객행동 데이터와는 가장 거리가 멀다.

06 ①

문제에서 설명하는 관리 방법은 공급망관리라고도 하며 제품이나 서비스를 생산하고 이를 소비자에게 전달하기 위한 전체 공급 과정을 효율적으로 계획, 조직화, 실행하고 최적화하는 전략적인 접근 방식이다. 원자재의 조달부터 생산, 유통, 소비자 서비스에 이르는 모든 활동을 종합적으로 관리하여 비용을 최소화하고 서비스 수준을 최적화하는 목표를 가지고 있는 관리 방법이다.

07 ②

현금흐름표에서는 특정 기간의 현금흐름을 기록하여 현금의 유입과 유출을 추적하고 기업의 현금 관리와 재무 건전성을 평가한다. 현금흐름표에는 영업활동으로 인한 현금흐름, 투자 활동으로 인한 현금흐름, 재무 활동으로 인한 현금흐름 등이 포함되어 보기의 설명과 가장 부합하는 보기로 볼 수 있다.

08 ③

유동비율(Current Ratio)은 유동자산을 유동부채로 나눈 비율로 현재 자산이 현재 부채를 상환하는 데 얼마나 충분한지를 나타내며, 1보다 높을수록 안정성이 높다고 판단할 수 있으며, 통상 200% 이상이 이상적으로 평가된다.

09 ④

공급사슬의 일반적인 세 가지 대표 유형의 이동에 직원의 인사 이동은 포함되지 않는다. 나머지 세 가지의 보기는 모두 일반적 대표 유형의 이동이다.

10 ③

회귀분석(Regression Analysis)은 여러 변수 간의 관계를 통계적으로 분석하여 특정 변수의 값을 예측하는 기법으로 정량적 데이터나 통계치들을 분석하기에 가장 적합한 방법이라 할 수 있다.

11 ②

보기 ②의 생산 중 검사와 원자재 구매 전은 시점부터 오류가 있다고 판단된다. 원자재 구매 전에도 적합성 검사를 진행할 수 있지만, 이 경우 생산 전 검사로 분류하는 것이 더욱 타당하다.

12 ①

프리미엄은 옵션 계약의 가격으로, 옵션매수자가 옵션 계약을 매수할 때 지불하는 금액을 의미하기에 ①번이 정답이다.

13 ①

e-지방지표는 지역자치단체의 생활환경 및 경영 상황을 알아볼 수 있는 주요 통계들을 선정하여 지역 간 평가 및 비교를 할 수 있도록 서비스한다. 인구, 가족, 건강, 교육, 소득과 소비, 고용과 노동, 주거와 교통, 문화와 여가, 성장과 안정, 안전, 환경, 사회통합 등 12개 분야에 대하여 지역자치단체의 통계자료를 제공하고 있어 해당 문제의 설명과 가장 적합성이 높은 지표이다.

14 ①

해당 설명은 모두 시장점유율을 가리키는 설명으로, 일반적으로 상대적 시장점유율을 확인하기 위해 제품/사업 부문의 상대적 시장점유율을 확인하여 기업이 해당 시장에서 얼마나 큰 영향력이 있는지 나타내는 지표로 활용할 수 있다.

15 ③

광고 투자 대비 수익률(ROAS, Return On Advertising Spend)이란 광고를 통해 얻은 매출과 광고에 투자한 비용 간의 비율을 나타내는 지표로 '{매출÷광고 투자(비용)}×100(%)'으로 계산한다.

16 ③

승격은 승급과 유사하지만, 높은 책임이 추가되는 경우에 따라 임금 인상이 되는 경우로 해당 설명은 승격과 가장 일치하는 설명이다.

17 ②

문제의 원인을 중요하지 않은 다수의 원인과 중요한 소수의 원인으로 분류하는 방법은 파레토(Pareto)기법으로 불균형적인 부의 분배로 80%의 부가 20%의 사람에게 집중되어 있다는 데서 착안된 품질기법이다.

18 ④

보기 ④의 경우는 경력개발 프로그램이 아니라, 업무 관련 고충 처리와 스트레스 관리를 위한 종업원 지원프로그램(EAP)은 법정 외 복리후생으로 구분할 수 있다.

19 ④

자본예산은 투자에 대한 의사결정을 위해 드는 비용과 획득할 수 있는 수익을 비교하여 재무적 관점에서 투자안의 타당성을 판단하는 방법이다. 주로 고정자산과 같이 대규모 투자 자금이 필요하고, 투자 효과가 장기에 걸쳐 나타나는 투자의 총괄적인 계획을 평가한다.

20 ④

신규고객판매란 기업이 이전에 상호작용한 적이 없는 새로운 고객을 대상으로 제품이나 서비스를 판매하는 것으로, ④번 보기의 경우 기존 고객에 의한 판매로 분류하는 것이 타당하다.

2과목 **데이터 해석 및 활용**

21 ①

데이터 간의 종속성 또는 독립성을 확인하는 카이제곱 검정을 사용할 수 있는 데이터는 숫자가 아닌 범주로 구분되는 범주형 데이터이다.

22 ③

데이터 백업 방법 중에서 마지막 전체 백업 이후 변경된 데이터만을 백업하여 저장 공간을 절약하고 백업 시간을 단축할 수 있는 방법은 증분 백업이다.

23 ②

데이터들의 유사도를 측정하여 유사도가 높은 데이터를 그룹화하고, 각 그룹의 특성을 파악하는 데이터마이닝 기법은 군집 분석이다.

24 ①

다양한 출처로부터 수집된 데이터를 단일 데이터 저장소인 데이터 웨어하우스에 통합, 저장, 관리하는 기술은 데이터 웨어하우징이다.

25 ②

NULL 값은 유효하지 않은 데이터로 기초 통계를 구할 때 무시하고 유효한 데이터만을 사용한다. 따라서, 보기에서 가장 빈도가 높은 값은 4이다.

26 ①

데이터 세트를 여러 폴드(하위 집합)로 나누고 각 폴드를 번갈아 가며 모델을 훈련하고 검증하는 데 사용하는 방법은 교차 검증이다.

27 ③

데이터베이스의 논리적 또는 물리적 구조를 응용 프로그램에 영향을 주지않고 독립적으로 변경할 수 있는 데이터베이스 관리 시스템의 특성을 데이터 독립성이라고 한다.

28 ③

정보는 데이터를 가공하여 의미를 부여한 결과물로 보기 ③ 은 현실 세계에서 발생한 사건(시스템 로그인)을 측정한 가공되지 않은 값으로 데이터에 해당된다.

29 ④

데이터 임의화는 데이터에 임의의 변동을 추가하거나 데이터 순서를 변경하여 개인을 식별할 수 없도록 하는 비식별화 기술이다.

30 ④

데이터베이스 사용자가 인식하는 논리적 구조로 테이블, 뷰, 인덱스, 관계, 제약 조건 등을 포함하는 스키마를 외부 스키마라고 한다.

31 ③

셀프서비스 비즈니스 인텔리전스는 비즈니스 사용자가 IT 부서의 지원 없이 독립적으로 직접 데이터를 탐색하고 분석할 수 있는 도구이다.

32 ②

데이터 표준화는 서로 다른 형식이나 단위를 사용하는 데이터를 비교를 위해 일관된 형식 또는 단위로 변환하는 것이다.

33 ③

데이터 모델 수립 시, 데이터 분석 모델이 너무 단순하거나 충분한 학습이 이루어지지 않았을 때 발생하는 해석 오류를 과소 적합이라고 한다.

34 ④

슈퍼키는 테이블 내의 행을 고유하게 식별할 수 있는 모든 가능한 열의 조합으로, 복합키와 다르게 필요 이상의 열을 포함할 수 있다.

35 ②

테이블의 열을 나타내며 특정 데이터 유형에 대한 정보를 기술하여 데이터의 특징을 정의하는 데이터베이스 구성요소는 속성이다.

36 ④

파일 시스템은 파일의 이름, 크기, 일자 등을 기준으로 검색할 수 있는 기능을 제공하지만, 복잡한 데이터 검색 작업을 수행하는 데 비효율적이다.

37 ②

상관계수 해석 시, 상관계수가 1에 가까울수록 양의 상관관계가 강하고, −1에 가까울수록 음의 상관관계가 강하다고 해석한다.

38 ④

데이터 정의어는 데이터베이스의 논리적 구조를 설계하고 데이터베이스 객체(테이블, 뷰, 인덱스 등)를 생성, 수정, 삭제하는 데 사용되는 데이터베이스 언어이다.

39 ④

NoSQL은 비정형 또는 반정형 데이터를 저장하고 관리하기 위해 고안된 데이터베이스로 유연하게 스키마를 설계할 수 있다.

40 ③

정형 데이터는 표 형태의 구조인 스프레드시트 또는 테이블에 저장되고, XML, HTML, JSON 등의 파일 형태로 저장되는 데이터는 반정형 데이터이다.

> 3과목 **경영정보시각화 디자인**

41 ③

데이터(Data), 정보(Information), 지식(Knowledge), 지혜(Wisdom)의 앞 글자를 딴 DIKW 피라미드는 가장 하위의 데이터으로부터 정보, 지식, 상위의 지혜 순으로 이루어진다.

42 ③

폭포수(워터폴) 차트에 대한 설명이다.

43 ④

덴드로그램은 머신러닝 기법 중 군집화의 결과로 생성되는 그래프이다.
각 단계에서 관측치의 군집화를 통해 형성된 그룹과 이들의 유사성 수준을 표시하는 트리 다이어그램이다.

44 ④

BI 소프트웨어는 데이터베이스, 스프레드시트, 클라우드 저장소, 기타 데이터 리포지토리 등 다양한 데이터 소스에 연결할 수 있으므로 다양한 데이터 소스(데이터 원본)로부터 데이터를 추출, 변환, 로드(ETL) 가능하다.

45 ①, ③

X, Y 2개의 축을 가진 2차원 형태의 차트이다.
캘린더 차트는 행에 주차(주), 열에 요일을 배치하며 각 셀에 해당 날짜를 표시하는 형태로 구성된다.

46 ④

박스플롯은 기본적으로 신뢰구간을 표시하지 않는다. 신뢰구간은 평균이나 추정치의 불확실성을 나타내기 위해 사용되며, 이를 시각화하기 위해서는 주로 에러 바(Error Bar) 또는 다른 통계적 시각화 기법이 사용된다.

47 ②

폐쇄성의 법칙은 끊어지거나 불연속적인 부분들이 전체적인 형(원, 사각형, 삼각형)을 이루어 지각되는 것으로 그림에서 세 개의 파이를 보고 그 안의 음의 공간에 존재하는 삼각형을 보게 된다. 실제 삼각형은 존재하지 않으나 우리의 뇌에서는 삼각형을 그려내게 된다.

48 ①

공간시각화 종류에는 지도, 단계구분도, 등치 지역도, 카토그램, 카토그램 히트맵 등이 있다.

49 ③

산점도는 데이터 포인트가 많을 때 특히 유용하지만, 데이터 포인트의 수가 적을 때는 막대그래프나 일반 표가 정보를 제대로 표시하는 데 효과적일 수 있다.

50 ④

0%의 채도는 회색, 100%의 채도는 순수한 색을 말한다.

51 ③

연구나 조사, 발견, 수집의 결과인 일종의 기초자료로서 정보를 만들기 위한 일종의 원자재와 같은 것은 데이터(Data)이다.

52 ②

단계구분도는 계급으로 데이터를 집단화하고, 지도에 각 계급을 단계적으로 표현함으로써 지역을 집단으로 하여 단순한 개수(count)가 아닌 숫자 데이터를 보여준다.

오답 피하기

지도맵의 각 지리적 위치는 지도상의 좌표로 나타내어지며, 이를 통해 각 위치에 대한 데이터를 시각적으로 확인할 수 있다.
카토그램은 면적을 수치형 자료의 측정값에 맞춰 변형한 지도로 핵심 데이터를 강조하기 위해 지도의 한 측면을 왜곡한다.
카토그램 히트맵은 같은 면적의 배경을 병렬적으로 사용하며 색(채도 등)을 이용하여 데이터 값을 표현한다.

53 ③

생키 차트는 흐름(Flow) 다이어그램의 한 종류로서 그 화살표의 너비로 흐름의 양을 비율적으로 보여준다.

54 ③

히스토그램은 가로축에 범주형 데이터 혹은 구간, 세로축에 측정값의 정도를 표현하는 그래프이다. 통계적 분포를 표시할 수 있다. 가로축(X축)에 구간의 폭을 정확하게 설정하면 시각적으로 효과적인 정보를 전달할 수 있다.

55 ②

범례는 그래프나 차트에서 사용된 색상, 패턴, 기호 등과 그에 대응하는 항목을 설명하는 텍스트 요소이다

56 ③

불확실성 시각화는 오차 표현을 포함하는 시각화로 종류로는 오차막대, 단계별오차막대, 신뢰도스트랩, 신뢰대역, 분위수점도표 등이 있다.

57 ④

원형(파이)차트는 범주(차원)가 많아지면 비율을 시각적으로 이해하기 어려워진다.

58 ②

데이터 막대는 조건부 서식의 한 종류로서, 숫자나 퍼센트 값의 상대적인 크기를 시각화하는 기능이다. 데이터값의 크기에 따라 막대의 크기나 색상이 변화하여 시각적으로 비교하고 분석할 수 있다.

59 ③

KPI는 대시보드 상에 간결하게 표시하여 사용자가 비즈니스의 주요 성과를 빠르게 확인할 수 있도록 한다.

60 ④

경사(기울기) 차트는 시간 추이 중 특별히 '두 점 사이'의 추이를 비교한다. 두 날짜 사이의 정량적 데이터의 변화 비교한다. 추이 외 에도 두 범주 간 정량적 변수의 차이를 비교할 수 있다.

01 ③	02 ②	03 ①	04 ④	05 ③
06 ①	07 ④	08 ③	09 ②	10 ④
11 ③	12 ①	13 ①	14 ①	15 ①
16 ④	17 ④	18 ④	19 ②	20 ①
21 ②	22 ①	23 ③	24 ③	25 ①
26 ④	27 ③	28 ①	29 ③	30 ①
31 ①	32 ③	33 ②	34 ③	35 ③
36 ②	37 ③	38 ②	39 ④	40 ②
41 ③	42 ②	43 ②	44 ④	45 ②
46 ③	47 ②	48 ①	49 ①	50 ④
51 ②	52 ②	53 ④	54 ①	55 ④
56 ①	57 ③	58 ③	59 ①	60 ③

1과목 경영정보 일반

01 ③

SERVQUAL의 5가지 요인은 유형성, 신뢰성, 응답성, 확신성, 공감성이며, 그 중 직원의 전문성과 관련된 특성은 Assurance로 보장성이나 확신성이라는 단어로 번역된다.

02 ②

마케팅 영업 기본 정보 섹션에서 크로스셀링 관련 개념을 참고해서 설명하면 보기 ①, ③, ④는 업셀링을 의미한다는 것을 알 수 있다. 크로스셀링이란 고객이 이미 구매한 상품과 관련이 있는 다른 부가적인 상품이나 서비스를 제안하여 다양한 제품을 함께 구매하도록 유도하는 전략이다.

03 ①

데이터는 기업에서 측정한 값이고, 이를 이용하여 체계적으로 정리하거나 변환한 값을 정보라고 하며, 정보를 활용하여 도출한 결과로 알 수 있는 것을 지식이라고 한다. 이러한 지식을 활용하여 경영자는 통찰을 얻을 수 있다.

04 ④

직무평가의 주요 방법으로 다양한 방법이 언급되고 있는데, 해당 문제는 외부 시장에서 유사한 직무를 수행하는 직원들의 평균임금을 기준으로 내부 직무에 대한 보상을 결정하는 방법인 시장임금조사법에 대해 설명하고 있다.

05 ③

이표채는 액면금액 표기 채권으로 발행하지만, 표면이자율에 따라 연(월)간으로 지급하는 채권을 의미한다.

06 ①

총자산이익률은 안정성 측정이라기 보다는 수익성을 측정하기 위함이며, 안정성 측정을 위한 비율은 부채비율이다.

07 ④

불량률, 품질 테스트 결과 등을 포함하여 품질 개선, 불량률 감소, 소비자 만족도 향상 등에 일반적으로 사용되며, 주문처리과정의 최적화는 이와 거리가 멀다고 할 수 있다.

08 ③

회계, 재무, 인적자원 기본정보에서 인사조직전략 내의 핵심성과지표 파트와 기적의 Tip 내용의 설명을 자세히 살펴보면 풀 수 있는 문제이다. KPI는 설정 이후 자주 수정해 주는 것이 바람직한 것으로 볼 수는 없다. 나머지 특성은 모두 교재 설명에 직간접적으로 언급되어 있다.

09 ②

회계, 재무, 인적자원 기본정보에서 채권수익률의 종류의 표를 살펴보면 이에 대한 근거를 확인할 수 있다. 실효수익률은 총수익률을 연 단위로 기하평균하여 계산한 이론적 수익률로 해당 문제의 정답에 가장 가깝다. 일반적으로 만기수익률은 채권의 만기에 이르렀을 때의 총 예상 수익률이며, 표면이율은 채권의 액면에 기재된 이율이고, 연평균수익률은 여러 연도에 걸쳐 발생한 수익률의 평균을 측정하여 만기가치를 현재 가격으로 나누어 연 단위의 단리수익률로 도출한 것을 가리키는 용어이다.

10 ④

고객생애가치 또는 고객평생가치로 불리는 LTV(Lifetime Value)는 해당 고객이 기업의 제품이나 서비스를 구매하면서 발생하는 순이익의 총합으로 계산된다. 1번 보기는 NPS, 2번 보기는 CRR을 의미한다.

11 ③

①, ②, ④ 보기는 모두 직간접적으로 언급되어 있으나, 손익계산서의 매출액을 기록하는 시점은 현금이 들어온 시점이 아니라 재화나 용역이 제공된 시점에 이루어진다. 이는 발생주의 회계원칙에 따른 것이다.

12 ①

행태기준평정법(BARS)은 행동에 중점을 둔 평가 방법으로, 각 등급에 해당하는 행동 기준을 제시하고 직원의 행동이 이에 부합하는지를 평가하는 방법이다. 종업원의 행동에 기반한 평가가 이루어지기 때문에 평가 편향이 존재한다는 설명은 BARS의 특징인 평가의 객관성과 공정성을 높이는 형태와 다르게 기술되어 있는 설명이다.

13 ①

직무분석은 직무의 상대적 가치를 평가하는 데 사용되며, 절대적 중요도를 파악하는 것은 아니므로 직무의 절대적 중요도를 파악하여 급여체계를 확립할 수 있게 해준다는 보기가 가장 부적절한 것으로 판단할 수 있다.

14 ①

MDIS의 온라인분석시스템에서는 공공용 자료를 쉽고 편리하게 분석할 수 있는 웹 기반의 통계분석 플랫폼으로 데이터 추출, 데이터 편집, 기본통계 분석, 집계데이터 연계, 고급 통계분석 등의 기능을 지원한다.

15 ①

공급관리 기본 정보 중 기적의 Tip 내용에서 언급된 황소채찍 효과를 살펴보면 수요의 작은 변동이 생산 및 유통 과정을 통해 지속적으로 증폭되어 가는 현상을 말한다고 언급되어 있다. 이는 최종 고객과 멀어질수록 변동폭이 커진다는 것을 의미한다.

16 ④

마케팅 영업 기본 정보 섹션에서 언급된 고객과 관련된 기타 정보 중, MAU(Monthly Active User)는 월간 활성 사용자를 의미하며, 이는 고객의 활동 빈도와 사용 패턴을 직접적으로 반영한다. MAU를 기준으로 고객 세그먼트를 구분할 때 가장 중요한 고려사항은 고객의 활동 빈도와 사용패턴이라고 할 수 있다.

17 ④

자본변동표의 구성요소 중 기타자본구성요소에는 기타포괄손익누계액, 자기주식 등이 포함되며, 여기에 재평가잉여금도 포함된다.

18 ④

마케팅 영업 기본 정보 섹션에서 언급된 고객만족도 내의 고객만족도 분석 기법으로 언급된 일반적인 방법으로는 표적집단면접, 설문조사, 판매원조사 등이 있다. 전환비용조사는 고객만족도를 직접적으로 측정하는 방법이 아니므로 가장 옳지 않은 답변이라 할 수 있다.

19 ②

회귀분석은 수요에 영향을 주는 설명요인들을 파악하여 변수 간의 관계를 모델링하고 분석하는 방법으로 문제에서 설명한 내용에 가장 적절한 수요예측방법이다.

20 ①

CTR의 수식은 교재 마케팅 영업 기본정보의 클릭율에서 살펴볼 수 있으며, CTR(Click-Through Rate)은 광고 또는 링크가 클릭된 횟수를 노출된 횟수로 나눈 후 100을 곱하여 백분율로 계산한다. 따라서 정확한 CTR 계산 공식은 (클릭 수 ÷노출 수)×100(%)이다.

> **2과목** 데이터 해석 및 활용

21 ②

Z-score 표준화는 데이터의 각 값을 평균과 표준편차를 이용하여 변환하는 방법으로, 원시 데이터는 평균이 0이고 표준편차가 1인 표준 정규분포의 데이터로 변환된다.

22 ①

OLAP은 사용자가 직접 데이터에 접근하여 대화식 질의를 통해 데이터를 분석함으로써 효과적으로 의사결정을 지원한다. OLAP은 테이블이 아닌 큐브 형태의 구조로 데이터를 저장한다.

23 ③

데이터 보호 및 접근 제어를 위한 메커니즘은 데이터의 중요도와 민감도를 기준으로 데이터 분류, 데이터 접근 권한 정의, 무결성 제약조건 정의 등을 통해 논리적 단계에서 설계된다.

24 ③

스키마는 데이터베이스의 구조, 조직, 제약조건 등을 정의하는 개체로 스키마를 수정하여 인덱스를 재구성하면 쿼리 성능을 최적화하는 데 도움이 된다.

25 ①

로지스틱 회귀 분석은 범주형 데이터를 목표변수로 하고, 분산과 표준 편차를 이용하여 데이터의 퍼짐 정도를 분석할 수 있다. 범주형 데이터에 대해서도 가설 검정을 수행할 수 있다.

26 ④

확률밀도함수를 이용하여 직접적으로 특정 범위의 확률을 구할 수 없고, 확률밀도함수를 적분한 누적분포함수를 이용해야 확률변수의 값이 어떤 구간에 속할 확률을 계산할 수 있다.

27 ③

언제 어디서나 데이터에 접근하고 분석하기 위해서는 모바일 기기를 이용하는 모바일 비즈니스 인텔리전스와 인터넷 연결을 통한 클라우드 기반 비즈니스 인텔리전스가 결합되어야 한다.

28 ①

파일 시스템에서는 같은 데이터가 여러 파일에 중복되어 저장될 수 있다. 이 경우 데이터의 불일치 문제가 발생할 수 있으며, 데이터 관리의 효율성이 떨어진다.

29 ③

증분 적재는 이전에 적재한 데이터와 새로운 데이터를 비교하여 변경된 부분만 적재하는 방법으로, 데이터 적재 작업의 속도를 향상하고 중복 데이터를 방지할 수 있다.

30 ①

빅데이터의 특성 중 하나인 가치는 데이터의 양이나 속도보다 빅데이터 분석을 통해 추출되는 통찰을 통한 경제적 또는 사회적 가치를 제공할 수 있는 가능성을 의미한다.

31 ①

데이터베이스 관리 시스템은 데이터의 무결성을 보장하고 유지하기 위해 기본 키, 외래 키, 고유 제약, Not Null 등과 같은 제약조건을 설정하고 관리할 수 있다.

32 ④

데이터 탐색 분석은 데이터 분석 과정에서 데이터를 직관적으로 이해하고 숨겨진 패턴, 이상값, 관계 등을 발견하기 위한 초기 분석 단계로, 시각화와 기술 통계가 주로 사용된다.

33 ②

데이터의 계층적 분리는 원본 데이터의 클래스(계층) 비율을 유지함으로써 데이터의 불균형 문제를 줄이고 통계적 효율성을 높일 수 있지만, 표본 추출 과정이 복잡해질 수 있다.

34 ③

NoSQL 데이터베이스 관리 시스템은 스키마를 사전에 정의할 필요가 없으므로, 데이터 구조가 동적으로 변화하는 애플리케이션을 유연하게 관리하는데 적절하다.

35 ③

보기 3은 데이터 레이크(Data Lake)에 대한 설명이다. 데이터 레이크는 다양한 형식과 구조의 원시 데이터와 변환된 데이터를 모두 저장할 수 있는 데이터 저장소이다.

36 ②

본 문제의 사례는 k-익명성을 적용하여 데이터 집합에서 같은 값이 k(=4)개가 되도록 비식별화한 것이다. 비식별된 데이터에서 1~4, 5~8, 9~12 레코드는 서로 구별되지 않는다.

37 ①

연관 분석은 데이터 마이닝 기법 중 하나로, 데이터베이스 내 항목 간의 관계를 발견하는 데 사용된다. 판매량 예측과 같이 수치형 데이터를 예측할 때는 회귀분석 등을 사용한다.

38 ②

UPDATE 명령어는 테이블에 있는 데이터를 수정하기 위해 사용된다. 이미 존재하는 테이블 필드의 데이터 유형을 변경하기 위해서는 ALTER 명령어를 사용한다.

39 ④

데이터 수명 주기는 데이터 생성부터 최종 폐기까지 데이터가 진행되는 단계를 나타낸다. 데이터 수명 주기 단계는 수집, 저장, 처리, 분석, 보관, 폐기의 순서로 구분된다.

40 ②

원격 근무 제도의 도입이 이직률 감소에 영향을 미쳤을 가능성이 있지만, 이직률 감소가 반드시 원격 근무 제도 도입의 결과라고 단정할 수 없다.

3과목 경영정보시각화 디자인

41 ③

오컴의 면도날을 적용하여 인포그래픽을 더 간결하고 이해하기 쉽게 만들 수 있다. 따라서 오컴의 면도날 개념을 적용한 인포그래픽은 복잡한 정보를 효율적인 시각화를 통하여 전달한다.

42 ②

카토그램은 핵심 데이터를 강조하기 위해 지도의 한 측면을 왜곡해서 보여주는 방식으로, 정확한 해석을 하고자 하는 목적보다는 부풀려지거나 축소된 모양·크기를 강조하는 시각화이다. 따라서 2번의 지리적 정확성이 왜곡되어 공간적 해석이 어려운 것이 주요 단점이다.

43 ②

파이 차트는 절대 수량이 아닌 퍼센티지를 사용하며 파이 차트 모든 조각의 합은 100%다. 4번이 옳은 이유는 인간의 인지적 한계를 고려할 때 40% 이상의 조각을 떼어낼 경우 관찰자가 그 조각의 비율을 정확하게 인식하기 어렵기 때문이다.

44 ④

트리 맵은 영역 기반의 시각화로, 각 사각형의 크기가 수치를 나타낸다. 따라서, 음수 값을 표현하기 어려우므로 시각화 시 주의해야 한다.

45 ②

A Chart는 산점도, B Chart는 최귀선이 포함된 산점도, C chart는 버블 차트로 산점도에 포함된다. 세가지 차트 모두 변수들 간의 흐름을 파악하거나 관계를 설명하는데 적합하다. 이 세가지 차트는 대략적인 경향성을 나타내는 데는 효율적이지만, 그러나 "정확한 수치"를 파악하는 데는 적합하지 않다. 정확한 수치를 파악하려면 주로 막대그래프나 선그래프를 사용한다.

46 ③

조세프 샤를 미나르가 1812년 나폴레옹의 러시아 원정에 대한 재앙을 묘사한 생키 다이어그램으로 두꺼운 띠는 진군과 후퇴 중 특정 지리적 지점에서 군대의 규모를 보여준다. 나폴레옹 군대 수, 이동거리, 기온, 위도와 경도, 이동방향, 특정날짜에 대한 위치 등 6가지 유형의 데이터가 2차원적으로 시각화되었다.
제시한 이미지로 해석되는 생키 다이어그램(Sankey Diagram)은 데이터의 흐름을 효과적으로 나타내는 데이터 시각화 유형으로, 각 요소 간의 비율을 명확하게 전달하는 역할을 한다. 생키 다이어그램은 특히 에너지 및 자원 흐름, 경제적 비용 등을 시각화하는 데 유용하며, 이러한 비율을 쉽게 비교할 수 있도록 도와준다.

47 ②

평행좌표계는 단일 플롯에 각 구성에 대한 여러 차원 –메트릭을 표시할 수 있으므로 답변으로 가장 적합하다. 평행좌표계는 모든 메트릭에 걸쳐 여러 구성을 동시에 쉽게 비교할 수 있으며, 축을 연결하는 선을 관찰하여 메트릭 간의 트레이드오프를 식별 할 수 있게 해준다.
방사선 차트는 모든 지표를 원형 축에 나열할 수 있지만, 많은 변수를 한꺼번에 표현하면 가독성이 떨어질 수 있다. 그룹 막대그래프는 효과적으로 표시할 수 있는 차원 수가 제한되어 있다. 따라서 변수 간의 직접적인 관계를 보여주기 어려우며 고차원 데이터에 적합하지 않다. 트리 맵은 계측적 데이터를 시각화하는 데 유용하지만, 지표간의 상호작용을 분석하기에는 한계가 있다.

48 ①

캘린더 차트는 날짜별로 데이터를 색상으로 나타내어 패턴을 직관적으로 분석하는 데 적합하다. 주로 "연속적 시간 데이터(날짜)"를 표현하는 데 사용되며, 카테고리 데이터(명목형 변수)를 표현하는 데는 적합하지 않다. 캘린더 차트는 상관관계보다는 시간별 추세에 초점이 맞춰져 있다. 캘린더 차트는 단일 숫자 집합보다는 날짜별로 여러 데이터 포인트를 색상으로 표현하여, 날짜별 데이터 분포를 분석하는 데 사용된다.

49 ①

정보 디자인 다이어그램은 나단 셰드로프(Nathan Shedroff)가 1994년 제시한 개념으로 데이터, 정보, 지식, 지혜가 생성되고 전환되는 과정 중에서 정보 디자인이 어떻게 전달되는지를 보여준다. 데이터가 정보로 이해·활용되고 지식으로 체계화되어 지혜로서 문제 해결과 미래 예측에 사용되는 과정을 그리고 있다. 이 다이어그램에서는 맥락에 따라 시각화의 방법도 각 단계에 따라 다르게 나타난다. 지식으로 갈수록 경험에 기반한 스토리텔링이 중요해짐을 알 수 있다.

50 ④

BI 도구에는 드릴다운, 필터링, 도구 설명과 같은 대화형 기능이 포함된 경우가 많으며, 사용자는 시각화와 상호작용하여 차트 및 그래프 내의 특정 데이터 요소 또는 세부 정보를 탐색 가능하다.

51 ②

제시된 막대 그래프에는 음수 값이 없으며, 양수 값만 기준선의 오른쪽에 배치되어 있다. 만약, 음수 데이터를 포함한 그래프라면 음수는 기준선의 왼쪽, 양수는 오른쪽에 배치되어야 하며, 양수가 없는 경우에도 음수는 0을 기준으로 좌측에 위치하여야 논리적으로 시각적 해석이 가능하다.

52 ②

트리 맵, 생키 다이어그램, 도넛 차트는 모두 데이터를 비율 중심으로 비율 시각화하는 차트이다. 레이더 차트(방사선 차트)는 비율을 표현하기보다는 다차원적 데이터를 비교하고 균형을 시각화하는 데 중점을 두므로, 수량 시각화에 해당한다.

53 ④

세로축 단위는 누적 막대 그래프의 데이터를 정확히 해석하는 데 필수적이므로, 생략해서는 안 된다. 따라서 4번이 가장 옳지 않은 것이다.
일반 누적 막대 그래프는 절대적 값을 누적하여 표현하며, 백분율 형태일 경우에만 상대적 비율을 나타낸다. 여러 범주 표현은 누적 막대 그래프의 주된 목적 중 하나로, 이 설명은 맞다. 각 범주의 정확한 값 파악은 시각적으로 어려우며, 이는 누적 막대 그래프의 한계점이다.

54 ①

조건부 서식은 특정 데이터의 조건(예: 값의 크기, 텍스트 포함 여부 등)을 기준으로 서식을 동적으로 변경할 수 있으며, 사용자가 작성한 복잡한 조건식(예: =AND(A1)50, B1<100))도 지원하므로, 단순 비교 이상의 다양한 규칙을 적용할 수 있다. 조건부 서식은 데이터 집합뿐만 아니라 개별 셀에도 적용할 수 있다. 예를 들면, 특정 셀의 값이 0보다 작으면 빨간색으로 표시하도록 설정할 수 있다. 조건부 서식은 원본 데이터가 수정되면 자동으로 서식이 업데이트된다. 예를 들면, 특정 값이 조건을 충족하지 않게 변경되면 서식도 즉시 반영되게 된다. 조건부 서식은 프로그램에서 제공하는 기본 규칙(예: 값이 크거나 작은 경우, 텍스트 포함 여부)뿐만 아니라, 사용자가 작성한 고급 수식도 지원한다.

55 ④

자크 베르탱의 7가지 시각적 변수에는 위치, 크기, 색상, 채도(명도), 텍스처, 방향, 형상이 포함한다. 이 중 색상 변수는 정보를 분류하고 그룹화하는 데 효과적이나, 색상은 수치적 우선 순위를 표현하거나 순서를 나타내는 데 적합하지 않다. 채도의 차이는 명도와 함께 상대적 밝기 또는 강도를 나타내지만, 정보의 우선 순위를 명확히 매기는 데는 적절하지 않다.

56 ①

에드워드 터프티의 접근법은 탐색적 시각화를 중점으로 하며, 불필요한 그래픽 요소를 배제하고 데이터의 진실성과 객관성을 유지하려는 목표를 가지고 있다. 따라서, 경영정보 시각화는 객관적 판단을 돕는 것이 핵심 목적이므로, 주관적 맥락과 설득적 메시지가 강한 인포그래픽보다 터프티의 접근법이 더 적합하다.
경영정보 시각화의 핵심은 객관적이고 탐색적인 데이터를 제공하여 독자가 스스로 통찰을 얻을 수 있도록 돕는 것이다. 반면, 에디토리얼 인포그래픽은 설득적 메시지와 주관적 스토리텔링이 강하며, 이는 경영정보 시각화의 본래 목적과 상충된다.
나단 셰드로프의 인포그래픽은 설득형 메시지와 주관적 스토리텔링을 포함하며, 이는 객관적 의사 결정을 돕기보다는 메시지를 강조하고 관심을 끌기 위한 목적이 강하다고 볼 수 있다.
인포그래픽은 전통적인 정보 시각화와 달리 삽화, 장식, 시각적 은유 등을 많이 포함하여 메시지를 전달한다.

57 ③

주요 데이터값은 차트 중앙의 막대가 아니라, 진한 가로 막대로 표현된다. 또한, 비교 측정값은 수직선 마커로 표시되므로, 중앙 막대를 마커로 간주하는 설명은 부정확한 것으로 간주할 수 있다.
불렛 그래프에서 세로선은 목표 예산(비교 측정값)을, 진한 가로 막대는 실제 예산(주요 데이터값)을 나타낸다. 이로 인해 분기별 성과 비교가 가능하다. 불렛 그래프는 목표(비교 측정값)와 실제 성과(주요 데이터값)를 명확히 비교하는 데 적합한 시각화 도구이다.
그래프에서 3분기 예산 집행이 목표에 근접했음을 시각적으로 확인할 수 있다. 따라서 이 설명도 적합하다.

58 ③

정렬(alignment)의 주요 목적은 디자인 요소를 서로 조화롭게 배치하여 일관성과 조직감을 주는 것이다. 그러나 "모든 요소가 서로 독립적으로 배치될 수 있다"는 설명은 정렬 원리의 핵심과 반대되는 내용이다. 정렬은 각 요소가 서로 관계를 맺고, 연결되도록 만드는 원리로 독립적인 배치를 지향하지 않는다.

59 ①

지도도 데이터의 시계열 변화를 표현할 수 있다. 예를 들어, 시간의 흐름에 따른 기후 변화, 인구 이동, 질병 확산 등을 애니메이션이나 여러 프레임의 지도를 통해 나타낼 수 있다.
지도는 범주형 데이터를 시각화하는 데도 적합하다. 예를 들어, 지역별로 서로 다른 색상이나 패턴을 사용하여 정치적 지지율, 지역별 산업 분포 등의 범주형 데이터를 효과적으로 나타낼 수 있다.
지도 자체는 평균값이나 중앙값을 직접적으로 표시하지 않는다. 지도는 주로 데이터의 공간적 분포를 나타내는 데 사용되며, 평균값이나 중앙값은 별도의 분석 결과로 지도 위에 표시될 수 있다. 그러나 지도 자체의 기본 기능으로 이를 제공하지는 않는다.

60 ③

BI 소프트웨어의 대표적인 단점은 경영정보 시각화 결과물의 재현 가능성과 반복 가능성을 구현하기 어려울 수 있다는 것이다. BI 도구는 일일이 데이터별 변환 과정을 기록하지 않고 대부분 최종 결과만 저장하는 특성이 있으므로, 시각화 도구를 사용하여 도표를 재현하거나 다른 데이터 세트로 비슷한 도표를 생성하기 어렵다.
도표를 재현 · 반복할 수 있도록 하려면, 프로그래밍 방식으로 도표를 생성하는 코드를 작성해야 한다. 즉, 시각화 결과를 다른 사람이나 미래의 자신이 재현할 수 있는 능력인 재현 가능성과 동일한 조건에서 동일한 시각화 결과를 다시 얻을 수 있는 능력인 반복 가능성을 확보해야 한다.

기출 예상 문제 01회

01	②	02	④	03	③	04	③	05	②
06	③	07	②	08	①	09	③	10	④
11	②	12	②	13	②	14	②	15	③
16	③	17	③	18	②	19	④	20	①
21	④	22	④	23	③	24	①	25	②
26	③	27	②	28	②	29	③	30	②
31	④	32	①	33	①	34	③	35	①
36	①	37	①	38	③	39	②	40	①
41	④	42	③	43	①	44	②	45	③
46	②	47	③	48	①	49	③	50	②
51	④	52	②	53	②	54	④	55	①
56	④	57	④	58	④	59	②	60	④

1과목　경영정보 일반

01 ②

자원관리는 효율적인 할당과 사용에 대한 전략적인 접근을 다룬다.

02 ④

PESTEL 분석은 PEST 분석의 확장된 형태로, 정치, 경제, 사회적, 기술적, 법적, 환경적 측면에서 외부 환경을 평가하는 도구이다.

03 ③

특정 투자가 얼마나 효과적으로 이익을 창출하는지를 나타내며, 비율이 높을수록 투자 대비 성과가 효과적이라는 의미를 지니는 ROI의 수식은 당기순이익/투자금액이다.

04 ③

반제품은 제조 과정 중 한 단계 이상을 완료한 제품을 의미한다.

05 ②

지방채는 지방 정부나 지방 자치 단체가 발행하는 채권이다. 지방 공공사업 자금을 조달하는 데 사용하고 일반적으로 지방 세입과 세출에 의존하며, 세제 우대 혜택이 있을 수 있다.

06 ③

채권의 발행 물량이 적고 유통시장이 발달하지 못한 경우는 채권을 현금화하기 어려울 가능성이 있는데 이를 유동성위험이라 한다.

07 ②

옵션 계약의 행사가와 주식의 현재 시장 가격이 거의 동일한 상태로 콜옵션의 행사가와 주식의 현재 시장 가격이 거의 동일하거나 풋옵션의 행사가와 주식의 현재 시장 가격이 거의 동일한 경우에 해당하는 것은 등가격(ATM)에 대한 설명이다.

08 ①

상대적인 목표 달성 정도를 평가하며, 목표 달성 정도에 따라 개인 또는 팀에 대한 보상 또는 개선 조치가 결정되는 것은 목표관리(MBO)이다.

09 ③

여러 가지 행동 시뮬레이션과 특별한 과제를 활용하여 직원의 역량을 평가하는 방법을 평가센터법(Assessment Center)이라 한다.

10 ④

카페테리아 복리후생은 일정 금액 내에서 개인의 선택권을 다양하게 부여하여 본인에게 맞는 복리후생 제도를 선택할 수 있게 하는 방식이다.

11 ②

제품 또는 서비스의 가격은 수요 및 공급의 원칙에 따라 결정되며, 판매량과 수요에 직접적인 영향을 미치는 지표는 가격 및 할인 정보이다.

12 ②

크로스셀링은 이미 구매한 상품과 관련이 있는 다른 부가적인 상품이나 서비스를 제안하여 다양한 제품을 함께 구매하도록 유도하는 전략이다.

13 ②

고객 관계 관리에서 유용한 지표 중 하나는 고객유지율(CRR, Customer Retention Rate)로, 기업이 유지한 고객 수를 이전 기간에 보유한 고객 수로 나눈 비율을 나타낸다.

14 ②

천 번 노출당 비용(CPM)은 광고가 천 번 노출될 때 소모된 비용을 나타내는 지표로, 전자상거래 분야에서 광고 효율성을 평가하는 데 사용된다.

15 ③

전환율(CVR)은 웹사이트나 앱에서 기업이 원하는 목표를 달성한 사용자 비율을 나타내는 지표이다.

16 ③

가치사슬은 단독 조직으로 구성되는 것이 아니라, 하나의 공급사슬 내에서 여러 조직이 협력하여 가치를 창출하는 개념을 의미한다.

17 ③

두 변수의 특성 및 요인 관계를 시각적으로 나타내고 싶은 경우에 사용하는 방법을 산점도 기법이라 한다.

18 ②

서브퀄은 서비스 품질을 측정하는 기법으로서, 고객의 서비스 품질에 대한 인식 정도를 측정한다.

19 ④

Lean 생산 시스템은 주문에 따라 제품을 생산하므로 재고가 적게 발생하며, 불량률 감소와 생산 품질 향상에 중점을 둔다.

20 ①

날씨 데이터를 한곳에서 즉시 가져갈 수 있다. 특히, 지상, 해양, 고층, 항공관측, 위성, 레이더, 수치예보 모델 자료 등 총 30종류의 날씨 데이터를 내려받을 수 있다.

2과목 데이터 해석 및 활용

21 ④

정보는 의사결정에 필요한 질문에 답을 제공하고, 데이터는 현실 세계에 존재하며 가공되지 않은 그대로의 값을 의미한다. 정보는 데이터를 처리해서 얻을 수 있는 결과이다.

22 ④

비정형 데이터는 데이터의 구조를 파악하는 파싱이 필요하고, 사전에 정의된 데이터 모델이나 형식이 없다. 반정형 데이터는 주로 XML 또는 JSON 파일 형태로 저장되고, 정형 데이터는 행과 열로 구성되고 유형이 정의되어 있다.

23 ③

데이터의 오류를 해결하기 위한 작업과 분석을 위한 집계를 포함하는 단계는 처리 단계이다.

24 ①

빅데이터의 특성 중 진실성은 다양한 수준의 정확도와 품질을 가진 다양한 출처의 데이터를 다루는 것을 의미한다.

25 ②

특정 분야의 전문 지식을 활용하여 데이터를 해석하는 관점은 맥락적 관점이다.

26 ③

데이터 해석 시 모델이 너무 단순하거나 충분한 훈련이 이루어지지 않을 때 발생하는 현상은 과소 적합이다.

27 ②

표준 편차는 분산의 제곱근을 구하여 구한 값으로 원 데이터와 단위가 동일하여 데이터의 퍼짐을 좀 더 직관적으로 이해할 수 있다.

28 ②

데이터를 비슷한 특성을 가진 집단으로 나누는 기법은 군집 분석이다.

29 ③

애플의 운영체제에서 사용되는 파일 시스템은 APFS이다.

30 ②

관계형 데이터베이스에서 외래키의 역할은 테이블 간의 관계를 나타내는 것이다.

31 ④

데이터의 무결성을 보장하기 위한 규칙을 정의하는 데이터베이스 스키마의 구성 요소는 제약 조건이다.

32 ①

데이터베이스에 대한 접근 권한을 관리하는 데 사용되는 언어는 데이터 제어어이다.

33 ①

후보키 중에서 기본키로 선택되지 않은 키를 대체키라고 한다.

34 ③

파생 변수는 기존 변수로부터 새롭게 생성되는 변수이다.

35 ①

데이터베이스 설계 단계 중 전체적인 방향과 구조를 결정하는 단계는 개념적 설계이다.

36 ①

결측값이 매우 적은 경우 결측값을 무시할 수 있다.

37 ①

범주형 데이터를 레이블 인코딩으로 변환하는 방법은 범주형 데이터의 각 범주에 고유한 정숫값을 할당한다.

38 ③

데이터의 대표성을 유지하기 위하여 데이터를 계층적으로 분리한다.

39 ②

고정된 크기의 윈도우를 사용하여 시계열 데이터를 분리하는 방법은 롤링 윈도우 분리이다.

40 ①

비즈니스 인텔리전스가 제공하는 정보를 바탕으로 데이터 기반 의사결정을 수행한다.

3과목 **경영정보시각화 디자인**

41 ④

오답 피하기

① 데이터는 분리된 요소로 단어, 숫자, 암호 등이다.
② 정보는 연관된 요소로 의견, 개념, 질문 등이다.
③ 지식은 조직화된 정보로 이론, 이치 등이다.

42 ③

나단 셰드로프가 제시한 정보 디자인 개념에서 정보는 글로벌 콘텍스트(일반적 맥락)에 속하여 있지만, 지식은 로컬 콘텍스트(개인적 맥락)에 속하는 것을 알 수 있다.

43 ①

정보 시각화 프로세스의 목적/대상자 설정 – 데이터 수집/전처리 – 시각화 디자인– 시각화 구현 – 시각화 결과 전달 순으로 진행된다.

44 ②

그림 우월 효과는 이미지가 없는 경우보다 이미지가 있는 경우가 더 잘 기억할 수 있도록 한다.

45 ③

게슈탈트의 법칙은 전경과 배경의 법칙, 근접성의 법칙, 유사성의 법칙, 단순 충만의 법칙, 공동 운명의 법칙, 폐쇄성의 법칙, 연속성의 법칙으로 7가지 법칙이 있다.

46 ②

바로 옆에 있지는 않지만, 흰색의 점들끼리, 검정의 점들끼리 묶어서 패턴으로 인식하는 것이 유사성의 법칙이다.

47 ②

자크 베르탱은 위치, 크기, 형태, 명도, 채도, 색상, 기울기로 구성된 7개의 시각적 변수를 제시하였다.

48 ①

화면의 중앙에 있는 디자인 요소가 항상 주목받는 것은 아니며, 시선 이동 경향을 고려하여 배치해야 한다.

49 ④

에드워드 터프티는 데이터 잉크를 더 이상 지울 수 없는 그래픽의 핵심이며, 숫자의 변화를 비중복적으로 표현하는 잉크라고 소개하고 있다. 또한 데이터 잉크가 아닌 것과 중복되는 데이터 잉크를 제거해 데이터 잉크 비율을 올리는 것이 데이터를 그래픽 디자인으로 올바르게 표현하는 방법이라고 주장한다.

50 ②

오답 피하기

① 데이터의 분포와 통계량을 시각화하는 방법은 분포 시각화이다.
③ 시간 변화에 따른 추이를 나타내는 시각화 방법은 시간 시각화이다.
④ 수량 혹은 숫자값인 정량적 변수를 시각화하는 방법은 수량 시각화이다.

51 ④

공간 시각화에는 지도, 단계구분도, 등치 지역도, 카토그램, 카토그램 히트 맵 등이 주로 사용된다. 막대그래프, 누적 막대그래프, 간트 차트, 선 그래프 등은 다른 시각화 유형에 해당한다.

52 ②

트리 맵은 비율 시각화의 그래프 유형으로 각 사각형의 크기가 부분으로서 나타내는 정량적 값에 비례하도록 면적 비율을 시각화한 것이다.

53 ②

히트 맵 색상은 일반적으로 차가운 색부터 따뜻한 색까지 다양하나 색의 그라데이션을 통해 점진적인 색상으로 표현하며, 색의 강도나 밝기는 값의 크기를 나타낸다.

54 ④

관계 시각화의 그래프 종류로는 분산형 차트(산점도, 산포도), 연결산점도, 꺾은선 그래프, 버블 차트, 경사 차트, 상관도표, 2차원 상자, 육각형 상자, 밀도 등고선 등이 있다.

55 ①

불렛 그래프는 목표와 성과를 시각적으로 효과적으로 비교하여 결정을 내리고 전달하는 데 도움을 주는 강력한 시각화 도구이다.

56 ④

도넛 차트는 원그래프와 달리 중심부를 잘라내어 도넛 모양으로 보이며, 수치는 조각의 길이로 표시된다.

57 ④

네임그래퍼(NameGrapher)는 아기 이름의 역사적 추세를 살펴볼 수 있는 영어 이름 검색 도구로 시간 시각화의 누적 영역 그래프로 제작되었다.

58 ④

데이비드 맥캔들레스의 '빌리언 달러 오 그램'은 비율 시각화의 그래프 유형인 트리 맵이다. 트리 맵은 각 사각형의 크기가 그것이 나타내는 정량적 값에 비례하도록 면적 비례 시각화가 되어야 한다.

59 ②

스파크라인은 작은 규모의 추세 그래프로, 셀 내에서 데이터의 변화를 시각화하는 기능이다.

60 ④

좋은 대시보드는 직관적인 시각화를 통해 사용자가 쉽게 접근하고 검색할 수 있도록 설계되어 상호작용이 용이하다.

기출 예상 문제 02회

01	③	02	②	03	④	04	③	05	④
06	①	07	①	08	②	09	③	10	②
11	②	12	①	13	③	14	①	15	①
16	②	17	①	18	④	19	②	20	④
21	④	22	②	23	③	24	④	25	②
26	②	27	②	28	③	29	④	30	①
31	②	32	④	33	③	34	②	35	③
36	③	37	④	38	④	39	①	40	③
41	②	42	③	43	①	44	④	45	②
46	①	47	②	48	②	49	①	50	③
51	①	52	④	53	②	54	①	55	④
56	①	57	③	58	③	59	①	60	④

1과목 경영정보 일반

01 ③

ERP 시스템의 특징 중 하나는 각 부서의 데이터를 통합하여 관리한다는 것이며, 이는 모듈 간에 데이터 공유를 통해 이루어진다.

02 ②

5 Forces 모형은 마이클 포터에 의해 개발된 경쟁 산업 분석 도구로, 다섯 가지 요인을 고려하여 산업 내 경쟁 구조를 분석한다. 경쟁자 간의 경쟁 정도가 아니라 자사를 포함한 산업의 경쟁 강도를 평가하기에 4번도 정답이 되기 어렵다.

03 ④

ROE는 기업이 자본을 활용하여 얼마나 효과적으로 이익을 창출하는지를 나타내는 지표로 '순이익÷자기자본'으로 계산한다.

04 ③

후입선출법은 재고의 가격이 상승하는 경향이 있을 때, 매입 원가를 높게 적용하여 이익을 적게 과대평가하고 싶을 때 사용하는 방법으로, 가장 최근에 입고된 재고 단위가 가장 먼저 판매되는 원리를 기반으로 매입원가를 할당하는 방법이다.

05 ④

연수합계법은 정액법과 정률법의 특징을 결합한 방법으로, 자산의 내용연수에 따라 감가상각 비용을 감소시키면서 부과하는 방법이다.

06 ①

국고채는 국가 정부가 발행하는 채권으로 국채라고도 불린다. 국가가 자금을 조달하기 위해 발행하며, 일반적으로 안정적이고 신용 위험이 낮은 투자 도구로 간주된다.

07 ①

순현재가치법(IRR)은 투자의 수익률을 나타내는 지표이다. 투자의 NPV가 0이 되는 할인율을 찾아내는 방법으로 IRR이 비용 지출을 초과하는 수익률을 나타낼 때 투자는 수익성이 있다고 간주하는 것은 내부수익률법이다.

08 ②

각 직무에 대해 사전에 정의된 직급이나 등급에 따라 분류하는 방법을 분류법이라 한다.

09 ③

목표 달성을 0에서 100까지의 백분율로 평가하며, 시각적으로 목표 달성 정도를 파악할 수 있는 방식으로 성과가 평가되는 방식을 OKR이라 한다.

10 ②

전직지원은 퇴직 예정자들이 새로운 직장을 찾는 데 필요한 도움을 제공하는 프로세스를 설계한다.

11 ②

광고 투자 대비 수익률(ROAS)은 광고를 통해 얻은 매출과 광고에 투자한 비용 간의 비율을 나타내는 지표이다.

12 ①

업셀링은 현재 구매하려는 제품의 업그레이드를 제안하여 구매액을 늘리는 전략이다.

13 ③

페이지 잔류시간은 고객과의 상호작용이라고 보기 어렵다.

14 ①

고객유지율(CRR)은 특정 기간 기업이 유지한 고객 수를 이전 기간에 보유한 고객 수로 나눈 비율을 나타내는 지표이다.

15 ①

페이지 잔류시간은 사용자가 특정 상품 페이지에 진입한 후 해당 상품을 구매하기까지 걸리는 평균 시간을 측정하는 지표이다.

16 ②

가치사슬은 제품이나 서비스가 이동하며 가치가 부가되는 개념을 반영하기 때문이다.

17 ①

수평적 수요 데이터는 수요가 일정한 평균을 중심으로 오르내리는 유형으로, 치약이나 칫솔과 같은 생필품이 이에 해당한다.

18 ④

품질은 제품 또는 서비스가 제공하는 성능이 고객의 기대를 충족시키는 정도를 나타내며, 이를 충족시키기 위해 품질 관리가 필요하다.

19 ②

PERT/CPM을 적용하면 프로젝트의 주 경로(Critical Path)를 식별하여 총소요 시간에 영향을 주는 핵심 활동을 파악할 수 있고, 전체 프로젝트의 총소요 시간에 영향을 주지 않는 범위 내에서 각 활동의 지연 여부를 확인할 수 있다.

20 ④

차종별 선호 고객 추정 및 모니터링은 국가공간정보포털 자료(국가교통 DB)를 활용하여 구축할 수 있는 예보 시스템 및 모니터링 지원 시스템으로 판단하기에는 적합하지 않다.

2과목 **데이터 해석 및 활용**

21 ④

통찰은 데이터를 분석한 정보와 달리 지식과 경험을 기반으로 문제나 상황을 깊이 이해하고 새로운 관점을 얻는 것을 의미한다.

22 ②

순서형 데이터는 범주 사이의 상대적인 순위를 비교할 수는 있지만, 정확한 수치적 차이를 비교할 수는 없다.

23 ③

데이터의 정확성, 완전성, 일관성, 신뢰성을 평가하는 데이터 해석 관점은 데이터 품질 관점이다.

24 ④

데이터 탐색 과정에서 시각적 방법을 주로 사용하는 이유는 데이터 이해의 용이성 때문이다.

25 ②

중심 경향성을 나타내는 통계량은 중앙값이다.

26 ②

확률은 빈도를 기반으로 계산되며 사건 A의 확률은 '사건 A에 속하는 결과들의 수÷표본 공간의 결과들의 총수'로 계산된다.

27 ②

루트 디렉터리는 파일 시스템의 가장 상위 디렉터리로 모든 다른 디렉터리와 파일의 부모 역할을 한다.

28 ③

데이터베이스 시스템에서 데이터가 올바르게 저장되고 유지되도록 하는 기능은 데이터 무결성 검사이다.

29 ④

동시성 제어는 여러 사용자가 데이터에 동시에 접근하여 작업할 수 있도록 지원하는 데이터베이스 시스템의 기능이다.

30 ①

트랜잭션의 특성 중 원자성은 트랜잭션의 모든 연산은 모두 완료되거나, 수행되지 않아야 한다는 것을 의미한다.

31 ②

NoSQL은 Not Only SQL의 약자로 SQL 이외의 방법으로 데이터를 조작할 수 있다는 뜻이다.

32 ④

데이터를 테이블로 저장하는 데이터베이스는 관계형 데이터베이스이다.

33 ③

데이터베이스에서 데이터를 실제로 저장하고 관리하는 데 사용되는 구성 요소는 데이터 테이블이다.

34 ②

양적 변수가 나타내는 것은 관찰치의 크기이다.

35 ③

데이터가 빠지거나 부족할 때 발생하는 오류는 데이터 완전성 오류이다.

36 ③

데이터 정확성을 평가할 때 수행하는 작업은 데이터의 값을 실제값과 비교하는 것이다.

37 ④

하나의 테이블에만 존재하는 키도 포함하는 데이터 결합 방법은 외부 병합이다.

38 ④

일괄 적재는 대량의 데이터를 한 번에 처리하는 데이터 적재 방식이다.

39 ①

다단계 인증은 데이터 보안 조치 중 접근 제어에 해당한다.

40 ③

비즈니스 인텔리전스의 목적은 기존 프로세스를 개선하고, 사업 기회를 파악하고, 전략적 수립에 필요한 통찰을 제공하는 것이다.

41 ②

'상대적으로 저렴한 공장 A에서 부품을 구매하는 것이 좋겠다.'가 지식에 해당한다.

오답 피하기

① 지혜에 해당한다.
③ 정보에 해당한다.
④ 데이터에 해당한다.

42 ③

공급자는 데이터와 정보의 단계에 속하고, 수용자는 정보와 지식의 단계에 속하는 것을 알 수 있다. 정보는 일반적 맥락에서 받아들여지고 지식은 개인적 맥락에서 받아들여진다.

43 ①

의도에 따라서 에디토리얼 인포그래픽을 선택할 수는 있으나 체크리스트에 속하지는 않는다.

44 ④

콜린 웨어는 뇌가 시각 정보를 처리하는 과정을 1단계: 뚜렷한 시각 요소 파악하기 → 2단계 : 패턴 알아차리기 → 3단계 : 해석하기로 정리하였다.

45 ②

루빈의 컵은 관심의 초점에 따라 전경이 되고, 관심 밖에 놓인 부분은 배경이 되는 '전경과 배경의 법칙'의 대표적 사례이다.

46 ①

공동 운명의 법칙은 같은 속도와 방향으로 함께 움직이거나, 각각의 속도나 방향으로 움직이는 요소를 그룹에 속하는 것으로 인식하는 것이다.

47 ②

자크 베르탱은 위치, 크기, 모양, 명도, 색상, 기울기, 질감으로 구성된 7개의 시각적 변수를 제시하였다.

48 ②

정보의 역피라미드 개념은 저널리즘 세계에서 유래하였으며, 이 개념에 따라 시각화 시 가장 중요하고 강력한 정보가 맨 위로 가고 이차 정보가 뒤에 따르며 더 일반적인 정보는 마지막에 오도록 표기하는 게 좋다.

49 ①

에드워드 터프티의 시각 정보 디자인 7원칙은 아래와 같다.
1. 시각적 비교를 강화하라
2. 인과관계를 보여라
3. 다중 변수를 표시하라
4. 텍스트, 그래픽, 데이터를 조화롭게 배치하라
5. 콘텐츠의 질과 연관성, 진실성을 분명히 하라
6. 시간순이 아닌 공간순으로 나열하라
7. 정량적 자료의 정량성을 제거하지 마라

50 ③

분포 시각화는 데이터의 분포와 통계량을 시각화하는 방법이다.

오답 피하기

공간 시각화는 지리 공간 데이터를 활용하여 지도로 표현하는 시각화 방법이다.

51 ①

관계 시각화는 두 개 이상의 정량적 변수의 관계를 시각화하는 방법으로, 변수 간의 상관관계를 표현할 수 있다.

52 ④

단계구분도는 공간 시각화의 그래프 유형으로 지리적 영역의 특정 속성을 나타내는 데 사용되며, 일반적으로 행정 구역이나 지리적 구획을 표시한다.

53 ②

트리 맵은 각 사각형의 크기가 정량적 값에 비례하며, 계층구조가 있는 데이터 표현에 적합하며 계층 내 비율을 편리하게 표현할 수 있다 . 트리 맵 전체에 카테고리 종류나 수치에 따라 일관된 색 구성표를 사용하여야 시각적 혼란을 줄일 수 있다.

54 ①

수량 시각화의 그래프 종류로는 가로 막대그래프, 세로 막대그래프, 누적 막대그래프, 그룹 막대그래프, 불렛 그래프, 레이더 차트(방사형 그래프), 롤리팝(막대사탕) 차트, 워터폴 차트 등이 있다.

55 ④

방사형 그래프에서는 중심점은 축이 나타내는 값의 최솟값을, 가장 먼 끝은 최댓값을 나타낸다.

56 ①

시계열 막대그래프는 일정 기간에 걸쳐 연속적인 정량적 데이터 포인트를 나타내며, 각 기간이 동일한 간격으로 나뉘어 표시될 수 있다.

57 ③

데이비드 맥캔들레스가 '플라스틱이 얼마나 생산되었고 어떻게 이용되는지'를 시각화한 비율 시각화 생키 다이어그램이다.

58 ③

버블의 흩어진 모양이 좌측 하단에서 우측 상단으로 향하므로 양의 상관관계가 있는 것으로 판단된다. 일 인당 소득이 높을수록 기대수명도 높아지는 경향을 보인다.

59 ①

아이콘 세트는 데이터에 상징적 표현을 추가하여 사용자에게 한눈에 정보를 전달하는 역할을 한다.

오답 피하기

② 수치적 표현이 아니라 상징적으로 표현한다.
③ 정량적 데이터 전달보다는 한눈에 상징적 정보를 파악할 수 있도록 한다.
④ 조건부 서식의 개념이다.

60 ④

시각화를 위한 맥락을 파악할 수 있는 추가적인 설명, 레이블링 등을 잘 사용하면 사람들을 시각화 경험으로 안내하는 데 도움이 된다.

기출 예상 문제 03회

01 ③	02 ④	03 ①	04 ②	05 ①
06 ④	07 ③	08 ③	09 ②	10 ②
11 ②	12 ①	13 ③	14 ①	15 ①
16 ①	17 ④	18 ④	19 ②	20 ④
21 ①	22 ②	23 ③	24 ③	25 ②
26 ③	27 ②	28 ③	29 ③	30 ②
31 ③	32 ②	33 ②	34 ②	35 ③
36 ②	37 ③	38 ②	39 ③	40 ②
41 ④	42 ④	43 ③	44 ②	45 ④
46 ③	47 ③	48 ④	49 ④	50 ②
51 ①	52 ③	53 ②	54 ③	55 ③
56 ②	57 ①	58 ②	59 ①	60 ②

1과목 **경영정보 일반**

01 ③

데이터 마이그레이션은 주로 시스템 간에 데이터를 이전하는 과정을 나타내는 용어로, 지식관리 시스템과는 직접적으로 관련이 없고 ERP와 직접적으로 관련이 있다.

02 ④

VRIO 모형은 자원이 가치를 제공하고, 희소하며, 모방하기 어렵고, 조직 내에서 지속적으로 활용될 수 있는지를 평가하는 도구이다.

03 ①

총자산이익률은 ROA는 기업이 총자산을 얼마나 효과적으로 활용하여 이익을 창출하는지를 측정하는 지표로 당기순이익/총자산으로 구한다.

04 ②

재고의 흐름을 따라가는 것이 가능한 경우에 주로 사용되며, 생산과정에서 사용되는 원자재 등에 적합한 방법은 선입선출법으로, 가장 먼저 입고된 재고 단위가 먼저 판매되는 원리를 기반으로 매입원가를 할당하는 방법이다.

05 ①

정액법은 감가상각을 균일하게 분배하는 방법으로, 자산의 내용연수에 따라 매년 동일한 감가상각 비용을 부과하는 방법이다.

06 ④

구매력감소위험은 인플레이션과의 관계에서 나타나는 것으로 채권의 예상수익률이 축소되기 때문에 이자율의 변동을 초래하고 이어 채권의 가격변화를 유발한다.

07 ③

할인채는 만기에 이르면 발행가액을 기준으로 원금이 상환되므로, 투자자는 발행가액과 원금 간의 차액을 수익으로 얻을 수 있도록 발행가액보다 낮은 금액에 구매가 이루어진다.

08 ③

각 직무에 대해 여러 핵심 요소를 기준으로 점수를 할당하고, 이를 토대로 직무의 가치를 산정하는 방법은 점수법이다.

09 ②

행동에 중점을 둔 평가 방법으로, 각 등급에 해당하는 행동 기준을 제시하고 직원의 행동이 이에 부합하는지를 평가하는 방법은 행태기준평정법(BARS)이다.

10 ②

경력개발은 조직 내 직원들의 전문성 및 경력을 향상시키기 위해 마련된 체계적이고 지속적인 프로그램이다.

11 ②

매출 목표는 기업이 특정 기간 얼마만큼의 성장을 이루고자 하는 목표를 설정하는 것이다.

12 ①

매출액은 판매량과 제품 단가를 곱하여 계산된다.

13 ③

전환율(CVR)은 홍보 동영상을 시청한 후 해당 제품을 실제로 구매한 비율을 나타내는 지표로 볼 수 있다.

14 ①

고착도(Stickiness)는 사용자가 웹사이트나 앱에 머무르는 정도를 의미하는 용어이다.

15 ①

순수고객추천지수(NPS)와 관련된 고객의 답변을 '권유(9, 10)', '중립(7, 8)', '비판(0~6)' 등으로 분류하여 전체 권유자의 비율에서 비판자의 비율을 뺀 수치로 계산할 수 있다.

16 ①

공급사슬관리(SCM)의 목적은 하나의 공장이나 기업이 공급의 전 과정을 진행할 수 있도록 지원하는 것이다.

17 ④

연 단위 이상의 긴 시간 동안 수요의 증감이 반복되는 패턴 유형으로 야구나 축구, 올림픽 등을 예로 들 수 있는 수요변화 형태가 순환적 수요 데이터이다.

18 ④

기존 자료(과거 데이터)를 활용하여 예측값과 실측값을 관찰하고, 예측 오차가 가장 적은 기법을 선정한 뒤, 그 예측 오차 대비 비용도 고려하여 예측 기법을 선정한다.

19 ②

공급사슬에서 발생하는 주문량의 급격한 변동이 상류로 전파되는 현상을 나타내며, 주로 정보의 부족으로 발생한다.

20 ④

공공데이터 제공신청을 통해 공공데이터포털에서 제공하지 않는 공공데이터에 대하여 심의 후 제공한다.

2과목 데이터 해석 및 활용

21 ①

정보의 해석과 통합을 통해 얻은 현실 세계의 이해는 지식이다.

22 ②

데이터의 구조를 파악하기 위하여 파싱 기술이 필요한 데이터는 반정형 데이터이다.

23 ③

산술적 연산이 가능한 데이터는 수치형 데이터인 연속형 데이터이다.

24 ③

빅데이터의 활용으로 얻을 수 있는 이점은 통찰을 통한 합리적 의사결정과 전략 수립이다.

25 ②

과대 적합은 모델이 데이터의 노이즈까지 학습하는 경우에 발생하는 현상이다.

26 ③

신뢰구간은 모집단의 모수가 특정 범위 안에 있을 것이라는 확신을 나타내는 구간이다. 신뢰 수준은 표본 추출 과정을 동일한 방식으로 여러 번 반복했을 때, 추정된 신뢰구간이 실제 모수를 포함할 비율을 나타낸다. 즉 모집단이 특정성을 가지고 범위를 나타내는 구간이 신뢰구간이다.

27 ②

상관계수의 절댓값이 1에 가까울수록 두 변수 사이의 관계는 강해진다.

28 ③

지수 분포는 연속 확률 분포이다.

29 ③

파일 시스템에서는 같은 데이터가 여러 파일에 중복으로 저장될 수 있으므로 데이터 불일치 문제가 발생할 수 있다.

30 ②

객체지향 데이터베이스에서 객체 간의 관계는 포인터나 참조를 사용하여 표현된다.

31 ③

데이터베이스 스키마 중 데이터베이스 사용자가 인식하는 데이터베이스 구조는 외부 스키마이다.

32 ②

데이터를 삽입하는 데 사용되는 데이터 언어의 명령어는 INSERT이다.

33 ②

변수를 이해하는 것이 중요한 이유는 데이터 분석 방법을 선택하는 데 필요하기 때문이다.

34 ②

정규화는 데이터 중복을 최소화하고 무결성을 보장하기 위해 수행하는 과정이다.

35 ③

상자수염그림, 산점도 등은 이상값을 시각적으로 탐색하는 방법이다.

36 ②

등간격 구간화는 데이터의 범위를 동일한 크기의 구간으로 나누는 것이다.

37 ③

데이터의 대표성을 유지하기 위하여 데이터를 계층적으로 분리한다.

38 ②

교차 병합은 두 데이터 세트의 모든 행을 서로 결합하여 가능한 모든 조합을 생성하는 방법이다.

39 ③

MongoDB는 대표적인 NoSQL 데이터베이스이다.

40 ②

익명화는 데이터에서 개인을 식별할 수 있는 모든 정보를 제거하는 비식별화 기술이다.

3과목 **경영정보시각화 디자인**

---

41 ④

지식은 화제, 이론, 개념상의 구성 등이고, 지혜가 책, 범례, 신념 체계, 전통 등이다.

42 ④

나단 셰드로프의 정보 디자인 개념 다이어그램을 통해 공급자는 데이터와 정보의 단계에 속하고, 수용자는 정보와 지식의 단계에 속하는 것을 알 수 있다.

43 ③

갭마인더는 시간에 따른 데이터의 변화를 보여주는 애니메이션 기능을 활용하여 특정 지표의 추이나 국가 간의 변화를 시각적으로 확인할 수 있게 하여, 사용자의 참여를 유도하고 콘텍스트를 제공한다. 애니메이션 기능을 이용하면 버블이 시간이 지남에 따라 움직여, 각 국가의 특정 지표가 어떻게 변화하는지 보여준다. 이를 통해 특정 지표의 변화가 다른 지표에 어떤 영향을 미치는지 인과관계를 쉽게 이해할 수 있다.

44 ②

인포그래픽은 정보 시각화와 정보 디자인의 범위에 속하며, 다양한 그래픽 정보표현 방법이 사용된다. 화려한 디자인과 일러스트레이션을 많이 활용하는 경향이 있다.

45 ④

가까이 있는 것이 멀리 있는 것보다 더 관련이 있다고 인식하는 것은 근접성의 법칙이다.

46 ③

폐쇄성의 법칙은 끊어지거나 불연속적인 부분들이 전체적인 형을 이루어 지각되는 것을 말한다.

47 ③

자크 베르탱의 시각적 변수 7요소 중 크기에 따르면, 같은 크기를 가진 요소들이라도 하나만 작게 만들면 상대적으로 그 작은 요소가 강조되어 보이게 하는 효과를 만들 수 있다.

48 ④

시간순이 아닌 공간 순으로 나열하라. 시간보다는 공간에 따라 나열할 때 사용자의 이해가 쉬워진다.

49 ④

오답 피하기

① 분포 시각화는 데이터의 분포와 통계량을 시각화하는 방법이다.
② 공간 시각화는 지리 공간 데이터를 활용하여 지도로 표현하는 시각화 방법이다.
③ 비율 시각화는 전체 중 부분의 비율을 시각화하는 방법이다.

50 ②

비율 시각화는 최대와 최소를 순서 정렬에서 양 끝을 취하는 것이 아니라, 전체 분포를 나타내야 한다.

51 ①

막대그래프는 직사각형 막대를 사용하여 데이터를 표현하므로 막대의 높이 또는 길이를 시각적으로 비교하여 값을 쉽게 확인할 수 있고 개별값을 서로 비교하는 데 가장 적합한 그래프 유형이다. 막대그래프는 불연속형 또는 범주형 데이터를 비교할 때 특히 유용하며, 서로 다른 범주 또는 그룹을 명확하게 구분하고 비교할 수 있다. 또한 막대를 사용하면 비교 대상 데이터의 추세, 패턴 및 변동을 더 쉽게 식별할 수 있다.

52 ③

방사형 그래프는 수량 시각화의 그래프 유형으로 변수가 여러 개일 때 각 변수에 대한 범주값의 균형을 한눈에 볼 수 있도록 한다.

53 ②

생키 다이어그램에서는 명확성을 향상시키기 위해 일관된 단위와 비례 배율을 유지하는 것이 중요하며, 단계 간의 연결을 표현하는 데 적합하다.

54 ③

비율 시각화의 그래프 종류로는 파이 차트(원그래프), 막대그래프, 누적 막대그래프, 그룹 막대그래프, 모자이크 도표, 트리 맵, 도넛 그래프, 와플 차트(그리드 플롯), 폭포수 그래프(워터폴 차트), 생키 다이어그램 등이 있다.

55 ③

버블 차트로 시각화할 때는 각 버블의 크기가 시각적으로 표현하고자 하는 정량값을 직접 비례하여 정확하게 나타내는지 확인해야 한다.

56 ②

해당 그림은 1960년대를 기준으로 2010년의 대한민국 행정구역의 크기를 인구에 비례하여 시각화한 카토그램 그래프이다. 카토그램은 의석수나 선거인단 수, 인구 등의 수치형 자료의 측정값에 맞춰 지리적 단위의 면적을 왜곡시켜 보여주는 통계 지도이다.

57 ①

막대그래프는 축구팀의 연도별 성적을 비교하는 데 가장 적합한 차트이다. 막대그래프를 사용하면 서로 다른 범주 또는 기간 간의 데이터를 쉽게 비교할 수 있다. 이 경우 각 막대는 특정 연도를 나타내며, 막대의 높이는 측정 중인 성과 지표(승리 횟수, 득점 등)에 해당한다. 연도별 막대의 높이를 비교하면 팀의 성과가 시간에 따라 어떻게 변화했는지 쉽게 확인할 수 있다.

58 ②

선 그래프는 데이터 포인트를 연결하여 일정 기간의 수치 변화 방향을 표시하는 데 가장 적합하다. 선은 데이터 포인트를 연결하여 데이터의 추세나 패턴을 명확하게 시각화할 수 있다. 특히 연속 데이터를 표시하고 시간에 따른 상승 또는 하락 추세를 파악하는 데 유용하다.

59 ①

경영정보시각화 디자인을 적용한 대시보드는 단순화한 쉬운 접근, 이해도 향상, 명료한 커뮤니케이션이라는 세 가지 장점이 있다.

60 ②

대시보드상의 시각화를 동일하게 재현하고 반복하는 기능은 제공되지 않는다. BI 도구는 경영정보시각화 결과물의 재현 가능성과 반복 가능성을 구현하기 어려운 것이 단점이다.

- 「의료법」 제62조 및 「의료기관 회계기준 규칙 」제4조제2항에 따른「재무제표 세부 작성방법」(보건복지부 고시 제2010-25호, 2010.2.9)
- Andy Kirk. (2012). Data Visualization: a successful design process. Packt
- Claus O. Wilke. (2020). Fundamentals of Data Visualization. O'Reilly Media Inc.
- Colin Ware. (2004) Information Visualization: Perception for Design. Morgan Kaufmann Publishers Inc.
- Jason Lankow, Josh Ritchie, Ross Crooks. (2012). Infographics: The Power of Visual Storytelling. John Wiley & Sons
- Kieren Healy. (2018). Data Visualization: A Practical Introduction. Princeton University Press
- Nathan Yau. (2013). DATA POINTS: Visualization That Means Something. WILEY
- Nathan Yau. (2015). Visualize This: The FlowingData Guide to Design, Visualization, and Statistics. WILEY
- NCS 능력단위 학습모듈(빅데이터 분석 결과 시각화).
- Shmueli, G., Bruce, P. C., Gedeck, P., & Patel, N. R. (2023). 비즈니스 애널리틱스를 위한 데이터 마이닝(조성준, 조재희, 조성배, 이성임, 신현정, 김성범 역). 한빛아카데미.
- Stevenson, W. (2008), Operations Management(10th ed.), McGraw-Hill
- 나가타 유카리. (2021). 데이터 시각화 디자인(김연수 역). 위키북스.
- 노규성, 김미연, 김용영, 김의창, 김진화, 남수현, 박성택, 박웅미, 서동조, 서창갑, 안성진, 이상훈, 이성원, 임기흥, 최천규, 하태현. (2021). 빅데이터 개론. 광문각.
- 니시다 케이스케. (2018). 빅데이터를 지탱하는 기술(정인식 역). 제이펍.
- 알렉스 페트로프. (2021). 데이터베이스 인터널스 : 분산 데이터베이스 시스템 심층 분석(이우현 역). 에이콘출판.
- 오병근, 강성중. (2008). 정보 디자인 교과서. 안그라픽스.
- 이인호. (2020). 해커스군무원/공무원 이인호 쌩기초 경영학 용어집. 해커스공무원.
- 이지선 외 8인. (2018). 비지니스 분석 – 비지니스 데이터 분석사 자격 대비. 한경사.
- 이춘열, 신길환. (2016). 비즈니스 인텔리전스 & 데이터 분석. 국민대학교 출판부.
- 최원. (2022). (알기 쉬운 통계 원리) 기초통계학(제3판). 경문사.
- 클라우스 윌케. (2020). 데이터 시각화 교과서(권혜정 역). 책만.
- 한국데이터베이스진흥원(이지선 외 23인). (2014). 데이터 분석 전문가 가이드 (ADP) (ADsP). 한국데이터베이스진흥원.